精品课
EXCELLENT COURSE

高等院校精品课程系列教材

网络营销
基础、实务与案例
E-MARKETING

张亚明 编著

机械工业出版社
CHINA MACHINE PRESS

本书倡导运用知识解决问题的理念，采取理论、实务与案例相融合的策略，从论道、战略、战术和攻略四个维度，探讨了"互联网+"时代市场营销的新变化。本书分为4篇，共11章，从创造和获取顾客价值的营销理念出发，融合具有鲜明时代特征的鲜活案例与实例，从市场营销与网络营销开始，到网络营销市场与战略规划，再到网络营销运营管理掘金法则以及企业网络营销实战攻略，循序渐进地展开了网络营销全景学习之旅。本书体系完整、结构严谨、内容新颖丰富，涵盖了"市场营销"和"战略管理"课程的核心内容，并体现业界前沿思想，每章以开篇案例引领，每章末尾设有案例研究，倡导场景和实践引导下的理论、实务与案例相融合的学习模式。

本书既可以作为高等院校电子商务、市场营销等专业本科生、研究生及MBA教材，也可以作为经济与管理学科相关专业选修课教材，还可以作为广大电子商务工作者和网络营销实务工作者及其他相关人士的参考书。

图书在版编目（CIP）数据

网络营销：基础、实务与案例 / 张亚明编著. —北京：机械工业出版社，2023.5
高等院校精品课程系列教材
ISBN 978-7-111-72906-8

I. ①网… II. ①张… III. ①网络营销–高等学校–教材 IV. ① F713.365.2

中国国家版本馆 CIP 数据核字（2023）第 055697 号

机械工业出版社（北京市百万庄大街22号　邮政编码100037）
策划编辑：张有利　　　　　责任编辑：张有利　李晓敏
责任校对：韩佳欣　周伟伟　责任印制：李　昂
河北鹏盛贤印刷有限公司印刷
2023年7月第1版第1次印刷
185mm×260mm · 27.25 印张 · 655 千字
标准书号：ISBN 978-7-111-72906-8
定价：55.00 元

电话服务　　　　　　　　网络服务
客服电话：010-88361066　机 工 官 网：www.cmpbook.com
　　　　　010-88379833　机 工 官 博：weibo.com/cmp1952
　　　　　010-68326294　金 书 网：www.golden-book.com
封底无防伪标均为盗版　　机工教育服务网：www.cmpedu.com

前言
PREFACE

21世纪是一个数字化、网络化、信息化的新时代。第51次《中国互联网络发展状况统计报告》表明，截至2022年12月，我国网民规模达10.67亿，互联网普及率达75.6%，网络购物用户规模达8.45亿，占网民整体的79.2%。从国家层面，党的二十大擘画了以中国式现代化全面推进中华民族伟大复兴的宏伟蓝图，做出了"加快建设网络强国、数字中国""加快发展数字经济"的战略部署，以数字化网络化智能化助力中国式现代化成为每一位互联网工作者责无旁贷的历史使命。从社会与个人层面，互联网正以其无可比拟的优势和不可逆转的趋势渗透到经济社会的方方面面，奠定了我国数字经济快速发展的基石，在改变人们沟通、交流、购物等生活方式的同时，不仅让人们充分享受了网络科技发展的成果，也对商务活动运作模式和企业经营方式提出了新的挑战，强烈地冲击并深刻影响着传统市场和传统企业。

二十大报告提出的"实施科教兴国战略，强化现代化建设人才支撑"，要求未来的人才培养要在继续强化技能学习的基础上，着力涵养学生的技术素养，强化理论基础支撑。对传统企业而言，依托新理念、新理论、新方法和新手段，利用互联网对营销体系进行整合以提升网络营销效果的需求比以往任何时候都显得迫切。同时，"网络营销"课程所涉及的理论、技术、方法和手段等变化非常迅速，这对网络营销人才的职业素养提出了更高的要求。因此，网络营销教材理应与时俱进，以"厚基础、重实践、强能力、突特色"为原则，以新营销理念和新营销模型为指导，全面反映网络营销的前沿发展动态，做到既要厚植理论基础，又要反映业界最佳实践，更要凸显方法、手段等技能应用。本书分为4篇，共11章：第1篇讲述了市场营销学原理与网络营销演进，旨在为后续篇章学习打下坚实的理论基础；第2篇首先聚焦对市场及网络市场的认知与洞察，随后介绍了企业战略方法、营销管理和网络营销战略核心三要素，最后重点阐述了网络营销战略规划所涉及的重大议题；第3篇按4P脉络并融合案例探讨了网络营销运营管理掘金法则——网络营销组合；第4篇系统地介绍了网络营销常用工具、方法与综合应用。本书充分吸收了国际营销大师菲利普·科特勒新近的营销思想，融合国内外优秀教材的精华，尝试跨越"理论派"教材与"实战派"教材的鸿沟，更好地满足新时代对培育高素质专业人才的新要求。

与同类教材相比,本书具有以下特色:

(1)在追踪新近实践基础上,紧紧把握互联网时代的新发展方向,将新零售、跨境电子商务、电商直播等新业态融入其中,不仅开发了网络营销爆款产品等新内容,还开发了电商直播案例等全新素材,实现了"知识传授""价值引领""反映前沿"的有机统一,更充分地反映了网络营销的新近实践发展成果。

(2)在内容设计上,充分汲取国外优秀教材的先进理念、风格,并在此基础上融合本土和国外最佳实践与"实战派"教材的精髓,注重选择年轻人熟悉且易接受的案例。内容上力图做到简明直观、可读性强,帮助读者从案例研习、思考讨论中融会理论知识并增强读者解决实际问题的能力。如每章以"开篇案例"开始,以"案例研究"结束,内容融合实例,全书设有60余个案例,充分发挥案例教学的突出作用,同时辅以复习题、讨论题及本章小结,供读者思考交流和梳理。案例—理论—实例—案例相互融合的编排方式使读者先有直观的"场景",然后再学习并理解基础理论知识点就相对容易多了。这种方式可以为解决国内一些教材直接从概念和理论讲授带来的刻板枯燥通病提供一定的思路。

(3)在内容选取上,首先,从创造和获取顾客价值的营销理念出发,充分吸收国际营销大师菲利普·科特勒的新近营销思想和营销精华。这主要反映在第1章市场营销学原理和第5章网络营销战略规划中,实现了网络营销课程涉及的"市场营销""战略管理"核心内容的自我供给。其次,更加强调营销过程中网络市场要素不同于传统市场要素的新特征和"互联网+"时代营销的新变化。如企业网络营销实战攻略篇覆盖微博、微信、直播等新兴营销手段,辐射电子邮件、数据库、论坛、事件营销、口碑营销等网络营销工具。最后,在提供给教师的配套课件中,引入思维导图用以梳理知识点,强化对知识关键点的思维引导和训练,以便在教学过程中帮助学生更好地厘清学科脉络并理解内容。此外,本教材也为选用的教师提供了丰富的习题集和案例库以满足进一步教学所需。

本教材在编写中参考了国内外学者大量的研究成果,在此对相应的作者表示深深的感谢!感谢机械工业出版社编辑团队对本教材出版给予的大力支持。

鉴于互联网技术与工具时效性强、变动迅速等特点,本教材虽经认真修订和完善,但受作者水平以及时间限制,书中仍存在尚待推敲的地方。若有错误和不当之处,敬请各位专家、读者批评指正。

目录 CONTENTS

前言

第1篇 市场营销与网络营销

第1章 市场营销学原理 ……… 2

开篇案例 华为：创造顾客价值——
从跟随者到引领者 ……… 2
1.1 什么是市场营销 ……… 4
1.2 设计顾客驱动型营销战略
与整合营销方案 ……… 8
1.3 建立顾客关系并从顾客处获取价值 ……… 14
1.4 市场营销环境分析 ……… 22
1.5 管理营销信息以获取顾客洞察 ……… 29
1.6 消费者市场和消费者购买行为 ……… 33
1.7 顾客驱动型营销战略决策 ……… 43
1.8 营销组合 ……… 51
1.9 市场营销组合理论的演进 ……… 72
本章小结 ……… 83
复习题 ……… 83
讨论题 ……… 84
案例研究 "吃垮必胜客"，让必胜客
越吃越旺 ……… 84

参考文献 ……… 84

第2章 网络营销演进 ……… 86

开篇案例 可口可乐昵称瓶：社交传播
背后的故事 ……… 86
2.1 透析网络营销的"前世今生" ……… 86
2.2 网络营销与传统营销 ……… 99
2.3 网络营销理论基础 ……… 113
本章小结 ……… 127
复习题 ……… 127
讨论题 ……… 127
案例研究 欧莱雅男士BB霜
迅速占领市场 ……… 127
参考文献 ……… 128

第2篇 网络营销市场与战略规划

第3章 网络市场与网络市场调研 ……… 130

开篇案例 今日头条如何把握市场
变化后来居上 ……… 130

3.1 看不见的手：市场与市场经济 …… 131
3.2 方兴未艾的新兴网络市场 …… 136
3.3 网络市场营销竞争利器：
    网络市场调研 …… 146
本章小结 …… 160
复习题 …… 160
讨论题 …… 160
案例研究 小米的大数据用户分析 …… 160
参考文献 …… 161

第4章 互联互通的网络消费者 …… 162

开篇案例 一位客户的故事 …… 162
4.1 21世纪消费者 …… 163
4.2 网络消费者行为 …… 170
4.3 网络消费者购买决策过程与
    影响因素 …… 177
本章小结 …… 185
复习题 …… 185
讨论题 …… 185
案例研究 小米成功之道：粉丝文化和
    消费者心理 …… 185
参考文献 …… 186

第5章 网络营销战略规划 …… 188

开篇案例 战略之战：阿里的"大平台"
    与京东的"十节甘蔗" …… 188
5.1 企业战略与营销管理 …… 189
5.2 顾客驱动型网络营销战略 …… 204
5.3 网络营销企业的战略规划 …… 219
本章小结 …… 228
复习题 …… 228
讨论题 …… 228
案例研究 苏宁的三次战略转型 …… 228
参考文献 …… 229

第3篇 网络营销运营管理掘金法则

第6章 顾客驱动：网络营销产品 …… 232

开篇案例 王老吉与加多宝的
    "红罐之争" …… 232
6.1 认识网络营销产品 …… 234
6.2 创意新产品引燃市场 …… 238
6.3 个性化服务风靡全球 …… 248
6.4 品牌与包装跨界混搭 …… 254
本章小结 …… 263
复习题 …… 263
讨论题 …… 263
案例研究 故宫也卖化妆品！故宫淘宝
    是怎么做到今天这一步的 …… 264
参考文献 …… 264

第7章 应变无方：网络营销
    价格策略 …… 266

开篇案例 比淘宝更低价的"拼多多" …… 266
7.1 互联网时代：固定价格已是过去式 …… 267
7.2 千人千面：如何为你的产品定价 …… 275
7.3 消费心理学：三种定价技巧 …… 288
本章小结 …… 294
复习题 …… 294
讨论题 …… 294
案例研究 淘宝购物返利真相，"隐藏
    优惠券"背后有何秘密 …… 294
参考文献 …… 295

第8章 化繁为简：网络营销渠道 …… 296

开篇案例 格力：双渠道管理策略 …… 296
8.1 网络营销渠道 …… 298
8.2 网络直销 …… 306
8.3 网络时代新型中间商 …… 307

8.4 电子商务物流管理 ………………… 312

8.5 营销渠道建设与管理 ………………… 322

本章小结 …………………………………… 327

复习题 ……………………………………… 327

讨论题 ……………………………………… 327

案例研究 伊利渠道冲突的解决之道 …… 328

参考文献 …………………………………… 329

第9章 让顾客钱包减肥的妙招：网络营销促销 ………………… 330

开篇案例 屈臣氏的花样促销 …………… 330

9.1 网络营销促销 ………………………… 331

9.2 网络营销促销白金法则：网络广告 … 337

9.3 网络营销促销黄金法则：站点推广 … 349

9.4 网络销售促进和公共关系 …………… 357

本章小结 …………………………………… 362

复习题 ……………………………………… 362

讨论题 ……………………………………… 362

案例研究 各大电商"双11"促销策略 … 362

参考文献 …………………………………… 363

第4篇 企业网络营销实战攻略

第10章 网络营销常用工具：营销手段与科技的碰撞 ………… 366

开篇案例 元气森林的营销之路 ………… 366

10.1 精准投放的传统网销手段：电子邮件营销 ………………… 367

10.2 前景广阔的交互体验：网络游戏植入营销 ………………… 373

10.3 数据时代的信息资源整合：数据库营销 …………………… 376

10.4 网络达人聚集地：论坛营销 …… 380

10.5 意见领袖引爆的网络营销革命：微博营销 ………………… 384

10.6 社会化智慧商圈微商推广模式：微信营销 ………………… 386

10.7 直播来袭催生全民娱乐新时代：直播营销 ………………… 391

本章小结 …………………………………… 394

复习题 ……………………………………… 394

讨论题 ……………………………………… 395

案例研究 今年，你扫福了吗 …………… 395

参考文献 …………………………………… 396

第11章 网络营销方法与综合应用 …… 397

开篇案例 支付宝：十年账单日记 ……… 397

11.1 引爆观点的眼球经济时代：事件营销 ………………… 398

11.2 自媒体时代下的营销宝典：口碑营销 ………………… 402

11.3 "互联网+"时代的营销入侵法则：病毒营销 ……………… 405

11.4 春风化雨、绵里藏针的隐形杀手：软文营销 ……………… 410

11.5 天上真的会"掉馅饼"：免费策略营销 ………………… 418

11.6 吊人胃口的营销饕餮盛宴：饥饿营销 ………………… 420

本章小结 …………………………………… 423

复习题 ……………………………………… 423

讨论题 ……………………………………… 424

案例研究 ALS冰桶挑战 ………………… 424

参考文献 …………………………………… 425

后记 ………………………………………… 426

第1篇
PART 1

市场营销与网络营销

第1章　市场营销学原理
第2章　网络营销演进

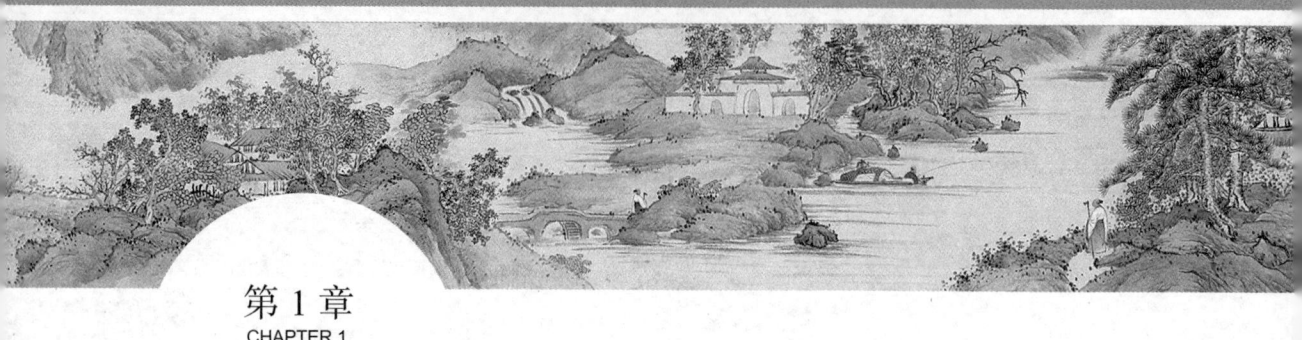

第 1 章
CHAPTER 1

市场营销学原理

⊙ 开篇案例

华为：创造顾客价值——从跟随者到引领者

华为创立于 1987 年，是全球领先的 ICT（信息与通信技术）基础设施和智能终端提供商。当地时间 2019 年 6 月 30 日，华为被美国联邦通信委员会（FCC）列入威胁美国国家安全的黑名单中。据报道，FCC 在声明中直接表示目前有压倒性的证据表明，华为和中兴给美国通信网络和 5G 未来带来了潜在的国家安全风险。

尽管华为全球化供应链体系面临地缘政治带来的外部压力，但其发布的 2020 年年度报告显示，华为整体经营稳健，实现全球销售收入 8 914 亿元人民币，同比增长 3.8%；净利润为 646 亿元人民币。在运营商业务领域，华为实现了全球 170 多个国家和地区的 1 500 张运营商网络稳定运行，满足人们在社交隔离期间在线办公、在线教育和在线购买生活物资的需求。华为也联合运营商，在机场、煤矿、钢铁、港口、制造等 20 多个行业展开超过 3 000 个 5G 创新项目的实践。

一切为了用户，大胆创新永无止境

实施"技术创新 + 客户需求"双轮驱动，是华为公司创造价值、实现公司愿景的途径。

华为在手机产品种类上实现了从商务白领到中产阶级、价格敏感的上班族、学生群体的全覆盖，在产品设计上满足了青年追求个性、中年注重隐私的需求。如 Mate 系列外观稳重低调，功能上包括 3D 结构、无线充电、超快充等，深受商务人士的喜爱。2020 年 9 月发布的 Mate 40 系列搭载的 EMUI11 诠释了华为对用户体验不一样的理解。在手机系统或者用户体验（user experience，UE）设计上，一度存在一个误区，就是单纯地追求"快"，但其实这种"单纯的快"在体验上并不完善。EMUI11 基于人因研究的最新成果，通过研究用科学量化用户体验，让用户感到真正的舒适流畅，让科学因人而宜；通过理解用户，发现其高频刚需，帮助用户提升交互和操作效率，让科学因人而易。其中"一镜到底"的转场动效让人印象深刻。在实现这一转场动效的过程中，EMUI11 团队引入了名为"眼动仪"的专业设备，其能够记录人接收视觉信息时眼睛的反应，并通过记录用户的"注视点"形成"注视轨迹"，由此洞察用户的心理活动，持续推进转场动效的优化。华为人因研究团队以日历视图切换转

场动效为例进行眼动实验，发现在一镜到底的转场动效之下，用户在日历界面中搜索目标的平均时间比普通转场动效短1.2秒。而在这1.2秒的背后，华为足足做了超过1 000小时的眼动实验。历经多年的"硬件大战"，智能手机尤其是旗舰手机的硬件性能无疑都属于顶级的存在，很难说彼此间会有质的差异。现如今，手机市场无疑是到了比拼"软实力"的阶段，拼的是对用户需求和使用习惯的理解，以及对用户体验的精益求精。

除了在手机领域做出创新提升用户体验，华为也不断深化ICT与其他场景的融合度，为各行各业贡献华为智慧。

即使作为大湾区的核心交通枢纽、"全球最佳机场之一"的深圳机场，偶尔也能出现这样的现象——由于天气等原因航班大面积延误的时候，隔离区内8 000人以上同时出港。在复杂情况下，多跑道、多航站楼如何进行管控，是深圳机场面临的重要挑战。深圳机场为此想过很多的办法，也采取了诸多措施，但是信息部门一直是业务驱动，十分被动。而华为直击用户需求，携手深圳机场大胆创新智慧机场建设新模式：基于"平台+生态"的理念构建"未来机场数字化平台"，以华为ICT基础设施为基础，通过平台整合物联网（IoT）、大数据+AI、视频云、地理信息系统（GIS）和融合通信五大数字化技术，并联合合作伙伴构建平台生态系统，最终让机场实现大运控、大安防和大服务。例如基于大数据和AI的智慧机位分配，可以让靠桥位效率至少提高10%，意味着1 000个航班中就有100个不再需要通过摆渡车，实现机位资源调优，以提高廊桥机位的使用效率，旅客的体验也更好。华为携手深圳机场等生态合作伙伴，统筹推进"未来机场"规划和建设，进行企业标准和行业标准建设，打造未来机场样板点，为中国机场未来发展指明了方向。

提升顾客感知价值，打造多方位顾客服务体系

京东与益普索（中国）联合发布的白皮书数据显示，华为手机用户品牌忠诚度高达89%，相比第二名高出了近40个百分点。今日头条公布的数据显示，2020上半年国内手机用户对华为品牌的关注度位居第一，并且是排名第二品牌的2.36倍，华为的领先趋势同样明显。

为了更方便用户送修，华为自2015年底开始提供"快递双向免费"的寄修服务，并从2018年起在各省建立寄修中心，在寄修过程中会有工作人员致电用户告知维修进展。伴随智慧全场景1+8+N策略的推行，华为针对用户售后需求与终端类型的快速变化，提出了针对性的解决方案，比如严格认证技术顾问团队，不但为智慧屏用户提供上门服务，而且安装完成后还会提供智慧屏特色功能详细讲解。针对PC用户，华为还提供包括服务日硬盘扩容免手工费、双向免邮免费寄修、远程在线支持、5年系统免费焕新等多种差异化服务。华为通过多样化的活动提升自己的售后活动价值，让消费者觉得"物超所值"。屏幕意外破碎或者开裂时，消费者可以通过"碎屏服务宝"免费更换原装屏幕。更进一步，华为还推出了"延长服务宝"，在标准保修服务期的基础上，再次延长一年或半年的保修时间。而面对P40系列、P30系列、Mate 30系列等旗舰机用户，华为向用户承诺2年官方质保和2年内2次低价意外故障维修服务。

华为对准了用户最关心的"实惠"问题，2018年9月开始推出"久久续航——电池一口价"活动，降低更换原装电池的费用，解决了用户非常关心的保外电池更换问题。面对PC端用户主板、屏幕等核心元器件的保外高维修费用问题，华为以相比更换全新原厂备件降低40%左右的价格提供器件修理优惠服务。同时，华为推出了"特惠板"活动，对80余款机型提供最低3折的特惠原装主板更换服务，而且享受官方90天全国联保。

锁定多方联动，多圈层精准营销

华为在如微信公众号、知乎和微博等多个社交平台上都有自己的账户，不仅会发布大量的产品信息、企业动态，而且与粉丝、网友保持着良好的互动。更为创新的是，华为会用自己的手机拍摄一些视频，剪辑之后发布在 B 站上面，产品在其中的呈现低调不张扬，更容易获得受众的好感。2020 年，华为联合人民日报在五四青年节发布视频广告《我的未来，自成焦点》，选取了多位具有"00 后"群体特征的代表，通过他们的阐述表达这一代 2000 年出生的 20 岁青年群体对未来的看法。《我的未来，自成焦点》中的视频素材均由华为 nova 7 Pro 拍摄，同时，华为在微博上开启的话题"我的 20 岁"，获得 4 000 多万的阅读量；将视频发布在人民日报官方微信平台上，获得超过 10 万的阅读量。

资料来源：根据华为官方公众号相关资源自行整理。

思考题

华为是如何做到创造和获取顾客价值的？

1.1 什么是市场营销

1.1.1 市场营销的定义

市场营销（marketing），又称作营销、市场学、市场行销或行销学，MBA、EMBA 等经典商业管理课程均将市场营销作为对管理者进行管理教育的重要模块。市场营销是在创造、沟通、传播和交换产品的过程中，为顾客、客户、合作伙伴以及整个社会带来经济价值的活动、过程和体系。

关于市场营销第一版官方定义是 1935 年由美国市场营销协会（American Marketing Association，AMA）的前身——美国营销教师协会所提出的，并于 1948 年被 AMA 正式采用。1960 年，当 AMA 重新审视第一版定义时决定依然保持不变，不做任何修改。第一版官方定义认为，市场营销是引导货物和劳务从生产者流向消费者或用户所进行的一切企业活动。这一定义将市场营销界定为商品流通过程中的企业活动。在此定义下，"营销"等同于"销售"，它只是在产品生产出来以后，企业为产品的销售而做出的各种努力。第一版官方定义一直沿用到 1985 年才重新修订。新版定义认为，市场营销是计划和执行关于商品、服务和创意的观念、定价、促销和分销，以创造符合个人和组织目标的交换的一种过程。根据这一定义，市场营销活动已经超越了流通过程，是一个包含了分析、计划、执行与控制等活动的管理过程。2004 年，AMA 再次修订市场营销定义，认为市场营销是一项有组织的活动，它包括创造"价值"、将"价值"通过沟通输送给顾客以及维系管理公司与顾客间的关系，从而使公司及其相关者受益的一系列过程。

研究市场营销的学者们对市场营销又有着各自的理解，如 1990 年，芬兰市场学家克里斯廷·格罗鲁斯（Christian Gronroos）教授定义："市场营销是在一种利益之下，通过相互交换和承诺，建立、维持、巩固与消费者及其他参与者的关系，实现各方的目的。"这一定义强调营销的目的是在共同的利益下，建立、维持、巩固"关系"，实现双赢或多赢。又如

1994年，美国营销大师菲利普·科特勒定义："市场营销是个人和集体通过创造产品和价值，并同别人自由交换产品和价值，来获得其所需所欲之物的一种社会和管理过程。"这一定义强调了营销的价值导向。世界上最短的营销定义也由他提出——比竞争对手更有利润地满足顾客的需要。此外，来自中国台湾的江亘松在《你的行销行不行？》中解释营销的变动性，"市场营销"的英文是"marketing"，若把marketing这个字拆成market（市场）与ing（英文的现在进行时表示方法）这两个部分，那营销可以用"市场的现在进行时"来表达产品、价格、促销、渠道的变动性导致供需双方的微妙关系。

值得说明的是，市场营销的概念和定义并非如数学公式那样有标准形式，通常是基于提出观点的人自己的理解和体会，即使是营销管理学大家，通常也会不断更新自己对于市场营销的定义。为此，看待任何人的任何所谓定义都需要持有审慎选择的态度。

1.1.2 创造、获取顾客价值的营销过程

在具有不同的政治、经济、文化的国家，营销不应该一成不变。即使在同一个国家，在消费品行业、B2B行业和服务业，营销方式也是不同的。而在同样的行业里，不同的企业也有着各自不同的营销方式。营销学是关于企业如何发现、创造和交付价值以满足一定目标市场的需求，同时获取利润的学科。营销学用来辨识未被满足的需要，定义、度量目标市场的规模和利润潜力，找到最适合企业进入的细分市场和适合该细分市场的供给品，来满足用户的需求甚至为用户创造需求。

科特勒认为，在一个更狭窄的商业环境当中，营销是指建立并管理与顾客之间有利润的交换关系。为此，他将营销定义成"为顾客创造价值，建立牢固的顾客关系，从而获得回报的过程"。他通过引入如图1-1所示的创造、获取顾客价值的五步营销模型来诠释一个创新性的顾客价值框架。

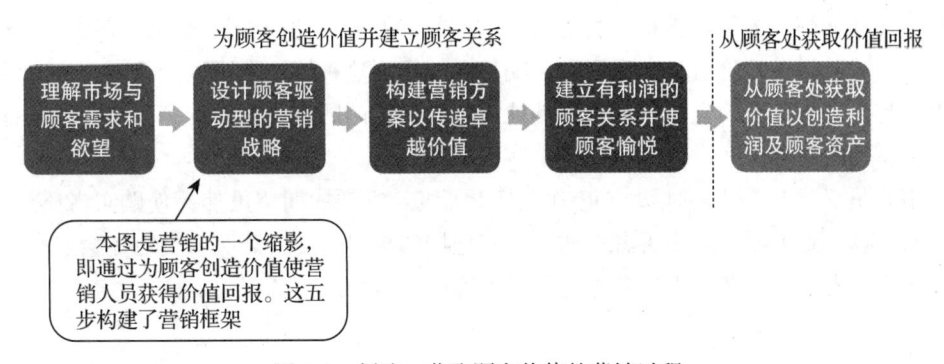

图1-1 创造、获取顾客价值的营销过程

资料来源：阿姆斯特朗，科特勒.市场营销学：第13版[M].赵占波，孙鲁平，赵江波，等译.北京：机械工业出版社，2019.

图1-1描绘了一个简单的创造、获取顾客价值的营销过程，总共分为五步。在前四个步骤中，企业致力于理解顾客、创造顾客价值并建立强有力的顾客关系；在第五步中，企业开始收获回报。

1.1.3 理解市场与顾客

1. 需要、欲望与需求

需要（needs）是一种感觉被剥夺的状态。它既包括基本的生理需要，也包括对归属和情感的社会需要，还有对知识和自我表达的个体需要。这些需要并不是由营销活动创造的，它们是人类天性中基本的组成部分。换句话说，需要是人类的基本要求没有得到满足的感受状态。

欲望（wants）是由文化和个性塑造的人类需要。它由一个人所处的社会塑造，并由那些可以满足需要的目标物来描述。当有购买力支持的时候，欲望就变成了需求（demands）。在一定的欲望和资源条件下，人们需要一种能给予其最大价值和满意度的产品。

2. 市场供应品：产品、服务和体验

消费者的需求和欲望通过市场供应品（marketing offerings）来满足。市场供应品是指向市场提供的旨在满足顾客需要或欲望的产品（product）、服务（service）、信息（information）或者体验（experience）的某种组合。市场供应品不仅限于实体产品，还包括用来销售的服务、活动或者提供的利益。有些东西本质上是无形的，且不会导致任何形式的所有权的变化，比如金融服务、航空旅馆、纳税材料的准备以及家庭维修服务等。从更广义上说，市场供应品还包括一些其他的实体，如人、地点、组织、信息和观念等。

很多销售人员错误地把过多的注意力集中在特定的产品上，而忽略了产品所带来的利益和体验，从而患上了营销近视症（marketing myopia）。他们太过关注自己的产品，结果只注意了已有的需求却忽略了潜在消费者的需求。他们忘记了产品只是解决问题的工具。

3. 顾客价值与满意

顾客往往面临多种可以满足其特定需求的产品和服务，他们如何做出选择呢？顾客会对多种产品和服务提供的价值和满意度形成期待，并根据这种期待做出购买行为。满意的顾客将会重复购买并将自己的良好体验告诉其他人，不满意的顾客则会转向竞争者并向其他人散布产品和服务的坏话。

营销人员必须非常小心地设定正确的期望等级。过低的期望虽然易使购买者感到满意，但往往无法吸引到足够多的购买者；如果他们把期望抬得过高，购买者又可能会对真实的产品或服务感到失望。顾客价值与满意是发展和管理顾客关系的基石。

4. 交换和关系

当人们决定通过交换满足需要或欲望时，营销就会发生。交换（exchange）是指用一些东西从别人那里换取自己所需物品的行为。从广义上来说，营销人员会尽力激起顾客对于某种产品的反应。这种反应可能不仅仅是购买或交易产品，比如，一支交响乐队需要的是观众，一个教会需要的是信徒，而一个社会行为团体需要的是他人接受他们的观念。

营销包含为了同目标受众建立并保持与某种产品、服务、观点或其他对象有关的良好交换关系而采取的所有行动。公司希望通过持续提供出众的顾客价值来维系良好的顾客关系。

5. 市场

由交换和关系的概念可以得到市场的概念。市场（market）是产品或服务的所有实际和潜在购买者的集合。这些购买者具有某些共同的特定需要或者欲望，可以通过交换关系来满足。

营销就意味着管理市场并带来能够产生利润的交换关系。创造交换关系要花费很多心血。销售人员必须寻找购买者，明确他们的需要，设计恰当的市场供应品并为它们设定价格，进行促销、仓储和分销。消费者研究、产品研发、传播、分销、定价以及服务都是核心的营销活动。

随着信息网络化的飞速发展，消费者也参与到营销中，这使得营销成为双向的事件。"我们与顾客如何相互影响"是当今营销者想要实施有效的顾客管理时必须深入思考的重大课题，在思考后，营销者要给出因应之策。

图 1-2 展示了现代营销体系中的主要元素。在通常情况下，营销是在竞争者面前为终端消费者市场提供服务。企业及其竞争者要通过市场调研以及与消费者互动来了解顾客需求，然后创造自己的市场供应品及营销信息，通过直销或营销中介传递给最终顾客。系统当中所有的参与者都受到主要环境力量（人口统计因素、经济因素、自然因素、技术因素、政治或法律因素、社会文化因素）的影响。

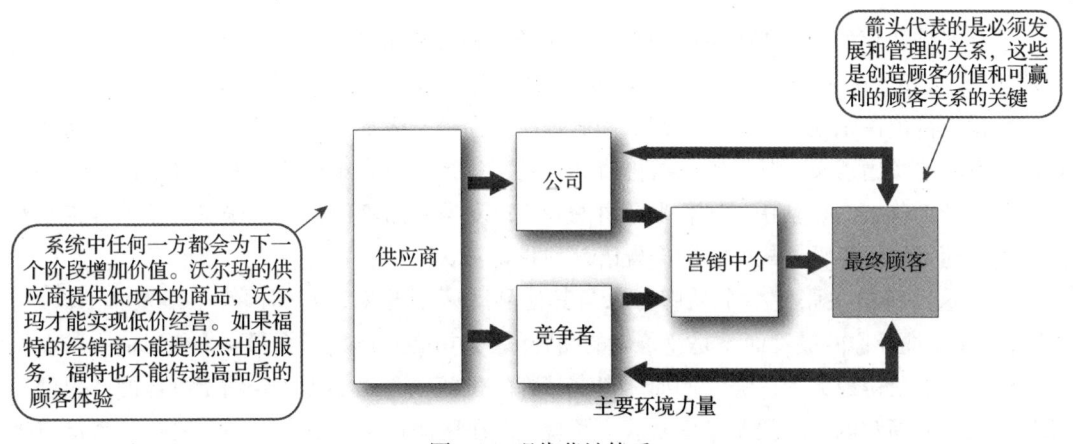

图 1-2　现代营销体系

资料来源：阿姆斯特朗，科特勒.市场营销学：第13版[M].赵占波，孙鲁平，赵江波，等译.北京：机械工业出版社，2019.

一家企业能否成功建立可赢利的顾客关系不仅仅取决于它自身的活动，还取决于整个系统是否能更好地满足最终顾客的需求。如果沃尔玛的供应商不能以低价向它提供商品，它就无法兑现自己"天天低价"的承诺；同样，如果福特的经销商不能提供杰出的服务，福特公司也无法将优质的汽车卖给购买者。

1.2 设计顾客驱动型营销战略与整合营销方案

在深入洞察顾客和市场之后,营销管理者可以着手开发出一套顾客驱动型营销战略。所谓营销管理(marketing management),是指选择目标市场并与之建立互惠关系的艺术与科学。营销管理者的目标就是通过创造、传递、传播杰出顾客价值来发现、吸引、保持和发展目标顾客。

要规划好一个营销战略,营销管理者必须回答两个至关重要的问题:其一是组织要服务于什么样的顾客(或者说我们的目标市场在哪里);其二是组织将如何为这些顾客提供最佳的服务(或者说我们的价值主张是什么)。

1.2.1 选择目标顾客

企业必须决定为谁提供服务。企业通过将市场分割成不同的消费者群体(市场细分)并选择其中的某些群体对其做出针对性努力(目标营销)来完成这个任务。之所以需要做出明智的选择,是因为服务于所有的顾客很可能会导致它们无法为任何顾客提供好的服务。换句话说,企业只会选择那些它们能够为之提供优质服务并从中获利的顾客。例如,金利来产品消费群定位于年轻进取、有活力、坚毅、睿智、崇尚个性的新白领阶层,全新塑造高雅气派的男人世界。

1.2.2 确定一个价值主张

企业必须决定的还有如何为其目标顾客服务:如何在市场中实现差异化和定位。企业的价值主张(value proposition)是它承诺传递给顾客并能够满足顾客需要的一切利益或价值。换句话说,价值主张是公司通过其产品和服务所能向消费者提供的价值。价值主张确认了公司对消费者的实用意义。阿里巴巴的价值主张是"让天下没有难做的生意";Facebook⊖的价值主张是帮助你"与生活中的人们联系并分享";麦当劳品牌的价值主张是要给顾客带来欢乐,其精髓是永远年轻,故而它的广告语是"我就喜欢"。

正是这些价值主张使一个品牌得以与其他品牌区别开来,它们回答了消费者的问题:"为什么我要选择你的品牌而不是竞争者的品牌?"公司必须设计一个强有力的价值主张以便在目标市场上获得最大的优势。例如,李宁品牌的价值主张是要为年轻消费群体的梦想创造无限可能,故而它的广告语是"一切皆有可能";在奥迪百年的沉浮录中,科技的力量清晰可见,其广告语是"突破科技 启迪未来",更是对其百年沉浮史的背书。

1.2.3 选择营销管理导向

一个公司要想在激烈的市场竞争中取胜,设计一套能够同目标顾客建立可赢利的关系的

⊖ 马克·扎克伯格在2021年10月28日的Facebook Connect大会上宣布,公司名称将由Facebook更改为"Meta"。

战略至关重要。关键问题是指导这些战略设计的哲学究竟是什么，如何平衡消费者、组织和社会的利益关系，尤其是当这些利益发生冲突的时候。

有五种不同的观念指导着组织营销战略的设计和执行。市场营销观念产生于20世纪初期的美国，是企业进行市场营销活动时的指导思想和行为准则的总和。企业市场营销观念决定了企业如何看待顾客和社会利益，如何平衡企业、社会和顾客三方的利益，经历了从最初的生产观念、产品观念、推销观念到营销观念和社会营销观念的发展和演变过程。真正的营销观念形成于第四个阶段，是市场营销观念演变进程中的一次重大飞跃，它要求企业营销管理贯彻"顾客至上"的原则，使顾客满意，从而实现企业目标。

营销观念分为传统营销观念和现代营销观念两大类，其中生产观念、产品观念和推销观念属于传统营销观念，营销观念和社会营销观念属于现代营销观念，图1-3为市场营销观念的分类。

图1-3　市场营销观念的分类

1. 生产观念

生产观念盛行于19世纪末20世纪初。该观念认为，消费者喜欢那些可以随处买到和价格低廉的商品，企业应当组织和利用所有资源，集中一切力量提高生产效率和扩大分销范围，增加产量，降低成本。显然，生产观念（production concept）是一种重生产、轻营销的指导思想，其典型表现就是"我们生产什么，就卖什么"。以生产观念指导营销活动的企业，称为生产导向企业。例如，20世纪初，美国福特汽车公司制造的汽车供不应求，亨利·福特曾傲慢地宣称："不管顾客需要什么颜色的汽车，我只有一种黑色的。"福特公司1914年开始生产的T型车，就是在"生产观念"经营哲学的指导下创造出奇迹的，公司努力使T型车的生产流程趋于完善，降低成本，使更多人买得起。到1921年，福特T型车在美国汽车市场上的占有率达到56%。

2. 产品观念

产品观念（product concept）是与生产观念并存的一种市场营销观念，都是重生产、轻营销。产品观念认为，消费者喜欢高质量、多功能和具有某些特色的产品。因此，企业管理的中心是致力于生产优质产品，并精益求精，日趋完善。在这种观念的指导下，公司管理者常常迷恋自己的产品，以至于没有意识到产品可能并不迎合时尚，甚至市场正朝着不同的方向发展。他们在设计产品时只依赖工程技术人员而极少让消费者介入。

例如，下一代电脑（Next），在1993年投资花费了2亿美元，出厂一万台后便停产了。它的特征是高保真音响和CD-ROM，甚至包含自带桌面系统。然而，谁是对这些组合感兴趣的顾客，定位却不清楚。可见，产品观念把市场看作是生产过程的终点，而不是生产过程的起点。它忽视了市场需求的多样性和动态性，过分重视产品而忽视了顾客需求。当某些产品出现供过于求或适销不对路而产生积压时，却不知产品为什么销不出去，最终导致"营销近视症"。

杜邦公司在1972年发明了一种具有钢的硬度而重量只是钢的1/5的新型纤维。杜邦公司的经理们设想了大量的用途和一个10亿美元的大市场。然而，这一刻的到来比杜邦公司所预料的要晚得多。因此，只致力于大量生产或精工制造而忽视市场需求的最终结果是其产品被市场冷落，经营者陷入困境。

3. 推销观念

推销观念（selling concept）产生于资本主义经济由"卖方市场"向"买方市场"的过渡阶段，盛行于20世纪三四十年代。推销观念认为，消费者通常有一种购买惰性或抗衡心理，若顺其自然，消费者就不会自觉地购买大量本企业的产品。因此，企业管理的中心任务是积极推销和大力促销，以诱导消费者购买本企业的产品。其具体表现是"我卖什么，就设法让人们买什么"。执行推销观念的企业，称为推销导向企业。在推销观念的指导下，企业相信产品是"卖出去的"，而不是"被买去的"。企业致力于产品的推广和广告活动，以求说服甚至强制消费者购买。他们收罗了大批推销专家，做大量广告，对消费者进行无孔不入的促销信息"轰炸"。

例如，脑白金是珠海巨人集团旗下的一个保健品品牌，该品牌创立于1994年，由于其成功的市场营销策略，在数年时间内，就成为中国大陆知名度最高和身价最高的保健品品牌之一，年均利润为3.5亿～4亿元人民币，2005年春节期间的销售额更是达到8.2亿元人民币。又如，美国皮尔斯堡面粉公司的口号由原来的"本公司旨在制造面粉"改为"本公司旨在推销面粉"，并第一次在公司内部成立了市场调研部门，派出大量推销人员从事推销活动。

推销观念与前两种观念一样，也是建立在以企业为中心的"以产定销"，而不是满足消费者真正需要的基础上。因此，前三种观念被称为市场营销的传统观念。

4. 营销观念

营销观念（marketing concept）出现于20世纪50年代中期，它的出现使企业经营观念发生了根本性变化，也使市场营销学发生了一次革命。营销观念是一种新型的企业经营哲学，对以前的观念提出了挑战，其与以生产产品为中心以及"制造和销售"哲学不同，而是转到以顾客为中心以及"感觉和响应"哲学。这种观念是以满足顾客的需求为出发点，即"顾客需要什么，就生产什么"。如今的工作不再是为产品找到合适的顾客，而是为顾客设计合适的产品。尽管这种思想由来已久，但其核心原则直到20世纪50年代中期才基本定型，当时社会生产力迅速发展，市场趋势表现为供过于求的买方市场，同时广大居民个人收入迅速提高，有可能对产品进行选择，为实现产品销售企业之间的竞争加剧，许多企业开始认识到必须转变经营观念，才能求得生存和发展。营销观念认为，实现企业各项目标的关键，在于正确确定目标市场的需要和欲望,并且比竞争者更有效地传送目标市场所期望的物品或服务,进而比竞争者更有效地满足目标市场的需要和欲望。

例如,戴尔公司的理念非常简单:按照客户要求制造计算机,并向客户直接发货,使戴尔公司能够最有效和明确地了解客户需求,继而迅速做出回应。直销的商业模式没有中间商参与,减少了不必要的成本和时间,让戴尔公司能更好地理解客户的需要,为每一位消费者定制并提供具有丰富配置的强大系统。

图 1-4 对销售观念和营销观念进行了比较。销售观念以一种由内向外的视角,从工厂出发,以公司的现有产品为中心,需要用大量的推销和促销活动来实现盈利性销售。它致力于征服顾客——赢得短期销售,而不关心谁会购买或者为什么会购买。

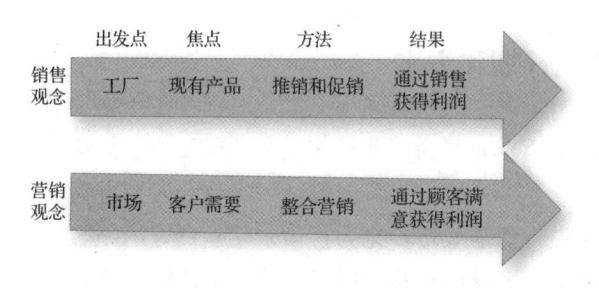

	出发点	焦点	方法	结果
销售观念	工厂	现有产品	推销和促销	通过销售获得利润
营销观念	市场	客户需要	整合营销	通过顾客满意获得利润

图 1-4 销售观念与营销观念的对比

资料来源:阿姆斯特朗,科特勒. 市场营销学:第 13 版 [M]. 赵占波,孙鲁平,赵江波,等译. 北京:机械工业出版社,2019.

相反,营销观念采用的是由外向内的视角。这种观念致力于满足客户的需要作为获利的途径。正如西南航空公司的创始人和前首席执行官赫布·凯莱赫(Herb Kelleher)所说:"我们没有营销部门,只有顾客服务部门。"营销观念从一个定义明确的市场出发,以客户需要为中心,整合各种营销活动来影响消费者,然后与适合的顾客一起创造顾客价值和顾客满意,并以此获得利润。

5. 社会营销观念

社会营销观念(social marketing concept)是对营销观念的进一步完善,是企业在开展市场营销活动的过程中,在处理企业、消费者和社会三方利益方面所持的态度和指导思想,是要考虑消费者和整个社会的长远利益而形成的一种具有普遍意义的工商哲学。与营销观念相比,社会营销观念有以下特点:在继续坚持通过满足消费者的需求和欲望以获取利润的同时,更加合理地兼顾消费者的眼前利益与长远利益,更加周密地考虑如何解决满足消费者需要与社会利益之间的矛盾。社会营销观念是企业提供产品或服务,要从消费者需要和企业自身的条件出发,既满足消费者的需要和欲望,又符合消费者利益、企业自身利益和社会长远利益,并以此作为企业的经营目标和责任。

例如,贝因美的育儿工程。贝因美经过认真的分析和研究,发现种族不同,民族饮食文化也不同,只有生产出真正符合中国婴儿特质的产品,指导家长正确地养育孩子,才能真正获得社会的认同,实现社会利益的同时也有效地实现企业利益。

再比如，麦当劳在其店内设立"爱心晴雨伞"，无论晴天雨天，只要有任何一个人到麦当劳店借伞，只需付 25 元押金，就能借到一把麦当劳的"爱心晴雨伞"，并获得一张"爱心捐助卡"。在一个月内，凭"爱心捐助卡"将"爱心晴雨伞"送回任何一家麦当劳店就能取回押金。将"爱心捐助卡"投入餐厅内的收集箱中，麦当劳就替借伞人捐出 0.10 元作为一份爱心慈善款，捐给社会上最急需帮助的人。麦当劳在向人们宣传"爱心"这一社会理念的同时，也使公众记住了麦当劳及其产品。

有趣的是，虽然汉堡快餐行业提供了美味可口的食品，却饱受批评，原因是它的食品脂肪含量太高。出售时采用方便包装，因而导致了过多的包装废弃物。在满足消费者需求方面，这些餐馆可能在无形中损害了消费者的健康，同时污染了环境，忽略了消费者和社会的长远利益。

1.2.4 构建整合营销计划和方案

企业的营销战略明确了企业要为哪些顾客服务，以及企业如何为这些顾客创造价值。接下来，在营销战略的指导下，营销人员将会设计一组整合营销方案，从而真正将价值传递给目标顾客。营销方案通过将营销战略转化为行动来建立良好的顾客关系。营销方案当中包含了企业的营销组合，是企业用以执行其营销战略的一组营销工具。

经典的营销组合工具可以被划分为四大类：产品（product）、价格（price）、渠道（place）和促销（promotion），称为营销 4P。为了传递其价值主张，企业首先要创造一组满足顾客需要的市场供应品（产品），其次要决定索要多高的定价（价格），再次要使这些产品能够到达目标顾客（渠道），最后要针对其产品与目标顾客进行沟通，使他们相信这些产品的优点（促销）。接下来，企业必须把这些营销组合工具整理成一个系统的营销方案，将价值传递给目标顾客。

│知识驿站│

5W2H 分析法

5W2H 分析法，又叫七问分析法，由二战中美国陆军兵器修理部首创。因简单方便、易于理解使用、富有启发意义，它广泛用于企业管理和技术活动中。企业中 5W2H 分析法用于分析梳理决策和执行性的活动措施，有助于弥补考虑问题的疏漏。

1. 5W2H 分析法内容

发明者用五个以 W 开头的英语单词和两个以 H 开头的英语单词进行设问,发现解决问题的线索,寻找发明思路,进行构思,从而设计出新的发明项目。

(1) what(何事)——是什么?目的是什么?做什么工作?
(2) why(何因)——为什么要做?可不可以不做?有没有替代方案?
(3) who(何人)——由谁来做?
(4) when(何时)——什么时间做?什么时机最适宜?
(5) where(何地)——在哪里做?
(6) how(如何做)——如何提高效率?如何实施?方法是什么?
(7) how much(何价)——多少?做到什么程度?数量如何?质量水平如何?费用产出如何?

2. 5W2H 分析法应用

(1) 检查原产品的合理性。

1)何事(what)。

条件是什么?哪一部分工作要做?目的是什么?重点是什么?与什么有关系?功能是什么?规范是什么?工作对象是什么?

2)如何做(how)。

怎样做省力?怎样做最快?怎样做效率最高?怎样改进?怎样得到?怎样避免失败?怎样求发展?怎样增加销路?怎样提高效率?怎样才能使产品更加美观大方?怎样使产品用起来方便?

3)何因(why)。

为什么采用这个技术参数?为什么不能有响声?为什么停用?为什么要做成这个形状?为什么采用机器代替人力?为什么产品的制造要经过这么多环节?为什么非做不可?

4)何时(when)。

何时要完成?何时安装?何时销售?何时是最佳营业时间?何时工作人员容易疲劳?何时产量最高?何时完成最为适宜?需要几天才算合理?

5)何地(where)。

何地最适宜某物生长?何处生产最经济?从何处买?还有什么地方可以作为销售点?安装在什么地方最合适?何地有资源?

6)何人(who)。

谁来办最方便?谁会生产?谁可以办?谁是顾客?谁被忽略了?谁是决策人?谁会受益?

7)何价(how much)。

功能指标达到多少?销售多少?成本多少?输出功率多少?效率多高?尺寸多少?重量多少?

(2) 找出主要优缺点。

如果现行的做法或产品经过七个问题的审核已无懈可击,便可认为这一做法或产品可取。如果七个问题中有一个答复不能令人满意,则表示这方面有改进余地。如果哪方面的答复有独创的优点,则可以扩大产品这方面的效用。

(3) 决定设计新产品。

克服原产品的缺点,扩大原产品的独特优点。

> 思考与交流

概念链接

目前为止关于营销,你学到了什么?抛开正式的定义,尝试拓展你自己对于市场营销的理解。

(1)用你自己的话说说什么是营销?写下你自己的理解。你的定义中包括一些关键概念,比如顾客价值和顾客关系吗?

(2)市场营销对你来说意味着什么?它是如何影响你的日常生活的?

(3)你最近一次购买了什么牌子的运动鞋?描述你与李宁、安踏、特步或者任何购买过的品牌之间的关系。

1.3 建立顾客关系并从顾客处获取价值

从五步营销模型不难看出,营销过程的前三个步骤——理解市场与顾客需求和欲望、设计顾客驱动型的营销战略以及构建营销方案以传递卓越价值,都是为了实现第四个也是最为重要的一个步骤——建立有利润的顾客关系并使顾客愉悦,涉及顾客关系管理、顾客参与和伙伴关系管理三部分内容。

在完成营销过程的前四个步骤,即通过创造和传递超额的价值来建立顾客关系后,最后一个步骤则是从顾客那里获取价值作为回报,可能是当期或者未来的销售额、市场份额或者利润。通过创造超额的价值,企业也获得了高度满意的顾客,他们忠诚于公司并会重复购买。这反过来意味着更高、更长期的回报。本节着重讨论创造顾客价值的结果、顾客忠诚度和顾客保持度,提升市场份额与顾客占有率,以及建立顾客资产。

1.3.1 顾客关系管理

顾客关系管理(customer relationship management,CRM),也称客户关系管理,是现代市场营销学中最重要的概念。广义的顾客关系管理是指通过给顾客提供较高的价值和满意度,从而建立和保持可盈利的顾客关系的整个过程。它涉及获取、维系和发展顾客。

1. 建立顾客关系的基石:创造顾客价值和顾客满意

构建持久的顾客关系的关键在于创造更高的顾客价值和顾客满意。满意的顾客更容易成为忠诚的顾客,也更可能为公司带来更多的交易。

(1)顾客价值。吸引与保留顾客可能是一件非常艰巨的任务。顾客经常要从大量令人眼花缭乱的产品和服务中做出选择。顾客最终购买的产品或服务一定提供了最高的顾客感知价值(customer-perceived value),这是指与其他竞争品相比,顾客对某一种市场提供物的总利益与总成本之间差异的感知和评价。重要的是，顾客往往不能"准确"或者"客观"地评价价值和成本，他们的判断往往会基于感知价值。

现实中对一些消费者来说，"价值"可能意味着以合理的价格获得合适的产品；但对于另一些消费者来说，"价值"可能意味着支付较高的价格获得更好的产品，如汽车消费等。

（2）顾客满意。顾客满意（customer satisfaction）取决于消费者所感知的产品效用与期望相符合的程度。如果产品效用低于顾客期望，顾客就会产生不满；如果效用与期望一致，顾客就会比较满意；如果产品效用超出期望，顾客就会产生高度的满意和愉悦感。

杰出的营销企业都竭尽全力保证关键顾客的满意。有大量研究表明更高的顾客满意会带来更高的顾客忠诚，进而提升企业的绩效。聪明的公司仅仅承诺它们能够做到的事情，并通过努力传递超过其承诺的价值来取悦顾客。满意的顾客不仅会重复购买，而且会成为企业的营销合作伙伴和"传道者"，自愿向其他人传播关于该产品的良好体验。

2. 顾客关系的层级和工具

根据目标市场的特征，公司可以在很多层次上建立顾客关系。

一方面，那些拥有很多的低利润顾客的公司可能只会建立一种基本的顾客关系。例如，宝洁公司不会打电话给所有使用汰渍洗衣粉的客户，以便于与他们建立私人关系，但是会使用广告、公共关系、网站和社交媒体来建立顾客关系。另一方面，当市场中的顾客数目非常少，提供的利润却非常可观的时候，销售人员就会希望与关键顾客建立全面的伙伴关系。例如，宝洁与沃尔玛等大型零售商保持紧密的合作，波音公司的伙伴则包括美洲航空、达美航空等。对于其他类型的顾客公司可与其建立层级相适宜的顾客关系。

除了持续提供较高的价值和顾客满意，营销人员还会使用专门的营销工具来增强与顾客之间的联系。例如，市场上领先的公司都开发了顾客忠诚计划和顾客维系方案，许多公司现在为那些经常购买或大量购买的顾客提供常客营销方案。航空公司给经常坐飞机出行的人提供特殊优惠，酒店为常客提供更好的房间，超市则给那些 VIP 购买者一定的价格折扣。有的公司选择开展俱乐部营销项目，给俱乐部成员提供特殊优惠并建立会员社区。

1.3.2 顾客参与

移动互联网、智能手机和社交媒体的崛起，深刻地改变了人们的沟通方式，更对企业如何与顾客建立联系，以及顾客之间如何相互联系都产生了深远影响。

1. 顾客参与以及当今的数字和社交媒体

数字时代催生了一系列新型顾客关系建立工具，从网站、在线广告和视频、移动广告和应用软件、博客，到在线社区以及 Twitter、Facebook、YouTube、Instagram 和 Pinterest 等大众社交媒体。

过去企业主要采用大众媒体营销，针对大范围的顾客，但与具体顾客之间有着一定距离。如今的企业采用在线媒体、移动媒体和社交媒体方式营销，精准定位目标群体，并与顾客进行更深入的互动。旧式营销是将品牌营销给顾客，新式营销则是顾客参与营销（customer-engagement marketing）——在塑造品牌对话、体验和社区的过程中，通过促成顾客直接和持续地参与使品牌成为消费者对话和生活的一部分。顾客参与营销的目的远不只是把品牌卖给消费者，而是使品牌成为消费者交流和生活中一个有意义的部分。

互联网和社交媒体的快速发展极大地促进了顾客参与营销的发展。如今的消费者比以往任何时候都知道得更多，联系得更多，得到的权力也更多。新型消费者对于品牌有更多的了解，并拥有很多数字平台用以向他人传播、分享自己对于品牌的看法。因此，如今的营销人员不仅要进行顾客关系管理，而且要让顾客管理关系，在这个过程中顾客通过与企业和其他顾客的联系来形成自己的品牌体验。

顾客权力的增加意味着企业不能再依赖于入侵式的营销。企业必须要采用吸引式的营销，即创造会吸引顾客的市场供应品和信息，而不是去打扰顾客。因此，如今大多数营销人员都将大众媒体营销与一系列在线、移动、社交媒体营销等方式相结合，以促进品牌与顾客的互动和对话。

例如，企业会将自己最新的广告和宣传视频发布在社交媒体站点上，希望能产生病毒式传播效果。它们在 Twitter、Facebook、YouTube、Google+、Pinterest 和其他的社交媒体上频繁出现以创造品牌讨论。它们发布自己的博客、移动 App、小型网站和消费者自发评点系统，目的是在更私密、更互动的层面上吸引顾客参与。

以 Twitter 为例，从戴尔、捷蓝航空、唐恩都乐到芝加哥公牛队、美国赛车协会、洛杉矶消防部，这些机构都注册了 Twitter 账号并在上面做推广。它们利用 Twitter，与 Twitter 上超过 5 亿的注册用户进行对话，处理顾客服务问题，研究顾客反应并将把流量引向相关的文章、网站、移动营销站点、竞赛、视频和其他品牌活动。

类似地，几乎每家企业都在 Facebook 上有一些活动。星巴克在 Facebook 上有 3 400 万"粉丝"，可口可乐的"粉丝"则超过 6 100 万。此外，每个主要营销者都有一个 YouTube 频道，品牌和"粉丝"可以在其上发布最近的广告以及其他娱乐或信息视频。社交媒体的艺术化使用能够让顾客更多投入到品牌中，并进行与品牌有关的讨论。

2. 消费者自发营销

顾客参与营销越来越多地采用消费者自发营销的方式，消费者在自己和其他消费者的品牌体验形成过程中扮演着越来越重要的角色，消费者自发营销可以通过消费者在博客、视频分享站点、社交媒体和其他电子论坛上自发的信息交换发生，现在企业开始越来越多地邀请消费者在塑造产品和品牌的过程中扮演更加积极的角色。

一些企业邀请消费者提供新的产品服务创意。例如，在"我的星巴克"创意网站中，星巴克收集顾客关于任何可以使他们在星巴克有更好体验的事情的想法，如新产品或门店改造等。星巴克网站上写道："你比任何人都了解你想要从星巴克获得什么，所以告诉我们，你的星巴克创意是什么，颠覆性的或简单的，我们都想听到。"网站邀请顾客分享自己的创意，对其他人的创意进行讨论并投票，并看到星巴克最终采纳了哪些创意。

还有一些企业邀请消费者在塑造企业广告上扮演积极的角色。例如，过去的 7 年里，百事可乐旗下的多力多滋品牌举办了一场"冲击超级碗"的比赛，该比赛向消费者征集 30 秒的广告作品，并从中选出最佳作品在超级碗比赛过程中播出。消费者生成广告取得了巨大的成功，2013 年的"超级碗"比赛上，多力多滋从 3 500 多个作品中选出了两个有趣的广告作品进行现场播放。多力多滋以往的比赛中产生了很多在美国广告排名中名列前茅的作品，这些作品为其创作者赢得了由百事可乐菲多利部门提供的 100 万美元的现金奖励。2012 年比赛选出的两个作品也都名列前六名，这个比赛再次获得巨大成功。2013 年，多力多滋首次把比赛阵地从官网转移到了 Facebook。借助 Facebook 的卓越传播能力，五个决赛作品的总观看次数超过了 1 亿。此外，在比赛期间多力多滋的 Facebook "粉丝"增加到 400 多万。菲多利的营销副总裁表示："人们喜欢这些视频广告，Facebook 让我们进入到他们的朋友圈。"这些顾客参与的真实价值在于消费者自愿搜索和分享品牌信息，而非勉为其难地接受这些信息。

尽管效果很成功，但利用消费者创造内容是一个很消耗时间和成本的过程，企业有时甚至可能很难从众多"垃圾"中找到一些亮点。例如，亨氏公司曾邀请消费者在 YouTube 上为调味番茄酱提交自制广告。它最终收到了 8 000 多个参赛作品，展示了其中的近 4 000 个。有一些业余爱好者的广告做得很好，既有娱乐性又有潜在影响力，但大部分广告的水平最多也就是平平，有一些甚至很差。例如，在一则广告中，参赛者将调味番茄酱一下子全从瓶子中直接倒出来；在另一则广告中，其创作者——未来的电影制作者——用亨氏的产品刷牙、洗头、刮脸。

随着消费者联系越来越紧密，权力越来越大，以及数字和社交媒体技术持续繁荣，顾客参与营销——无论是否由营销者邀请，都将成为越来越重要的营销力量。随着消费者制作的视频、评论、博客、应用软件以及网站的日益丰富，消费者在形成自己和其他消费者的品牌体验中扮演着日益重要的角色。如今，消费者几乎对产品的所有方面都具有了发言权，从产品设计、使用、包装到品牌语言、定价、分销。品牌必须接纳这一新的消费者权力形式，并学会使用新兴的数字和社交媒体工具发展顾客关系。

1.3.3 伙伴关系管理

今天的营销人员认识到，想要创造顾客价值并建立强有力的顾客关系，仅靠单兵作战是不行的。他们必须和各样的营销伙伴紧密合作。除了要善于进行顾客关系管理，企业还要善于进行伙伴关系管理（partner relationship management）——和公司其他部门或公司外部的合作伙伴一起，通过紧密的合作共同为顾客创造更大的价值。

从传统意义上来说，营销人员需要理解顾客需求并将满足需求的任务分配给公司内部的各个部门。但是在今天联系更加紧密的世界当中，组织中的每一个职能单元都可以同顾客存在相互的交流。新的观念是，无论你在公司中的工作是什么，都必须理解营销并做到以顾客为中心。公司要将所有的部门和职能单元整合在一起来为顾客创造价值，而不是让它们各行其是。

另外，营销人员必须与公司外部的供应商、渠道成员和公司外的其他组织建立伙伴关系。营销渠道包括分销商、零售商和其他一些将公司与其最终顾客联系起来的组织。供应链则是一条更长的渠道，涉及范围从原材料到传递给终端购买者的最终产品。通过供应链管理，如今的企业加强了同供应链上所有其他企业的联系，企业的最终利润和传递顾客价值的成功，不仅仅取决于企业自己做得有多出色，还取决于企业所处的整条供应链同竞争者供应链之间的竞争状况。

1.3.4 创造顾客忠诚度和顾客保持度

卓越的顾客关系管理能够创造顾客满意，而满意的顾客会对企业保持忠诚并向其他人宣传该企业的产品。研究显示，完全满意顾客、一般满意顾客和不满意顾客在忠诚度上存在巨大差异，即便是在完全满意的基础上略有下滑也会导致顾客忠诚度的急剧下降。因此，顾客关系管理的目标不仅是要创造顾客满意，而且还要创造顾客愉悦。

保持顾客忠诚具有重要的经济意义，忠诚的顾客花钱更多并且持续时间更久。研究表明留住一个老顾客的成本是发展一个新顾客的 1/4。这反过来也说明，顾客流失的成本非常高。失去一个顾客不仅意味着丢掉了一笔交易，而且意味着可能失去这个顾客以后一生当中能带来的全部购买流。下面是关于顾客终身价值（customer life value，CLV）的一个经典案例：

斯图·伦纳德（Stew Leonard）在康涅狄格州和纽约州经营着四家连锁超市而且获利颇丰。他戏称每当看见一个满面怒容的顾客他就仿佛看见 50 000 美元从他的商店飞走了。为什么？因为每个顾客平均每周会购买 100 美元，每年大概购买 50 次，大约会在这个地方住 10 年。如果这个顾客有了不愉快的购物经历，他就有可能转到其他的超市去购买，这也就意味着伦纳德损失了 50 000 美元的收入。如果这个顾客向其他顾客说超市的坏话，并且导致他们也离开的话，损失还会更大。

为了留住顾客，伦纳德的超市创造了《纽约时报》所称的"乳品店里的迪士尼乐园"，商店中有着真人装扮的知名角色、定期安排的娱乐项目、宠物动物园以及充斥全店的仿真卡通形象。1969 年，伦纳德开设的仅是一家小小的乳品店，但是它发展的步伐快得惊人。现在它已经扩张到 9 家分店，每周的顾客超过 30 万人。如此众多忠诚购物者的获得很大程度上得益于商店里那种激情洋溢的顾客服务方式。店里有两条原则：第一条原则，顾客永远是对的；第二条原则，如果顾客真的错了，那么参见第一条。

关注顾客终身价值的不仅仅是伦纳德。例如，雷克萨斯的评估结果显示，在一位满意并且忠诚的顾客一生中，公司能与其达成的交易值为 60 万美元。一位年轻的移动手机顾客的终身价值预测值可以达到 26 000 美元。事实上，即使企业可能会在一笔交易上亏钱，但是长期的关系将会使企业获益良多。这意味着公司应该在建立顾客关系上制定更高的目标。让顾客高兴可以使顾客对品牌产生情感上的喜爱，不仅仅是理性的偏好而正是情感上的喜爱会促使顾客再次购买。

1.3.5 提升顾客占有率

优秀的顾客关系管理不仅可以使企业留住那些有价值的顾客并获得顾客终身价值，还能够帮助营销人员提升顾客占有率（share of customer），即购买某公司产品的顾客在该品类全部顾客中的比例。因此，银行更加关注"钱包份额"，超市和饭店想要提高自己的"胃口份额"，汽车公司想要的是"车库份额"，而航空公司则要增加"旅行份额"。

为了提升顾客占有率，企业可以通过为现有的顾客提供更加多样的产品，或者企业可以向现有顾客交叉销售或升级销售更多的产品。例如，亚马逊就非常善于利用它与其1.88亿顾客的关系来增加自己在每位顾客的购买预算中的比例。

每次登录亚马逊，消费者购买的产品往往要比计划得多。亚马逊全力以赴达成这一目标。这个线上巨头持续扩张其产品类别，创造出理想的一站式购物场所。根据每位顾客的购买和搜索记录，企业为顾客推荐他们可能会感兴趣的相关产品。这个推荐系统影响着其总销售额中30%的部分。亚马逊巧妙的Amazon Prime "两日送达"项目也帮助品牌抢占顾客的钱包。通过支付79美元的年费，Prime会员将可以在两天之内接收到他们的所有订单货物，不管是一本书还是一台60英寸的高清电视。一位分析师说，这个巧妙的系统"将难以割舍两天之内收到所有订单货物的满足感的普通购物者转化为了亚马逊狂热者"。于是在注册成为Prime会员之后，购买者每年的亚马逊购买量翻了3倍。对亚马逊来说，一位Prime会员的价值大约是一位非会员价值的8倍。

1.3.6 建立顾客资产

我们已经知道了企业不只要赢得顾客，更要维护和发展顾客的重要意义。企业的价值在于其现在和将来的顾客价值，顾客关系管理的理念是趋向于长期的。如今，聪明的企业都不仅想要拥有可以带来利润的顾客，而且想长久地拥有他们，赢得他们更多的购买份额并获取顾客终身价值。

1. 顾客资产

顾客关系管理的最终目标是产生更高的顾客资产，顾客资产（customer equity）是企业所有顾客终身价值折现现值的总和。这是基于企业顾客未来价值的估测。很明显，能够给企业带来利润的顾客越忠诚，企业的顾客资产就越高。相对于现有的销售额或市场份额来说，顾客资产也许是对企业绩效进行评估的更好方式。销售额和市场份额代表的是企业的过去，而顾客资产则预示着企业的未来。来看凯迪拉克的例子：

在20世纪七八十年代，凯迪拉克拥有全行业最忠诚的顾客。对于整整一代汽车购买者来说，凯迪拉克是奢华的代言人。凯迪拉克在高端轿车市场的份额在1976年占到了惊人的51%。从销量和市场份额来看，这家企业的未来一片光明。然而，如果从顾客资产的角度来衡量，场面可能就多少有些凄惨了：顾客正在慢慢变老（平均年龄60岁），平均的顾客终身价值正在降低。很多车主开的都是他们的最后一辆车，因此，尽管凯迪拉克的市场份额表现不凡，它的顾客资产却不大。

反观宝马，在一开始的市场份额之争中，年轻、有活力的形象并没有为宝马带来太高的效益，但最终却为宝马赢得了具有更高终身价值的更年轻的顾客群（平均年龄40岁）。结果是，在之后几年里宝马的市场份额和收入急剧增长，而凯迪拉克的份额迅速被侵蚀，宝马在20世纪80年代超过了凯迪拉克，近几年又开始努力通过时髦、高性能的设计使产品看起来更加炫酷，从而吸引更年轻的消费者。如今，尽管凯迪拉克品牌通过基于"力量、性能、设计"的营销宣传将自己定位为"世界的新标准"，但是过去的10年，凯迪拉克的市场份额停滞不前。

这个故事的寓意是：销售人员不仅仅要关心目前的销量和市场份额，顾客资产才是这场博弈的主题。

2. 与恰当的顾客建立恰当的关系

企业应该精心管理自己的顾客资产。它们应把顾客看作需要进行管理并使之最大化的资产。但并不是顾客，甚至不是所有的忠实顾客都是好的投资。这一点是非常令人惊奇的，有一些忠实顾客甚至不能给企业带来利润，而一些不那么忠实的顾客却可能带来非常多的利润。那么企业应该去获得和维系哪一部分顾客呢？

企业可以根据潜在获利性来划分顾客等级，并据此管理与他们之间的关系。图1-5根据潜在获利性和预期忠诚度将所有的顾客划分为四类，每个类别都需要实施不同的顾客关系管理战略。"陌生人"，表现出较低的获利性和预期忠诚度，企业的产品同他们的需求几乎不匹配。针对这一类顾客的顾客关系管理战略非常简单——不投入。

"蝴蝶"是那些利润很高但是不太忠诚的顾客。企业的产品与他们的需求之间有很多的共同点，但是这类

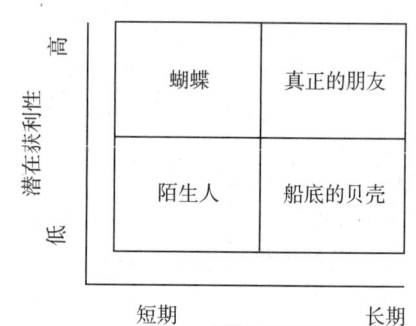

图1-5 顾客类型

顾客就像真正的蝴蝶，企业只能拥有很短时间，然后他们很快就飞走了。股票市场上那些经常进行换投但保持很大交易数额的投资者就属于这种类型。他们乐于猎取那些最高的收益，却不会与哪一家股票经纪公司建立经常性的关系。试图将这类顾客转变为忠实顾客的努力通常很难奏效。因此，企业应该在当下享受"蝴蝶"，与他们建立满意的、有利可图的交易，在他们进行购买的短暂时间内尽可能做更多的生意，然后就停止进一步投入，直到下一轮交易的来临。

"真正的朋友"是那些既忠诚又能带来利润的顾客。他们的需求与企业的产品之间有非常好的匹配度。企业对他们进行持续的关系投资以取悦、培育、维系和发展这些顾客。企业希望可以将其转变为"忠实信徒"，使其不断重复购买并向其他人传播自己在企业的愉快体验。

"船底的贝壳"则是指那些高度忠诚但利润微薄的顾客。企业的产品同此类顾客的需求匹配程度有限。一个例子是银行的小顾客，他们经常光顾，但是所产生的利润甚至无法弥补维持其账户的成本。他们就像那些粘在船底的贝类，拖延了轮船的行程。这类顾客往往是最令人挠头的。企业也许可以通过卖给他们更多产品、提高服务于他们的费用或者减少对他们的服务来提高这部分顾客的利润率。但如果不能奏效，企业就应该舍弃这类顾客。

以上内容陈述了一个非常重要的观点：对于不同类型的顾客，企业应该实施不同类型的顾客关系管理战略，企业的目标就是要与恰当的顾客建立恰当的关系。

缓冲带

概念链接

我们已经探讨了很多内容，休息一下，思考以下问题以加深你对营销的理解。
- 你认为什么是营销以及如何成功营销？
- 雷克萨斯与其顾客之间的关系如何？它使用了怎样的顾客关系管理策略？沃尔玛使用了怎样的顾客关系管理策略？
- 找一家你是它的"真正的朋友"的企业，这家企业如何对你进行关系管理？

至此，我们已经讨论了图 1-1 五步营销模型的所有步骤。为了便于梳理相关概念和更好地理解本章后续内容之间的内在关系，图 1-6 给出了一个扩展模型，由该模型可知，简单来说营销就是一个与顾客建立可赢利的关系，通过为顾客创造价值并从中获取利益作为回报的过程。

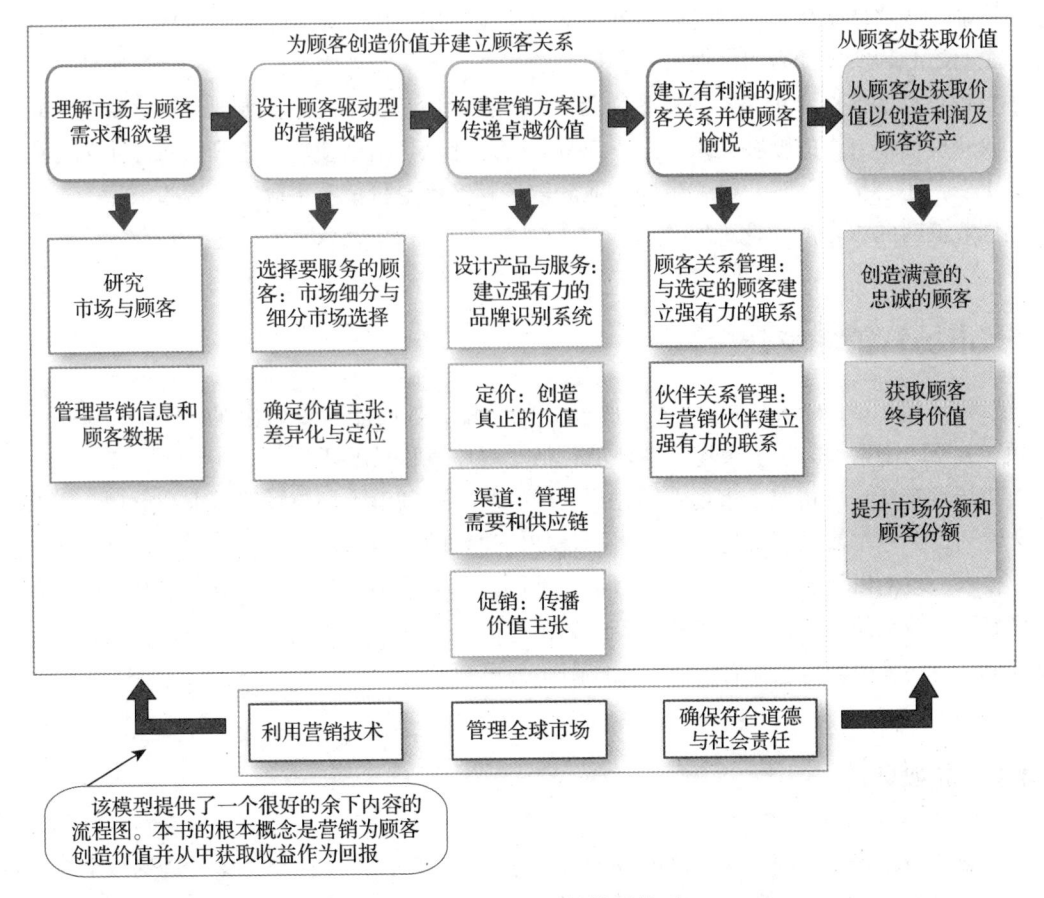

该模型提供了一个很好的余下内容的流程图。本书的根本概念是营销为顾客创造价值并从中获取收益作为回报。

图 1-6 营销过程的扩展模型

资料来源：阿姆斯特朗，科特勒.市场营销学：第 13 版 [M].赵占波，孙鲁平，赵江波，等译.北京：机械工业出版社，2019.

营销过程的前四个步骤关注为顾客创造价值。企业从研究顾客的需求和欲望入手，管理营销信息以形成对市场的全面了解。然后企业回答下面两个问题，并在此基础上设计一个顾客驱动的营销战略。第一个问题是："我们将服务于什么样的顾客（市场细分和细分市场的选择）？"明智的企业知道它们无法通过所有方式为所有顾客提供服务，因此需要将企业的资源集中于那些可以为其提供最佳服务并能够获取最多利润的顾客身上。第二个有关营销战略的问题则是："如何最好地服务我们的目标顾客（差异化与定位）？"此处营销人员要勾勒出一个价值主张，说明为了赢得目标顾客必须要提供什么样的利益和服务。

一旦决定了企业的营销战略，企业就可以开始构建其营销方案（包括四个营销组合要素，即4P），将营销战略真正转化为顾客价值。企业开发产品并为这些产品建立强有力的品牌识别系统。它们为这些产品定价以创造真正的顾客价值，进行分销使目标顾客可以获得它们。最后，企业还要制订出促销计划以向目标顾客传播其价值主张并说服顾客对其产品做出反应。

营销过程中最重要的步骤可能就是与目标顾客建立一种"以价值为导向的盈利性关系"。通过这个过程，营销人员实施顾客关系管理以创造顾客满意和愉悦。不过杰出的企业都知道，在创造顾客价值和建立顾客关系的过程中它们不可能单兵作战，必须与营销伙伴紧密合作，不论这些伙伴是在组织内还是在外部的营销系统中。因此，除了良好的顾客关系管理之外，企业还必须实施优秀的伙伴关系管理。

营销过程的前四个步骤是为顾客创造价值，在最后一步中，企业就要从顾客那里获取价值，收获这种强有力的顾客关系回报。向顾客传递超额价值会使顾客感到满意，他们不但会买得更多，还会重复购买。这就帮助企业获取了顾客终身价值和更高的顾客占有率，最终为企业创造长期的顾客资产。

1.4 市场营销环境分析

营销环境（marketing environment）是市场营销之外的能够影响管理层建立和维护与目标顾客关系的因素和力量。市场营销环境包括宏观环境和微观环境。

市场营销环境分析属于市场营销过程的第一步——理解市场与顾客需求和欲望。本节中你会看到，在一个复杂多变的环境中市场是如何运行的：公司宏观环境中的人口、经济、自然、技术、政治以及文化等主要环境力量也都可以塑造市场机会、产生威胁以及影响企业建立良好顾客关系的能力；公司微观环境中的供应商、营销中介、顾客、竞争者、社会公众以及其他社会环境中的角色都有可能促成或阻碍公司的发展。

1.4.1 宏观环境

宏观环境是指一个国家或地区的政治、法律、人口、经济、社会文化、科学技术等影响企业进行网络营销活动的宏观条件。宏观环境对企业短期的利益可能影响不大，但对企业长期的发展具有很大的影响。因此，企业一定要重视对宏观环境的分析研究。如图1-7所示，宏观环境主要包括以下五个方面的因素。

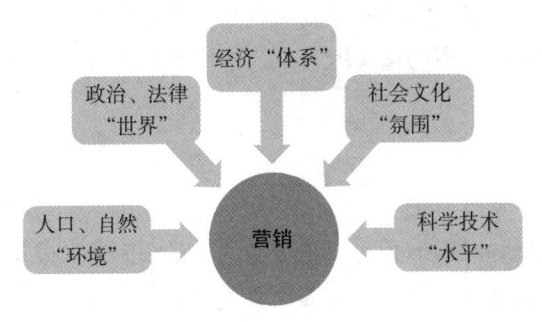

图 1-7 市场营销宏观环境因素

1. 人口、自然"环境"

人是企业营销活动的直接和最终对象，市场是由消费者构成的。所以在其他条件固定或相同的情况下，人口的规模决定着市场容量和潜力；人口结构影响着消费结构和产品构成；人口组成的家庭、家庭类型及其变化，对消费品市场有明显的影响。自然环境是指一个国家或地区的客观环境因素，主要包括自然资源、气候、地形地质、地理位置等。虽然随着科技的进步和社会生产力的提高，自然环境对经济和市场的影响整体上是趋于下降的趋势，但自然环境制约经济和市场的内容、形式则在不断变化。

2. 政治、法律"世界"

政治、法律因素包括国家政治体制、政治的稳定性、国际关系、法制体系等。在国家和国际政治法律体系中，相当一部分内容直接或间接地影响着经济和市场。所以，要认真地进行分析和研究。

3. 经济"体系"

经济环境是内部分类最多、具体因素最多，并对市场具有广泛和直接影响的环境因素。经济环境不仅包括经济体制、经济增长前景、经济周期与发展阶段以及经济政策体系等大的方面的内容，同时也包括收入水平、市场价格、利率、汇率、税收等经济参数和政府调节取向等内容。

4. 社会文化"氛围"

企业存在于一定的社会环境中，同时企业又是社会成员组成的一个小的社会团体，不可避免地会受到社会文化环境的影响和制约。社会文化环境的内容很丰富，在不同的国家、地区、民族之间差别非常明显。在营销竞争手段向非价值型、使用价值型转变的今天，营销企业必须重视对社会文化环境的研究。

5. 科学技术"水平"

科学技术对经济社会发展的作用日益显著，科技的基础是教育，因此，科技与教育是客观环境的基本组成部分。在当今世界，企业环境的变化与科学技术的发展有非常大的关系，特别是在网络营销时期，两者之间的联系更为密切。在信息技术等高新技术产业中，教育水平的差异是影响需求和用户规模的重要因素，已被提到企业营销分析的议事日程上来。

1.4.2 微观环境

微观环境是指直接制约和影响企业营销活动的力量和因素。分析微观环境的目的在于更好地协调企业与这些相关群体的关系，促进企业营销目标的实现。微观环境由企业及其周围的活动者组成，直接影响着企业为顾客服务的能力。图1-8包括了市场营销微观环境的主要组成部分，如企业内部环境、营销中介、竞争者、供应商、顾客或用户、公众等。

图1-8 市场营销微观环境因素

1. 企业内部环境

企业内部环境涉及市场营销部门之外的其他部门，如企业最高管理层、财务、研究与开发、采购、生产、销售等部门。这些部门与市场营销部门密切配合、协调，构成了企业市场营销的完整过程。市场营销部门根据企业最高决策层规定的企业任务、目标、战略和政策，做出各项营销决策，并在得到上级领导的批准后执行。研究与开发、采购、生产、销售、财务等部门相互联系，为生产提供充足的原材料和能源供应，并协助企业建立考核和激励机制，协调市场营销部门与其他部门的关系，以保证企业营销活动的顺利开展。

2. 营销中介

营销中介（marketing intermediaries）是帮助公司向最终顾客促销、出售和分销产品的商业单位，包括分销商、物流公司、营销服务机构和金融中介。

营销中介是市场营销不可缺少的环节，大多数企业的营销活动，都必须通过它们的协助才能顺利进行。正因为有了营销中介所提供的服务，企业的产品才能够顺利到达目标顾客手中。因此，企业在市场营销过程中，必须重视中介组织对企业营销活动的影响，并要处理好同它们的合作关系。

为了更好地理解零售合作商之间业务的细微之处，可口可乐公司派出了一些多功能团队，开展了一系列基于饮料消费者的惊人的研究，并与它的合作商分享这些信息。可口可乐公司按照美国邮政编码对不同地区进行人口统计学研究来帮助合作商确定公司旗下哪些产品在特定地区更受欢迎。这种强烈的合作关系使得可口可乐公司在美国矿泉水软饮料市场中的份额遥遥领先。

3. 竞争者

从广义上讲，对于一个企业来说，竞争者来自多方面。企业与自己的顾客、供应商之间，都存在着某种意义上的竞争关系。从狭义上讲，竞争者是那些与本企业提供的产品或服务相类似，并且所服务的目标顾客也相似的其他企业。竞争是商品经济活动的必然规律。在企业开展网络营销的过程中，不可避免地会遇到业务与自己相同或相近的竞争对手。研究对手，取长补短，是克敌制胜的好方法。

4. 供应商

供应商是指向企业及其竞争者提供生产经营所需原料、部件、能源、资金等生产资源的公司或个人。企业与供应商之间既有合作又有竞争，这种关系既受宏观环境影响，又制约着企业的营销活动。企业一定要注意与供应商搞好关系，供应商对企业的营销业务有实质性的影响。在网络经济的条件下，为了适应网络营销的要求，企业与供应商的关系主要表现出下述变化：

其一，企业对供应商的依赖性增强。网络营销条件下，企业可以选择的供应商数量虽然大大增加，但是企业对供应商的依赖性却丝毫没有减少。这是因为企业为了达到降低成本、发挥企业优势、增强应变敏捷性的目的，会对企业的组织结构和业务流程进行再造。企业常常只保留属于企业核心竞争力的业务，裁去不必要的子公司和业务，将不属于自己的核心业务外包出去。显而易见，在此趋势下，企业面临供应商大量增加的情况，对供应商的依赖性也是日益增强的。如波音公司是世界上最大的飞机制造公司，却只生产飞机座椅和翼尖；戴尔公司是全球最大的 PC 机制造商，其电脑部件和外设设备大多数是原始设备制造商（original equipment manufacture）贴牌生产。

其二，企业与供应商的合作应更强。互联网的应用使得企业与供应商之间共享信息、共同设计产品、合作解决技术难题变得更加容易，使得企业和供应商之间也更容易建立起长久合作的关系。如 IBM 公司为我国中小企业和服务型机构提供了有针对性的信息化解决方案，同时也使得 IBM 公司在中国市场中获得了不小的份额。

宜家（IKEA）已成为全球最大的家具家居用品零售商，销售主要包括座椅和沙发系列、办公用品、卧室系列、厨房系列、照明系列等约 10 000 个产品。宜家采取全球化的采购模式，在全球设立了 16 个采购区域，其中有 3 个在中国大陆，分别为华南区、华中区和华北区。宜家在中国的采购量已占到总量的 18%，排名第一。截至 2019 年底，宜家在中国大陆的零售商场达到 32 家，所需仓储容量巨大。宜家的产品定位及品牌推广在中国如此成功，以至于一些中国白领把"吃麦当劳，喝星巴克的咖啡，用宜家的家具"作为一种风尚。宜家的产品风格独特、精美耐用、系列广泛，同时，宜家的经营理念是"提供种类繁多、美观实用、老百姓买得起的家居用品"。这就决定了宜家在追求产品美观实用的基础上要保持低价格，实际上宜家也是这么做的：宜家一直强调低价格策略。宜家为了保持顾客增长率和回头率，除了实施低价策略外，还要求设计师从基本的顾客价值提案开始，然后去寻找关键供应商并与之密切合作，以便把这些提案带入市场。因此宜家不仅让供应商提供产品，还让它们深入到产品质量、设计、价格等问题中，从而开发出能让顾客持续购买的产品。

5. 顾客或用户

顾客或用户是企业产品销售的市场，是企业最终的营销对象。网络技术的发展极大地消除了企业与顾客之间的地理位置的限制，创造了一个让双方更容易接近和交流信息的机制。互联网真正实现了经济全球化、市场一体化，它不仅给企业提供了广阔的市场营销空间，同时也增强了消费者选择商品的广泛性和可比性。

6. 公众

公众是企业营销过程中与企业营销活动发生关系的各种群体的总称。公众对企业的态度，会对企业的营销活动产生巨大的影响，既可能帮助企业树立良好的形象，也可能给企业的形象带来负面影响。所以企业必须处理好与主要公众的关系，争取公众的支持和偏爱，为自己营造和谐、宽松的社会环境。

微观环境因素对企业的营销活动有着直接的影响，所以又称直接营销环境。以上六种因素是从影响企业营销活动的角度出发的。在实际应用过程中，波特五力模型（Michael Porter's Five Forces Model）作为一种常用的战略分析工具，可以有效地分析企业所面对的竞争环境，五种力量综合起来影响着产业的吸引力以及现有企业的竞争战略决策。简单来讲，微观环境因素强调对市场营销的影响，波特五力模型则侧重对企业的战略分析。

要使企业长期维持高于平均水平的经济效益，其根本就是企业要具有持续的竞争优势。哈佛商学院教授迈克尔·波特（Michael E. Porter）将来自五个群体的竞争力量归纳为：行业现有竞争者（行业内竞争强度）、潜在的参加竞争者（新进入者的威胁）、替代产品生产者（替代品的威胁）、购买者（购买者的议价能力）、企业供应者（供应商的议价能力），并认为这五种力量不仅决定了行业竞争强度和整个行业利润水平，也决定了一个企业的竞争力，并成为企业竞争战略策划的基本出发点。波特五力模型如图 1-9 所示。

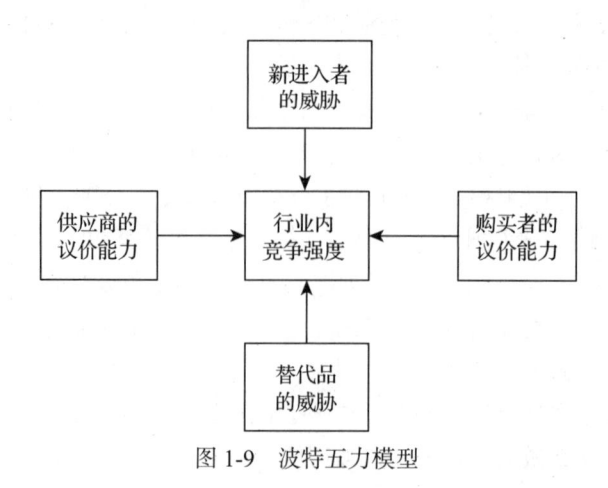

图 1-9 波特五力模型

（1）供应商的议价能力。

供应商主要通过其提高投入要素价格与降低单位价值质量的能力，来影响行业中现有企业的盈利能力与产品竞争力。供应商议价能力的强弱主要取决于他们所提供给买主的是什么投入要素，当供应商所提供的投入要素的价值占买主产品总成本比例较大，对买主产品生产过程非常重要，或者严重影响买主产品的质量时，供应商对于买主的潜在讨价还价能力就大大增强。一般来说，满足如下条件的供应商集团会具有较大的讨价还价能力：

1）供应商行业为一些具有比较稳固的市场地位而不受市场激烈竞争困扰的企业所控制，其产品的买主很多，以致每一个单独的买主都不可能成为供应商的重要客户。

2）供应商不同企业的产品各具有一定特色，以致买主难以转换或转换成本太高，或者很难找到可与供应商企业产品相竞争的替代品。

3）供应商能够方便地实行前向联合或一体化，而买主难以进行后向联合或一体化（即店大欺客）。

（2）购买者的议价能力。

购买者主要通过压价与要求提供较高质量的产品或服务的能力，来影响行业中现有企业的盈利能力。购买者的议价能力主要来自以下几方面：

1）购买者的总数较少，而每个购买者的购买量较大，占了卖方销售量的很大比例。

2）卖方行业由大量相对来说规模较小的企业所组成。

3）购买者所购买的基本上是一种标准化产品，同时向多个卖主购买产品在经济上也完全可行。

4）购买者有能力实现后向一体化，而卖主不可能前向一体化。

（3）新进入者的威胁。

新进入者在给行业带来新生产能力、新资源的同时，也会希望在已被现有企业瓜分完毕的市场中赢得一席之地，这就有可能会与现有企业发生原材料与市场份额的竞争，最终导致行业中现有企业盈利水平降低，严重的话还有可能危及这些企业的生存。新进入者的威胁的严重程度取决于两方面：进入新领域的障碍与预期现有企业对于进入者的反应情况。

进入新领域的障碍主要包括规模经济、产品差异、资本需要、转换成本、销售渠道开拓、政府行为与政策、不受规模支配的成本劣势、自然资源、地理环境等，其中有些障碍是很难借助复制或仿造的方式来突破的。预期现有企业对于进入者的反应情况，主要是采取报复行动的可能性大小，这取决于有关厂商的财力情况、报复记录、固定资产规模、行业增长速度等。总之，新企业进入一个行业的可能性大小，取决于进入者主观估计进入所能带来的潜在利益、所需花费的代价与所要承担的风险这三者的情况。

（4）替代品的威胁。

两个处于不同行业中的企业，可能会由于所生产的产品是互为替代品，从而产生相互竞争行为，这种源自替代品的竞争会以各种形式影响行业中现有企业的竞争战略。

1）现有企业产品售价以及获利潜力的提高，由存在能被用户方便接受的替代品限制。

2）由于替代品生产者的侵入，现有企业必须提高产品质量，通过降低成本来降低售价，或者使其产品具有特色，否则其销量与利润增长的目标就有可能受挫。

3）源自替代品生产者的竞争强度，受产品买主转换成本高低的影响。

总之，替代品价格越低、质量越好、用户转换成本越低，其所能产生的竞争压力就越强；而这种来自替代品生产者的竞争压力的强度，可以具体通过考察替代品销售增长率、替代品厂家生产能力与盈利扩张情况来加以描述。

（5）行业内竞争强度。

大部分行业中的企业，相互之间的利益都是紧密联系在一起的，作为企业整体战略一部分的企业竞争战略，其目标都在于使自己的企业获得相对于竞争对手的优势，所以，在实施中就必然会产生冲突与对抗现象，这些冲突与对抗就构成了现有企业之间的竞争。现有企业之间的竞争常常表现在价格、广告、产品介绍、售后服务等方面，其竞争强度与许多因素有关。

一般来说，出现下述情况将意味着行业中现有企业之间竞争的加剧。例如，行业进入障碍较低，势均力敌的竞争对手较多，竞争参与者范围广泛；市场趋于成熟，产品需求增长缓慢；竞争者企图采用降价等手段促销；竞争者提供几乎相同的产品或服务，用户转换成本很低；一个战略行动如果取得成功，其收入相当可观；行业外部实力强大的公司在接收了行业中实力薄弱的企业后，发起进攻性行动，使得刚被接收的企业成为市场的主要竞争者；退出障碍较高，即退出竞争要比继续参与竞争代价更高。在这里，退出障碍主要受经济、战略、感情以及社会政治关系等方面的影响，具体包括：资产的专用性、退出的固定费用、战略上的相互牵制、情绪上的难以接受、政府和社会的各种限制等。

关于波特五力模型的实践运用一直存在许多争论。较为一致的看法是：该模型更多是一种理论思考工具，而非可以实际操作的战略工具。该模型的理论是建立在以下三个假定基础之上的：

1）制定战略者需要了解整个行业的信息，显然现实中是难于做到的。

2）同行业之间只有竞争关系，没有合作关系。但现实中企业之间存在多种合作关系，不一定是你死我活的竞争关系。

3）行业的规模是固定的，因此，只能通过夺取对手的份额来占有更多的资源和市场份额。但现实中企业之间往往不是通过吃掉对手而是与对手共同做大行业的蛋糕来获取更多的资源和市场份额。同时，市场容量可以通过不断的开发和创新来增大。

1.4.3 对营销环境的反应

有人曾经说："企业有三种类型，让事情发生的，看事情发生的以及好奇到底发生了什么的。"许多企业都把营销环境看成一种不可控因素而努力去应对及适应它，企业被动地接受营销环境而不去试图改变它，企业通过对环境因素进行分析来制定相应的策略，避免它带来的威胁而利用其提供的机会。

也有企业对营销环境采取积极主动的立场。这些企业开发出新的策略来改变环境，而不是假设环境要左右策略的选择。企业及其产品经常能够创造出新的产业和结构，比如福特的

T 型车、苹果的 iPad 和 iPhone 以及谷歌的搜索引擎。

主动的企业会采取积极的行动来影响公众和营销环境中的各种因素，而不是简单地对营销环境进行观察和回应。它们雇用一些游说者来影响与其所处行业有关的法律；为了获得良好的媒体覆盖率而举行许多媒体活动；利用"社论式广告"（表达专业人士观点的广告）和博客来引导公众舆论；通过提起诉讼和向监管者投诉来使竞争者遵守竞争规则；通过合同来更好地控制分销渠道。

通过积极行动，企业经常可以克服那些看上去似乎不可控的环境因素。例如，一些企业试图掩盖关于它们产品的负面言论，而另外一些企业会主动反驳这些虚假信息。当有人攻击塔可钟（Taco Bell）产品中的牛肉质量有害时，它就是这样做的：

当一次加利福尼亚的女性集体起诉事件质疑塔可钟的肉馅是否可以贴上"牛肉"的商标时，公司的回应迅速且果断。这起诉讼声称塔可钟的牛肉馅掺杂了 65% 的黏合剂、添加物、防腐剂以及其他"佐料"。她们想要塔可钟不再叫它"牛肉"。对此塔可钟很快予以回应：在出版物、YouTube 和 Facebook 上发起了一场反击运动。公司在《华尔街日报》《纽约时报》和《今日美国》上刊登了整版的广告，直率地感谢发起诉讼的人给了机会来讲述"调味牛肉"背后的真相。公司声称其中只含有合格的牛肉以及那些能让牛肉保持美味口感的添加剂。塔可钟进一步声明将要采取法律手段回击那些散播虚假言论的人，公司积极的反击运动很快粉碎了诉讼案中的虚假信息，诉讼仅几个月后就自行撤销了。

营销管理者不是总能控制环境因素的。在许多案例中，企业只能对特定的环境做出简单的关注和反应。例如，若企业想要影响人口地理变动、经济环境或主流文化价值，成功率微乎其微。不过在情况允许的前提下，聪明的营销管理者会对营销环境采取积极的前瞻性活动，而不是被动适应营销环境。

1.5 管理营销信息以获取顾客洞察

1.5.1 营销信息和顾客洞察

为了给顾客创造价值并与之建立良好的顾客关系，营销人员必须首先获得关于顾客需要和欲望的即时、深入的洞察。这样的顾客洞察来自良好的市场信息，企业要利用这些顾客洞察去发展竞争优势。

尽管苹果公司不是第一家生产电子音乐播放器的企业，但是苹果公司通过市场调研发现了两条关键的洞察：一是人们希望随身携带自己所有的音乐，二是人们希望能随意听音乐。基于以上两条洞察点，苹果公司利用自己在设计感和实用性方面的魔力创造出了曾经极为成功的 iPod。2013 年，iPod 曾占据全球 MP3 播放器市场超过 70% 的市场份额，其销量超过 3.5 亿台。苹果公司首席执行官（CEO）蒂姆·库克声称："好的决策才是其真正价值，在这个市场上，索尼花了 30 年时间才卖出了 23 万台磁带随身听。"

尽管顾客和市场洞察对创造顾客价值和建立顾客关系非常重要，这些洞察信息的获取却非常困难。顾客的需求和购买动机通常并不明显——消费者经常不能准确地告知企业他们需要什么以及为什么购买这些产品。营销人员必须从大量的资源中有效地管理市场信息，从而获取更好的顾客洞察。

营销研究和市场信息真正的价值在于如何利用它们——在于它们所能提供的顾客洞察（customer insights）。基于这一理解，许多企业正在对其营销研究和市场信息的功能进行重新调整。它们创立了企业"顾客洞察小组"，这个小组通常由一位负责顾客洞察的副总经理领导并由企业全部功能部门的代表组成企业顾客。例如，可口可乐营销策略和洞察部门的副总经理牵头组建了一个由25位战略人员组成的团队，他们的任务是基于营销研究洞察信息来制定营销决策。这位管理者认为营销研究人员需要做的不仅仅是提供数据，他们还需要"说出数据背后的故事"，并根据获得的洞察回答"现在应该怎么做"。

顾客洞察团队从大量资源中收集顾客和市场信息，途径既包括传统的营销研究，也包括与顾客往来并观察顾客的方法，还可以跟踪社交媒体上关于企业和产品的对话。之后，他们将利用这些信息获取顾客洞察，帮助企业为顾客创造更多的价值。

因此，企业必须设计一个有效的营销信息系统，在正确的时间以正确的形式为管理者提供正确的信息，帮助他们利用这些信息创造顾客价值并建立更稳固的顾客关系。营销信息系统（marketing information system，MIS）是由一系列专门用于评估信息需求，开发需要的信息，帮助决策者使用信息并获得有效的市场和顾客洞察的人员、设备和程序构成的。

图1-10显示营销信息系统的起点和终点都是信息的使用者——营销管理者，内部和外部的合作者和其他需要营销信息的人。首先，营销信息系统和这些信息的使用者进行沟通以获取信息需求；其次，它通过与营销环境的互动从企业的内部数据库、营销情报活动和营销调研中获得所需信息；最后，营销信息系统帮助信息使用者通过分析和使用这些信息来发现顾客洞察、制定营销决策以及管理顾客关系。

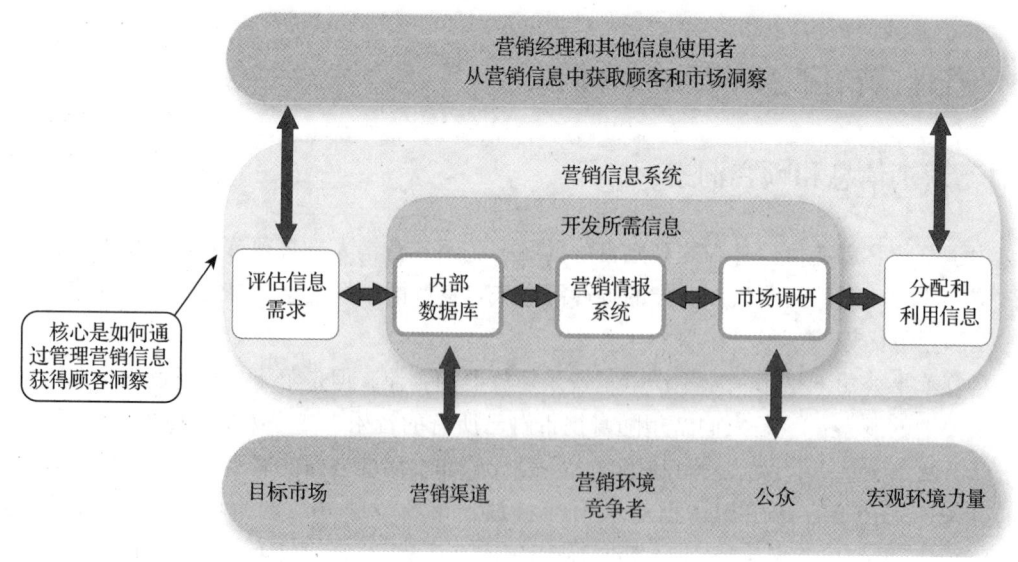

图1-10 营销信息系统

资料来源：阿姆斯特朗，科特勒. 市场营销学：第13版[M]. 赵占波, 孙鲁平, 赵江波, 等译. 北京：机械工业出版社, 2019.

1.5.2 评估营销信息需求

营销信息系统主要是为企业营销和其他方面的管理者服务的。不过它可能也要为其他的外部合作者提供信息,如供应商、经销商和其他的营销服务机构。例如,沃尔玛的零售链向其关键供应商提供多种信息,涉及顾客购买范式、存货水平以及企业在过去 24 小时内售出了多少产品等。

一个好的营销信息系统必须能够在反映信息使用者想要拿到的信息、他们真正需要的信息以及系统可以提供的信息之间达成平衡。企业一些管理者可能并未考虑自己真正需要什么信息而是直接要求提出所有自己可以拿到的信息,而信息过多可能和信息过少一样有害。另外,一些管理者可能会忽视他们需要知道或者还不知道的内容,却要求提供他们应该已经拥有的信息。例如,管理者可能需要了解顾客在社交媒体上发布的对品牌的正面或负面的讨论,但是管理者可能并不知道这些讨论的存在,所以他们也不会想到要求拿到这些信息。营销信息系统必须能监控营销环境并向决策者提供他们需要了解的信息,以帮助他们更好地了解顾客并制定有效的营销决策。

企业最后获得、处理、存储和传递信息的成本十分昂贵。企业必须确定从这些额外信息中所获得的洞察的价值是值得这些投入的,但这些收益和成本常常很难估算。

1.5.3 开发营销信息

营销人员可以从企业的内部数据库、营销情报系统和市场调研中获得他们所需要的信息。

1. 内部数据库

很多企业都建立了强大的内部数据库(internal databases),即从企业内部来源中获得的关于消费者和市场的电子信息集合。内部数据库中的信息有多种来源,营销部门提供关于顾客特征、交易和网站访问的信息;顾客服务部门记录关于顾客满意和服务问题的信息;财务部门提供关于企业销售额、成本以及现金流的详细信息;运营部门提供关于生产、运输和存货的信息;销售部门记录经销商的反应状况和竞争对手的行为;同时,营销渠道合作商则提供销售网络的交易数据。充分利用以上信息可以为企业提供有力的顾客洞察和竞争优势。

2. 营销情报系统

营销情报系统(marketing intelligence system)是指有关消费者、竞争对手以及营销环境变化的公开信息。构建营销情报系统的目标是通过了解消费者环境,发现和追踪竞争对手的活动以及关于市场机会和威胁的前期信号来改善企业战略决策。搜集营销情报的手段包括直接观察消费者、询问企业员工、比较竞争对手产品、在互联网上进行研究以及监视社交媒体舆论等。

3. 市场调研

除了关于普通消费者、竞争对手和市场事件的营销情报信息外，营销人员还经常需要做一些更正式的研究，以便为特定的营销情景决策提供顾客和市场洞察。例如，百威啤酒会想知道在美国"超级碗"大赛中将哪些诉求表现在广告中才是最有效的；雅虎会想知道网络搜索者对重新设计公司网站的提议有什么看法；三星电子会想知道有多少以及哪类消费者愿意购买公司下一代的大屏幕电视。在这种情况下，管理者需要进行专门的市场调研。

市场调研（marketing research）是指针对面临的具体营销问题，系统地设计、搜集、分析和报告有关数据。企业在很多情况下都要用到市场调研。比如，市场调研可以帮助营销者理解顾客的购买动机、购买行为和顾客满意度；评估市场潜力和市场份额；衡量定价、产品、渠道和促销行为的效果。

一些大公司拥有自己的市场调研部门，它们与营销管理者一起合作进行调研。此外，和一些规模较小的公司一样，这些大公司也会经常雇用外部调研专家来咨询特定营销问题及实施市场调研。有时，企业也会直接购买外部公司收集的数据以辅助自己做出决策。

市场调研过程包括四个步骤：界定问题及调研目标、制订调研计划、实施调研计划、分析并报告调研结果，如图1-11所示。

图1-11 市场调研过程

资料来源：阿姆斯特朗，科特勒.市场营销学：第13版[M].赵占波，孙鲁平，赵江波，等译.北京：机械工业出版社，2019.

1.5.4 分析并使用营销信息

从内部数据库、营销情报系统以及市场调研中收集到的信息往往需要做更进一步的分析。在通过这些信息获取有助于营销决策的顾客及市场洞察时，管理者们可能需要一些帮助。他们需要的帮助可能包括可以了解一组数据的内部变量关系的高级统计分析方法，而信息分析过程中也可能涉及能够帮助营销者做出更好决策的分析模型的应用。

现在很多公司开始利用客户关系管理（customer relationship management，CRM）系统来管理详细的顾客个体信息和顾客触点，开展精准营销，强化与消费者的互动，吸引消费者，并建立顾客关系，以实现顾客忠诚度最大化。事实上，客户关系管理系统由一些复杂的软件和分析工具组成，比如Salesforce.com、Oracle、微软、SAS等公司提供的相关产品。这些软件和工具可以用于整合各种来源的顾客信息，进行深入分析，并利用分析结果来建立更稳固的顾客关系。客户关系管理系统整合了企业销售、服务和营销团队所掌握的关于顾客的所有内容，提供关于顾客关系的全方位展示。

客户关系管理系统分析师通过建立数据仓库和使用数据挖掘技术来发现隐藏在顾客数据背后的价值。数据仓库是一个可以在全公司范围内详细记录顾客信息的电子数据库，其中的信息将被进一步筛选以得到精华。建立数据仓库不只是为了集中信息，更是为了把信息置于一个核心且易获取的位置。在数据仓库把所有的信息都集中起来之后，公司就可以使用功能强大的数据挖掘技术，对海量数据进行筛选，并从中发掘出与顾客有关的感兴趣的发现。一旦信息收集和分析完成，营销人员就必须在适当的时机将结论呈现给适当的决策者。

传播和使用营销信息至关重要。因为营销信息只有在被用于获取顾客洞察和改进营销决策的时候才具有价值。因此，营销信息系统必须随时准备让信息在管理者或其他人需要的时候到达他们的手中。在某些情况下，这就意味着需要向管理者提交日常绩效报告、情报更新状况以及研究结果报告。

但是，营销管理者在一些特殊的情况或现场决策中可能还需要一些非常规的信息。例如，当一个大客户出现问题的时候，销售经理可能就需要参考该客户去年的销售额与盈利总结报告；又如，一位品牌经理可能会想得到与最近一个新的广告活动相关的社交媒体方面的数据。因此，营销人员传播信息时，需要让信息通过及时且对用户友好的方式让大家看到。

许多公司都利用公司内部网和内部 CRM 系统来帮助实现这一过程。这些系统提供了快速获取研究和情报信息、顾客联系信息、报告、共享工作文件等信息的方式。例如，电话和网络礼物零售商 1-800-Floers.com 的 CRM 系统可以让直接接触顾客的一线员工实时调用顾客信息。当一位回头客打来电话，系统会马上调出其之前的购买数据及其他接触信息，帮助推销员更轻松、更有效地提高顾客体验。举例来说，如果一位顾客经常为他的妻子购买郁金香，推销员就可以告诉他最佳的郁金香产品及相关的礼物。这样的交流会得到更高的顾客满意度和忠诚度，并为公司带来更多的销售。一位 1-800-Floers.com 的管理者说："我们能实时地做到这一点，这能提高顾客体验。"

此外，企业逐渐开始允许关键顾客和价值网络的成员通过外部网来获得公司的财务信息、产品信息以及其他与需求有关的信息。供应商、顾客、分销商以及其他特定的价值网络成员可以访问公司的外部网来更新自己的账目记录，安排购买，并根据存货水平来检查订单情况，以享受更好的顾客服务。例如，Penske 卡车租赁公司的外部网站让顾客可以从中查到公司在某个地点的所有车队情况，并提供了一系列工具和应用来帮助车队管理者管理他们的账户以实现效率最大化。

随着现代科技的迅猛发展，如今的营销管理者随时随地都可以直接接入公司的信息系统。他们可以在家、办公室、酒店客房或当地的星巴克咖啡店里登录系统——任何可以连接上电脑、平板、智能手机的地方都可以。这样的系统允许管理者直接快速地获取所需要的信息，进而满足自己的需求。

1.6 消费者市场和消费者购买行为

消费者购买行为（consumer buyer behavior）是指最终消费者，即个人和家庭，为了个人消费而购买产品和服务的行为。所有的最终消费者合起来构成了消费者市场（consumer market）。美国的消费者市场由 3.14 亿以上的人口构成，他们每年消费价值超过 15 万亿美元的产品和服务，使美国成为世界上最具吸引力的消费者市场之一。中国消费者市场潜力巨大，今后在"不太长的时间里"将成为全球最大的消费者市场。

全球的消费者在年龄、收入、受教育程度和品位方面存在巨大的差异。这些不同类型的消费者如何与其他人及世界上的其他因素相连接将会影响他们对不同产品、服务和公司的选择。现在我们来考察这些能够影响消费者行为的因素。

1.6.1 消费者行为模型

消费者每天都会做出大量消费决策，如何影响其购买决策是营销人员的工作重心。绝大多数大型公司都在通过更为详细的调查来分析消费者的购买决策，回答他们买什么、在哪里买、怎么买、买多少、何时买和为什么买的问题。营销人员可以通过研究消费者的实际购买行为了解他们买什么、在哪里买和买多少，但是要了解其购买的原因就不那么容易了，因为问题的答案通常深藏在消费者的心中，有时连消费者自己也不知道影响他们购买的确切因素是什么。

营销人员要了解的最核心的问题是，消费者对公司可能采取的各种营销手段会有什么反应。研究的起点是图 1-12 展示的购买者行为模型（刺激 – 反应模型）。图 1-12 表明，营销刺激和其他刺激因素进入消费者的"黑匣子"，然后产生某些反应。营销人员必须找出购买者"黑匣子"里面的内容。

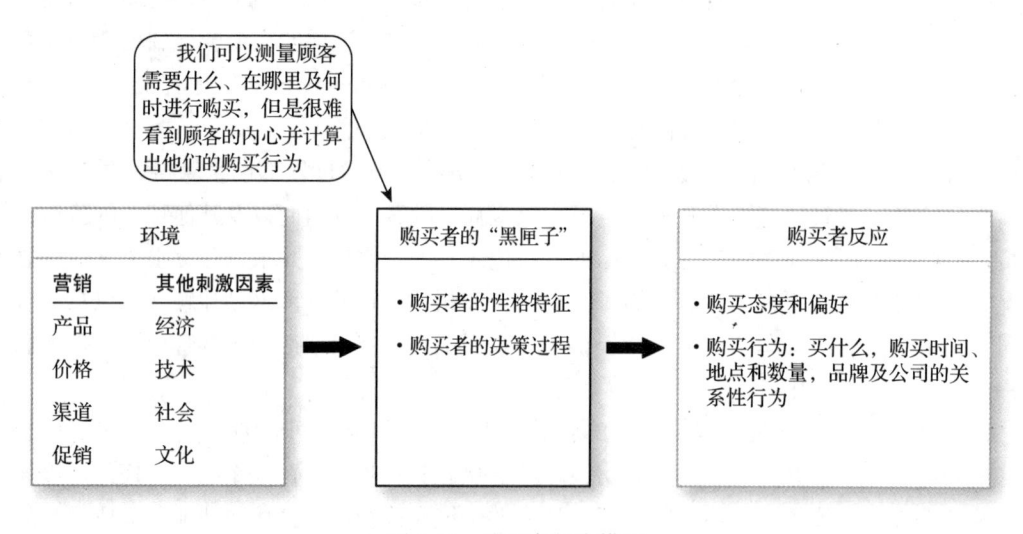

环境		购买者的"黑匣子"	购买者反应
营销	其他刺激因素	·购买者的性格特征 ·购买者的决策过程	·购买态度和偏好 ·购买行为：买什么，购买时间、地点和数量，品牌及公司的关系性行为
产品	经济		
价格	技术		
渠道	社会		
促销	文化		

我们可以测量顾客需要什么、在哪里及何时进行购买，但是很难看到顾客的内心并计算出他们的购买行为

图 1-12 购买者行为模型

资料来源：阿姆斯特朗，科特勒. 市场营销学：第 13 版 [M]. 赵占波, 孙鲁平, 赵江波, 等译. 北京：机械工业出版社, 2019.

营销刺激因素由 4P 构成：产品、价格、渠道和促销。其他刺激因素包括消费者所处的环境中一些重要的外部力量和事件，包括经济、技术、社会和文化因素。所有这些因素进入消费者的"黑匣子"，然后转换成一系列可观测的消费者反应，比如购买者与品牌和公司的关系性行为以及消费者在何时、何地、购买多少产品等。

营销人员想要知道这些刺激是如何在"黑匣子"里面被转化成消费者反应的，这其中有两部分内容：第一，购买者的特征影响了他们对这些刺激因素的感知和应对方式；第二，购买者的决策过程本身也会影响其行为。我们首先看看影响消费者行为的因素，然后再讨论购买者的决策过程。

1.6.2 影响消费者行为的因素

消费者的购买行为取决于他们的需要和欲望，而人们的需要和欲望以至消费习惯和行为，是在许多因素的影响下形成的，主要包括文化因素、社会因素、个人因素和心理因素，如图 1-13 所示。这四类因素对消费者购买行为产生不同程度的影响，大多数情况下，营销人员难以控制这些因素，但是他们应该考虑这些因素。

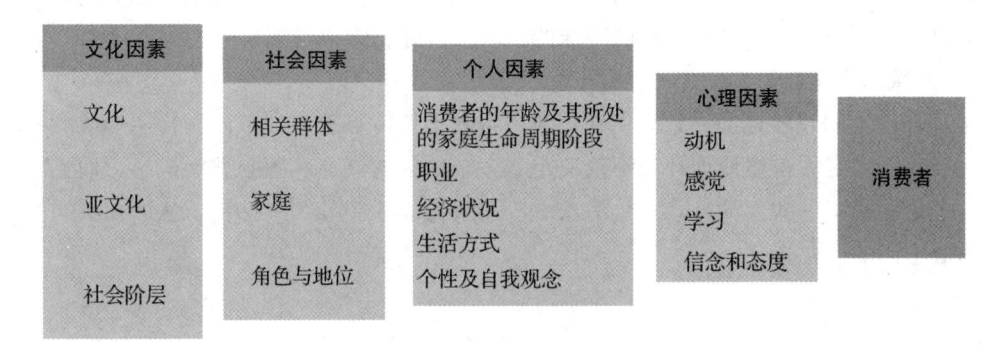

文化因素	社会因素	个人因素	心理因素	
文化	相关群体	消费者的年龄及其所处的家庭生命周期阶段	动机	
亚文化	家庭	职业	感觉	消费者
		经济状况	学习	
		生活方式		
社会阶层	角色与地位	个性及自我观念	信念和态度	

图 1-13 影响消费者行为的因素

资料来源：科特勒，阿姆斯特朗.市场营销：第 16 版 [M].楼尊，译.北京：机械工业出版社，2019.

1. 文化因素

菲利普·科特勒认为文化是人类欲望和行为最基本的决定因素。文化因素对消费者行为的影响是最难以识别，又是最广泛、最深远的。因此，只有对文化及其对消费者行为的影响有所了解，才能有效地开展营销活动。

（1）文化。

文化是一个广泛的概念。从广义上讲，文化是指人类在社会历史实践中创造的物质财富和精神财富的总和；从狭义上讲，文化是指社会的意识形态以及与之相适应的制度和结构，包含语言、文学、艺术、信仰、态度、风俗习惯、教育方式以及社会组织等。处于不同文化环境中的人们在文化特征方面常常表现出较大的差异性，这些差异会对消费者行为产生强烈和广泛的影响。

（2）亚文化。

文化由多种亚文化构成。所谓亚文化，是指某一文化群体所属次级群体的成员共有的独特信念、价值观和生活习惯。一个较大的文化群体中，有具有更为具体的认同感和社会化等共同特色的亚文化群。人类亚文化群主要有以下几大类：

1）国籍亚文化。

国籍亚文化是指来源于某个国家的社会群体的文化。在一些移民组成的国家中，国籍亚文化现象很明显。例如，在美国等西方国家的大城市里都有"唐人街"，那里集中体现了华人的文化。但是由于"唐人街"是在异国，总体上受所在国地域文化的影响，所以只是亚文化。

2）宗教亚文化。

不同的宗教群体，具有不同的文化倾向、习俗和禁忌。宗教能影响人们的行为，也能影响人们的价值观。如我国有佛教、道教、伊斯兰教、基督教等，这些宗教的信仰者都有各自的生活方式和消费习惯。

3）种族亚文化。

白种人、黄种人、黑种人都各有其独特的文化传统、文化风格和态度。他们即使生活在同一国家甚至同一城市，也会有自己特殊的需求、爱好和购买习惯。

4）区域亚文化。

地理环境上的差异也会导致人们在消费习俗和消费特点上有所不同。长期形成的地域习惯，一般比较稳定。自然地理环境不仅决定着一个地区的产业和贸易发展格局，而且间接影响着一个地区消费者的生活方式、生活水平、购买力的大小和消费结构，从而在不同的地域可能形成不同的商业文化。

（3）社会阶层。

社会阶层是指一个社会中具有同质性和持久性的群体。依据消费者的收入、职业、受教育程度以及居住区域的不同，可以将其划分为不同的社会阶层。

社会阶层对人们行为产生影响的心理基础在于人们的等级观和身份观，人们一般会采取同自己等级、身份相吻合的行为。等级观和身份观又会转化为更具有行为指导意义的价值观、消费观和审美观，从而直接影响人们的消费特征和购买行为。比如，同样是买牛仔裤，劳动阶层的消费者可能看中的是它的耐用性和经济性，而上层社会的消费者可能注重的是它的流行程度和自我表现力。事实上，对于市场上的现有产品和品牌，消费者会自觉或不自觉地将它们归入适合或不适合哪一阶层的人消费。例如，在中国汽车市场，消费者通常认为宝马和奔驰更适合上层社会消费，而捷达则更适合中下层社会消费。

2. 社会因素

（1）相关群体。

相关群体是指能直接或间接影响他人态度或行为的群体。相关群体可分为两类：一类是直接相关群体，另一类是间接相关群体。直接相关群体是指对群体成员有直接影响的群体，又称为成员群体，如家庭成员、亲戚、朋友、同事、同学、邻居等。间接相关群体是指对某消费者的行为产生影响的无形群体。根据消费者对间接相关群体的态度，可将其分为崇拜性群体和离异群体。崇拜性群体又叫向往群体，它是指被消费者推崇的一些人或者消费者希望加入的群体。例如,某人所崇拜的体育明星、新闻人物、知名人士等对其行为的影响巨大。离异群体又称为厌恶群体,它是指被消费者讨厌或反对的群体。一个人总是不愿意与厌恶群体发生任何关系,在各方面都希望与之保持距离,甚至反其道而行之。

我们研究相关群体的目的是揭示它对消费者需求和购买行为的影响,进而利用相关群体的力量来提高企业的营销绩效。相关群体对消费者的影响有三个方面:第一,相关群体为消费者展示出新的行为模式和生活方式;第二,由于消费者有效仿崇拜性群体的愿望,其对某些企业、品牌、产品的态度会受到崇拜性群体的影响;第三,相关群体促使人们行为趋于一致化,它会影响人们购买时对品牌和产品的选择。

(2)家庭。

家庭是社会的基本单位。家庭对个体的消费与决策模式均有着非常重要的影响。家庭对购买行为的影响主要取决于家庭的规模、家庭的购买决策方式等。

不同规模的家庭有着不同的消费特征和购买方式。三代或四代同堂的大家庭消费量就大些;两口之家或者三口之家的消费量不大,但是对生活质量要求更高。家庭规模的小型化会对家庭消费结构产生重大影响。具体表现在:①儿童消费品趋于高档化、多样化,儿童娱乐用品、服装、营养品的需求量将逐步增多;②随着家庭规模趋小,家庭生活用品也趋向小型化,如家庭用炊具、锅碗等;③家庭购买耐用消费品的数量、种类增多;④食物支出结构发生变化,如在外吃饭的人数和次数增多,方便食品、罐头食品的消费量会增加;⑤家庭在医疗、文化娱乐等方面的支出比重增大。家庭规模直接影响着产品需求的类型与结构。

家庭购买决策类型对于购买行为也会产生相关影响。一般家庭中,就购买决策者的类型而言,可分为丈夫决策型、妻子决策型、共同决策型、各自做主型。大多数家庭的购买决策并非固定在一种类型上,而是根据购买商品种类的不同,随时变换购买决策类型。下面是不同的商品或服务所属的常见购买决策类型:第一,丈夫决策型,主要有保险、汽车、摩托车、高科技新产品;第二,妻子决策型,主要有日常所需家庭用品、食品、服装等;第三,共同决策型,主要有住宅、家具、旅游产品;第四,各自做主型,主要有健身、娱乐产品。

(3)角色与地位。

角色是个体在特定社会或群体中占有的位置和被社会或群体所规定的行为模式。一个人在一生中会参加许多群体,如家庭、团体和各种组织。在不同的群体中处境各异,即角色不同。比如,一个成年男子可有以下诸多角色:父母亲的儿子、妻子的丈夫、孩子的父亲、企业的经理等。当消费者的角色改变时,购买行为也会发生变化。每一种身份都附有一种地位,反映社会对他的总体评价,这就是消费者的地位。

消费者往往结合考虑自己的角色和社会地位做出购买决策,许多产品和品牌由此成为一种身份和地位的标志与象征。角色不同,很大程度上会影响消费者的购买行为。因此,企业应研究、了解和识别每个人在社会上的角色和社会地位,发现角色、社会地位与购买行为的内在联系,有针对性地开展营销活动。

3. 个人因素

消费者行为除了受上述的文化因素和社会因素影响外,还会受到个人因素的影响,其中比较明显的有:消费者的年龄及其所处的家庭生命周期阶段、职业、经济状况、生活方式、个性及自我观念等。

(1)消费者的年龄及其所处的家庭生命周期阶段。

人们在一生中购买的产品和服务随着年龄的增长会不断变化。例如,儿童是玩具的主要消费者;青少年是文体用品、快餐、新潮时装的重要消费者;成年人购买的产品和服务大都是家居用品,在着装上以稳重大方、做工精细、质地优良为主;老年人是保健用品的主要购买者。

家庭生命周期是指消费者从离开父母独立生活开始,到家庭自然解体为止所经历的全过程。家庭生命周期可分为"单身""新婚夫妇"等八个阶段,每个阶段的需求重点和购买行为都有各自的特点。由于消费者在家庭生命周期不同阶段上的需求和消费行为具有较大差别,因此企业可以制订专门的市场营销计划来满足相应的需要。

(2)职业。

职业对消费者的需求和行为模式有着重要的影响。公司经理与工人的需求不同,大学教师与体力劳动者需要的商品也有很大差异。企业应尽量发现对其产品和服务具有特定需求的职业群体,并根据其特点来开发适销对路的产品和服务,从而取得更好的经济效益与社会效益。

(3)经济状况。

经济状况是指消费者可支配收入、储蓄、资产和借贷能力。经济状况是决定购买行为的首要因素,决定着能否发生购买行为以及会发生何种规模的购买行为,决定着购买商品的种类和档次。

(4)生活方式。

生活方式是指人们在世界上的生活模式,集中表现在人们的活动、兴趣及看法上。虽然有些人属于同一社会阶层和亚文化群体,但由于生活方式不同,活动、兴趣、看法也不尽相同,因此,实际需求和购买行为与其相同社会阶层的消费者大相径庭。企业必须探明产品和品牌与消费者生活方式之间的联系,了解目标消费者的生活方式,然后才能根据消费者在不同生活方式下的商品需求和服务需求,在营销活动中做出相应决策,以便尽可能吸引相关生活方式下消费者的注意和购买。

(5)个性及自我观念。

个性是个人的气质、性格、能力和兴趣等心理特征的统一体,是个人带有倾向性的、比较稳定的、本质的心理特征的总和。消费者千差万别的购买行为往往是以他们各具特色的个性心理特征为基础的。与消费者个性相联系的购买类型有:忠于某一种或少数几种品牌的习惯型;购买前冷静思考、慎重地选择购买决策和行为的理智型;特别重视价格的经济型;易受外界刺激而进行购买的冲动型;感情和联想丰富的想象型;缺乏主见的不定型。

与消费者个性相关联的另一个概念是自我观念，或称自我形象。它是指消费者欲把自己塑造成的一种理想形象。消费者的自我观念意识也会对其购买行为产生一定的影响。据此，企业必须充分了解其目标消费者的个性及自我形象的特点，使自己的营销活动与之相适应。

4. 心理因素

消费者的需求和购买行为还会受到自身心理因素的影响，主要包括动机、感觉、学习、信念和态度。

（1）动机。

动机是一种升华到强度足够高的需要。动机引起行动，维持行为，并引导行为去实现需求目标。人们的行为受动机支配，而动机来源于需要。每个人在任何时刻都有许多需要，有些是生理上的，如进食、饮水，有些则是心理上的，如被他人认可、得到尊重和归属等。人的某种需要会产生导致行动的驱动力，需要越强烈，产生的驱动力越大。这种心理上的内在张力的释放需要通过某种刺激物（如商品、服务等）的获得来解决，即产生了购买动机。

心理学家提出了许多关于人类行为动机的理论，最著名的三种是西格蒙德·弗洛伊德（Sigmund Freud）的精神分析理论、亚伯拉罕·马斯洛（A.H.Maslow）的需要层次理论和弗雷德里克·赫茨伯格（F.Herzberg）的双因素理论。

1）弗洛伊德的精神分析理论。

弗洛伊德的动机理论来自精神分析理论。人在成长和接受社会规范的过程中有很多欲望受到抑制，因此，人们往往不能了解自己的真实动机。例如，保健品的价格为什么偏高？包装为什么那么考究？这是因为保健品的购买者主要不是为了自用，而是为了送礼，送礼当然得讲究面子、讲究包装了。

2）马斯洛的需要层次理论。

马斯洛的动机形成理论被称为"需要层次理论"。马斯洛是美国著名心理学家，他在1954年出版的代表作《动机与个性》中提出了这个理论。马斯洛把人类的需要层次依次分为生理需要、安全需要、社会需要、尊重需要和自我实现需要，如图1-14所示。

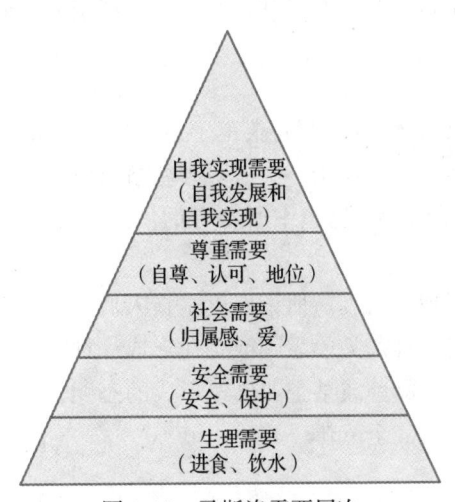

图1-14　马斯洛需要层次

需要层次理论可概括为以下几个要点：第一，人类的需要和欲望有待于满足，已满足的需要不会形成动机，只有未满足的需要才会引起购买行为的动机；第二，人类的需要从低级到高级具有层次性，只有低一级的需要得到相对满足后，高一级的需要才会成为支配人的行为的主导动机；第三，一般来说，需要的强度和需要层次的高度成反比，即需要层次越低，其强度越大。

3）赫茨伯格的双因素理论。

弗雷德里克·赫茨伯格于1959年创立了双因素理论，其要点是把动机与工作联系起来，他认为：工作中的满足因素与工作内容有关，称为激励因素；工作中的不满足因素与工作的周围事物有关，称为保健因素。赫茨伯格双因素理论可用于分析消费者行为。企业用于引发消费者购买行为的市场营销因素可分为保健因素和激励因素，保健因素是消费者购买的必要条件，激励因素是促进条件，在有选择余地的情况下，对保健因素不满就肯定不买，但仅对保健因素满意，购买冲动的强度还不足以使消费者购买，只有在对激励因素满意时才会形成强烈的购买行为。

（2）感觉。

所谓感觉是指个人选择、组织并解释信息，以便创造一个有意义的行为的过程。人们的需要受到刺激产生了动机，随时可付诸行动，但采取怎样的行动却要视消费者个人对客观环境的感觉而定。两个具有同样动机处在同样环境中的消费者，由于他们对环境的感觉不同，可能导致不同的行为。这一心理过程是有选择性的，分别经历选择性注意、选择性曲解和选择性记忆三个阶段。

（3）学习。

人类除本能驱使力支配的行为外，其他行为皆属学习活动。心理学家发现，学习行为是某一刺激物与某一反应建立联系时所发生的行为，如驾驶员见了红灯就停车，观众对精彩表演鼓掌等。消费者的学习是通过驱使力、刺激物、诱因、反应和强化的相互影响而产生的。营销学对消费者学习过程研究的全部意义在于使企业把消费者的学习过程与得到驱使力联系起来，运用各种营销手段来强化消费者对其营销的产品和服务的需求。

（4）信念和态度。

通过以前的行为和不断的学习，人们获得了自己的信念和态度，而信念和态度又反过来影响人们的购买行为。所谓信念是指一个人对某些事物所特有的描述性思想。企业应对其产品和服务以及企业自身在消费者思想中所特有的信念极为关注，建立良好的企业声誉和品牌。

消费者在学习过程中形成了态度。所谓态度是指人们长期保持的对于某种事物的好恶或观念的是非。消费者一旦对某种产品、品牌或企业形成一种态度，往往就很难改变，而要想改变某一消费者对某产品、某品牌或某企业已经形成的态度，企业需要付出相当大的营销努力，进行全方位的营销调整，甚至革新。

1.6.3 购买者决策过程

鉴于前面已经介绍了影响购买者行为的因素，接下来可以来看看消费者是如何做出购买决策的。

图 1-15 显示了购买者决策过程的 5 个阶段：需求识别、信息收集、可选方案评估、购买决策和购后行为。显而易见，这个过程早在真正的购买之前就开始了，并在之后很长时间还在继续。营销人员需要关注整个购买过程而不仅仅是关注购买决策。

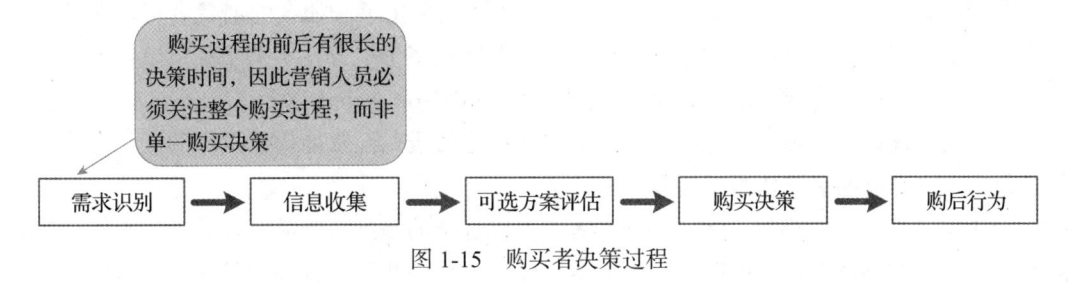

购买过程的前后有很长的决策时间，因此营销人员必须关注整个购买过程，而非单一购买决策

需求识别 → 信息收集 → 可选方案评估 → 购买决策 → 购后行为

图 1-15 购买者决策过程

资料来源：阿姆斯特朗，科特勒.市场营销学：第 13 版 [M].赵占波，孙鲁平，赵江波，等译.北京：机械工业出版社，2019.

图 1-15 表明，消费者在每次进行慎重的购买时都会经历这 5 个阶段，但是消费者可能会更快或更慢地经历购买决策过程，在一些更加常规的购买中，消费者通常会跳过或颠倒其中的某些阶段，这个过程通常取决于消费者、产品以及购买情境的特性。一位购买常用牙膏品牌的女性会首先识别到需求，然后越过信息收集和评估阶段而直接到达购买决策阶段，然而，我们仍然采用图 1-15 中的模型，因为它显示了当一个消费者在面临一项崭新的、复杂的购买情境时所有需要思考的事项。

1. 需求识别

购买过程从需求识别（need recognition）开始——购买者认识到一个问题或一种需求。这种需求可以由内部刺激引起，例如，当一个人的常规需求（如进食、饮水）上升到一定程度而成为一种驱动力时。这种需求也可以由外部刺激（external stimuli）引发，例如，一则广告或者一次与朋友的讨论可能会让你考虑购买一辆新车。在这个阶段，营销者必须对消费者进行研究，发现出现了哪些需求或问题，这些需求和问题是由什么产生的，以及它们如何驱使消费者购买特定产品。

2. 信息收集

一个有兴趣的消费者可能会也可能不会收集很多的信息。如果一个消费者的购买动机很强烈，同时令人满意的产品触手可及，那他很可能就会购买这个产品。否则，消费者就会记住这个购买需要或者收集与这个购买需要相关的信息。例如，一旦你确定自己需要一辆新车，至少你会更关注汽车广告、朋友的车以及与车有关的讨论，或者你会积极地浏览相关网站、与朋友交流，或者用其他方式来收集信息。

消费者可以从多种渠道获取信息。这些渠道包括个人来源（家庭、朋友、邻居和熟人）、商业来源（广告、销售人员、线上零售商、包装或展销）、公共来源（大众媒体、消费者组织、社交媒体、在线搜索或他人评论）、亲身经历（检查或使用产品）。这些信息来源的相对影响力会随着产品和购买者的变化而变化。

一般来说，消费者能从商业来源中获得最多的产品信息，即那些被营销人员掌握的信息来源。然而，最有效的信息来源往往是个人来源。商业信息来源通常只能告知购买者，而个人信息来源则是为购买者判断和评估商品。很少广告能比邻居靠着篱笆谈论有关你正在考虑的产品的美好体验来得有效。现在，"邻居的篱笆"数字化了。如今的消费者可以在社交媒体上自由地分享产品意见、图片以及体验。消费者能在多个地方找到关于其所考虑的产品丰富的用户评论，比如在亚马逊、百思买、Yelp、TripAdvisor、Eions 以及 Epicurious 等网站上。尽管个人用户评论在质量上参差不齐，但对整体评论的概览经常能提供可靠的产品评价。这些都直接来自那些购买并体验过这款产品的消费者。

当更多的信息被收集到一起时，消费者对可以选择的品牌及产品特性的察觉与知识就大大增长了。在搜寻汽车信息的时候，你大概已经了解到一些可供选择的品牌，这些信息可能帮助你从考虑集中剔除一些品牌。公司必须为了让潜在顾客更好地认识到以及了解到自己的品牌而设计营销组合方案，因此应该仔细鉴别消费者信息来源和每一条来源的重要性。

3. 可选方案评估

营销人员已经明晰消费者如何使用信息来筛选出一个最后的品牌考虑集，下面就该了解可选方案评估（alternative evaluation），即消费者如何处理信息以在多个可选品牌中做出选择。在所有购买情境中，消费者并不是采用一种简单且单一的评价过程。相反，几个评价过程会同时起作用。

消费者如何评估可选方案取决于消费者自身和其特定的购买环境。在一些情况下，消费者会进行详细的计算和逻辑思考；在另外一些情况下，相同的消费者几乎不做计算，而是会冲动购买或依靠直觉。有时，消费者自己做出购买决定；有时，他们向朋友、导购人员或者是销售人员咨询。

假如你已经将备选汽车品牌缩小到 3 个，并且你主要对 4 个特性感兴趣——价格、款式、使用成本、保修。到目前为止，你可能已经对每个品牌在每种特性上的表现形成了自己的理解。很明显，如果某个品牌在这 4 个方面都是最好的，营销人员就可以预测你会选择它。然而，这些品牌显然各有千秋。你可能会主要基于一种特性做出选择，这样你的选择就很容易预测。如果你更重视款式，就会购买你认为款式最好的汽车。但绝大多数购买者会考虑多个特性，并且每个特性有着不同的重要性。如果了解你心目中 4 个特性的权重，营销人员就可以更为可靠地预测你最终的选择。

营销人员应该研究消费者究竟是如何评估可选品牌的。如果营销人员知道评估过程是如何进行的，就可以采取一些措施去影响消费者的决定。

4. 购买决策

在评估过程中，消费者会给品牌排出名次并形成购买意向。一般来说，消费者的购买决策（purchase decision）应该是购买最为偏好的品牌，但有两个因素会出现在购买意向和购买决策之间。

第一个因素是他人的态度。如果某些对你很重要的人认为你应该购买价格最低的汽车，那么你购买豪华汽车的可能性就会降低。

第二个因素是突发情境因素。消费者可能会以预期收入、预期价格和预期产品利益为基础形成一个购买意向。然而，突发事件可能会改变购买意向。例如，经济可能会衰退，一个强势的竞争者可能会降低价格，或者身边的朋友会对你所偏好的汽车感到失望。因此，偏好甚至是购买意向也不一定会形成实际的购买决定。

5. 购后行为

产品卖出以后，营销人员的任务并没有结束。购买产品以后，消费者将会觉得满意或者不满意，并且会开始采取同营销人员利益相关的购后行为。是什么因素决定了消费者对一次购买的满意度呢？答案在于消费者期望和产品表现感知的关系。如果产品没有达到预期，消费者就会失望；如果能同预期相符，消费者就会满意；如果超过预期，就会给消费者带来惊喜。预期和表现之间的差距越大，消费者就会越不满。这就要求销售人员必须在产品实际性能的基础上进行诚实的宣传，这样消费者才会满意。

然而，几乎所有购买都会产生认知失调（cognitive dissonance）或是因购买后冲突引起不适。在购买后，消费者应该对所选择品牌的优点感到满意，同时对避开了未选择品牌的缺点感到高兴。但是，每个购买行为都包含着妥协，消费者会对所购买品牌的缺点和失去的未选品牌的优点感到不舒服。因此，消费者每次购买后多少会感到一些购后失调。

为什么顾客满意如此重要？顾客满意是建立可赢利的顾客关系的关键——保持和增加顾客、获取顾客终身价值。满意的顾客会再次购买产品，向别人讲产品的好话，更少关注竞争品牌和广告，并购买公司的其他衍生产品。许多营销人员并不仅是单纯地满足顾客的期望——他们的目标是令顾客感到惊喜。

一个不满顾客的反应就完全不同。坏的口碑会比好口碑传得更快更远，迅速破坏顾客对公司和产品的态度。但企业不能仅仅指望那些不满意的顾客会主动向公司说明他们的不满。大多数不满意的顾客从不把他们的问题告诉企业。因此，企业应该经常测试消费者的满意度。企业应当建立鼓励消费者投诉的系统，这样就可以了解自己的表现如何以及需要如何改进。

通过研究整个购买者决策过程，营销人员或许可以找到帮助消费者做出决策的方法。例如，如果消费者因为对新产品没有需要而不打算购买，企业就可以发布广告来引发这种需要，并展示这种新产品是如何解决消费者的问题的。如果消费者了解这一产品却因其无好感而不打算购买，那么营销人员就必须找出改变产品或者改变消费者观念的方法。

1.7 顾客驱动型营销战略决策

前面我们探讨了什么是营销，理解了市场和消费者以及营销环境的重要性，简明地讨论了设计一个制胜的营销战略的两个重要问题及营销管理导向。本节我们将深入讨论顾客驱动型营销战略。营销战略（marketing strategy）即企业创造顾客价值、获得可盈利顾客关系的营销逻辑。设计顾客驱动型营销战略的4个主要步骤包括市场细分、目标市场选择、差异化和市场定位，即把市场划分为有意义的顾客群（市场细分）、选择服务的顾客群（目标市场）、创造最能满足目标顾客的市场供应品（差异），并在消费者的心智中进行定位（市场定位或价值主张）。在前两个步骤中，公司选择它将服务的顾客；在后两个步骤中，公司将决定其价值定位，即它将通过何种方式为目标顾客创造价值（见图1-16）。

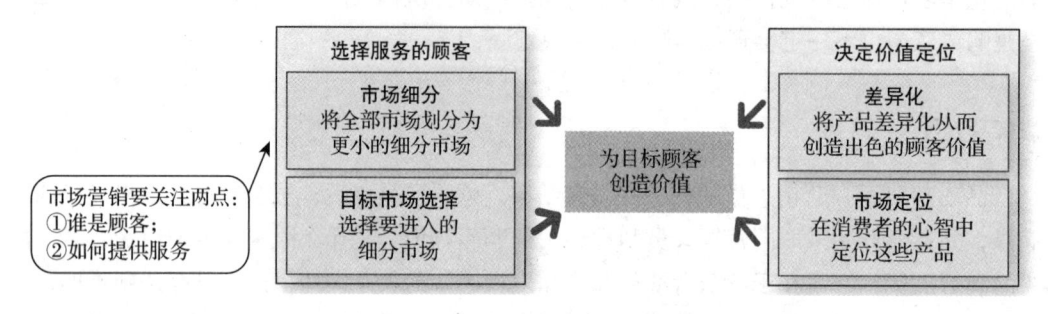

图1-16 设计顾客驱动型营销战略

资料来源：阿姆斯特朗，科特勒.市场营销学：第13版[M].赵占波，孙鲁平，赵江波，等译.北京：机械工业出版社，2019.

1.7.1 消费者市场细分

市场细分（market segmentation）是指企业按照某种标准将市场上的顾客划分成若干个顾客群，每一个顾客群构成一个子市场，不同子市场之间的需求存在着明显差别，都需要不同的营销策略与组合，即设计正确的产品、服务、价格、促销和渠道系统"组合"，以满足细分市场内顾客的需要和欲望。同时，市场细分是选择目标市场的基础。

在这一部分，我们主要讨论消费者市场细分变量。表1-1列出了消费者市场的主要细分变量，包括地理细分、人口细分、心理细分以及行为细分。

表1-1 消费者市场的主要细分变量

细分变量	包含内容
地理	国家、地区、州、城市、县、社区、人口密度、气候
人口	年龄、性别、收入、职业、受教育程度、宗教信仰、家庭人口、生命周期
心理	社会阶层、生活方式、个性
行为	时机、利益、使用者情况、使用数量、忠诚度

（1）地理细分。

按地理特征细分市场，主要涉及以下因素：地形、气候、交通、城乡、行政区等。地理细分要求把市场细分为不同的地理单位，如国家、地区、州、城市、县或社区。公司可选择在一个或几个地区经营，也可在整个地区经营，但要注意到需要和欲望的地区差异。

现在，很多企业都在将它们的产品、广告、促销和销售策略本地化，用以适应单个地区、城市或社区的需求。例如，宝洁公司的地理细分主要表现在产品技术研究方面。宝洁经过细分的化验发现东方人与西方人的发质不同，于是开发了滋养头发的潘婷系列，以满足亚洲消费者的需求。针对不同地区，宝洁主推的产品也不一样，比如在偏远地区，宝洁推出了汰渍等物美价廉的洗涤产品、飘柔洗发水等家庭装的实惠产品，而对于北京、上海、广州以及更多的大型城市则主推碧浪、潘婷等高端产品。

（2）人口细分。

通常人口细分市场是按人口特征来细分市场的，主要涉及以下因素：年龄、性别、收入、职业、受教育程度、宗教信仰、家庭人口和生命周期等。

比如，麦当劳主要是从年龄及生命周期的角度对人口要素进行细分，其中，将不到开车年龄的人划分为少年市场，20～40岁的人定位为青年市场，还划定了老年市场。人口市场划定以后，要分析不同市场的特征与定位。例如，麦当劳以孩子为中心，把孩子作为主要消费者，十分注重培养他们的消费忠诚度。在餐厅用餐的小朋友，经常会意外获得印有麦当劳标志的气球、折纸等小礼物。在中国，还有麦当劳叔叔俱乐部，参加者为2～3岁小朋友，会定期开展活动，让小朋友更加喜爱麦当劳。这便是相当成功的人口细分，抓住了该市场的特征与定位。

（3）心理细分。

心理细分是指根据社会阶层、生活方式和个性等变量对消费者进行细分。

根据生活方式的不同，快餐业通常有两个潜在的细分市场：方便型和休闲型。在这两个方面，麦当劳都做得很好。例如，针对方便型市场，麦当劳提出"59秒快速服务"，即从顾客开始点餐到拿着食品离开柜台的标准时间为59秒，不得超过1分钟。如今在互联网飞速发展的时代，麦当劳又推出了网上订餐业务，使顾客不用排队，只需使用手机下单即可。针对休闲型市场，麦当劳对餐厅店堂布置十分讲究，尽量做到让顾客觉得舒适自由。麦当劳努力想让顾客把麦当劳当作一个具有独特文化的休闲好去处，以吸引休闲型市场中的消费者群体。

（4）行为细分。

行为细分是指根据消费者的知识、态度、产品使用率或对产品的反应把市场分为不同部分，主要涉及购买时机、追求的利益、使用者状况、使用数量以及品牌忠诚程度。

1）购买时机。

根据消费者提出需要、购买和使用产品的不同时机，将他们划分成不同的群体。例如，城市公共汽车运输公司可根据上班高峰时期和非高峰时期乘客的需求特点划分不同的细分市场并制定不同的营销策略；生产果珍之类清凉解暑饮料的企业，可以根据消费者在一年四季对果珍饮料口味的不同需求，将果珍市场消费者划分为不同的子市场。

2）追求的利益。

消费者购买某种产品总是为了解决某类问题，满足某种需要。然而，产品提供的利益往往并不是单一的，而是多方面的。消费者对这些利益的追求时有侧重，如购买手表，有的追求经济实惠、价格低廉，有的追求耐用可靠和使用维修方便，还有的则偏向于能够显示出社会地位等，不一而足。

3）使用者状况。

行为细分还可以根据顾客是否使用和使用程度细分市场，通常可分为经常使用者、首次使用者、潜在使用者和非使用者。大公司往往注重将潜在使用者变为实际使用者，较小的公司则注重于保持现有使用者，并设法吸引使用竞争产品的顾客转而使用本公司产品。

4）使用数量。

行为细分还可以根据消费者使用某一产品的数量细分市场，通常可分为大量使用者、中度使用者和轻度使用者。大量使用者人数可能并不多，但他们的消费量在全部消费量中占很大的比重。美国一家公司发现，美国所出售啤酒的80%是被50%的顾客消费掉的，另外一半的顾客的消费量只占消费总量的12%。因此，啤酒公司在营销策略上往往会选择吸引重度啤酒饮用者，而放弃轻度啤酒饮用者，并把重度啤酒饮用者作为目标市场。公司还进一步了解到大量喝啤酒的人多是工人，年龄在25～50岁之间，喜欢观看体育节目，每天看电视的时间为3～5小时。显然，根据这些信息，公司可以大大改进其在定价、广告传播等方面的策略。

5）品牌忠诚程度。

企业还可根据消费者对产品的忠诚程度细分市场。有些消费者经常变换品牌，另外一些消费者则在较长时期内专注于某一个或少数几个品牌。通过了解消费者品牌忠诚情况以及品牌忠诚者和品牌转换者的各种行为与心理特征，不仅可为企业细分市场提供一个依据，同时也有助于企业了解为什么有些消费者忠诚于本企业产品，而另外一些消费者则忠诚于竞争企业的产品，进而为企业选择目标市场提供启示。

1.7.2 目标市场选择

目标市场选择（market targeting）是指估计每个细分市场的吸引力程度，并选择进入一个或多个细分市场。企业选择的目标市场应是那些企业能在其中创造最大顾客价值并能保持一段时间的细分市场。资源有限的企业或许决定只服务于一个或几个特殊的细分市场，包括评估每个子市场的发展潜力，然后选择其中的一个或多个进入。公司应选择那些可以产生最大价值并可持续一段时间的子市场。

1. 目标市场选择标准

（1）有一定的规模和发展潜力。

企业进入某一市场是期望能够有利可图，如果市场规模狭小或者趋于萎缩状态，企业进入后难以获得发展，此时，应审慎考虑，不宜轻易进入。当然，企业也不宜以市场吸引力作为唯一取舍，特别是应力求避免"多数谬误"，即与竞争企业遵循同一思维逻辑，将规模最大、吸引力最大的市场作为目标市场。大家共同争夺同一个顾客群的结果是，造成过度竞争和社会资源的无端浪费，同时使消费者的一些本应得到满足的需求遭受冷落和忽视。现在国内很多企业动辄将城市尤其是大中城市作为其首选市场，而对小城镇和农村市场不屑一顾，很可能就步入误区，如果转换一下思维角度，一些目前经营尚不理想的企业说不定会出现"柳暗花明"的局面。

（2）细分市场结构有吸引力。

细分市场可能具备理想的规模和发展特征，然而从赢利的观点来看，它未必有吸引力。波特认为有五个群体的力量决定着整个市场或其中任何一个细分市场长期的内在吸引力。这五个群体是行业现有竞争者、潜在的参加竞争者、替代产品生产者、购买者和企业供应者。

（3）符合企业目标和能力。

某些细分市场虽然有较大吸引力，但不能推动企业实现发展目标，甚至可能分散企业的精力，使之无法完成其主要目标，这样的市场应考虑放弃。另一方面，还应考虑企业的资源条件是否适合在某一细分市场经营。只有选择那些企业有条件进入、能充分发挥其资源优势的市场作为目标市场，企业才会立于不败之地。

现代市场经济条件下，制造商品牌和经销商品牌之间经常展开激烈的竞争，也就是所谓品牌战。一般来说，制造商品牌和经销商品牌之间的竞争，本质上是制造商与经销商之间实力的较量。在制造商具有良好的市场声誉，拥有较大市场份额的条件下，应多使用制造商品牌，无力经营自己品牌的经销商只能接受制造商品牌。相反，当经销商品牌在某一市场领域中拥有良好的品牌信誉及庞大、完善的销售体系时，利用经销商品牌也是有利的。因此进行品牌使用者决策时，要结合具体情况，充分考虑制造商与经销商的实力对比，以求客观地做出决策。

2. 选择目标市场和营销策略

（1）无差异营销（undifferentiated marketing）或大众营销（mass marketing）。

如果企业选择使用无差异营销或大众营销策略，那么它将忽略细分市场之间的区别，通过一种产品或服务来定位整个市场。该策略是把整个市场作为一个大目标开展营销，它们强调消费者的共同需要，忽视其差异性。采用这一策略的企业，一般都实力强大、进行大规模生产又有广泛而可靠的分销渠道，以及统一的广告宣传方式和内容。

（2）差异化营销（differentiated marketing）或细分营销（segmented marketing）。

如果企业选择使用差异化营销或细分营销策略，那么企业会选择一些细分市场并为每个细分市场提供不同的产品或服务。该策略通常是把整体市场划分为若干细分市场作为其目标市场，针对不同目标市场的特点，分别制订出不同的营销计划，按计划生产目标市场所需要的商品，满足不同消费者的需要。

（3）集中性营销（concentrated marketing）或利基营销（niche marketing）。

企业采取集中性营销或利基营销策略时，会在一个或几个较小的细分市场中追求最大的份额，而不是追求大市场中的小份额。该策略是选择一个或几个细分的专门市场作为营销目标，集中企业的优势力量，对某细分市场采取攻势营销战略，以取得市场上的优势地位。

（4）微市场营销（micromarketing）。

微市场营销是指企业针对特定个体或本地化群体的需要和欲望来定制产品或营销计划。

微市场营销并不是在每个个体中发现消费需求，而是在每个消费者中发现独特的需求。

微市场营销包括本地化营销和个性化营销。本地化营销（local marketing）是指企业把品牌和促销定位于本地顾客群的需要和欲望。个性化营销（individual marketing）是指根据个体消费者的需要和偏好量身定做的产品和营销方案。个性化营销也被称为一对一营销、大规模定制和个体营销。

在选择目标营销策略时，企业需要考虑很多方面的因素。策略的优劣取决于企业的资源。当企业的资源有限时，集中性营销策略最好。最优的策略还取决于产品的多样性。无差异性营销更适用于统一产品，如葡萄柚或钢铁，而不适用于在设计上变化多样的产品，如相机或汽车。同时企业还应该考虑产品的生命周期阶段。当企业仅推出一种新产品时，无差异性营销或者集中性营销最有意义。然后，在产品生命周期的成熟阶段，差异化营销通常更有意义。还有一个需要考虑的因素是市场的多样性，如果大多数购买者的品位、购买数量、营销反应都相同，那么无差异营销性就很适合。最后，竞争者的营销策略也很重要。当竞争者采用差异化策略或集中性策略时，企业采用无差异营销简直是自取灭亡；相反，当竞争者采用无差异营销时，企业关注特定细分市场的需求，采取差异化营销或者集中性营销则可以赢得更多优势。

1.7.3 差异化和市场定位

除了决定将要进入哪一个细分市场，公司还必须确定一种价值主张，即如何为目标市场创造差异化的价值，以及希望在目标市场中占据什么位置。市场定位（marketing positioning），也被称为产品定位或竞争性定位，是根据竞争者现有产品在细分市场上所处的地位和顾客对产品某些属性的重视程度，塑造出本企业产品与众不同的鲜明个性或形象并传递给目标顾客，使该产品在细分市场上占有强有力的竞争位置。

差异化和市场定位包括三个步骤：确定赖以建立定位的差异化竞争优势；选择恰当的竞争优势；制定整体的定位战略。然后，公司必须向目标市场有效地沟通和传达所选择的定位。

1. 确定赖以建立定位的差异化竞争优势

为与目标市场建立有利可图的关系，市场营销者必须比竞争者更好地理解顾客需求和递送更多的顾客价值。只有能够有效地差异化并向目标市场提供卓越顾客价值的公司，才可能获得竞争优势（competitive advantage）。

为了找到恰当的差异点，市场营销者必须仔细分析顾客对公司产品或服务的全面体验。明智的公司能够在每一个顾客接触点找到差异化的方法。那么，公司可以运用什么特殊的方式，使自己的产品和服务与竞争对手相区别呢？公司可以从产品、服务、人员、渠道和形象等方面进行差异化。

（1）产品差异化。

某一企业生产的产品，在质量、性能上明显优于同类产品的其他生产厂家，从而形成独自的市场。对同一行业的竞争对手来说，产品的核心价值是基本相同的，所不同的是在性能和质量，在满足顾客基本需要的情况下，为顾客提供独特的产品是差异化战略追求的目标，而实现这一目标的根本在于不断创新。以我国冰箱企业为例，海尔集团为满足我国居民住房紧张的需要，生产出了小巧玲珑的小王子冰箱；美菱集团为满足一些顾客讲究食品卫生的要求，生产出了美菱保鲜冰箱；而新飞集团则以省电节能作为自己服务的第一任务。所有这些差异使三家企业形成了鲜明的特色，从而吸引了不同的顾客群。

（2）服务差异化。

随着买方市场的到来，功能和质量都相同的产品越来越多，人们为什么要舍此求彼呢？售前售后服务差异是对手之间的竞争利器，主要体现在订货、送货、安装、客户服务等方面。同样一台电脑，有的可以送货，有的不送，有的保修一年，有的保修五年，对顾客的吸引力自然就存在差异。

（3）人员差异化。

公司可以通过培养训练有素的人员来获得强大的竞争优势。如新加坡航空公司享誉全球的一个原因就是拥有一批美丽的空乘人员；麦当劳的雇员大多彬彬有礼；IBM 公司的专家很多。

（4）渠道差异化。

公司可以通过设计分销渠道的覆盖面、专长和绩效来取得竞争优势。例如国内最大的防盗门企业美心集团，把目光从专业市场和大商场的普通终端，转移到了更接近消费者的社区。每当新楼盘落成，业主即将入住时，就在新楼盘附近临时搭建一个美心门专卖店，在业主眼皮底下展示美心系列产品，为业主提供选择、购买、搬运的方便条件，这是一种比任何宣传和促销都有效的社区销售方式。

（5）形象差异化。

形象差异化即企业通过实施品牌战略和 CIS（corporate identity system，企业形象识别系统）战略而产生的差异。企业通过强烈的品牌意识和成功的 CIS 战略，借助媒体的宣传，在消费者心目中树立优异的形象，从而使消费者对该企业的产品发生偏好。如海尔公司一句"海尔，真诚到永远"，并佐以优良的产品质量，自然就会使消费者产生真诚可信的印象。

2. 选择恰当的竞争优势

假如公司很幸运地发现了几个可以提供竞争优势的潜在差异点，就必须从中选择其赖以建立战略定位的差异点。并非所有差异点都有意义或值得推广，也不是每一个差异点都能够有效地进行差异化。一种差异在增加顾客利益的同时，也有可能增加公司的成本。公司可以根据以下标准，选择差异点：

（1）重要性，即要向购买者让渡较高价值的利益。

（2）明晰性，该差异化是其他企业所没有的。

（3）优越性，该差异化明显优于其他途径获得的相同利益。

（4）可沟通性，该差异化是可以沟通的，是买主看得见的。

（5）不易模仿性，该差异化是其竞争对手难以模仿的。
（6）可接近性，买主有能力购买该差异化。
（7）营利性，企业可以通过差异化获得更多的利润。

例如，"白加黑"感冒药通过"白加黑"这一鲜明的产品名称和"白天服白片，不瞌睡；晚上服黑片，睡得香"的广告诉求，实现了有效的差异化，使其迅速成为竞争激烈的感冒药市场上的赢家。

3. 制定整体的定位战略

品牌的整体定位称为该品牌的价值主张（value proposition）——该品牌赖以差异化和定位的所有利益的组合。价值主张直接回答顾客的问题——"我为什么要购买你的品牌？"沃尔沃的价值主张以安全为核心，包括可靠性、宽敞和时尚，售价高于平均水平，但对其提供的利益组合来说，算得上公平合理。

图 1-17 显示了公司赖以定位的可能的价值主张。图中，浅灰色的方格代表成功的价值主张，也就是能够使公司获得竞争优势的差异化和定位。黑色的方格代表失败的价值主张。中间深灰色的方格代表边缘性的价值主张。公司可以用来成功定位的五种价值主张为：优质优价、优质同价、同质低价、低质更低价、优质低价。

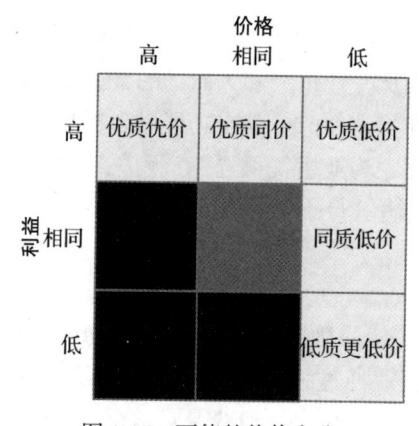

图 1-17　可能的价值主张

资料来源：阿姆斯特朗，科特勒.市场营销学：第 13 版 [M].赵占波，孙鲁平，赵江波，等译.北京：机械工业出版社，2019.

（1）优质优价（more for more）。

优质优价的定位是指提供最高档次的产品和服务，同时收取更高的价格来补偿较高的成本。采用优质优价定位的产品不仅具有上等的品质，还为购买者带来了声望，标志着地位和高档的生活方式。劳力士手表、星巴克咖啡、梅赛德斯 – 奔驰汽车等都具有品质优异、性能卓越或风格独特等特点，并收取与之相匹配的高昂价格。苹果公司推出质量属性比传统手机高得多的 iPhone 时，价格也比一般的产品高很多。

（2）优质同价（more for the same）。

公司可以通过以较低的价格引入提供相同质量的品牌来攻击竞争者的优质优价定位。例如，丰田相对于梅赛德斯-奔驰和宝马用优质同价（或者甚至价廉物美）的定位导入雷克萨斯产品线。它通过汽车杂志上的赛车评论来宣传其新款雷克萨斯所具有的更高品质，并广泛发布表现雷克萨斯与梅赛德斯-奔驰逐项比较的视频。许多梅赛德斯-奔驰车主转而购买雷克萨斯，而且雷克萨斯重复购买率增长到60%，是行业平均水平的2倍。

（3）同质低价（the same for less）。

同质低价可能是一种强大的价值主张——每个人都喜欢价廉物美。例如，沃尔玛之类的折扣店通常采用这一定位，它们从不标榜自己能够提供不同或更好的产品。实际上，它们提供的产品和其他商店或专卖店差不多，但是基于其卓越的采购能力和低成本的运营，它们可以提供很大的价格优惠。还有些公司开发价格较低的模仿品牌，力图将顾客从市场领导者那里吸引过来。例如，亚马逊提供Kindle Fire平板电脑，其售价不及苹果iPad或三星Galaxy平板电脑价格的40%。

（4）低质更低价（less for much less）。

质量不太好、价格也不高的产品也总能在市场上找到一定的生存空间。很少有人对所有需要的产品和服务都买得起"最好的"。在很多情况下，消费者乐意为更实惠的价格，放弃最佳效能或一些非必需的特点。

（5）优质低价（more for less）。

当然，优质低价会是成功的价值主张之一。从短期来看，某些公司确实能够做到这样高端的定位。然而，从长期来看，公司会发现维持这种两全其美的定位非常困难。提供更多利益往往意味着成本增加，使得"低价"递送优质的承诺很难兑现。力图在两方面都做好的公司可能反而输给更加专注于其中某一方面的竞争对手。

企业一旦确定了自己的定位，就必须通过强有力的举措来传播和实现这个目标顾客想要的定位。企业的所有营销努力都必须支持这个定位策略。

在现代市场营销理论中，市场细分（market segmenting）、目标市场选择（market targeting）、市场定位（market positioning）是构成公司营销战略的核心三要素，被称为STP营销或STP理论，其中S、T、P分别是segmenting、targeting、positioning三个英文单词的首字母缩写。

1.8　营销组合

企业一旦确定了自己的营销战略就应该开始设定自己的营销组合。营销组合（marketing mix）是现代营销中的一个主要概念，指的是一组可控的战术营销工具，企业用以获得期望的目标市场反馈。市场营销组合包括企业可做的一切影响产品需求的工作，通常可以归为四个变量，即4P：产品、价格、渠道和促销，如图1-18所示。

有效的营销计划会把所有营销组合元素合成一个整合营销项目，通过将价值传递给消费者实现企业的营销目标。营销组合构成了企业在目标市场中确立强有力定位的战术性工具。

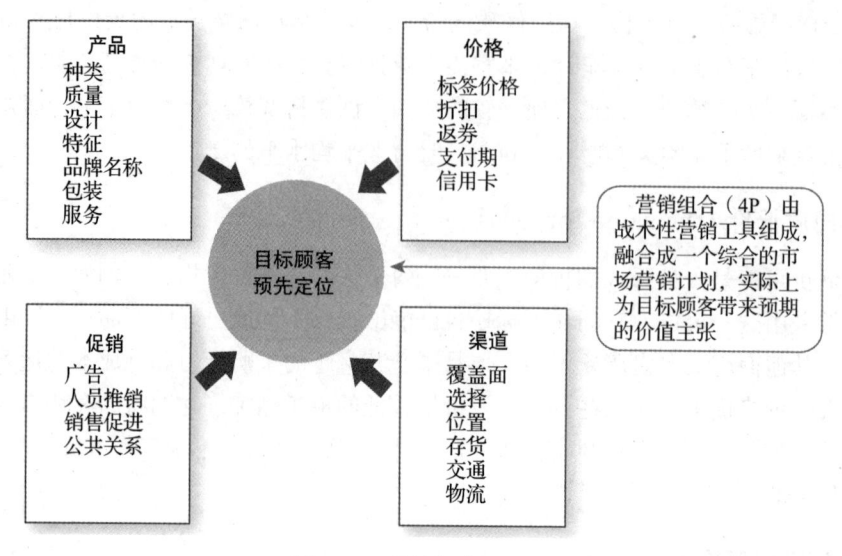

图 1-18　营销组合的 4P

资料来源：阿姆斯特朗，科特勒.市场营销学：第 13 版 [M].赵占波，孙鲁平，赵江波，等译.北京：机械工业出版社，2019.

1.8.1　产品及产品策略

1. 产品、服务和体验

产品（product），即任何能够提供给市场供关注、获得、使用或消费，并可以满足需要或欲望的东西。产品不仅仅包括汽车、电脑或手机这样的有形商品，广义而言，产品也包括服务、事件、人物、地点、组织、创意或上述对象的组合。在这里，我们广泛地使用"产品"这个词来涵盖这些对象中的任何一项或全部。因此，不仅一部手机、一辆汽车、一杯咖啡是产品，一次旅行、一首音乐和医生的一条诊疗建议也是产品。服务是这样一种形式的产品，它包括本质上是无形的且不会带来任何所有权转移的可供出售的活动、利益或满意度，比如银行、宾馆、航班、零售、无线通信和家居维修服务。企业在设计营销方案时必须考虑服务的 4 个特点：无形性、不可分性、易变性和易逝性，如图 1-19 所示。

图 1-19　服务的 4 个特点

资料来源：阿姆斯特朗，科特勒.市场营销学：第 13 版 [M].赵占波，孙鲁平，赵江波，等译.北京：机械工业出版社，2019.

产品是市场供应品的一个关键因素。营销组合计划开始于形成一个供应品,使之能够为目标顾客带来价值。这个供应品是公司建立有利可图的顾客关系的基础。

在追求差异化竞争优势的今天,体验对一些企业的营销而言是至关重要的。随着产品和服务越来越商品化,许多公司在制造产品和传递服务之上越来越重视其供应品的差异化,它们创造并管理顾客对其产品或服务的良好体验。如迪士尼和星巴克为消费者创造了更好的体验,因为它们意识到消费者真正购买的不仅仅是单纯的产品和服务,还有产品和服务能够带来的良好体验。

2. 产品的层次与属性

(1)产品的层次。

产品计划者需要在 3 个层次上考虑产品,每个层次都增加了更多的顾客价值,如图 1-20 所示。

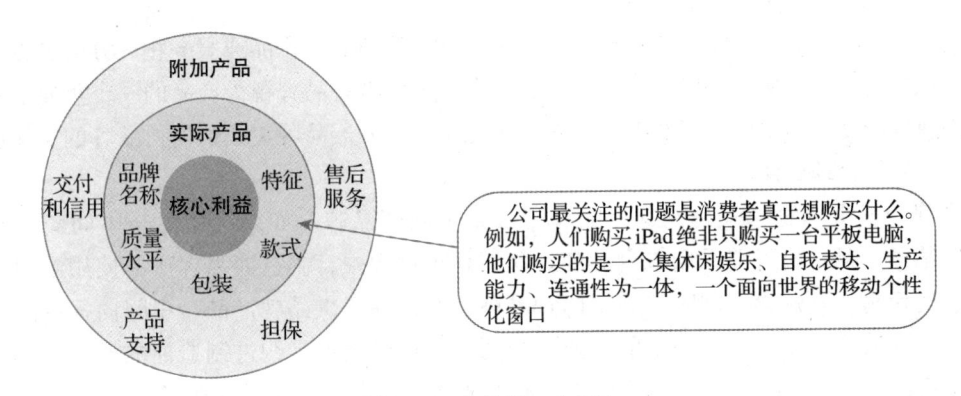

图中标注:附加产品、实际产品、核心利益;品牌名称、特征、售后服务、款式、包装、担保、产品支持、交付和信用、质量水平。

说明框:公司最关注的问题是消费者真正想购买什么。例如,人们购买 iPad 绝非只购买一台平板电脑,他们购买的是一个集休闲娱乐、自我表达、生产能力、连通性为一体,一个面向世界的移动个性化窗口

图 1-20 产品的 3 个层次

资料来源:阿姆斯特朗,科特勒. 市场营销学:第 13 版 [M]. 赵占波,孙鲁平,赵江波,等译. 北京:机械工业出版社,2019.

最基础的层次是消费者的核心利益,产品计划者由此提出问题:消费者到底要购买什么?当设计产品时,营销人员必须首先定义这个核心利益,即顾客寻找的解决问题的利益或服务。营销学上有句著名的话:"顾客不是要买钻头,顾客要买的是洞。"在第二个层次,产品计划者必须将核心利益转变为实际产品。他们需要开发产品或服务的特征、款式、质量水平、品牌名称和包装。iPad 就是一个实际产品,它的名称、零部件、款式、操作系统、特色、包装和其他属性都被精心地组合在一起,用以传递保持联系这一核心顾客价值。最后,产品计划者必须围绕核心利益和实际产品建立附加产品,提供额外的消费者服务和利益。

(2)产品的属性。

开发一个产品或服务涉及如何定义它将提供的利益,这些利益由产品的属性传达出来,如质量、特征、风格和设计等。

1)产品质量是营销人员的主要定位工具,质量对产品的表现有直接影响,因为它与顾

客价值和满意度紧密相连。从最狭义的定义看,质量是"远离瑕疵",但是大多数以顾客为中心的企业的所为远远超出了这个狭义的定义,它们从消费者满意的角度来定义质量。美国质量协会将质量定义为:相关产品和服务满足现实或潜在顾客需要的能力特征。

2)产品特征。一件产品可以带着不同的特征提供给市场。其起点是一个不带任何附加物的基本原型,企业可以通过增加更多的特征来创造更高水平的产品式样。产品特征是将企业的产品与竞争者的产品区别开来的一组有竞争力的工具。成为首家引人注目且生产有价值产品的企业是最有效的竞争方法之一。

3)产品风格和设计。风格只是简单地描述一件产品的外观,设计是一个比风格更广的概念。风格可能引人注目,也可能索然无味。使人感官愉悦的风格可以引起人们的关注,并带来愉悦的美感,但它并不一定会提高产品的性能。与风格不同,设计就要深入多了,设计直接切入产品的核心。优秀的设计不仅使产品的外观好看,还能够提高产品的可用性。

3. 品牌与包装

品牌(brand)是将某个卖方的产品或服务与其他竞争者的产品或服务相区分的名称、术语、标记、符号或图像,或以上元素的任意组合。消费者将品牌视为产品的一个重要组成部分,品牌也能使产品增值。消费者为品牌赋予意义,并发展品牌关系,使得品牌的意义远远超出了产品的物理属性。

品牌一般分两种:一是制造商品牌,二是中间商品牌。如果制造商与中间商合作生产经营某种产品,也可能采用混合品牌。如在购买过程中,制造商品牌产品使用了中间商的包装携带物,则购物者同时得到了两种品牌,制造商提供品牌产品,中间商提供品牌经营服务。少数经营规模大、分销能力强的中间商,可以大批量购进制造商的产品,使用中间商自己的品牌,也可能是中间商通过形成生产能力,实现中间商品牌产品的产销一体化经营。

在市场竞争中,由于企业的经营跨度扩大,一业为主、多样化经营十分流行,集团化企业越来越多,企业可创立或选择的品牌并不是唯一的,有4种品牌策略可供选择。

(1)个别品牌。企业对不同产品实行不同品牌、商标的策略,这样某一品牌的声誉好坏对企业形象的影响小,但相对促销费用高。

(2)单一品牌。企业或集团公司的全部产品使用同一品牌、商标,这种策略的促销成本低,促销效率高,但某一产品的不良市场反应会影响整个企业的社会形象。

(3)分类品牌。不同类别的产品使用不同的品牌,同类不同规格产品使用相同的品牌,这种策略适合跨行业经营的大中型集团公司。

(4)个别品牌加企业名称。不同产品使用不同的品牌或商标,但在产品或包装物上统一使用企业的名称。这种品牌策略利于集中促销经费,宣传企业形象,又保持各种产品品牌的独立性,适合目标市场众多、经营多样化的企业。

除上述4种品牌策略以外,利用原品牌的知名度向其他产品延伸,产销规模大的产品用两个以上品牌推向市场,是企业界新的营销策略。前一种策略以营销推动多样化投资经营,后一种策略能推动企业内部竞争和更好地适应不同目标市场。此外,国外还流行在企业原品牌、商标的基础上，运用他人设计并获专利的标志图案，使产品更好地拓展至某些目标市场。如巴布豆小狗标志以许可方式应用于某些品牌后，产品深受少年儿童青睐，销量激增。卡通人物、运动会吉祥物图案均有这种促销功能。

包装包括设计和生产产品的容器或包装材料。传统上，包装的主要功能是容纳和保护产品。然而近年来，包装已成为一个重要的营销工具。零售商店货架上竞争的加剧意味着现在包装必须执行许多销售任务，吸引买家，传达品牌定位，并增加销售。并不是每一位消费者都会看到一个品牌的广告、社交媒体页面或其他促销活动，但几乎所有消费者都会看到产品的包装。因此，并不起眼的包装代表了一个主要的营销空间。

4. 产品线和产品组合决策

（1）产品线决策。

产品线（product line）是一组由于功能类似而关系密切，通过同类渠道销售给同一客户群体，或处于特定价格范围内的产品。

产品线决策涉及产品线长度（product line length），即产品线上项目的数量。如果能够确定产品线的最佳长度，就能为企业带来最大的利润。如果增加产品项目就可以提高利润，则说明产品线长度太短；如果剔除产品项目就可以提高利润，则说明产品线长度太长。产品线的长度要依据公司的发展目标而定。要成为产品线完整的公司或要求有较高的市场占有率和市场增长率，产品线的长度应适度加长，就是有些产品项目可能未获得适当的利润率；若欲在短期内获利，则产品线应短些，只要包括那些较赚钱的产品项目即可。

公司可以采用两种方法来增加其产品线的长度：产品线延伸、产品线填充。

1) 产品线延伸决策。这是改变公司原有市场定位，以增加产品线长度的方法。具体有三种。

其一，向下延伸策略。

向下延伸策略又叫低档产品策略，是指最初定位于高档市场的企业，在原有的产品线中增加低档次、低价格的产品项目，将产品线向下延伸。实行低档产品策略的好处有：借高档名牌产品的声誉，吸引消费水平较低的顾客慕名购买该产品线中的低档廉价产品；充分利用企业现有生产能力，补充产品项目空白，形成产品系列，增加销售总额，扩大市场占有率。

其二，向上延伸策略。

向上延伸策略又叫高档产品策略，就是在原有的产品线内增加高档次、高价格的产品项目，即在市场上定位于低档产品的企业进入高档产品市场。实行高档产品策略主要有这样一些益处：高档产品的生产经营容易为企业带来丰厚的利润；可以提高企业现有产品声望，提高企业产品的市场地位；有利于带动企业生产技术水平和管理水平的提高。采用这一策略的企业也要承担一定风险，因为企业惯以生产廉价产品的形象在消费者心目中不可能立即转变，这会使得高档产品不容易很快打开销路，从而影响新产品项目研制费用的迅速收回。

其三，双向延伸策略。

双向延伸策略是指原定位于中档产品市场的企业掌握市场优势后，向上下两个方向延伸其产品线。采取双向延伸策略可以使企业同时获得上述两种延伸所产生的效果。

2）产品线填充决策。这是指在现有产品线范围内增加产品项目。产品线填充决策动机包括：获取增量利润；利用剩余的生产设备；填补市场空隙，防止竞争者侵入。

例如，为了扩大市场吸引力和促进销售增长，华为近些年在向上和向下两个方向上延伸了手机的产品线。我们比较熟悉的 Mate 系列和 P 系列，是华为一直主打的旗舰机型，每一代都性能出众，而且采用当时主流硬件配置；华为 Nova 系列旨在维持中高端市场，主打年轻用户和女性用户市场；华为畅享系列，主打入门级市场，价格大多数在千元左右。此外，华为把荣耀单独形成一个子品牌，让华为在不同的市场发挥出更大的优势：畅玩系列，这是荣耀系列的销量根本，在千元机甚至是百元机市场拥有非常大的竞争力；再者是荣耀 Magic 系列的产品，定位高端市场，以高性能著称；还有更偏向于颜值打磨和性能均衡的荣耀 V 系列，以及荣耀 I 系列和 Play 系列，主打颜值和游戏。

（2）产品组合决策。

有众多产品线的企业会有一个产品组合（product mix）或产品集（product portfolio），它由一个销售者提供或出售的所有产品线和产品项目组成。企业的产品组合有 4 个重要的维度：宽度、长度、深度和一致性。产品组合的宽度（width）是指企业具有多少条不同的产品线；产品组合的长度（length）是指企业在每条产品线内的所有产品项目的数量；产品组合的深度（depth）是指产品线中每种产品有多少个类型；产品组合的一致性（consistency）是指不同产品线在最终用途、生产条件、分销渠道或者其他方面相关联的程度。

企业在调整产品组合时，可以针对具体情况选用以下 4 种产品组合策略。

1）扩大产品组合策略。

扩大产品组合策略包括开拓产品组合的宽度和增加产品组合的长度或深度。前者指在原产品组合中增加产品线，扩大经营范围；后者指在原有产品线内增加新的产品项目或增加某个产品项目的规格或型号。当企业预测现有产品线的销售额和利润率在未来可能下降时，就须考虑在现有产品组合中增加新的产品线，或加强其中有发展潜力的产品线。

该策略有利于进入和占领多个细分市场，满足客户的多种需求。该策略要求企业具有多条分销渠道，采用多种促销方式，对企业资源条件要求较高。

2）缩减产品组合策略。

缩减产品组合策略是指降低产品组合的宽度和深度，减少一些产品系列或项目，集中力量经营一个系列的产品或少数产品项目，提高专业化水平，以求从经营较少的产品中获得较多的利润，故也称市场专业型策略。

缩减产品组合的方式有两种：一种是减少产品线数量，实现专业化生产经营；另一种是保留原产品线削减产品项目，停止生产某类产品。该策略有利于企业减少资金占用，加速资金周转；有利于广告促销、分销渠道等目标集中，提高营销效率。

例如，2005 年腾讯公司的组织架构在时隔 6 年后迎来新一轮的优化调整，在原有七大事业群（BG）的基础上进行重组整合，成立了六大事业群，其中突出聚焦融合效应，新成立云与智慧产业事业群（CSIG）、平台与内容事业群（PCG）。

3）产品线延伸策略。

每一个企业所经营的产品都有其特定的市场定位。产品延伸策略是指全部或部分地改变企业原有产品的市场定位，具体有向上延伸、向下延伸和双向延伸三种。

4）产品线现代化策略。

有时企业的产品组合的长度、宽度和深度都较为合适，但由于产品技术含量或式样过时，在市场竞争中落了下风。这时企业必须采用新的技术和制造工艺，改变产品面貌，使产品线现代化。

产品线现代化策略就是将现代科学技术应用于生产经营过程，不断改造和更新设备、技术、工艺等生产方式，促使企业的产品组合更加符合市场需求的发展潮流。

在营销实践中，企业往往需要对上述几种产品组合策略进行综合运用，才能真正实现产品组合的动态平衡。

5. 新产品开发

营销学上的新产品大多是改良型产品，完全意义上的技术创新产品不多。即便如此，新产品开发的风险依然很大，营销推广困难重重。为此，要科学地组织开发工作，准确地制订和实施推广计划。

新产品开发的基本途径有三种：一是企业自主研究开发；二是购买技术专利权或特许权；三是与技术研究机构合作。三种途径各有利弊，企业应全面地分析比较。在财务能力不足的条件下，利用资本市场和创业投资合作获得研究与开发经费，企业可以集中资源和财务能力进行市场推广。这在新产品、新技术开发中值得考虑。

新产品开发的程序由若干前后连贯衔接的环节构成：从新产品构思到确定设计、设计方案筛选、产品概念形成、加工与试制、商业价值分析、市场销售实验再到推出营销方案并批量上市。其中新产品构思来源于市场实践积累或技术创新和思维创新；设计方案筛选以常规方法对新产品成功的若干因素、因素权重和适应性做综合评估；产品概念形成需要摆脱传统思维定式和产品用途界定的束缚，赋予产品新的含义和效用；加工与试制可以独立进行，也可合作或委托其他企业加工生产；商业价值分析基于成本、销售收入等财务分析原则和市场预期方法；在新产品试制成功后，应当根据产品的创新程度和可替代性产品的营销习惯，进行市场销售实验，把握好实验的范围、时机和对象；在完成上述工作以外，还要对新产品做必要的改进、补充和完善，通过营销策划推出新产品的营销方案并批量上市。

6. 产品生命周期

产品从进入市场到退出市场，销量由小到大再逐步下降的过程称为产品生命周期（product life cycle，PLC）。产品组合（从横向角度）和产品生命周期（从纵向角度），都是产品策略的重要内容。

图 1-21 是一个典型的产品生命周期曲线，包括在整个周期内产品的销量和利润情况。典型的产品生命周期可以划分成 5 个不同的阶段，某些资料中也将产品生命周期划分为除去开发阶段的 4 个不同的阶段。

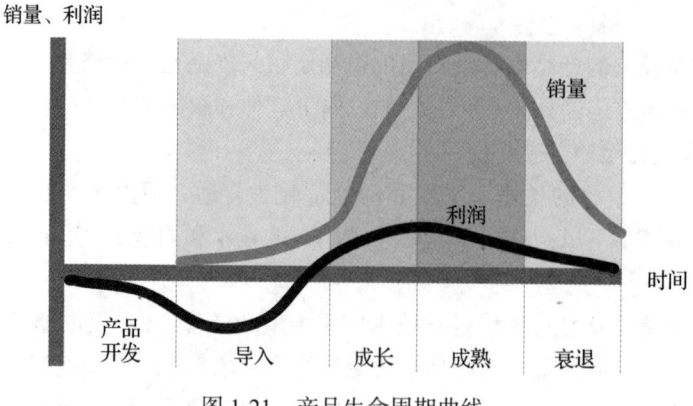

图 1-21 产品生命周期曲线

（1）开发阶段。

产品开发始于企业寻找和生成新产品构想。在产品开发阶段，销量为零，企业需要投入大量资金。

（2）导入阶段。

在导入阶段，产品刚刚投放市场，消费者对新产品十分陌生，产品本身也存在各种缺陷，生产设施不足，规模有限，成本较高。销量增长缓慢。由于产品导入市场需要耗费巨额成本，利润几乎不存在。这个阶段通常采用扩张战略，积极扩大市场份额，争取成为"领头羊"。在价格与促销费用预算方面，企业可以从如图 1-22 所示的四种策略中选择。

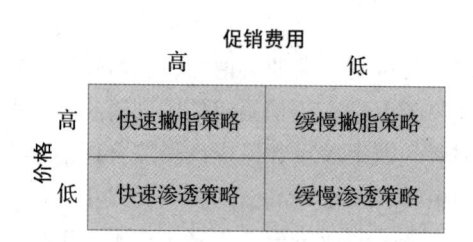

	促销费用高	促销费用低
价格高	快速撇脂策略	缓慢撇脂策略
价格低	快速渗透策略	缓慢渗透策略

图 1-22 导入阶段价格与促销策略

（3）成长阶段。

在成长阶段，产品被市场迅速接受，利润大幅度增加。但竞争对手也会纷至沓来，威胁企业的市场地位。因此，此阶段企业的营销重点应放在保持并且扩大自己的市场份额，尽可能地延长产品的成长期。可以采取下面几种策略：① 改善产品品质；② 寻找新的细分市场；③ 改变广告宣传的重点；④ 适时降价。企业此时的经营战略应该调整为争取最大的市场份额，并坚持到成熟期的到来，这个阶段通常采用增长战略。

（4）成熟阶段。

在成熟阶段，因产品已经被大部分潜在顾客接受而造成销量增长放缓，用于对抗竞争的促销费用不断增加，该阶段利润趋于稳定，甚至会下降。该阶段宜采取主动出击的营销策略，具体如下。

1）市场调整：通过采取发现产品的新用途、寻求新的用户或改变推销方式等手段，扩大产品销量。

2）产品调整：通过产品自身的调整来满足顾客的不同需要，吸引有不同需求的顾客。

3）市场营销组合调整：通过对产品、价格、渠道、促销四个市场营销组合因素加以综合调整，刺激销量的回升。

在此阶段，企业经营战略的重点是在巩固市场份额的同时提高市场报酬率。对标准化产品，可实行规模化经营，采取成本领先战略；对非标准化产品，可采取差异化战略。

（5）衰退阶段。

在衰退阶段，销量和利润不断下降，会出现大量的竞争者退出市场，消费者的消费习惯已发生改变等现象。通常有以下几种营销策略可供选择。

1）继续策略：继续沿用过去的策略，直到该产品完全退出市场。
2）集中策略：把企业能力和资源集中在最有利的细分市场和分销渠道上。
3）收缩策略：抛弃无希望的顾客群体，大幅度降低促销费用。
4）放弃策略：对于衰退迅速的产品，当机立断，放弃经营。

企业在衰退阶段的经营目标主要是防御，等待时机获得最后的现金流，因此可以采取收割战略。

│案例1-1│
欧莱雅的"金字塔式"多品牌战略

欧莱雅集团（L'Oréal Group）是《财富》世界500强之一，世界著名化妆品生产厂家，创建于1907年。历经一个多世纪的努力，欧莱雅已从一个小型的家庭企业跃居世界化妆品行业的领头羊。欧莱雅经营范围遍及130多个国家和地区，在全球拥有283家分公司、42家工厂和500多个优质品牌、100多个代理商以及5万多名员工。

作为全球大型化妆品公司集团，欧莱雅不遗余力地为满足世界各国人民对美的追求而奋斗。肩负着这一崇高使命，欧莱雅于1997年正式来到中国。目前其各类化妆品行销全国，广受欢迎。除了化妆品畅销外，欧莱雅还经营高档消费品，并从事制药和皮肤病的研究。产品有化妆品、染发用品、护肤品、防晒用品、彩妆、香水和高档消费品，其部分产品组合如表1-2所示。进入中国市场，欧莱雅以赫莲娜、兰蔻、碧欧泉（高端市场），薇姿、理肤泉、巴黎欧莱雅专业美发、卡诗（中端市场），巴黎欧莱雅、美宝莲、卡尼尔、羽西、小护士（大众市场）等品牌分别覆盖高、中、低三大消费区间，发挥集群优势，强化了欧莱雅"金字塔式"多品牌战略的影响力。

表 1-2 欧莱雅的部分产品组合

产品组合的宽度	产品组合的长度
护肤品	● 赫莲娜 ● 兰蔻 ● 碧欧泉 ● 小护士 ● 羽西

(续)

产品组合的宽度	产品组合的长度
美发	• 卡诗 • 巴黎欧莱雅专业美发 • 美奇丝
香水	• 兰蔻 • 阿玛尼 • 拉夫劳伦 • 卡夏尔
药妆	• 薇姿 • 理肤泉 • 修丽可

资料来源：豆丁网，《欧莱雅营销策略分析》，2021-01-05. 有改动。

思考题

1. 试分析欧莱雅在中国成功的原因。
2. 欧莱雅实施"金字塔式"品牌战略的条件有哪些？

1.8.2 价格及定价策略

从狭义上说，价格（price）就是为了获得某种产品或服务所付出的金额。从广义上讲，价格是消费者为了换取拥有和使用某种产品或服务的收益而支付的所有价值的总和。历史上，价格是影响消费者购买决策的主要因素。但最近的几十年中，非价格因素对消费者行为的影响变得越来越重要。但是，价格仍是决定企业市场份额和盈利水平最重要的因素之一。

价格是营销工具组合中产生盈利的唯一因素，所有其他营销工具都代表成本支出。价格也是营销组合中最为灵活的因素之一。不同于产品特性和渠道合同，价格可以很快变动。同时，定价是营销高层要面对的首要问题，很多企业都不能实现有效定价。

价格策略是一个比较近代的观念，源于19世纪末大规模零售业的发展。价格策略是指企业通过对顾客需求的估量和成本分析，选择一种能吸引顾客、实现市场营销组合的策略。价格策略的确定一定要以科学规律的研究为依据，以实践经验判断为手段，在维护生产者和消费者双方经济利益的前提下，以消费者可以接受的水平为基准，根据市场变化情况，灵活反应。

1. 影响价格制定的因素

在第一次制定价格时，企业要考虑以下因素。

（1）定价目标。

企业的定价目标是以满足市场需求和实现企业盈利为基础的，它是实现企业经营总目标的保证和手段，同时，又是企业确定定价策略和定价方法的依据。

企业的定价目标服从于营销目标但不完全等同于营销目标，产品或服务的价格决策出于企业生存的动机，也可能是为了追求销量和市场占有率。定价高低在一定程度上也反映出企业或品牌的形象。企业的定价目标受两类因素制约：一是环境因素和市场状态；二是企业的成本水平和财务状况。由于企业的成本有完全成本、变动成本、直接成本和间接成本等多种类别，短期的价格决策受制于变动成本或直接成本，中长期的价格方针必须基于完全成本或中长期平均成本。

（2）市场需求。

价格会影响市场需求。在正常情况下，市场需求会按照与价格相反的方向变动。价格上升，需求减少；价格降低，需求增加，所以需求曲线是向下倾斜的。就某些特殊商品来说，需求曲线有时是向上倾斜的，例如：香水提价后，其销售量却有可能增加。当然，如果提太高，需求将会减少。

企业定价时必须依据需求的价格弹性，即了解市场需求对价格变动的反应。价格变动对需求影响小，这种情况称为需求无弹性；价格变动对需求影响大，则叫作需求有弹性。在以下条件下，需求可能缺乏弹性：① 替代品很少或没有，没有竞争者；② 买者对价格不敏感；③ 买者改变购买习惯较慢和寻找较低价格时表现迟缓；④ 买者认为产品质量有所提高，或认为因为存在通货膨胀等因素，价格较高是应该的。如果某产品不具备上述条件，那么产品的需求有弹性，在这种情况下，企业应适当降价，以刺激需求，促进销售，增加销售收入。

2. 选择定价方法

定价方法，是企业在特定的定价目标的指导下，依据对成本、需求及竞争等状况的研究，运用价格决策理论，对产品价格进行计算的具体方法。

（1）成本导向定价法。

以产品单位成本为基本依据，再加上预期利润来确定价格的成本导向定价法，是中外企业最常用、最基本的定价方法。成本导向定价法又衍生出了以下几种具体的定价方法。

1）总成本加成定价法。

在这种定价方法下，把所有为生产某种产品而发生的耗费均计入成本的范围，计算单位产品的变动成本，合理分摊相应的固定成本，再按一定的目标利润率来决定价格。

2）目标收益定价法。

目标收益定价法又称投资收益率定价法，是根据企业的投资总额、预期销量和投资回收期等因素来确定价格。

3）边际成本定价法。

边际成本是指每增加或减少单位产品所引起的总成本变化量。由于边际成本与变动成本比较接近，而变动成本的计算更容易一些，在定价实务中多用变动成本替代边际成本，因此边际成本定价法也称为变动成本定价法。

4）盈亏平衡定价法。

在销量既定的条件下，企业产品的价格必须达到一定的水平才能做到盈亏平衡、收支相抵。既定的销量就称为盈亏平衡点，这种制定价格的方法就称为盈亏平衡定价法。科学地预测销量和已知固定成本、变动成本是盈亏平衡定价的前提。

（2）竞争导向定价法。

在竞争十分激烈的市场上，企业通过研究竞争对手的生产条件、服务状况、价格水平等因素，依据自身的竞争实力，参考成本和供求状况来确定商品价格。这种定价方法就是通常所说的竞争导向定价法。竞争导向定价主要包括以下几种。

1）随行就市定价法。

在垄断竞争和完全竞争的市场结构条件下，任何一家企业都无法凭借自己的实力而在市场上取得绝对的优势，为了避免竞争特别是价格竞争带来的损失，大多数企业都采用随行就市定价法，即将本企业某产品价格保持在市场平均价格水平上，利用这样的价格来获得平均报酬。此外，采用随行就市定价法，企业就不必去全面了解消费者对不同价差的反应，也不会引起价格波动。

2）产品差别定价法。

产品差别定价法是指企业通过不同的营销努力，使同种同质的产品在消费者心目中树立起不同的产品形象，进而根据自身特点，选取低于或高于竞争者的价格作为本企业产品价格。因此，产品差别定价法是一种进攻性的定价方法。

3）密封投标定价法。

许多大宗商品、原材料、成套设备和建筑工程项目的买卖和承包，往往采用发包人招标、承包人投标的方式来选择承包者，确定最终承包价格。一般来说，招标方只有一个，处于相对垄断地位，而投标方有多个，处于相互竞争地位。标的物的价格由参与投标的各个企业在相互独立的条件下确定。在买方招标的所有投标者中，报价最低的投标者通常中标，它的报价就是承包价格。这样一种竞争性的定价方法就称为密封投标定价法。

（3）顾客导向定价法。

现代市场营销观念要求企业的一切生产经营必须以消费者需求为中心，并在产品、价格、分销和促销等方面予以充分体现。根据市场需求状况和消费者对产品的感觉差异来确定价格的方法叫作顾客导向定价法，又称"市场导向定价法""需求导向定价法"。顾客导向定价具体表现为以下几种形式。

1）理解价值定价法。

所谓"理解价值"，是指消费者对某种商品价值的主观评判。理解价值定价法是指企业以消费者对商品价值的理解度为定价依据，运用各种营销策略和手段，影响消费者对商品价值的认知，形成对企业有利的价值观念，再根据商品在消费者心目中的价值来制定价格。

2）需求差异定价法。

所谓需求差异定价法，是指产品价格的确定以需求为依据，首先强调适应消费者需求的不同特性，而将成本补偿放在次要的地位。这种定价方法，对同一商品在同一市场上制定两个或两个以上的价格，或使不同商品价格之间的差额大于其成本之间的差额。其好处是可以使企业定价最大限度地符合市场需求，促进商品销售，有利于企业获取最佳的经济效益。

3）逆向定价法。

这种定价方法主要不是考虑产品成本，而是重点考虑需求状况，依据消费者能够接受的最终销售价格，逆向推算出中间商的批发价和生产企业的出厂价格。逆向定价法的特点是：价格能反映市场需求情况，有利于加强与中间商的良好关系，保证中间商的正常利润，使产品迅速向市场渗透，并可根据市场供求情况及时调整，定价比较灵活。

3. 选定最终价格

企业选定最终价格必须考虑以下因素。

（1）最终价格必须同企业定价政策相符合。企业的定价政策是指明确企业需要的定价形象、对价格折扣的态度以及对竞争者价格的反应的指导思想。

（2）最终价格必须考虑是否符合政府有关部门的政策和法令的规定。

（3）最终价格要考虑消费者的心理。例如，利用消费者心理，采取声望定价，把实际上价值不大的商品的价格定得很高（如把实际上值10元的香水定为100元），或者采用奇数定价（把一台电视机的价格定为1 299元），以促进销售。

（4）选定最终价格时，还须考虑企业内部有关人员（如推销人员、广告人员等）对定价的意见，考虑经销商、供应商等对所定价格的意见，考虑竞争对手对所定价格的反应。

4. 定价策略

（1）新产品的价格策略。

1）撇脂定价法。

新产品上市之初，将价格定得较高，在短期内获取厚利，尽快收回投资。就像从牛奶中撇取所含的奶油一样，取其精华，称为"撇脂定价"法。这种方法适合需求弹性较小的细分市场，其优点一是新产品上市，顾客对其无理性认识，定高价格可以提高身价，适应顾客求新心理，有助于开拓市场；二是主动性大，产品进入成熟期后，价格可分阶段逐步下降，有利于吸引新的购买者；三是价格高，限制需求量过于迅速增加，使其与生产能力相适应。缺点是：不利于扩大市场，并很快招来竞争者，会迫使价格下降，好景不长。

2）渗透定价法。

在新产品投放市场时，价格定得尽可能低一些，其目的是获得最高销售量和最大市场占有率。当新产品没有显著特色、竞争激烈、需求弹性较大时宜采用渗透定价法。其优点一是产品能迅速为市场所接受，打开销路，增加产量，使成本随产量的增加而下降；二是低价薄利，使竞争者望而却步、减缓竞争，获得一定的市场优势。

对于企业来说，采取撇脂定价还是渗透定价，需要综合考虑市场需求、竞争、供给、市场潜力、价格弹性、产品特性、企业发展战略等因素。

（2）仿制品的价格策略。

仿制品是企业模仿国内外市场上的畅销货而生产出的新产品。仿制品面临着产品定位问题，就质量和价格而言，有九种可供选择的策略：优质优价、优质中价、优质低价、中质高价、中质中价、中质低价、低质高价、低质中价、低质低价。

（3）替代性产品的价格策略。

不少企业同时生产具有某种替代关系的产品项目和类型，如窗式、分体式、柜式和吸顶式空调，不同机型的功率也有若干差别。由于各类型空调的成本和生产批量不同，价格就会不同。需求导向定价法和竞争导向定价法虽有用武之地，但难以体现企业的市场目标。在这种情况下，对产销规模大或市场潜力大、生产批量与成本关系密切的机型，企业应当按较低得利润定价，将其他机型利润定得相对高一些，以凸显该机型的价格优势，吸引更多的消费者。

（4）连带性产品的价格策略。

某些消费需求要求若干产品、服务结合起来才能实现，如照相机和扩印服务、汽车与零件及维修服务、饮水机和桶装纯净水。照相机价格便宜，社会保有率高，扩印照片的需求就会增加，扩印价格太高，照相机的需求就难以增长。近年来，我国城市居民饮用桶装纯净水的比例越来越高，仔细观察不难发现，饮水机价格很便宜，纯净水价格不低，水桶价格（押金）很高。当然，连带性产品的定价策略一般适用于规模大、多样化生产经营的企业。

（5）心理定价。

心理定价是根据消费者的消费心理定价，有以下几种。

1）尾数定价和整数定价。

许多产品的价格，宁可定为 0.98 元或 0.99 元，而不定为 1 元，是适应消费者购买心理的一种取舍，尾数定价使消费者产生一种"价廉"的错觉，使其对定价为 0.98 元或 0.99 元比定价为 1 元反应积极，以促进销售。相反，有的产品不定价为 9.8 元，而定为 10 元，整数定价同样是为了使消费者产生一种错觉，迎合消费者"便宜无好货，好货不便宜"的心理。

2）声望性定价。

声望性定价是利用消费者求名、求新等心理，将产品价格定得高于同类产品的价格水平。此种定价法有两个目的：一是提高产品的形象，以价格说明其名贵名优；二是满足购买者的地位欲望，适应购买者的消费心理。

3）习惯性定价。

某种商品，由于同类产品多，在市场上形成了一种习惯价格，个别企业难以改变。降价易引起消费者对品质的怀疑，涨价则可能受到消费者的抵制。

（6）折扣定价。

大多数企业通常都酌情调整其基本价格，以鼓励顾客及早付清货款、大量购买或增加淡季购买。这种价格调整叫作价格折扣或折让。

1）现金折扣。

现金折扣是对及时付清账款的购买者的一种价格折扣。如"2/10，N30"，表示付款期是 30 天，如果在成交后 10 天内付款，给予 2% 的现金折扣。许多行业习惯采用此法以加速资金周转，减少收账费用和坏账。

2）数量折扣。

数量折扣是企业给那些大量购买某种产品的顾客的一种折扣，以鼓励顾客购买更多的货物。大量购买能使企业降低生产、销售等环节的成本费用。例如：顾客购买某种商品 100 单位以下，每单位 10 元；购买 100 单位以上，每单位 9 元。

3）职能折扣。

职能折扣也称贸易折扣，是制造商给予中间商的一种额外折扣，使中间商可以获得低于目录价格的价格。

4）季节折扣。

季节折扣是企业鼓励顾客淡季购买的一种减让，使企业的生产和销售一年四季能保持相对稳定。

5）推广津贴。

为扩大产品销路，生产企业向中间商提供促销津贴。如零售商为企业产品刊登广告或设立橱窗，生产企业除负担部分广告费外，还在产品价格上给予一定优惠。

（7）歧视定价（差别定价）。

企业往往根据不同顾客、不同时间和不同场所来调整产品价格，实行差别定价，即对同一产品或劳务定出两种或多种价格，但这种差别不反映成本的变化。歧视定价主要有以下几种形式：①对不同顾客群定不同的价格；②不同的花色品种、式样定不同的价格；③不同的部位定不同的价格；④不同时间定不同的价格。

实行歧视定价的前提条件是：市场必须是可细分的且各个细分市场的需求强度是不同的；商品不可能转手倒卖；高价市场上不可能有竞争者削价竞销；不违法；不引起顾客反感。

1.8.3 渠道及分销策略

企业生产产品和服务并将其提供给消费者，在这个过程中企业不仅需要和顾客建立关系，还需要和企业供应链（supply chain）中的关键供应商和分销商建立关系，更确切地说，企业无法仅通过自己为顾客带来价值，需要在更大的价值传递网络（value delivery network）内与其他企业紧密合作。供应链包括"上游"和"下游"两部分。企业的上游是指那些供应企业生产产品和提供服务所需的原材料、零部件、信息、资金、技术等的企业组合。但营销人员一般比较关注供应链的下游部分——面向顾客的营销渠道（或分销渠道）。下游的营销伙伴，例如批发商和零售商，在企业和其顾客之间形成了至关重要的联系纽带。借助某种分销渠道，产品从生产领域进入消费领域。无论制造商、中间商还是连锁经营的零售服务公司，它们都需要形成自己的分销体系，或借助外部的分销能力和物流载体，才能有效地开展营销活动。

分销渠道（place），是渠道（channel）被引入到商业领域的全称，引申意为商品销售路线，是商品的流通路线，指厂家的商品通向一定的社会网络或者代理商/经销商而被卖向不同的区域。美国市场营销协会（AMA）对渠道的定义是：公司内部的组织单位和公司外部的代理商/经销商、批发商与零售商的结构。营销渠道（marketing channel）是指产品或服务转移所经过的路径，由参与产品或服务转移活动以使产品或服务便于使用或消费的所有组织构成，主要涉及供应链"下游"部分。对于一家企业而言，好的分销策略在贡献顾客价值并创造竞争优势上发挥了很大的作用。例如，联邦快递公司创造和建立的分销系统使它成为小型包裹运输行业的领先者；亚马逊公司通过采用互联网销售商品的方式而永久地变革了零售业，成为无实体店的互联网版沃尔玛。

1. 分销渠道的类型

完整的产品分销渠道从制造企业始，到产品进入消费者手中止，其中经过若干中间环节。由于生产企业的能力、产品的自然与经济属性以及社会流通体系的差异或变化，分销渠道的环节有多有少，分销过程所需的物流载体有简有繁，形成以下基本类型。

（1）直接渠道。

制造商的产品以一次交易直接出售并交付消费者，这称作直接渠道或直接分销。在直接分销条件下，制造商可以凭自己的物流载体交付产品，也可以委托专门的物流企业运送产品。

（2）非直接渠道。

制造商的产品通过中间商，由中间商向消费者出售并交付产品，制造商与中间商、中间商与消费者均发生交易关系，这称作非直接渠道或非直接分销。在非直接分销条件下，中间商可能有一家，也可能多家共同参与。一般情况下，销售区域广、运输距离远的产品，中间商的数目较多，中间商中有批发商、转批商和零售组织。在国际贸易中，中间商是进出口批发企业。在中间商中，相当一部分企业运用直接分销渠道，它们是制造商的中介。大型中间商一般拥有自己的物流体系，中小型中间商主要借助社会物流组织完成产品交付工作。

企业确立或选择分销渠道依据三个方面的客观情况。一是产品属性与特点。鲜活产品、易损产品、产业用品和技术性强的产品宜采用直接或环节少的分销渠道。二是企业的规模和分销范围。小企业一般直接分销或通过一个中间商完成销售，大企业拥有独立的分销体系，其分销渠道的长短因产品市场情况而定，也可能采取多环节或多种分销渠道。企业的分销区域广、产销里程长，一般需要一个以上中间商进行分销合作。三是市场状况。如果目标市场需求潜力大，竞争压力上升，企业就倾向于直接分销，以加强对市场的直接影响，反之可由中间商负责分销。

近年来，制造商对中间商、大型中间商对中小型商业企业的委托代理方式比较盛行。在既定的分销渠道中，采取什么方式实施代理或经销业务也是分销策略的内容之一。在某一销售区域，选择一家中间商代理销售和允许多家中间商代理产品，还是将所有愿意经销产品的批发、零售企业全部列为合作对象，这属于不同的分销（扩张）策略。代理商是唯一或有限的几家，便于供应商管理监控。若代理或经销企业众多，供应商管理困难，则可以利用多方的分销能力和经营积极性。因此，分销渠道如何构成分销体系，是企业分销策略乃至营销管理的主要问题之一。

2. 企业分销系统

事实上，不管采用何种分销渠道，只要企业的全部产品在不同区域和目标市场完成营销业务，企业就需要独立拥有或合作形成具有管理控制能力的分销系统，即便直销企业也不例外。在营销学著作中，企业的分销系统分为三类：一是垂直分销系统；二是水平分销系统；三是多渠道、松散型分销系统。三种系统的划分以分销组织和合作的纵横关系为主要依据，而不同系统的实质区别在于营销主体对系统投资与控制力的不同。

（1）垂直分销系统。

垂直分销系统是指高度统一，受营销企业控制的分销体系。通过投资、控股或契约关系，部分中间商成为营销主体的投资或控股企业，其他中间商通过契约关系（如代理、加盟、特许）与营销企业形成稳定的业务联系。在一般情况下，生产经营规模较大的制造商和多样化经营公司，以投资控股形式形成若干一级中间分销商，以参股或契约形式建立众多二、三级分销商网络，形成自上而下、由强趋弱的分销控制关系。在电子技术不断发展的今天，垂直分销系统中的营销信息系统（MIS）、销售时点信息系统（POS）或企业内部网（intranet）把各中间商的业务信息置于统一的计算机信息系统实施生产、销售与服务业务的自动衔接。

（2）水平分销系统。

两个以上的企业自愿结成营销合作关系，利用各自的资源和优势为对方服务，共同开拓市场而形成的分销合作体系，称为水平分销系统。

在水平分销系统中，制造商、大型中间商、物流企业以及技术和销售服务公司在同一层次上进行营销与分销合作：制造商向商业公司提供产品，制造商委托技术和销售服务公司进行二次技术开发和售后服务，制造商或中间商委托物流企业运输、存储和最终配送产品及辅件。在水平分销系统中，制造商可以专心开发与制造产品，扩大生产规模，大型中间商可以充分利用子公司和连锁网络的分销能力，物流企业以及技术和销售服务公司在获得稳定且较大规模的业务以后，工作效率提高，成本得以下降。对某些跨国公司而言，其水平分销系统还可能包括拓展市场的咨询服务公司。因此，从企业战略的角度看，水平分销系统是企业间战略联盟的具体表现形式之一。

（3）多渠道、松散型分销系统。

以制造商为例，如果企业的产品以较多的分销渠道，通过市场自发的作用机制形成进销关系和分销网络，这便属于多渠道、松散型分销系统。在这种系统中，企业的部分产品由分公司、子公司销售，部分产品以代理或非代理方式由中间商销售，部分产品进入批发交易市场供客户自由选购。企业既可能向中间商销售，也可能直接向最终用户提供产品，在物流、技术和销售服务方面也采取同样的选择。在这种分销系统中，同一用户的需求也可能由不同的分销渠道满足。采用这种分销系统，营销主体一定要在交易和服务条件上相对统一，否则会引起业务关系和价格上的混乱，影响企业和品牌形象。事实上，除了小商品、农副产品经营，完全松散的分销系统并不多见。该系统一般需引用垂直和水平分销两种系统的部分构架和优点，并针对不同目标市场的情况，确定具体的分销关系。

3. 中间商选择

大部分制造商都需要利用中间商形成分销渠道和分销体系。中间商的优劣对企业的营销效果有直接甚至决定性影响。选择中间商作为分销合作伙伴，要注意五个方面。一是确定中间商类型，包括一般批发企业和零售企业、外贸进出口公司、新型连锁商业企业（如连锁超市、专营连锁和便利连锁）。对中间商的类型选择，要从产品属性、销售区域、物流载体以及售后服务要求等多方面加以考虑。二是根据本企业的经营缺陷和中间商的经营能力，在进销规模、销售点分布、资金能力与信用信息、物流和服务条件等方面，选择那些经营能力强、条件齐全或能明显弥补本企业经营缺陷的中间商。三是区位分布与密度安排，即选择那些目标市场和销售空间有所不同的中间商。如果没有合适的中间商独家代理，则要在同一目标市场和销售空间内物色若干中间商，形成区域性分销系统内的竞争压力，同时也控制同一区域内中间商的数量和密度。四是与中间商业务合作方式的选择，即采用独家代理、多家普通代理，还是经销约定或与各种中间商的随机性合作。五是对中间商经营业务的规范，物色那些商业信誉好、消费者信赖的中间商作为主要的分销合作对象。在市场竞争行为不太规范、假冒伪劣产品盛行的环境中，对中间商的业务行为应当用较高的标准予以约束。

利用、选择中间商构建企业的分销渠道与分销体系，要发掘和发挥中间商的优势与特长。不同中间商之间、企业与中间商之间要能相互补充、协调配合，加之企业对分销系统类型的准确选择，使分销系统的功能更强、效率更高。

4. 物流职能与产品实体分配

为了保证产品在需要的时间送达适当的地点，满足用户的需要或中间商的业务要求，企业分销系统的重要功能之一即完成产品实体在时间和空间上的分配、转移和交付，这就是物流组织与管理。

在社会分工越来越细的今天，相当比例的产品和物流业务由专门的物流企业承担，物流已成为商业服务的重要行业之一。同时，由于企业规模的扩大以及企业之间合作的加强，部分制造企业拥有较大规模的物流设施，主要的分销合作伙伴尤其是大型中间商的物流能力也相当强，选择并充分运用本企业、中间商和第三方物流企业的载体条件、物流职能与企业的生产、采购和分销系统相适应，是实现营销目标的重要保障。

（1）物流职能。

企业的物流职能从进货或采购原材料开始，直至产品或制成品到达用户手中为止，除了生产加工过程，要通过一系列甚至是反复的物流工作环节：验收入库、仓储管理、订单处理、出仓清点、装卸与货运。如果产品抵达中间商的码头或仓库，同样的工作程序便重复一次，部分产品的物流过程还包括包装、分装和简单的加工拼装。产销规模大、采购和销售区域广的大型制造商或中间商，既要利用自己的仓库、码头、运输和装卸工具，还要委托物流企业承担部分物流职能，因此，企业在物流职能与管理过程中，需要协调内外部的物流能力。

（2）产品实体分配。

物流职能实质上围绕产品实体的分配和转移体现出来。在交易和营销实践中，商品所有权的易手（所有权流）、购货资金的支付（资金流）、产品实体的分配和转移（商流）以及市场信息的互换（信息流）简称"四流"。产品实体的分配与转移在时间、空间和方向上与其他"三流"存在某些不一致，但在总体上又存在一定的规律性。一般情况下，营销企业在完成某项交易活动之后，即开出一式数份的单据，分别交给购货方和企业内有关物流部门，有关部门根据单据上的要求提货、送货或等待进货方提取货物。在存货置于不同地点的情况下，企业可以指定某一仓库供货，也可由购货方选择仓库提取货物。在实体分配过程中，企业总的存货水平和各仓库的存货量、存货品种如何确定，进货地点、进货数量、进货品种以及进货的运输方式如何确定，在铁路、公路、水路、航空和管道等多运输方式并存且各有利弊的情况下，企业如何做出选择，这些都是物流组织与管理的基本问题。

由于经济数学、运筹学和信息管理技术在企业物流管理中的广泛应用，物流载体的投资与分布有了较科学的决策模式，物流路径、运输方式选择以及进货/存货数量、周期和配送程序，越来越多地采用计算机信息管理和地理信息系统（GIS）以及全球定位系统（GPS）等高科技电子技术，产品的实体分配由依靠经验型人才向借助物流管理信息系统转变，企业的物流与实体分配能更好地支持营销拓展，更适时地满足用户的需要。

1.8.4 促销及促销策略

促销是指企业利用各种信息载体与目标市场进行沟通的传播活动，包括广告、人员推销、销售促进与公共关系等。科特勒认为，促销指的是向顾客展示自己产品的特性并说服顾客购买的活动。在营销组合中，促销手段的重要性日渐提升。事实上，营销活动能否取得预期效果，产品是前提，价格是调节工具，分销是通道，促销是助推器，服务是最终保障。当代社会日趋信息化，"酒香不怕巷子深"已不再是人人坚信的商业哲理。离开了促销活动，相当一部分产品，尤其是早期进入市场的，将难以立足。

1. 信息沟通方式

产品和服务信息、企业能力和形象需要借助各种沟通渠道、媒介和方式才能向市场和社会传播。企业与顾客、市场和社会沟通的方式主要有4种：一是广告；二是人员推销；三是销售促进；四是公共关系。这4种形式和具体手段的运用称为促销组合，不同的促销方式、手段各有特点和优劣之处，营销企业采用不同策略实施产品或企业的促销推广。

（1）广告（advertising）：由特定的赞助商出资，对创意、商品和服务进行的非人员展示和推广。

（2）人员推销（personal selling）：由企业的销售人员做产品展示，以达到销售或建立顾客关系的目的。

（3）销售促进（sales promotion）：通过短期的刺激提升产品或服务的购买和销售，也称营业推广。

（4）公共关系（public relations）：通过有利的宣传树立良好的企业形象，并处理或消除不利的传言、故事、事件等，从而与各类公众建立良好的关系。

2. 信息沟通过程

信息沟通过程一般包括以下9项要素。

（1）信息发送者，即信息源，主要指营销企业向外界发送信息。

（2）信息编码，即营销信息要被编制成便于传播和接收的信息形式。

（3）信息内容，即传播的实质要素。

（4）信息媒体，如电视、报刊、网络广播、建筑设施等能够向接收者传播信息的渠道和载体。

（5）信息接收者，指接收信息的消费者、厂商及其他组织。

（6）译码，即信息接收者收到并了解信息的过程。

（7）反应，指信息受众对信息的识别、理解和判断，并形成是否需要和购买的动机。

（8）反馈，信息受众对发送者的信息，可能直接或间接地向其反馈，或在有限空间内表达出反馈信息。

（9）干扰，指信息传递过程中因环境和受众因素，信息接收者得到的信息与发送者预期的目的和内容不一致，如在促销优惠条件方面，信息接收者与发送者的理解较容易产生偏差。

要使信息沟通取得预期效果，企业在运用促销方式和手段时应当做好以下6项工作。

（1）确定目标受众，即信息的传递对象是目标市场及相关领域中的哪些人和团体。

（2）明确受众反应和沟通的内容，即受众是否需要和购买产品或对发送者的信息有何建议和意见。

（3）设计信息的内容与表达形式。信息有理性、情感、道德等不同的诉求类型，有不同的信息内容组合结构，有各种各样的信息形式。

（4）选择信息传播媒体。信息沟通的形式如广告、销售促进和人员推销，一般根据产品特点、产销关系和竞争状况决定传播媒体的形式。

（5）选择信息发送主体，即选择哪些人、哪些场所、哪个传媒企业以及哪个信息表述者发送信息更加有效。

（6）收集反馈信息。企业通过收集反馈信息，既能了解受众的反应及促销的效果，又便于调整促销方式策略乃至其他营销手段。

3. 促销预算

企业的促销活动需要一定的经费。不同促销方式的费用支出水平不同，不同营销目标、目标市场需要投入的促销成本不同，因此企业需要控制促销预算。不考虑促销的具体目的，确定预算的方法有以下 4 种。

（1）根据企业的财务负担能力，确定促销预算。若本轮促销产生了较好的经济收益，则下一轮促销预算可以增加。

（2）销售比例法。根据前期的销售额实绩或行业惯例和产品特点，按销售额的一定比例如 3% 或 5% 安排促销预算。

（3）竞争比较法。根据企业竞争目的和竞争对手或竞争品牌每年大概的促销费用，安排促销预算。

（4）目标要求法。根据销售额、市场占有率或品牌形象等营销目标和历史资料，运用某些技术参数确定促销预算。

4. 促销组合策略

一家企业的促销组合（promotion mix），也称为营销传播组合（marketing communications mix），由广告、人员推销、销售促进、公共关系等工具组成。企业运用这些工具来吸引顾客参与，有效地传递顾客价值并建立顾客关系。

促销组合策略是根据产品特点和经营目标的要求，有计划地综合运用各种有效的促销手段所形成的一种整体的促销措施。企业的促销组合，实际上就是对上述促销方式的具体运用。在选择采取哪一种或几种促销方式时，要确定合理的促销策略，实现促销手段的最佳结合，必须注意把握影响促销策略的各种因素。

企业在实际促销活动中，是采用一种促销方式，还是采用两种或两种以上的促销方式？这就需要做出选择。如果选择两种或两种以上的方式，就要涉及以哪种方式为主、以哪几种方式为辅的问题。把各种促销方式有机搭配和统筹运用的过程就称为促销组合。从组合的角度看，促销策略有两种基本思路，如图 1-23 所示。

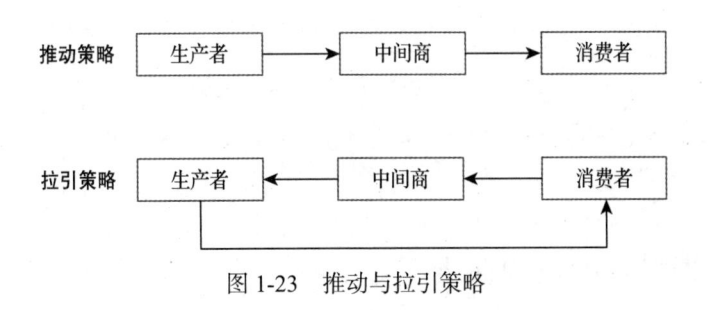

图 1-23　推动与拉引策略

在实践中，如果在促销组合的过程中所形成的促销组合策略是以人员推销为主、配合公共关系等其他促销方式，这样的促销组合策略叫推动策略（push strategy）。推动策略主要适用于生产资料的促销，即生产者市场的促销活动。

如果在促销组合的过程中所形成的促销组合策略是以广告为主，配合其他促销方式，这样的促销组合策略叫拉引策略（pull strategy），也就是说用广告拉动最终用户和激发消费者的购买欲望。

实践中通常是推拉结合，有推有拉。也就是说，一方面要用广告来拉动最终用户，刺激最终用户产生购买欲望，另一方面要用人员推销的方式向中间商推荐，以使中间商乐于经销或代理自己的商品，形成有效的分销链。当然，在进行促销组合的过程中，还要考虑产品的性质，并参照促销预算等有关因素进行组合。

图 1-24 总结了管理顾客驱动型营销战略和营销组合所涉及的主要活动。

顾客成为整个战略的中心。企业的目标是为顾客创造价值，并且建立可盈利的顾客关系。然后是营销战略，企业首先确定整个市场，然后把市场划分成不同的细分市场，选择最具潜力的市场，最后集中满足这个市场上顾客的需求。企业以营销战略为基础设计营销组合，即决定产品、价格、渠道和促销（4P）。为了找到更好的营销战略和营销组合，企业要进行市场营销分析、计划、实施和控制。通过这些活动，企业不断观察和调整以适应环境变化。

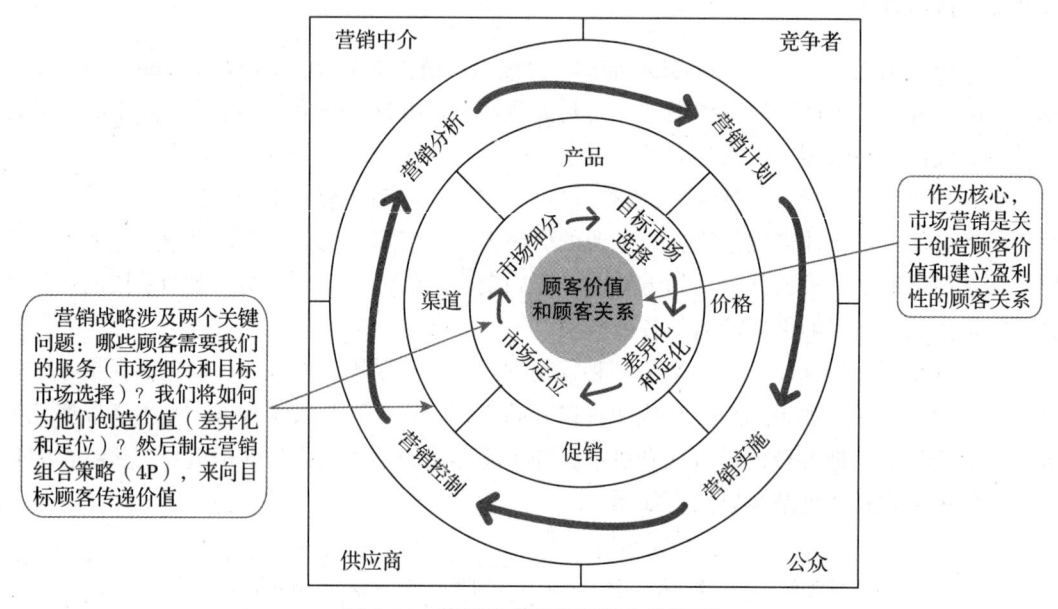

图 1-24 营销战略和营销组合的管理

资料来源：阿姆斯特朗，科特勒．市场营销学：第 13 版 [M]．赵占波，孙鲁平，赵江波，等译．北京：机械工业出版社，2019．

1.9 市场营销组合理论的演进

古人言："兵无常势，水无常形。"如今企业面对的市场就是一个在不断变化的环境，而且变得越来越成熟，消费者也越来越精明。厂商不断推出新的营销策略以争取客户，而市场则是以更冷静的态度给予回应。与 20 世纪相比，今天的市场有很大的不同，无论是竞争格局，还是消费者的思想和行为，都发生了很大的变化。随着环境的变化，营销理念也发生了几次变化，经历了四种典型的营销理念，即：以满足市场需求为目标的 4P 理论、以追求顾客满意为目标的 4C 理论、以建立顾客忠诚为目标的 4R 理论以及以提高企业核心竞争力为目标的 4V 理论。

1.9.1 4P 理论——以满足市场需求为目标

4P 营销理论产生于 20 世纪 60 年代的美国，是随着营销组合理论的提出而出现的。1953 年，尼尔·博登（Neil Borden）在美国市场营销协会的就职演说中创造了"市场营销组合"（marketing mix）这一术语，其意是指市场需求或多或少在某种程度上受到所谓"营销变量"或"营销要素"的影响。为了寻求一定的市场反应，企业要对这些要素进行有效的组合，从而满足市场需求，获得最大利润。

美国营销学学者麦卡锡教授在 20 世纪 60 年代提出了著名的 4P 营销组合策略，即产品、价格、渠道和促销。他认为一次成功和完整的市场营销活动，意味着以适当的产品、适当的价格、适当的渠道和适当的促销手段，将适当的产品和服务投放到特定市场。

1967 年，菲利普·科特勒在《营销管理：分析、计划、执行和控制》一书中进一步确认了以 4P 为核心的营销组合方法。产品：注重开发的功能，要求产品有独特的卖点，把产品的功能诉求放在第一位。价格：根据不同的市场定位，制定不同的价格策略，产品的定价依据是企业的品牌战略，注重品牌的含金量。渠道：企业并不直接面对消费者，而是注重经销商的培育和销售网络的建立，企业与消费者的联系是通过分销商来进行的。促销：企业注重销售行为的改变来刺激消费者，以短期的行为（如让利、买一送一、营造促销气氛等）促成消费的增长，吸引其他品牌的消费者或引起提前消费来促进销售的增长。

4P 理论奠定了营销学的基础理论框架，如图 1-25 所示。该理论以单个企业作为分析单位，认为影响企业营销活动效果的因素主要有两种：

一种是企业不能够控制的，如社会或人口（social/demographic）、技术（technological）、经济（economic）、自然/地理（natural/geographical）、政治（political）、法律（legal）、文化（cultural）等因素，被称为企业不可控因素，这也是企业所面临的外部环境；

另一种是企业可以控制的，如产品、价格、渠道、促销等营销因素，被称为企业可控因素。

企业营销活动的实质是一个利用内部可控因素适应外部环境的过程，即通过对产品、价格、渠道、促销的计划和实施，对外部不可控因素做出积极动态的反应，从而促成交易的实现和满足个人与组织的目标，用科特勒的话说就是"如果公司生产出适当的产品，定出适当的价格，利用适当的分销渠道，并辅之以适当的促销活动，那么该公司就会获得成功"（科特勒，2001）。所以市场营销活动的核心就在于制定并实施有效的市场营销组合。

4P 模型的优势是显而易见的：它把企业营销活动这样一个错综复杂的经济现象，概括为外部环境、内部环境、营销组合三部分，把企业营销过程中可以利用的成千上万的因素概括成四个大的因素，即 4P 理论（产品、价格、渠道和促销），的确非常简明、易于把握。得益于这一优势，它发展迅速，很快成为被营销界和营销实践者普遍接受的一个营销组合模型。

事实上，20 世纪 60 年代，当时市场正处于卖方市场向买方市场转变的过程中，竞争远没有现在激烈。这时候产生的 4P 理论主要是从供方出发来研究市场的需求及变化，研究如何在竞争中取胜。4P 理论重视产品导向而非消费者导向，以满足市场需求为目标。4P 理论是营销学的基本理论，它最早将复杂的市场营销活动加以简单化、抽象化和体系化，构建了营销学的基本框架，促进了市场营销理论的发展与普及。4P 理论在营销实践中得到了广泛的应用，至今仍然是人们思考营销问题的基本模式。然而随着环境的变化，这一理论逐渐显示出其弊端：一是营销活动着重企业内部，对营销过程中的外部不可控变量考虑较少，难以适应市场变化；二是随着产品、价格和促销等手段在企业间相互模仿，在实际运用中很难收到出奇制胜的效果。由于 4P 理论在变化的市场环境中出现了一定的弊端，于是，更加强调追求顾客满意的 4C 理论应运而生。

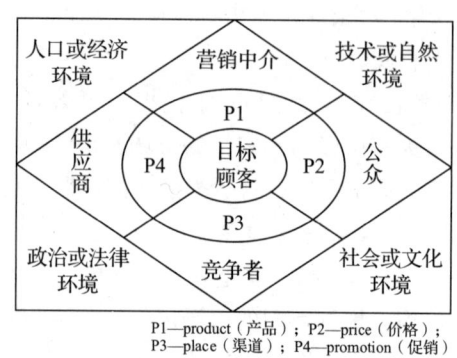

图 1-25　4P 模型

4P 营销理论案例分析——海尔

1. 产品

海尔集团根据市场细分的原则，在选定的目标市场内，确定消费者需求，有针对性地研制开发多品种、多规格的家电产品，以满足不同层次消费者的需要。如海尔洗衣机是我国洗衣机行业跨度最大、规格最全、品种最多的产品。在洗衣机市场上，海尔集团根据不同地区的环境特点，考虑不同的消费需求，提供不同的产品。针对江南地区"梅雨"天气较多、洗衣不容易干的情况，海尔集团及时开发了洗涤、脱水、烘干于一体的海尔"玛格丽特"三合一全自动洗衣机，以其独特的烘干功能，迎合了饱受"梅雨"之苦的消费者；针对北方的水质较硬的情况，海尔集团开发了专利产品"爆炸"洗净的气泡式洗衣机，即利用气泡爆炸破碎软化作用，提高洗净度 20% 以上，受到消费者的欢迎。

2. 价格

海尔产品定价的目的是树立与维护海尔的品牌和品质形象。海尔的定价策略概括起来，即创新产品高价策略和价值定价策略。

创新产品高价策略，即将价格定得相对于产品对大多数潜在顾客的经济价值来讲比较高，以便从份额虽小但价格敏感性较低的细分市场获得利润。采用这种定价策略的前提是公司必须有一些手段阻止低价竞争者的进攻，如专利或版权、品牌的声誉、稀缺资源的使用权、最佳分销渠道的优先权等。

海尔产品定价基于以下三个原则。

（1）产品价格即消费者认可的产品价值。

（2）消费者关注产品价值比关注产品价格多得多。

（3）真正的问题所在是价值，而不是价格。

海尔的价格策略从来都不是单纯的卖产品策略，而是依附于企业品牌形象和尽善尽美的服务之上的价格策略。这种价格策略赢得了消费者的心，也赢得了同行的尊重与敬佩，更赢得了市场。

海尔的定价策略还依托于其强大的品牌影响力，这一点在大中城市尤为明显。海尔在每个城市的主要商场，都是选择最佳、最大的位置，将自己的展台布置成商场内最好的展台形象；在中央和地方媒体上常年坚持不断地进行广告宣传，内容几乎全是企业品牌形象宣传和产品介绍，对于价格则基本没重视过。正因为如此，"海尔"两个字已经成为优质、放心、名牌的代名词。

3. 渠道

海尔的渠道组合策略如下：

（1）采取直供分销制，自建营销网络。

所谓直供分销制就是由厂商自主独立经营，不通过中间批发环节，直接对零售商供货。海尔直供分销制的具体做法是根据自身产品类别多、年销售量大、品牌知名度高等特点，进行通路整合，在全国每个一级城市（省会和中心城市）设有海尔工贸公司；在二级城市（地级市）设有海尔营销中心，负责当地所有海尔产品的销售工作；在三级市场（县）按"一县一点"设专卖店。

（2）采取特许经营方式，建立品牌专卖店。

海尔设立品牌专卖店的主要目的是通过全面展示产品，提升品牌形象，提高海尔品牌的知名度和信誉度，同时促进产品的销售。专卖店采用统一的标识、统一的布置、统一的服务标准，保证了产品的质量和服务的质量，保证了产品的货真价实，避免了伪劣产品造成的冲击。专卖店由被选定的经销商自己投资改造，实际上利用的就是海尔的品牌价值。海尔试图以品牌优势达到经销商和自己的双赢：自己节省开支，而经销商借海尔提升形象。海尔的专卖店一般开在社区、郊区和居民小区等比较"边缘"的地带，避免了与海尔另一大营销体系——综合商场、大型百货"重复建设"，发生"商圈"冲突。由于海尔多元化家电的定位，在海尔专卖店里，可以有电视机、空调、洗衣机、微波炉和燃气灶等十几个种类的"海尔造"商品，避免了其他家电企业专卖店只卖一两种电器的情况，摆脱了"成本偏高、效率偏低"的困境。

4. 促销

海尔的促销策略主要以广告为主。广告是品牌传播的主要方式之一，它通过报纸、杂志、电视、户外展示和网络等大众传媒向消费者或受众传播品牌信息，诉说品牌情感，在建立品牌认知、培养品牌动机和转变品牌态度上发挥着重要作用。

海尔品牌广告的广告语有：

（1）"海尔，中国造"。这一广告语朴实真挚、掷地有声、铿锵有力，是海尔对全世界的宣言，显示出海尔征服国际市场的决心和信心，是海尔向世界名牌挺进的关键一步。这句广告语从消费者记忆的角度来说，十分有利于记忆。"海尔，中国造"传递的信息就在于，海尔要让全世界的人都知道，中国的家电产品中有一个叫"海尔"的名牌，它会像"德国造""日本造"的产品一样，以质量、技术在国际市场上竞争，并改变国际市场对"中国产品低劣"的形象认知。

（2）"真诚到永远"。这句广告语是海尔优质服务的高度凝练，体现了海尔注重与消费者的情感交流，致力于与消费者建立起以心换心的关系，这增强了消费者对海尔的信任度。

此外，海尔制作完成了国内第一部212集大型系列儿童教育动画片《海尔兄弟》，通过动画片创造了一个与未来的家电购买者——少年儿童共通、互动、共鸣、共感的机会，并最终达成共识，进而在海尔未来最有潜力的目标社会群中塑造、传播和维护了海尔的企业形象。

资料来源：豆丁网，《4P营销理论案例分析——海尔》，2020-02-20. 有改动。

1.9.2　4C理论——以追求顾客满意为目标

4C理论是由美国营销专家劳特朋教授在1990年提出的，它以消费者需求为导向，重新设定了市场营销组合的四个基本要素，即消费者（consumer）、成本（cost）、便利（convenience）和沟通（communication）。它强调企业首先应该把追求顾客满意放在第一位，其次是努力降低顾客的购买成本，然后要充分注意到顾客购买过程中的便利性，而不是从企业的角度来决定销售渠道策略，最后还应以消费者为中心实施有效的营销沟通。与产品导向的4P理论相比，4C理论有了很大的进步和发展，它重视顾客导向，以追求顾客满意为目标，这实际上是当今消费者在营销中越来越居于主动地位的市场对企业的必然要求。

这一营销理念也深刻地反映在企业营销活动中。在4C理念的指导下，越来越多的企业更加关注市场和消费者，与顾客建立了一种更为密切和动态的关系。1999年5月，微软公司在其首席执行官鲍尔默的主持下，开始了一次全面的战略调整，使微软公司不再只跟着公司技术专家的指挥棒转，而是更加关注市场和客户的需求。我国的科龙、恒基伟业和联想等企业通过营销变革，实施以4C策略为理论基础的整合营销方式，成为4C理论实践的先行者和受益者。家电行业中，"价格为王""成本为师"都是业内的共识，以前都是生产厂家掌握定价权，企业的定价权完全是从企业的利润率出发，没有真正从消费者的"成本观"出发，这就是高端彩电普及率一直不高的原因。而现在消费者考虑价格的前提就是自己"花多少钱买这个产品才值得"。于是作为销售终端的苏宁电器专门有人研究消费者的购物"成本"，以此来要求厂家"定价"，这种按照消费者的"成本观"来对厂商制定价格要求的做法就是对追求顾客满意的4C理论的实践。

但从企业的实际应用和市场发展趋势看，4C理论依然存在不足。首先，4C理论以消费者为导向，着重寻找消费者需求，满足消费者需求，而市场经济还存在竞争导向，企业不仅要看到需求，还需要更多地注意到竞争对手，冷静分析自身在竞争中的优劣势并采取相应的策略，才能在激烈的市场竞争中立于不败之地。其次，在4C理论的引导下，企业往往被动适应顾客的需求，令自身失去方向，易为被动地满足消费者需求付出更大的成本。如何将消费者需求与企业长期获得利润结合起来是4C理论有待解决的问题。因此，市场的发展及其对4P和4C的回应，需要企业从更高层次建立与顾客之间的更有效的长期关系。于是4R营销理论出现了，它不仅仅停留在满足市场需求和追求顾客满意的程度，而是以建立顾客忠诚为最高目标，对4P和4C理论进行了进一步的发展与补充。

4C营销理论案例分析——7天连锁酒店

1. 7天连锁酒店集团发展现状

7天连锁酒店集团（以下简称"7天酒店"）创立于2005年，目前已建立了覆盖全国的经济型连锁酒店网络。在经营的分店超过330家，遍布广州、北京、深圳、上海、南京、武汉、成都、长沙、重庆等国内50余个城市和地区。

2. 基于消费者需求的营销策略

目前7天酒店最大的顾客群体主要集中在中小企业商务人士及"背包族"。对于这类消费者而言，酒店环境舒适、卫生安全、价格经济实惠、出入交通便利、手续办理快捷高效是他们选择酒店时最为关注的几个因素。对此7天酒店将"顾客感受第一"的理念贯彻始终，以锁定核心消费者并提供个性化服务。

（1）以消费者需求为核心，注重品牌体验式服务。

全面提高产品质量。7天酒店高度关注顾客"天天睡好觉"的核心需求并以此为出发点，力求为顾客打造一个舒适如家的住宿环境，坚持不懈地以顾客切身感受为导向，不遗余力地在细节上用心，在保持原有价格优势的前提下通过配置高质量淋浴设备和五星级标准大床、改善营养早餐搭配、提供睡前牛奶、实现洁净毛巾封包、升级隔音设施、提供室内拖鞋等措施全面提高各项产品品质及舒适度。

营造快乐服务氛围。7天酒店服务人员数量不多但基本都是20岁左右的年轻人，充满朝气、善于沟通，不管是前台接待还是电话咨询都给人热情大方的感觉，有效减少了顾客对异地的陌生感，有助于顾客放松心情，为顾客营造一种轻松氛围。

（2）以"经济性"为中心，力求控制客户成本。

为了满足消费者的"实惠"要求，7天酒店全面控制成本，在硬件设施配置上用心斟酌，摒弃了传统酒店客房中大衣柜、笨重书桌、浴缸等物品，转而将简约、实用、清新、便利的宜家板式组合家具融入客房设计中，注重增添客房"家"的温馨感和实用性。

（3）以"便捷"为重心，为客户创造方便快捷。

交通环境便捷。7天酒店分店一般位于交通便利的地方，如市内交通枢纽附近（市内长途汽车站、火车站等），主要会所和会展中心附近，市内各大地标附近（如重庆解放碑店、成都春熙路店），等等，极大程度上满足了顾客出行方便的要求。

预订方式高效。7天酒店成功缔造了中国酒店业第一电子商务平台，同时还建立了互联网络、呼叫中心、短信预订、手机WAP及店务管理等一体化系统，顾客足不出户就能通过4种便捷方式完成客房资源的实时查询、预订、确认、支付等流程，既节约了顾客的时间、精力，又节约了7天酒店的人力资源成本，而且非常符合当代消费者"网络化"生活特点。

网络信息分享便利。①连锁分店信息全面化。7天酒店在其主页上提供了各家分店的详细信息，包括整体情况介绍、电子地图、会员评价、预订情况、房间价格、设施配套情况、乘车路线等，让顾客在预订之前能提前熟悉异地环境，做出有效的选择。②城市资讯向导化。为了给顾客提供更加丰富的信息使其有个精彩的异地游经历，7天酒店联合口碑网将相关城市的特色餐饮、娱乐、交通及其他生活资讯通过网络与消费者实现共享，成为名副其实的"网络导游"。

（4）以"真诚相待"为宗旨，实现交流方式多样化。

网络信息丰富实用。7天酒店主页设置了"会员分享"板块，为非会员顾客提供了入住经验分享的自由平台。同时"24小时客服小秘书"及时在线回答最新活动、积分管理、预订导航、入住宝典等各类业务问题让顾客通过网络与7天酒店零距离接触，及时进行信息反馈并积极互动。针对网上预订且本人入住的顾客，7天酒店设计出了"7天连锁酒店服务质量调查"问卷并配备了增加积分政策鼓励顾客在亲身体验之后积极填写反馈。同时，7天酒店通过不定期召开会员主题座谈会、《7天四季》刊物面向全体顾客征稿等面对面、心连心的接触形式认真倾听来自顾客的声音，以作为它不断改进的重要参考。

精彩活动推陈出新。7天酒店通过开展一系列公益捐款、会员优惠、半价兑换、获取电子抵用券、征稿等增值活动有效调动顾客的参与积极性。这种做法是比较明智的，既能保护连锁酒店价格体系的稳定，又能向消费者变相提供不同质量水平的服务。

资料来源：查克玲.经济型连锁酒店4C营销策略分析：以7天连锁酒店为例[J].管理与财富，2010（4）：96-97. 有改动。

1.9.3 4R理论——以建立顾客忠诚为目标

21世纪初，艾略特·艾登伯格在其《4R营销》一书中提出4R营销理论。4R营销理论以关系营销为核心，重在建立顾客忠诚。它阐述了四个全新的营销组合要素，即关联（relativity）、反应（reaction）、关系（relation）和回报（retribution）。

4R营销理论强调：企业与顾客在市场变化的动态中应建立长久互动的关系，以防止顾客流失，赢得长期而稳定的市场；面对迅速变化的顾客需求，企业应学会倾听顾客的意见，及时寻找、发现和挖掘顾客的渴望与不满及其可能发生的演变，同时建立快速反应机制以对市场变化快速做出反应；企业与顾客之间应建立长期而稳定的朋友关系，从实现销售转变为实现对顾客的责任与承诺，以吸引顾客再次购买和维持顾客忠诚；企业应追求市场回报，并将市场回报当作企业进一步发展以及保持与市场建立关系的动力和源泉。

4R营销理论的最大特点是以竞争为导向，在新的层次上概括了营销的新框架。该理论根据市场不断成熟和竞争日趋激烈的形势，着眼于企业应实现与顾客的互动和双赢，不仅积极地适应顾客的需求，而且主动地创造需求，通过关联、关系、反应等形式与顾客形成独特的关系，把企业与顾客联系在一起，形成竞争优势。

如今，建立稳定的顾客关系和顾客忠诚的重要性已经为许多企业所认识。《哈佛商业评论》上的一份研究报告指出，重复购买的顾客可以为公司带来25%～85%的利润，固定客户数每增长5%，企业利润则增加25%。建立顾客关系的方式多种多样，就看各商家如何大显神通了。有些企业通过频繁营销计划来建立与顾客的长期关系，如花旗银行通过其信用设备与航空公司开发了"里程项目"计划，累计的飞行里程达到一定标准之后，共同奖励那些经常乘坐飞机的顾客。有些企业设立较高的顾客满意目标，如果顾客对企业的产品或服务不满意，企业承诺给予顾客合理的补偿，以此来建立顾客关系。如印度尼西亚的Sempati航空公司保证，它们的飞机每延误一分钟，便向顾客返还1 000印尼盾的现金。有些企业通过建立稳定的顾客组织来发展顾客关系，如日本资生堂化妆品公司吸收了1 000万名成员加入资生堂俱乐部，向他们发放会员优惠卡以及定期发放美容时尚杂志等。

4R营销理论案例分析——ZARA

西班牙知名服装品牌ZARA是西班牙排名第一、全球排名第三的服装零售商，属于Inditex公司旗下最著名的旗舰品牌，被认为是欧洲最具研究价值的品牌。ZARA已在全球87个国家和地区拥有分店，并且每年都以70家左右的速度增长。尽管ZARA连锁店只占

Inditex 公司所有分店数的二分之一,但其销售额却占到了公司总销售额的 75% 左右。

ZARA 的成功在于其独特的市场定位和营销策略。ZARA 把奢华多变的时尚、品质与大众平价结合在一起,重新定义了时装的概念,实现了像卖汉堡一样贩卖"时装"。ZARA 在高档时装与流行服饰之间独辟蹊径:既摒弃了工业化生产服装的传统思路,也没有选择涉足奢侈品牌,而是让 T 型台上展示的华服,成为人们"买得起的时尚"。因此 ZARA 也被称为"全球最具创意也最具破坏力的零售店家"。

ZARA 的目标消费群是收入较高并且有着较高学历的年轻人,主要为 25~35 岁的顾客层,这一类购买群体具备对时尚的高敏感度,并有一定的消费能力,但并不具备经常消费高档奢侈品牌的能力。为了满足目标消费群体的需求,ZARA 制定了一系列营销策略,这些策略的实施成功正是 4R 营销理论的应用体现。

(1) 全面与顾客建立稳定关联。

国际服装界对 ZARA 公司的精辟评价是,一流的形象、二流的产品、三流的价格,这恰恰是 ZARA 与顾客建立稳定需求关系的前提和基础。当前竞争性市场下,顾客忠诚度是变化的,他们会被吸引转移到其他企业。要提高顾客的忠诚度,赢得长期而稳定的市场,必须通过某些有效的方式在业务、需求等方面与顾客建立关联,形成一种互助、互求、互需的关系,把顾客与企业联系在一起,减少顾客流失的可能性。

一流的形象。ZARA 的卖场形象高档、装修豪华,陈列则是由米兰及巴黎的顶级设计师根据最新流行时尚进行设计和搭配,给顾客营造出美好的购物感受。ZARA 卖场位置都选在每个城市的核心商业繁华地段,单店平均面积 1 000 米^2 以上,面积大者可达上万平方米,提供上万种服装,满足了顾客一站式购齐的愿望。一流的形象营造的购物感觉使得顾客把逛 ZARA 店当作逛街必做的一项活动,使 ZARA 与顾客建立起了稳定、持续的联系。

二流的产品。二流的产品是相对于国际顶级奢侈品牌来说的,ZARA 通过遍布世界各地的买手和公司一流的设计团队,从世界各地顶级品牌服装发布会及时尚场所寻找设计灵感和流行元素,然后在极短的时间内设计生产并上市。为了提高上市速度,ZARA 在生产中尽量避免使用制作周期较长或档次较高的面料;在产品设计方面,不苛求细节,以生产优势追求当前时段最流行的产品,不求"形似"只求"神似"。这样生产出的服装虽然总体上不如顶级品牌,却会比它们提前几个月上市销售,大大吸引了追求时尚的消费群体。每每当时尚杂志还在预告流行潮流时,ZARA 橱窗已在展示和销售这些作品。

三流的价格。ZARA 的低价策略与众不同,ZARA 认为再好的产品,如果不卖出去也只是占用库房、资金的一堆废品而已,与其待价而沽,不如赶紧产生现金,促成二次生产。例如 ZARA 新加坡专营店的女式上衣有的只卖 19~26 新加坡元,而同类型产品在其他品牌店要价 40~60 新加坡元。这种低价策略的实施使 ZARA 与顾客的时尚服装需求紧密地关联在一起,ZARA 的平民化时尚深入人心,大大提高了顾客对 ZARA 品牌的忠诚度。

(2) 建立极速的供应链体系,提高市场反应速度。

缩短前导时间是服装业的制胜法宝之一。ZARA 的前导时间只有 12 天,远低于同行业 3~6 个月的平均时间,这种极速反应体系是 ZARA 成功的最关键因素。在今天的相互影响的市场中,对经营者来说最现实的问题不在于如何控制、制订和实施计划,而在于如何站在顾客的角度及时地倾听顾客的希望、渴望和需求,并及时答复和迅速做出反应,满足顾客的需求。时装最大的特点就是多变,一部电影、一张专辑都可能改变人们对时尚的看法,而时装最动人之处正是紧随时尚。当影视媒体、平面杂志中出现新的流行元素时,ZARA只需几天的时间就可以完成对明星的装束或顶级服装大师创意作品的模仿。从流行趋势的识别到将迎合流行趋势的新款时装摆到店内,ZARA平均只需两周时间,而其他国际品牌的则需要3～4个月,国内服装企业更是要6～9个月。当时尚媒体正大力宣传明年趋势时,ZARA已经将融合这些流行元素的作品摆上橱窗。极速的供应链体系使得ZARA与顾客追求时尚的心态保持同步,能够更快地抓住每一个跃动的时尚信号,吸引并打动顾客。

(3) ZARA独特的"缺货"关系营销。

ZARA不只是卖服装,它卖给顾客的是对流行时尚的承诺,是对顾客追求时尚的责任承担。"消费者需要什么样的服装?"是ZARA公司经营最重要的参考目标。在企业与客户的关系发生了本质性变化的市场竞争环境中,抢占市场的关键已转变为与顾客建立长期而稳固的关系,从交易变成责任,从顾客变成拥趸,从管理营销组合变成管理和顾客的互动关系。ZARA依靠独特的"高速、少量、多款"销售策略与顾客建立起了稳定而良好的关系。

ZARA全球卖场的一线工作人员每天都仔细收集消费者对产品的建议,从颜色、款式到价格,经过IT系统汇总回西班牙总公司。设计部门会立即进行检索与讨论,并安排采购与生产,两星期后,依顾客建议而设计生产的新产品就可以在店内与顾客见面。除此之外,ZARA还经常举办时装秀,第一时间向顾客传递时尚流行信号,并不断与顾客双向沟通,满足其个性化、差异化需求。

ZARA不追求每种款式生产更多的数量,而是注重款式的多样性。ZARA每年生产的服装款式超过12 000种,比起它的许多竞争对手,ZARA能在流行时装上提供更多的选择。ZARA商店每周供货两次,因为很少有对已售完款式的再订购,商店每隔3～4天全部更新陈列,保持顾客的新鲜感。紧跟时尚趋势、款式更新频繁和选择机会更多,造就了ZARA对顾客的独特吸引力,从而大大增加了顾客对ZARA的偏好与忠诚度。与其他服装零售商相比,ZARA每一款服装的生产数量都非常小,这就人为地创造了一种稀缺。越是不容易得到的,就越能激发人的购买欲望。ZARA执行永远"缺货"的策略,对于同一种款式的服装,零售店的库存一般只有几件,一旦你一时犹豫,就可能错失最终拥有它的机会,因为你明天看到的是焕然一新的货架,这种策略换来的是顾客每次光顾时的果断购买。

(4) 追求合理的企业回报。

回报是指企业以满足顾客需求为前提,在顾客满意、社会满意和员工满意的基础上实现的企业满意。对企业来说,市场营销的真正价值在于其为企业带来短期或长期的收入和利润的能力。追求回报是营销发展的动力,同时回报是维持市场关系的必要条件。企业要满足客户需求,为客户提供价值,但不能做"仆人"。这要求企业必须考虑营销的成本与收入,以实现收入最大化,边际成本最小化,从而收获回报。ZARA公司在促销、广告、库存等方面完全体现了合理追求企业回报的要求。目前ZARA16.2%的利润率远远高于美国第一大服装零售商Gap的10.9%。

在广告宣传方面,ZARA几乎不做广告宣传,它的广告成本仅占其销售额的0～0.3%,而行业平均水平则是3.5%,广告费用的节省是ZARA追求回报的一种体现。在价格折扣方面,ZARA采用少折扣策略。因为公司的产品都是"少量、多款",消费者如果不在第一时间购买,就可能面临再也买不到的风险,所以往往无法等到季末或岁末打折就会迅速购买。ZARA的打折商品数量平均约占它所有产品总数量的18%,只有竞争者一半的水平。在库存方面，在 ZARA 极速的供应链体系下，公司库存量降至非常低的水平。目前库存量是 15%～20%，远远低于其他服饰业者 40% 的平均水平。

资料来源：豆丁网，《细读 ZARA 的 4R 营销理论》，2015-10-20. 有改动。

1.9.4 4V 理论——以提高企业核心竞争力为目标

20 世纪末至 21 世纪初，科技的迅猛发展使得产品与服务不断更新迭代。互联网、移动通信等技术持续地推陈出新，使得营销方法也得到了极大的完善和创新。信息透明化程度不断提高，企业与消费者之间的沟通也得到了极大提升，信息不对称的现象得以明显改善。企业与消费者的沟通渠道和沟通方式越来越多元化，承袭 4P、4C、4R 营销理论的 4V 营销理论应运而生。所谓 4V 即差异化（variation）、功能化（versatility）、附加价值（value）、共鸣（vibration）。

1. 差异化

顾客是千差万别的，在个性化时代，这种差异更加显著。管理大师彼得·德鲁克曾这样说，企业的宗旨只有一个定义，这就是创造顾客。从表面看，企业向不同的顾客提供的是同一种商品，但实际上，顾客买的可能是根本不同的东西。同样是买汽车，有的人购买的是纯粹的交通工具，有的人则附加了地位、声望这些车外之物；同样是买服装，中老年人更多注重的是冬暖夏凉这些功能，而年轻人则可能把款式和是否流行作为首选内容。顾客对商品看法的差异决定了他是否作为最终消费者。而从生产者的角度来讲，产品是否受顾客欢迎，最主要的是能否把自己的产品与竞争对手的区别开来，让消费者一见钟情。所以，从某种意义上说，创造顾客就是创造差异。有差异才能有市场，才能在强手如林的同行业竞争中立于不败之地。差异化营销正是迎合了这种需要。所谓差异化营销就是企业凭借自身的技术优势和管理优势，生产出在性能上、质量上优于市场上现有水平的产品，或是在销售方面，通过有特色的宣传活动、灵活的推销手段、周到的售后服务，在消费者心目中树立起不同一般的良好形象。

对于一般商品来说，差异总是存在的，只是大小强弱不同而已。而差异化营销所追求的"差异"是产品的"不完全替代性"，即在产品功能、质量、服务、营销等方面，本企业为顾客所提供的是部分对手不可替代的。为了"鹤立鸡群"，差异化营销一般体现在产品差异化、市场差异化和形象差异化 3 个方面。产品差异化和形象差异化前文已详细介绍，这里只介绍市场差异化。市场差异化是指由产品的销售条件、销售环境等具体的市场操作因素而生成的差异，大体包括销售价格差异、分销渠道差异和售后服务差异。

2. 功能化

一个企业的产品在顾客中的定位有三个层次：一是核心功能，它是产品之所以存在的理由，主要由产品的基本功能构成。如手表主要是用来计时的，手机主要是用来移动通话的。

二是延伸功能，即功能向纵深方向发展，如手机的存储功能、与电脑联通上网功能、移动股市行情反映功能甚至是启动家庭智能电器等功能。它由"单功能—多功能—全功能"的方向向前发展。三是附加功能，如美学功能等。总之，产品的功能越多，其所对应的价格也越高（根据功价比原理），反之亦反。

功能弹性化是指根据消费者消费要求的不同，提供不同功能的系列化产品，增加一些功能就变成豪华奢侈品（或高档品），减掉一些功能就变成中低档消费品。消费者根据自己的习惯与承受能力选择具有相应功能的产品。20世纪八九十年代，日本许多企业盲目追求多功能或全功能，造成的功能虚糜使功能缺乏弹性，进而导致营销失败就是典型案例。

3. 附加价值

从当代企业产品的价值构成来分析，其价值包括基本价值与附加价值两个组成部分。前者由生产和销售某产品所付出物化劳动和活劳动的消耗所决定，即产品价值构成中的"$C+V+M$"。后者则由技术附加、营销或服务附加以及企业文化与品牌附加三部分构成。从当代发展趋势来分析，围绕产品物耗和社会必要劳动时间的活劳动消耗在价值构成中的比重将逐步下降；而高技术附加价值、品牌（含"名品""名人""名企"）或企业文化附加价值与营销附加价值在价值构成中的比重却显著上升，而且将进一步上升。21世纪，在世界顶尖企业之间进行的产品竞争已不仅仅局限于核心产品与形式产品，竞争优势已明显地保持在产品的第三个层次——附加产品，即更强调产品的高附加价值。因而，当代营销新理念的重心在"附加价值化"。

为此应从三个角度入手：①提高技术创新在产品中的附加价值，把高技术含量充分体现在"价值提供"上，从技术创新走向价值创新。②提高创新营销与服务在产品中的附加价值。高附加值产品源于服务创新与营销新理念。许多企业已清楚地认识到，开启市场成功之门的关键就在于顾客满意，而针对顾客满意的"价值提供"则更强调服务创新。服务创新能力不但是衡量企业能否实现消费者"价值最大化"的重要标志，也是衡量企业自身能否实现"利润最大化"的"预警器"。③提高企业文化或品牌在产品中的附加价值。在当代新的竞争环境中，消费从表面上看仍是购买企业产品的使用价值，实质上是购买企业的价值；表面上看是购买企业所提供的产品，实质上是购买企业的文化。因此才有了"海尔产品的价格不是产品价值，而是企业价值"以及由此导致的不轻易降价理念。

4. 共鸣

共鸣是企业通过持续占领市场并保持竞争力而给消费者或顾客带来的"价值最大化"，以及给企业带来的"利润最大化"，强调的是将企业的创新能力与消费者所珍视的价值联系起来，通过为消费者提供价值创新而使其获得最大程度的满足。消费者是追求"效用最大化"者，"效用价值最大化"要求企业必须从价值层次的角度为顾客提供具有最大创新价值的产品和服务，使其能够更多地体验到产品和服务的实际价值效用。这里所强调的价值效用，实质上就是消费者追求"需求满足"的一种期望价值和满意程度，是企业对消费者基于价值层面上的一种"价值提供"，这种"价值提供"构成了价值创新的核心内容。因此，只有实现企业经营活动中各个构成要素的价值创新,才能最终实现消费者的"效用价值最大化",而当消费者能稳定地得到这种"效用价值最大化"的满足之后,将很可能成为该企业的终身顾客,从而使企业与消费者之间产生共鸣。

4V营销理论的特点主要体现在三个方面:

首先,随着竞争的加剧,市场细分化现象严重,顾客的需求也呈现出个性化和多元化的特征,4V营销理论提出企业要想保持在竞争中的优势地位,必须在营销策略的制定和执行上实现"差异化"。"差异化"表现为:第一,企业与企业之间进行定位区分,从而树立差异化的企业形象。第二,进行目标消费人群的定位区分,精准的目标消费人群定位用以满足个性化的需求,培育消费者的忠诚度。

其次,4V营销理论要求产品和服务有更大的柔性,能够针对消费者的具体需求进行组合。换句话说,针对消费需求的多元化特性,企业提供的产品和服务必须具备一定的弹性空间。企业通过不同产品的组合搭配和多样化的服务组合设计,满足不同消费者的多元化需求。

最后,4V营销理论强调企业与消费者之间的情感沟通,企业进行推广时传递的信息必须具备更深层次的文化内涵,从而使企业能够和消费者进行深层次的沟通和交流,满足消费者的情感需求,达到企业与消费者之间的情感共鸣,进而形成消费者与企业品牌之间的黏性。

综上所述,我们不难得出这样的结论:"4P"是营销理论的一个基本框架,从企业角度思考把产品与消费者需求对应起来;"4C"是从消费者角度强调企业与消费者开展互动,有效沟通,满足消费者需要的价值取向;"4R"是从竞争角度,强调提升客户的忠诚度,赢得长期稳定市场;"4V"旨在培养、保持和提高企业核心竞争力。所以,"4P""4C""4R""4V"四种营销策略,不是谁取代谁的关系,而是完善和发展的关系。在具体运用中,不可把这四种营销策略割裂开来甚至对立起来,而是应进行有机结合,相互借鉴,并根据企业各自特点灵活地互补运用,方能发挥独特作用,取得更好的效果。

本章小结

本章首先从什么是营销出发,讨论了营销定义演进,介绍了创造、获取顾客价值的营销过程、理解市场与顾客需求涉及的核心概念;阐述了制定顾客驱动型营销战略与营销方案、建立可盈利的顾客关系以及从顾客处获取价值以创造利润。其次,进行市场营销环境分析以理解市场与顾客需求和欲望、管理营销信息以获取顾客洞察;通过购买者行为模型、购买者决策过程以及研究影响消费者行为的因素介绍消费者市场与消费者购买行为。再次,深入讨论设计顾客驱动型营销战略的四个主要步骤:市场细分、目标市场选择、差异化和市场定位。最后,讲述了市场营销组合的四个变量,即产品、价格、渠道和促销,以及其各自的策略,进一步介绍了营销组合理论从4P到4C、4R、4V的演进过程。

复习题

1. 什么是营销?阐述创造、获取顾客价值的营销过程。

2. 简述营销管理导向的主要内容。
3. 简要概括市场营销环境。
4. 阐述顾客驱动型营销战略决策。
5. 市场营销策略有哪些?

讨论题

讨论影响市场营销趋势的因素,它们对市场营销人员向顾客传递价值有什么启示?

案例研究

"吃垮必胜客",让必胜客越吃越旺

必胜客是全球最大的比萨专卖连锁企业之一。1958年,法兰克·卡尼和丹·卡尼两兄弟借助母亲带来的600美元在美国堪萨斯州威奇托创立了首家必胜客餐厅。它的标识特点就是把屋顶作为餐厅外观的标志。必胜客(Pizza Hut)比萨标志在字母设计上融合了pizza的字母和比萨的外观,字母设计风格非常写意、自由奔放,十分符合快餐文化的特点;在配色上,不管是哪个版本都将红色元素融入其中,十分醒目、立体,运用了全球化、国际化的标志设计言语。

必胜客餐厅遍布全球一百多个国家和地区,每天接待顾客数超过500万,烤制200万个比萨饼。必胜客在营业额和餐厅的数量上迅速成为全球领先的比萨连锁餐厅企业。

2009年,一则"吃垮必胜客"的信息在网上大肆流传,并通过网友间的传递,一传十,十传百,引发了一股"吃垮必胜客"的旋风。这则信息主要介绍了盛取自助沙拉的好办法,比如如何巧妙地利用胡萝卜条、黄瓜片和菠萝块搭建更宽的碗边,如何一次盛到7盘沙拉。显而易见,这是典型的"病毒式营销"。目标群体看到信息后,好奇心顿起,不仅会主动将信息传递给亲朋好友,还会亲自尝试一下。这则看似保护消费者利益、打击必胜客的信息,实际上蕴含着巧妙的销售技巧。正是这则消息,引发了众多的目标群体去必胜客店里亲身体验。当然,必胜客并没有被吃垮,反而越吃越旺。

资料来源:网络营销教学网,《"吃垮必胜客",让必胜客越吃越旺》,2011-10-29. 有改动。

思考题

请简要分析必胜客营销过程、模式及优缺点。

参考文献

[1] 阿姆斯特朗,科特勒. 市场营销学:第13版 [M]. 赵占波,孙鲁平,赵江波,等译. 北京:机械工业出版社,2019.

[2] 科特勒,阿姆斯特朗. 市场营销:原理与实践:第16版 [M]. 楼尊,译. 北京:中国人民大学出版社,2015.

[3] 王月辉,杜向荣,冯艳. 市场营销学 [M]. 北京:北京理工大学出版社,2017.

[4] 冯俊华. 企业管理概论 [M]. 北京:化学工业出版社,2006.

[5] 陆雄文. 管理学大辞典 [M]. 上海:上海辞书出版社,2013.

[6] 王长征. 消费者行为学 [M]. 武汉:武汉大学出版社,2003.

[7] 萧浩辉. 决策科学辞典 [M]. 北京：人民出版社，1995.
[8] 秦勇，李东进. 管理学：理论、方法与实践 [M]. 北京：清华大学出版社，2013.
[9] 梅清豪，陆军. 市场营销学原理 [M]. 北京：电子工业出版社，2006.
[10] 科特勒，阿姆斯特朗. 市场营销原理：第 7 版 [M]. 赵平，戴贤远，曹俊喜，译. 北京：清华大学出版社，2000.
[11] 科特勒. 市场营销导论 [M]. 余利军，译. 北京：华夏出版社，2001.
[12] 何盛明. 财经大辞典 [M]. 北京：中国财政经济出版社，1990.
[13] 张欣瑞. 市场营销管理 [M]. 北京：清华大学出版社，2005.

第 2 章
CHAPTER 2

网络营销演进

⊙ 开篇案例

可口可乐昵称瓶：社交传播背后的故事

"吃货""文艺青年""学霸""月光族""喵星人"……这是可口可乐"昵称瓶"的创意——在包装上印上互联网时代的这些"昵称"。2012 年，可口可乐在澳大利亚推出了名为"分享这瓶可乐"（Share a Coke）的宣传活动，印在可乐瓶罐上的名字是澳大利亚最常见的 150 个名字。而在 2013 年，可口可乐中国地区昵称瓶活动可以说是那次活动的延伸。在首次推出昵称瓶一个多月后，2013 年 7 月 10 日上午可口可乐昵称瓶的定制活动达到了新的高潮。5 分钟内，售价 20 元的定制瓶，订购数攀升到 900 个。迅速增长的人气使得可口可乐在新浪微博上的订购系统一度崩溃。

2013 年 10 月 27 日，属于广告届的盛大节日——大中华区艾菲奖颁奖典礼举行，全场大奖被案例《可口可乐昵称瓶夏日战役》收入囊中。很多人认为这是社会化营销的经典案例，是基于社会化媒体的力量完成了销售量提升的奇迹；但也有人表示在推出昵称瓶后，自己反而对购买可口可乐产生了抗拒心理。

让我们再来看一下可口可乐昵称瓶的营销过程：2013 年 5 月下旬，社交平台上有人秀出了可口可乐赠送的定制版昵称瓶。许多人都在猜测可口可乐是否会有"大动作"。5 月 28 日，可口可乐分批次发布 22 张悬念海报，网友的讨论热情被触发，可口可乐选择沉默。5 月 29 日上午 10 点，可口可乐的官方微博高调证实"换装"，并发布了新海报。大量传统媒体质疑与赞扬并存的报道更是为换装的话题添柴加火。

资料来源：梧桐子，《可口可乐昵称瓶营销案例分析》，2014-11-05. 有改动。

思考题
可口可乐昵称瓶成功的秘诀是什么？

2.1 透析网络营销的"前世今生"

网络营销是伴随网络信息技术的发展而发展的。在 1946 年世界上第一台电子计算机问世后的十多年时间内，由于价格昂贵，电子计算机数量极少。早期所谓的计算机网络主要是为了解决这一矛盾而产生的，其形式是将一台计算机经过通信线路与若干台终端直接连接，形成最简单的局域网雏形。最早的因特网（Internet）由美国国防部高级研究计划局（ARPA）建立。现代计算机网络的许多概念和方法，如分组交换技术都来自 ARPAnet。ARPAnet 不仅进行了租用线互联的分组交换技术研究，而且做了无线、卫星网的分组交换技术研究，这推动了 TCP/IP 问世。1977—1979 年，ARPAnet 推出了目前形式的 TCP/IP 体系结构和协议。1980 年前后，ARPAnet 上的所有计算机开始了 TCP/IP 协议的转换工作，并以 ARPAnet 为主干网建立了初期的因特网。1983 年，ARPAnet 的全部计算机完成了向 TCP/IP 的转换，并在 UNIX（BSD4.1）上实现了 TCP/IP。ARPAnet 在技术上最大的贡献就是 TCP/IP 协议的开发和应用。1985 年，美国国家科学基金会（NSF）采用 TCP/IP 协议将分布在美国各地的 6 个为科研教育服务的超级计算机中心互联，并支持地区网络，形成 NSFnet。1986 年，NSFnet 替代 ARPAnet 成为因特网的主干网。1988 年因特网开始对外开放。1991 年 6 月，在连通因特网的计算机中，商业用户首次超过了学术界用户，这是因特网发展史上的一个里程碑，从此因特网成长速度一发不可收拾，并由此奠定了当今电子商务和网络营销环境的基础。

网络营销是企业整体营销战略和电子商务活动的一个组成部分。网络营销（e-marketing）是指利用信息技术去创造、宣传、传递客户价值，并且对客户关系进行管理，目的是为企业和各种利益相关者创造收益。简单地说，网络营销就是将信息技术应用到传统的营销活动中，借助互联网在更大程度上更有利润地满足顾客的需求的过程。一个更全面的定义则是：网络营销是依托网络工具和网上资源开展的市场营销活动，是将传统的营销原理和互联网特有的互动能力相结合的营销方式，它既包括在网上针对网络虚拟市场开展的营销活动，也包括在网上开展的服务于传统有形市场的营销活动，还包括在网下以传统手段开展的服务于网络虚拟市场的营销活动。

2.1.1 网络营销青铜时代：Web1.0

Web1.0（Web，网，作用：连接知识），出现于 20 世纪 90 年代（1990—2000 年）和 21 世纪初，主要包括网页搜索引擎、网站、数据库、文件服务器等。当时的互联网网页是静态、只读的 HTML 页面，用户之间的互联也相当有限。

Web1.0 时代是一个群雄并起、逐鹿网络的时代。虽然各个网站采用的手段和方法不同，但第一代互联网有诸多共同的特征，表现在技术创新主导模式、基于点击流量的盈利共通点、门户合流、明晰的主营与兼营结合的产业结构等方面。在 Web1.0 上做出巨大贡献的公司有网景（Netscape）、雅虎（Yahoo！）和谷歌。网景研发出第一个大规模商用的浏览器，雅虎提出了互联网黄页，而谷歌后来居上，推出了大受欢迎的搜索服务。

1. Web1.0 的特征

（1）Web1.0 基本采用的是技术创新主导模式，信息技术的变革和使用对于网站的新生与发展起到了关键性的作用。新浪最初就是以技术平台起家,搜狐以搜索技术起家,腾讯以即时通信技术起家,盛大以网络游戏起家,在这些网站的创始阶段,技术性的痕迹相当之重。

(2) Web1.0 的盈利都基于一个共通点,即巨大的点击流量。互联网企业无论是早期融资还是后期获利,依托的都是用户和点击率,以点击率为基础上市或开展增值服务。受众基础决定了盈利的水平和速度,充分地体现了互联网的"眼球经济色彩"。

(3) Web1.0 的发展出现了向综合门户合流现象,早期的新浪、搜狐、网易等,继续坚持了门户网站的道路,而腾讯、MSN、谷歌等网络新贵,都纷纷走向了门户网络,尤其是对于新闻信息有着极大的、共同的兴趣。这一情况的出现,使门户网站本身的盈利空间更加广阔,盈利方式更加多元化,可以更加有效地占据网站平台,实现增值意图,并延伸主营业务之外的各类服务。

(4) Web1.0 合流的同时,还形成了主营与兼营结合的明晰产业结构。新浪以新闻+广告为主,网易拓展游戏,搜狐延伸门户矩阵,各家以主营作为突破口,以兼营作为补充点,形成"拳头加肉掌"的发展方式。

2. Web1.0 时代网络营销

Web1.0 是由内容驱动的,内容来自商业机构,服务于消费者。网页是"只读的",用户只能搜索信息,浏览信息,满足网民小部分精神需求,如新闻阅读、资料下载等。因此用户仅能阅读,不能参与,导致其没有归属感。Web1.0 主要面向消费者展示产品,从感兴趣的消费者那里收钱。这些网站往往反应迅速,体验顺畅,但用户的互动程度被降到了最低。

第一代网络营销的主要手段如图 2-1 所示,主要包括网络广告、电子邮件营销、即时通信营销、搜索引擎营销、BBS 营销等。

图 2-1 第一代网络营销主要手段

2.1.2 网络营销白银时代:Web2.0

Web2.0(Social Web,社会网,作用:连接知识),出现于 21 世纪初(2000—2010 年),是以 Flickr、Craigslist、领英(Linkedin)、Ryze、Friendster、del.icio.us、43Things 等网站为代表,以 Blog(博客)、TAG(社会化书签)、SNS(社会网络服务系统)、RSS、Wikipedia(维基百科)、P2P、即时通信(IM)、微博等社会软件的应用为核心,依据六度分隔、xml、ajax

等新理论和技术实现的新一代互联网模式，换句话说，Web2.0 是相对 Web1.0 的新的一类互联网应用的统称。Web1.0 的主要特点在于用户通过浏览器获取信息，Web2.0 则更注重用户的交互作用，用户既是网站内容的消费者（浏览者），也是网站内容的制造者，终端用户可以在任何时间实时地交互和协作，同时 Web2.0 逐渐成为一个主流的网站建设模式和"可读写"网络。

Web2.0 的初衷就在于让互联网更加贴近群众，使用户体验更好的互动。Web2.0 营销使用户能够方便、畅达地为自己所消费的产品表达意见，这些意见先天具备再次推广产品的价值。Web2.0 已经彻底重新定义了市场营销和商务运营。例如，微博上的大 V 可以通过一张照片成就或毁掉一个品牌。大众点评上的用户可以通过一条差评就抹黑一家餐厅，甚至点评已经对用户的购买决策起到至关重要的作用。从这个意义上说，形形色色的社交网站和点评网站是 Web2.0 的代表：一项调研结果显示，90% 的消费者在购买之前会在线阅读点评，88% 的用户会像信任个人推荐一样信任网络点评。

与 Web1.0 网站单项信息发布的模式不同，Web2.0 网站的内容通常是用户发布的，这也就意味着 Web2.0 网站为用户提供了更多参与的机会。例如，博客和维基百科就是典型的用户创造内容，而 tag 技术（用户设置标签）将传统网站中的信息分类工作直接交给用户来完成。再如，现如今，各路网红在直播等社交网络上大放异彩，粉丝们可以在线观看网红明星的实时直播，并通过"点赞""弹幕"等方式与他们进行互动。在这一变化过程中，用户的行为模式也在悄悄发生着改变。

如图 2-2 所示，第二代网络营销手段主要有 Blog 营销、微博营销、RSS 营销、SNS 营销等。

图 2-2 第二代网络营销手段

2.1.3 网络营销黄金时代：Web3.0

Web3.0（Semantic Web，语义网，作用：连接知识），出现于 2005—2020 年，由本体、语义查询、人工智能、智能代理、知识节点、语义知识管理等构成。Web3.0 是在 Web2.0 的基础上发展起来的能够更好地体现网民的劳动价值，并且能够实现价值均衡分配的一种互联网方式。事实上，Web3.0 一词包含多层含义，用来概括互联网发展过程中某一阶段可能出现的各种不同的方向和特征，包括将互联网本身转化为一个泛型数据库；跨浏览器、超浏览器的内容投递和请求机制；人工智能技术的运用；语义网；地理映射网；运用 3D 技术搭建的网站甚至为虚拟世界或网络公国等。总体而言，Web3.0 更多的不仅仅是一种技术上的革新，而是以统一的通信协议，通过更加简洁的方式为用户提供更个性化的互联网信息资讯定制的一种技术整合，将会是互联网发展中由技术创新走向用户理念创新的关键一步。

1. Web3.0 的特征

Web3.0 将应用 Mashup 技术对用户生成内容（user generated content，UGC）进行整合，使得信息内容的特征更加明显，便于检索；将精确地阐明信息内容特征的标签进行整合，提高信息描述的精确度，从而便于互联网用户的搜索与整理。同时，对于 UGC 的筛选性过滤也将成为 Web3.0 不同于 Web2.0 的主要特征之一。Web3.0 对于互联网用户的发布权限经过长期的认证，对其发布的信息做不同可信度的分离，可信度高的信息将会被推到互联网信息检索的首项，同时提供信息的互联网用户的可信度也会得到相应的提高。最后聚合技术将在 Web3.0 模式下发挥更大的作用，TAG/ONTO/RSS 基础聚合设施、渐进式语义网的发展也将为 Web3.0 构建完备的内容聚合与应用聚合平台，将传统意义上的聚合技术和挖掘技术相结合，创造出更加个性化、搜索反应更加迅速且准确的"Web 挖掘个性化搜索引擎"。

（1）普适性。

Web3.0 的网络模式将实现不同终端的兼容，从 PC 端互联网到 WAP 手机、PDA（个人数字助理）、机顶盒、专用终端，不只应用在互联网这一单一终端上。现有的 Web2.0 只能通过 PC 终端应用在互联网这一单一的平台上，但层出不穷的新的移动终端的开发与应用都需要新的技术层面和理念层面的支持。

Web3.0 将打破这一僵局，使得各种终端的用户群体都可以享受到在互联网上冲浪的便捷：①实现融合网络的普适化、公用显示装置与个人智能终端的通用，同时加入 E-RAD 的应用与研发，使得嵌入式技术在 Web3.0 模式下发挥更大的效力；②良好的人性化用户体验、基础性个性化配置。Web3.0 同样以人为本，将用户的偏好作为设计的主要考虑因素。Web3.0 在对于 UGC 筛选性过滤的基础上引入偏好信息处理与个性化引擎技术，对用户的行为特征进行分析，既寻找可信度高的 UGC 发布源，同时又对互联网用户的搜索习惯进行整理、挖掘，得出最佳的设计方案，帮助互联网用户快速、准确地搜索到自己想要或感兴趣的信息内容，避免了大量信息带来的搜索疲劳。

个性化搜索引擎以有效的用户偏好信息处理为基础，以对用户进行的各种操作以及用户提出的各种要求为依据，来分析用户的偏好。通过偏好系统得出的结论再归类到一起，在某一内容主题（如体育）方面形成一种内容，实现搜索的聚合与推送，以更好地满足用户搜索、观看的需要。将这一技术引入广播电视中，将会给传统电视带来巨大的影响。对于数字机顶盒的应用、IPTV、Web TV 的推广提供了更好的聚合与推送业务。个性化搜索引擎的建立是以偏好系统为基础，偏好系统要全面而且与内容聚合相联系。有了一定的偏好分析，才能建立起完善的个性化搜索引擎。

（2）数字新技术。

Web3.0将建立可信的社会网络服务系统（SNS）、可管理的IP电话（VoIP）与IM、可控的Blog/Vlog/Wiki，实现数字通信与信息处理、网络与计算、媒体内容与业务智能、传播与管理、艺术与人文的有序有效结合和融会贯通。

Web2.0模式下的SNS，只是简单地将人与人通过互联网这一平台连接起来。通过互联网注册在SNS的平台上结交朋友这一途径，并不能确保注册信息的可靠性和有效性，并不是每一次交际圈的扩展都会带来相应的利益需求，这一过程进行下去的结果是将会导致本身信息的外泄和零乱，不可靠的信息泛滥，改变了人们想利用互联网来扩展人际交往的初衷。

这一问题在Web3.0模式下，将通过对用户真实信息的核查与认证这一方式来解决。高可信度的信息发布源为以后交际圈的扩展提供了可靠的保障，与此同时，人们在交际的同时，也可以更迅速地找到自己需要的人才，并且可以完全信任这些可信度高的用户提供的信息，利用这些进一步扩展对自己有利的交际圈。

Web3.0模式下可管理的VoIP与IM，同样为互联网用户的使用提供了方便快捷的服务方式。可信度高、信用度好的用户发布的信息将会被自动置顶，既提高了信息源发布者的可信度，同时使得这些有用、真实的信息更快地出现在用户的面前，发挥信息的最大效力，又提高了信息的使用率、降低了信息查找的时间损耗。

Web3.0模式下可控的Blog/Vlog/Wiki，也是为了提高消息的使用率与查找信息的便捷度而生的。这些原本在Web2.0模式下允许用户随意发布的Blog/Vlog/Wiki会使得网络上堆积大量杂乱无章的信息，给用户的搜索带来极大的不便。因此，Web3.0提出了"可控"这一概念，使得信息的发布与使用连接起来，如果想搜索高可信度的信息，可以点击可信度高的用户撰写的Blog/Vlog/Wiki，实现可信内容与用户访问的对接。

（3）语义网络。

语义网是Web3.0的关键属性，"语义网络"由万维网之父蒂姆·伯纳斯·李创造，用以将网络数据更方便地传输给用户。李最初是这样表达他对语义网络的看法的："我有一个梦想，网络中的所有计算机能够分析网络中的数据，包括内容、链接、人与计算机之间的往来。语义网络会让这一切成为可能，一旦该网络出现，日常的交易机制、事务以及我们的日常生活都会由机器与机器之间的沟通来处理。人们吹嘘多年的'智能代理'将最终实现。"

按照他的思路，语义网是对现有的万维网的延伸。在语义网中，信息有非常明确的界定。在万维网中，一个网页上既有文本信息，又有照片、图表、音频、视频，搜索引擎要设法将它们进行分类，以便于网络用户去发现这些信息。开发语义网的目的就是要建立一种标准的信息界定协议，让搜索引擎很容易搜索。用户按照信息的类别，方便地找到相关信息。例如，可以搜索人名和联系方式，或者搜索某位医生可以预约的时段（从该医生的数据库中查找）、音乐会的节目单、图书馆的开馆时间、餐厅的菜单等。

语义网的价值体现在它能帮助人们按需检索信息。如今，网络用户需要自己去寻找信息，而且并不容易；有些信息已经能够自动显示了，例如航班延误信息，但是用户需要预先申请，才能获得这样的信息；有些信息确实是自动显示的，例如手机短信、电子邮件，还有Facebook上的评论和留言等，但是这些信息的传输并不考虑用户是否愿意接收。在语义网的环境中，消费者可以自行确定任务，然后由数字代理来执行。数字代理会搜索信息，然后将信息传输给消费者，例如将电影节目传送到电视机上，将预约的信息传输到智能手机上，或将联络信息传输到地址簿上，如此等等。语义网就承担着一项飞越性的重任，那就是不费力气地在全球范围内读取数字信息。

（4）垂直网站。

从2010年开始，垂直网站进入Web3.0时代，该时代的特征是个性化、互动性和深入的应用服务：更加彻底地站在用户角度；多渠道阅读、本地化内容；用户间应用体验的分享；应用拉动营销，用户口碑拉动营销。用户的应用体验与分享，对网站流量和产品营销具有决定性作用；移动互联网和垂直网络实现有效对接，不是内容层面的对接，而是用户体验和分享层面。同时，垂直网站将与B2C实现对接，从而实现产品数据库查询、体验、购买、分享等整个过程的一体化。

2. Web3.0时代网络营销

Web3.0化整为零，根据自己的喜好设计建立属于自己的网页。Web3.0可以通过网页剪取功能，针对自己喜欢的页面剪切整理放在一起，筛除无用信息，而且最重要的一点，是所剪取的页面与主网页上相关信息同步更新，不存在信息的滞后性，大大提高了阅读效率。Web3.0通过网页和相关组件的穿插，可以为使用者提供更有效的信息资源，实现数字通信与信息处理、即时通信、交友娱乐、传播与管理的有序有效的结合。目前已知的相关企业有百度空间、阔地网、天盟网、新浪博客、谷歌等，迎接互联网届新革命时代的到来。

基于Web3.0时代的特征，目前已经出现了以下几种新的网络营销手段：精准营销、嵌入式营销、Widget营销、数据库营销等，如图2-3所示。

图2-3 Web3.0时代网络营销手段

Web1.0到Web2.0再到Web3.0，是网络从无到有，再到扩及全球的发展，也是网络的使用从精英化、扁平化到全民化和平面立体化的变迁，更是网络的关涉面从人类生活的局部到全景式的人类生活场景的拓展。Web3.0时代，网络无处不在，人类无时不在网络中，网络与人类生活须臾不可分离；网络不再是人类生活的外在方面，它将与人类生活融为一体，网络真正成为人类的生活空间。从这个意义上说，Web3.0时代将是"网络时代"终结的时代。

如果说Web1.0、Web2.0时代的网络伦理问题是局部的、零星的，那么Web3.0时代的网络伦理问题将是全局的和日常的。如果说Web1.0和Web2.0时代的网络伦理问题是"网络"伦理问题，那么 Web3.0 时代的网络伦理问题则是"日常"伦理问题。从这个意义上说，Web3.0 时代也是"网络伦理"终结的时代。

如果说 Web1.0 时代的网络伦理问题主要是计算机网络互联引发的伦理问题，Web2.0 时代的伦理问题主要是网络话语权引发的伦理问题，那么 Web3.0 时代的伦理问题则是主要围绕公共服务和信息共享带来的伦理问题。基于公共服务平台这一核心，Web3.0 时代将更加凸显网络的三大功能：信息共享、网络传播和电子商务，这三大功能恰恰涉及人类生活三大基本面。

3. Web3.0 与 Web2.0 的区别

（1）概念不同。

Web2.0 是以分享为特征的实时网络，用户在互联网上拥有自己的数据，并能在不同的网站上使用。Web3.0 将以网络化和个性化为特征，提供更多人工智能服务，完全基于 Web，用浏览器即可实现复杂的系统程序才具有的功能。

（2）实现功能不同。

Web2.0 网站能够让用户把数据在网站系统内外倒腾，用户在网站系统内拥有自己的数据，同时其完全基于 Web，所有功能都能通过浏览器完成。Web3.0 依然打着"信息聚合"的旗帜，将信息进一步解构拆分，为实现更精细化的交互提供底层技术。一个更智能的互联网，搜索或许并不重要，因为用户将彻底把思考交给计算机。

（3）用户体验不同。

Web2.0 的精髓在于"去中心化"思想和六度分隔理论，而 Web3.0 的理想是让个人与组织机构之间建立一种互为中心的转换机制，也就是说一个人在一定程度上可以转化为机构，而机构在一定环境条件下也可以转化为个人，通过这种形式进行商业行为，可以拉近与用户的距离。

（4）发展理念不同。

Web2.0 网站内容应该至少有 80% 来自用户原创内容。网民通过 Blog、SNS 在网络上"参与"创造了网络内容，但因为是免费的，所以用户的"参与"很难转化成现实的财富。Web3.0 的首要任务就是让网民不再浪费劳动力，体现他们的劳动价值，实现价值均衡分配。

| 知识驿站 |

六度分隔理论

哈佛大学的社会心理学家斯坦利·米尔格拉姆（Stanley Milgram）设计了一个连锁信件实验。将一套连锁信件随机发送给居住在内布拉斯加州奥马哈的 160 个人，信中放了一个波士顿股票经纪人的名字，信中要求每个收信人将这套信寄给自己认为是比较接近那个股票经纪人的朋友。最终，大部分信在经过五六个步骤后都抵达了该股票经纪人。六度分隔现象由此被发现。

六度分隔（six degrees of separation）现象又称为"小世界现象"（small world phenomenon），可通俗地阐述为："你和任何一个陌生人之间所间隔的人不会超过六个，也就是说，最多通过六个人你就能够认识任何一个陌生人。"

换句话说，六度分隔说明了社会中普遍存在的"弱纽带"，发挥着非常强大的作用。有很多人在找工作时会体会到这种弱纽带的效果。通过弱纽带，人与人之间的距离变得非常"相近"。

需要注意的是，六度分隔现象，并不是说任何人与人之间都必须要通过六个层次才会产生联系，而是表达了这样一个重要的概念：任何两个素不相识的人之间，通过一定的联系方式，总能够产生必然的联系或关系。显然，由于联系方式和联系能力的不同，实现个人期望的机遇将产生明显的区别。

2.1.4　网络营销产生基础和主要内容

网络营销是基于互联网和社会关系网络连接企业、用户及公众，向用户与公众传递有价值的信息和服务，为实现顾客价值及企业营销目标所进行的规划、实施及运营管理活动。

1. 网络营销产生基础

一般来说，网络营销的产生源于三大基础的共同支撑。

（1）技术基础，是指20世纪90年代开始成熟开放的互联网技术。从这一时期开始，营销人员发现，他们能够以很低的费用创造很高的营销效果，小型企业也能以更加平等的地位与世界上最大的公司进行竞争。网络顾客只要点击鼠标，就能迅速找到自己所需要的产品和信息，还能够根据自己的需要与供应商对话。互联网这种新的商业工具，奠定了网络营销产生的技术基础，促进了网络营销这种新型营销方式的产生。

（2）观念基础，是指消费者消费观念已经发生了较大的变化。网络时代消费者的需求呈现出个性化和多样化的特征，消费者主导的营销时代已经来临，这奠定了网络营销产生的观念基础。企业需要换位思考和评估，深刻认识消费者观念的诸多变化，切实以顾客的个性需求为出发点，重新考虑其营销策略，提高顾客的满意度和忠诚度。

（3）现实基础，是指激烈的市场竞争环境。当今市场竞争的激烈程度前所未有，市场也由卖方市场转向买方市场，这奠定了网络营销产生的现实基础。为此，企业必须能够在竞争中将成本降到最低。企业借助网络营销可以使其经营成本和费用大大降低，从而增强企业的竞争实力，为企业提供更宽广的发展空间。

2. 网络营销主要内容

网络营销产生于互联网飞速发展的网络时代，作为依托网络的新的营销方式和营销手段，有助于企业在网络环境下实现营销目标。事实上，网络营销涉及的范围较广，包含的内容不仅丰富，而且变化和发展很快，主要表现在以下两个方面。

第一,网络营销针对的是发展迅速的网络虚拟市场,采用相关的网络营销技术及时了解和洞察、把握网络虚拟市场上的消费者特征和消费者行为模式的变化,及时为企业在网络虚拟市场上进行的行销活动提供可靠的数据分析和开展营销活动的依据。

第二,网络营销依托网络开展各种营销活动来实现企业目标,而网络的特点是信息交流自由、开放和平等,而且信息交流费用低廉,双向交流便捷,信息交流渠道既直接又高效。因此,在网上开展营销活动,必须改变传统的营销手段和方式。

下面我们将更系统地诠释网络营销的主要内容和职能。众所周知,主要依托互联网进行营销活动的网络营销,虽然基本的营销目的和营销工具与传统营销大体是一致的,但在实施和操作过程中与传统营销方式有着很大的区别,具体来讲,网络营销包括下面一些主要内容。

(1)网上市场调查。

网上市场调查是指企业利用互联网的交互式信息沟通渠道来实施市场调查活动。所采取的方法包括企业直接在网上通过发布问卷获取第一手资料,或通过在网上收集市场调查中需要的各种资料,然后进行分析统计来获取信息。网上市场调查的重点是利用网上调查工具,提高调查的效率和调查效果,同时利用有效的工具和手段收集整理资料,在互联网信息库中获取所需要的市场信息并过滤、分辨和整理出对企业有用的信息。

(2)网络消费者行为分析。

网络消费者是网络社会的一个特殊的群体,与传统市场上的消费群体有着截然不同的特性。因此,要开展有效的网络营销活动必须深入了解网上用户群体需求特征、购买动机和购买行为模式。互联网作为信息沟通的工具,正成为许多有相同兴趣爱好的消费群体聚集交流的地方,在网上形成了一个个特征鲜明的虚拟社区。这些不同虚拟社区的消费群体有着不同的消费特征和喜好,网上消费者行为分析的关键就是通过分析了解不同类型的网络消费者的特点和消费行为的特点,并在此基础上总结出有效的应对措施。

(3)网络营销策略的制定。

企业在准备开展网络营销以图实现企业营销目标时,必须制定与本企业相适应的营销策略,这是由于不同的企业在市场中所处的地位不同。企业实施网络营销需要进行投入,并且也会面临一定的风险,因此企业在制定本企业网络营销策略时,应该考虑到各种因素对所制定的网络营销策略可能带来的影响,例如产品生命周期对网络营销策略的影响等。

(4)网络产品和服务策略。

网络作为快速、有效且影响广泛的信息沟通渠道,极大地改变了企业对产品和服务营销策略的选择,特别是对营销渠道的选择。在网上进行产品和服务营销,必须结合网络特点重新研究产品的设计、开发、包装、品牌以及售后服务策略,因为在现实中,不少传统的优秀产品品牌在网络市场上未必就能成为优势品牌,这种失败的例子不胜枚举。

(5)网络营销价格策略。

作为一种新的信息交流和传播工具,互联网快速、广泛地被各个领域引入和应用,原因之一是它从诞生伊始就实行自由、平等和信息基本免费的策略,因此在网络市场上推出的产品和服务大多采取免费或低廉的价格策略,这种价格策略已经成为社会公众的共识。因此,制定网络营销价格策略时,必须考虑到互联网对企业产品的定价影响和互联网本身独特的免费特征。但对于生产企业需要特别指出的是:在网上销售产品的低价格策略应该基于企业开展网络营销所带来的低成本,并不等同于可以降低产品的质量,如果某企业在网上销售的产品在质量方面出现问题,网络强大的传播放大功能将对该企业造成极大的伤害和损失。

(6)网络渠道选择与直销。

互联网对企业营销活动影响最大的是企业的营销渠道。例如,经历了从传统市场到网络市场战略性转移的美国戴尔公司,在诸多计算机公司中首先采用并借助互联网使交易双方可以直接互动的特性,建立了网上直销的销售模式,改变了传统渠道中的多层次选择及管理与控制问题,最大限度地降低了营销渠道中的管理费用,又满足了客户对所需计算机的各种个性化需求,从而通过网络营销获得了巨大成功和巨额利润,一跃进入美国计算机生产领域的前列。而先前若干原本优于戴尔的计算机公司,因固守传统的阵地,没过多久就纷纷衰退了。但是企业在建设自己的网上直销渠道时必须在前期进行一定的投入,同时还要结合网络直销的特点改变本企业原来的各种传统经营管理模式。

(7)网络促销与网络广告。

互联网具有双向的信息沟通渠道的特点,可以使通过网络沟通的双方突破时空限制进行直接交流,操作简单方便,传播范围广泛,交流快速高效,并且费用低廉。互联网的这些特点使得在网上开展促销活动十分有效,网络广告的作用和功效,现在已越来越广泛地得到各个领域的重视,但是企业在网上发布广告和开展促销活动,必须遵循在网上进行信息交流与沟通的规则,特别是要确保网络广告的真实性和遵守虚拟社区的礼仪。网络广告是进行网络营销最重要的促销工具,作为新兴的产业已经得到了迅猛的发展,出现了很多创新形式。网络广告已成为报纸杂志、广播和电视等传统媒体之外功能强大的第四类媒体,网络广告的交互性和直接性特点使其具有传统媒体广告无法比拟的优势。

(8)网络营销管理与控制。

网络营销依托互联网开展营销活动,网络企业必将面临传统营销活动难以碰到的许多新问题。例如企业架构和企业人员结构的重新配置、网络产品质量的保证、售出商品的及时配送、消费者的隐私保护、网络商品的售后服务以及买卖双方的信息安全问题等,这些都是网络营销必须重视和进行有效控制的问题,否则企业开展网络营销的效果就会适得其反。

2.1.5 网络营销职能和特点

1. 网络营销主要职能

网络营销的主要职能体现在八个方面:网络品牌、网址推广、信息发布、销售促进、销售渠道、顾客服务、顾客关系、网上调研。网络营销策略的制定和各种网络营销手段的实施也以发挥这些职能为目的。

（1）网络品牌。网络营销的重要任务之一就是在互联网上建立并推广企业的品牌，知名企业的网下品牌可以在网上得以延伸，一般企业则可以通过互联网快速树立品牌形象，并提升企业整体形象。网络品牌建设是以企业网站建设为基础，通过一系列的推广措施，达到顾客与公众对企业的认知和认可。从一定程度上说，网络品牌的价值甚至高于通过网络营销获得的直接收益。

（2）网址推广。这是网络营销最基本的职能之一，在几年前，网络营销甚至被认为就是网址推广。相对于其他功能来说，网址推广显得更为迫切和重要，网站所有功能的发挥都要以一定的访问量为基础。所以，网址推广是网络营销的核心工作。

（3）信息发布。网站是一种信息载体，通过网站发布信息是网络营销的主要方法之一，同时，信息发布也是网络营销的基本职能。所以也可以这样理解，无论采取哪种网络营销方式，结果都是将一定的信息传递给目标人群，包括顾客和潜在顾客、媒体、合作伙伴、竞争者等。

（4）销售促进。营销的基本目的是为增加销售提供帮助，网络营销也不例外，大部分网络营销方法都与直接或间接促进销售有关，但促进销售并不限于促进网上销售。事实上，网络营销在很多情况下对于促进网下销售十分有价值。

（5）销售渠道。一个具备网上交易功能的企业网站本身就是一个网上交易场所，网上销售是企业销售渠道在网上的延伸，网上销售渠道建设也不限于网站本身，还包括建立在综合电子商务平台上的网上商店，以及与其他电子商务网站不同形式的合作等。

（6）顾客服务。互联网提供了更加方便的在线顾客服务手段，从形式最简单的FAQ（常见问题解答），到邮件列表，以及BBS、聊天室等各种即时信息服务，顾客服务质量对于网络营销效果具有重要影响。

（7）顾客关系。良好的顾客关系是网络营销取得成效的必要条件，企业通过网站的交互、顾客的参与等方式在开展顾客服务的同时，也增进了与顾客的关系。

（8）网上调研。通过在线调查表或者电子邮件等方式，企业可以完成网上调研，相对传统市场调研，网上调研具有高效率、低成本的特点，因此，网上调研成为网络营销的主要职能之一。

开展网络营销的意义就在于充分发挥各种职能，让网上经营的整体效益最大化，因此，仅仅由于某些方面效果欠佳就否认网络营销的作用是不合适的。网络营销的职能是通过各种网络营销方法来实现的，网络营销的各个职能之间并非相互独立的，同一个职能可能需要多种网络营销方法的共同作用，而同一种网络营销方法也可能适用于多个网络营销职能。

2. 网络营销特点

市场营销中最重要也最本质的活动是在组织和个人之间进行信息的广泛传播和有效的交换，如果没有信息的传播和交互，任何交易就会变成无本之源。互联网技术发展的成熟性以及互联网的方便性和成本的低廉性，使得任何企业和个人都可以很容易地将自己的计算机或计算机网络连接到互联网上，让遍布全球的各种企业和其他组织以及个人通过互联网跨时空地联结在一起，使相互之间信息的交换变得"唾手可得"。因为互联网具有的功能包含了营销所要求的绝大多数特性，使得网络营销呈现出以下特点。

（1）跨时空。通过互联网络，交易的双方能够跨越时间约束和空间限制进行信息交换，因此，脱离时空限制达成交易变得可能，企业有更多的时间在更广阔的空间中进行营销，每周 7 天、每天 24 小时随时随地向客户提供全球的营销服务，以达到尽可能多地占有市场份额的目的。

（2）多媒体。参与交易的各方可以通过互联网络传输文字、声音、图像、动画和视频等多种形式所承载的信息，从而使为达成交易进行的信息交换可以采用多种形式，并能够充分发挥营销人员的创造性和能动性。

（3）交互式。企业可以通过互联网向客户展示商品目录，通过链接商品资料库提供有关商品各种信息的查询，可以和顾客进行双向互动式的沟通，可以收集有关商品的市场信息，可以进行产品的测试与消费者满意度的调查等，因此互联网所具有的交互式特点使它企业进行产品设计、提供商品信息以及提供服务的最佳工具。

（4）人性化。互联网上进行的促销活动具有一对一、理性的、由消费者主导、非强迫性和循序渐进的特点，这是一种低成本、人性化的促销方式，可以避免传统的推销活动所表现的强势推销的干扰和影响。并且，企业可以通过信息提供和交互式沟通，与消费者进立起一种长期的、相互信任的良好合作关系。

（5）成长性。全球利用互联网开展网络营销的企业不断增加，参与网络购物的消费者数量飞速增长，使网络营销的成长性十分显著。目前，一方面，不仅主流大企业将开展网络营销作为企业发展的必经之路，而且越来越多的中小企业在网络营销方面也显得非常活跃；另一方面，参与网络购物的消费者已经从以前大部分是具有较高收入和高教育水准、购买力较强、具有很强市场影响力的年轻人扩展到社会各个年龄层次的人群。可以看出，网络营销是一个极具开发潜力的市场渠道。

（6）整合性。在互联网络上开展营销活动，可以完成从商品信息的发布到交易操作的完成和售后服务的全过程，这是一个贯通全程的营销渠道。同时，企业可以借助互联网对不同的传播营销活动进行统一设计规划和协调实施，并通过统一的传播途径向消费者传达相关的信息，从而可以避免在传统方式下由于经过不同传播渠道的信息不一致而产生的负面影响。

（7）超前性。网络营销通过互联网能兼具渠道、促销、交易过程、顾客互动服务以及市场信息分析与提供等多种功能，这是一种功能强大的营销方式和工具，并且它所具备的一对一营销能力，正迎合了营销领域发展的定制营销、精准营销与直复营销的未来趋势。

（8）高效性。网络营销应用计算机储存的大量信息，可以帮助网络消费者进行所需要的各种查询，并且所传送的信息数量与精确度，远远超过其他的传统渠道和媒体，因此能及时有效地了解和满足顾客的各种需求，同时还能够适应市场的需求，及时更新产品阵列或调整商品价格来进行促销活动。

（9）经济性。网络营销使交易的双方能够通过互联网进行信息交换，代替传统的面对面的交易方式，可以大大降低出差经费、减少印刷与邮递等方面的成本，可以进行无店面销售而免交租金,既节约了水电与人工等销售成本,同时也减少了由于交易双方之间的多次交流带来的时间损耗,极大地提高了交易的效率。

(10)技术性。建立在以高技术为支撑的互联网基础上的网络营销要求企业在实施网络营销时必须有一定的技术投入和技术人才支持,必须改变企业传统的组织形态,提升企业信息管理部门的功能,引进既懂市场营销又懂计算机与网络技术的复合型人才,这样方能获得和增强本企业在网络市场上的竞争优势,取得企业网络营销的成功。

综上所述,网络营销依托互联网在全球的广泛使用和电子商务网络市场的飞速发展,以其源于传统营销又超脱于传统营销的特点和优势,帮助越来越多的企业取得了极高的经济效益和社会效益,已经得到了社会各界和各个领域的广泛关注和认可,同时为市场营销领域带来了一场巨大的变革,前景辉煌。

2.2 网络营销与传统营销

网络营销是在传统市场营销的基础上演化发展而来的。简单来讲,网络营销是以互联网为主要手段,在网络环境下实现传统营销的营销活动。众所周知,网络营销的兴起给传统营销带来了巨大冲击,多个营销市场要素均发生了很大的变化。从市场形态看,传统营销与网络营销是由线下实体市场转到线上虚拟市场的竞争;从消费者角度看,网络营销趋向于年轻化、理性化、个性化与差异性;从营销技术手段看,规则由"强者生存"的力量游戏演化为"快者为王"的速度游戏;从营销理念看,正在从企业的利益向顾客的需求转移;从营销过程看,"去中介化"逐渐走上历史舞台;从营销策略看,国际化冲击是不可逆转的趋势;从营销模式看,新零售与社交电商的兴起为传统行业带来了全渠道营销等新的营销创新模式。虽然网络营销对传统营销的冲击是不可避免的,但二者本质仍大体相同,在未来可预见的实践中相互影响、相互促进直至相互融合以带来一场全新的革命。

2.2.1 "双方互补"的市场形态

传统市场都是实物市场。实物市场就必须要陈列商品,就必然会有资金的占用和货物的积压。而且,为了增加对顾客的吸引力,就必须有足够的商品可供顾客挑选。为此,公司或企业会致力于扩大经营规模和增加商品类别,同时投入大量的促销费用进行必要的宣传。当企业规模和知名度都大到一定程度时,顾客可能会不请自来,市场必然也会越做越大。

在网络环境下,市场形态会发生很大变化。最典型的例证就是虚拟市场(或称信息市场)的形成,如淘宝、京东商城、1号店等,可以被看成虚拟市场。虚拟市场只需要提供商品的信息就可供挑选和购买,它几乎不需要囤积货物,也不涉及大量的资金占用。因此虚拟市场最大的竞争优势就是能够在"无限"扩大产品组合的同时,不会对经营者造成负担。它突破了许多传统市场的限制,为在网络环境下新一轮市场营销和经营活动奠定了基础。

表2-1是全球著名的在线图书零售企业——亚马逊公司和著名的巴诺书店的核心经营指标的对比分析。

表 2-1 亚马逊和巴诺书店的核心经营指标对比分析

经营指标	企业名称	
	亚马逊	巴诺书店
员工人数	54 万	8 000
店铺	虚拟网站	627 家
租金	几百万美元	几百万美元
市值	8 436.41 亿美元	4.74 亿美元
服务客户的范围	全球	美国境内能到达其连锁店的人
水平相对库存比	2%（二者相对比）	100%（二者相对比）
水平库存天数	＜ 15 天（最小为零）	＞ 60 天（最大为 180 天）
年销售增长率	＞ 500%	10% 左右
存货退回比	2%	30%
存货年周转次数	24 次	3 次
对长期资本要求	很低	极高
现金流量	相对很高	相对较低

亚马逊成立于 1995 年，历史较短。而著名的巴诺书店成立于 1873 年，公司鼎盛时，员工数万，并在全美各地拥有上千家豪华、巨大的连锁分店（而且遍布于美国各大城市的繁华商业区），堪称当时美国的图书连锁零售业的巨头。在传统的图书零售市场，巴诺书店有着极高的品牌知名度、信誉、市场占有率等各种市场资源要素。截至 1998 年底，根据美国《商业周刊》的统计，亚马逊公司的股票市值为巴诺书店的 8 倍。表 2-1 显示，亚马逊市值是 8 436.41 亿美元，巴诺书店的市值为 4.74 亿美元。由此可见，网络营销不仅在减少资金占用和货物积压等方面具有绝对优势，而且对投资者也具有巨大的吸引力。

2.2.2 "与时俱进"的消费者

随着网络技术迅速向宽带化、智能化、个人化方向发展，用户可以在更广阔的领域内方便地实现声音、图像、动画和文字一体化的多维信息共享和人机互动。正是这种发展使得传统营销方式发生了革命性的变化，其结果是可能导致大众市场的逐步终结，并逐步体现市场的个性化和定制化，最终将会以每一个用户的需求来组织生产和销售。

（1）网络营销的顾客大多数是年轻人，有能力借助信息网络搜集与购买决策有关的信息，而老年人等群体对互联网的使用率和驾驭信息的能力还比较低，两者的顾客需求有很大的差异性；年轻、受教育程度高是网络顾客最大的特点。第 51 次《中国互联网络发展状况统计报告》显示，截至 2022 年 12 月，我国互联网用户年龄在 10 ～ 39 岁之间的占 48.1%；大专及以上学历的网民超过 20%。因为年轻，他们敢于尝试和追求新生事物；因为受教育程度高，他们品位高，且头脑冷静。

（2）网络顾客的需求具有很大的差异性。由于互联网全球化的特征，网络营销打破了地域的界限，使得顾客需求因市场的广域性、文化的差异性、价格的变动性、需求的民族性、信息价值跨区域的不同增值性等特征而呈现出更大的差异性。

（3）网络顾客的购买行为表现出前所未有的个性化、理性化、主动性和多变性的特征。

由于网络市场竞争得越来越充分和网络产品日益丰富多样化，顾客面临着"无限"的产品组合，高收入又为网络顾客个性化的张扬提供了经济保障，他们需要的是某种独一无二的、量身定制的产品或个性化的服务；由于网络顾客文化水平普遍较高，他们有能力借助发达的信息网络，全面、迅速地搜集与购买决策有关的信息，因此，他们更愿意根据自己的理性分析做出决定，例如，顾客可借助相关网站进行产品价格性能比较，并拟定与评估不同的购买方案，从中选择最佳的购买决策；由于网络时代的顾客是一个"坚持己见、积极为自己的主张辩护的时代"的群体，他们善于主动选择信息，他们拒绝在沟通不充分、信息不对称的环境中购物，他们完全是根据自己的意愿上网搜寻自己感兴趣的内容并选择自己需要的商品；由于网络顾客比传统顾客更注重自我表现，其具体要求越来越独特，他们天生喜欢追求新生事物，所以其需求也越来越变化多端。

（4）公司的规模和品牌知名度不再是网络顾客选择商品的主要理由。在网上进行营销，由于公司针对的是个别顾客的特定需求，所以对顾客个性化需求的把握和快速的反应能力很关键，加之网络的自由开放性和网络竞争的透明性，网络顾客对价格和产品性能的敏感度大大增强。比如，一些商品价格、性能比较网站的出现，使得品牌强势、成本劣势的大公司受到冲击。

企业的网络营销竞争是一种以顾客为焦点的竞争形态，争取新顾客、留住老顾客、扩大顾客群、建立亲密的顾客关系、分析顾客需求、创造顾客需求等，都是最关键的营销课题。因此，在网络时代的目标市场下，顾客型态、产品种类与传统市场会有很大的差异，企业要跨越地域、文化和时空重新营造与顾客的关系，必须创新营销行为。

2.2.3 "多元化"的营销技术手段

传统营销是在现实空间中厂商进行面对面的竞争，游戏规则就像是"大鱼吃小鱼"，而网络营销则是通过网络虚拟空间进入到企业、家庭等现实空间，游戏规则像是"快鱼吃慢鱼"。

实物市场到虚拟市场的转变，使得具有雄厚资金实力的大规模企业不再是唯一的优胜者，也不再是唯一的威胁者。在网络营销条件下，所有的企业都站在同一起跑线上，这就使小公司实现全球营销成为可能。多元化环境下的网络营销特征主要表现为以下几点：

（1）网络营销分散化程度继续提高。网络营销主流渠道分散化的趋势，从很早之前已经开始显现，正好与社会化网络及移动网络营销的发展同步，移动网络营销进一步加剧了网络营销分散化。

（2）网络营销的融合化继续提速。2014年后，网络营销进入网络可信度与网络可见度融合的阶段，2016—2018年之间PC网络营销与移动网络营销的融合速度越来越快，融合程度也越来越高。

（3）内容营销进入高级阶段。内容营销形式如E-mail营销、博客营销、微博营销等，在移动互联网环境下不断发展演变，从内容形式到营销模式不断创新，以用户价值为核心的理念进一步得到体现。

（4）网络营销思想及策略不断升级。基于网络营销生态思维的用户价值营销策略在实践中不断完善，网络营销思想的层次也在实践中进一步提升。

（5）网络营销广告门槛大大降低。企业开展网络营销主要通过在互联网上发布网络广告，完成对商品的推广和宣传，再进行网上销售。网络广告种种明显的优越性将消除传统广告的障碍。首先，相对于传统媒体，网络空间具有无限扩展性，因此在网络上做广告可以较少地受到空间篇幅的局限，可以最大限度地将必要的信息一一罗列。其次，因为网络广告面向全球，受众十分广泛，网络广告的效应远远超过传统广告。另外，网络传播的快速性可以提高广告的宣传效率，也为网络企业创造了更为便利的条件。譬如，有些企业可以根据其注册用户的购买行为很快地改变向访问者发送的相应广告内容；有些企业可根据访问者的特性，如硬件平台、域名或访问时的搜索主题等有选择地显示和传输广告，有目的地进行精准营销。目前，网络广告已得到了充分的发展，重视甚至依赖网络广告已成为越来越多企业的共识。

2.2.4 "双向互动"的营销理念

传统市场营销观念如生产观念、产品观念、推销观念等，是以企业的利益为中心，属于推动营销，未能充分考虑消费者的需求，单纯追求低成本的规模生产，极易导致产销脱节现象的产生。这种适用于工业经济时代的营销观念，在信息网络和知识经济发达的时代，已经出现不能适应新时代需求的严重问题。

网络营销是以现代营销观念和社会营销观念等为基础的，以消费者为中心，充分洞察并分析消费者的需求和欲望，更有效地传送目标市场所期望满足的东西，重塑顾客关系，使消费者可以与企业展开富有意义的对话交流，可以迅速、准确、个性化地获得信息、反馈信息，实现了消费者和公司的双向互动，属于拉动营销。

网络营销在理论上不同于传统营销的 4P 理论，更偏向于以消费者为中心的 4C 理论，该理论首先强调将满足消费者的需求和欲望放在首位，企业要有针对性地向目标市场输送满足顾客需求的供应品；其次，要考虑消费者为满足其需求所愿付出的成本，包括货币成本和非货币成本；再次，要求产品的价格与目标市场相适应的同时，购买过程也要尽可能地便捷；最后，要积极、主动地与消费者沟通和交流，最终与消费者建立长期的、双向的、维系不散的供求关系。

网络营销（拉动营销）与传统营销（推动营销）的不同如图 2-4 所示。

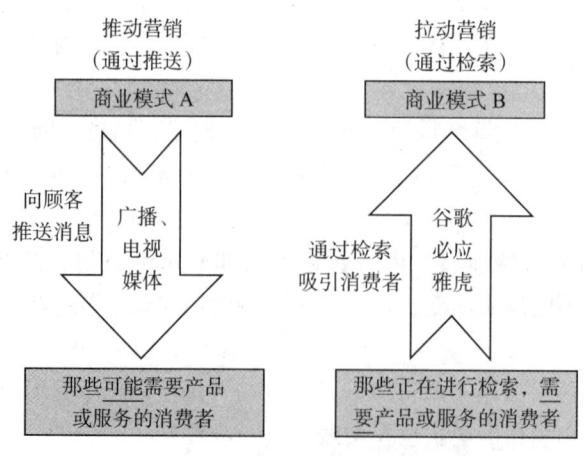

图 2-4 推动营销与拉动营销

其一，立场不同：网络营销代表消费者，以顾客为导向；传统营销代表企业，营销活动围绕满足市场需求展开。过去，传统的营销活动从企业自身出发。例如，如果你是家得宝（Home Depot）公司，你会创建一个电视广告，上面写着你是最大的家居五金店，价格最便宜，商店位置最方便。如此一来，你把自己描绘成一家公司，营销的效果是你把拥有这样特点的一家"公司"推广给消费者，如图2-4中的商业模式A。在网络时代，这种方法是行不通的。营销人员要代表你的客户，这就需要了解客户的需求、动机和挑战，并陪同他们解决问题（比如，通过向他们提供资源以解决相应问题，像是为新父母提供建造婴儿床的操作视频），通过这种方式将消费者吸引到你的网站，如图2-4中的商业模式B。

其二，"方向"不同：传统营销需要主动寻找顾客；网络营销活动更多的是消费者主动寻找企业信息。以前，公司习惯于"找到向客户投放广告的地方（例如，合适的电视节目、客户阅读的杂志、他们去过的卫生间、上班路上的广告牌）"。现在，因为营销活动代表的是客户，所以我们希望创建消费者需要的资源，以便消费者在寻求解决他们的需求、动机、挑战时能够找到我们。在网络时代，企业更多的是创建一个如何帮助客户解决需求的视频（例如，如何在星期五晚上化妆出门），推广和优化该视频，以便客户能够在最需要的时候轻松找到它。

不论是传统营销强调的4P组合，还是现代营销所追求的4C，都是以实现全程营销为前提的。但是传统营销中，企业与消费者之间缺乏沟通渠道或沟通成本过高，无法实现全程营销，只能靠自身实力或参照市场领导者的策略，偶然进行产品开发并追求低成本规模生产。网络环境下，企业以极低的成本在营销过程中对消费者进行即时的信息搜索，同时为消费者对产品的设计、包装、定价、服务等问题发表意见提供了方便，通过这种双向互动的沟通方式，提高了消费者的参与性与积极性，也提高了企业营销策略的针对性。网络营销极强的互动性，有效地帮助企业完成了全程营销的目标。

2.2.5 "去中介化"的营销过程

传统营销长期以来的经营管理模式是致力于建立并维持和依赖层层严密的营销渠道，投入大量的人力、物力，这一切在网络时代已经被看成是无法负担的奢侈品。在传统互联网时代也有很多兴旺的"中介"生意，因为用户的很多消费任务需要专家的专业指导。无论是传统营销还是早期网络营销，"中介"是一个不可缺少的概念。但在移动互联网和社交网络时代，信息的获取不再依赖于专家意见，可以通过社会化网络的"推荐"来完成。在网络环境下，生产商可以通过互联网与最终用户直接联系交流，由此，中间商的重要性将会逐渐降低，"去中介化"逐渐走上历史舞台。

去中介化会造成以下两方面的结果：一方面，由大企业所建立的传统国际分销网络对其他弱小竞争者或新进入者造成的进入壁垒或障碍将明显降低，大企业相对于小企业的竞争优势将明显减少；另一方面，随着分销商和代理商的利润降低，如何提供这些售后服务将是开始进行网络营销的企业不得不面对的问题。

携程是最典型的传统网络"中介"，它为用户提供旅游出行相关的服务，主要就是基于对酒店、航空公司的强大议价能力，其优势地位是通过用户的聚合来实现的。但随着社交网络的蓬勃发展，当酒店、航空公司可以直接与消费者沟通的时候，携程这一类公司也就失去了其强势的中介地位。比如云南洱海边上的民宿可以通过建立自己的平台来吸引顾客，而不必再依赖携程之类的传统网络中介。而汉庭、如家等大型连锁酒店集团，已经建立了庞大的客户会员库，随着与客户沟通更为便捷、成本更加低廉，也减少了自身对传统网络中介平台的依赖。

营销活动面对的是有灵性和思想的人，而互联网只是一种虚拟的应用工具，因此传统营销中的以人为本的营销策略所具有的独特亲和力是网络营销所无法全部替代的。事实上，去中介化是一个长期发展的过程，即使在今后可预见的很长一段时间内，中介仍然起着不可替代的作用，去中介化也不可能完全实现。

2.2.6 "国际化"的营销策略

1. 互联网对企业经营的冲击和挑战

在过去传统营销下分工经营的时期，企业只需要专注于本企业或本地区的经营活动，交易活动由各地的代理商或贸易商去完成。由于互联网的普及，它所具有的跨越时空连接全球的功能，使得企业进行全球范围营销的成本大幅度降低，有时甚至低于在本地区的营销成本，因此，企业通过网络营销可以很快并轻松地进入跨国经营模式。因此，网络时代的企业，不但要熟悉不同国家的市场顾客的特征以取得他们的信任，满足他们的需求，还要安排跨国生产、运输与售后服务等工作，并且这些跨国业务大部分都是要经由网络来联系与执行的。

可见，互联网为现存的跨国企业和新兴企业提供了许多利益，但其对企业经营的冲击和挑战也是令人生畏的。任何渴望利用互联网进行跨国经营的企业，都必须为其经营选择一种恰当的商业模式，并要明确这种新兴媒体所传播的信息和进行交易的过程及方式将会对其现存模式产生什么样的影响。

（1）对标准化产品的冲击。网络营销借助于互联网在全球范围内进行市场调研，通过互联网，厂商可以迅速获得关于产品概念和广告效果测试的反馈信息，也可以测试顾客对产品的认同水平和评价，从而更加容易地了解消费者的行为方式和偏好。因此，在互联网大量使用的情况下，网络营销将发挥出传统营销没有的优势，它将会迅速地给全球不同的消费者提供不同的产品，以更好地满足消费者的需求。

（2）对品牌全球化管理的冲击。与现实企业的单一品牌和多品牌的决策相同，开展网络营销的公司主要的挑战是如何对全球品牌和共同名称或标志识别进行管理。在实际执行时，对公司的品牌管理采取不同的方法会产生不同的情况。在互联网环境下，不论开展网络营销的企业是实行具有统一形象的单一品牌策略还是实行具有本地特色的多种区域品牌策略，通过互联网广泛的信息交互和查询功能，经营者和消费者都可以非常方便地、正确地了解和认识企业所设立的商品品牌的意图以及管理和推广说明。

（3）对定价策略的冲击。互联网先进的网络浏览功能会使变化不定且存在差异的价格水平趋于一致，这将对有分销商分布在海外并在各地采取不同价格的公司产生巨大冲击。总之，互联网将导致企业产品国际价格水平标准化或至少缩小国别间的价格差别。这对于执行差别化定价策略并采用传统营销方式的企业来说确实是一个严重的问题。实际上，这种差别化定价策略也是目前比较流行的海外代购营销模式存在的基础。

（4）对营销渠道的冲击。在网络环境下，生产商可以通过互联网与最终用户直接联系交流，因此，中间商的重要性将会有所降低。这种情况会造成以下两方面的结果：①由大企业所建立的统一的国际分销网络对其他弱小竞争者或新的进入者造成的进入障碍将明显降低，大企业对小企业和新进入企业的优势不复存在，企业间的竞争更趋激烈。②对于目前开始从传统营销转为直接通过互联网进行产品销售的生产商来说，其产品的售后服务工作原来是由各分销商承担的，但随着它们代理销售利润的消失，分销商将很有可能不再承担这些工作。所以在不破坏现有营销渠道的情况下，如何提供这些售后服务将是开始进行网络营销的企业不得不面对的又一问题。

（5）对传统广告障碍的消除。首先，相对于传统媒体来说，由于网络空间具有无限扩展性，因此在网络上做广告可以较少地受到空间篇幅的局限，尽可能地将必要的信息一一罗列。其次，网络广告精准度高、针对性强。实行网络营销的企业可以通过网站页面访问者的喜好分析、搜索引擎关键词搜索量，建立相应的数据库，从而对广告精确定位，投放点对点式的广告。最后，网络广告具有实时、灵活、成本低的特点。在传统媒体上做广告发版后很难更改，即使可改动往往也须付出很大的经济代价。而在互联网上做广告能按照需要及时变更广告内容，当然包括改正错误，这样就使变化的经营决策能及时实施和推广，迅速提高广告效率，也为进行网络营销的企业创造了便利条件。作为新兴的媒体，网络媒体的收费也远远低于传统媒体，可节省更多的推广成本。

2. 跨境电子商务

企业跨越全球的经营活动伴随着互联网的快速发展也催生了跨境电子商务。跨境电子商务是指分属不同关境的交易主体，通过电子商务平台达成交易、进行支付结算，并通过跨境物流送达商品、完成交易的一种国际商业活动。跨境电子商务从进出口方向分为出口跨境电子商务和进口跨境电子商务，从交易模式分为 B2B 跨境电子商务和 B2C 跨境电子商务。B2B 模式下，企业运用电子商务以广告和信息发布为主，成交和通关流程基本在线下完成，本质上仍属传统贸易，已纳入海关一般贸易统计。B2C 模式下，我国企业直接面对国外消费者，以销售个人消费品为主，物流方面主要采用航空小包、邮寄、快递等方式，其报关主体是邮政或快递公司，目前大多未纳入海关登记。跨境电子商务具有以下特征。

（1）全球性。网络是一个没有边界的媒介，具有全球性和非中心化的特征。依附于网络发生的跨境电子商务也因此具有了全球性和非中心化的特性。电子商务与传统的交易方式相比，一个重要特点在于电子商务是一种无边界交易，丧失了传统交易所具有的地理因素。互联网用户不需要考虑跨越国界就可以把产品尤其是高附加值产品和服务提交到市场。网络的全球性特征带来的积极影响是信息的最大程度的共享，消极影响是用户必须面对因文化、政治和法律的不同而产生的风险。任何人只要具备了一定的技术手段，在任何时候、任何地方都可以让信息进入网络，相互联系进行交易。美国财政部在其财政报告中指出，对基于全球化的网络建立起来的电子商务活动进行课税困难重重，因为电子商务是基于虚拟的电脑空间展开的，丧失了传统交易方式下的地理因素，电子商务中的制造商容易隐匿其住所而消费者对制造商的住所是漠不关心的。比如，一家很小的爱尔兰在线公司，通过一个可供世界各地的消费者点击浏览的网页，就可以销售其产品和服务，只要消费者接入了互联网，就很难界定这一交易究竟是在哪个国家内发生的。

（2）无形性。网络的发展使数字化产品和服务的传输盛行，而数字化传输是通过不同类型的媒介，例如数据、声音和图像在全球化网络环境中集中而进行的，这些媒介在网络中是以计算机数据代码的形式出现的，因而是无形的。以一个 E-mail 信息的传输为例，这一信息首先要被服务器分解为数以百万计的数据包，然后按照 TCP/IP 协议通过不同的网络路径传输到一个目的地服务器并重新组织转发给接收人，整个过程都是在网络中瞬间完成的。数字化产品和服务基于数字传输活动的特性也必然具有无形性，传统交易以实物交易为主，而在电子商务中，无形产品却可以替代实物成为交易的对象。以书籍为例，传统的纸质书籍，其排版、印刷、销售和购买被看作是产品的生产、销售。然而在电子商务交易中，消费者只要购买网上的数据权便可以使用书中的知识和信息。

（3）匿名性。跨境电子商务的非中心化和全球性的特性使消费者很难识别电子商务用户的身份和其所处的地理位置。在线交易的消费者往往不显示自己的真实身份和自己的地理位置，重要的是这丝毫不影响交易的进行，网络的匿名性也允许消费者这样做。在虚拟社会里，隐匿身份的便利迅速导致自由与责任的不对称。

（4）即时性。对于网络而言，传输的速度和地理距离无关。传统交易模式中的信息交流方式如信函、电报、传真等，在信息的发送与接收间，存在着长短不同的时间差。而电子商务中的信息交流，无论实际时空距离远近，一方发送信息与另一方接收信息几乎是同时的，就如同在生活中面对面交谈。某些数字化产品（如音像制品、软件等）的交易，还可以即时清结，订货、付款、交货都可以在瞬间完成。

（5）无纸化。电子商务主要采取无纸化操作的方式，这是以电子商务形式进行交易的主要特征。在电子商务中，电子计算机通信记录取代了一系列的纸面交易文件。用户发送或接收电子信息，由于电子信息以字节的形式存在和传送，整个信息的发送和接收过程实现了无纸化。

（6）快速演进。互联网发展之迅速、普及之广泛使它不再被视为一个新生事物，网络设施和相应的软件协议的未来发展具有很大的不确定性。基于互联网的电子商务活动也处在瞬息万变的过程中，短短的几十年中电子交易经历了从电子数据交换（eletronic data interchange，EDI）到电子商务零售业的兴起的过程，而数字化产品和服务更是花样百出，不断地改变着人类的生活。此外，基于互联网的电子商务飞速发展，不断给税务机关带来新的挑战。一般情况下，各国为维护社会的稳定，都会注意保持法律的持续性与稳定性，税收法律也不例外。这就会引起网络的超速发展与税收法律规范相对滞后的矛盾。如何将分秒都处在发展与变化中的网络交易纳入税法的规范，是税收领域的一个难题。网络的发展不断给税务机关带来新的挑战，税务政策的制定者和税法立法机关应当密切注意网络的发展，在制定税务政策和税法规范时充分考虑这一因素。

2.2.7 "创新驱动"的营销模式

网络营销环境下，实体店难以为继纷纷关店。究其原因，在于网络购物对实体店营销冲击显著、实体店往往忽略消费者购物意向升级的事实、零售业"自救"转型太慢以及实体店本身竞争激烈但又缺乏特色等。

然而，当实体店在关门风潮中挣扎和在复兴道路上奔波时，电子商务发展的速度却也在逐年下滑。可见，在传统实体店经营理念的基础上，仅仅建立一个淘宝或天猫店铺，两套人马、两个系统各干各的，不仅没有办法增加消费者，还有可能给他们带来新的困惑，这样的做法在当今"互联网+"时代已经过时。

互联网+的应用进一步拓宽了营销渠道，增强了竞争优势，为各行各业的发展带来契机，越来越多的实体企业正逐步实现由线下到线上的转型。反过来，纯电商也意识到要得到持续的高速发展，一定要携手实体企业，共同开启线上与线下融合的新商业模式。尝试线上线下一体化，是实体商业与电商的共同目标。

2017年上半年电商企业加快了与实体零售企业的投资合作，探索在数据、供应链、物流、门店、场景、产品等方面全方位实现整合互通和优势互补。同时，以便利店为代表的线下业态成为市场布局热点，多家便利店企业获得巨额融资。伴随两者融合的不断深入，线上边界模糊化、零售业态碎片化、消费场景智能化的全新商业形态正在形成。

1. 新零售：大数据革新零售行业

（1）新零售的概念。

"新零售"（new retailing）的概念，是2016年在云栖大会上提出来的"五新"战略中的一个，阿里巴巴CEO张勇将"新零售"阐释为："通过大数据和互联网重构'人、货、场'等商业要素而形成的新的商业业态。"随着零售行业与电商的融合发展，新零售的含义在不断地丰富和延伸。

2016年11月，国务院办公厅印发了《关于推动实体零售创新转型的意见》。文件明确了推动我国实体零售创新转型的指导思想和基本原则，并且部署了强化政策支持、优化发展环境、创新合作方式等方面。其中最重要的一点，便是提到新零售线上线下融合的问题："建立适应融合发展的标准规范、竞争规则，引导实体零售企业逐步提高信息化水平，将线下物流、服务、体验等优势与线上商流、资金流、信息流融合，拓展智能化、网络化的全渠道布局。"

综上，新零售是指企业利用人工智能、大数据等先进科技，在互联网的基础上，对产品进行各个流程，尤其是流通和销售过程的升级。企业通过这样的手段，重塑业态结构与生态圈，并对线上服务、线下体验以及现代物流进行深度融合。

（2）新零售的本质。

1）商品通。之前线上与线下互不相通，线下的货物储存在仓库中卖不出去，而线上的货物却出现没货或者缺货的现象，造成资源浪费。新零售打通了线上与线下的阻滞，将线下的货物搬到线上来卖，抑或是线上下单、线下提货，大大提高了客户的购物时效与购物体验。

2）服务通。以小米之家为例，小米之家是小米的线下门店，该实体店的实体机每款只有一台，主要目的为引导用户体验机型，享受售后服务，客户能够在实体店体验后在线上下单购买。小米以这样的方式展示以及出售产品，实现了从线上到线下的互通，这种互通依赖于品牌商与线下经销商和社会化服务商进行合作，扩大了社会产业链，更提高了用户体验，社会产业结构更加双赢化、健康化。

3）会员通。对于很多大品牌商来说，会员带来的收益不菲，这使得他们可能组建一个专属的会员管理团队，这个线下的会员管理团队很可能与线上的会员管理团队不是同一批人。线上拥有大量会员资源，线下拥有更好的服务，在互不相通的情况下易造成会员割裂状态。当新零售通过 CRM 系统解决方案，打通了线上线下会员数据时，会员就可以在线上和线下享受无缝式权益，甚至可以通过数据为用户提供个性化服务，从而提高用户对品牌的黏性和忠诚度。

4）营销通。线上线下营销策略应配合完成，例如优衣库等快销品牌，商品价格的季节性变动较大，在制定过季商品的促销策略时，应确保线下门店与线上网店折扣力度处于一致的水平，否则将对营销效果产生消极冲击。

（3）新零售营销之道——全渠道营销。

为了打通数据共享，出现了零售业的"前台、中台、后台"应用架构的划分，其中前台不再区分线上、线下，而是成为以方便消费、最快送达消费者为目标的、线上线下一体化的商品展示平台和购买前端；中台建成以订单流处理、会员服务为核心的"大中台"；而后台保留传统意义的 ERP 的采购、财务和供应商结算等职能。新零售的本质在于"四通"，"四通"的前提是数据通，需要一套 IT 中台系统做底层支撑，全渠道营销管理系统应运而生。

全渠道营销管理（omni-channel sale solution，OCSS）系统，主要集合订单归集模块、订单分配模块、订单配送模块、极简云 ERP 模块，可以耦合企业线上线下的订单、财务、库存、物流、配送等业务，是新零售商业模式的核心支持系统。

全渠道可供参考的实践比较少，主要问题是线上线下融合的信息化问题以及一整套供应链管理的体系。目前比较成功的是品胜，品胜借助 OCSS 系统成功实现了全渠道转型。OCSS 系统将品胜天猫旗舰店的订单自动分配给离用户最近的品胜实体加盟店，由加盟店完成配送和提供服务，平均配送时间在 20 小时内，这也是品胜"当日达"运行的基础条件。2016 年下半年品胜借助 OCSS 系统在部分城市甚至开启"1 小时达"。品胜不只是"当日达"配送，还有配送后的服务，如果购买的设备需要调试安装，商家送货到家的时候就可以给消费者提供安装设置等服务，送装一体提高了消费者体验，品胜"当日达"集产品和服务于一体。

2. 社交电商：将朋友圈变为商业圈

（1）社交电商的概念。

社交电商（social ecommerce），全称社交电子商务，是指基于人际关系网络，利用社交网站、SNS、微博、社交媒介、网络媒介等多种传播渠道，借助社交互动、UGC 等手段等进行品牌或产品推广，促进用户购买商品，同时将关注、分享、互动等社交化的元素应用于交易过程之中，实现更有效的流量转化和商品销售的电子商务新模式。

从消费者视角看，社交电商与其购物行为的息息相关主要体现在购物前对店铺和产品进行选择、购物中与卖家交流互动和购物后消费者形成的消费评价及购物分享上；从电子商务企业视角看，在电子商务活动中对社交网络进行运用的主要目的在于加强与用户沟通交流，促进产品更加顺利地推广和销售；从社交网络媒体视角来看，其对电子商务企业开展营销的主要目的在于通过推广、销售电子商务企业产品获得相应的广告利润。

（2）社交电商产业链模式的特点。

1）黏性大、互动性强。相对于传统电商，社交电商具有鲜明的社交性质。买卖双方处于商业行为中时，本质上具有利益对立性，较难在消费过程中建立信任关系，而社交电商则可借助其社交性质，提升买卖双方的信任感。社交电商利用的是人们在社交生活中更偏向于信任熟人购物评价的惯性，可对用户族群进行精准定位，并通过社交群内口碑，提高用户的认可与忠诚度，从而使商品获得更高的转化率与复购率。在收入不断提升的今天，除生活必需品外，消费者开始越来越多地购买自己喜欢的商品，很多商品并非单纯地为满足消费者的某项刚性需求，而是一种能够提高消费者生活品质的存在，消费者对该类产品的选购，并不具备定期性，往往购买于生活闲暇空隙，通过社交平台注意到这些商品后才会产生购买欲望进而发生购买行为。

2）用户细分精确。社交网站是面向用户而建的，用户通常都会拥有自身群组，可在不同讨论组中发布信息与感想，通过社交网站群组划分，商家即可轻易地接触到大量用户层，对用户兴趣、爱好和习惯等信息有所了解，进而可以制订更精确的营销计划。社交电商的互动性，与传统电商推行的单项搜索相比，可有效地指导消费者对个性化商品的购买，在电商转化率上远远超出传统电商。社交电商平台本身在电商转化率上可达到6%～10%，尤其社交平台上的顶级网红在电商转化率上可达到20%，而传统电商转化率却不超过1%。

3）商业潜力巨大。社交网络上汇集了大量真实人群，丰富的人脉资源给社交电商发展带来了巨大的商业潜力。社交网站中用户或多或少都有一些好友及粉丝，在互联网中他们都是潜在的消费群体。这些用户除了会对网络购物全程进行参与，还可能对各自购物体验进行发布和分享，从而担当其网络"导购员"，在社交电商中不自觉地为其他潜在消费者解答"买什么"以及"在哪儿买"等问题，对那些尚未形成明确消费需求的用户产生激发作用，激发其消费需求，提高社交电商转化率。

4）营销、时间成本低。我国电商巨头存在明显的"中心化"特点，社交电商系统大量消费者与商品被汇聚在电商巨头手中。从网购市场来看，仅阿里巴巴所占份额即达到78%；从网络购物端来看，仅移动购物市场所占份额即达到82%。这些电商巨头往往通过竞价排名及主页展示位等方式对商家赚取较大额度的营销费用，这些成本最终大部分需要由消费者加以承担，且商品烦杂的搜索类目等又会导致消费者购物的时间成本提升。社交电商平台则可对多个流量入口进行开创，每个入口可以与特定消费场景对应，并匹配相应消费群体，实现精准营销，降低消费者的消费时间成本；与此同时，这种"去中心化"模式，还能降低电商营销成本。

（3）社交电商模式。

1）电商社交。电商社交模式主要有两种：一种是本来就是做电商，自己顺带开了个社区，来增加客户们的交流沟通，增强黏性，引导买卖，比如淘宝里的微淘、淘达人、淘直播；另一种就是卖家意识到原来增强社交属性可以增强用户黏性，并且发现邀请社交领域的关键意见领袖（key opinion leader，KOL）作为自己商品的导购，商品的转化率会更高。这两类都是传统电商转型社交电商的方法，所以转型相对简单，转型的成本更低。

2）社区电商。这类模式一般都是从主题社区起家，比如以前的恋爱社区，社区的人气聚集起来之后，上线一个在线付费教育网站。做垂直社区的也一样，先通过优质内容圈住一批人，然后卖货，这跟在线下开个酒吧，把人吸引到酒吧里来，然后给人卖酒是一个逻辑。这种模式是建立一个能满足人的社交欲求的圈子（社群），请大伙来玩，然后顺带卖点东西出去。这种模式线上线下都可以用，只不过到了线上就成了电商。一般这类型的兴趣社区，会聚集一些志同道合的人，社区里还有意见领袖、红人、导师等，比较典型的例子是小红书。

3）导购型。这一模式有两种形态，一种是平台型，另一种是个体型。

平台型，比如蘑菇街，专门建立导购平台，请 KOL 导购，吸引顾客购买，更容易使用户产生信任感和黏性，这种方式跟线下柜台异曲同工，区别就在于一个是线下成交一个是线上成交。因为 KOL 导购可以给用户更强的安全感和信任感，所以成交率比较高。

个体型，比如微商、网红、淘宝客。这种模式是利用一切自己可以触达的社交网络，铺货赚钱。触达范围近到生活圈，远到粉丝圈，甚至包括陌生网络好友。这种模式内在核心表现为 3 点：一有产品，无论是自家的、代理的、还是一件代发的；二有展现渠道，这就包括常见的微信、微博、QQ 空间、淘直播等；三有潜在用户，每个渠道都有吸引粉丝关注方法。

4）平台型微商。平台型微商的模式有很多种，如直销模式、销售分佣、购物返利等。平台型微商可粗略地分为两大类：

一是中心化平台微商。这是一种比较复杂的社交电商模式，涉及平台和商家、商家和商家、商家和微商、微商和微商等多维度的利害关系。中心化平台微商从 2015 年到现在都属于探索阶段，至今还没有非常成功的案例。如萌店、云集、网易考拉等，也是中心化平台微商，但其内在的模式逻辑还是略有不同。

二是去中心化平台微商。最典型的就是小黑裙，去中心化平台微商只卖自家的产品，平台上只有自家的东西。和中心化平台微商可以卖多个商家的产品相比，去中心化平台微商更简单，可以说是传统微商代理模式的系统化。

5）拼团型平台。最典型的代表是拼多多和萌店，这种模式是以大家一起拼团购实惠以及团长免单等方式引起用户裂变，主要卖一些需求广、单价低、性价比高的产品，借助社交的力量进行传播。但拼团形式利用的是用户买实惠、占便宜的心理，东西一旦不实惠了，这种模式很难维持。

6）微商代理。这里主要讲的是狭义的微商。这种模式是将传统线下的代理囤货模式搬到了线上，并融入了直销的团队运营打造。这种模式的优势是黏性强，好复制和管理，信息传达快。缺点是层次多，缺乏第三方监管，对终端消费者和低层代理可能造成伤害。

（4）社交电商的营销策略。

1）按需生产，产品个性化。移动互联网条件下消费者和企业的联系愈加紧密，便利的沟通使得企业能够更加全面地把握消费者需求。因此，按需生产、打造个性化的产品是移动社交电商应对日趋激烈的市场竞争的有效策略。一方面，企业有针对性地根据市场需求变化进行生产，有助于减少产品积压，缩短再生产周期，降低流通费用；另一方面，个性化为产品溢价提供了空间，在保证质量和基本功能的前提下，能够满足消费者偏好、独特功能或设计的产品，有助于在消费者心里建立高品质、人性化的品牌形象，有助于提高企业的经济效益。

2）强化营销，引流多样化。移动社交电商虽然强调社交性，但其本质是电商。社交最大的作用仅仅是触达，无论是转发还是分享，良好的推广效果来自产品具备足够的卖点。这个卖点不仅是指产品品质，而且强调赋予产品情怀、诉说产品故事、营造顾客归属感、培育顾客信任度等。因此，移动社交电商想要在触达的基础上进一步实现转化，一方面，要强化自身的营销能力，通过良好的营销能力来构建优质内容；另一方面，除了依托移动社交平台的转发和分享外，还要综合运用搜索引擎、视频网站、分类信息网、公益营销、软文营销等引流方式。优质内容加上有效的引流有助于进一步提高其转化率。

3）加强自律，经营规范化。社交电商平台应当负起责任，加强自律，做好内部监管，主动采取规范化的经营方式。一是主动申请个体工商户营业执照，办证经营；二是分销模式和利益分配体系要符合相关法律、法规和规范性文件的规定；三是产品销售、推广与服务应当进行规范化管理，确保诚信经营；四是通过有效的惩处制度对违规经营行为进行约束与处罚；五是建立投诉与申诉机制，保障消费者和经销商的合法权益。规范化经营可以有效避免政府和市场监管、约束的风险，为移动社交电商的长远发展打下坚实的基础。

4）重视学习，经销团队化。随着时代的进步和市场的变化，良莠不齐的单兵作战难以为继，这是制约移动社交电商的又一瓶颈，经销团队建设是其提高整体服务水平和实现持续发展的必然选择。美国著名管理学家斯蒂芬·P.罗宾斯认为团队是为了实现某一目标而由相互协作的个体组成的正式群体。以创业、致富为目标而加入的经销商，只有以团队为单位才能逐步通过独特的引导方式构建出强大的团队。经销团队建设，一方面经销团队要在学习上发挥积极引导作用，督促其不断提升个人的能力与素质；另一方面经销团队内部要明确分工、协同作战，通过优势互补和相互配合的力量实现综合优势，增强自身的市场竞争能力。

|案例2-1|

星巴克如何玩转社交媒体营销

社交媒体营销已经是海外营销的必要手段，超过97%的营销人员在使用它，但社交营销方法千百种，该怎么做才能最受消费者青睐？说到社交媒体营销，就不得不提到忠实信徒星巴克。在Facebook、Twitter、Google+和Instagram上，星巴克都没有缺席过。在拟定你的社交媒体营销策略前，不妨参考星巴克这几项有趣又成功的社交营销策略。

（一）Facebook+Twitter 推广新产品。

2011 年，星巴克为了推广新推出的黄金烘焙豆咖啡开发出 Facebook App，让消费者可以通过程序获得新产品的信息、享用免费的黄金烘焙咖啡，并传送电子卡片给朋友。星巴克也在 Twitter 上宣传这项活动，并通过文章将消费者导引到 Facebook 网页。

（二）季节限定、任务促销双管齐下。

南瓜拿铁是星巴克秋季限定的产品。季节性的供应令消费者感到物以稀为贵，使得南瓜拿铁更具吸引力，尤其是对本身就爱这口味的星迷们。星巴克深知这个道理，于是在 Facebook 上推出"为自己的城市喝彩"的活动。粉丝只要在 Facebook 上投票给自己的城市或完成其他任务，胜出的城市就能优先享受到星巴克的季节性产品南瓜拿铁。

（三）Twitter 送礼券帮消费者传情。

2013 年 10 月，星巴克推出赠送 5 美元咖啡礼券的促销活动。消费者只要登录星巴克账号，输入信用卡号码，再在 Twitter 上发布 @TweetACoffee 给收礼者，星巴克就会传送 5 美元的电子折价券给你的朋友。对方把礼券打印出来或在手机上出示给柜台人员，就能换取咖啡。这项活动大为成功。研究机构 Keyhole 调查发现，短短两个月内，就有 27 000 人用 Twitter 换咖啡，而且超过三成的人买了不止一张折价券，换算下来，星巴克进账了 18 万美元。更重要的是，星巴克因此取得了 54 000 名顾客的 Twitter 账号、手机 ID 与顾客 ID 等信息。

（四）呼应时事的广告与主题标签。

星巴克对于主题标签的使用也相当热衷。除了 Facebook 上用 #TreatReceipt 主题标签来宣传"上午买咖啡，下午享优惠"的活动，星巴克还善用其他标签，将触角伸入到消费者讨论串中。

例如 2013 年初，风雪 Nemo 袭击美国，没多久，Facebook 和 Twitter 就出现在寒冬中握着热咖啡的星巴克广告。星巴克更利用 #Nemo 与 #Blizzard 等标签，让品牌与产品跟消费者生活紧密相连。

（五）用幕后群像拉近与消费者的距离。

当竞争对手努力用主题标签攻占 Instagram 版面时，星巴克却选择无声胜有声，单纯分享公司内部的有趣图片与各地消费者的照片。借由掺入"人"的元素，星巴克成功提高了品牌的亲和力。

（六）与社交媒体携手做慈善。

星巴克也善用社交媒体强化企业的社会责任形象。2012 年，星巴克与 Foursquare 合作推动抗艾滋病的慈善活动。6 月 1 日—10 日，消费者只要到美国和加拿大任意一家星巴克，并在 Foursquare 上打卡，星巴克就会捐 1 美元，直到捐出 25 万美元为止。

星巴克不仅可以将营销内容准确地输送到目标客群，还善用产品特性创造话题，再广为运用社交媒体的传播渠道，全面渗透到消费者的生活中。多变的营销手法让消费者自然而然接受品牌与促销，如果你正为品牌的营销方法苦恼，也许星巴克是一个很好的参考指标。

资料来源：跨洋科技，《星巴克是如何玩转社交媒体营销的？》，2018-01-31. 有改动。

思考题

星巴克的成功之道对于其他品牌有何借鉴意义？

2.3 网络营销理论基础

时代巨变使得传统营销理论不能完全胜任对网络营销的指导。但是网络营销仍然属于市场营销理论的范畴，它代表了市场营销理论的最新发展，在强化了传统市场营销理论的同时，也提出了一些不同于传统市场营销的新理论。目前网络营销主要建立在以下基础理论之上，如图 2-5 所示，主要包括网络直复营销理论、网络关系营销理论、网络软营销理论、网络整合营销理论、网络体验营销理论。

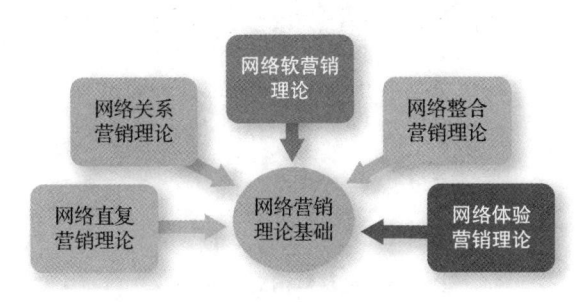

图 2-5　网络营销理论基础

2.3.1 网络直复营销理论

网络营销作为一种有效的直复营销策略，源于网络营销活动的效果是可测试、可度量和可评价的。因此，利用网络营销这一特性，可以大大改进营销决策的效率和营销执行的效用。

直复营销，是以盈利为目标，通过个性化的沟通媒介向目标市场成员发布发盘信息，以寻求对方直接回应（问询或订购）的社会和管理过程。

1. 直复营销的背景

直复营销起源于邮购活动。1498 年，阿尔丁出版社的创始人阿尔达斯·马努蒂厄斯（Aldus Manutius）在意大利威尼斯出版了第一个印有价目表的目录。这普遍被认为是最早有记载的邮购活动。到了 1926 年，谢尔曼（Sherman）和沙克海姆（Sackheim）在美国创办了第一个现代图书俱乐部——月月图书俱乐部（The Book of the Month Club）。他们开始运用免费试用方式，即先向消费者寄书，直到消费者不再订购或者不再付款为止。这与传统的先收款后寄书的方式截然不同。这也是营销人员测量顾客终身价值（lifetime customer value）的首次尝试。

在国外，直复营销做得尤为成功的是健康保健品和化妆品行业，这是鲜见的事实。在一些西方的营销理论中，将直复营销理论解释为直接反应信息传播和复合渠道多元化的营销。这还不如用最为直观和简单的方式来阐释直复营销：直接反应信息传播，圈定消费者和重复刺激与唤醒消费者周而复始的持续消费的营销。

在营销理论的传播过程中，很长一段时间人们在追寻"精准"营销或"深度"营销，其实这些也是直复营销环节的一种试探，而最能让市场营销的产出投入比居高不下的表现形式为"精准"和"深度"的有机结合，对于以销售为导向的市场行为，直复营销能够胜任。

2. 直复营销的类型

直复营销的主要类型如图 2-6 所示。

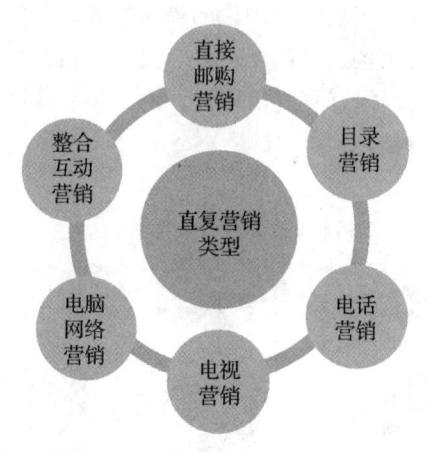

图 2-6 直复营销的主要类型

（1）直接邮购营销。

直接邮购营销是指经营者自身或委托广告公司制作宣传信函，分发给目标顾客，引起顾客对商品的兴趣，再通过信函或其他媒体进行订货和发货，最终完成销售行为的营销过程。这是最古老的直复营销形式，也是当今应用最广泛的形式。如早在 1982 年，美国的邮购总额已达 400 多亿美元，占整个零售总额的 8%。随着互联网的迅猛发展，电子邮件的应用越来越广泛，相应而生的邮件营销也成为各大商家竞相追捧的营销方式。和传统的印刷品直递广告（DM 直投）相比，电子邮件营销有着成本低廉、展示内容多、可以通过统计用户行为进行进一步营销等优点。而汉启科技则是本土最大的邮件营销服务商，服务客户包括百度、完美时空、搜狐畅游、FT 中文网、华尔街日报、阿里巴巴万网、广东发展银行等国内外知名企业，也是国内邮件营销服务商中服务最全面的公司。

（2）目录营销。

目录营销是指经营者编制商品目录，并通过一定的途径分发到顾客手中，由此接受订货并发货的销售行为。目录营销实际上是从邮购营销演化而来的，两者的最大区别就在于目录营销适用于经营一条或多条完整产品线的企业。

目录营销的优点在于：内容含量大，信息丰富完整；图文并茂，易于吸引顾客；便于顾客作为资料长期保存，反复使用。

其不足之处在于：设计与制作的成本费用高昂；只能具有平面效果，视觉刺激较为平淡。

（3）电话营销。

电话营销是指经营者通过电话向顾客提供商品与服务信息，顾客再借助电话提出交易要求的营销行为。

电话营销的优势在于：能与顾客直接沟通，可及时收集反馈意见并回答提问；可随时掌握顾客态度，使更多的潜在顾客转化为现实顾客。

电话营销的劣势也相当明显：营销范围受到限制，在电话普及率低的地区难以开展；因干扰顾客的工作和休息所导致的负效应较大；顾客由于既看不到实物，也读不到说明文字，易产生不信任感等。

（4）电视营销。

电视营销是指营销者购买一定时段的电视时间，播放某些产品的录像，介绍功能，告示价格，从而使顾客产生购买意向并最终达成交易的行为。其实质是电视广告的延伸。

电视营销的优点有：通过画面与声音的结合，使商品由静态转为动态，直观效果强烈；通过商品演示，使顾客注意力集中；接受信息的人数相对较多。

电视营销的缺点有：制作成本高，播放费用昂贵；顾客很难将它与一般的电视广告相区分；播放时间和次数有限，稍纵即逝。

为了克服上述弊端，有些经营者创造了一种新的电视营销方式——家庭购物频道（home shopping channels）。这种营销方式在1986年的美国，其营业额为4.5亿美元，而到1991年则增至20亿美元。

（5）电脑网络营销。

电脑网络营销是指营销者借助电脑、联网网络、通信和数字交互式媒体而进行的营销活动。它主要是随着信息技术、通信技术、电子交易与支付手段的发展而产生的，特别是国际互联网的出现更是为它的发展提供了广阔的空间。

电脑网络营销是直复营销的各种方式中出现最晚的一种，但也是发展最为迅猛、生命力最强的一种。据统计，1994年全球的网上交易额仅为2000万美元，1995年达到4亿美元，1996年上升至28亿美元，1997年则一跃而变为134亿美元。㊀ 2020年全球电子商务大会发布的《中国电子商务发展报告（2019—2020）》指出，2019年中国电子商务交易总额达34.81万亿元人民币，同比增长6.7%。根据 iimedia.cn（艾媒网）数据，2019年全球网络零售交易额为3.535万亿美元，同比增长20.7%。

（6）整合互动营销。

与传统的媒体技术最为不同的是，互动营销的技术能够适应人们在各个方面的不同的需求，比如说从消费者上班的路上到夜晚回家。

互动式营销的关键在于关注消费者不同的购买阶段，重点在于采取一个什么样的方式，来最大限度地影响消费者的行为，从而达到提高收入、提高营销回报率的目的。

2.3.2 网络关系营销理论

网络营销作为一种有效的关系营销策略，源于互联网作为一种有效的双向沟通渠道，企业与顾客之间可以实现低费用成本的沟通和交流，它为企业与顾客建立长期关系提供有效的

㊀ 数据来源：杰雯，"网络营销浮出水面"，载于《中国经营报》，1998年4月14日。

保障。同时，通过互联网，企业还可以实现与相关的企业和组织建立关系，实现双赢发展。

关系营销（relationship marketing），是把营销活动看成是一个企业与消费者、供应商、分销商、竞争者、政府机构及其他公众发生互动作用的过程，其核心是建立和发展与这些公众的良好关系。

得克萨斯州A&M大学的伦纳德·L.贝瑞（Leonard L. Berry）教授于1983年在美国市场营销协会的一份报告中最早对关系营销做出了如下的定义："关系营销是吸引、维持和增强客户关系。"在1996年又给出更为全面的定义："关系营销是为了满足企业和相关利益者的目标而进行的识别、建立、维持、促进同消费者的关系并在必要时终止关系的过程，这只有通过交换和承诺才能实现。"工业市场营销专家巴巴拉·B.杰克逊（Jackson，1985）从工业营销的角度将关系营销描述为"关系营销关注于吸引、发展和保留客户关系"。摩根和亨特（Morgan and Hunt，1994）从经济交换与社会交换的差异来认识关系营销，认为关系营销是"旨在建立、发展和维持成功关系交换的营销活动"。顾曼森（Gummesson，1990）则从企业竞争网络化的角度来定义关系营销，认为"关系营销就是把市场看作关系、互动与网络"。

1. 关系营销的背景

关系营销是从"大市场营销"概念衍生、发展而来的。1984年，科特勒提出了所谓的"大市场营销"概念，目的在于解决国际市场的进入壁垒问题。在传统的市场营销理论中，企业外部环境是被当作"不可因素"来对待的，其暗含的假设是，当企业在国际市场营销中面临各种贸易壁垒和舆论障碍时，就只能听天由命、无所作为。因为传统的4P组合策略，在贸易保护主义日益盛行的今天，已不足以打开封闭的市场。要打开封闭的市场，企业除了需要运用产品、价格、渠道及促销四大营销策略外，还必须有效运用政治权力和公共关系这两种营销工具。这种策略思想称为大市场营销。虽然关系营销概念直接来自科特勒的"大市场营销"思想，但是它的产生和发展同时也大量得益于对其他科学理论的借鉴（如系统论、协同学的役使原理和传播学的交换理论）、对传统营销理念的拓展以及信息技术浪潮的驱动。网络关系营销（network relationship marketing）则是指企业借助联机网络、计算机通信和数字交互式媒体的威力来实现营销目标。它是一种以消费者为导向、强调个性化的营销方式，适应了定制化时代的要求；它具有极强的互动性，是实现企业全程营销的理想工具；它还能极大地简化顾客的购买程序，节约顾客的交易成本，提高顾客的购物效率。并且，网络营销更多地强调企业应借助电子信息网络，在全球范围内拓展客源，为企业走向世界奠定基础。

2. 关系营销的形态

关系营销是在人与人之间的交往过程中实现的，而人与人之间的关系绚丽多彩、关系复杂。归纳起来关系营销大体有以下几种形态。

（1）亲缘关系营销形态。

这是指依靠家庭血缘关系维系的市场营销，如以父子、兄弟姐妹等亲缘为基础进行的营销活动。这种关系营销的各关系方盘根错节、根基深厚、关系稳定、时间长久，利益关系容易协调，但应用范围有一定的局限性。

（2）**地缘关系营销形态**。

这是指以公司（企业）营销人员所处地域空间为界所维系的营销活动，如利用同省同县的老乡关系或同一地区企业关系进行的营销活动。这种关系营销在经济不发达，交通通信技术落后，物流、商流、信息流不畅的地区作用较大。在我国社会主义初级阶段的市场经济发展中，这种关系营销形态仍不可忽视。

（3）**业缘关系营销形态**。

这是指以同一职业或同一行业之间的关系为基础进行的营销活动，如同事、同行、同学之间的关系，由于接受相同的文化熏陶，彼此具有相同的志趣，在感情上容易紧密结合为一个"整体"，可以在较长时间内相互帮助、相互协作。

（4）**文化习俗关系营销形态**。

这是指以公司（企业）及其人员之间具有共同的文化、信仰、风俗习惯为基础进行的营销活动。由于公司（企业）之间和人员之间有共同的理念、信仰和习惯，在营销活动的相互接触交往中易于心领神会，对产品或服务的品牌、包装、性能等有相似需求，容易建立长期的伙伴营销关系。

（5）**偶发性关系营销形态**。

这是指在特定的时间和空间条件下发生突然的机遇形成的一种关系营销，如营销人员在车上与邻座旅客闲谈中可能使某项产品成交。这种营销具有突发性、短暂性、不确定性特点，往往与前几种形态相联系，但这种偶发性机遇又会成为企业扩大市场占有率、开发新产品的契机，如果能抓住机遇，可能成为一个公司（企业）兴盛成功的关键。

3. 关系营销运作基本模式

（1）**关系营销的中心——顾客忠诚**。

关系营销三部曲：发现正当需求—满足需求并保证顾客满意—营造顾客忠诚。

1）企业要分析顾客需求，顾客需求满足与否的衡量标准是顾客满意程度：满意的顾客会给企业带来有形的好处（如重复购买该企业产品）和无形的好处（如宣传企业形象）。有营销学者提出了促成顾客全面满意的七个因素及其相互间的关系：欲望、感知绩效、期望、欲望一致、期望一致、属性满意、信息满意；欲望和感知绩效生成欲望一致，期望和感知绩效生成期望一致，然后生成属性满意和信息满意，最后促成全面满意。

2）从模式中可以看出，期望和欲望与感知绩效的差异程度是产生满意感的来源，所以，企业可采取下面的方法来取得顾客满意：提供满意的产品和服务；提供附加利益；提供信息通道。

3）顾客维系：市场竞争的实质是争夺顾客资源，维系原有顾客，减少顾客的叛离，要比争取新顾客更为有效。维系原有顾客不仅仅需要维持顾客的满意程度，还必须分析顾客产生满意的最终原因，从而有针对性地采取措施来维系顾客。

（2）关系营销的构成——梯度推进。

贝瑞和帕拉苏拉曼归纳了三种建立顾客价值的方法。一级关系营销（频繁市场营销或频率营销）：维持关系的重要手段是价格刺激，利用价格刺激目标公众以增加财务利益。二级关系营销：在建立关系方面优于价格刺激，增加社会利益，同时也附加财务利益，主要形式是建立顾客组织，包括顾客档案和正式的、非正式的俱乐部以及顾客协会等。三级关系营销：增加结构纽带，同时附加财务利益和社会利益。与客户建立结构性关系，它对关系客户有价值，但不能通过其他来源得到，可以提高客户转向竞争者的机会成本，同时也将增加客户脱离竞争者而转向本企业的收益。

（3）关系营销的模式——作用方程。

企业不仅面临着同行业竞争对手的威胁，而且在外部环境中还有潜在进入者和替代品的威胁，以及供应商和顾客的讨价还价的较量。企业营销的最终目标是使本企业在产业内部处于最佳状态，能够抗击或改变这五种作用力。作用力是指决策的权利和行为的力量。双方的影响能力可用下列三个作用方程表示："营销方的作用力"小于"被营销方的作用力"，"营销方的作用力"等于"被营销方的作用力"，"营销方的作用力"大于"被营销方的作用力"，引起作用力不等的原因是市场结构状态的不同和占有信息量的不对称。在竞争中，营销作用力强的一方起着主导作用，当双方势均力敌时，往往采取谈判方式来影响、改变关系双方作用力的大小，从而使交易得以顺利进行。

2.3.3 网络软营销理论

网络营销是一种采用拉式策略吸引消费者的"软营销"，源于网络本身的特点和消费者个性化需求的回归。这是网络营销中有关消费者心理学的一个基础。

网络软营销理论是针对工业经济时代的以大规模生产为主要特征的"强势营销"提出的新理论，它强调企业进行市场营销活动的同时必须尊重消费者的感受和体验，让消费者能舒服地主动接受企业的营销活动。

传统营销活动中最能体现强势营销特征的是两种促销手段：传统广告和人员推销。在传统广告中，消费者常常是被动地接收广告信息的"轰炸"，它的目标是通过不断的信息灌输方式在消费者心中留下深刻的印象，至于消费者是否愿意接收，是否需要则不考虑；在人员推销中，推销人员根本不考虑被推销对象是否愿意和需要，只是根据推销人员自己的判断强行开展推销活动。

在互联网上，由于信息交流自由、平等、开放和交互，强调的是相互尊重和沟通，网络用户比较注重个人体验和隐私保护。因此，企业采用传统的强势营销手段在互联网上开展营销活动势必适得其反，如美国著名的 AOL 公司曾经对其用户强行发送 E-mail 广告，结果招致用户的一致反对，许多用户约定同时给 AOL 公司服务器发送 E-mail 进行报复，结果使得 AOL 公司的 E-mail 邮件服务器瘫痪，AOL 公司最后不得不道歉以平息众怒。网络软营销恰好是从消费者的体验和需求出发，采取拉式策略吸引消费者关注企业来达到营销效果。

但传统的强势营销和网络的软营销并不是完全对立的，二者的巧妙结合往往会收到意想不到的效果。这里有一个经典的案例：原以亚洲地区为主要业务重心的国泰航空公司，为了扩展美国飞往亚洲的市场，拟举办一个大型抽奖活动，并在各大报纸上刊登了一个"赠送百万里行程"抽奖的广告。与众不同的是，这个广告除了几个斗大的字"奖100万里"及公司网址外没有任何关于抽奖办法的说明，要了解抽奖办法的消费者只有登录公司网站。结果是众多的消费者主动登录公司网站以获得相关的活动信息，这样就为企业下一步运作网络营销奠定了基础。因此，与传统的做法相比，这种整合的运作方式，在时效和效果上都强化了许多，同时也会更经济。另外，从长远的角度来看，通过这种方式，该公司一方面提高了公司网站的知名度和消费者登录公司网站的积极性；另一方面收集到为数众多的 E-mail 地址和顾客信息，这为公司开拓市场提供了绝佳的资源。

网络软营销理论的两个重要概念是网络社区和网络礼仪，它们是实施网络软营销的基本出发点。

网络社区（network community）是指包括电子公告牌（BBS）、论坛、贴吧、公告栏、个人知识发布、群组讨论、个人空间、无线增值服务等形式在内的网上交流空间，同一主题的网络社区集中了具有共同兴趣的访问者。它也是一个互利互惠的组织。在互联网上，今天你为一个陌生人解答了一个问题，明天他也许能为你解答另外一个问题，即使你没有这种功利性的想法，仅怀一腔热心去帮助别人也会得到回报。你经常在网上帮助别人解决问题，可能会逐渐为其他成员所知而成为网上名人，有些企业也许会因此雇用你。另外，网络社区成员之间的了解是靠他人发送信息的内容，而不像现实社会中的两人间的交往。在网络上，如果你要想隐藏你自己，就没人会知道你是谁、你在哪里，这就增加了你在网上交流的安全感，因此在网络社区这个公共论坛上，人们会就一些有关个人隐私或他人公司的一些平时难以直接询问的问题展开讨论。基于网络社区的特点，不少敏锐的营销人员已在利用这种普遍存在的网络社区的紧密关系，使之成为企业利益来源的一部分。

网络礼仪（netiquette）是互联网自诞生以来逐步形成与不断完善的一套良好、不成文的网络行为规范，如不使用电子公告牌张贴私人的电子邮件，不进行喧哗的销售活动，不在网上随意传递带有欺骗性质的邮件等。网络礼仪是网上一切行为都必须遵守的准则。

2.3.4　网络整合营销理论

网络营销是一种"整合营销"，源于网络即时互动的特点使顾客参与营销管理全程成为可能；而个性消费的复归使顾客的主动性大大地增强。这就迫使企业必须贯彻以消费者需求为出发点的现代营销思想，综合利用各种营销工具和手段将顾客整合到营销过程中。

整合营销（integrated marketing）是一种对各种营销工具和手段的系统化结合，根据环境进行即时性的动态修正，以使交换双方在交互中实现价值增值的营销理念与方法。整合就是把各个独立的营销工作综合成一个整体，以产生协同效应。这些独立的营销工作包括广告、直接营销、销售促进、人员推销、包装、事件、赞助和客户服务等。企业需要战略性地审视整合营销体系、行业、产品及客户，从而制定出符合企业实际情况的整合营销策略。

整合营销理论产生和流行于20世纪90年代，是由美国西北大学市场营销学教授唐·舒尔茨（Don Schultz）提出的。整合营销就是"根据企业的目标设计战略，并支配企业各种资源以达到战略目标"。传媒整合营销作为整合营销的分支应用理论，简言之，就是从以传播者为中心到以受众为中心的传播模式的战略转移。

整合营销是以消费者为核心重组企业行为和市场行为，综合协调地使用各种形式的传播方式，以统一的目标和统一的传播形象，传递一致的产品信息，实现与消费者的双向沟通，迅速树立产品品牌在消费者心目中的地位，建立产品品牌与消费者长期密切的关系，更有效地达到广告传播和产品行销的目的。

现今互联网上，微博、博客、微信、论坛、贴吧等都是企业关注的营销"面包"，每一种营销渠道的出现必然带动行业小浪潮。国家工商总局[○]公布的一组数据显示：寿命在 5 年以上的企业不足 4 成。以互联网为载体，以符合网络传播的方法和理念来实施营销活动，成为企业延伸品牌的公信度与品牌影响力、增强经济效益的有效途径。整合营销正切合当下企业营销需求，达到最佳营销效果，是领先的营销方式，未来也将主宰互联网营销。

忽视互联网的信息传播能力，再好的产品也会在偌大的互联网里淹没。整合营销就可以让每个营销渠道互相关联促进，相辅相成，达到 1+1>2 的效果。

当下，乃至未来，真正的互联网营销其实应该兼具互动传播、活动营销、事件营销、搜索引擎优化（search engine optimization，SEO）、搜索引擎营销（search engine marketing，SEM）媒体资源整合等多项综合手段，这样整合营销可以将企业信息以更高效的手段向自己的目标用户、合作伙伴等群体快速传递。

1. 整合营销传播特点

（1）在整合营销传播中，消费者处于核心地位。

（2）对消费者深刻全面的了解，是以建立资料库为基础的。

（3）整合营销传播的核心工作是培养真正的"消费者价值观"，与那些最有价值的消费者保持长期的紧密联系。

（4）以本质上一致的信息为支撑点进行传播。企业不管利用什么媒体，其产品或服务的信息一定得清楚一致。

（5）以各种传播媒介的整合运用作为手段进行传播。

（6）紧跟移动互联网发展的趋势，尤其是互联网向移动互联网延伸、手机终端智能化以后，新技术给原有 PC 互联带来了前所未有的冲击，在这个过程当中企业应当紧盯市场需求，整合现有的资源，包括横向和纵向的资源，成为一个移动营销价值的整合者和传播者。例如，优秀的移动营销整合服务商百分通联已覆盖金融、汽车、IT 数码、房地产等行业，并已拥有一些典型案例和成功用户。

2. 整合营销的推广方法

（1）信息发布。

这是指将有关的网站推广信息发布在其他潜在用户可能访问的网站上，包括在线黄页、

○ 现为国家市场监督管理总局。

分类广告、论坛、博客网站、供求信息平台、行业网站等，利用用户在这些网站获取信息的机会实现网站推广的目的。信息发布是免费网站推广的常用方法之一。

（2）电子邮件。

这是指以电子邮件为主要的网站推广手段，常用的方法包括电子刊物、会员通信、专业服务商的电子邮件广告等。基于用户许可的 E-mail 营销与滥发邮件不同，许可营销比传统的推广方式或未经许可的 E-mail 营销具有明显的优势，比如可以减少广告对用户的滋扰、提高潜在客户定位的准确度、增强与客户的关系、提高品牌忠诚度等。

（3）资源合作。

这是指通过网站交换链接、交换广告、内容合作、用户资源合作等方式，在具有类似目标的网站之间实现互相推广的目的，其中最常用的资源合作方式为网站链接策略，利用合作伙伴之间的网站访问量资源合作互相推广。

每个企业网站均可以拥有自己的资源，这种资源可以表现为一定的访问量、注册用户信息、有价值的内容和功能、网络广告空间等，利用网站的资源与合作伙伴开展合作，实现资源共享、共同扩大收益的目的。在这些资源合作形式中，交换链接是最简单的一种合作方式，调查表明这也是新网站推广的有效方式之一。交换链接或称互惠链接，是具有一定互补优势的网站之间的简单合作形式，即在自己的网站上放置对方网站的 LOGO 或网站名称并设置对方网站的超级链接，使得用户可以从合作网站中发现自己的网站，达到互相推广的目的。交换链接的作用主要表现在几个方面：获得访问量、增加用户浏览时的印象、在搜索引擎排名中增加优势、通过合作网站的推荐增加访问者的可信度等。交换链接还有比是否可以取得直接效果更深一层的意义，一般来说，每个网站都倾向于链接价值高的其他网站，因此获得其他网站的链接也就意味着获得了一个合作伙伴或一个领域内同类网站的认可。

（4）论坛搜索。

搜索引擎推广是指利用搜索引擎、分类目录等具有在线检索信息功能的网络工具进行网站推广的方法。由于搜索引擎的基本形式可以分为网络蜘蛛型搜索引擎（简称搜索引擎）和基于人工分类目录的搜索引擎（简称分类目录），因此搜索引擎推广的形式也相应的有基于搜索引擎的方法和基于分类目录的方法，前者包括搜索引擎优化、关键词广告、固定排名、基于内容定位的广告等多种形式，而后者则主要是在分类目录合适的类别中进行网站登录。随着搜索引擎形式的进一步发展变化，也出现了其他一些形式的搜索引擎，不过大都以这两种形式为基础。

搜索引擎推广的方法又可以分为多种不同的形式，常见的有：登录免费分类目录、登录付费分类目录、搜索引擎优化、关键词广告、关键词竞价排名、网页内容定位广告等。

从发展的趋势来看，搜索引擎在网络营销中的地位依然重要，并且受到越来越多企业的认可，搜索引擎营销的方式也在不断发展演变，因此应根据环境的变化选择搜索引擎营销的合适方式。

（5）快捷网址。

快捷网址即合理利用网络实名、通用网址以及其他类似的关键词网站快捷访问方式来实现网站推广的方法。快捷网址使用自然语言和网站 URL 建立起对应关系，这为习惯于使用中文的用户提供了极大的方便，用户只需输入比英文网址要更加容易记忆的快捷网址就可以访问网站，用自己的母语或者其他简单的词汇为网站"更换"一个更好记忆、更容易体现品牌形象的网址。例如，选择企业名称或者商标、主要产品名称等作为中文网址，这样可以大大弥补英文网址不便于宣传的缺陷，因此在网址推广方面有一定的价值。随着企业注册快捷网址数量的增加，这些快捷网址用户数据也相当于一个搜索引擎，这样，当用户利用某个关键词检索时，即使某网站的中文网址与其并不一致，也同样存在被用户发现的机会。

3. 整合营销技巧

（1）任何营销方式都要融入搜索思想。软文营销、论坛营销、微博、视频、社会化媒体营销、网络公关等营销方式都要融入搜索营销的思想，因为在任何一种营销方式中都需要搜索。

（2）社会化媒体营销要融入网络公关的思想。社会化媒体可以与客户产生互动，可以迅速传播信息，这时要时刻监控客户的反应，很多企业危机都是从这里爆发的，一旦发现客户有不良反应，就要及时处理，消除隐患。

（3）新闻营销和社会媒体相结合。一个事件出来，可以先采取新闻报道的形式加以推广，之后再以新闻为由头在社会化媒体进行传播，而社会化媒体的言论又可作为新闻营销的内容源头。

（4）视频营销可以和广告营销相结合。视频营销可以采用"润物细无声"的方式予以传播，而硬广告则相反。两种方式予以结合，可对客户产生巨大的冲击力。

在业界，整合营销一直被誉为社会经济高速发展的产物，它从独特销售主张（USP）、定位等传统的世界性营销理论演变而来，是在营销手段和方式对企业产生越来越重要的影响的背景下受到关注和重视的。尤其是在互联网大潮的影响下，企业营销手段更加多样化，而对营销工具的整合也成为企业面对市场竞争的一种必然选择。

在企业整合营销的手段和工具中，O2O、团购、搜索引擎营销（SEM）和搜索引擎优化（SEO）这四类是十分受到关注的传统网络营销方式。不难发现，这四类营销方式都具有一个共同的特征，就是对数据的跟踪反馈非常直观和明确。相关机构的统计数据显示，企业 SEM 的广告投入已经占据整个企业广告预算的 70%～80%，无独有偶的是 2012 年互联网搜索引擎本土巨头百度全年营收超过央视的数据也印证了这一点。

企业整合营销绝对不是个案，而是将成为整个社会发展的趋势。这是因为在社会经济发展的背景下，社会产品和选择的渠道更加多样化，消费者的个性化需求得到了充分发展，在选择和接受产品及企业信息的方式上，有了更加多元化的选择，再加上消费者本身受到生活环境、教育程度、消费方式等多重因素的影响，企业单一的营销方式已经远远不能跟上这一发展趋势。比如消费者在选择就餐时，在饮食口味、消费能力、就餐需求及就餐便利性的选择上的差异就会引起不同的结果，可能分别出现网上订餐、电话或者手机订餐以及团购餐券等形式的消费，其与企业对应的营销方式也就有所不同。

在营销成本日益增高的今天，整合营销已经是必须采取的营销策略。企业整合营销的必然与越来越多新的营销工具的出现有着重要联系，最典型的表现就是手机移动互联网发展带来的 App 企业应用。App 营销是 WAP 营销发展到一定阶段的产物，二者都源于企业对移动营销的重视。

2.3.5 网络体验营销理论

网络营销作为一种有效的体验营销策略，源于互联网跨时空、虚拟性、即时性、交互性、开放性、技术性等特点，为消费者体验提供了全新概念的工具，为体验营销开辟了新的途径。

体验营销是通过看（see）、听（hear）、用（use）、参与（participate）的手段，充分刺激和调动消费者的感官（sense）、情感（feel）、思考（think）、行动（act）、关联（relate）等感性因素和理性因素，重新定义、设计营销的一种思考方式。

这种思考方式突破传统上"理性消费者"的假设，认为消费者在消费时是理性与感性兼具的，消费者在消费前、消费中和消费后的体验才是研究购买行为与品牌经营的关键。比如当咖啡被当成"货物"贩卖时，一磅⊖卖 300 元；当咖啡被包装为商品时，一杯就可以卖 25 元；当其加入了服务，在咖啡店中贩卖，一杯要卖 35～100 元；但如果能让顾客体验到咖啡的香醇与生活方式，一杯就可以卖到 150 元甚至好几百元。星巴克真正的利润所在就是"体验"。在伯恩德·H. 施密特博士（Bernd H. Schmitt）提出的理论中，营销工作就是通过各种体验媒介，包括沟通（广告为其方式之一）、视觉与口头的识别、产品呈现、共同建立品牌、环境、网站和人员，刺激消费者的感官和情感，引发消费者的思考、联想，使其行动和体验，并通过消费体验，不断地传递品牌或产品的好处。

1. 体验营销的产生

体验营销是 1998 年美国战略地平线 LLP 公司的两位创始人约瑟夫·派恩（B. Joseph Pine Ⅱ）和詹姆斯·吉尔摩（James H.Gilmore）提出的。他们对体验营销的定义是："从消费者的感官、情感、思考、行动、关联五个方面重新定义和设计营销理念。"为什么体验营销会传播如此之快？这并非偶然，与体验消费趋势有关，原因归纳起来有以下几点。

（1）物质文明进步和消费者生活水平提高。

伴随着物质文明的进步，人们的生活水平和消费需求也在不断升级。在农业社会，人们追求的是温饱的基本满足；在工业社会，生活水准由物质产品的数量来衡量；在后工业社会，人们更加关心生活的质量，关心自己在心理上和精神上获得的满足程度。而体验可以说正是代表这种满足程度的经济提供物。可见，人们的消费需求从实用层次转向体验层次是社会发展的结果。

（2）产品和服务趋向同质化。

激烈的市场竞争使技术传播速度加快，行业内提供的产品和服务越来越趋同。正是因为

⊖ 1 磅 = 0.453 592 37 千克。

产品和服务的趋同抹杀了产品和服务给人们带来的个性化、独特性的感受和体验，体验才显得如此珍贵。

（3）科学技术飞速发展。

现代人们接触到的许多体验，如互联游戏、网上聊天、虚拟社区等都是现代科学技术飞速发展和为满足人们的体验需求的产物。网络空间与生俱来就是一个提供体验的好地方，相信在未来几年里，随着计算机技术、电信技术和生物技术的不断融合，提供给人体验的空间将更加广阔。基于科学技术的迅速发展，人们没有理由不期盼和要求更多的体验。

（4）先进企业引导和示范人们的消费观念。

许多体验性消费是由少数先进企业首先引导和示范的。例如，在索尼公司推出随身听之前，消费者并没有想到收听音乐会如此方便；在苹果公司制造出个人电脑之前，消费者不曾期望自己能够用上如此神奇的机器。先进企业是如此深挖人们心中没有表达出来的潜在需求，以至于它们生产出来的新产品非常受欢迎。

2. 体验营销的主要策略

（1）感官式营销策略。

感官式营销是通过视觉、听觉、触觉与嗅觉建立感官上的体验。它的主要目的是创造知觉体验。感官式营销可以区分公司和产品，引发消费者购买动机和增加产品的附加值等。以宝洁公司的山泉香型汰渍洗衣粉为例，其广告突出"山野清新"的感觉：山泉香型汰渍带给你野外的清爽幽香。公司为创造这种清新的感觉做了大量工作，后来取得了很好的效果。

（2）情感式营销策略。

情感式营销是在营销过程中，要触动消费者的内心情感，创造情感体验，其范围可以是一种温和、柔情的正面心情，如欢乐、自豪，甚至是强烈的激动情绪。情感式营销需要真正了解什么刺激可以引起某种情绪，以及能使消费者自然地受到感染，并融入这种情景中。

例如，在"水晶之恋"果冻广告中，一名清纯、可爱、脸上写满幸福的女孩，依靠在男朋友的肩膀上，品尝着他送给她的"水晶之恋"果冻，就连旁观者也会感觉到这种"甜蜜爱情"的体验。

（3）思考式营销策略。

思考式营销是启发人们的智力，创造性地让消费者获得认识和解决问题的体验。它运用惊奇、计谋和诱惑，引发消费者产生统一或各异的想法。在高科技产品宣传中，思考式营销被广泛使用。1998年苹果公司的 iMac 计算机上市仅6个星期就销售了27.8万台，被《商业周刊》评为1998年最佳产品。iMac 的成功很大程度上得益于一个思考式营销方案。该方案将"与众不同的思考"的广告语，结合许多不同领域的"创意天才"（包括爱因斯坦、甘地和拳王阿里等人）的黑白照片，在各种大型广告路牌、墙体广告和公交车身上投放。当这个广告刺激消费者去思考苹果电脑的与众不同时，也促使他们思考自己的与众不同，以及通过使用苹果电脑而使他们成为创意天才的感觉。

（4）行动式营销策略。

行动式营销是通过偶像、角色如影视歌星或著名运动明星来激发消费者，使其生活形态予以改变，从而实现产品的销售。比如安踏"永不止步"的广告语经常用于描述运动中的著名篮球运动员，从而升华身体运动的体验。

（5）关联式营销策略。

关联式营销包含感官、情感、思考和行动或它们的综合。关联式营销策略特别适用于化妆品、日常用品、私人交通工具等领域。美国市场上的哈雷摩托车车主们经常把它的标志文在自己的胳膊上，乃至全身。他们每个周末去全国参加各种摩托车的比赛，由此可见哈雷品牌的影响力不凡。

3. 制约企业开展体验营销的因素

体验营销在我国已有了一定的发展，或者说在某些领域、某些行业取得了一定的成功。然而，我国农业经济、工业经济、服务经济和体验经济同时并存，发展不平衡，一些非常优秀的企业可以直接开展体验营销，而部分企业仍需要在传统的产品特色和利益营销方面补课。制约我国企业开展体验营销的因素主要有以下几点。

（1）营销观念相对滞后。

部分企业在实施体验营销的过程中仍然存在一些问题，其中最根本的原因是企业营销观念的滞后。近年来，我国消费者的消费观念有所改变，购买力的提高已使他们在选择商品时不再只满足于物质本身，而更多地倾向于满足商品给自身的心理和精神方面带来的需求，显然以突出产品特色和功效为主的传统营销观念已明显滞后于广大消费者的需求，已不再适应我国经济的发展。

（2）体验营销在我国存在认识误区。

对于我国的部分企业来说，体验营销只是一个概念上的术语，在具体实施中，仍有企业感到无所适从，只把它作为传统营销中的一种战术性手段加以运用，主要表现在：一方面，企业为了在短期内提高产品销量或品牌知名度，而把体验营销作为一种暂时的策略手段，却忽视了应将其作为企业未来发展的一项战略；另一方面，企业囿于组织的传统心智模式，仅仅把体验营销的实施停留在营销过程的某一环节，而没有从系统动态的视角去审视这一新生事物。

（3）顾客参与度仍然相对较低。

麦当劳一直骄傲地认为，自己为消费者提供的并不是产品，而是一种参与机会和经历。我国企业虽然也已开始注重让消费者参与到体验的制造过程及消费过程中，但顾客的参与度仍处于一个相对较低的层次上。真正能让消费者参与到产品的设计、制造和销售过程的企业少之又少。

（4）产品品质不尽如人意。

产品品质是传统营销的核心，体验营销的产品大多只是作为体验的载体而存在，尽管在体验营销的高级阶段，体验甚至脱离产品而独立存在。然而，处于体验营销初级阶段的我国部分企业却轻视甚至忽视产品品质，妄图采取拔苗助长的手法加速发展，其结果可想而知。

4. 企业实施体验营销的对策分析

（1）树立"顾客导向"的全面体验营销观念。

顾客是企业最重要的资源，所有其他要素存在的意义就在于支持和保留顾客。一方面，维持企业现有规模，增加客户的保留度；另一方面，拓展企业发展空间，发现和挖掘潜在客户，提高顾客满意度便成了当前新经济下一个亟待解决的问题。诞生于体验经济时代，以"顾客导向"为中心的全面体验营销便是一剂新开的良药，这也是我国市场经济发展的必然要求。

（2）制定体验营销战略，实现体验营销立体化。

企业战略，即企业发展方向。体验营销理念的树立，要求企业制定相应的营销战略。对企业而言，体验营销战略是确保企业战略目标的顺利达成的所有的营销环节（包括市场调研、市场细分、市场定位、产品研发、广告宣传以及供应链管理等）的组合。而体验营销立体化是指体验营销时间上的持续化和空间上的系统化。在企业的不同发展阶段，要适时对企业的营销策略做出修订，推陈出新，保证其在时间跨度上的连续性和空间分隔上的完整性，从而使体验营销取得良好的效果。

（3）充分利用现代计算机网络技术，实现体验营销的网络化。

现代网络通信技术一日千里和生产技术的电子化、自动化、机械化，为体验营销的推行提供了良好的平台，借助现代计算机网络技术，消费者体验的参与度可以被大大提高。从戴尔公司为终端消费者提供个性化、人性化的网上定制服务的直线营销到杰克·韦尔奇的"无边界管理"，无不体现了"沟通零距离"的企业和消费者互动的体验营销新景观。

（4）体验营销的策略组合。

体验营销要注重顾客心理需求分析和产品心理属性的开发。首先，企业可以通过挖掘品牌核心价值，以满足顾客的需求，使产品不断溢价。其次，企业在对产品定价时一定要以它给消费者创造的体验价值为基础，制定相应的体验价格，这一价格应与消费者的期望相持平，但也不能超越消费者心中的价格带。再次，企业可以整合多种感官刺激渠道，创造感官体验终端体验。最后，企业可以充分利用纪念品，开展体验促销活动，体验促销的关键是确立一个鲜明的主题，同时通过调动消费者的各种感官刺激，支持和增强主题，以达到制造和传递体验的目的。

诚然，发端于西方的体验营销自身还存在着一些不尽如人意之处，但已经引起我国越来越多的企业的关注和重视。因此，有理由相信，伴随新经济时代的到来和体验经济的发展，体验营销必将成为 21 世纪营销发展的趋势，成为企业参与竞争的有力武器。

◆ 本章小结

本章主要介绍了网络营销的演进，包括网络营销 Web1.0 时代、Web2.0 时代及 Web3.0 时代；网络营销的产生基础、主要内容、主要职能及特点；网络营销与传统营销的区别、相互影响及整合；网络营销理论的基础，即网络直复营销理论、网络关系营销理论、网络软营销理论、网络整合营销理论、网络体验营销理论。

◆ 复习题

1. 何为网络营销？各时代网络营销的主要手段有哪些？
2. 何为六度分隔理论？
3. 网络营销是如何产生的？其主要内容包括哪些？
4. 阐述网络营销的主要职能。
5. 网络营销与传统营销相比呈现出哪些新的变化？
6. 网络营销理论有哪些？其核心内容是什么？

◆ 讨论题

结合开篇案例讨论可口可乐"昵称瓶"成功的关键因素以及运用了的营销理论。

◆ 案例研究

欧莱雅男士 BB 霜迅速占领市场

以往护肤都是主打女性市场，在欧莱雅男士护肤出现以前，国内男士护肤基本以大宝为主，大宝在男士护肤领域收获不小。随着人们消费观念的改变，以及 80 后、90 后、95 后的出现，男士对皮肤也越来越注重，中国男士使用护肤品的习惯也在转变，男士美容市场的需求逐渐上升，整个中国男士护肤品市场也逐渐走向成熟，发展迅速，越来越多的中国年轻男士护肤已从基本清洁、用擦脸油防干燥发展为护理，美容的意识也逐渐形成。

这是欧莱雅预见未来的成功，最初男士护肤概念主打电视广告，群体以 80 后居多，之后微营销打开了 90 后和 95 后的市场。欧莱雅 2016 年新品 BB 霜的微营销思路如下：

（1）品牌方希望欧莱雅新品男士极速激活型润肤露，即欧莱雅男士 BB 霜，能够迅速占领中国男士 BB 霜市场，树立在该领域的品牌地位，并使自身成为中国年轻男性心目中人气最高的 BB 霜产品。欧莱雅将目标客户定位于 18～25 岁的男性，他们是热爱分享，热衷于社交媒体，喜欢传播，并已有一定护肤习惯的男士群体。

（2）欧莱雅男士将关注点放在中国年轻男性的情感需求上，了解到年轻男性的心态在于一个"先"字，他们想要领先一步，先同龄人一步，因此，欧莱雅男士设立了"我是先型者"的创意理念。

（3）为了打造该产品的网络知名度，欧莱雅男性针对目标人群，同时开设了名为@型男成长营的微博和微信账号，开展一轮单纯依靠社交网络和在线电子零售平台的微营销活动。

这一举措在新浪微博上引发了针对男性使用BB霜的接受度的讨论，结果发现男性以及女性对于男性使用BB霜的接受度都大大高于人们的想象，这为传播活动奠定了舆论基础。

（4）品牌代言人阮经天加入，发表属于他的先型者宣言，"我负责有型俊朗，黑管BB霜负责击退油光、毛孔、痘印，我是先型者阮经天"，号召广大粉丝，通过微博申请试用活动，发表属于自己的先型者宣言。微博营销产生了巨大的参与效应，更将微博参与者转化为品牌的主动传播者。

（5）品牌方还在京东商城建立了欧莱雅男士BB霜首发专页，开展"占尽先机，万人先型"的首发抢购活动，设立了欧莱雅男士微博部长，为BB霜使用者提供一对一的专属定制服务。另外，还特别开通了微信专属平台，每天即时将从新品上市到使用教程、前后对比等信息通过微信推送给关注欧莱雅男士微信公众号的每一位用户。

最后的营销效果是：该活动通过微营销引发了在线热潮，两个月内，在没有任何传统电视广告投放的情况下，该活动覆盖到3 500万用户，共有307 107位用户参与互动，仅新浪微博的阅读量即达到560万，在整个微博申请试用活动中，一周内即有超过69 136名男性用户申请了试用，在线的预估销售库存在一周内即被销售一空。

资料来源：状元书院，《电商营销之欧莱雅男士型男成长营》，2013-07-12. 有改动。

思考题

简要分析欧莱雅男士BB霜的成功因素以及营销效果。

参考文献

[1] 斯特劳斯，弗罗斯特. 网络营销：第7版 [M]. 时启亮，陈育君，译. 北京：中国人民大学出版社，2015.

[2] 瞿彭志. 网络营销 [M]. 5版. 北京：高等教育出版社，2019.

[3] 冯英健. 网络营销基础与实践 [M]. 4版. 北京：清华大学出版社，2013.

[4] 杜子建. 微力无边 [M]. 沈阳：万卷出版公司，2011.

[5] 科特勒，阿姆斯特朗. 市场营销导论 [M]. 俞利军，译. 北京：华夏出版社，2001.

[6] 杨学成，陈章旺. 网络营销 [M]. 北京：高等教育出版社，2014.

[7] 石青辉. 体验营销在休闲农业中的运用与实施 [J]. 江汉论坛，2011（1）：48-55.

第 2 篇
PART 2

网络营销市场与战略规划

第 3 章　网络市场与网络市场调研
第 4 章　互联互通的网络消费者
第 5 章　网络营销战略规划

第 3 章
CHAPTER 3

网络市场与网络市场调研

⊙ 开篇案例

今日头条如何把握市场变化后来居上

按资讯传播的方式及其借助的工具来分,资讯行业大致经历了以下三个发展阶段:一是依托于纸质媒体、广播电视的传统媒体时代;二是以网页搜索和门户展示为主的 PC 互联网时代;三是以智能手机为主要端口的移动资讯时代。

进入移动互联网时代之后,资讯行业迎来了崭新的变化,主要表现为:①随着移动设备的发展,传统的 PC 端网页模式式微并逐渐被边缘化,用户习惯于使用超级 App(例如微信、微博)内部的搜索功能,搜索引擎不再是用户获取信息的"唯一"途径;②用户不断成熟,期待用更少的时间与精力获取最符合其期待的搜索结果。

市场的剧烈变化,带来了发展的空间。

2012 年 3 月字节跳动成立,当年 8 月今日头条上线。今日头条是一款基于数据挖掘的推荐引擎产品,为用户推荐信息,提供连接人与信息的服务。

2014 年初,"头条号"自媒体平台上线,今日头条开始生产原创内容,对垂直信息的覆盖也在加强。在此期间,今日头条成长为中国最热门的信息流 App 之一,建立了完整的广告销售体系,还初次涉足海外市场。

2017 年开始,字节跳动布局短视频领域,先后推出火山、西瓜、抖音三个短视频 App,取得了巨大的成功。自此,"头条系"生态系统逐渐成形。

2018 年至 2019 年 9 月间,新闻资讯类 App 月度独立设备数呈持续增长态势。截至 2019 年 9 月,单机增长率稳定至 4.9%,用户增长进入稳定发展期。随着移动互联网渗透率的不断提升,手机新闻客户端已逐渐成为中国居民获取资讯的主要途径。艾媒咨询数据显示,2018 年我国手机新闻客户端的用户规模为 6.68 亿;新闻客户端平台方面,2019 年第一季度数据显示,今日头条月活用户数量超过 2 亿,以绝对优势位居行业前列。

资料来源:根据"人人都是产品经理"网站(woshipm.com)资讯整理而成。

思考题

1. 资讯行业市场经历了怎样的变化?这种变化是颠覆性的吗?
2. 为什么在移动互联网时代,字节跳动这个后来者胜出了?

3.1 看不见的手：市场与市场经济

3.1.1 市场与市场分类

1. 认识市场

市场起源于古时人类对于固定时段或地点进行交易的场所的称呼，指买卖双方进行交易的场所。发展到现在，市场具备了两种意义：一个意义是交易场所，如传统市场、股票市场、期货市场等；另一个意义为交易行为的总称，即市场一词不仅仅指交易场所，还包括了所有的交易行为。故当谈论到市场大小时，并不仅仅指场所的大小，还包括了消费行为是否活跃等。广义上，所有产权发生转移和交换的关系都可以称为市场。

市场是以商品交换为基本内容的经济联系方式。在商品经济条件下，交换产生和存在的前提是社会分工和商品生产。由于存在社会分工，不同的生产者分别从事不同产品的生产，并为满足自身及他人的需要而交换各自的产品，从而使一般劳动产品转化为商品，使产品生产也转化为商品生产，用来交换商品以满足不同生产者需要的市场应运而生。因此，市场是商品经济条件下社会分工和商品交换的产物。市场与商品经济有着不可分割的内在联系。随着社会分工和市场经济的发展，市场的概念也在不断发展和深化，并在深化过程中体现出不同层次的多重含义。具体如下：①市场是指商品交换的场所；②市场是各种市场主体之间交换关系乃至全部经济关系的总和；③市场表现为对某种或某类商品的消费需求。

2. 市场类型

市场类型是指按照市场主体或消费客体的性质对市场进行分类而得出的结果。

（1）按市场的主体不同来分类。

1）按购买者的购买目的和身份划分。

消费者市场，指为满足自身需要而购买的一切个人和家庭构成的市场。

组织市场，指一切为了自身生产、转售或转租或者用于组织消费而采购的组织构成的市场，主要包括生产者市场、中间商市场和政府市场。

- 生产者市场，也叫工业使用者市场、工业市场、生产商市场或产业市场，是指购买目的是再生产的采购组织形成的市场。
- 中间商市场，也叫转卖者市场，是指为了转售而采购的组织形成的市场，主要包括批发商市场、零售商市场、代理商市场和经销商市场。
- 政府市场，指因为政府采购而形成的市场。

2）按照企业的角色划分。

购买市场，即企业在市场上是购买者，购买生产要素。

销售市场，即企业在市场上是销售者，出售自己的产品。

3）按产品或服务供给方的状况（即市场上的竞争状况）划分。

完全竞争市场，又称纯粹竞争市场或自由竞争市场，是指一个行业中有非常多的生产销售企业，它们都以同样的方式向市场提供同类的、标准化的产品（如粮食、棉花等农产品）的市场。卖者和买者对于商品或劳务的价格均不能控制。在这种竞争环境中，由于买卖双方对价格都无影响力，只能是价格的接受者，企业的任何提价或降价行为都会招致对本企业产品需求的骤减或利润的不必要流失。因此，产品价格只能随供求关系而定。

不完全竞争市场，指除完全竞争市场以外的所有的或多或少带有一定垄断因素的市场，包括完全垄断市场、寡头垄断市场和垄断竞争市场。其中，完全垄断市场的垄断程度最高，寡头垄断市场居中，垄断竞争市场最低。换句话说，不完全竞争市场指这样一些市场：至少有一个大到足以影响市场价格的买者（或卖者），并面对向下的倾斜需求（或供给）曲线。①完全垄断市场，指在市场上只存在一个供给者和众多需求者的市场结构。②垄断竞争市场，指市场中有许多厂商，它们生产和销售的是同种产品，但这些产品又存在一定的差别。③寡头垄断市场，是介于完全垄断和垄断竞争之间的一种市场模式，指某种产品的绝大部分由少数几家大企业控制的市场，每个大企业在相应的市场中占有相当大的份额，对市场的影响举足轻重。

（2）按消费客体（交易对象）的不同划分。

1）按交易对象最终用途划分。

生产资料市场，即进行生产资料交换的场所。它与消费品市场的根本区别在于：这个市场的购买者主要是生产性企业，而不是个人消费者；购买商品是为了制造其他商品，而不是为了个人或家庭消费。因此，生产资料市场与消费品市场相比较，具有不同的特点。

生活资料市场，又称消费者市场、最终消费者市场或消费品市场，是指个人或家庭为满足生活需求而购买或租用商品的市场。消费者市场是市场体系的基础，是起决定性作用的市场。消费者市场是现代市场营销理论研究的主要对象。成功的市场营销者是那些能够有效地发展对消费者有价值的产品，并运用富有吸引力和说服力的方法将产品有效地呈现给消费者的企业和个人。因而，研究影响消费者购买行为的主要因素及其购买决策过程，对于开展有效的市场营销活动至关重要。

2）按交易对象是否具有物质实体划分。

有形市场是指具有固定市场客体经营场所，有相应的市场经营设施、市场技术设备、市场经营管理组织等条件的市场。对有形市场的认识有两种含义，或两种区分方法：一种是看交易的客体、对象、标的或商品是不是有形的，是否具有实物形态，如消费品市场和生产资料市场交易的都是实物形态的商品；另一种是看市场是否具有一定形态的固定交易场所，如批发市场、集贸市场均是具有一定形态的固定交易场所的市场。从流通产业的商品市场角度来说，我们将具有一定形态的固定交易场所的实物商品市场称为有形市场。通俗地说，市场是进行商品交易的场所，而有形市场就是有交易场所的市场。

无形市场是不需要固定的地点与场所，供需双方当面议定，或通过电信手段协商完成金融交易的空间。在西方，除证券交易所外，无形市场实际也是电话交易市场。例如，货币市场的同业拆借，是以存放于中央银行的存款准备金为基础的。金融同业之间临时短暂时间的借贷，可由资金有余一方找寻借入者，也可由资金短缺一方找寻贷出方，还可通过经纪人代找借贷对象。至于国库券、大额定期存单的交易，也大都通过电讯网络办理。在计算机技术日益发展和完善的背景下，金融市场交易将主要通过电讯手段进行。

3）按交易对象具体内容不同划分。

按交易对象的具体内容可将市场分为商品市场、技术市场、劳动力市场、金融市场、信息市场等。

4）按人口特征（如年龄、性别等）划分。

按人口特征可将市场分为妇女市场、儿童市场、老年市场等。

5）按地理标准（空间标准）划分。

按市场的地理位置或商品流通的区域划分可将市场分为国内市场，如北方市场、南方市场、沿海市场等；国际市场，如海外市场、国别市场（如美国市场）和区域市场（欧洲市场、亚太市场）。

6）按市场时间标准不同划分。

现货市场（spot market），指市场上的买卖双方成交后须在若干个交易日内办理交割的金融市场。现货交易包括现金交易和固定方式交易。现金交易是指成交日和结算日在同一天发生的证券买卖；固定方式交易则是指成交日和结算日之间相隔几个交易日，一般在七天以内。现货市场上的大部分交易均为固定方式交易。

期货市场（futures market），是按达成的协议交易并按预定日期交割的交易场所或领域。现货与期货的显著区别是，期货的交割期放在未来，而价格、交货及付款的数量、方式、地点和其他条件是在即期由买卖双方在合同中规定的，商品及证券均可在期货市场上交易。虽然合同已经签订，但双方买卖的商品可能正在运输途中，也可能正在生产中，甚至可能还没有投入生产过程，卖者手中可能有商品或证券，也可能没有商品或证券。

3.1.2 现代市场特征及交易原则和构成要素

市场是社会分工和商品经济发展的必然产物。同时，市场在其发育和壮大过程中，也推动着社会分工和商品经济的进一步发展。市场通过信息反馈，直接影响着人们生产什么、生产多少以及上市时间、产品销售状况等；联结商品经济发展过程中产、供、销各方，为产、供、销各方提供交换场所、交换时间和其他交换条件，以此实现商品生产者、经营者和消费者各自的经济利益。

现代市场体系处于不断丰富和发展的过程之中，它不仅包括消费品和生产资料等商品市场，而且包括资本市场、劳动力市场、技术市场、信息市场以及房地产市场等生产要素市场。其中，商品市场、资本市场和劳动力市场是现代市场体系的核心，现代市场经济只有借助完整的市场体系，才能有效地配置资源。

1. 现代市场基本特征及交易原则

（1）基本特征。

1）统一的市场。

现代市场不仅使消费者在商品的价格、品种、服务上能有更多的选择，也使企业在购买生产要素和销售产品时有更好的选择。

2）开放的市场。

现代市场是一个开放的市场，能使企业之间在更大的范围内和更高的层次上展开竞争与合作，促进经济发展。

3）竞争的市场。

现代市场是一个竞争的市场。竞争是指各经济主体为了维护和扩大自己的利益而采取的各种自我保护的行为和扩张行为，如努力在产品质量、价格、服务、品种等方面创造优势。充分的市场竞争，会使经济活动充满生机和活力。

4）有序的市场。

现代市场是一个有序的市场。要完善行政执法、行业自律、舆论监督、群众参与相结合的市场监管体系。市场有序性能保证平等竞争和公平交易，保护生产者、经营者和消费者的合法权益。

（2）交易原则。

现代市场的交易原则主要有自愿原则、平等原则、互利原则和商业道德。

2. 现代市场构成要素

现代市场的构成要素可以用一个等式来描述：市场 = 人口 + 购买力 + 购买欲望。

（1）人口。

消费者人口的多少，决定着市场的规模和容量的大小，而人口的构成及其变化则影响着市场需求的构成和变化。因此，人口是市场三要素中最基本的要素。

（2）购买力。

购买力是指消费者支付货币以购买商品或服务的能力，是构成现实市场的物质基础。一定时期内，消费者的可支配收入水平决定了购买力水平的高低。购买力是市场三要素中最物质的要素。

（3）购买欲望。

购买欲望是指消费者购买商品或服务的动机、愿望和要求，是由消费者心理需求和生理需求引发的。产生购买欲望是消费者将潜在购买力转化为现实购买力的必要条件。

市场的这三个要素相互制约、缺一不可，它们共同构成企业的微观市场，而市场营销学研究的正是这种微观市场的消费需求。

3. 市场经济

市场经济是相对于计划经济模式的一种经济体系，是由市场供求关系和价格变化调节市场行为的商品经济，亦即由价值规律自发调节的商品经济。在市场经济这种体系下，所有商品和服务的生产者与提供者,对自己的生产及销售行为都具有完全自由,在整个生产和销售过程中完全由市场的自由价格机制所引导,根据价值规律这一市场经济的基本规律,以各类商品和服务的价格为信号,调整自身的生产和销售等经济行为。市场经济之所以和计划经济相对应,就是从这个意义上印证的。计划经济模式下,商品和服务的生产与销售基本都是由国家或政府主导的,生产商品和服务的品类、销售的模式甚至商品和服务的价格都是由国家和政府确定好的,所以市场经济和计划经济最本质的区别,是经济模式运行机制不同、内在的动力不同。计划和市场是资源配置的两种基本手段,市场在资源配置中起决定性作用的经济就是市场经济。

市场经济是一种资源配置方式。所谓资源配置,是指将包括物质资源和人力资源在内的经济资源按比例地分配在各种产品和劳务的生产上,以满足人们各种不同的需要。资源配置一般要达到两个目标:一是通过资源配置形成的社会供给的比例与社会需求的比例相适应,避免供给与需求脱节,也就是资源配置的合理性;二是要讲求经济效率,节约资源,做到人尽其材、物尽其用、地尽其力,也就是资源利用的充分性。达到上述两个目标,就说明资源配置是优化的。

市场经济是发达的商品经济。市场经济,是同商品经济密切联系在一起的经济范畴。市场经济以商品经济的充分发展为前提,是在产品、劳动力和物质生产要素逐步商品化的基础上形成、发展起来的,从这个意义上可以说市场经济是发达的商品经济。同时,市场经济是社会化的商品经济,是市场在资源配置中起基础性作用的经济。市场经济具有平等性、竞争性、法制性、开放性等一般特征。市场经济是实现资源优化配置的一种有效形式。

3.1.3 商品市场和虚拟市场

1. 商品市场

商品市场是指有固定场所、设施、有若干经营者入场经营、分别纳税、由市场经营管理者负责经营物业管理,实行集中、公开交易有形商品的交易场所。这一概念有三层含义:一是商品市场是由交易主体、交易客体、交易载体等多种要素构成的商品交易场所;二是商品市场是提供服务的场所,给生产者、消费者提供有一定服务质量的交易场地;三是商品市场是提供感觉体验的场所。因此,商品市场是商品经济发展到一定阶段的产物。

2. 虚拟市场

虚拟市场是应用电子商务技术形成的一个虚拟的买卖双方聚集并进行交易的场所。它是电子商务发展的必然结果,最大限度地体现了电子商务技术的先进性与有效性。

(1)虚拟市场优势。

对于卖方来说,在虚拟市场中可以面向全球众多潜在买家方便地发布其产品、服务信息,并通过互联网与许多潜在的购买者进行交易,降低了交易过程的复杂程度,有效地提高了交易过程的效率,并降低了交易成本;对于买方来说,在虚拟市场中可以更大程度地接触不同的供应商,并通过互联网进行及时有效的比较、沟通,扩大采购产品及服务的选择范围,获得更好的价格和更高的质量,同时简化了原本复杂的采购流程,极大地提高了采购效率,降低了采购成本。

(2)**虚拟市场形式**。

从国外成功的事例来看,虚拟市场的建立存在两种形式:一种是由卖方或买方建立的,另一种是由第三方中介机构建立的。第一种形式下的虚拟市场主要由大的采购集团建立,如通用电气、通用汽车、福特汽车、思科等,主要目的在于简化采购流程,降低采购成本,加强对采购过程的控制,提高自身竞争力。从目前市场的角度来看,买方市场的形成导致买方往往在交易过程中处于较有利的地位,所以一般这种形式的虚拟市场大多从买方开始形成。而另一种形式的虚拟市场,也是目前国外最火热的一种虚拟市场形式,一般都由第三方中介组织发起建立,如 Commerce One、Ariba、eSteel 等。因为数量众多的中小企业,本身没有能力建立虚拟市场,同时其购买能力也难以与巨型企业相比,导致其号召力较小,它们建立虚拟市场难以取得成效。这种形式的虚拟市场通过中介机构将许多中小企业集中起来,形成大的采购集团,对于各个中小企业来说可以获得更多的利益,同时通过中介机构对买卖双方的规范与管理,提供在线信用,使得买卖双方得以放心地进行在线交易。这种形式的虚拟市场的好处在于第三方中介机构本身并不介入交易,可以保证交易过程的公正、公平与公开。目前国外这种形式的虚拟市场一般由购买方、供应方、第三方中介机构、物流配送组织组成。

3.2 方兴未艾的新兴网络市场

网络市场是以现代信息技术为支撑,以互联网为媒介,以离散的、无中心的、多元网状的立体结构和运作模式为特征,由信息瞬间形成、即时传播、实时互动、高度共享的人机界面构成的交易组织形式。

3.2.1 网络市场成长史

1. 网络市场演变阶段

从网络市场交易的方式和范围看,网络市场经历了三个发展阶段。

第一阶段是生产者内部的网络市场,是由工业界内部为缩短业务流程时间和降低交易成本,采用电子数据交换(EDI)系统所形成的网络市场。20 世纪 60 年代末,西欧和北美的一些大企业用电子方式进行数据、表格等信息的交换,两个贸易伙伴之间依靠计算机直接通信传递具有特定内容的商业文件,这就是所谓的电子数据交换。

后来,一些工业集团开发出用于采购、运输和财务的标准,但这些标准仅限于工业界内的贸易,如生产企业的 EDI 系统。EDI 系统收到订单后,会自动进行处理,检查订单是否符合要求,向订货方发出确认报文,通知企业内部管理系统安排生产,向零配件供应商订购零配件，向交通运输部门预定货运集装箱，到海关、商检部门办理出口手续，通知银行结算并开具 EDI 发票，从而使整个订货、生产、销售过程贯穿起来，形成生产者内部网络市场的雏形。

20 世纪 70 年代以来，美国国家认可标准委员会陆续制定了许多有关 EDI 的美国国家标准。80 年代，计算机辅助设计、辅助工程技术和辅助制造系统的广泛应用，使工程师、设计师和技术员得以通过公司内部通信网传送设计图纸、技术说明和文件。当时，由于互联网还没有普及，大多数企业，甚至使用 EDI 的企业也没有意识到网络的威力，仍然主要依赖传真和电话方式与其他企业进行联络和沟通。由于 EDI 在传送过程中不需要再输入，因而出错率几乎为零，大大节约了时间和经费（可节约企业 5% ~ 10% 的采购成本）。20 世纪末美国公司通过 EDI 方式完成的企业贸易额达 5 000 亿美元（包括通过 EDI 方式采购，但经其他方式支付的活动），全球企业通过 EDI 方式完成的商品劳务贸易总额为 1 620 亿美元（只包括经电子方式完成从购买到支付全过程的贸易活动）。

1996 年 2 月，我国对外贸易经济合作部成立了国际贸易 EDI 中心，即中国国际电子商务中心（CIECC）。借助中国电信公用网，中国国际电子商务中心实现了与联合国全球贸易网等国际商务网络的联结，并在全国 33 个城市开通了节点（联网点）。这种先进、高效的贸易方式很快吸引了国内外众多贸易进出口企业。目前已有 86 000 多家企业加入中国国际电子商务网这一最新交易场，包括一些知名企业如青岛双星、广东华宝、科龙、上海华高、杉杉集团、国成塑料、雅戈尔集团，还有中国包装进出口有限公司、中国粮油食品进出口有限公司、中国五金矿产进出口总公司、中国丝绸进出口总公司、中国工艺品进出口有限公司等，其运营情况良好。

第二阶段是全球的生产者网络市场和消费者网络市场。其基本特征是企业在互联网上建立一个站点，将企业的产品信息发布到网上，供所有客户浏览，或销售数字化产品，或通过网上产品信息的发布来推动实体化商品的销售；如果从市场交易方式的角度讲，这一阶段也可称为"在线浏览，离线交易"的网络市场阶段。企业用互联网对全球的消费者提供商品和服务，其发展的前提是家庭个人电脑的普及，提升"虚拟购物商品区"空间魅力，同时利用信用卡连线来清算，以加速"虚拟购物"的进展。

应用互联网的邮购，其最大特征是消费者的主动性，选择主动权掌握在买方的手里，它从根本上改变了传统的推销方法，即演变为消费者的"个人行销"导向。在"在线浏览，离线交易"阶段，用户通过互联网浏览网上商品，将感兴趣的商品放入网络上的"购物车"，确定购买的物品之后，根据"购物车"所载内容自动生成订单，网络企业会通过电话与顾客确认此份订单及顾客的身份、送货地址等资料，并在规定的时间内送货到顾客指定的地点，顾客收货时付款即可。

我国政府一直积极地推动这种电子交易方式的发展，1998 年 11 月 12 日，在北京成立了电子商务工程领导小组，这标志着基于互联网的电子商务在北京正式实施。电子商务工程业务模式由四部分组成：企业间的网上交易，持卡用户与商户间的网上购物，网上检索、导购及促销活动，企业或商户的财务管理以及供应链等网上企业管理。这表明网络营销发展潜力巨大。

第三阶段是信息化、数字化、电子化的网络市场。其基本特征是网络市场的范围没有发生实质性的变化，但网络市场交易方式却发生了根本性的变化，即由"在线浏览，离线交易"演变成了"在线浏览，在线交易"，这一阶段到来的前提条件是产品和服务的流通过程、交易过程、支付过程实现数字化和信息化，其中最关键的是支付过程的电子化，即电子货币、电子银行、电子支付系统的标准化及其可靠性和安全性。

2. 网络市场现状

从网络市场交易的主体看，网络市场可以分为企业对消费者、企业对企业、国际性交易3种类型，企业对消费者的网上营销基本上等同于商业电子化的零售商务，企业对企业的网络营销是指企业使用互联网向供应商订货、签约、接受发票和付款（包括电子资金转移、信用卡、银行托收等），以及解决商贸中其他问题如索赔、商品发送管理和运输跟踪等。国际性的网络营销是不同国家之间，企业对企业或企业对消费者的电子商务。互联网的发展、国际贸易的繁荣和向一体化方向的发展，为在国际贸易中使用网络营销技术开辟了广阔前景。

具体说来，从网上交易的业务看，网络市场有6种类型。

（1）在企业间从事购销、人事管理、存货管理、处理与顾客关系等，如在21世纪初，美国此类业务的年营业收入便可达到60亿美元，并且此后发展极为迅速。

（2）有形商品销售：先在网上做成交易，然后送货上门，如书籍、花卉、服装等。

（3）通过数字通信在网上销售数字化的商品和服务，使顾客直接得到视听享受等，如音乐、电影、游戏等产品。

（4）银行、股票、保险等金融业务。根据中国证券业协会的数据，截至2021年末，中国证券行业总资产为10.59万亿元，净资产为2.57万亿元，分别较上年同期增长19.07%、11.34%，行业净资本为2.00万亿元，较上年同期增长9.89%。全行业实现营业收入5 024.10亿元，较上年同期增长12.03%。

（5）广告业务等。2021年中国互联网广告市场规模为5 435亿元，同比增长9.31%。

（6）交通、通信、卫生服务、教育等业务。

3. 网络市场发展趋势

截至2022年6月，我国网民规模达10.51亿，较2021年12月提升2.15个百分点，庞大的网络人群带来了巨大的商机。在欧美国家，90%以上的企业都建立了自己的网站。通过网络寻找自己的客户，寻找需要的产品，这已经成为主要的商业模式。如果企业想购买所需商品，特别是首次购买时都会先在网上进行初步的调研和选择，再进一步与供应者联系。庞大的网上消费群体特别是企业的商务习惯发生的转变，为网络营销提供了广阔的发展空间。

（1）互联网技术正在逐渐走向成熟，企业间或企业与个人之间的电子网络已加速普及，网络营销的基础设施的硬件和软件技术已基本成熟。网景公司总裁克拉克说："Internet即是人人都在寻找的信息高速公路，它将彻底改造产业结构，包括广播、出版、金融、购物、娱乐，乃至电子消费业……这是一场深刻的变化。"目前，全球的大企业乃至中小企业都在快速地推进自身的信息化、数字化建设，这具体表现为Intranet即企业内部网的广泛应用。企业内部网的采用，将使企业的内部结构发生实质性的变化：逐步实现生产系统的智能化、组织管理过程的信息化、业务流程的精简化、数据信息交换的敏捷化等。

（2）世界经济的全球化和网络化。20世纪90年代以来，世界经济的全球化、知识化、信息化、数字化和网络化的势头一浪高过一浪，使世界经济逐步迈向"无国界"的新经济时代，世界级的商界领袖如比尔·盖茨等，把这新的经济时代描述为"无摩擦的经济时代""无接触的经济时代""数字神经系统的经济时代""企业把触角伸到全球每一个角落的经济时代"等。电子商务是推动这新的经济时代到来的最有力的手段和机制。如今，电子商务的网络营销理念席卷全球，众多的企业已深刻地认识到经济全球化和网络化的最佳途径是发展电子商务；Internet、Intranet和www等概念的提出，IBM的E-business（电子商务）和北大方正E-government（电子政务）等解决方案的出现，都标志着现代企业力图通过电子商务把自己的触角伸到世界的每一个角落，通过网络营销以10倍的速度抢占市场竞争的制高点，成为网络市场竞争中的赢家。

（3）全球消费者的网络购物观念和网际生活方式正在快速形成。英特尔公司前总裁格鲁夫说："目前，美国整整一代年轻人都是在计算机教育下成长起来的，他们已将计算机视为当然之物。对他们来说，用鼠标指点屏幕就和他们的父母按电视机开关一样平常，他们使用计算机格外舒畅，而计算机的死机对他们而言就和冬日清晨他们的父母无法开动汽车时的感受一样——耸耸肩，咕噜几声而已，接着就重新启动计算机。"这表明在计算机时代成长起来的年轻人，对过网络生活，利用互联网来工作、学习以及通过网络这一新方法来购物，已由开始的兴奋到最后的离不开了。随着微电子技术、软件技术和网络通信的发展，家用计算机将具备可视化能力，可视网络营销会提供一个"虚拟现实"的多媒体环境，让人们在网上购物的过程中有身临其境的感觉。以生动的动画、视频图像，配合文字和声音等多媒体信息，使消费者挑选商品时有一个近似真实的感觉。消费者生活方式和购物方式的新变化为商家的网络营销活动提供了巨大的商机。网络邮购的最大特征是消费主动性掌握在消费者手中，它从根本上改变了网络上零售商向消费者推销的方法，使网络营销变为消费者主导的个性化消费。

总之，随着信息时代的到来，人类的生产方式与生活方式将以开放型和网络型为导向，这是社会发展的必然结果。21世纪是一个全新的、无接触的、网络化的市场时代，网络营销将是每一个商家的必然选择。

3.2.2 网络市场消费要素新变化

决定网络营销市场现状和发展趋势的要素包括消费主体、购买力和消费需求。

1. 消费主体

网络市场的消费主体是指通过互联网购买商品和服务的消费者，以及各类消费组织的总和。网络市场上的消费主体不同于一般传统营销的消费群体，他们具有典型的时代特点。

（1）网络购物用户规模持续增长，形成了年轻且有一定消费能力的庞大消费群体。截至2021年12月，我国网络购物用户规模达8.42亿，较2020年12月增长5 969万，占网民整体的81.6%。图3-1展示了网络购物用户规模及使用率。作为数字经济新业态的典型代表，网络零售继续保持较快增长，成为推动消费扩容的重要力量。2021 年网上零售额达 13.1 万亿元，同比增长 14.1%，其中实物商品网上零售额占社会消费品零售总额比重达 24.5%。网络零售作为打通生产和消费、线上和线下、城市和乡村、国内和国际的关键环节，在构建新发展格局中不断发挥积极作用。

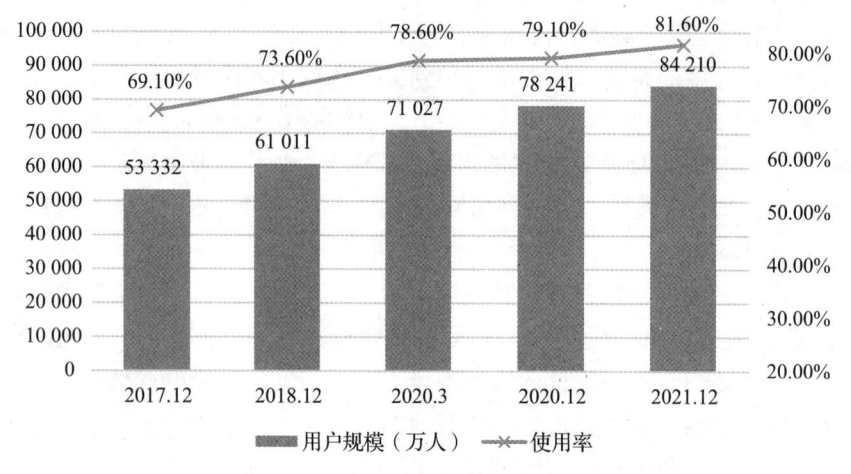

图 3-1　2017.12—2021.12 网络购物用户规模及使用率

（2）接受新事物快，注重自我和理性消费。网络用户注重理性消费，讲求效率，突出个性。这些网络用户对个人月消费有自己的规划，对商品或服务的要求比较高，并喜欢用信用卡、支付宝、微信支付等进行消费。由于对新鲜事物有着孜孜不倦的追求，这些网络用户爱好广泛，不时到网上冲浪，对新兴的网络视频（含短视频）、网络直播和传统的各类新闻、股票报价、网上娱乐活动都表现出浓厚的兴趣。同时，他们的需求期望较高，希望在任何时间、任何地点都能以最低的价格得到他们所需要的任何产品或服务。

（3）心理变化呈现新的特征和趋势，具体如下。

1）个性化消费"复归"。

个性化消费之所以称为"复归"，是因为在过去相当长的一个历史时期内，工商业都是将消费者作为单独个体进行服务的。在这一时期内，个性消费是主流。只是到了近代，工业化和标准化的生产方式才使消费者的个性被淹没于大量低成本、单一化的产品洪流之中。另一方面，在短缺经济或近乎垄断的市场中，消费者可以挑选的产品本来就很少，个性因而不得不被压抑。但当消费品市场发展到今天，多数产品无论在数量还是品种上都已极为丰富，现实条件已初步具备。消费者能够以个人心理愿望为基础挑选和购买商品或服务。更进一步，他们不仅能做出选择，而且还渴望选择。他们的需求更多了，变化也更多了。逐渐地，消费者开始制定自己的准则，他们不惧怕向商家提出挑战，这在过去是不可想象的。用精神分析学派的观点考察，消费者所选择的已不单是商品的使用价值，而且还包括其他的"延伸物"，这些"延伸物"及其组合可能各不相同。因而从理论上看，没有一个消费者的心理是完全一样的，每一个消费者都是一个细分市场。心理上的认同感已成为消费者做出购买的品牌和产品决策时的先决条件，个性化消费正在也必将再度成为消费的主流。

2）消费需求呈现差异性。

不仅仅是消费者的个性消费使网络消费需求呈现出差异性，对于不同的网络消费者，因其所处的时代环境不同，也会产生不同的需求；不同的网络消费者，即便在同一需求层次，他们的需求也会有所不同。因为网络消费者来自世界各地，有不同的国别、民族、信仰和生活习惯，因而会产生明显的需求差异性。因此，从事网络营销的厂商，要想取得成功，就必须在整个生产过程中，从产品的构思、设计、制造，到产品的包装、运输、销售，认真思考这些差异性，并针对不同消费者的特点，采取相应的措施和方法。

3）消费主动性增强。

消费者对购买的风险感随选择的增多而上升，而且对传统营销单向的"填鸭式"沟通感到厌倦和不信任。信息获取的质的变化（质量和方便性）使得消费者获得了平衡感和满足感，增加了对所购产品的信任，也减轻了风险感或减少了购买后的后悔感。

4）购物方便性和趣味性的追求。

信息社会的高效，现代生活的快节奏，让城市的白领们工作压力特别大且生活紧张，所以他们购物时会以购物的方便性为目标。在传统的购物方式下，一个买卖过程需要几分钟或者长达数小时，加上购买商品的往返路途和逗留时间，会使得白领们必须在时间和精力上付出很多。而网络购物只需要轻轻点鼠标，完成交易，还能享受送货上门的服务，节省了他们的时间，让他们有更多的时间提高自己的技能，获取更好的职业发展。自由职业者和家庭主妇等群体，由于时间比较充裕，则希望通过网络购物来消遣时光和寻找生活的乐趣，而网络正好满足了他们的需求，让他们能保持与社会的联系，减少孤独感和满足他们的心理需求。

5）价格是影响消费心理的重要因素。

从消费的角度来说，价格不是决定消费者购买的唯一因素，却是消费者购买商品时肯定要考虑的因素。网上购物之所以具有生命力，重要的原因之一是网上销售的商品价格普遍低廉。尽管经营者都倾向于以各种差别化来降低消费者对价格的敏感度，避免恶性竞争，但价格始终会对消费者的心理产生重要的影响。因消费者可以通过网络联合起来向厂商讨价还价，产品的定价逐步由企业定价转变为消费者引导定价。

6）网络消费仍然具有层次性。

网络消费本身是一种高级的消费形式，但就其消费内容来说，仍然可以分为由低级到高级的不同层次。需要注意的是，在传统的商业模式下，人们的需求一般是由低层次向高层次逐步延伸发展的，只有当低层次的需求得到满足之后，才会产生高一层次的需求。而在网络消费中，人们的需求是由高层次向低层次扩展的。在网络消费的初期，消费者侧重于精神产品的消费，如通过网络书店购书、通过网络光盘商店购买光盘。到了网络消费的成熟阶段，消费者在完全掌握了网络消费的规律和操作，并且对网上购物有了一定的信任感后，才会从侧重于精神消费品的购买转向日用消费品的购买。

7）网络消费需求的超前性和可诱导性。

电子商务构造了一个全球化的虚拟大市场，在这个市场中，先进的产品和时尚的商品会以快的速度与消费者见面。以具有超前意识的年轻人为主体的网上消费者必然很快接受这些新商品（包括国内和国外的），从而带动其周围消费层新一轮的消费热潮。从事网络营销的厂商应当充分发挥自身的优势，采用多种促销方法，通过启发、刺激来激发网络消费者的新需求，唤起他们的购买兴趣，诱导网上消费者将潜在的需求转变为现实的需求。

2. 购买力

购买力（purchasing power）是指消费者购买商品的能力。作为构成市场和影响市场规模大小的重要因素，购买力受宏观经济环境制约，是经济环境的反映。同时，购买力与消费者的个人收入及其所在国家或地区的经济发展水平、人均国民收入也有很大关系，反映了该时期全社会市场容量的大小。

网络用户的特点和网络经济所带来的巨大效益决定了网络消费购买方。随着上网人数和企业的增多、网上商品销售范围的不断扩大及网络消费便利程度的不断增加，网络市场中消费者的购买力急剧增加。

现代网络市场已经涌现出网络购物、网上外卖、旅行预订、网约车、在线教育等多种交易类型。以网络购物为例，自从电商兴起，购物车逐渐成为"最贵"的车，"双11"的购物津贴、满减、"钜惠"、直播的优惠券、抽奖，这些购物诱惑挖掘网络消费者的潜在需求，促使他们不断重复将商品添加进购物车并购买的过程，持续"掏空"他们的购买力。近年来，中国网购市场商品总额与销售额等数据呈现出逐年增长的趋势（见图3-2）。2020年天猫"双11"成交额达4 982亿元，京东"双11"全天下单金额超过2 715亿元，再次创下新高。2020年1月—10月，中国网上零售额达10万亿元，同比增长17.4%。其中，实物商品网上零售额84 979亿元，同比增长14.6%。随着互联网的进一步发展，中国网购市场相关数据预计将继续保持增长态势，展现出网络市场消费者强大的购买力。

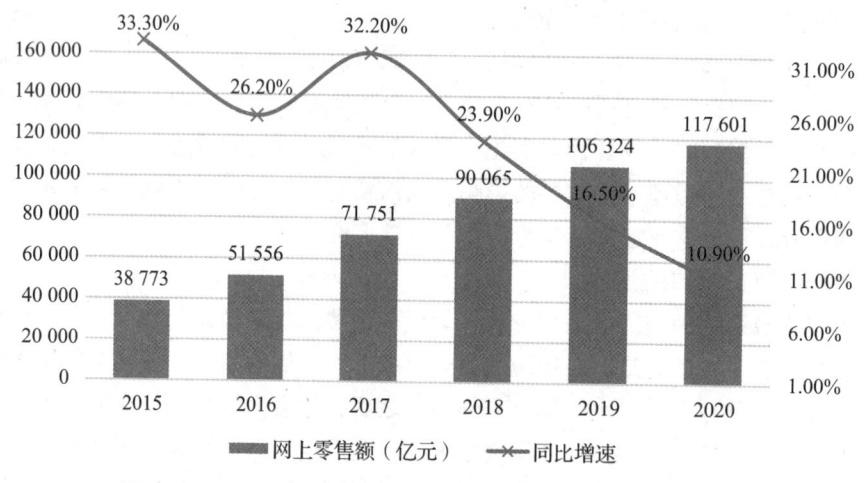

图 3-2　2015—2020年中国网上零售额（亿元人民币）及增速

资料来源：国家统计局（http://www.stats.gov.cn/）。

改革开放至今，我国城镇与农村居民人均可支配收入持续增加。根据国家统计局网站公布的2021年居民收入和消费支出情况，2021年全国居民人均可支配收入35 128元，比上年名义增长9.1%，扣除价格因素实际增长8.1%。我国城镇和农村恩格尔系数分别由1978年的57.5%和67.7%降至2021年的28.6%和32.7%。这说明国人全面实现了从温饱到小康的转变，并且在消费上有了更加多元化的选择。在网络市场营销中需要注意的是，网络消费者的购买力正在提升。

3. 消费需求

消费需求是指消费者对以商品和劳务形式存在的消费品的需求和欲望。当商品经济处于不发达阶段时，消费者的消费领域比较狭窄，内容很不丰富，满足程度也受到限制，处于一种压抑状态。在市场经济条件下，生产资料和生活资料都是商品，消费需求的满足离不开市场交换。随着社会生产力的不断发展，企业向市场提供数量更多、质量更优的产品，以便更好地满足消费者的消费需求。随着人们物质文化生活水平的日益提高，消费需求也呈现出多样化、多层次，由低层次向高层次逐步发展，消费领域不断扩展，消费内容日益丰富，消费质量不断提高的趋势。

（1）对商品使用价值的需求。使用价值是商品的物质属性，也是消费需求的基本内容，人的消费不是抽象的，而是有具体的物质内容，无论这种消费侧重于满足人的物质需要，还是心理需要，都离不开特定的物质载体，且这种物质载体必须具有一定的使用价值。

（2）对商品审美的需求。对美好事物的向往和追求是人类的天性，它体现于人类生活的各个方面。在消费需求中，人们对消费对象审美的需要、追求，同样是一种持久性的、普遍存在的心理需要。对于消费者来说，购买的商品既要有实用性，同时也应有审美价值。从一定意义上讲，消费者决定购买一件商品也是对其审美价值的肯定。在消费需求中，人们对消费对象审美的要求主要表现在商品的工艺设计、造型、式样、色彩、装潢、风格等方面。人们在对商品质量重视的同时，总是希望该商品还具有漂亮的外观、和谐的色调等一系列符合审美情趣的特点。

（3）对商品时代性的需求。没有一个社会的消费不带有时代的印记，人们的消费需求总是自觉或不自觉地反映着时代的特征。人们追求消费的时代性就是不断感觉到社会环境的变化，以适应时代变化的过程。这一要求在消费活动中主要表现为：要求商品富于变化、新颖、奇特、能反映当代的最新思想。总之，要求商品富有时代气息。商品的时代性在商品销售中具有重要意义。从某种意义上说，商品的时代性意味着商品的生命。一种商品一旦被时代所淘汰，成为过时的东西，就会滞销，结束生命周期。为此，一方面，营销人员要使经营的商品适应时代的需要，满足消费者对商品时代感的需求；另一方面，生产者要能站在时代的前列，及时生产出具有时代特点的商品。

（4）对商品社会象征性的需求。所谓商品的社会象征性，是人们赋予商品一定的社会意义，使得购买、拥有某种商品的消费者得到某种心理上的满足。例如，有的人想通过某种消费活动表明他的社会地位和身份；有的人想通过所拥有的商品提高自身在社会上的知名度等。对于市场营销人员来说，了解消费行为中人们对商品社会象征性的需求，有助于采取适当的营销策略，突出高档与一般、精装与平装商品的差别，以满足某些消费者对商品社会象征性的心理要求。

（5）对优良服务的需求。随着商品市场的发达和人们物质文化消费水平的提高，优良的服务已经成为消费者对商品需求的一个组成部分，"花钱买服务"的思想已经被大多数消费者接受。对市场营销者来讲，要树立"全心全意为消费者服务"的宗旨和思想，真正实施全方位和终生服务的措施和行动，真正为消费者着想。

3.2.3　网络市场结构和基本特征

网络市场按照购买者身份不同可以分为网络消费者市场和网络组织市场。

为了满足生活消费需要，而通过互联网购买商品或服务的一切个人或家庭消费者称为网络消费者市场。它主要包括 B2C 与 C2C 两种主要模式。

一般把通过互联网实现自己部分或全部购买行为的所有组织称为网络组织市场。它主要包括 B2B 与 B2G 两种主要模式。其根据组织购买商品或服务的目的的不同又可以划分为：网络企业市场，包括网络生产者市场和网络转卖者市场；网络非营利组织市场。

随着互联网及万维网的盛行，利用无国界、无区域界限的互联网来销售商品或提供服务，成为买卖通路的新选择，互联网上的网络市场成为 21 世纪最有发展潜力的新兴市场。从市场运作的机制看，网络市场具有如下基本特征。

1. 无店铺的形式

运作于网络市场上的是虚拟商店，它不需要店面、装潢、摆放的货品和服务人员等，它使用的媒体为互联网。如在美国诞生的"安全第一网络银行"（Security First Network Bank），它没有建筑物，没有地址，只有网址，营业厅就是首页画面，所有的交易都通过互联网进行。它只有 10 名员工，成立没多久存款金额就达到了上千万美元。

2. 无存货的形式

网上的商店可以接到顾客订单后，再向制造厂家订货，而无须将商品陈列出来以供顾客选择，只需在网页上打出货物菜单以供选择。这样一来，店家不会因为存货而增加其成本，其售价比一般的商店要低，这有利于增加网络商家以及"电子空间市场"的魅力和竞争力。

3. 成本低廉

网络市场上的虚拟商店，其成本主要涉及自设网站成本、软硬件费用、网络使用费以及以后的维持费用。它通常比普通商店经常性的成本要低得多，这是因为普通商店需要昂贵的店面租金、装潢费用、水电费、增值税及人事管理费用等。思科在其网站中建立了一套专用的电子商务订货系统，销售商与客户能够通过此系统直接向思科公司订货。此套订货系统的优点不只是能够提高订货的准确率，避免多次往返修改订单的麻烦，更重要的是缩短了出货时间，降低了销售成本。据统计，电子商务的成功应用使思科每年在内部管理上能够节省数亿美元的费用。EDI 的广泛使用及其标准化使企业与企业之间的交易走向无纸贸易。在无纸贸易的情况下，企业可将购物订单过程的成本缩减 80% 以上。在美国，一个中等规模的企业一年要发出或接受的订单在 10 万张以上，大企业则在 40 万张左右。因此，对企业，尤其是大企业，采用无纸贸易就意味着节省少则数百万美元，多则上千万美元的成本。

4. 无时间限制

虚拟商店不需要雇用经营服务人员，可不受劳动法的限制，也可摆脱因员工疲倦或缺乏训练而引起顾客反感所带来的麻烦,而一天24小时、一年365天持续营业,这对于平时工作繁忙、无暇购物的人来说有很大的吸引力。

5. 无国界、无区域

联机网络创造了一个即时全球社区,它消除了同其他国家客户做生意的时间和地域障碍。面对提供无限商机的互联网,国内的企业可以利用互联网开展全球性营销活动。如浙江省海宁市皮革服装城加入了计算机互联网,跻身于通向世界的信息高速公路,很快就尝到了甜头。该服装城把男女式皮大衣、皮夹克等17种商品的式样和价格信息输入互联网,不到两小时,就分别收到英国威斯菲尔德有限公司等十多家海外客商发来的电子邮件和传真,表达了订货意向。该服装城通过网上交易仅半年时间,就吸引了美国、意大利、日本、丹麦等30多个国家和地区的5 600多个客户,仅仅是其中一家的雪豹集团就实现外贸供货额1亿多元。

6. 精简化

在网络市场中,顾客不必等经理回复电话,可以自行查询信息。客户所需资讯可及时更新,企业和买家可快速交换信息,网上营销使你能在市场中快人一步,迅速传递出信息。今天的顾客需求不断增加,对欲购商品资料的了解、对产品本身要求有更多的发言权和售后服务。于是精明的营销人员能够借助联机通信所固有的互动功能,鼓励顾客参与产品更新换代,让他们选择颜色、装运方式、自行下订单。在定制、销售产品的过程中,为满足顾客的特殊要求,让他们参与越多,售出产品的机会就越大。

7. 多、快、便捷

网络市场中商品种类多,没有商店营业面积限制,充分体现网络无地域界限的优势。

网络市场中商品信息更新快,只需要将商品信息即时修改公布,全球消费者可以立即看到最新的信息,这在传统市场中是无法做到的。

网络市场中商品查找便捷,由于搜索功能齐全,通过搜索,不需要花费太长时间,消费者就可以查找到所需要的商品。

总之,网络市场具有传统的实体化市场所不具有的特点,这些特点正是网络市场的优势。

|案例3-1|

ZARA 的网上商店

西班牙Inditex集团旗下的一个子公司、成立于1975年的ZARA为全球排名第三、西班牙排名第一的服装零售商,目前在世界87个国家和地区设立超过2 000家服装连锁店。ZARA的规模完全不逊色于美国第一大连锁品牌GAP,而且获利能力甚至优于GAP。

作为传统的快时尚品牌商,ZARA认为,O2O本质上是一种思想,是应用互联网工具为传统商业服务的模式。2010年秋,ZARA一口气在6个欧洲国家开设了网上商店,次年又分别在美国、日本推出网络平台,除了交易增加营业收入外,也是新产品上市前的市场测试。ZARA 通常先在网络上开展消费者意见调查，再从网络回馈中撷取顾客意见，以此改进自己的产品。ZARA 将网络上的海量资料看作实体店面的前测指标。因为在网络上搜寻时尚资讯的人对服饰的喜好、资讯的掌握、催生潮流的能力，比一般消费者更前卫。此外，在网络上抢先得知 ZARA 资讯的消费者，进入实体店面购买的比率也更高。除了在网上商店中强化双向搜索引擎、资料分析功能，将意见反馈给生产商，让决策者找出精确的目标市场外，此举也能向消费者提供更准确的时尚资讯，双方都能享受网上海量数据带来的好处。据统计，网上商店为 ZARA 至少提升了 10% 的营业收入。

ZARA 推行的海量数据整合获得了空前的成功，除了应用于 ZARA 的经营，同时也被 ZARA 所属的 Inditex 集团客服中心、市场营销、设计、生产运作及渠道等部门加以运用。根据这些海量数据，ZARA 形成各部门的关键绩效指标，完成企业内部的垂直整合主轴。如今，这种做法已被 Inditex 集团旗下 8 个品牌学习应用。

资料来源：虎嗅.ZARA、亚马逊、沃尔玛，三巨头的大数据瓜葛 [EB/OL].(2013-04-23)[2020-12-11].https://www.huxiu.com/article/13334.html.

思考题

1. ZARA 在网上进行消费者意见调查有什么好处？
2. ZARA 是怎么一步步吸引消费者的？

3.3 网络市场营销竞争利器：网络市场调研

3.3.1 网络市场调研概述

市场调研是指用科学的方法，系统地、有目的地收集、整理、分析和研究所有与市场有关的信息，重点收集有关消费者的需求、购买动机和购买行为等方面的信息，从而把握市场现状和发展态势，有针对性地制定营销策略，取得良好的营销效益。市场调研是营销链中的重要环节，没有市场调研，就把握不了市场。

新一代信息传播媒体——国际互联网以光电的速度、多媒体的内容、双向快速的信息交流形式和全球一体化的架构，使信息传播走得更远、更广，成为 21 世纪信息传播媒体的主流。而网络是个千变万化的世界，以不变应万变不适用于营销，更不适用于网络营销。每种新的信息传播媒体的普及运用都会随之产生新的调查方式。为适应信息传播媒体的变革，一种崭新的调研方式——网络市场调研随之产生。

网络市场调研就是利用互联网发掘和了解顾客需要、市场机会、竞争对手、行业潮流、分销渠道及战略合作伙伴等方面的情况，系统地进行营销信息的收集、整理、分析和研究的调研方式。全球互联网上的海量信息、数万个搜索引擎的免费使用已对传统市场调研和营销策略产生了很大的影响。网络市场调研大大丰富了市场调研的资料来源，扩展了传统的市场调研方法，特别是在互联网的在线调查、定性调查和二手资料调查等方面具有无可比拟的优势。

网络市场调研是企业开展网络营销活动的前提和基础。一个策划完美的营销方案必须建立在对市场细致周密的调研基础上，市场调研能促使企业生产出满足市场需求的产品，并及时调整营销策略。互联网为市场调研提供了强有力的工具，国内外许多公司都利用互联网和其他一些在线服务进行市场调研，并且取得了满意的效果。以下将系统地介绍网络市场调研的特点、步骤和方法。

案例 3-2

丰田公司在美国市场的调研

企业有计划地收集市场信息就是市场调研。市场调研是企业减少盲目性和提高针对性的有效工具。有效的市场调研会使企业获益匪浅，而无效的市场调研则会贻笑大方。如日本丰田公司首次向美国出口"宝贝儿"汽车，就成了一时之笑谈。当时美国只有 5 家商店愿与其打交道，全年只销售了 288 辆。失败迫使丰田公司回到营销调研的轨道上来。不查不知道，一查吓一跳。"宝贝儿"车虽然适应日本人的身材，却使体型较日本人高大的美国人坐在里面非常不舒服；方盒子的外壳不能引起以汽车象征身份的美国人的兴趣；灯光也暗得通不过加利福尼亚州的行车标准……

丰田公司同时还仔细地研究了市场的各个方面，如美国的经销商和消费者还需要什么，外国汽车制造商怎样在美国出售汽车等，发现自身不足，制定更胜一筹的销售和服务策略。市场细分使丰田公司精确地勾勒出一个按人文和心理因素划分的目标市场。有了对美国市场的精细划分，丰田公司重新设计了适合美国人使用的小汽车，当然仍含有日本的传统风格，外形更小巧，使用更经济，维修更方便。焕然一新的丰田车终于在美国站稳了脚跟，特别是油价上涨以后，丰田车的低油耗和少污染的特点更受美国人的喜爱。丰田在美国实现了"有路必有丰田车"。

资料来源：百度文库.市场调研与预测[EB/OL].（2017-06-21）[2020-12-11].https：//wenku.baidu.com/view/37202c623069a45177232f60ddccda38376be199.html.

思考题

1. 丰田刚一进入美国市场犯下的致命错误是什么？
2. 丰田是怎么取得最后的成功的？
3. 这件事给我们的最终启示是什么？

3.3.2 网络市场调研特点

网络市场调研可以充分利用互联网的开放性、自由性、平等性、广泛性和直接性等特点开展调查工作。现在国际上许多公司都利用互联网及其他一些在线服务进行市场调研，并且取得了满意的效果。与传统的市场调研相比，网络市场调研具有如下 6 个特点。

1. 网络信息的及时性和共享性

网络的传输速度非常快，网络信息能迅速传递给上网的任何用户；网上调查是开放的，任何网民都可以参加投票和查看结果，这保证了网络信息的及时性和共享性。另外，网上投票信息经过统计分析软件初步处理后，可以马上看到阶段性的调查结果，而传统调查结论的形成，需要经过很长的时间。如人口抽样调查统计分析需 3 个月，而中国互联网络信息中心（CNNIC）在通过互联网进行调查时，从设计问卷到实施网上调查和发布统计结果，前后总共只要 1 个月时间。

2. 网络调研的便捷性与低费用

网上调查可节省传统调查中耗费的大量人力和物力。在网络上进行调研，只需要一台能上网的计算机即可。调查者在企业站点上发出电子调查问卷，网民自愿填写，然后通过统计分析软件对访问者反馈回来的信息进行整理、统计和分析。网上调查在信息采集过程中不需要派出调查人员，不受天气和距离的限制，不需要印刷调查问卷，调查过程中最繁重、最关键的信息采集和录入工作将分布到众多网民的终端上完成。网上调查可以无人值守和不间断地接受调查填表，信息检验和信息处理工作均由计算机自动完成。

3. 网络调研的交互性和充分性

网络的最大好处是交互性。在网上调查时，被调查者可以及时就问卷相关的问题提出自己更多的看法和建议，可减少因问卷设计不合理而导致的调查结论偏差等问题。同时，被调查者还可以自由地在网上发表自己的看法，也没有时间限制的问题。这在传统的调查中是不可能做到的，如平常人们遇到的路上拦截调查，它的调查时间不能超过 10 分钟，否则被调查者肯定会不耐烦，因而对访问员的要求非常高。

4. 网络调研结果的可靠性和客观性

由于公司站点的访问者一般都对公司产品有一定兴趣，所以这种基于顾客和潜在顾客的市场调研结果是客观和真实的，它在很大程度上反映了消费者的消费心态和市场发展的趋向。首先，被调查者是在完全自愿的原则下参与调查，调查的针对性更强；其次，调查问卷的填写是自愿的，不是传统调查中的"强迫式"，填写者一般都对调查内容有一定兴趣，回答问题相对认真些，所以问卷填写的可靠性强；最后，网上调查可以避免传统调查中人为错误（如访问员缺乏技巧，诱导回答问卷问题）所导致的调查结论偏差，被调查者是在完全独立思考的环境下接受调查，不会受到调查员及其他外在因素的误导和干预，能最大限度地保证调查结果的客观性。

5. 网络调研无时间和地域限制

网上市场调查可以 24 小时全天候进行，网民可以在任何方便的时间和地点参与调查，不受区域限制和时间制约，这与传统调研方式有很大的不同。一个企业如果利用传统方式在全国范围内进行市场调研，需要各个区域代理商的配合，要花费大量的人力、物力和财力；而企业只要与访问率较高的门户网站、有关专业网站及在线网络广告站点联合，即可利用互联网方便地对用户进行在线调查。尤其在海外市场调研中，网络调研更具有无可比拟的优越性。

6. 网络调研的可检验性和可控制性

利用互联网进行网上调查收集信息，可以有效地对采集信息的质量实施系统的检验和控制。这是因为：第一，网上调查问卷可以附加全面规范的指标解释，有利于消除因对指标理解不清或调查员解释口径不一而造成的调查偏差；第二，问卷的复核检验由计算机依据设定的检验条件和控制措施自动实施，可以有效地保证对调查问卷进行100%的复核检验，保证检验与控制的客观公正性；第三，通过对被调查者的身份验证可以有效地防止信息采集过程中的舞弊行为。

3.3.3 网络市场调研策略

网络市场调查的目的是收集网上购物者和潜在顾客的信息，利用网络加强与消费者的沟通和理解，改善营销并更好地服务于顾客。为此，市场调查人员必须根据网络调研的特殊性认真研究调研策略，以充分发挥网络调查的优越性，提高网络调查的质量。网络市场调研策略主要包括识别企业站点的访问者并激励其访问企业站点，以及有效地在企业站点上进行市场调查。

1. 识别企业站点的访问者并激励其访问企业站点

传统市场调研，无论是普查、重点调查、典型调查，还是随机抽样调查、非随机抽样调查以及固定样本持续调查，尽管调查的范围不同，但对调研对象的区域、职业、民族、年龄等都有一定程度的针对性，即对被调查对象的大体分类有一定的预期。网络市场调研则不同，它没有空间和地域的限制，一切都是随机的，调研人员无法预期谁将是企业站点的访问者，也无法确定调研对象样本。即使那些在网上购买企业产品的消费者，要确知其身份、职业、性别、年龄等也是一个很复杂的问题。因此，网络市场调研的关键之一是识别并吸引更多的访问者，使他们有兴趣在企业站点上进行双向的网上交流。为解决这一问题，目前可采取以下一些策略。

（1）利用电子邮件或来客登记簿获得市场信息。
（2）给予访问者奖品或者免费商品。
（3）吸引访问者注册从而获得个人信息。
（4）向访问者承诺物质奖励。
（5）由软件自动检测访问者是否完成调查问卷。

2. 有效地在企业站点上进行市场调查

要想有效地在企业站点上进行网络市场调研，可以采取以下策略。

（1）科学地设计调查问卷。一份成功的调查问卷应具备两个功能：一是能将所调查的问题明确地传达给被调查者；二是设法取得对方的信任，使被调查者能真实、准确地回复。设计一份理想的在线问卷，一般应遵循以下几个原则：一是目的性原则，即询问的问题与调查主题密切相关、重点突出；二是可接受性原则，即被调查者回复哪一项与是否回复，都有自己的自由，问卷设计要容易使被调查者接受；三是简明性原则，即询问的内容要简明扼要、易读、易懂，使被调查者回复简短省时；四是匹配性原则，即使被调查者回复的答案便于检查、数据处理、统计和分析，提高市场调研工作的效率。

（2）监控在线服务。企业站点的访问者能利用互联网上的一些软件来跟踪在线服务。营销人员可通过监控在线服务了解访问者主要浏览哪类企业、哪类产品的主页，挑选和购买何种产品等基本情况。通过对这些数据的研究分析，营销人员可对顾客的地域分布、产品偏好、购买时间以及行业内产品竞争态势做出初步的判断和估价。

（3）测试产品不同的性能、款式、价格、名称和广告页。在互联网上，修改调研问卷的内容是很方便的。因此，营销人员可方便地测试不同的调研内容的组合。像产品的性能、款式、价格、名称和广告页等顾客比较敏感的因素，更是市场调研中重点涉及的内容。通过不同因素组合的测试，营销人员能分析出哪种因素对产品来说是最重要的，哪些因素的组合对顾客是最有吸引力的。

（4）有针对性地跟踪目标顾客。市场调研人员在互联网上或通过其他途径获得顾客或潜在顾客的电子邮件地址，可以直接使用电子邮件向他们询问有关产品和服务的情况，并请求他们反馈回复；也可以在电子调查表单中设置让顾客自由发表意见和建议的板块，请他们发表对企业、产品、服务等各方面的见解和期望。通过这些信息，市场调研人员可以把握产品的市场潮流以及消费者的消费心理、消费爱好、消费倾向的变化，根据这些变化来调整企业的产品结构和市场营销策略。

（5）以产品特色、网页内容的差别化赢得访问者。如果企业市场调研人员跟踪到访问者浏览过其他企业的站点，或阅读过有关杂志的产品广告主页，那么应及时发送适当的信息给目标访问者，使其充分注意到本企业站点的主页，并对产品做进一步的比较和选择。

（6）传统市场调研和电子邮件相结合。企业市场调研人员也可以在各种传播媒体，如报纸、电视或有关杂志上刊登相关的调查问卷，并公告企业的电子邮箱地址，让消费者通过电子邮件回答所要调研的问题，以此收集市场信息。采用这种方法，调研的范围比较广，同时可以减少企业市场调研中相应的人力和物力的消耗。

（7）通过产品的网上竞买掌握市场信息。企业推出的新产品可以通过网上竞买，了解消费者的消费倾向和消费心理，把握市场态势，从而制定相应的市场营销策略。

3.3.4 网络市场调研实施步骤

网络市场调研一般包括六个步骤，如图 3-3 所示。

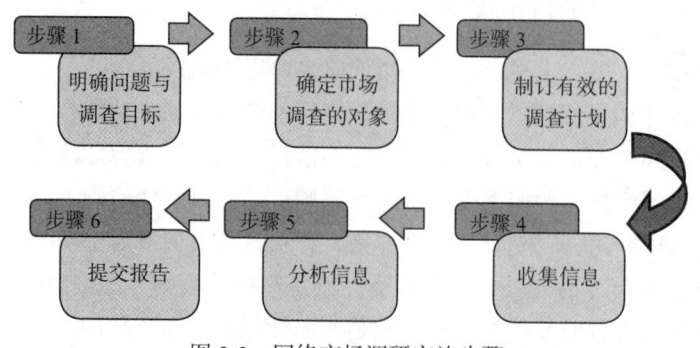

图 3-3 网络市场调研实施步骤

1. 明确问题与调查目标

进行网络市场调查，首先要明确调查的问题是什么，调查的目标是什么，谁有可能在网上查询你的产品或服务，什么样的客户最有可能购买你的产品或服务，你所在的行业都有哪些竞争者以及他们在干什么，客户对竞争者的印象如何，公司在日常运作中可能要受到哪些法律法规的约束等。具体要调查哪些问题事先应考虑清楚。只有这样，才可能做到有的放矢，提高工作效率。

2. 确定市场调查的对象

网络市场调查的对象，主要分为企业产品的消费者、企业的竞争者、企业合作者和行业内的中立者三大类。

（1）企业产品的消费者。消费者在网上购物必然要访问企业的站点，可以利用企业首页所提供的分类、目录或搜索引擎工具，浏览商品的说明、功能、价格、付款方式、送货与退货条件、售后服务等方面的信息。企业市场营销调研人员可通过互联网络跟踪消费者，了解他们对企业产品的意见和建议。

（2）企业的竞争者。美国哈佛大学著名的战略学家、研究企业竞争战略理论的专家迈克尔·波特提出了行业竞争的结构模型，他指出："在任何产业里，无论是国内还是国外，无论是生产一种产品还是提供一种服务，竞争规则都寓于以下5部分力量之中，即新竞争者的加入、替代产品的威胁、现有企业之间的竞争、购买方的讨价还价能力以及供应方的讨价还价能力。"

现有企业之间的竞争、新竞争者的加入与替代品的出现形成了主要的行业竞争力，它们之间相互影响、相互制约。企业通过对行业竞争力的分析可以了解本企业在行业中所处的地位、所具有的竞争优势与不足，以便制定战胜各种竞争力量的对策。

（3）企业合作者和行业内的中立者。市场营销人员还应时常关注企业合作者和行业内中立者的网站，有时这些企业可能会提供一些极有价值的信息和评估分析报告。

市场营销人员在市场调研过程中，应兼顾上述三类对象，但也必须有所侧重。特别在市场竞争激烈的今天，对竞争者的调研显得格外重要，竞争者的举动都应引起市场营销人员的高度重视。

3. 制订有效的调查计划

网络市场调查的第三步是制订有效的调查计划，包括资料来源、调查方法、调查手段、抽样方案和联系方法5部分内容。

（1）资料来源。市场调查首先需要确定的是收集一手资料（原始资料）还是二手资料，或者两者都要。在互联网上，利用搜索引擎、网上营销和网上市场调查网站可以方便地收集到各种一手资料和二手资料。

（2）调查方法。网络市场调查可以使用的方法有专题讨论法、问卷调查法和实验法。专题讨论法可以借助微博、博客、论坛，也可以通过网络新闻组、邮件列表和电子公告牌的形式进行；问卷调查法可以使用电子邮箱（E-mail）发送、在网站上刊登等多种形式；实验法是选择多个可比的主题作为不同的实验方案，通过控制外部变量，检查所观察到的差异是否具有统计上的显著性。

（3）调查手段。网络市场调查可以采取在线问卷和软件系统两种方式进行。在线问卷制作简单，分发迅速，回收也方便，但需遵循一定的原则。软件系统有两种，一种采用交互式计算机辅助电话访谈系统，另一种采用网络调研软件系统。前者利用一种软件程序在计算机辅助电话访谈系统上设计问卷并在网上传输，服务器连接数据库，将收集到的被访者的答案直接存储；后者是专门为网络调研设计的问卷链接及传输软件，包括整体问卷设计、网络服务器、数据库和数据传输程序。较典型的用法是：问卷由简易的可视问卷编辑器产生，自动传送到互联网服务器上，通过网站，使用者可随时在屏幕上对答，然后可进行整体统计或图表统计。

（4）抽样方案。这是指网络市场调查需要确定抽样单位、样本规模。抽样单位是确定抽样的目标总体；样本规模的大小涉及调查结果的可靠性，样本需足够多，必须包括目标总体范围内所发现的各种类型样本。

（5）联系方法。这是指网络市场调查需确定以何种方式接触调查的主体，可以采取网上交流的形式，如使用 E-mail 传输问卷、博客、BBS 等。

4. 收集信息

利用互联网做市场调查，不管是收集一手资料还是二手资料，都可以同时在全国或全球进行，收集的方法也很简单，直接在网上递交或下载即可，这与受区域制约的传统调研方式有很大的不同。例如，某公司要了解各国对某一国际品牌的看法，只需在一些著名的全球性广告站点发布广告，把链接指向公司的调查表就行了，无须像传统调查那样，在各国找不同的代理分别实施此类调查。诸如此类的调查，如果利用传统方式是无法做到的。

5. 分析信息

信息收集结束后，接下来的工作是信息分析。信息分析的能力相当重要，因为很多竞争者都可以从一些知名的商业站点看到同样的信息，或从顾客和潜在顾客那里获得类似的信息，从收集的数据中提炼出与调查目标相关的信息，并在此基础上对有价值的信息迅速做出反应，是企业把握商机战胜竞争对手、取得经营成果的一个制胜法宝。利用互联网，企业在获取商情、处理商务信息的速度方面是传统商业无法比拟的。

6. 提交报告

调研报告的撰写是整个调研活动的最后一个阶段。报告不是数据和资料的简单堆砌，调研人员不能把大量的数字和复杂的统计技术扔到管理人员面前，而应把与市场营销关键决策有关的主要调查结果写出来，并以调查报告的正规格式书写。

作为对问卷回答者的一种激励或奖赏，企业应尽可能把调查报告的全部或部分反馈给填表者或广大读者。如果限定填表者，那么只需给填表者分配一个进入密码。对一些"举手之劳"式的简单调查（如仅 2～3 道是非题），以实时互动的形式公布统计结果，效果更佳。

3.3.5 网络市场调研方法

1. 直接调研

网络市场直接调研指的是为了达到特定目的而在互联网上收集一手资料或原始信息的过程。直接调研的方法有 4 种：观察法、专题讨论法、在线问卷调查法和实验法。网上用得最多的是专题讨论法和在线问卷调查法。调研过程中具体应采用哪一种方法，要根据实际目标和需要而定。需提醒的一点是，网上调研应注意遵循网络规范和礼仪。下面具体介绍这两种方法的实施步骤。

（1）专题讨论法。

网上的专题讨论可通过新闻组、BBS 或邮件列表进行。专题讨论法一般分以下几步进行：第一步，确定要调查的目标市场；第二步，识别目标市场中要加以调查的讨论组；第三步，确定可以讨论或准备讨论的具体话题；第四步，登录相应的讨论组，通过过滤系统发现有用的信息，或创造新的话题，让大家讨论，从而获得有用的信息。具体地，目标市场可根据新闻组、BBS 或邮件列表的分层话题选择，也可向讨论组的参与者查询其他相关名录，注意查阅讨论组上的 FAQ，以便确定能否根据名录来进行市场调查。企业还可在自己的网站或著名的门户网站建立微博，通过微博与相关人士进行交流与沟通，了解顾客或潜在顾客对本企业产品或服务的意见，了解市场动态、行业发展态势、竞争者发展状况等信息。如果是针对喜欢读书的顾客，了解一下微信读书的读书专题是个不错的选择。微信读书是基于微信关系链的官方阅读应用，同时支持 iOS 和安卓两大终端平台，在提供极致阅读体验的同时，为用户推荐合适的书籍，并可查看微信好友的读书动态，与好友讨论正在阅读的书籍等。

（2）在线问卷调查法。

在线问卷调查法即请求浏览网站的每个人参与它的各种调查。在线问卷调查法可以委托专业调查公司进行。

具体步骤和方法如下：第一步，向若干相关的讨论组邮寄简略的问卷；第二步，在自己的网站上放置简略的问卷；第三步，向讨论组送去相关信息，并把链接指向放在自己的网站上的问卷。需要注意的是，问卷不能过于复杂、详细，在线问卷设计得不好，会占用被调查者太多时间，使被调查者无所适从甚至感到厌烦，最终影响问卷的反馈率，影响调查表所收集数据的质量。所以在线调查中，问卷的组织结构（见图 3-4）非常重要，具体如下。

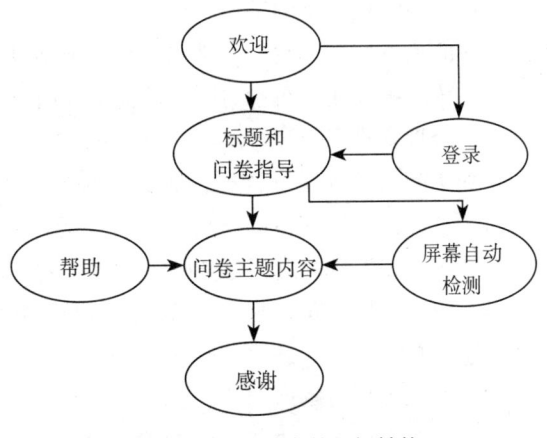

图 3-4 调查问卷的组织结构

1）欢迎。

欢迎词可以用单独的屏幕来显示，也可以出现在网上调查问卷第一页的上方。欢迎词中要体现被调查者意见的重要性，公开调查单位、调查目的、调查方案、完成调查所需的时间及调查结果的使用、奖励措施等信息，以引起被调查者的重视和兴趣。同时，对被调查者的相关信息进行保密，尊重其隐私，以取得其支持与合作。欢迎词页面还应该包括可以提供帮助的 E-mail 地址、QQ 号码、微博账号、电话号码等，以便那些希望就调查问题提问或回答有困难的被调查者与之联系。

2）登录。

如果对调查的样本有所限制，就需要对参与在线调查的网络用户进行身份认证。当需要调查某个感兴趣的目标群体时，可以给每个被调查者指定一个个人识别码（PIN）。在上网接受问卷调查前，他们必须首先输入这一识别码。识别码可附在邀请信中，也可以作为扩展名植入一个电子邮件指定的信息位置（URL）的扩展部分。在后一种情况中，被调查者只要在网上点击信息位置，互联网的网站就会自动识别其身份，无须被调查者通过键盘输入身份识别码，从而避免可能的输入误差。

3）标题和问卷指导。

关于完成填写在线调查问卷的指导说明应显示在调查问卷第一个问题的上方。

4）问卷主题内容。

问卷内容设计是调查问卷设计的核心，问题的表述必须准确、简洁、易懂、中立，所列备选答案必须互斥、全面。由于互联网的信息丰富，访问者不可能长时间关注某个网页，因此在问卷中要设置数量合理的问题和控制填写问卷的时间，通常以 20 题为佳，以不超过 15 分钟为宜。在设计问题时可以运用以下技巧。

a. 设计过滤性问题。

网络用户越来越多，可能有许多人并不是问卷所针对的目标调查对象，却也参与填写问卷。鉴于此，网上问卷应在开始时设置几个过滤性问题，筛选出问卷针对的确定对象。例如，想调查现有小米手环使用者的人口特征，可以在问卷开始提问"您使用过小米手环吗"，及时过滤掉不合格的调查对象。

b. 选择能引起高度兴趣的话题。

因为在线调查是网络用户主动参与的，如果调查题目与网民的生活密切相关，或者是网民关注的热点话题，又或者是比较新鲜的话题，往往会引起被访问者极大的兴趣，从而调动他们答题的积极性，问卷的应答率就会较高。

c. 合理安排问题顺序。

如果问题的顺序不合理，那么被调查者会毫无兴趣，容易放弃作答。具体而言可分为：先易后难，先非敏感性问题后敏感性问题。先以简单的问题吸引被调查者，使其产生兴趣，放下戒备心，而后再设计复杂的、敏感性的问题以及测量被调查者的态度或特性的问题；先概括性问题后特定性问题；先封闭式问题后开放式问题，因为开放式问题需要手写，被调查者容易放弃。

d. 合理处理敏感性问题。

涉及个人隐私、棘手或者费脑子的问题最好放在调查问卷的中间或者三分之二处的位置。这时候的被调查者情绪高涨并且已经花费了许多时间和精力去完成问卷，因此极有可能会回答敏感性问题。即使被调查者在这时候放弃回答后面的问题，调查者也已经得到了许多有效的调查信息。此外,敏感性问题还可以采用随机化问答技术来处理。

e. 备选答案顺序随机化。

对于某些多项选择,由于项目较多,就可能出现一种"先入为主"的倾向,某些被调查者可能主观上认为某个备选答案排在前面或后面,会暗示其重要性。网上调查问卷可以设计将备选答案的顺序进行随机化调整,这样答案的位置对被调查者的暗示作用会得到减弱,从而有效地减少回答误差。

5) 屏幕自动检测。

在被调查者答题过程中,自动检查前后的逻辑性和完成情况,若有漏答或错答,则给予一定的提示,以便被调查者及时修订自己的回答。

6) 帮助。

由于网上调查没有调查者对含混不清的词义、复杂的指示或问题及时做出相应的解释,如果调查比较复杂,那么问卷上的帮助信息也是必不可少的。调查者可以在问卷标题的右下方设置一个帮助链接,提供网上问卷中各种问题的帮助信息,还可以运用动态解释,当被调查者对某一概念不够理解时,只要将鼠标置于该概念上,就会出现一个提示窗口。

7) 感谢。

感谢词显示在最后一页或问卷的最后一部分,感谢调查对象抽出时间填写问卷,再次说明问卷收集的信息将有何种用途,若打算进行其他的问卷调查,也可在这里略做宣传。调查组织者的地址和电话、被调查者的 E-mail、访问时间及访问编号等其他信息也可以显示在这一页,以便被调查者了解有关调查结果的信息。

为了最大限度地提高答卷率,可采取一定的激励措施,如提供免费礼品、抽奖送礼等。在网站建设和推广过程中,采用在自己的网站放置简单问卷的形式,可以很好地了解访问者的人口统计特征,有助于网站内容建设和决定在网站上提供什么样的服务。

现在主要的在线调研样本投放收集方法有在线样本库(online panel)和流量投放(river sampling)两种。

1) 在线样本库。

在线样本库是专业调查公司基于受访者的特性、共性,加以分类、组织、存储形成的数据集合。有专业的公司通过建立在线社区等形式,将平时愿意填问卷的普通用户聚集起来。用户注册时自愿填写自己的相关信息,当有调研的受访者条件与之相符时,专业公司可以通过邮箱、短信、微信服务号等将问卷推送给他们。用户填问卷可获得奖励——通常是获得一定积分,积分可用于在社区的商城中兑换各种商品。通过这种渠道收集的样本数据,有许多优点:首先,用户都是真人,各个样本库公司都会用各种质控方法保证其用户的真实性和活跃度;其次,数据质量较高,用户对做问卷是有心理准备的,所以胡乱填答的比例较低——受访者不想成为无效样本从而得不到奖励,并且可以发布较长的问卷——较长问卷获得的奖励相应也高。当然在线样本库也会有一些限制,一般这些样本库的会员都是18岁以上成年人,对于目标人群是青少年的客户就较难满足,而且样本库对高端人群的覆盖也有限。样本库公司会通过与一些垂直领域的平台合作等方式,建立特定人群(如汽车人群、母婴人群等)的样本库加以弥补。

2) 流量投放。

流量投放,即用数字广告精准投放给目标人群,邀请其填答问卷。目前很多拥有海量用户和流量的大平台都推出了调研产品,基本就是基于自身流量投放问卷。这种方式,理论上可覆盖全体网民,较在线样本库可覆盖更广的人群,但数据质量相对较低。

数据质量和成本是正相关的。若是个人用途,使用免费平台便可满足基本需求;若是商业用途,则必须要有明确的研究目的,从研究设计到执行再到分析都使用专业的服务及产品,不然就会"差之毫厘,谬以千里"。

一个简单的问卷如下:

社会化网络问答社区用户知识共享行为调查问卷

亲爱的先生(女士):

首先对您的积极配合表示诚挚的感谢!

这是一份关于社会化网络问答社区用户知识共享行为的学术问卷,目的是探究用户在知识问答社区进行知识共享的影响因素。本问卷中的问答社区主要指知乎,如果您使用过知乎或其他类似网络问答社区,请根据您的实际情况和想法进行回答。您所提供的信息仅供本次研究使用,在隐私、安全问题上您不必担心。

一、您的基本信息

您的性别:□男　　　□女

您的年龄:□18岁以下　　□18～30岁　　□30～40岁　　□40岁及以上

您的教育程度:□高中及以下　　□大专　　□本科　　□硕博士　　□其他

二、表3-1 所示为社会化网络问答社区用户知识共享行为问卷调查表,请判断下列说法是否符合您的情况。1代表"非常不同意",2代表"不同意",3代表"不确定",4代表"同意",5代表"非常同意"。数字越大表示越同意。请您根据实际情况进行选择。

表3-1　社会化网络问答社区用户知识共享行为问卷调查表

编号	测量题目	1非常不同意	2不同意	3不确定	4同意	5非常同意
1	我与知乎中很多成员保持友好密切的联系					
2	我经常与社区中其他成员交流互动					
3	我认识社区中的一些成员					
4	我相信知乎社区是一个可靠的社区					
5	我认为知乎中的问答对我都十分有用					
6	我认为社区中的回答质量较高					
7	我认为社区中的回答能解决我的问题					
8	我认为知乎是一个互帮互助的网络社区,因此我愿意与他人分享我的见解和经验					
9	我认为当我提出问题时,其他人也会给予我帮助					
10	我认为社区中知识的共享是相互且公平的					
11	如果回答问题能够获得积分等社区奖励,我更乐于回答问题					
12	我希望通过回答问题,提高我的社区等级					
13	得到社区奖励,我将会有成就感和满足感					
14	我参与过知乎的线下活动					
15	参加过活动之后我更乐于在社区中发表见解					

(续)

编号	测量题目	1 非常不同意	2 不同意	3 不确定	4 同意	5 非常同意
16	社区中成员之间可以互相了解对方的观点					
17	社区中成员的提问及回答都十分清晰，易于理解					
18	我认为知乎社区内用户的共同目标是彼此间解决问题					
19	我更喜欢和社区中兴趣相投的用户交流互动					
20	我认为在社区中回答问题能够为我带来更多的认可与尊重					
21	我认为在社区中回答问题能使我得到满足感与成就感					
22	我有把握能够为他人提供有价值的知识或经验					
23	在社区中回答问题时，我觉得自己的知识能够解决他人的问题					
24	我相信我能清晰准确地表达我的观点					
25	我愿意在知乎中分享自己的观点和经验					
26	我经常在知乎中发表自己的观点					
27	当看到我力所能及的提问时，我会积极地予以回答					
28	我认为将自己的经验见解与别人分享十分有意义					

2. 间接调研

网络市场间接调研指的是网上二手资料的收集过程。二手资料的来源有很多，政府出版物、公共图书馆、大学图书馆、贸易协会、市场调查公司、广告代理公司和媒体、专业团体、企业情报室、各单位和机构的网站，再加上众多综合型因特网内容提供者（Internet content provider，ICP）和专业型ICP，以及成千上万个搜索引擎网站，使得互联网上二手资料的收集非常方便。

互联网虽有着海量的二手资料，但要找到自己需要的信息，首先必须熟悉搜索引擎的使用，其次要掌握专题性网络信息资源的分布。归纳一下，在互联网上查找资料主要通过3种方法：利用搜索引擎；访问相关的网站，如各种专题性或综合性网站；利用相关的网上数据库。

（1）利用搜索引擎查找资料。

搜索引擎是互联网上使用最普遍的网络信息检索工具。搜索引擎有两种检索功能，即主题分类检索和关键词检索。目前，各大搜索引擎主要以关键词检索为主。

1）主题分类检索。主题分类检索即通过各搜索引擎的主题分类目录查找信息。主题分类目录是这样建成的：搜索引擎把搜索到的信息资源按照一定的主题分门别类建立目录，先建一级目录，一级目录下面包含二级目录，二级目录下面包含三级目录……如此下去，建立一层层具有概念包含关系的目录。用户查找信息时，先确定要查找的信息属于分类目录中哪一主题或哪几个主题，然后对该主题采取逐层浏览打开目录的方法，层层深入，直到找到所需信息。一般在查找某大类主题的资料，但对于具体应使用哪些关键词不明确的时候，适合采用主题分类检索。

2）关键词检索。用户在搜索引擎的搜索框直接输入关键词查找所需信息的方法，称为关键词检索。这种方法方便直接，十分灵活，既可以使用布尔算符、位置算符、截词符等组合关键词，也可以缩小和限定检索的范围、语言、地区、数据类型、时间等。关键词检索法可对满足选定条件的资源进行准确定位。使用关键词检索法找资料一般分为 3 个步骤：①明确检索目标，分析检索课题，确定几个能反映课题主题的核心词作为关键词，包括它的同义词、近义词、缩写或全称等；②采用一定的逻辑关系组配关键词，输入到搜索引擎检索框中，点击"百度一下"，即可获得想要的结果；③如果检索效果不理想，可调整检索策略，结果太多的，可进行适当的限制，结果太少的，可扩大检索的范围，取消某些限制，直到获得满意的结果。

（2）访问相关的网站收集资料。

如果知道某一专题的信息主要集中在哪些网站，可直接访问这些网站获得所需资料。例如：想了解中国的农产品行情，访问中国农业信息网，可立即查到全国各地的农产品批发价格；要了解我国自 1985 年实行专利制度以来的全部发明专利、实用新型专利和外观设计专利的情况，可直接访问中国专利信息网（http：//www.patent.com.cn）。

（3）利用相关的网上数据库查找资料。

在互联网上，除了借助搜索引擎和直接访问有关网站收集二手资料外，第三种方法就是利用相关的网上数据库即 Web 版的数据库，如著名的 MEDINE（美国国立医学图书馆）、化学文摘（Chemical Abstract，CA）等。网上数据库一般有免费和付费两种，互联网上有成千上万种免费数据库（题录和文摘居多），当然还有很多的付费使用数据库。在国外，市场调查用的商情数据库一般都是付费的。我国的数据库业近十年有较大发展，近几年也出现了几个 Web 版的数据库，但它们都是文献信息型数据库，如中国知网（www.cnki.net）等。国外数据库发展较早也较快，据《数据库指南》统计，国外从 1975 年至 1991 年，数据库生产者从 200 家增加到 2 372 家，数据库服务机构从 105 家增加到 933 家，市场销售数据库数量从 301 个增加到 7 637 个，数据库记录条数从 5 200 万条增加到 40.6 亿条。其中 7 个数据库记录数在 1 亿条以上，45 个数据库记录数在 1 000 万至 1 亿条之间。在信息技术飞速发展的今天，不仅数据库的数量和数据库内的记录数有巨大增长，而且几乎所有数据库检索系统都推出 Web 版，用户可通过互联网直接查询。以下选择性地介绍几个目前国际上影响较大的主要商情数据库检索系统。

1）Dialog 系统（http：//www.dialog.com）。这是目前国际上最大的国际联机情报检索系统之一，原隶属于洛克希德公司，中心设在美国加利福尼亚州，1988 年被 Knight-Ridder 公司收购。Dialog 系统的数据库逐年增加，1990 年达到 310 个，收录信息 1.5 亿多条，现在数据库已增加至 900 多个，信息总容量达 15TB，记录信息增加至 14 亿条。它涉及的专业范围极广，内容涉及 40 多个语种和占世界发行总量 60% 的 6 万多种期刊。现有的直接联机检索用户已发展到 100 多个国家和地区，设置服务终端 10 万多台，它的服务是收费服务。

2）FIZ Technik 系统（http：//www.fiz-technik.de）。FIZ Technik 系统隶属德国 FIZ Technik

专业情报中心，总部设在法兰克福，专门从事工程技术、管理等方面的情报服务，在目前使用的60个数据库中，商业与经济数据库有21个。

3) DATA-STAR系统 (http://www.datastarweb.com)。DATA-STAR系统隶属瑞士无线电有限公司，报道世界范围的商业与技术信息，共有350余个数据库，其中商业与经济数据库近150个，提供商业新闻、金融、市场研究、贸易统计、生物医药、保健、食品饮料、化工能源等方面的信息。

4) DUN & BRADSTREET系统 (http://www.danb.com)。该系统隶属邓白氏集团，是世界上最大的国际联机检索系统之一，也是专门的商业与经济信息检索系统。该系统通过一个全球性通信网络将各国的商业数据库连接起来，共存储1亿家企业的档案数据，可提供如下服务：①国外企业的详细资料报告；②跟踪服务；③市场开拓服务，帮助用户选择市场和客户；④市场研究服务；⑤商业信息、教育和培训；⑥供应链管理解决方案。

获取邓白氏商业信息的途径有两种：一是利用邓白氏速传系统 (DUNSPRINT)，用户可用自己的计算机或终端设备，通过邓白氏全球通信网访问；二是利用邓白氏的拨号系统 (DUNSTEL)，用户可利用电话向邓白氏的客户服务代表索取有关企业的资料。该商业资料库具有存储量大、资料新和查询快等特点，但收费较高。

5) DJN/RS系统 (http://www.dowjones.com)。DJN/RS (Dow Jones News/ Retrieval Service)，即道琼斯新闻与检索服务系统，是美国应用最广泛的大众信息服务系统之一，由道琼斯公司开发，于1974年开始联机服务。DJN/RS提供的信息服务范围十分广泛，侧重于商业和金融财经信息。大致上，DJN/RS提供的信息服务有六类：①道琼斯商业与经济新闻；②道琼斯报价；③道琼斯文本检索服务；④金融与投资服务；⑤一般新闻与信息服务；⑥邮件服务及用户通信。

| 案例3-3 |

阿里妈妈启动新一轮商家调研

农历2018年即将进入尾声时，几乎所有商家都在筹备新一年的部署。作为阿里巴巴旗下的大数据营销平台，阿里妈妈秉承"让天下没有难做的营销"，也在年关岁末展开了新一轮的商家调研。

针对不同类目、不同规模的商家，这轮调研在杭州、上海、广州等多个城市进行。阿里妈妈此行主要以深度访谈的形式展开，以便于深入了解广大商家在营销方法上的思考、具体策略、考核机制及所遇困难等。

一方面，该调研意在收集商家声音，阿里妈妈将针对这些声音进行工作梳理，为商家提供一系列解决方案；另一方面，这些建议和意见也将被纳入阿里妈妈的未来工作规划中，通过产品和运营机制的优化与创新，持续地为商家提供营销解决方案。

阿里妈妈拥有一支专业的用户调研团队，长期进行市场调研和用户声音倾听。例如在"双11"前的两个月，阿里妈妈就针对即将到来的流量旺季进行了商家调研，倾听商家真实的声音，针对流量旺季的营销方法展开共创。

也正是因为对市场声音的密切关注，2018年，阿里妈妈动作频频，重磅发布了一些升级产品，既包括全新的信息流营销产品，也有新一代达摩盘的亮相，并在"猜你喜欢"相关营销产品中增加购中、购后场景的营销推广位置,以及推出 AI 智能文案、AI 智能抠图等。

据悉,在这轮商家走访之后,焦点小组、问卷等形式的市场调研也将陆续展开。

资料来源:搜狐网.说出你的营销诉求,阿里妈妈启动新一轮商家调研[EB/OL].(2019-01-10)[2020-12-11]. https://www.sohu.com/a/288006202_296480.

思考题

阿里妈妈所用的调研方法属于直接调研还是间接调研?

◆ 本章小结

本章首先从市场入手,介绍了现代市场的分类、特征以及构成要素,区分了商品市场与虚拟市场的概念;其次,详细介绍了新兴网络市场的成长史,从网络市场构成要素、基本结构对网络市场进行深入讨论;最后,从应用角度介绍了网络市场调研的特点、一般步骤,以及常用的一些直接、间接调研的方法。本章对网络市场调研的步骤以及调研方法进行了详细阐述,并结合实际案例使学生对其形成更具体、更深刻的认识。

◆ 复习题

1. 网络市场调研有什么作用?
2. 网络市场调研的步骤有哪些?
3. 网络市场调研和传统的市场调研的不同在哪里?
4. 网络市场调研的方法有哪些?

◆ 讨论题

网络市场调研是指企业利用互联网作为沟通和了解信息的工具,对消费者、竞争者以及整体市场环境等与营销有关的数据系统进行调查分析研究。这些相关的数据包括顾客需要、市场机会、竞争对手、行业潮流、分销渠道以及战略合作伙伴方面的情况。网络市场调研与传统的市场调研相比有着哪些优势呢?

◆ 案例研究

小米的大数据用户分析

小米的主要产品包括手机、电视和路由器。手机代表个人媒体,电视和路由器代表家庭媒体。小米广告做的就是这 1.5 亿部手机与 1 500 万电视和盒子的商业化。而这些商业化的背后,依托的就是大数据。小米大数据主要包括 5 个标签——性别、年龄、地域、学历和收入,专注于标签的覆盖率和精准率。

在小米打造的"智能生活"生态链上,小米电视是重要的一环。同时,小米盒子一直是整个 OTT 盒子产业的开创者和领导者,基于家庭人群的覆盖和家庭娱乐场景,小米电视既是家庭娱乐中心,也是智能家庭的控制中枢,由此产生的场景数据和家庭偏好数据,成为小米大数据的重要来源,共同搭建起小米的三维大数据体系。

小米电视搭载的MIUI系统，拥有1.7亿活跃用户。小米电视通过MIUI系统能高效完成同小米智能家居产品的深度连接，能够完整获取用户的全方位资料。小米电视内置的智能家庭App，一屏即可控制或查看路由器影片、净水机、手环信息和运动数据等小米智能设备，电视的家庭中心地位将通过小米电视被激活。

通过大数据，小米基本不需要发放网络问卷，便可以精准地得到用户相关数据，从而有针对性地投放相关产品。

资料来源：中文科技咨询.10大经典案例：解读小米4M智能营销体系[EB/OL].（2017-04-14）[2020-12-11]. http://www.citnews.com.cn/news201704/39432.html.

思考题

小米通过大数据得到用户资料，与通过网络问卷调查得到用户资料相比有什么优势？

参考文献

[1] 瞿彭志.网络营销[M].5版.北京：高等教育出版社，2019.
[2] 刘芸，张和荣，谭泗桥.网络营销与策划[M].2版.北京：清华大学出版社，2014.
[3] 杨路明，罗裕梅，陈曦，等.网络营销[M].2版.北京：机械工业出版社，2017.
[4] 阿姆斯特朗，科特勒.市场营销学：第13版[M].赵占波，孙鲁平，赵江波，等译.北京：机械工业出版社，2019.
[5] 普罗克特.营销调研精要：第3版[M].吴冠之，译.北京：机械工业出版社，2004.
[6] 巴宾，齐克芒德.营销调研精要：第6版[M].应斌，王虹，译.北京：清华大学出版社，2016.

第 4 章
CHAPTER 4

互联互通的网络消费者

⊙ **开篇案例**

一位客户的故事

贾斯汀是一名 25 岁的职业青年,每个周末的下午,他都会有一小时的精彩体验。首先,他要打开 iPod,收看上次从电脑上下载的最新一期的 *Diggnation* 栏目的播客节目。在这一期播客节目中,*Diggnation* 栏目的两位主持人亚力克斯·阿尔布莱伊特与凯文·罗斯谈到了那一周在 Digg.com 网站上排名最靠前的几个最佳故事。Digg.com 网站是一个社交媒体网站,用户可以在该网站上提交最感兴趣的新闻标题,然后网站的访客可以通过单击"挖一锹"(digg it)按钮来对这些内容进行投票。贾斯汀一边观看这个视频播客,一边还在观看电视上的足球比赛,同时他的手机和电脑也在身边。

播客放了一段时间后,其中一位主持人罗斯提到了他自己在 Tumblr.com 网站上的博客叫作 kevinhasablogg。Tumblr 是一个社交网站(tumblr.com),这一类的网站包含了许多短小精悍、可以迅速回帖,并且由用户自己撰写的内容。看到这里,贾斯汀不再继续看 iPod 上的视频,而是打开电脑开始在网上寻找这个博客网站。当然,虽然他不看 iPod 上的这个视频,但是仍然在听着罗斯和阿尔布莱伊特的对话。这时他突然被博客网站上名为"对口型模仿哈维·丹戈尔演唱的歌曲 *Flagpole Sitta*"的视频吸引住了。这个视频的内容是一群穿着街舞服装的公司员工对口型模仿演唱这首歌曲,而且还在办公室里绕圈,不停地跳舞,干一些很傻的事情。贾斯汀一边看这个视频,一边拿起手机给朋友发短信:"你一定要看看这个视频。"

贾斯汀对究竟是谁制作了这个热门的视频很好奇,于是在谷歌上搜索这个视频的标题,最终找到了 Vimeo 网站,一个诞生在 YouTube 之前的网络视频分享网站。在这个视频下方有一段描述性文字:"我们在某天晚上下班后制作了这个视频。我们是一家叫 Connected Ventures 的公司。我们目前正在 connectedventures.com/jobs.shtml 网站上招募员工。"贾斯汀点击这个网址链接进入,可是发现所有职位已满。原来该公司由于上传这个热门的模仿秀视频而接连收到几百份简历,贾斯汀来晚了一步,但是他真的很想为这样的一家公司工作。

在一小时精彩体验的最后几分钟里,贾斯汀把这个视频和 Vimeo 网站的链接附到了他的 Twitter 里。贾斯汀用这个网站和他的朋友及同事进行联系,很快其他人就对他的这个视频和网站的链接进行了回帖,于是这个口口相传的视频在网友间迅速传播开来。

贾斯汀是一位新型消费者,他能同时做好几件事情,同时使用不同的电子媒体。像他这样的消费者很难在网络上被捕捉到,因为他不会在一个网站上停留很长的时间。他与朋友或同事之间的联系由于网络的出现而更加便捷,他们可以随时随地分享互联网资源,可以通过多种途径(比如电子邮件、手机短信以及微博网站)进行对话和交流,他们对于传统网站没有多大的兴趣,反而比较喜欢在社交媒体网站上与他人交流或浏览最新信息。像贾斯汀这样的消费者对企业来说非常重要,因为如果企业无法吸引这部分年轻人群体,最终将面临倒闭。

资料来源:斯特劳斯,弗罗斯特.网络营销:第 7 版[M].时启亮,陈育君,译.北京:中国人民大学出版社,2015.

思考题

营销人员该如何通过网络消费者这个群体来获利呢?是通过在线广告、网络音乐等内容下载,还是收取社交媒体用户的注册费呢?

4.1　21 世纪消费者

2000 年美国著名消费心理学家刘易斯和布里格在《新消费者理念》一书中提出了"新消费者"这一全新概念。刘易斯和布里格认为,新消费者与旧消费者之间的差异之大远远超出了人们的想象,过去对消费者心理影响较大的是社会文化环境,但对于新消费者来说这种影响正在减小。随着社会经济的飞速发展尤其是互联网的发展,21 世纪的消费者正展现出前所未有的新特点。

4.1.1　网络消费者及分类

2023 年 3 月中国互联网络信息中心(CNNIC)发布了第 51 次《中国互联网络发展状况统计报告》,对我国互联网络规模、发展等情况进行了统计,结合历次《中国互联网络发展状况统计报告》,分析我国网络用户结构现状。

1. 网络用户规模及结构

(1)总体规模。我国网民总体规模保持平稳增长,2008 年我国互联网网民数量达到 2.98 亿人,互联网普及率达 22.6%,首次超过世界平均水平。截至 2022 年 12 月,我国网民规模达 10.67 亿,互联网普及率达 75.6%。互联网已经渗透到我们生活的每个角落,网民规模和互联网普及率如图 4-1 所示。

网民规模和互联网普及率

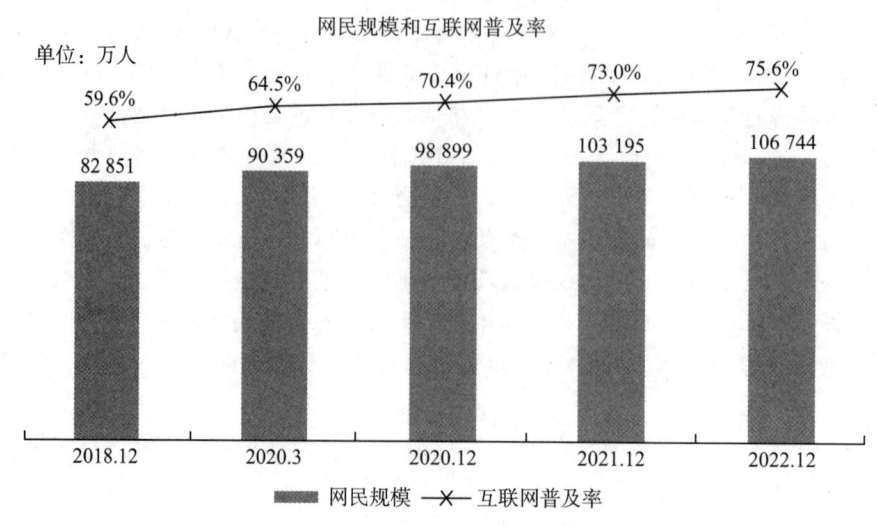

单位：万人

时间	网民规模	互联网普及率
2018.12	82 851	59.6%
2020.3	90 359	64.5%
2020.12	98 899	70.4%
2021.12	103 195	73.0%
2022.12	106 744	75.6%

图 4-1　网民规模和互联网普及率

资料来源：CNNIC，《中国互联网络发展状况统计报告》。

（2）手机网络用户规模。随着移动互联网的服务场景不断丰富、移动终端规模加速提升、移动数据量持续扩大，我国手机网络用户比例持续攀升。截至 2022 年 12 月，我国手机网民规模达 10.65 亿，如图 4-2 所示。手机上网用户数量不断攀升，手机网民在所有网民中的占比从 2008 年的 39.5% 增长到 2022 年的 99.8%。

手机网民规模及其占网民比例

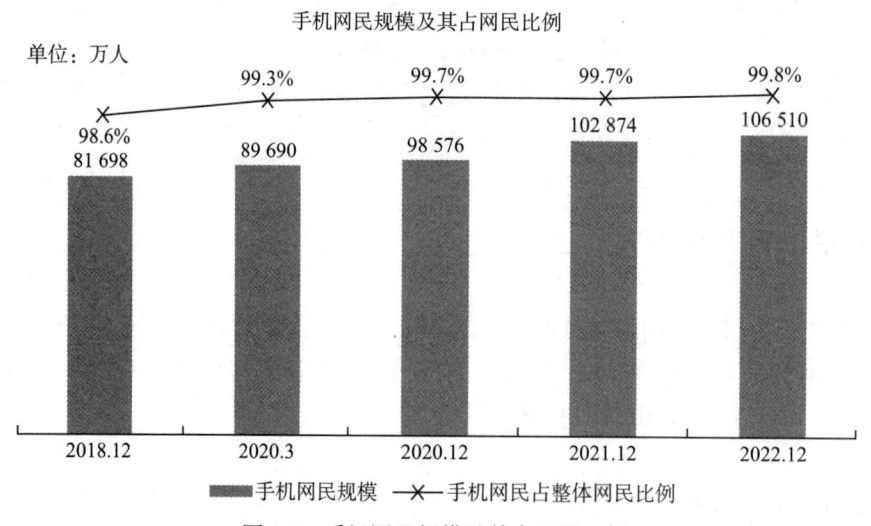

单位：万人

时间	手机网民规模	手机网民占整体网民比例
2018.12	81 698	98.6%
2020.3	89 690	99.3%
2020.12	98 576	99.7%
2021.12	102 874	99.7%
2022.12	106 510	99.8%

图 4-2　手机网民规模及其占网民比例

资料来源：CNNIC，《中国互联网络发展状况统计报告》。

（3）性别结构。网络用户结构与人口性别比例逐步接近，截至 2022 年 12 月，中国网络用户男女比例为 51.4%∶48.6%。

（4）年龄结构。截至 2022 年 12 月，中国网络用户中 10～39 岁群体占比为 48.1%，其中又以 30～39 岁的青年人群比例最高，达到 19.6%。10～19 岁、20～29 岁群体占比为

14.3%和14.2%。40～49岁网民群体占比为16.7%，50岁及以上网民群体占比为30.8%，互联网持续向中高龄人群渗透，如图4-3所示。

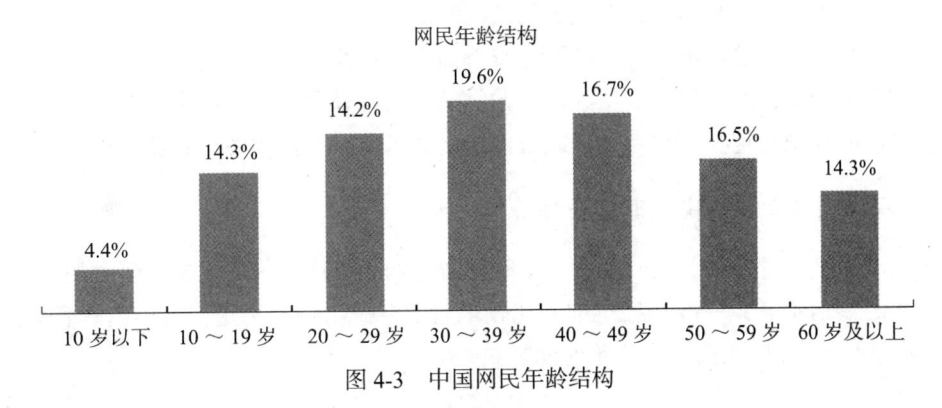

网民年龄结构

10岁以下	10～19岁	20～29岁	30～39岁	40～49岁	50～59岁	60岁及以上
4.4%	14.3%	14.2%	19.6%	16.7%	16.5%	14.3%

图4-3 中国网民年龄结构

资料来源：CNNIC，《中国互联网络发展状况统计报告》。

（5）学历结构。截至2020年12月，网络用户中具备中等教育水平的群体规模最大，初中和高中/中专/技校学历占比分别为40.3%和20.6%；受过大学专科及以上教育的网民占比为19.8%，如图4-4所示。

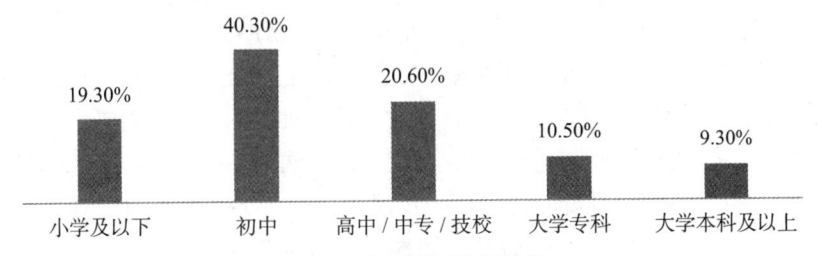

小学及以下	初中	高中/中专/技校	大学专科	大学本科及以上
19.30%	40.30%	20.60%	10.50%	9.30%

图4-4 中国网民学历结构

资料来源：CNNIC，《中国互联网络发展状况统计报告》。

（6）职业结构。截至2020年12月，在我国网民群体中，学生最多，占比为21.0%；其次是个体户或自由职业者，占比为16.9%；农林牧渔劳动人员占比为8.0%。

（7）收入结构。我国网络用户向高收入群体扩散。截至2020年12月，我国网民月收入在2 001～5 000元的网民群体占比为32.7%；月收入在5 000元以上的网民群体占比为29.3%；有收入但月收入在1 000元及以下的网民群体占比由2018年的15.8%降为15.3%。

2. 网络消费者分类

（1）网络消费者购物动机分类。

美国Flexo-Hiner公司发布的报告"电子商务发展状况"中，将网络消费者分为七种类型。

1）网络参与型：这类消费者认为网络社区是最好的购物和讨论购物的场所。

2）隐私规避型：这类消费者欣赏网络购物不需要在大庭广众之下购买那些比较隐私的商品的优点。

3）价格折扣型：这类消费者非常在意商品价格，网络购物主要是寻找价格低廉的商品。

4）购物厌恶型：这类消费者对过去网络购物的经历不满意。

5）商品浏览型：这类消费者只在网上查看商品，在线下购买。

6）贪图方便型：这类消费者认为网络购物最大的好处是可以不出家门。

7）自动监控型：这类购物者比较欣赏网络购物可以自动监控整个购物流程。

（2）网络消费者购买决策时间长短分类。

1）冲动型消费者：在购买时一般决策时间短、购买迅速，往往是根据当时的感觉。

2）耐心型消费者：一般是经过细心比较之后才会做出购买决定。这类消费者会在多个网站浏览对比之后才购买商品，决策时间较长。

3）审慎型消费者：购买之前会进行详细的调查分析，充分了解情况后才会购买。这类消费者往往是购买价值较高的产品和服务。

（3）网络消费者购物心态分类。

市场营销者经过深入研究，将网络消费者的购物心态分为两种：一种是"实用主义"的，即购物带有很强的目的性，"要完成任务"；另一种则是"享乐主义"的，进行购物是因为"好玩，我喜欢"。这两种心态对设计网络商店的布局会有所帮助。

"实用主义"通常被描述成是与任务相关联的、理性的行为，表明是在深思熟虑之后的有效的购买。显然购买本身不是实用主义行为的关键动机。例如，消费者在收集信息过程中会形成一些想法，进行价值判断。总的来说，设计网络购物系统时更多考虑的是购物的实用主义。实用主义可以用来解释以前人们提到的"购买乏味"现象。例如，实用主义价值观有助于解释为什么很少有客户浏览网上商店，可能是因为他们通常感到费时又费力。

"享乐主义"则反映了购物者对娱乐性追求的自然属性，网上商店通过营造享乐主义的氛围，诱使购买者一步步地被卷入其中，享受虚拟世界的自由与乐趣，逃避现实。也就是说，人们不是为了买东西才去逛街的，购买也许只是"逛"的过程当中的一个偶发事件。享乐主义观点比实用主义更为主观，对完成任务之外的娱乐性也很难进行量化分析。

以上对网络消费者的分类研究表明，网络营销者需要对消费者的诸多方面重新认识，并根据这些不同类型的购物者，有针对性地采取不同的营销方式。例如，对于冲动型消费者，如果网络购物经历留下了好的印象，必然会增加其网络购物的兴趣，并继续扩大在线消费，商家应该为他们提供方便的购物方法，以减少网络购物中的不愉快经历。而对于耐心型消费者，如果能针对性地设计方便的购物页面并给予尽可能多的帮助，一定会增加其网络购物的信心。

4.1.2 网络消费者心理特征

随着市场由卖方向买方转化，以消费者为市场主导的时代早已来临。面对更为丰富的产品和多元的选择，网络消费者的心理与传统消费者相比呈现出新的特点和发展趋势。

1. 高文化品位

消费动机的形成受制于一定的文化和社会传统，具有不同文化背景的人会选择不同的生活方式与产品。在互联网时代，文化的全球性与地方性并存，不同的文化带来个体消费者品位的强烈融合，人们的消费观念受到强烈的冲击，尤其青年人对以文化为导向的产品具有强烈的购买动机，而电子商务恰恰能满足这一需求。消费者对不同国家文化品位的追求，可以从电子商务模式中获得更广阔的空间。

2. 个性化

传统营销模式下个体消费品市场发展到今天，虽然多数产品无论在数量上还是质量上都非常成熟和丰富，能够满足消费者以个人的心理愿望为基础来挑选和购买商品或服务诉求，但现代个体消费者通常富有想象力、渴望变化、喜欢新奇和创造且具有强烈的好奇心，这就对个性化消费提出了更高的要求。个体消费者对商品和服务的要求越来越多，对产品的各方面要求也越来越多，从产品设计到包装，从产品使用到售后服务，不同消费者都有不同的要求。他们的这种发展变化，无疑给商家占领市场带来了新的挑战，他们所做出的选择已不再是过去单纯的只注重商品的实用价值，而是包括了产品的其他方面延伸。个体消费者更偏重与众不同，充分体现个体的自身价值，这一点已成为个体消费的首要标准。由此可见，个性化消费已成为现代消费的主流，传统的营销模式已经难以满足现代人追求个性化的需求，电子商务则为这种现代人追求个性化的消费心理，提供了个性化选择的平台。

3. 自主、独立

个体消费者主动性增强的变化来自于社会不确定性以及人类追求心理稳定和平衡的欲望。目前全球社会化分工日益细化、专业化，在这种趋势下，随着选择的增加，个体消费者对风险的感知也相应增加，而且对传统的"填鸭式""病毒式"营销方式产生了反感和不信任。个体消费者的购买行为过程转变成喜欢通过主动寻求各种可能的途径获取与商品有关的信息，并对这些信息进行反复分析、比较，最终实施购买行为。他们从购买行为中可以获取心理上的平衡以减轻风险感，增强对产品的信任和获得心理上的满足。现代个体消费者不仅需要了解产品全面的信息，通常还作为整个营销过程中一个积极主动因素去参与产品的设计、制造、运送等，充分体现了个体消费者在现代消费市场中追求自主、独立选购并与商家进行双向互动的特点。个体消费者自主、独立的消费心理是使个体消费者最终选择电子商务途径实施购买行为的重要因素。

4. 表现自我

网上购物行为是源自个人消费意向的积极行为，网络消费者通常会花费较多的时间到网上的虚拟商店浏览、比较和选择。网上虚拟商店这种独特的购物环境与传统交易过程截然不同，这种购买方式引起了消费者的好奇和个人情感变化。在网上，个体消费者完全可以按照自己的意愿向商家提出各种要求，不必再受传统交易过程中营销人员的影响和干扰，可以完全以自我为中心，根据自己的想法挑选商品，在消费中充分表现自我意愿。

5. 追求方便、快捷

对于快节奏生活的现代人来说，即时、方便、快捷地购物显得更为重要。传统的商品购物选择过程短则几分钟，长则几小时，再加上往返路途的时间，消耗了消费者大量的时间、精力，而网上购物弥补了这个缺陷。现代社会一大部分人工作压力较大、紧张度高，他们会选择以购物的方便性为首要目标，追求时间和劳动成本的尽量节约。网络消费不限空间、时间、地域的特性能够充分满足这一需求。

6. 躲避干扰

现代个体消费者更加注重精神的愉悦、个性的实现、情感的满足等高层次的消费需要，希望在购物中能随便看、随便选，保持心理状态的轻松、自由，不受其他推销的干扰，最大程度地得到自尊心的满足。与电子商务虚拟店铺模式相比，传统店铺模式下的销售服务通常会对个体消费者造成干扰和妨碍，有时过于热情的服务甚至吓跑了消费者，或者误导个体消费者做出购买选择。

7. 物美价廉

传统营销模式下，即使营销人员倾向于以其他营销差别来降低消费者对价格的敏感度，但价格始终是消费者最敏感的因素。网上商店比起传统商店来说，能使个体消费者更为直接和直观地了解商品，更自由地挑选和比较更多商家信息。个体消费者只需上网浏览就可以轻松获得各个产品的信息以及价格，并可在网上自由选择和比较产品的价格、外观、性能等，进而挑选出性价比最优的产品，通过网上链接快速进入消费者认为适合的产品页面，完成购物活动。网上购物满足了消费者追求物美价廉的心理，并为消费者提供了货比三家的便利条件。

8. 喜爱时尚商品

现代社会新生事物不断涌现，个体消费心理受这种趋势带动，稳定性降低，在心理意愿转换速度上与社会发展同步，在消费行为上表现为需要及时了解和购买到最流行的商品。与此同时，产品的生命周期不断缩短反过来又会促使消费者的心理转换速度进一步加快，传统购物方式已不能满足这种心理需求。

9. 理智而求实

网络消费者大多是中青年人，具有较强的分析判断能力，购物的动机往往是在反复思考、比较、精打细算后产生的，对所选购的商品的特点、性能和使用方法早已心中有数，购物相当理智，较少受外界的影响。他们对所购商品更加注重其使用价值，重视商品的质量、效用和售后服务，以实用、实惠为主要追求目的。一般来说，他们是中档商品和大众商品的购买者，若使用后感觉好，有可能成为某一品牌商品或某一网上商城的忠实顾客。

10. "孩童化"

网络消费者大都是个性化需求突出的群体，有自己的想法，对自己的判断力非常自负。同时，由于这样的网络消费者年轻，追逐时尚，对新事物有着孜孜不倦的追求，消费品的"寿命"一般较短，产品更新的速度较快，并且由于网络消费者兴趣广泛、好奇心强，但又缺乏耐心，注意力容易转移，如果浏览一个站点很费时间，他们就会很轻易地改换其他站点，由此又体现出网络消费者"好奇而缺乏耐心"的另一特点。网络消费者的消费特点，有一种类似于儿童的消费性格，需要不断有新事物来唤起兴奋，也就是说，在消费行为上"孩童化"了。

11. 从众

人们生活在一定的社会圈子中，有一种希望与自己应归属的社会圈子同步的趋向，既不愿突出，也不想落伍。受这种心理支配的消费者构成了追随消费者群，这是一个相当大的顾客群。研究表明，当某种产品达到一定的消费率后，将会产生该消费品的消费热潮。网络商品的消费者中不乏拥有这种心态的人。

|案例 4-1|

卫龙：一包辣条的逆袭

辣条是很多人共同的童年回忆。然而，不卫生、价格低廉、小作坊、不健康食品、街边、摊贩、上不了台面等，是人们对辣条的认识和传统定义。卫龙却以其独特的营销方式转变了辣条的形象，了解市场的变化、做好与消费者的沟通成为其逆袭法宝。

如果不是卫龙变成了网红，可能很多人都不知道，这家企业在2010年就请了明星做形象代言人。然而这些代言人都被一个戴着头套的某漫画主编形象秒杀了。

卫龙辣条满足了年轻人买零食不只要好吃、好看，更要有趣、有魔性、有噱头的需求，使本来就极具话题性、极易引发年轻人共鸣的辣条更带感，调侃戏谑间还带着亲切感。

（1）从战略层面考量，借着大牌的光环，趁机推出新品。比如，卫龙瞄准了iPhone7上市时间，开展一整套新品上市营销，致敬也好，模仿也罢，通过产品包装与目标消费者产生共鸣。一系列借势营销，使卫龙得以突出重围。

（2）把握消费者变化，拓宽产品线，实现产品创新。从休闲食品市场的整体走向来看，近几年，市场上增长最快的是具有健康、营养等功能的品类，在未来这一品类的占比将不断扩大。仅靠辣条撑场，对于卫龙来说绝非长久之计，除了经典麻辣类零嘴产品，卫龙同时也在健康休闲类产品上开发新品。

（3）跨界合作，找合适的联合点，产生1+1>2的效果。

比如，卫龙食品通过与某漫画平台合作，共同创作了辣条表情包。不难发现，卫龙与该漫画平台的合作正是基于二者拥有共同的年轻受众群，他们都喜欢偏二次元、娱乐、恶搞的内容。卫龙蹿红，该漫画平台和微博段子手起到了至关重要的作用。

（4）渠道+内容黏度双重打法。转变玩法，诉求不仅讲究锐利，更注重的是黏性。一个信息要像浆糊一样粘住消费者的脑子，令其挥之不去。信息不再单纯，而是有故事、有曲折、有前因后果，能够成为话题，使受众愿意转述。

"吃包辣条压压惊""辣条在手，天下我有""对方不想说话，并向你扔了一包辣条"，卫龙食品这种借势传播、一抄到底、故意过度高端化的营销方式，聪明巧妙，就像以一种极其认真的态度分析一个荒谬的笑话一样，越"作"越有看头，越调侃越红。

面对货架上打"情怀""怀旧"牌的童年小食、靠百变包装吸引人的休闲零食以及力图通过讲述品牌历史翻红的老厂牌，年轻人或许已感到审美疲劳，如何将这种"无感"转化成如今社交网络上极具传播力的"网感"，是这些本土品牌亟须考虑的问题。

资料来源：后龙山大掌柜．最接地气的传播高手：卫龙辣条案例 [EB/OL]．（2020-07-04）[2021-02-05].https：//www.it610.com/article/1279178920167489536.htm.

思考题

用一句话概括卫龙的目标顾客。

4.2 网络消费者行为

4.2.1 网络消费者购买动机

1. 购买动机的含义

动机是指推动人进行活动的内部原动力（内在的驱动力），即激励人们行动的原因。人只要处于清醒的状态中，就要从事这样或那样的活动。无论这些活动对主体有多大的意义和影响，对主体需要的满足具有怎样的吸引力，也无论这些活动是长久的还是短暂的，它们都是由一定的动机所引起的。网络消费者的购买动机是指在网络购买活动中，能使网络消费者产生购买行为的某些内在驱动力。

动机是一种内在的心理状态，不容易被直接观察到或被直接测量出来，但它可以根据人们长期的行为表现或自我陈诉加以了解和归纳。

2. 购买动机形成

消费者购买动机产生的原因不外乎内因和外因，即消费者的内部需要和外部诱因两类。

（1）内部需要。

由于个体正常生活的某个方面出现"缺乏"，就会产生"需要"，当这种需要被个体意识到之后，他的整个能量便会被动员起来，有选择地指向可以满足需要的外部对象，于是"动机"出现了。

消费者动机与需要的关系极为密切，它们都是购买行为的内在因素，是达到满足需要的行为动力。当消费者产生了某种消费需要时，心理上就会产生紧张情绪，成为一种内在的驱动力，即产生动机。

有了动机，就要选择或寻找目标。当目标找到后，就要进行满足需要的活动。行为完成的过程，就是动机和需要不断得到满足、心理紧张状态不断被消除的过程。然后，又会有新的需要产生，新的动机形成，新的行为活动开始，如此周而复始。

需要刺激动机过程如图 4-5 所示。

缺乏 ⇨ 需要 ⇨ 紧张 ⇨ 动机 ⇨ 目标导向 ⇨ 目标行动 ⇨ 需要满足 ⇨ 新需要产生

图 4-5 需要刺激动机过程

因此，动机是由个体需要引起的达到满足需要的行为动力，是需要的具体体现。

（2）外部诱因。

在现实消费中，并不是所有的动机都是由需要这种内部刺激产生的。例如，某消费者路过某商场，看见不少人正在争购一种市面上流行的面料，于是她也挤上去买了一块。又如，有时引起人食欲的，并不是饥饿，而是美味佳肴的色、香、味。消费心理学把这种能够引起个体需要或动机的外部刺激（或情境）叫作"诱因"。

"诱因论"在商业活动中有着重大意义。但诱因毕竟只是消费者动机的外因，它终究还要通过消费者的内因——"需要"起作用。然而，并不是所有的需要都能够被消费者意识到，在这种情况下，营销服务人员必要的提示就显得很重要。

商业上的提示有各种各样的方式：可以口头提示，即面对面向顾客做介绍；也可以通过各种广告媒体提示；而最强烈的提示是商品本身的展示。许多有经验的工商企业经常要举办各种类型的商品展评会或展销会，其心理根据就在于此。在展销会上，一些消费者本来只是抱着参观的态度而来，可是当他看到某种合意的新商品时，便会踊跃购买。尤其是在对新产品投放市场打开局面没有把握时，采用各种方法来进行"提示"，具有很大作用。总之，消费者的购买行为是经常要受到外界刺激的。如何适时地给消费者以刺激，是生产经营厂家和营销人员应当研究的重要课题。一般来说，刺激越多，诱因越强，购买越有可能。因此，有经验的营销服务人员都会主动热情地向顾客介绍（提示）商品，从而达到促销的目的。

从上述分析可知，消费者购买动机产生的原因不外乎内因和外因，即内部需要和外部诱因两类。没有动机作为中介，购买行为不可能发生，消费者的需要也不可能得到满足。因此，动机及其成因与行为这三者之间的关系为：内部需要和外部诱因产生购买动机，购买动机产生购买行为，购买后使用评价又产生内部需要和外部诱因。

3. 购买动机的分类

消费者购买商品的动机是复杂的、多层次的、交织的、多变的。在购买过程中，有时看来很简单的行为，可以包含丰富的心理活动，很难说是哪一个或几个动机所推动的。可以按照不同的标准对动机分门别类。从普通意义上分，可以把消费者的动机划分为生理性购买动机和心理性购买动机；若针对消费者购买商品的原因和驱动力而言，又可将消费者的动机分成以下四种模式。

（1）本能模式购买动机。

消费者由于生理本能上的需要而产生的购买动机和行为叫作本能模式购买动机。如人类为了维持和延续生命，都有饥渴、寒暖、行止、作息等生理本能。本能模式购买动机具体表现为以下几点。

1）维持生命动机，如购买食品、饮料、饮具等行为。

2）保护生命动机，如为御寒而购买衣服鞋袜，为治病而购买药品的行为。

3）延续生命动机，如为组建家庭、抚育儿女而购买商品的行为。

4）发展生命动机，如为生活方便、舒适而购买，为掌握、提高劳动技能和知识而购买商品的行为。

一般来说，为了满足本能需要的商品供求弹性比较小，多数是生活中不可或缺的必需品，购买具有经常性、重复性和习惯性的特点。

（2）心理分析模式购买动机。

消费者为满足自己的心理性需要而产生的购买动机，叫作心理分析模式购买动机，比本能模式购买动机更为丰富多样。研究消费者购买的心理动机，对于把握消费的发展趋向，既有理论意义也有实践意义。心理分析模式购买动机主要表现为以下几点。

1）感情动机。

它由情绪动机和情感动机两个方面组成。

情绪动机是由人的喜、怒、哀、欲、爱、恶、惧等情绪引起的动机。消费者由于这种动机而从事购买活动时，往往表现出冲动性和不稳定的特点，如小孩由于欢乐的动机购买玩具等。

情感动机是由道德感、群体感、美感等人类高级情感引起的动机。如人们为了美而购买化妆品，为了维持友谊而购买礼品，或者为了显示自己经济能力和身份、威望而购买商品等。这种动机是与理智相联系的，因此具有相对的稳定性和深刻性。

2）理智动机。

它是建立在消费者对商品客观认识的基础上，经过充分分析比较后产生的购买动机，具有客观性、周密性和控制性的特点。在理智动机驱使下的购买，比较注重商品的设计和品质，讲究实用、可靠、便宜、方便和效率等。

3）惠顾动机。

这是对特定的网站或网店、厂牌或商品，产生特殊的信任与偏好，使网络消费者重复地、习惯性地前往同一家网站或网店，购买同一厂家、同一商标的商品的一种购买动机，往往源于商店便利、服务周到、商品丰富、价格公平，或者某一品牌地位权威，或者消费者个人的偏好和心理倾向。

（3）社会模式购买动机。

每个人都在一定的社会中生活，并在社会的教育影响下成长，因此，人们的购买和行为无不受到来自社会的影响。这种后天的、由社会因素引起的购买行为动机叫作社会模式购买动机，主要受如下几个方面的影响。

1）社会文化。

社会文化即社会所公认的，已经形成的信念、价值观念、态度体系、习惯方式和各种形式的行为规范。文化使人们建立起一种适合本民族、本地区、本阶层的是非观念，从而影响消费者行为。社会文化为人们提供了价值和行为的模式，以帮助人们更有效地适应周围环境。反映在购买动机上，一般来说，文化程度越高，理智程度就越高，对商品品格要求也越高，对文化娱乐的要求也越高，特殊需求也越多。此类商品如高档乐器、高级艺术品、古玩等。

2）社会风俗。

社会风俗指一个地区或一个民族的消费者共同参加的群体消费行为，是受共同的审美心理支配，在长期的消费活动中相沿成例的一种消费风俗习惯。在社会风俗消费活动中，人们具有特殊的消费模式，涉及人们的饮食、婚丧、节日、服饰、娱乐等物质与精神的消费。主要表现为：种族性消费习俗、民族性消费习俗、地域性消费习俗、传统性消费习俗、信仰性消费习俗、职业性消费习俗等方面。

3）社会阶层。

社会阶层是一种表明人们社会地位的等级系统。同一社会阶层的消费者消费行为有许多相似之处，不同社会阶层的消费者消费行为差异较大。

4）社会群体。

人们总是在一个乃至几个相对固定的群体中劳动和生活，因而总是互相结合成为一定的群体。消费者总是在一定的生活圈子内生活，比较固定的社会群体往往也会形成一定的群体性格、习惯，从而影响该群体中每个人的态度和看法、生活标准和行为，也影响着人们的购买行为和购买动机。在群体中，人们的消费习惯、消费趋势都是互相影响的。有些人还会不断选择自己消费活动的榜样，不断学习、仿效自己所羡慕的人的消费行为。

（4）需求层次模式购买动机。

需求层次学说上满足不同心理需要层次而引起的购买行为动机叫作需求层次模式购买动机。需求层次学说认为，人们购买商品，首先是满足生理的需要，如穿衣、吃饭等，这是最基本的位于最底层的需要，这种需要没被满足的话，人类机体将无法正常运转；其次是当最基本的需要得到满足之后，人们就开始追求安全需要的满足，即寻求人身、健康以及财产等资源的安全保障；安全需要基本满足后，又产生社交需要，即归属与爱的需要，这时候购买商品是为了获得喜爱；再次是尊重需要的满足，即对于个人能力被肯定和稳定社会地位的需要；最后是最高层次的自我实现的需要，它代表了个人理想、抱负以及能力发挥的最大程度。

4.2.2 网络消费者行为特点

当前我国网络消费者网购行为在以下几方面具有突出特征。

1. 消费产品个性化

由于社会消费品极为丰富，人们收入水平不断提高，这些因素进一步拓宽了消费者的选择余地，并使产品的个性化消费成为可能。消费者购买产品也不再仅仅是为了满足其物质需要，而且还要满足其心理需要，在这一全新的消费观念影响之下的个性化消费方式正在逐渐成为消费的主流。网络营销必须面对这一市场环境，对市场实行细分，直至极限。

2. 消费过程主动化

在网络营销中，消费者消费主动性的增强，来自于现代社会不确定性的增加和人类追求心理稳定和平衡的欲望。这种消费过程主动化的特点，对网络营销产生了巨大的影响，它要求企业必须迎合消费者这种需要的变化，对顾客不再进行"填鸭式"的宣传，而是通过和风细雨式的影响，让顾客在比较中做出选择。

3. 消费行为理性化

在网络环境下，消费者能够理性地选择自己的消费方式，这种理性消费方式主要表现在以下几个方面。

（1）理智地选择价格。

（2）大范围地选择比较，即通过"货比千家"，精心挑选自己所需要的商品。

（3）主动地表达对产品及服务的欲望，即消费者不再会被动地接受厂家或商家提供的商品或服务，而是根据自己的需要主动上网去寻找适合的产品，即使找不到也会通过网络系统向厂家或商家主动表达自己对某种产品的欲望和要求。

4. 购买方式多样化

网络使人们的消费心理稳定性减少，转换速度加快，这直接表现为消费品更新换代的速度加快。这种情况反过来又使消费者求新、求变的需求和欲望进一步加强，同时，由于在网上购物更加方便，人们在满足购物需要的同时，又希望能享受到购物的种种乐趣。这两种心理使购买方式变得多样化，这种多样化的购买方式又直接影响了网络营销。

4.2.3 网络消费者行为理论与模型

1. 理性行为理论

理性行为理论（theory of reasoned action，TRA）又译作"理性行动理论"，是由美国学者菲什拜因（Fishbein）和阿耶兹（Ajzen）于1975年提出的，主要用于分析态度如何有意识地影响个体行为，关注基于认知信息的态度形成过程，其基本假设是认为人是理性的，在做出某一行为前会综合各种信息来考虑自身行为的意义和后果。

TRA理论有以下三点前提假设。

（1）个体是理性的，在做出某一行为前会综合各种信息来考虑自身行为的意义和后果。

（2）个体是否发生某种行为是可以被自身控制的。

（3）个体倾向于遵循能使自己获得有利结果并且也能够符合他人期望的行为方式。

理性行为理论中有四个核心概念，分别是行为、行为意向、态度和主观规范。依据理性行为理论，个体对某种行为的态度和主观规范决定了其行为意向的强弱，而个体的行为意向又进一步决定了个体是否会实现该行为。TRA 理论模型如图 4-6 所示。

图 4-6　TRA 理论模型

TRA 理论认为个体的行为在某种程度上可以由行为意向合理地推断，而个体的行为意向又是由对行为的态度和主观准则决定的。

人的行为意向是人们打算从事某一特定行为的度量，而态度是人们对从事某一目标行为所持有的正面或负面的情感，它是由对行为结果的主要信念以及对这种结果重要程度的估计所决定的。主观规范（主观准则）指的是人们对认为对自己有重要影响的人希望自己采取某行为的感知程度，是由个体对他人认为应该如何做的信任程度以及自己对与他人意见保持一致的动机水平所决定的。这些因素结合起来，便产生了行为意向（倾向），最终导致了行为改变。

理性行为理论是一个通用模型，它提出任何因素只能通过态度和主观准则来间接地影响使用行为，这使得人们对行为的合理产生有了一个清晰的认识。该理论有一个重要的隐含假设：人有完全控制自己行为的能力。但是，在组织环境下，个体的行为要受到管理干预以及外部环境的制约。因此，需要引入一些外在变量，如情境变量和自我控制变量等，以适应研究的需要。

2. 计划行为理论

计划行为理论（theory of planned behavior，TPB）是由阿耶兹（Ajzen，1988；1991）提出的，他是理性行为理论的继承者。阿耶兹研究发现，人的行为并不是百分百地出于自愿，而是处在控制之下。因此，他将 TRA 予以扩充，增加了一项对自我"知觉行为控制"的新概念，从而发展成为新的行为理论研究模式——计划行为理论。TPB 理论模型如图 4-7 所示。

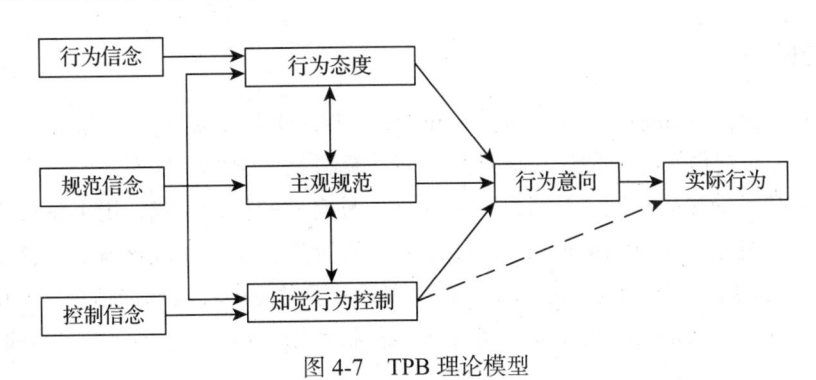

图 4-7　TPB 理论模型

行为态度（attitude）是指个人对该项行为所持有的正面或负面的感觉，指由个人对此特定行为的评价经过概念化之后所形成的态度，所以态度的组成成分经常被视为个人对此行为结果的显著信念的函数。

主观规范（subjective norm）是指个人对于是否采取某项特定行为所感受到的社会压力，即在预测他人的行为时，那些对个人的行为决策具有影响力的个人或团体对于个人是否采取某项特定行为所发挥的影响作用大小。

知觉行为控制（perceived behavioral control）是指反映个人过去的经验和预期的阻碍，当个人认为自己所掌握的资源与机会越多、所预期的阻碍越少时，对行为的知觉行为控制就越强。而其影响的方式有两种，一是对行为意向具有动机上的含义，二是能直接预测行为。

行为意向（behavior intention）是指个人对于采取某项特定行为的主观概率的判定，它反映了个人对于某一项特定行为的采取意愿。

实际行为（behavior）是指个人实际采取行动的行为。

计划行为理论有以下几个主要观点。

（1）非个人意志完全控制的行为不仅受行为意向的影响，还受执行行为的个人能力、机会以及资源等实际控制条件的制约。在实际控制条件充分的情况下，行为意向直接决定行为。

（2）准确的知觉行为控制反映了实际控制条件的状况，因此它可作为实际控制条件的替代测量指标，直接预测行为发生的可能性（如图4-7虚线所示），预测的准确性依赖于知觉行为控制的真实程度。

（3）行为态度、主观规范和知觉行为控制是决定行为意向的3个主要变量，态度越积极、对其重要的人越支持、知觉行为控制越强，行为意向就越大；反之就越小。

（4）个体拥有大量有关行为的信念，但在特定的时间和环境下只有相当少量的行为信念能被获取，这些可获取的信念也叫突显信念，它们是行为态度、主观规范和知觉行为控制的认知与情绪基础。

（5）个人以及社会文化等因素（如人格、智力、经验、年龄、性别、文化背景等）通过影响行为信念间接影响行为态度、主观规范和知觉行为控制，并最终影响行为意向和实际行为。

（6）行为态度、主观规范和知觉行为控制从概念上可完全区分开来，但有时它们可能拥有共同的信念基础，因此它们既彼此独立，又两两相关。

3. 技术接受模型

技术接受模型（technology acceptance model，TAM）是由美国学者弗雷德·D.戴维斯（Davis，1986）根据理性行为理论在信息系统与计算机技术领域发展而来的，用于解释和预测人们对信息技术的接受程度。其目的在于找出一种有效的行为模式，用于解释信息技术中使用者接受新信息系统（information system，IS）的行为，同时分析影响使用者接受的各项因素。此模型提供了一个理论基础，用于了解外部因素对使用者内部的信念（belief）、态度（attitude）及意向（intention）的影响，进而影响科技使用的情形。此模型能够普遍应用于解释或预测信息技术使用的影响因素。TAM 理论模型如图 4-8 所示。

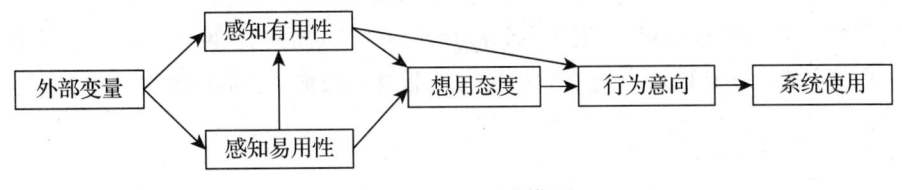

图 4-8 TAM 理论模型

技术接受模型提出了两个主要的决定因素：感知有用性 U（perceived usefulness），反映一个人认为使用一个具体的系统对他工作业绩提高的程度；感知易用性 EOU（perceived ease of use），反映一个人认为容易使用一个具体的系统的程度。

技术接受模型认为系统使用是由行为意向（behavioral intention，BI）决定的，而行为意向由想用态度 A（attitude toward using）和感知有用性共同决定（BI = A+U），想用态度由感知有用性和易用性共同决定（A=U+EOU），感知有用性由感知易用性和外部变量共同决定，感知易用性是由外部变量决定的。外部变量包括系统设计特征、用户特征（包括感知形式和其他个性特征）、任务特征、开发或执行过程的本质、政策影响、组织结构等，为技术接受模型中存在的内部信念、态度、意向和不同的个人之间的差异、环境约束、可控制的干扰因素之间建立起一种联系。

4.3 网络消费者购买决策过程与影响因素

传统营销理论将消费者决策过程划分为五个阶段：需求确认、信息收集、比较选择、购买决策和购后评价。与传统消费不同的是，网络消费者购买行为是消费者通过网络这一工具发生的购买和使用商品的行为活动，它是由一系列环节、要素构成的完整过程，是消费者需求、购买动机、购买行为和购后使用感受的综合与统一。

4.3.1 网络消费者购买决策过程

1. 唤起需求

消费者的购买行为过程始于其对某个问题或需求的确认，即消费者意识到一种需要，并且有一种解决问题的冲动。网络消费和传统消费都受人的内部需要的影响。根据马斯洛的需求层次理论，需求分为生理需求、安全需求、归属与爱的需求、尊重需求和自我实现需求五类。如为了满足生理需要，人们在感到饥饿和口渴的时候，会产生对食物和饮料的需求。

传统消费不仅受内部因素的影响，而且受到外部因素的诱导。霍金斯模型指出影响消费者行为的外部因素包括文化、社会地位、参照群体、家庭和营销活动等。如看到同事买了一件漂亮的衣服，感觉性价比高，因此产生购买的想法。特别是传统媒体广告和促销活动的刺激，会极大地促进消费者的购买需求。

对比传统消费，网络消费诱发需求的动因局限于听觉和视觉，即文字的表述、图片的设计、声音的配置等。这些视觉和听觉作用于网络消费者的心理，从而使消费者产生购买欲望。网络商家必须巧妙地设计营销手段吸引更多的消费者浏览网页，诱导其消费需求的产生。因此，在需求确认阶段，传统消费受内外部因素的刺激，而网络消费只局限于听觉和视觉。

2. 收集信息

当确定需求后，为了使自己的需求得到满足，消费者会收集商品的有关资料，寻找购买目标，因此，收集信息、了解行情成为消费者购买决策过程的第二个环节。在传统消费模式下，许多消费者都是通过一些电视广告、商场促销活动和周围朋友的传播来获得信息。消费者收集信息大多处于被动的状态，所收集的范围、质量存在一定的局限性。

对比传统消费，网络消费能够以最快的速度收集最多的资料。网络消费者收集信息的主动性强，能够根据自身对信息的需求，采取不同的信息收集模式。一般可分为三种模式。

（1）对产品和服务没有判定标准，注重商品和服务类型的网络消费者有普通的信息需求。他们倾向于寻找与网上促销活动和产品介绍有关的信息。

（2）对产品和服务有特定的评判标准，但无确定的网商和品牌喜好的网络消费者具有有限的信息需求。这类消费者倾向于收集相关产品的知名度等有关信息。

（3）对特定的产品和服务有明确的购买倾向，但需要更多产品和服务的细节信息的网络消费者有精确的信息需求。他们会倾向于寻找产品性能、细节描述等的相关信息。在信息收集阶段，传统消费比较被动，网络消费主动性较大。

3. 比较选择

在广泛收集信息的基础上，消费者会对收集的信息进行比较、分析、研究，形成若干个备选方案，并根据自己的喜好，选出在性能、可靠性、价格和售后服务等方面与自己的标准相一致的产品。传统消费者主要是通过试用产品和咨询周围的朋友来获得信息的，因此，传统的消费者会把收集到的信息，包括产品的性能、质量、价格和售后服务等进行整合和选择，从中选择性价比和售后服务较好的产品来进行购买。

在网络消费中，消费者根据商家对产品的细节描述及虚拟社区论坛等方式来获得相关产品信息，通过对这些信息进行筛选，找到符合自身需求的产品。于是一些商家可能会通过美化产品图片和刷新星级等方式来提高产品的曝光度，这种信息的可靠性差，易出现如售假、消费者维权困难、纵容出售假冒侵权商品及监管不力等问题。因此，在比较选择阶段，传统消费者一般认为传统消费可靠性高，网络消费可靠性低，相比之下，传统消费优于网络消费。当前商家需要在客户服务的质量、营销环境的处理、广告宣传，以及网站知名度、信誉度、美誉度形象建立等方面下功夫。

4. 制定购买决策

网络消费者在对产品进行比较选择后，就会进入购买决策这一环节。网络购买决策是指网络消费者在其购买动机的支配下，从两件或两件以上的商品中选择一件满意商品的过程。在传统消费过程中，消费者容易受到周围朋友和商家促销活动的影响，甚至跳过前面的某些阶段，就产生购买行为。在这种从众和冲动型的购买动机中，女性消费者占很大的比例。她们受商家所营造的购物气氛、促销环境和其他消费者的购买行为影响较大，从而产生从众和冲动型购买行为。

与传统消费相比，网络消费者的冲动型动机较小，理智型动机所占比重较大。现在的网络消费者大多是中青年，他们具有较强的分析判断能力。在充分掌握产品信息并加以比较选择的情况下做出的购买决策，其决策的科学性较强，属于理性的购买行为。同时，网络消费者在挑选商品的过程中，会接触到许多关于产品性能、质量、价格、外观、售后服务等的信息，这些客观理性的信息会引导他们成为一个理性的消费者，减少冲动型的购买行为。因此，在购买决策阶段，传统消费者具有冲动型购买动机，网络消费者倾向于理智型购买动机。

5. 事后评价

消费者购买商品后，会通过使用商品来对自己的购买选择进行反省，考虑这种购买是否正确、效用是否理想以及服务是否周到等问题，这种购后评价将决定消费者今后的购买动向。传统消费者在收到一种价格、质量和服务与自己的预期相匹配的商品时，会进行重复购买，并告知他人。反之，如果所购商品不符合消费者的愿望，一方面他们会不采取行为，只是放弃使用该产品；另一方面，他们可能会采取积极的行动，比如他们会采取私下行动，决定停止消费该产品、品牌或抵制卖主，也可能采取公开行动，直接向厂商寻求赔偿或是向厂商、私人或政府提出控诉。

在网络消费环境下，如果消费者有好的购物体验，通常会对产品的质量和服务进行评分，这样会令厂商获益匪浅，但若消费者购后产生不满意感，也会对产品和服务进行评价。由于网络的透明性，商家不得不及时关注消费者的反馈，以便及时解决问题，提高店铺的美誉度。因此，在购后评价阶段，传统消费主要表现为是否重复购买，网络消费表现为用户的评价和反馈意见。

4.3.2 网络消费者购买决策的影响因素

互联网为消费者创造了一种全新的购物模式，足不出户可购遍天下好商品。影响网络消费者购买决策的主要因素可以从宏观、中观和微观三个维度来阐述，主要涉及文化因素和社会因素、网络购物平台的吸引力、购买的便利与快捷、安全性和服务、第三方评价、个人特性、网络购物的感知利益和感知风险、商品特性、商品的价格、商品促销等方面。

1. 文化因素和社会因素

不同的文化氛围对消费者网络购物有很大的影响。文化因素会通过影响社会的各个阶层和家庭，进而影响到每个人及其心理活动。一般来讲，在更加追求自由、个性化的文化氛围中，消费者选择网络购物的概率较高。

社会因素主要指网络购物所得到的认同感。如果消费者网络购物后得不到身边朋友的认同，他很可能不会再选择网络购物的形式，哪怕他对整个购物过程持认可态度。相反，如果其网络购物行为得到了大家的认同，他不仅会重复网络购买行为，更会成为其传播者。有调查数据显示，受朋友的影响而选择网络购物的人数最多，其次是网络广告和其他媒体的广告。由此可见，社会因素对消费者网络购物也会产生重要的影响。

2. 网络购物平台的吸引力

与在实体店铺购物一样，网络购物平台如网站与 App 的吸引力也会影响网络消费者的购物决策，其吸引力主要取决于以下几点。

（1）网站与 App 的美观性和操作的方便性。前者可以迅速吸引消费者的眼球，后者可以给消费者带来更好的消费体验，提升其满意度。

（2）商品信息的完备性。因为消费者无法亲身体验商品，只能通过文字和图片等了解商品，所以详细的商品信息能够降低他们的感知风险。

（3）网络商店的信用水平。网络环境下消费者购物的一大风险就是网络商店不予发货或者发货商品与消费者选购商品不一致。网络购物比传统购物多了一个物流的环节，消费者付款后不能马上拿到商品，这就给其购物带来了一定的信用风险。虽然现在许多网络商店都可以采取货到付款或者第三方支付平台的形式，但是退货换货程序比较复杂，消费者往往会放弃退货换货，所以商家的信用水平是消费者网络购物决策的重要参考指标。

（4）购物网站的知名度。随着互联网的发展，各种类型的购物网站层出不穷，这虽然给消费者提供了更多的选择，但也增加了消费者的搜索成本，而且还给某些欺诈性的购物网站提供了机会。调查发现，购物网站的知名度与消费者的感知利益呈正相关关系，与感知风险呈负相关关系，即知名度越高，消费者购物所获得的满足感就越强、感知的风险也就越低。

3. 购物的便利与快捷

购物便利与快捷是消费者选择购物渠道的首要考虑因素之一。由于互联网上商品销售与服务突破了时间和空间地域的限制，网络购物已经比传统购物更加方便了。但另外，不同网上商店是否容易被搜索到、搜索的速度以及其网站页面、导航设计、商品的选择范围与详细目录、信息服务速度等都会影响网络消费者对购买渠道的选择。

（1）**与传统购物相比在时间上更加便利**。

传统的零售服务业每天的营业时间也只能是 10～14 小时，即早上 8：00 开门，晚上最迟 22：00 关门，还有特别的公休日、节假日歇业。同时，传统购物中的零售店与消费者存在空间距离，有时为了买到称心的商品还要奔赴异地。在互联网上，虚拟商店全天 24 小时营业，网络全天候开放，消费者与网上零售商店实现跨时空零距离接触，可以半夜醒来买东西，购物极其便利。

（2）**与传统购物相比商品挑选的范围更大**。

传统商业中，百货商店曾以货品丰饶自傲，但在今天网上零售商店里商品的种类、数量极为丰富，而且还在保持高速增长，网上商品可供消费者选择的空间被大大扩展了。消费者可以通过网络，方便而快速地搜索到全世界相关商品的信息，进而比较、评估，从中选择自己满意的商品。同时，对于个性化消费需求，消费者可将具体要求以多种网络互动沟通方式告知商家，从与自己联系的商家中筛选出符合要求的个性商品。

（3）网上商家对购物便利与快捷的竞争。

互联网时代，消费者对兴趣爱好和效率的要求达到了极致。尽管与传统购物相比，通过互联网开展的网上购物已经极为便利了，但网络消费者对"等待"是难以容忍的。网络消费者在购物便利与快捷方面仍有诸多的抱怨和不满，这些抱怨和不满主要集中在：

1）难以找到有效的网站和某种特定的商品。
2）网上商店的页面、导航设计存在操作不便。
3）网上商店的信息服务速度过慢。
4）网上订购手续复杂、烦琐等。

在互联网上，商家对消费者的这些抱怨与不满应加以重视。第一，要强化自身网络站点的网上市场推广，以利于消费者通过搜索引擎快速找到。第二，规划和重新设计网站的导航系统、网站页面和内容等，使网络站点更贴近消费者，更方便消费者操作使用。第三，升级服务器，优化数据库，提高网上信息服务的速度与效率。第四，合理简化订购手续。

4. 安全性与服务

传统的购买一般是一手交钱，一手交货，即"钱花出去了，商品在自己手里"。网上购物一般需要先付款后送货，改变了传统交易的模式，总让消费者担心与不安。网络消费者担心商品质量与宣传不符或差异过大，担心售后服务得不到保障，担心网商的信用与信誉，担心交易划账时信用卡的安全与个人信息的外泄，以及网商的订单处理速度、质量、送货费用和各项顾客服务等问题。据 Data monitor 统计，美国因顾客服务问题造成的网上零售损失过亿；全美在线零售订单中约 70% 没有最终完成的主要原因集中在订单处理速度、安全问题、送货和处理费用太高以及缺乏完善的购物咨询与顾客服务等 4 个方面。

网商必须在网络购物的各个环节完善安全和控制措施，以增强消费者的购物信心，从安全性和顾客服务方面的加强与优化着手，培育消费者对网站的信心。同时，随着网络安全技术的不断发展和提高，网上购物将越来越安全，越来越有保障，网上购物服务将越来越优质。

5. 第三方评价

所谓第三方评价是指有经验的消费者对购物过程的评价。通常，交易型的网站会鼓励消费者将自己亲身经历的产品使用感受写在网上，或者网站会提供一些独立的机构对产品做出评估。随着网络技术的发展，除交易型网站会提供消费者之间的交流平台外，虚拟社区、博客等新兴媒体也成为第三方评价的载体，为消费者网络购物提供重要的参考。消费者往往对那些允许发布产品评论的品牌更为信任。

究其原因，是第三方评价要比来自商家的信息更为客观。在信息泛滥的时代，消费者都饱受商家广告信息的轰炸，这就使得消费者对商家广告产生了一种抵触情绪，进而对其广告的可信度表示怀疑。加之某些欺诈性网站的出现，使得消费者网络购物更为谨慎。而来自有经验的消费者的第三方评价可以有效帮助其他消费者分辨产品，使其对产品属性有更深入的了解。对于关注评论的其他消费者来说，这些来自第三方的评价很可能左右他们的购买决策。

6. 个人特性

消费者购买行为是复杂的，其购买行为的产生是受到其内在因素和外在因素的相互促进和交互影响的。影响消费者购买行为的因素有很多，个人特性是消费者购买决策过程最直接的影响因素，如年龄、性别、职业、收入、文化程度、生活方式、民族、宗教等，在这些个人特性的作用下，消费者的需求有很大的差异性，对商品的要求也各不相同，而且随着社会经济的发展，消费者的消费习惯、消费观念、消费心理不断发生变化，消费者的购买差异性也越来越大。即使人们来自相同的次文化、社会阶层或职业群体，也可能有着不同的生活形态。比如，有人选择努力工作追求成就，有人选择游山玩水悠游自在。销售者应设法了解消费者的生活形态，并使其商店或品牌形象能与消费者的生活形态相吻合。

7. 网络购物的感知利益和感知风险

网络购物的感知利益包括满足消费者个性化的需求、为消费者提供方便快捷的购物方式、满足消费者追求新奇的动机、为消费者提供更便宜的商品等。当消费者的感知利益高于其购买成本时，购买行为就会发生。并且，由于网络购物的特性，消费者购后的效应会大大扩大，即当消费者对网络购物体验满意时，其往往会在短期间内重复进行购买。反之，如果消费者对网络购物体验不满，他们很可能不会再光顾这家网络店铺，甚至会终止网络购物行为。

感知风险最初是由哈佛大学的鲍尔（Bauer）于1960年从心理学延伸出来的。他认为消费者做出任何购买行为，都可能无法确知其预期的结果是否正确，而某些结果可能令消费者不愉快。所以，消费者购买决策中隐含着对结果的不确定性，而这种不确定性，也就是感知风险最初的概念。感知风险理论在解释消费者购买行为方面，主要是把消费者行为视为一种风险承担行为，因为消费者在考虑购买时并不能确定产品的使用结果，故实际上消费者承担了某种风险。消费者在网上购物过程中会感知到各种风险，这些感知风险严重地影响着消费者的网上购物行为。网络消费者一般会选择公众影响力较好、信任度及声誉较好的网站和商家的商品。由于消费者感知到了网上购物的多种风险，当这些风险因素的总和小于消费者可接受的风险水平时，消费者则会实现其网上购物愿望，进而完成网上购物行为；反之，消费者则会采取各种方式来降低感知到的风险。

8. 商品特性

互联网上的市场有别于传统市场，由于互联网消费者群体的独特性，并不是所有的产品都适合通过互联网开展网上销售和网上营销活动。根据网络消费者的特征和其网上购买行为模式特点，网上销售商品首先要考虑其新颖性，即必须是时尚类商品。追求时尚与新颖是许多网上消费者进行网上购物的首要原因，这类消费者注重商品的款式、格调和社会流行趋势，讲求新潮、时髦和风格独特，力争站在时尚潮流的浪尖，而对商品的价格高低不予计较。其次是商品的个性化。这具体表现为企业根据网络消费者的个性化需求为网络消费者在功能、外观、结构上对商品进行重新设计和组配，剔除冗余功能与结构，添加新的个性化功能，并根据个性化要求优化外观结构，以实现消费者高度个性化的需求。最后是网络消费者的商品购买参与程度。体验式消费要求消费者参与程度较高，这种体验往往要求消费者必须亲临现场感受商品和服务。这种体验或消费受到时间、空间、规模、价格等诸多因素的制约。但在网络时代，许多企业已开发了模拟体验软件，消费者在互联网上可通过模拟软件的引导，体验身临其境的消费感受，如网络游戏等。现在一些汽车商家通过模拟驾驶软件使消费者足不出户就获得驾驶体验，大大降低了传统汽车销售中的驾驶体验成本，并极大地扩大了汽车驾驶体验面，有利于提高汽车的销售业绩。

9. 商品的价格

价格因素是消费者选择网络购物最重要的原因之一。网络商店没有实体店铺，可以有效地节省成本，因此其出售的商品往往会比实体店铺的便宜，这对追求价廉物美的消费者来说无疑有很大的吸引力。事实上，价格不是决定销售的唯一因素，但它是一个极其重要的影响因素，比如单价100元的牙刷，市场销售肯定很不容易。对同种商品，消费者的购买总是倾向价格更低者。而互联网营销没有传统店面昂贵的租金成本，没有传统营销中沉重的商品库存压力，低营销成本和可预期的低结算成本使网络销售的商品比传统销售更具价格优势。这类商品不仅有在网上销售的标准化大件必需品、网络消费者熟知的各种必需品（如图书、音像等），还有绕过物流问题的商品（如酒店的客房，飞机的舱位，电影、剧院、音乐厅的票位，讲座、培训、高档餐饮的座位，金融、保险产品以及媒介版面等）。互联网的免费和低价策略已深入人心。

10. 商品促销

商家的促销活动对消费者购买行为同样有着显著的影响。相较于传统市场，互联网商家的促销形式更加丰富多变，可谓花样百出。促销是购买行为的推动器，消费者在进行购买决策时往往容易被各种促销活动所吸引。有时是一段大街小巷循环播放的广告词，比如火爆一时的聚美优品"我为自己代言"、拼多多"拼的多省的多"，都是网络广告的成功典范。再比如现今已经是全民参与的"双11狂欢节"，五花八门的促销活动（折扣力度、买赠策略、满减优惠、红包补贴等）冲击着消费者的神经，2020年"双11"当天天猫交易额为4 982亿元，再次刷新天猫"双11"全天交易额纪录。此外，直播促销也是商家热衷的一种促销方法。消费者在直播环境中更容易对某种商品产生购买冲动，同样的商品经"网红"主播推荐，其粉丝对该主播的信赖转化为对该商品的信赖，加之直播间的商品往往折扣力度更大、价格更划算，并伴有丰富的赠品，这让消费者忍不住"剁手"买买买也就不足为奇了。

|案例 4-2|

在小红书上"标记生活"

小红书是什么?"小红薯"们是谁?

它是一个网络社区,也是一个跨境电商,还是一个共享平台,更是一个口碑库;他们是这里的用户,也是消费者,还是分享者,更是同行的好伙伴。

小红书依托用户口碑写就的"消费笔记",不仅将产品介绍得更真实可靠,也把各种美好的生活方式传递开来,让年轻人在购物休闲的同时,不断发现生活的新可能。

1. 一个核心基因——"口碑是最重要的资产"

从分享真实消费体验,到上线电商,在小红书一路走来的成长旅途中,口碑一直是最重要的资产。为了让"小红薯"们经济快捷地享用原装正版的国际品牌,小红书在 29 个国家建立了专业的海外仓库,在郑州和深圳的保税仓面积超过 5 万 m^2,并在仓库设立了产品检测实验室,构建了完善的国际物流系统。

缔造信任,来自为了用户利益"死磕到底"的态度。有用户反映,购买的某款漱口水与之前的味道略有差别,小红书随即启动响应机制,通过化学实验发现漱口水成分与之前相比确实存在差异。小红书随后立刻与供应商反复核验,最终确认是不同生产线导致的这一情况。不仅如此,小红书还力促品牌方邀请该用户去日本工厂实地考察,最终彻底打消其疑虑。

2. 两大业务驱动——"被用户的信任推着跑"

打开小红书就会发现,"社区+电商"的双轮驱动,是让小红书脱颖而出的点睛之笔,也是不同于其他传统电商的创新底色。小红书因"小红薯"们的分享而丰富,"小红薯"们的生活也因小红书而更美好。在分享中解除疑忧,在消费中满足需求。比如一位来自上海女足的姑娘,因为风吹日晒,皮肤变得粗糙,每次上场训练前她都会擦一擦从小红书上买的防晒霜;每天结束训练后哪怕再累,也要用卸妆水把脸洗干净,睡觉前再敷一敷脸。她宿舍里摆满的法国护肤品,都是她看完笔记后直接在小红书上买的。"现在的女运动员,不再是皮肤很黑很差的样子,我觉得再累再辛苦也要好好对自己。"姑娘自信地说。

其实,小红书"社区+电商"双轮驱动,不仅可以带给用户更好的服务,而且来自用户的数千万条真实体验,还让小红书成了产品方看重的"智库"。欧莱雅首席用户官斯蒂芬·威尔梅特说:"在小红书,我们能够直接聆听消费者真实的声音。真实的口碑,是连接品牌和消费者最坚实的纽带。"Tatcha 创始人则表示:"我们在美国拥有几百人的研发团队,但中国消费者的需求只有小红书最懂,因为这里的消费者反馈是最真实、最及时、最集中的。"

社区空间的真诚互动、产品研发的上下联动、"社区+电商"的双轮驱动,让小红书开拓了电商发展的蓝海和长尾,成就了全球增长最快的社区电商奇迹。

资料来源:百度文库.小红书,用户信任创品牌 [EB/OL].(2018-10-24)[2021-02-05].https://wenku.baidu.com/view/5ac6621b326c1eb91a37f111f18583d048640f5f.html.

思考题

试对比小红书与你所熟知的购物网站,分别分析其优势和劣势。

本章小结

本章从网络消费者的特征、行为和购买决策过程三部分介绍了网络消费者的基本情况,并介绍了TRA、TPB、TAM三种常用的模型。对比传统消费者,抓住网络消费者的新特征,从本质上了解网络消费者的购买动机,企业才能更好地去满足网络消费者的需求。

复习题

1. 简述网络消费者的心理特征。
2. 影响网络消费者购买行为的因素主要有哪些?
3. 简述网络消费者行为研究的常用模型。
4. 举例说明网络消费者购物过程。在各个过程中可能影响其满意程度的因素有哪些?

讨论题

请结合案例4-1思考卫龙逆袭的秘籍。

案例研究

小米成功之道:粉丝文化和消费者心理

小米科技(全称北京小米科技有限责任公司)由前谷歌、微软、金山等公司的顶尖高手组建,是一家专注于智能手机、互联网电视以及智能家居生态链建设的创新型科技企业。

一、小米的粉丝文化

小米最成功的一点便是塑造了自己的粉丝文化,让粉丝成为产品的代言人,去宣传小米产品的优点,去维护小米的品牌荣誉。

在与用户的沟通上,小米手机一直将粉丝视为整个品牌的主人,他们不只是小米的用户,他们还有可能成为小米手机的开发者、小米手机价值的传播者或者小米手机当之无愧的VIP。2013年10月15日,小米VIP特权中心正式上线,当时小米官网上对VIP特权的描述是,"每个小米VIP认证用户在此拥有专属于自己的VIP用户个人主页,享有各种尊贵特权,并可以领取手机勋章,享有比普通小米用户更多的购买优惠和服务待遇"。可见,小米在与用户进行价值的连接。同时小米也注重与用户的情感连接,熟悉小米的人都会知道"荣誉开发组"这一神秘的群体。

小米在网络媒体上建立了"微博拉新、论坛沉淀、微信客服"的粉丝维护体系。第一步,通过微博平台,将小米手机的信息进行广泛的传播,将有潜力成为核心粉丝的用户导入小米的主要根据地——小米社区平台。第二步,在小米官方网站建立小米社区,将有共同爱好、共同价值观的粉丝用户进行聚拢,并在小米社区平台引导粉丝用户进行内容创造,使其与核心的粉丝用户建立良好的互动关系,通过一系列的优惠措施以及尊崇体验,带给核心粉丝更高的溢价。最后一步,通过微信平台对粉丝遇到的产品售后问题进行维护,解决产品设计缺陷可能带来的粉丝流失问题。

二、小米的消费者心理

1. 小米手机的定价:1999元

消费者在生活中遇到某个产品,第一

眼留下印象的价格将在此后对购买这一产品的出价意愿产生长期影响，这个价格或者说印象，被称为"锚"。在小米手机推出之前，iPhone 的推出早已为智能手机定了价：5 000 元。而到底智能手机的制造成本是多少？没人知道。于是"5 000"便成为智能手机定价中的"锚"，一直影响着消费者对智能手机定价的认知，即使其他智能手机不如 iPhone，但消费者对其的心理定价也在 3 000～4 000 元之间。

因而，小米手机 1 999 元的定价成为小米手机最具杀伤力的引爆点，引来各大媒体的追踪报道以及各大网站的热点传播，也成为其在如今竞争激烈的智能手机市场上最具个性的差异点，引来消费者的一致热捧。

小米手机意在用 1 999 元的定价来告诉消费者自己的高性价比，而实际上则是在利用 iPhone 的"锚"做掩护，为自己留足盈利空间的同时，以低成本取得品牌传播的轰动效应。

2. 小米手机的目标人群：手机发烧友

手机发烧友，即那些对手机具有狂热爱好的一类人。小米手机在面市之前，一再强调其将目标人群定位于手机发烧友。小米手机如此大的市场动作，仅仅是为了赢取手机发烧友这一消费市场吗？

从小米手机的定价中，我们就可以看出，小米手机所要吸引的，不仅仅是手机发烧友，更是那些热衷于使用智能手机以及想要使用智能手机但又预算有限的消费者，这个群体无疑是广泛的。

然而，小米手机之所以如此宣传，是意在圈定其源点人群——手机发烧友，以"专为手机发烧友研发"的手机身份出现，更容易赢得这些"专业人士"的好感。再借手机发烧友的"专业身份"以口碑形式向其目标消费者宣传，以此更容易走入目标消费者的视野，达成其最终目的。

3. 饥饿营销

梳理小米的营销，有这样一条简单规律：产品发布→消费等待→销售抢购→全线缺货→销售抢购→全线缺货。一般而言，小米最初几轮抢购都只有 10 万台，然后逐渐加到 15 万台、20 万台、30 万台。想要像其他手机一样做到开放购买，小米手机往往需要等待数月甚至 10 个月之久，而这时，也往往是小米下一代新品发布之际。

资料来源：百度文库. 小米手机粉丝营销[EB/OL].（2020-04-28）[2021-02-05].https：//wenku.baidu.com/view/cdc724d1df88d0d233d4b14e852458fb770b3820.html.

思考题

小米取得成功的重要因素有哪些？

参考文献

[1] 斯特劳斯，弗罗斯特. 网络营销[M]. 时启亮，陈育君，译. 北京：中国人民大学出版社，2015.
[2] 张园. 多芬"真美运动"[J]. 广告大观，2005（3）：66-71.
[3] 中国互联网络信息中心. 第 47 次《中国互联网络发展状况统计报告》[EB/OL].（2021-02-03）[2021-02-05].http：//www.cnnic.net.cn/hlwfzyj/hlwxzbg/.
[4] 葛幼康. 网络经济中消费特征及消费心理分析[J]. 消费导刊，2008（6）：6-7.
[5] AJZEN I，FISHBEIN M. Attitude-behavior relations：a theoretical analysis and review of empirical research[J]. Psychological bulletin，1977，84（5）：888-918.
[6] 徐旭初，陈荣. 农民工的智能手机使用行为及其影响因素[J]. 生产力研究，2017（12）：51-56.
[7] AJZEN I. The theory of planned behavior[J]. Organizational behavior & human decision processes，1991，50（2）：179-211.

[8] DAVIS F D. Perceived usefulness，perceived ease of use，and user acceptance of information technology[J]. Mis quarterly，1989（9）：319-340.

[9] 刘金荣.地方政府门户网站公众接受度及推进策略实证研究[J].情报杂志,2011,30（4）：182-185.

[10] 崔小杰.网络消费与传统消费的比较分析：基于消费者购买决策过程的视角[J].现代企业文化，2011（21）：156-157.

第 5 章
CHAPTER 5

网络营销战略规划

⊙ 开篇案例

战略之战：阿里的"大平台"与京东的"十节甘蔗"

阿里"大平台"原理

熟悉阿里的发展历史，就会发现阿里的战略实质是大平台战略。它先搭建一个平台，然后做大平台；到某个拐点时，会将平台升级，然后再做大。阿里最早的雏形是一个商品交易的网站，即阿里B2B平台。当平台稳定后，2003年C2C淘宝平台创立了，并成功实现本地化。之后的5年，是淘宝平台的做大期。依附于大淘宝衍生出来的支付宝、广告系统、微小企业贷款等相关业务，使阿里稳定赢利，坐稳电商第一把交椅。直到2008年，阿里建立了淘宝商城（后改名为天猫），做B2C业务。阿里随后打通了B2B、大淘宝、天猫、云服务等平台，并开始着手建设菜鸟网络，实施"大阿里"战略。至此，可以看作阿里在传统PC电商的布局基本完成。接下来的几年，阿里又逐步开始了移动电商、O2O的布局（创建手机淘宝、投资微博、收购高德、与银泰联姻等）。

纵观阿里的发展历史，如果将其比作一个大系统，那么这个系统由各种各样的平台（阿里B2B、淘宝、天猫、阿里云、阿里金融、阿里妈妈、一淘、聚划算以及高德、微博、优酷等）所组成。平台间相互组合，资源、流量灵活共享，数据打通（最典型的是淘宝与天猫的关系）。

为什么阿里总是不遗余力地打造大平台（大淘宝、大阿里）？这是由其模式决定的。与买卖式电商不同，平台电商做的是流量的生意，它主要靠针对商家营销收费、店面租金、广告费用、交易扣点等。因此，它需要不断地增大自身的体量并吸引更多的用户通过平台完成交易。而越多消费者使用平台，针对更多商家的佣金、扣点、营销收费才能越多。这种赢利模式被商家们戏称为"平台+收费站"。因此，流量是阿里最核心的生命线。而平台的整合、壮大期犹如闭关修炼，是阿里每个时期发展中最关键的阶段。

总之一句话，阿里战略的实质就是搭建平台—做大平台—赢利—拐点出现—平台升级，反复类推。

京东"十节甘蔗"理论

很多人都会拿阿里和京东来做比较。从业务模式上讲，这种比较并不恰当。因为两家公司模式不同。但从用户需求的角度看，两家公司又都为用户提供电商服务。相比于阿里的大平台战略，京东的战略则会显得封闭一些，偏向于控制。所谓"十节甘蔗"，实质是从零售行业供应链的角度解读了利益的分配（如下图所示）。京东的做法是"吃掉更多的甘蔗节数"，即不只是做交易平台，还要将业务延伸至营销、仓储、配送、售后等其他环节，并通过持续的成本降低实现多环节的赢利。京东认为那些只做单一环节（如交易平台）的企业容易走向另一个境地，即把自己的规模越做越大，却挤占了供应商和消费者的利益，不可持续。

十节甘蔗的说法比较贴切地抽象出了京东模式的实质，即把控整个零售环节，无缝为用户提供服务。十节甘蔗描述的正是消费品零售行业的供应链模型，对应的是电商中的B2C模式。

艾媒咨询（iiMedia Research）数据显示，2019年中国移动电商用户规模为7.13亿人，预计2020年将增至7.88亿人。艾媒咨询分析师认为，B2C电商作为移动电商主流模式，以大平台为品牌背书，更符合电商用户对服务质量和商品保障的期望，在移动电商发展渐趋稳定的环境下，B2C电商的覆盖率也将进一步提升，京东与阿里的竞争依旧激烈。

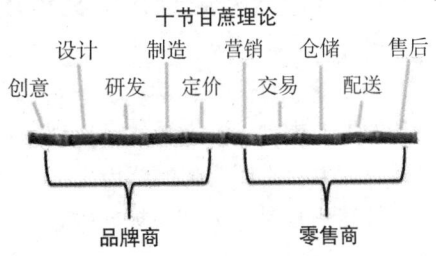

资料来源：搜狐. 新形势下，珠宝企业该如何赚钱？[EB/OL].（2017-08-04）[2022-12-31]. https://www.sohu.com/a/162147013_461508.

资料来源：虎嗅网. 阿里IPO在即，看阿里与京东战略和经营之比[EB/OL].（2014-09-13）[2021-02-07]. https://www.huxiu.com/article/42270/1.html.

思考题

阿里和京东战略不同是由什么导致的？

在本章中，我们将深入挖掘营销过程的第二步和第三步——制定顾客驱动型营销战略并构建营销项目。首先，我们会了解组织的整体战略计划，这些计划将指导组织的营销战略和计划。其次，我们将讨论营销人员如何在战略计划指导下紧密联合公司内外的其他人员去建立良好的顾客关系和为顾客创造价值、管理营销活动、评估及管理营销投资回报。再次，我们将讨论营销战略和计划——营销人员如何细分市场、如何选择目标市场、如何定位他们的市场供应品。最后，我们还会讨论网络营销战略中的战略目标、战略分析的重点内容以及模式选择。

"战略"（strategy）一词最早是军事方面的概念，在西方strategy一词源于希腊语strategos，意为军事将领，后演变为军事术语，指军事将领指挥军队作战的谋略。在中国，"战略"一词历史久远，"战"指战争，"略"指谋略。春秋时期孙武的《孙子兵法》被认为是中国最早对战略进行全局筹划的著作。在现代，"战略"一词被引申至政治和经济领域，其含义演变为泛指统领性的、全局性的、左右胜败的谋略、方案和对策。古人云："不谋万世者，不足谋一时；不谋全局者，不足谋一域。"这就告诉我们在认识事物和处理问题时，应从全局、从长远考虑，必须学会从整体上把握事物的联系，必须树立整体观念和全局思想。

5.1 企业战略与营销管理

企业战略是指企业为了适应未来环境的变化，寻找长期生存和稳定发展的途径，并为实现这一途径优化配置企业资源、制定总体性和长远性的谋划与方略。传统意义上的营销战略是指基于企业既定的战略目标，向市场转化过程中必须要关注客户需求的确定、市场机会的分析、自身优势的分析、自身劣势的反思、市场竞争因素的考量、可能存在的问题预判、团队的培养和能力的提升等综合因素，以此作为指导企业将战略向市场转化的方向和准则。

5.1.1 企业战略规划：定义市场营销角色

每个企业都必须在既定环境、机会、目标和资源的条件下寻找一个最有利于自身长期生存和发展的规划。这就是战略规划的重点。战略规划（strategic planning）是制定和保持企业目标及能力与不断变化的营销机会之间的战略匹配的过程。

战略规划是企业其他规划的基础。企业通常需要制订年度计划、长期计划和设计战略规划。年度计划和长期计划通常针对企业现有业务，制订方案使之持续发展。相对来说，战略规划则是在不断变化的环境中对企业进行调整以抓住合适的机会。

在企业层面，企业从定义使命和整体目标开始的整个战略规划过程如图 5-1 所示。这个使命随后发展成详细的支持性目标来指导整个企业的发展。然后，企业高层管理者要决定怎样的业务和产品组合对企业最有利，以及为它们分别提供多大支持。反过来，企业每一个业务和产品都要提供详细的营销计划和其他部门性计划来支持企业的整体战略规划。从图中我们可以看出，市场营销计划发生在业务层面、产品层面和市场层面，它通过提供针对特定市场机会的计划来支持企业整体战略规划。

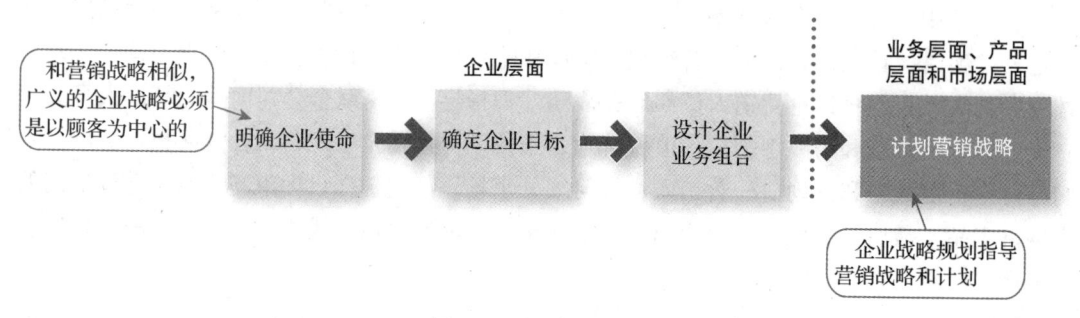

图 5-1 战略规划过程

资料来源：阿姆斯特朗，科特勒.市场营销学：第 13 版 [M].赵占波，孙鲁平，赵江波，等译.北京：机械工业出版社，2019.

1. 定义市场导向的使命

组织的存在是为了达成某件事，这个目标必须被清楚地陈述出来。要做出合理的使命陈述，需要回答以下几个问题：我们的业务是什么？我们的顾客是谁？我们的顾客注重什么？我们的业务应该是什么样的？这些看似简单的问题实际上最难回答。成功的企业会不断提出这些问题并仔细、完整地回答它们。

很多企业通过做出正式的使命陈述来回答这些问题。使命陈述（mission statement）是关于组织目标的陈述，用以说明在宏观营销环境中组织需要完成什么任务。一个清晰的使命陈述就像一只看不见的手，指导组织内部人员的活动。

一些企业在定义其使命时具有短视性，仅关注产品或技术层面（如"我们制造和销售家具"，或者"我们是经营化学品的企业"）。但好的使命陈述应该以市场为导向并从满足顾客基本需求的角度定义。产品和技术最终会过时，但基本市场需求则会持续存在。例如，IBM不仅仅把自己定义为一家计算机硬件和软件公司，它要通过提供数据和信息技术方案赋能顾客，成为"让世界更美好的催化剂"。同样，社交网站Pinterest不仅仅把自己定义为一个网络图片发布的场所，它的使命是为人们提供一个收集、组织和分享自己心爱之物的社交媒体平台。表5-1为我们提供了有关产品导向和市场导向的业务定义的例子。

表 5-1 产品导向和市场导向的业务定义

组织	产品导向的定义	市场导向的定义
Facebook	我们是一个在线社交网络平台	我们链接世界各地的人们并帮助其分享生活中的重要时刻
Hulu	我们提供网上音像服务	我们以人们希望的地点、时间和方法帮助他们找到和享受世界上杰出的音像内容
家得宝	我们销售工具、家庭修缮和改进用品	我们帮助消费者实现他们的家庭梦想
NASA	我们探索外太空	我们触及新高度、揭示未知，我们的所作所为将造福人类
露华浓	我们制造化妆品	我们销售生活方式和自我表达：成功、地位、记忆、希望和梦想
丽嘉酒店	我们出租房间	我们创造丽嘉酒店经历：一次远超顾客既有高预期的值得纪念的驻留
沃尔玛	我们经营折扣店	我们天天低价，给普通老百姓提供和富人买一样东西的机会："省钱，生活更美好"

使命陈述应该有意义、具体，还要有激励作用。企业很多使命陈述仅仅是为了满足公关需要而写，缺乏明确的可操作的指导方针。真正的使命陈述应该强调企业的优势并有力地展示它将如何在市场中获胜。例如，谷歌的使命不是成为世界上最好的搜索引擎，而是在任何人想要了解世界信息时为他打开一扇窗。

最后，企业的使命陈述不应该是创造更多的利润和销售额，利润只是为顾客创造价值后所获得的一种奖赏。相对而言，企业使命应该聚焦于顾客以及企业致力于营造的顾客体验。

布法罗鸡翅烧烤吧连锁店（以下简称"布法罗"）的使命不仅仅是售出最多的鸡翅以获取利润：顾客当然会来到布法罗吃鸡翅和喝啤酒，但他们同时也来观看运动比赛，随意聊天，为喜欢的球队加油，会见老朋友和结交新朋友——这是一个完整的饮食和社交体验。"我们意识到，我们的业务不仅仅是售卖鸡翅，"布法罗表示，"我们要做的还有更多。我们的业务是提升体育迷的体验。"和这一使命相契合，布法罗在店内和线上都开展了增进友情的促销活动。"这些途径是为了让顾客成为品牌的倡导者而不只是旁观者。"布法罗称。例如，该品牌的网站十分活跃，每月有140万的访问量，其Facebook主页的"粉丝"数超过了1 000万。追求以顾客为焦点的使命给企业带来了巨大的收益。连锁店的总销售额在过去8年翻了4倍，在"粉丝"互动方面布法罗是行业内的第一品牌。

2. 确立企业目的和目标

企业需要将其使命细化为每个管理层的支持性目标。每一位经理都应该有各自的目标并负责实现这些目标。例如，大多数美国人都知道亨氏集团的番茄酱产品，其年销售量超过6 500亿瓶。但亨氏旗下其实包含很多生产各种品类的食品的不同品牌，如Ore-lda、Classico等。亨氏通过共同的使命将这些不同的产品业务联系起来，"作为营养及健康事业中值得信赖的领导者，亨氏（最早的生产纯净食品的企业）致力于保护人类、地球和本企业的可持续的健康发展"。

这个广泛的使命衍生出了包括企业目标和营销目标在内的一系列分层次的目标。亨氏的总体目标是通过开发"在质量、口味、营养和便利方面有极高水平"的食品以建立可赢利的顾客关系，这个目标很好地体现了其关注营养及健康的使命。为了实现这一目标，亨氏在研发方面进行了巨大的投入。研发的成本是昂贵的，必须由公司利润支持，所以提升利润成为亨氏的另一个主要目标。利润的提高可以通过增加销售和降低成本实现。销售可以通过提高公司在国内和国际市场上的份额来实现，这些目标则成为公司当前的营销目标。

企业必须制定市场营销战略和计划以支持这些营销目标。为了提高市场份额，亨氏集团可能会扩大生产线，提高产品的可用性，加大产品在现有市场中的推广力度并扩张进入新的市场。例如，亨氏在其Ore-lda产品线下新增了用于户外烧烤的"Rrillers"马铃薯，让其马铃薯在夏季也需求旺盛。另外，亨氏购买了Quero企业80%的股份。Quero是一个生产以番茄为基础的酱汁、番茄酱、调味品和蔬菜的巴西品牌，预计能使亨氏在拉丁美洲的销售额翻倍，并成为亨氏拓展巴西市场的平台。

这些是亨氏集团的概括性的营销战略，而每一个大的营销战略都必须再进行更详细的界定。例如，促进产品的推广可能需要更多的广告投入和公关努力。通过这种方法，企业的使命就被分解成现阶段的一系列目标。

3. 设计业务组合

接下来，在企业使命陈述和目标的指导下，管理部门需要设计自己的业务组合（business portfolio）——构成企业的业务和产品的组合。最好的业务组合能够实现企业的优势劣势与其所处环境中的机会最好的匹配。

大多数的大型企业都有着复杂的业务和品牌组合。为这些业务组合制定战略和营销计划是一个艰巨但至关重要的任务。例如，ESPN的业务组合包括50多个业务实体，从多个ESPN有线电视频道到ESPN广播电台、ESPN网站、ESPN杂志甚至是ESPN体育主题餐厅。反过来，ESPN还只是其母公司迪士尼公司更广泛、更复杂的业务组合中的一个部分。迪士尼公司的业务组合包括迪士尼主题乐园和度假村，迪士尼娱乐工作室（电影、电视、戏剧产品公司，比如迪士尼电影企业、皮克斯、试金石影片、皮克斯动画和漫威影业），迪士尼消费产品（从服装、玩具到互动游戏），以及一个相当可观的广播、有线电视、广播和互联网媒体业务的组合（包括ESPN和ABC电视网络）。要管理好这个巨大的业务组合并获得足够的利润可能真的需要迪士尼动用它的魔法。

制订企业业务组合计划包含两个步骤：第一，企业必须分析现有的业务组合并决定应该增加或削减哪一项业务的投资；第二，企业必须制定增长和精简的战略来重塑其未来业务组合。

（1）分析现有的业务组合。

战略规划的主要活动是业务组合分析（portfolio analysis），即管理部门对企业所有产品和业务的评估。企业愿意把资源投入到更具赢利性的业务上，并减少或停止对弱势业务的投入。

管理的第一个步骤是识别企业的主要业务，它们通常被称为战略业务单元（SBU）。一个战略业务单元可以是企业的一个部门、部门内的一条生产线，也可以是单一的产品或品牌。业务组合分析的下一步需要管理者们评估不同的战略业务单元的吸引力，并决定每一个战略业务单元应该投入多少。设计业务组合时，增加和支持与企业核心理念和优势相匹配的产品和业务是很好的想法。

战略规划的主要目的是使企业能够充分利用自身优势抓住环境中的机会。大多数标准的业务组合分析方法是从以下两个维度来评估战略业务单元的：战略业务单元的市场或行业的吸引力以及战略业务单元在市场和行业中所处的位置。最好的业务组合分析方法是由咨询行业的领头羊波士顿咨询公司发明的。

1）波士顿矩阵。

使用波士顿咨询公司发明的方法，一家企业可以根据如图 5-2 所示的成长 – 份额矩阵（growth-share matrix）划分所有的战略业务单元。在纵轴上的市场增长率评估的是市场吸引力，而横轴上的相对市场份额是测量企业在市场中的优势。成长 – 份额矩阵定义了四种战略业务单元。

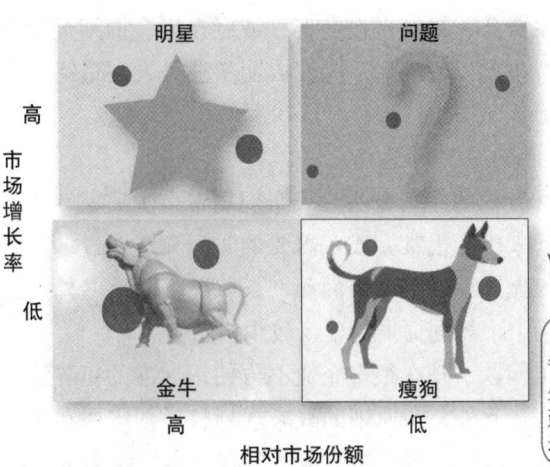

图 5-2 波士顿成长 – 份额矩阵

资料来源：阿姆斯特朗，科特勒.市场营销学：第 13 版 [M].赵占波，孙鲁平，赵江波，等译.北京：机械工业出版社，2019.

a. 明星。明星业务是高增长、高份额的业务或产品，通常需要较大的投资来支撑较快的成长。明星业务最终成长速度会减慢，并转变成金牛业务。

b. 金牛。金牛业务是低增长、高份额的业务或产品。这些成功的战略业务单元只需较少的投资来维持现有市场份额。因此，它们获得的大量现金可以为其他需要投资的战略业务单元所用。

c. 问题。问题业务通常是低份额但是高增长的战略业务单元，需要大量的现金流来维持现有份额，想要进一步增长份额则需要更多的投入。管理者必须认真思考什么样的问题业务是他们想要重点投资以便日后发展成明星业务的，什么样的问题业务应该被淘汰。

d. 瘦狗。瘦狗业务是低增长、低份额的业务或产品，它们可能产生充足的现金流维持自己的生存，但不一定会成为大的现金流来源。

图 5-2 中的成长 – 份额矩阵中的 10 个圆圈代表企业 10 个现有的战略业务单元。这家企业有两个明星业务、两个金牛业务、三个问题业务和三个瘦狗业务。这些圆圈的面积和战略业务单元的销售额是对应的。这家企业即使不是处于很好的状态，也是很不错的。这家企业想要投资于有潜力的问题业务以发展它们成为明星业务。它同样需要保持明星业务以便在市场成熟时发展成为金牛业务。所幸企业有两个金牛业务，它们产生的现金流可以为企业的明星业务、瘦狗业务和问题业务提供财务支持。企业同样需要对瘦狗业务和问题业务做出决策。

一旦企业划分完了战略业务单元，就需要决定该战略业务单元在未来要扮演什么样的角色。每一个战略业务单元有四种战略可以选择。企业可以对一个业务单元增加投资来提高其份额；或者它可以只投资足够多的钱来保持现有的份额；它也可以收割一个战略业务单元，不考虑其长期效应而收获短期现金流；最后，企业也可以出售或者停止经营战略业务单元，把资源用于别的地方。

随着时间的流逝，战略业务单元在成长 – 份额矩阵中的位置也可能发生改变。很多战略业务单元以问题业务开始，一旦成功，问题业务就变成了明星业务。如果市场增长放慢，它们还可能变成金牛业务，最终慢慢消失，或者在生命周期最后变成瘦狗业务。企业需要不断增加新产品和业务单元以使其中一些变成明星业务，并最终变为金牛业务为其他战略业务单元提供资金支持。

2）矩阵法存在的主要问题。

波士顿矩阵和其他的一些方法为战略规划带来了突破性变革，但这些方法也存在一定的局限。它们实施起来可能很难，或者需要的时间和资金过多。企业的管理者有时会发现很难去定义战略业务单元、评估市场份额和增长状况。除此之外，这些方法可能集中在划分现有的业务方面，而为未来规划提供的建议较少。

由于存在以上问题，现在很多企业不再使用标准的矩阵法，取而代之的是更加适应特定情况的定制化方法。此外，与原来的战略规划权通常掌握在企业高层管理者手中不同，现在的战略规划权已经分散化，越来越多地掌握在与市场距离近的部门经理手中。

例如，大部分人认为迪士尼是主题乐园以及整个家庭的娱乐场所，但是在 20 世纪 80 年代中期迪士尼建立了一个强有力的集中的战略规划组来指导公司的方向和成长。在此后的 20 年间，战略规划组将迪士尼变成了一个媒体和娱乐业务组合的巨大的多样性集合。多元化发展的迪士尼成长为包含多种业务的公司，其业务范围从主题休闲场所、电影制作、媒体网络，到消费者产品和游船。

转型后的迪士尼很难管理现有的业务并且业绩表现不佳。后来，迪士尼分散了它的中心战略业务单元，将这些功能分给迪士尼的部门经理。结果，迪士尼又重新回到了世界各大媒体的头条。尽管近来面临着"在我们生活中最低迷的经济期"，迪士尼业务广泛组合的合理战略管理使其在这个特殊时期的表现优于竞争对手。

(2) 制定增长和精简战略。

除了评估现有的业务，设计业务组合还包括发现企业在未来应该考虑的产品和业务。如果企业想在未来能够更加有效地竞争、满足现有股东的要求、吸引优秀的人才，就需要成长。同时，企业不能仅仅把成长本身作为自己的目标，企业的目标应该是"产生利润的成长"。

市场营销的主要功能是帮助企业实现利润增长。企业在市场营销中必须识别、评估和选择市场机会，同时制定合适的市场战略。找到合适的市场机会的一个有用武器是产品-市场扩张矩阵（product-market expansion grid），如图 5-3 所示。我们将这一方法应用于对星巴克的分析中。

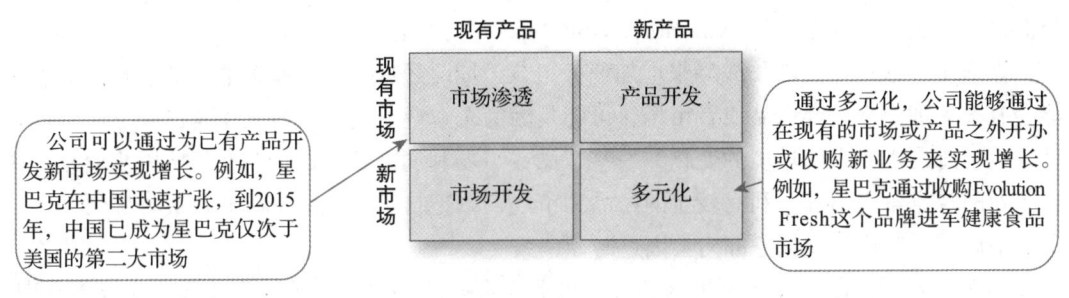

	现有产品	新产品
现有市场	市场渗透	产品开发
新市场	市场开发	多元化

公司可以通过为已有产品开发新市场实现增长。例如，星巴克在中国迅速扩张，到2015年，中国已成为星巴克仅次于美国的第二大市场。

通过多元化，公司能够通过在现有的市场或产品之外开办或收购新业务来实现增长。例如，星巴克通过收购Evolution Fresh这个品牌进军健康食品市场。

图 5-3　产品-市场扩张矩阵

资料来源：阿姆斯特朗，科特勒. 市场营销学：第 13 版 [M]. 赵占波，孙鲁平，赵江波，等译. 北京：机械工业出版社，2019.

星巴克以惊人的速度扩张着，从西雅图一个小小的咖啡店发展为现在全球拥有超过 30 000 家零售店，总市值超过千亿美元的大帝国。仅在美国地区，星巴克每周为超过 7 000 万用户提供服务。星巴克为顾客提供了一个"第三场所"，即远离家和办公室的场所。扩张是使星巴克保持振作的驱动力。然而，近年来星巴克的显著成绩被一些模仿者拉低，这些模仿者有直接的竞争者，例如驯鹿咖啡，也有一些快餐店，如麦当劳咖啡。似乎如今每一个小餐馆，都在提供自己独特的高档饮品。为了在一个竞争越来越激烈的咖啡市场中保持惊人的增长速度，星巴克必须谋划一个有雄心的、多方面的扩张战略。

首先，星巴克的管理者可以考虑是否可以在不变更现有产品的情况下完成更高的销售额，即实现更高的市场渗透（market penetration）。它可以考虑在现有市场增加更多店面，以使顾客更容易进店消费。在广告、价格、服务、菜单选择、店面设计上的改进也可以增加顾客的进店频率、停留时间以及每次进店的消费额。例如，星巴克正对许多店面进行重新装修，采用大地色系、木质柜台、手写菜单板以增加店面"邻家"的感觉。星巴克的早餐高峰收入仍然是公司收入主体，为了开发其他业务，星巴克在一些市场中增加了以白酒、啤酒、餐前小吃，诸如"迷迭香和红糖腰果""香柚包装的培根"等为特征的晚餐菜单。

其次，星巴克可以考虑市场开发（market development）的可能性，即通过为现有产品寻找和发展新的细分市场来实现成长的战略。例如，管理者可以评估新的人口细分市场。或许可以鼓励一些新的人群，比如年长的人，光顾星巴克或者购买更多的产品。管理者也可以评估新的地理细分市场。2020 年底，星巴克曾在其 2020 年全球投资者交流会上表示，在门店拓展方面，预计从 2022 财年（2021 年 10 月 1 日）开始，全球范围内门店数量每年增幅约为 6%，其中美国门店数量增长率约 3%，中国门店数量新增 600 家。

再次，星巴克可以考虑产品开发（product development），即通过向现有目标市场提供改进产品或新产品而实现企业成长的战略。例如，为了追求单个市场的收益达到 20 亿美元，星巴克开发了 Via 速溶咖啡，并且出售 Kcup 的咖啡和泰舒茶以适应自制咖啡的需求。为了迎合美国超过 40% 的咖啡爱好者偏好清淡、温和口味的需求，星巴克推出了叫作 Blonde 的轻口味咖啡。同时，星巴克正在进入新的产品领域，例如，星巴克通过 Refreshers 品牌进入 80 亿美元的能量饮料市场，这种饮料将果汁和绿咖啡豆萃取物结合在一起。

最后，星巴克也考虑多样化（diversification）经营，即在现有产品和市场范围之外开办或者收购新业务。例如，公司收购了鲜榨果汁生产商 Evolution Fresh，通过此举进入"卫生与健康"领域，并成立了"Evolution By Starbucks"独立商店。

企业不应该仅仅靠增长战略来增加业务组合，同时还应该学会精简业务的战略。企业可能会有很多理由来放弃产品或者市场，可能是因为企业成长过快或进入了自己缺乏经验的领域，也可能是由于市场环境的变化，一些产品或市场利润减少。例如，在经济困难时期，很多企业削减竞争力不强、利润较少的产品和市场，以把自己有限的资源放在最具优势的产品上。最后，一些产品或业务部门会因过时而消失。

当企业发现产品或业务不再赢利或不再适应现有战略时，必须小心地调整或放弃它们。例如，宝洁将其最后一个食品品牌品客卖给了家乐氏，使企业能将资源集中在家庭保健、美容护肤产品领域。又如，通用汽车已经削减了其业务组合中几个表现不佳的品牌，包括奥兹莫比尔、庞蒂亚克、土星、悍马和萨博。较弱的业务通常需要花费管理者不相称的精力。管理者应该集中精力在有发展潜力的业务上，而不是花费力气来挽救过时的产品。

5.1.2 营销规划：合作建立顾客关系

企业战略规划决定了企业将会开展什么业务，以及每个业务的目标是什么。随后，在每一个业务单元内都要制定出详细的规划。每个单元中的各主要职能部门，如财务、营销、会计、采购、运营、信息系统、人力资源等，都必须互相配合来完成战略目标。

营销在企业战略规划中发挥了重要的作用。第一，营销提供了一个指导准则——一种营销理念：企业战略应该集中在创造顾客价值和与重要的顾客群建立盈利性的关系上。第二，营销可以帮助战略规划者识别市场机会和评估企业抓住这个机会的潜力。第三，在单个业务部门内，营销人员设计策略来达到业务目标。一旦确定业务部门的目标，接下来的任务就是付诸行动，达到赢利的目的。

顾客价值是营销人员取得成功不可缺少的关键部分。然而，单靠市场营销是不能为顾客创造卓越价值的。虽然起着指导性的作用，但营销只能作为合作者之一来吸引、抓住和保留顾客。除了顾客关系管理，营销人员同样要进行合作者关系管理。他们必须与企业内其他部门紧密合作建立有效的内部价值链为顾客服务。同时，他们应该与营销体系中的其他企业紧密合作来建立有竞争力的、优质的外部价值传递网络。下面我们详细地介绍企业价值链和价值传递网络的主要概念。

1. 与企业其他部门合作

每一个部门与企业的价值链（value chain）都有联系。也就是说，每个部门都通过设计、生产、营销、传递、售后服务来实行价值创造活动。企业的成功不仅仅在于每个部门如何完成它们的工作，同时还在于不同部门之间是如何协调的。

例如，沃尔玛的目标是通过为顾客提供最低价格的产品，为顾客创造价值、使顾客满意。它的营销人员在其中起到了重要的作用。他们了解顾客最需要什么，并且提供尽可能低的价格。他们同样准备了广告和一些促销措施。通过这些活动，沃尔玛为顾客传递了价值。

但是，营销部门同样需要其他部门的帮助。沃尔玛能否以低价提供合适的商品取决于公司的采购部门能否找到合适的供应商并以低成本采购商品。与此类似，沃尔玛的信息技术部门必须快速提供每个商店中售出产品的准确信息，运营人员必须提供有效的低成本解决方案。

企业价值链的强度是由其最弱的一环决定的，其成功取决于各个部门在为顾客创造价值方面的优秀表现以及企业各部门之间工作的协调。在沃尔玛，如果不能在供应商处取得最低价格，或不能达到最低运营成本，营销部门就不能像自己所说的那样提供低价。

理想的状态是，企业的不同部门协调合作来为顾客创造价值。但是在实际中，它们之间的关系充满了矛盾和误解。营销部门从顾客的角度看待问题，但是当营销人员试图使顾客满意时，可能使其他部门处于不利境地。营销活动可能增加购买成本，扰乱企业的生产日程，增加库存成本，导致预算过高。因此，其他部门有时会阻碍营销部门的活动。

但是营销者必须想出办法来使企业的所有部门都以顾客的角度思考问题并且建立平滑的功能价值链。一位营销专家这样认为："真正的市场导向意味着整个企业都要努力为顾客创造价值，并将自己视为为目标顾客定义、创造、交流和传递价值的一系列过程的盈利性的集合，无论职能或部门，每个人都必须做营销。"另一位专家则认为："吸引顾客需要整个企业的共同努力，我们现在都是营销人员。"因此，无论你是一名会计、业务经理、财务分析师、IT专家还是人力资源经理，你都需要了解营销和自己在创造顾客价值过程中的作用。

2. 与营销体系的其他伙伴合作

为了创造顾客价值，企业不应该仅仅关注自己的价值链，而是应该深入企业供应商、渠道商和最终顾客的价值链。考虑一下麦当劳的例子，消费者涌向麦当劳，不仅仅是为了它的食品。在全世界，麦当劳运转良好的价值传递系统为顾客传递了高标准的 QSCV（品质、服务、清洁、价值）理念。麦当劳的成功在于它可以与自己的特许经营店、供应商和其他伙伴一起合作来为顾客创造卓越的价值。

很多企业通过与供应链上的其他伙伴合作来提高顾客价值传递网络（value delivery network）的表现。在当今市场上，竞争不仅仅发生在单个竞争者之间，而且发生在由这些竞争者创造的整个价值传递网络中。因此，丰田和福特的竞争表现取决于丰田整个价值传递网络的表现与福特的差异。即使丰田生产的汽车更好，但如果福特的网络系统可以提供更多令顾客满意的销售和服务，它也可能打败丰田。

5.1.3 营销战略和营销组合

1. 顾客驱动型营销战略

为了在日趋激烈的市场中获胜,企业必须树立并践行以顾客为中心的理念,从创造新的需求和竞争对手处赢得顾客,并通过提供更大的价值来留住顾客。建立可赢利的顾客关系并使顾客满意的前提是,理解市场以及顾客需求和欲望,认真做好顾客分析。

企业会发现市场(包括市场当中的不同细分群体)非常复杂。世界上没有任何一家企业能满足所有顾客的需求,因为顾客的需求千差万别。大多数企业只能在一个或几个细分的市场中进行有效的竞争以期比自己的竞争对手做得更好。因此,企业应该细分整个市场,选择最有利于自身的细分市场,为赢得这个市场制定相应的战略。

在企业决定进入哪些细分市场后,它们必须决定如何在每个细分市场中差异化自己的产品以及每个产品在市场中占有什么样的位置。产品定位是指相对于竞争对手而言,本企业的产品在消费者心目中处于什么样的地位。营销人员应该为自己的产品设计不同的定位。如果企业的产品在市场中与市场上其他的产品类似,顾客可能就没有理由去购买它。

在对产品进行定位时,企业必须首先找到可能为其提供竞争优势的顾客价值差异,并依此确立自身定位。企业可以通过两种方式来提供更大的顾客价值:提供比竞争对手更低的价格,或者提供更多的好处同时相应地制定较高的价格。一旦企业宣称自己可以为顾客提供比竞争对手更高的价值,就必须真正地为顾客传递更高的价值。因此,有效的定位起源于差异化(differentiation),使市场供给品与竞争对手的不同,从而为顾客创造更大的价值。一旦企业确定了所需的定位,就必须采取有力的措施将这一定位传递给目标顾客。企业所有的营销活动都必须支持选定的定位战略。

综上所述,顾客驱动型营销战略过程包括以下三个步骤:市场细分、目标市场选择、差异化和市场定位。关于更为深入详细的顾客驱动型网络营销战略在 5.2 节讨论。

2. 开发整合营销组合

在完成顾客驱动型营销战略设计后,就要着手创建营销方案以传递卓越价值,即涉及开发整合营销组合。整合营销就是"根据企业的目标设计战略,并支配企业各种资源以达到战略目标"。整合营销是以消费者为核心重组企业行为和市场行为,综合协调地使用各种形式的传播方式,以统一的目标和统一的传播形象,传递一致的产品信息,实现与消费者的双向沟通,迅速树立产品品牌在消费者心目中的地位,建立产品品牌与消费者长期密切的关系,更有效地达到广告传播和产品行销的目的。营销组合是一组可控的战术营销工具,包括企业可做的一切影响产品需求的工作,通常可以归为四个变量,即产品、价格、渠道和促销,构成了企业在目标市场中确立强有力定位的战术性工具,用以获得期望的目标市场反馈,即通过将价值传递给消费者实现企业的营销目标。相关内容我们已在第 1 章和第 2 章相关部分予以介绍,在此不做赘述。

5.1.4 管理营销活动

在营销管理中除了要做好营销,也要做好管理。营销管理过程需要如图 5-4 所示的四个营销管理职责——分析、计划、实施和控制。

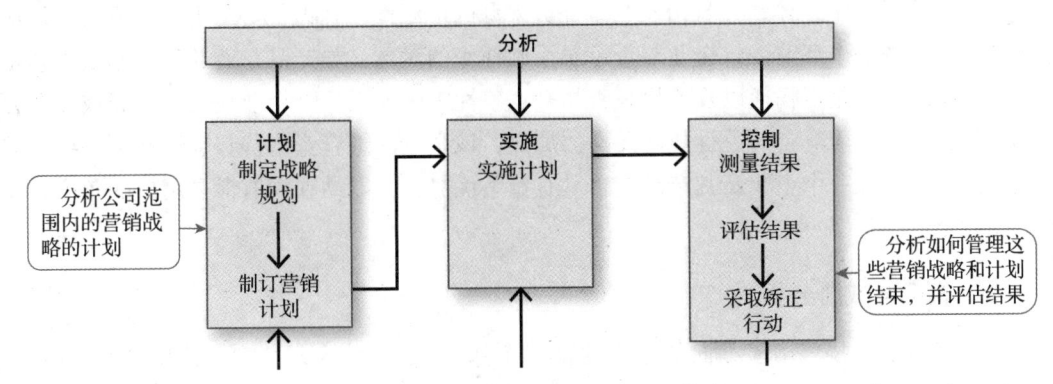

图 5-4 营销分析、计划、实施和控制

资料来源：阿姆斯特朗，科特勒. 市场营销学：第13版[M]. 赵占波，孙鲁平，赵江波，等译. 北京：机械工业出版社，2019.

企业首先要决定企业层面的战略计划，然后把它分解成营销计划和其他针对每个部门、产品、品牌的计划。通过实施计划，企业把计划变成行动。控制指的是测量和评估营销活动的结果并在需要的时候采取正确的措施。最后，营销分析提供了所有其他营销活动所需的信息。

1. 营销分析

营销管理过程首先要对企业情况进行全面分析。经营者应该进行一次 SWOT 分析，它可以评估企业所有的优势（S）、劣势（W）、机会（O）和威胁（T）（见图 5-5）。

优势包含那些有利于企业服务其顾客和实现其目标的内在的能力、资源和积极情景因素。劣势则包含那些干扰和阻碍企业实现绩效的内在的约束和消极情景因素。机会是在外在环境中有利的因素或趋势，它使企业能够开发出自身的优势。而威胁是不利的外在因素或趋势，它会给企业的绩效带来不利的影响。

优势与劣势分析主要是着眼于企业自身的实力及其与竞争对手的比较，而机会与威胁分析将注意力放在外部环境的变化及对企业的可能影响上。在分析时，应把所有的内部因素（即优劣势）集中在一起，然后用外部的力量来对这些因素进行评估。

图 5-5 SWOT 分析：优势（S）、劣势（W）、机会（O）和威胁（T）

资料来源：阿姆斯特朗，科特勒. 市场营销学：第13版[M]. 赵占波，孙鲁平，赵江波，等译. 北京：机械工业出版社，2019.

（1）优势与劣势分析（SW）。

由于企业是一个整体，并且由于竞争优势来源的广泛性，在做优势与劣势分析时必须从整个价值链上的每个环节，将企业与竞争对手做详细的对比，如产品是否新颖、制造工艺是否复杂、销售渠道是否畅通以及价格是否具有竞争性等。如果一个企业在某一方面或几个方面的优势正是企业应具备的关键成功要素，那么，该企业的综合竞争优势也许就强一些。需要指出的是，衡量一个企业及其产品是否具有竞争优势，只能站在现有潜在用户的角度，而不是站在企业的角度。

（2）机会与威胁分析（OT）。

随着经济、科技等诸多方面的迅速发展，特别是世界经济全球化、一体化过程的加快，全球信息网络的建立和消费需求的多样化，企业所处的环境更为开放和动荡。这种变化几乎对所有企业都产生了深刻的影响。正因为如此，环境分析成为一种日益重要的企业职能。

环境发展趋势分为两大类：一类表示环境威胁，另一类表示环境机会。环境威胁指的是环境中一种不利的发展趋势所形成的挑战，如果不采取果断的战略行动，这种不利趋势将导致企业的竞争地位受到削弱。环境机会就是对企业行动富有吸引力的领域，在这一领域中，公司将拥有竞争优势。

为了找到具有吸引力的机会并识别环境中的威胁，企业不仅要对其市场和市场环境进行分析，还要结合自身优势、劣势与当前的或可能的营销行动来决定哪些机会是可以把握的。

（3）整体分析。

企业通过 SWOT 分析对自身的优势、劣势以及外部环境的机会及威胁有了充分的了解之后，需要制定相关策略——SWOT 策略，强化自己的优势，改善自己的不足，进一步增强自身的竞争力。将上述四种因素两两组合，我们得出了以下四种战略方向。

SO（优势-机会）战略：它是一种理想的战略模式，当企业具有特定的优势，而外部环境又为发挥这种优势提供了有利的机会时，可以采取该战略。这一情景下的战略又称为进攻型战略。

WO（劣势-机会）战略：它是指企业利用外部机会来弥补自身弱点，使企业改劣为优的战略。这一情景下的战略又称为扭转战略。

ST（优势-威胁）战略：它是指企业利用自身的优势减轻甚至消除外部威胁对企业造成的不利影响的一种战略。这一情景下的战略又称为多样化战略。

WT（劣势-威胁）战略：旨在减少内部劣势，从而减轻外部威胁对企业造成的不利影响。这一情景下的战略又称为防御型战略。

在 SWOT 战略中，SO 战略是理想的战略，是企业在顺利的情况下十分乐意采取的战略；WO 战略和 ST 战略是苦乐参半的战略，是处在一般的情形下企业选择采取的战略；WT 战略则是悲观的战略，是企业处于困难的情况下不得已采取的战略。

2. 营销计划

通过战略规划，企业确定它将对每个业务单元做些什么。营销计划涉及选择能够帮助企业达到整体战略目标的营销战略。每一种业务、产品和品牌都需要一份详细的营销计划。一份营销计划应该是什么样的？我们在这里将主要讨论品牌或产品计划。

表5-2列出了一份典型的产品或品牌营销计划的主要组成部分。计划的开端是一份执行总结，是对主要的评估、目标和建议的快速总结。计划的主要部分是对目前的营销情况和潜在机会与威胁的详细的SWOT分析，接下来描述了品牌的主要目标并列出了实现这一目标的营销计划的细节。

表 5-2 营销计划的组成

组成部分	目 标
执行总结	主要目标和建议，帮助管理层快速发现计划的要点
目前的营销努力	描述目标市场和公司在其中所处的位置，包括市场描述、产品状况、竞争状况和渠道状况。具体如下： • 市场描述：定义市场和主要细分市场，了解顾客需求和影响顾客购买的环境因素 • 产品状况：显示销售额、价格、产品线上主要产品的毛利润 • 竞争状况：评估主要竞争者的市场地位，产品、价格、渠道和促销战略 • 渠道状况：评估现有的销售趋势和主要分销渠道的发展
威胁和机会分析	评估产品面临的主要威胁和机会，帮助管理者预见可能会对公司和公司战略产生影响的趋势
目标	指明公司的长期发展目标以及影响公司发展的因素。例如，如果目标是获得15%的市场份额，这个部分将详细解释如何获得
市场战略	指明业务部门实现目标的方式、目标市场、市场定位和市场预算，也指明了营销组合战略，以及营销组合的每一个部分是如何规避风险和抓住机会的
行动方案	明确营销方案如何转换成具体的行动方案。需要回答以下问题：将要做什么？什么时间做？谁对此负责？成本是多少
预算	制定详细的利润表。指明期望收入（期望卖出的产品量乘以平均净价）和期望成本（生产、分销和营销成本）一旦经过了管理者的同意，预算就成为材料购买、生产安排、个人计划和营销运作的基础
控制	给出可以用来监控进程和允许高层审阅实施效果的工具，这包括了评估市场投资回报

营销战略包含了针对目标市场、市场定位、营销组合和市场预算等的具体战略。它描述了企业如何为目标消费者创造价值从而获得回报。在这个部分中，计划者阐明了营销战略如何对机会、威胁和计划中阐述的其他关键因素做出反应。营销计划的其他部分会提供实施战略的行动计划以及详细的战略预算。营销计划的最后是对整个过程的监测控制、对营销回报的测量以及必要时采取正确的行动。

3. 营销实施

制定好的战略仅仅是成功营销的开始。如果不能很好地付诸实施，一个好的营销战略也会失败。营销实施（marketing implementation）是为了实现营销战略目标，把营销战略和计划变为营销行动的过程。营销计划主要强调的是营销活动的为什么和是什么，实施则侧重于由谁、在哪儿、什么时候以及如何做。

很多管理者认为，用正确的方法做事（实施）的重要性和做正确的事（战略）一样甚至更高。事实是两者都很重要，通过有效地实施，企业可以赢得竞争优势。一家企业可能与另一家企业的战略相似，但是通过更快、更好地实施，它就可以打败对手。但实施不是一件容易的事：制定好的营销战略是相对容易的，但实施起来是很难的。

在联系日益紧密的今天，营销体系中所有的人必须紧密配合来实施营销战略和计划。在米其林公司，公司的原始设备、替代品、工业造型、商业轮胎等营销计划的实施是通过公司内外上千名人员每天的决定和行动完成的。营销经理决定目标市场、品牌、包装、价格、促销和渠道。他们和公司的其他员工合作以支持自己的决策，例如与工程师讨论产品设计，与制造人员讨论生产和库存水平，与财务讨论资金和现金流。他们同样与外部人员合作，例如与广告公司合作计划广告活动，与新闻媒体接触获得公众支持。另外，销售团队与汽车制造商合作，同时支持独立的米其林代理商和沃尔玛等大型零售商说服顾客购买相应的产品。

4. 营销组织

企业必须建立营销组织以实施营销战略和计划。如果企业很小，一位员工便可以做所有营销工作，如研究、推销、广告、客服等。但随着企业的扩张，就需要有一个营销部门来计划和实施所有的营销活动。在大的企业中，这个部门由很多专业人员组成，包括产品和市场经理、销售人员和销售经理、营销研究员、广告专家和其他专业人员。

为了建立这样一个大的营销组织，很多企业都新设立了首席营销官（CMO）这一职位。CMO领导整个企业的营销运作，并代表营销部门参与企业高层管理团队。CMO这一职位使得营销部门和其他部门一样处于平等地位，如同首席运营官（COO）和首席财务官（CFO）的作用。作为高级管理层的一员，CMO的职责是成为"首席顾客官"。

现代营销组织可以通过很多方式来设立，最常见的方式是建立职能型组织。在这种组织形式下，不同的营销活动由各职能专家来制定，包括销售经理、广告经理、市场研究经理、客服经理和新产品经理。拥有跨国业务的企业通常会设立地区型组织，在不同的国家、区域和地区采用不同的销售和营销人员。这种地区型组织使得销售人员可以扎根某一市场，更好地了解顾客，并且可以节省时间和差旅成本。有多种产品和多个品牌的企业通常采取产品管理组织。使用这种方法，产品经理为某一种产品或品牌开发并实施战略和营销方案。

依靠一条产品线面向具有不同需求的顾客和市场的企业通常会采取市场或顾客管理组织形式。市场管理组织和产品管理组织有一定的相似之处。市场经理负责为特定市场或顾客发展市场战略和市场计划。这种组织形式的主要优势在于企业是按照特定的顾客细分市场来组织的。很多企业成立专门的组织来管理与大型顾客的关系，例如，宝洁和史丹利百得成立了大型团队甚至一整个部门来服务沃尔玛、塔吉特、西夫韦和家得宝等大型顾客。生产不同产品并销售给不同地区细分市场和消费者市场的大企业通常采取职能型、地区型、产品和市场组织形式的联合。这种形式保证了不同的职能、产品和市场都能得到一定的关注。

营销组织近年来得到了广泛的关注。越来越多企业的重心从品牌管理转化为顾客管理——从管理产品和品牌的盈利性转为管理顾客盈利性和顾客资产。企业不再只关注于管理品牌组合，更关注管理顾客和品牌互动、顾客体验以及顾客关系。

5. 营销控制

在实施营销方案时，会出现很多意外，营销部门必须采取营销控制（marketing control）。

营销控制指度量和评价市场营销战略和计划的结果，采取修正行动以保证目标的达成。营销控制采取四个步骤：管理部门首先设定特定目标；然后评估市场表现；分析实际表现和期望表现存在差距的原因；最后，管理者应该采取矫正的措施来缩小实际表现与期望表现之间的差距。这可能会需要企业改变其行动方案甚至改变目标。

营销控制主要包括运营控制和战略控制。运营控制是指将现在绩效与年度计划相对照，并且在必要时采取合理的行动。其目标是保证企业达到销售额、利润和其他在年度计划中明确规定的目标，也需要决定不同产品、市场和渠道的利润率。战略控制是指评估现有营销战略和市场机会是否相符。营销战略和方案可能很快会变得不适用，因此每一家企业都应该定期评估。

5.1.5 评估及管理营销投资回报

营销经理必须确定他们花费的每一分钱都能发挥作用。过去，很多营销人员在大规模营销方案和华丽的广告活动中的花费都很随意，却不认真思考回报。他们的目标通常只有一个，即"建立品牌和消费者偏好"，他们认为营销产生的是无形效果，无法测量具体效果。

但是在现在紧缩的经济情况下，这一切正在改变。随意花费的时代已经结束，营销人员在将营销战略和可测量的营销产出结合的方面比以往任何时候都要负责。一种重要的营业绩效的测量工具为营销投资回报率（return on investment，ROI），即营销 ROI。营销 ROI 是营销活动的投资回报率，是营销投资净收益除以营销总成本，它能够评估营销活动所带来的利润。

一项调查显示，64% 的高层营销人员将结果的可说明性作为排名前三的考虑，超过了将整合营销作为首要考虑的 50% 的比例。但是，另一项调查显示，仅有 45% 的组织对营销 ROI 的测量结果表示满意，57% 的首席营销官在制定营销预算时不考虑 ROI，甚至有 28% 的首席营销官仅凭直觉制定营销预算。很明显，营销人员必须从战略层面考虑营销投入的回报。

营销 ROI 可能很难测度。在测度金融 ROI 时，无论是回报还是成本都可以用金额来度量。例如，当购买一件设备时，由于使用该设备而提高的生产率可以直观测量。但是至今关于营销 ROI 尚未有统一定义，比如广告和品牌建设的影响都很难用金额来度量。

企业可以通过标准的市场绩效测量指标评估其营销 ROI，如品牌感知、销售额或市场份额等。很多企业正在将一系列这种指标综合成"营销仪表盘"——由多种有意义的营销绩效指标组成的用于监视战略性营销绩效的单展示体。如同汽车仪表盘会告诉驾驶者他们的汽车表现如何一样，"营销仪表盘"会告诉营销人员他们评估和改正营销策略所需要的各种详细指标。比如，VF 公司利用"营销仪表盘"来追踪其 30 多种风格的服装品牌的营销绩效。VF 公司的"营销仪表盘"不仅在全世界关键市场跟踪自身品牌的价值和趋势、媒体占有率、市场占有率、网络人气和营销 ROI，还会关注其竞争对手的表现。

不过在这些标准绩效评估指标外，以顾客为中心的市场指标正获得越来越多的重视，如顾客获取、顾客保留、顾客互动、顾客终身价值、顾客资产等。这些指标不仅测量了当期的市场表现，而且还能预测基于良好顾客关系的未来市场表现。图 5-6 将营销支出作为能产生可赢利的顾客关系的营销投资。营销投资能带来更高的顾客价值和满意度，反过来进一步吸引顾客，提升顾客保留率，继而提升了单个顾客的终身价值和企业整体的顾客资产。这种增加的顾客资产，相对于整个营销投资，就产生了营销投资回报。

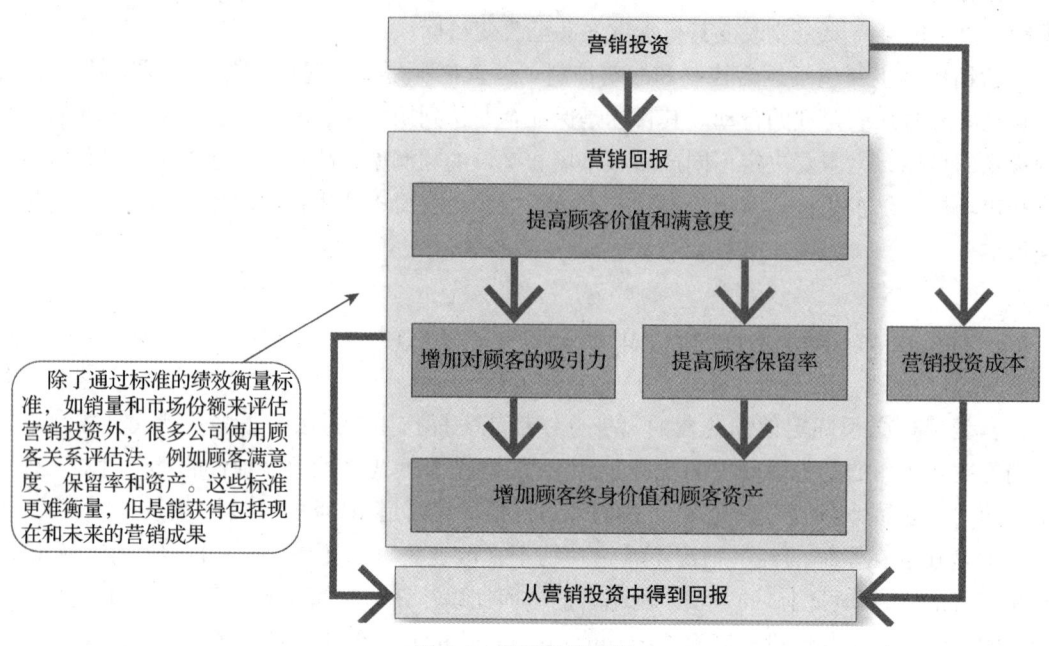

图 5-6　营销投资回报

资料来源：阿姆斯特朗，科特勒. 市场营销学：第 13 版 [M]. 赵占波，孙鲁平，赵江波，等译. 北京：机械工业出版社，2019.

不管营销投资回报是如何被定义和测量的，它都将继续存在。无论环境是好是坏，营销人员对营销活动的产出会越来越关注。正如一位营销者所言，营销人员"必须知道如何测量"营销投资回报。

5.2　顾客驱动型网络营销战略

5.2.1　网络市场细分

网络市场细分是指企业在调查研究的基础上，依据网络消费者的购买欲望、购买动机与习惯爱好的差异性，把网络营销市场划分成不同类型的群体，每个消费群体构成企业的一个细分市场。值得注意的是，只有不同的细分市场之间存在的差异比各细分市场内部的差异明显时，才值得进行这样的分类。例如，假设互联网用户在工作和生活中的行为存在差异，营销人员才可以根据这些差异进行分类，否则就没有必要把这些用户分为两个细分市场。

1. 网络市场细分作用

市场是一个综合体，是多层次、多元化的消费需求的集合体，任何企业都不可能满足所有消费者的需求。企业网络营销要取得理想的效果，就得定义自己的目标市场，为自己定义的目标市场中的客户服务。网络营销市场细分是企业进行网络营销的一个非常重要的战略步骤，是企业认识网络营销市场、研究网络营销市场，进而选择网络目标市场的基础和前提。具体来说，网络营销市场细分有以下三个方面的作用。

（1）有利于企业发掘和开拓新的市场。网络消费者尚未得到满足的需求，对企业而言往往是潜在的，一般不易发现。在调查基础上的市场细分，可以使企业深入了解网络市场顾客的不同需求，并根据各子市场的潜在购买数量、竞争状况及本企业实力的综合分析，去发掘新的市场机会并开拓新市场。

（2）有利于制定和调整市场营销组合策略。网络市场细分是网络营销策略运用的前提。企业在对网络营销市场细分后，细分市场的规模、特点显而易见，消费者的需求清晰，企业可以针对各细分市场制定和实施网络营销组合策略，做到有的放矢。

（3）有利于集中使用企业资源，取得最佳营销效果。不管企业在网络营销中试图开展什么工作或者最后总的目的是什么，都将面对网络营销中的主要和次要的目标市场。在网络营销中，企业不仅要确定自己的目标市场在哪里，还要确定哪些是主要的，哪些是次要的，从而选择对自己最有利的目标市场，合理使用企业有限的资源，以取得最理想的经济效益。

2. 网络市场细分原则

实现网络市场细分，并不是简单地把消费者视为需求相同或不同就行了。因为网络市场细分在企业市场营销活动中，处于战略地位，直接影响到企业各种营销策略的组合。所以网络市场细分必然遵循一定的原则，或者具备一定的条件，这些原则主要有以下几点。

（1）可衡量性。

可衡量性是指表明消费者特征的有关资料的获取难易程度。细分出来的市场不仅范围比较明晰，而且能够大致判定该市场的大小，特定的组成人员，他们有共同的特征，表现出类似的行为，使营销者有可能取得表明购买特性的资料。比如，以地理因素、消费者的年龄和经济状况等因素进行市场细分时，这些消费者的特征就很容易衡量，该资料获得也比较容易；而以消费者心理因素和行为因素进行市场细分时，其特征就很难衡量。

（2）实效性。

实效性是指网络营销市场细分后各子市场的需求规模及获利性值得企业进行开发的程度。也就是说，细分出来的各子市场必须大到足以使企业实现它的利润目标。一个细分市场是否大到足以实现具有经济效益的营销目标，取决于这个市场的人数和购买力。在进行市场细分时，企业必须考虑细分市场上消费者的数量、购买能力和购买数量。一个细分市场应是适合设计一套独立营销计划的最小单位，因此，市场细分并不是分得越细越好，而应该科学归类，保持一定的容量，使企业有利可图。

（3）可接近性。

可接近性是指企业能有效地集中力量接近网络目标市场并有效地为之提供服务的程度。

企业对所选中的网络目标市场，能有效地集中营销能力，开展营销活动。可接近性一方面指企业能够通过一定的媒体把产品信息传递到细分市场中的消费者，另一方面指产品经过一定的渠道能够到达细分市场。对于企业难以接近的网络市场，进行细分就毫无意义。

（4）反应的差异性。

反应的差异性是指不同的细分市场对企业采用相同营销组合策略的不同反应程度。如果网络市场细分后，各细分市场对相同的营销组合策略做出类似的反应，就不需要为每个子市场制定一个单独的营销组合策略了，细分市场也就失去了意义。例如，若所有的细分市场按同一方式对价格变动做出反应，也就无须为每一个市场制定不同的价格策略。

（5）稳定性。

网络细分市场必须在一定时期内保持相对稳定，以使企业能够制定较长期的营销策略，有效地开拓并占领该目标市场，获取预期收益。若细分市场变化过快，将会增加企业的经营风险。

值得注意的是，细分市场并不是越细越好。因为如果细分过细会导致以下后果：增加细分变数，给细分带来困难；影响规模效益；增大费用和成本。这时就应该实施"反细分化"策略。它并不是反对市场细分，而是要减少细分市场数目，即略去某些细分市场或把几个太小的细分市场集合在一起。

3. 网络市场细分方法

根据细分程度的不同，网络市场细分有 3 种方法，即完全细分，按一个影响需求的因素细分和按两个以上影响需求的因素细分。

（1）完全细分。

假如购买者的需求完全不同，那么每个购买者都可能是一个单独的市场，完全可以按照这个市场所包括的购买者数目进行最大限度的细分，即这个市场细分后的小市场数目也就是构成此市场的购买数目。在实际市场营销中，有少数产品确实具有适于按照这种方法细分的特性。但在大多数情况下，要把每一位购买者都当作一个市场，并分别生产符合这些单个购买者需要的各种产品，从经济效益上看是不可取的，而且实际上也是行不通的。因此，大多数企业还是按照购买者对产品的要求或对市场营销手段的不同反应，对他们做概括性的分类。

（2）按一个影响需求的因素细分。

对某些通用性比较大、挑选性不太强的产品，往往可按其中一个最能影响购买者需求的因素进行细分，如可按收入划分，或按年龄划分。

（3）按两个以上影响需求的因素细分。

大多数产品的销售都受购买者多种需求因素的影响，如不同年龄范围的消费者，因生理或心理的原因对许多消费品都有不同的需求；同一年龄范围的消费者，因收入阶层不同，也会产生需求的差异；同一年龄范围和同一收入阶层的消费者，更会因性别、居住地区及许多情况不同而有纷繁复杂、互不相同的需求。因此，大多数产品都需按照两个或两个以上的因素细分。

4. 网络市场细分步骤

网络市场细分作为一个过程，一般要经过以下步骤。

（1）明确研究对象。

企业首先要根据战略计划规定的任务、目标及选定的市场机会等，决定将要分析的产品市场，进而确定将这一产品的整体市场或从中划分出来的局部市场作为细分和考察的对象。

（2）拟定市场细分的方法、形式和具体变量。

企业首先根据实际需要拟定采用哪一种市场细分的方法，而后选择市场细分的形式，即决定从哪个或哪些方面对市场进行细分。最后还要确定具体的细分变量，将其作为有关的细分形式的基本分析单位。

（3）收集信息。

企业对将要细分的市场进行调查，以便取得与已选细分方法、细分形式及细分变量有关的数据和必要的资料。

（4）实施细分并进行分析评价。

企业运用科学的定性和定量方法分析数据，合并相关性高的变量，找出有明显差异的细分市场，进而对各个细分市场的规模、竞争状况及变化趋势等方面加以分析、测量和评价。

（5）选择目标市场，提出营销策略。

一个企业要根据市场细分结果来决定营销策略。这要区分两种情况：如果分析细分市场后，发现市场情况不理想，企业可能放弃这一市场；如果市场营销机会多，需求和潜在利润满意，企业可根据细分结果提出不同的目标市场营销策略。

5. 三类市场

在市场上存在着买卖关系的主要有三方：企业、政府和消费者，其主要关系如表 5-3 所示。

表 5-3　三类基本市场及其主要关系

发起者	对企业	对消费者	对政府
企业	B2B	B2C	B2G
政府	G2B	G2C	G2G
消费者	C2B	C2C	C2G

(1) 企业市场。

企业市场（business market）是指在企业运营过程中，将产品通过营销方式传递给企业、政府和其他组织，成为最终产品的一部分或进行再销售。在线的 B2B 市场庞大，许多在线的 B2B 活动包含可以共享信息和数据库的专有网络，因此对消费者是透明的。例如，快递公司拥有关于企业客户货运业务和账目信息的庞大数据库。它的客户可以通过手机 App 预约取件时间，并在网上跟踪包裹信息，在线支付货运账单。

信息技术为 B2B 市场创造了惊人的效率，但互联网也导致市场壁垒的降低，这使进行在线销售的企业面临着激烈的竞争。许多公司正在转变各自供应链的整体框架，却经常导致不同营销渠道之间的冲突。当制造商直接通过网络向消费者销售时，这种冲突表现得更为明显，因为这样一来，零售商的生意就被抢走了。另外，由于许多公司在线合作，它们在价值链上更加相互依赖。所以在 B2B 市场上，企业既能获得新的机遇，也面临新的挑战。

互联网允许陌生的商业伙伴加入其中，企业在不熟悉的市场上相对比较容易建立合作关系，为消费者带来价值。在这种情况下，企业不仅要为赢得消费者而竞争，而且要为了吸引更多的合作伙伴而竞争，有时甚至要与竞争对手结成伙伴关系。

(2) 政府市场。

政府是市场上的重要买家，希望与政府进行交易的企业面临政府市场（government market）特殊的挑战。供应商需要遵守政府机构的各项条例，包括提供资质证明、各种书面文件等。另外，公司需要经过投标竞争才能取得具体的供货合同或劳务合同。政府机构特别重视在价格合理的情况下及时交付合格产品。在这个市场上，企业无论规模大小通常拥有同等的竞争机会。政府也会在投标前在网站上公布其购买需求，互联网的使用提高了企业在政府市场上的效率。

(3) 消费者市场。

消费者市场（consumer market）是指把商品和服务通过营销方式传递给最终消费者，本书的主要内容都是围绕着消费者市场展开论述。

6. 市场细分要素和变量

对消费者市场进行细分，一般需要考虑 4 个要素：地理特征、人口统计特征、心理特征和行为特征，如表 5-4 所示。在每个要素中，又有许多细分变量。我们可以把市场细分要素看成几个大类，而细分变量则是许多子类目。

表 5-4 市场细分要素及相关变量

市场细分要素	细分变量
地理特征	县 市 省 地区 国家

(续)

市场细分要素	细分变量
人口统计特征	年龄 收入 性别 受教育程度 种族
心理特征	行为 兴趣 观念 性格 价值观
行为特征	寻求的经济利益 适用程度 网络活动参与程度 社会地位

实际中，厂商经常将多个要素结合在一起考虑，形成市场细分的大类，厂商也可以运用任何变量组合，建立对所在行业有意义的细分市场。最重要的是，营销人员根据不同变量选择目标市场，这有利于识别客户，适时地接触到目标市场的客户。

对这4个要素单独使用或者组合使用后，营销人员再使用其他变量来确定细分市场的成员。例如，有一些家庭主妇在网站注册，网站就可以通过直接或间接调研数据收集她们的资料，如孩子的年龄、家庭偏爱的活动等。这些资料可能显示30%的家庭主妇喜欢搜索旅游资料，带着孩子去远足，网站就可以判断如何面对这样的市场做广告以及网站上应该展示哪些内容。因此，营销人员可以通过使用变量对营销组合进行调整，包括网站内容和广告。

（1）地理细分市场。

尽管对于网络用户来说，开展网络经营的企业所处的地理位置并不重要，但对于企业来说地理位置是十分重要的，因为大多数企业瞄准的是它们提供产品或服务的具体城市、地区、国家。即使是最大的跨国公司通常也是根据地理特征来制定多重细分市场策略的。

产品的分销策略对地理细分是重要的驱动力。一些在线消费品零售商只希望与销售其产品的国家的客户打交道，同样，提供在线服务的公司只会向它能够用合适的语言提供客户服务的地区开展销售。在一个组织决定为网上社区服务时，它必须调查所选地理目标市场中网络用户所占的比例。

（2）人口统计细分市场。

在互联网发展的初期，普通的网络用户都具备一些共同的特征：年轻、大学毕业、拥有高收入。但随着互联网的不断普及，互联网用户逐渐成为主流人群，年轻、高收入、受教育程度高等特征已经不再明显。为了接近目标群体，营销人员必须能够识别出哪些人口统计细分市场比较具有吸引力。

（3）心理细分市场。

用户心理特征包括个性、价值观、生活方式、活动、兴趣和观念。个性是指诸如他人取向、自我取向、习惯等显著的特点。价值观是指内在的信念，如宗教信仰、绿色环保等。生活方式和活动在心理学中指的是与产品无关的活动，比如喜欢运动、喜欢撰写网络产品评价、喜欢外出吃饭。兴趣和观念是指人们所持有的态度和信仰，例如，有人认为上网是在浪费时间，而有的人则认为离开互联网就无法生活。

（4）行为细分市场。

将消费行为作为要素来对市场进行细分，人们一般会考虑两个变量，即追逐利益和产品使用习惯。利益型细分市场是指营销人员往往根据消费者希望从产品中获得的利益来划分消费者群体。例如，如果用户在网络上搜索旅游网站，他们的利益诉求是什么？大多数人希望在航空公司或旅行社网站上搜索到机票价格、航班信息，还有人想要了解其他旅客对宾馆的评价，有的人则希望了解在目的地可以做什么、看什么、玩什么。网络用户的这些诉求告诉厂商该如何设计网站、如何编辑内容以满足消费者的需要。

产品使用习惯在很多方面可以运用于市场细分中。营销人员往往依据消费者对产品使用的多少加以细分。假设使用互联网最多的一群人是那些每天通过 PC 端或移动端上网的用户，使用情况一般的是隔几天用电脑上一次网的用户，使用少的是每隔一两个星期才接入一次互联网的用户，那么企业必须通过调研判断这些用户的实际使用情况，才能决定如何按几个合适的用户类型来划分自己的目标市场。例如，亚马逊就是用免送费的方式将使用少的用户变为使用一般的用户。另一种方法是把消费者分成品牌忠诚者、竞争产品忠诚者、摇摆者（不在乎使用哪个网站）和非产品使用者 4 类。

5.2.2　网络客户目标市场选择

在审视了诸多潜在的细分市场后，厂商必须选择最佳的目标客户。目标市场选择（market targeting）是指选择对企业最具吸引力的细分市场的过程。有些企业会采用一些标准以确定目标市场，这些标准包括：可行性、盈利性、增长性。

接下来，网络企业需要选择目标市场战略，包括决定哪些目标市场适合在线战略，哪些适合离线战略，哪些需要通过产品目录邮购。网络的出现对于以下两大类目标市场战略特别有效。

集中性营销（concentrated marketing）或利基营销（niche marketing），这是指企业选择一个细分市场并开发一个或多个营销组合来迎合这个细分市场的需求。亚马逊就是采用这种战略对网站用户分别定位的。Fulcrum 市场调研公司称互联网为"及时出现的事物"，意为单细分市场时代到来了。运用这种市场战略虽然能获得实在的收益，但常会令企业处于一种危险的状况，因为竞争者经常会纷纷挤入这个赚钱的市场。另外，市场也会突然不景气，这样企业就等于把所有的鸡蛋都放在快要翻倒的篮子里了。

微市场营销（micromarketing），也称为个性化市场定位（individualized targeting），是指企业为一小群人定制部分或全部的营销组合。如果把这种营销战略发挥到极致，就是一个客户一个目标市场。互联网的一个发展趋势就是目标市场个性化，这也是许多企业目前正在努力实现的目标。图 5-7 显示了一个允许营销人员跟踪用户在网站上进行注册和购买全过程的销售漏斗。每一步骤都创造了一个用户细分市场，营销人员可以根据这些细分市场客户的具体行为采取有说服力的沟通方式来吸引客户，比如发送邮件给那些在网上注册过但未购物的用户。亚马逊网站为每一位在网站上浏览或购买图书的用户建立个人档案，追踪用户阅读的图书，根据他们过去的购买行为推荐书籍。亚马逊也会给那些可能会感兴趣的潜在用户发送相关产品的电子邮件。这个方法充分体现了营销理念的极致状态：在适当的时间和地点，准确地给予个人消费者想要的产品。互联网技术的出现让这种个性化营销的普及成为可能，而在互联网问世以前这是完全不能想象的。

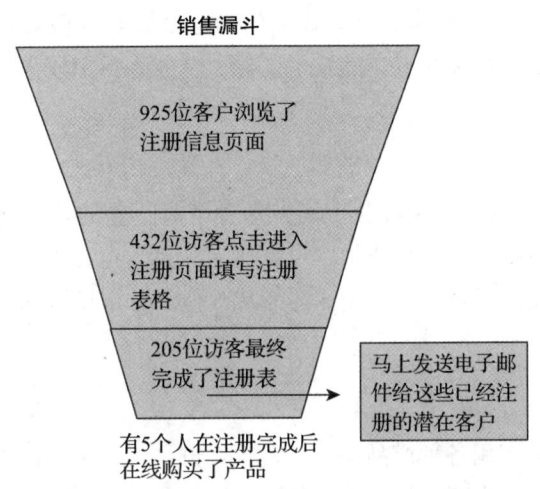

客户细分市场	访客人数	丢失客户人数	转换率（%）
浏览注册页面	925		
点击进入注册页面	432	493	46.7
完成注册	205	227	47.4
购买产品	5	200	2.4

图 5-7 瞄准合适的客户

资料来源：斯特劳斯，弗罗斯特.网络营销[M].时启亮，陈育君，译.北京：中国人民大学出版社，2015.

目标市场的选择，即关于企业为哪个或哪几个细分市场服务的决定，通常有五种模式。

1. 市场集中化

市场集中化是指企业选择一个细分市场，集中力量为之服务。较小的企业一般这样专门填补市场的某一部分。集中性营销使企业得以深刻了解该细分市场的需求特点，采用有针对性的产品、价格、渠道和促销策略，从而获得强有力的市场地位和良好的声誉。但同时也隐含了较大的经营风险。

2. 产品专门化

产品专门化是指企业集中生产一种产品，并向所有顾客销售这种产品。例如，服装厂商向青年、中年和老年消费者销售高档服装，企业为不同的顾客提供不同种类的高档服装产品和服务，而不生产消费者需要的其他档次的服装。这样，企业在高档服装产品方面就能够树立很高的声誉，但一旦出现其他品牌的替代品或消费者流行的偏好转移，企业将面临巨大的威胁。

3. 市场专门化

市场专门化是指企业专门服务于某一特定顾客群，尽力满足他们的各种需求。例如，企业专门为老年消费者提供各种档次的服装，企业专门为这个顾客群服务，能建立良好的声誉。但一旦这个顾客群的需求潜量和特点突然发生变化，企业将承担较大的风险。

4. 有选择的专门化

有选择的专门化是指企业选择几个细分市场，每一个对企业的目标和资源利用都有一定的吸引力，但各细分市场彼此之间很少或根本没有任何联系。这种策略能分散企业经营风险，即使其中某个细分市场失去了吸引力，企业还能从其他细分市场盈利。

5. 完全市场覆盖

完全市场覆盖是指企业力图用各种产品满足各种顾客群体的需求，即以所有的细分市场作为目标市场，例如，服装厂商为不同年龄层次的顾客提供各种档次的服装。一般只有实力强大的大企业才能采用这种策略。又如，IBM 公司在计算机市场、可口可乐公司在饮料市场开发众多的产品，以满足各种消费需求。

图 5-8 即为几种目标市场选择模式示意图，其中 P 代表产品，M 代表市场。

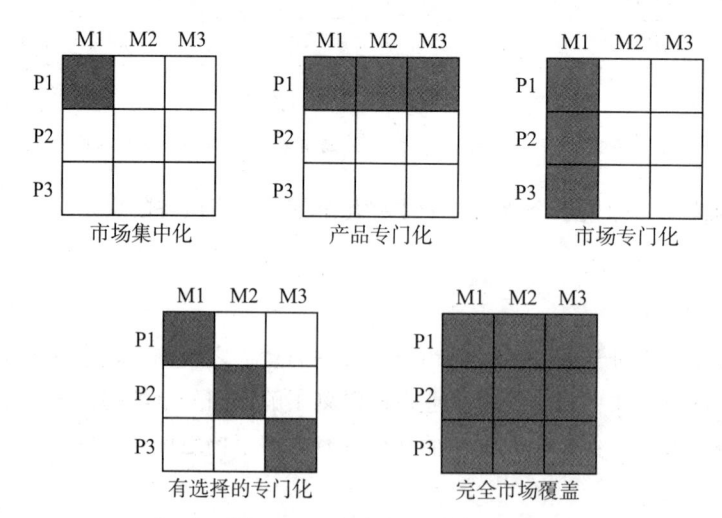

图 5-8 目标市场选择模式

资料来源：学术堂．市场营销相关理论综述 [EB/OL]．（2015-07-28）[2021-02-07]．http://www.lunwenstudy.com/mba/mbascyx/73997.html．

选择目标市场，明确企业应为哪一类用户服务，满足他们的哪一种需求，是企业在营销活动中的一项重要策略。为什么要选择目标市场呢？因为不是所有的子市场对本企业都有吸引力，任何企业都没有足够的人力资源和资金满足整个市场的需求或追求过高的目标，只有扬长避短，找到有利于发挥本企业现有的人、财、物优势的目标市场，才不至于在庞大的市场上瞎撞乱碰。例如，太原橡胶厂是一个有1800多名职工，以生产汽车、拖拉机轮胎为主的中型企业，因产品难于销售而处于困境。后来，该厂进行市场细分后，根据企业优势，选择了省内十大运输公司作为自己的目标市场，生产适合晋煤外运的高吨位汽车载重轮胎，打开了销路。随着企业实力的增强，该厂又选择了耕运两用拖拉机制造厂为目标市场。1992年该厂与香港中策投资有限公司合资经营，成立了"双喜轮胎股份有限公司"。1993年，在全国轮胎普遍滞销的情况下，该厂敲开了一汽的大门，为之提供高吨位配套轮胎。

5.2.3 差异化与差异化策略

科特勒将差异化定义为提出有意义、有价值的创意，使自己企业推出的产品有别于众多竞争对手。企业可以从五个方面实现差异化：产品、服务、人力成本、渠道和形象。

1. 产品差异化

产品差异化是指产品的特征、工作性能、一致性、耐用性、可靠性、易修理性、式样和设计等方面的差异。也就是说，某一企业生产的产品，在质量、性能上明显优于同类产品的生产厂家，从而形成独自的市场。对于同一行业的竞争对手来说，产品的核心价值本是相同的，所不同的是性能和质量，在满足顾客基本需要的情况下，为顾客提供独特的产品是差异化战略追求的目标。传统营销中，厂商从产品入手强调差异化，但如果竞争对手的产品几乎没有差别，厂商也会考虑从其他方面着手。在网络环境中，互联网最大的优势在于实现产品线的差异化，它促使企业提供各式各样的产品，并且使它们能够利用种类繁多的产品作为一个平台，为客户提供量身定制的产品。企业实施产品差异化营销可以从以下两个方面着手。

（1）特征。

产品特征是指对产品基本功能给予补充的特点。大多数产品都具有不同的特征。其出发点是产品的基本功能，然后企业通过增加新的特征来推出新产品。在此方面实施最为成功的当数宝洁公司，以其洗发水产品来讲，消费者的购买目的无非是去头屑、柔顺营养、护发，与其相适应，宝洁公司就推出了相应的品牌海飞丝、潘婷、沙宣。在开发其他品牌的产品时，宝洁公司也多采用此种策略。我国的饮料企业在推出新产品时也采用了此种策略，如农夫山泉的"有点甜"、农夫果园的"混合"果汁及"喝前摇一摇"、康师傅的"每日C果汁"、汇源果汁的"真鲜橙"在消费者心目中都留下了很深的印象。可见，产品特征是企业实现产品差异化极具竞争力的工具之一。

（2）式样。

式样是指产品给予购买者的视觉效果和感受。以海尔集团的冰箱产品为例，海尔冰箱的款式就有欧洲、亚洲和美洲三种不同风格。欧洲风格用严谨、方门、白色表现；亚洲风格以淡雅为主，用圆弧门、圆角门、彩色花纹、钢板来体现；美洲风格则突出华贵，以宽体流线造型出现。再如，我国的一些饮料生产厂家摆脱了以往的旋转开瓶方式，改用所谓的"运动盖"直接拉起的开瓶法获得了巨大的成功。此外，对于一般的消费者而言，工作性能、一致性的质量、耐用性、可靠性、易修理性也是寻求差异的焦点。例如，某种汽车由标准件组成，且易于更换部件，则该汽车易修理性就高，在顾客心中就具有一定的竞争优势。

2. 服务差异化

服务差异化是指企业向目标市场提供与竞争者不同的优异的服务。尤其是在难以突出有形产品的差别时，竞争成功的关键常常取决于服务的数量与质量。区别服务水平的主要因素有送货、安装、用户培训、咨询和维修等。售前、售后服务差异就成了对手之间的竞争利器。

IBM根据计算机行业中产品的技术性能大体相同的情况分析，认为服务是用户的急需，故确定企业的经营理念是"IBM意味着服务"。我国的海尔集团以"为顾客提供尽善尽美的服务"作为企业的信条，海尔的"通过努力尽量使用户的烦恼趋于零""用户永远是对的""星级服务思想""是销售信用，不是销售产品""优质的服务是公司持续发展的基础""交付优质的服务能够为公司带来更多的销售"等服务观念，真正地把用户摆在了第一的位置，使用户在使用海尔产品时得到了全方位的满足。自然，海尔的品牌形象在消费者心目中也越来越高。

3. 人力成本差异化

通过互联网，企业可以利用低成本的渠道递送它们的产品和服务，这种渠道使整个过程变得自动化，并消除了昂贵的人力要素。企业开展网络交易，减少人力的投入可以降低交易成本，这样就在成本上形成了优势。然而随着越来越多的企业在网上提供产品与服务，这种优势也会越来越小。

4. 渠道差异化

网上渠道的差异化可以在多个层面进行。第一，提供网络产品和服务信息的企业以互联网为沟通的渠道，相对于没有利用网络的企业占据了优势。第二，进行网上交易的企业可以利用互联网优势将网络打造成交易和配送渠道。第三，在较高层面上，企业对竞争对手的网络服务形成差异化。第四，提供高度专业化的个人服务，如有些自助业务网站能够让用户自己办理业务。

5. 形象差异化

形象差异化是指通过塑造与竞争对手不同的产品形象、企业形象和品牌形象来取得竞争优势。形象就是公众对产品和企业的看法与感受。塑造形象的工具有名称、颜色、标识、标语、环境、活动等。以色彩来说,百事可乐的蓝色、可口可乐的红色等都能够让消费者在众多的同类产品中很轻易地将其识别出来。再以我国的酒类产品的形象差别来讲,茅台的国宴美酒形象、剑南春的大唐盛世酒形象、泸州老窖的历史沧桑形象、金六福的福酒形象,都各具特色。消费者在购买某种酒的时候,首先想到的就是该酒的形象;在品酒的时候,品的是酒,但品出来的却是由酒的形象差异带来的不同的心灵感受。

除了以上对于在线企业与离线企业都适用的差异化策略外,还有 6 个为网络企业量身定做的差异化策略,如表 5-5 所示。

表 5-5　针对互联网企业的差异化策略

1. 网站环境和氛围	3. 建立信任	5. 定价
· 网站的外观和感觉 · 对用户的亲和力 · 对企业和产品的正确描述	· 清楚地说明隐私政策 · 使用安全交易加密技术	· 了解竞争对手的定价 · 存储潜在顾客的信息
2. 将无形变有形	4. 高效、及时的订单处理	6. 客户关系管理
· 形象 · 虚拟导购 · 真实的描述	· 及时地递送客户订购的东西	· 客户跟踪 · 无缝沟通 · 提高关系效率

(1) 网站环境和氛围。

所谓氛围,就是指实体店铺零售商所创造的店内环境。同样,网站为顾客的访问、搜索和购物等活动提供一种积极的环境,也能够对网站进行差异化运作。网站的访问者希望网站易于打开,描述准确,能够清晰展示所提供的产品和服务,并且易于操作。如果顾客浏览主页时就喜欢这个网站,他们很有可能浏览该网站的其他网页,最终付款购买。

(2) 将无形变有形。

纯粹的网上销售产品或服务只能通过照片和文字描述看到,网站可通过使用虚拟导购、视频、三维动画、增强现实(AR)、虚拟现实(VR)等技术,让顾客体验真实的、触手可及的展示。

(3) 建立信任。

希望客户进行在线支付,或者为了提供个性化服务和供应链管理而需要对客户进行信息跟踪,网络经营就涉及信任问题。信任建设应该成为网站营销策略的一个重要组成部分,信任是品牌知名度的一个副产品,若企业网站没有品牌知名度或知名度很低,就必须营造一个安全的环境。除了制定隐私保护政策,企业可以在交易中使用安全的支付加密技术。当顾客在网站中遇到问题,或者寻求客服帮忙,或需要退换货时,信任同样非常重要。

(4) 高效、及时的订单处理。

顾客进行网络购物的最重要原因之一就是便捷的订购模式。企业必须在网站上明确表明,及时递送是公司传递的价值之一。如果网络企业始终兑现自己的承诺,就更有利于培养顾客忠诚度，对服务感到满意的顾客也会推荐更多人前来光顾。

（5）定价。

定价也是一种差异化运作的手段，但是人们一般都很谨慎地使用定价策略。对于网络经营者来说，这一点尤为明显。产品刚在网上上市的时候，企业一般用打折来刺激销售。如今网上商品的价格相对来说是比较低的，还有一些企业会制定更低的销售价格，但大多数企业选择定价以外的方式实现差异化，因为定价非常容易被模仿。除了以廉价吸引顾客以外，其他的差异化措施更具有持久性。

（6）客户关系管理。

由于越来越多的企业摒弃用低价来实现差异化，而且网络的进入门槛也越来越低，所以企业越来越多地使用客户关系管理来体现与其他企业的不同。

总的来说，差异化是企业对产品的量身定做。差异化策略是因为互联网的商业化而形成的。网络企业要显示自己的差异性，关键是要创造独特的、一流的客户体验，建立与客户一对一的关系。互联网所带来的价值就是根据客户关系创造特异性，为每一个客户提供独特的客户体验。

差异化营销策略的优点是：小批量、多品种、生产机动灵活、针对性强，使消费者需求更好地得到满足，由此促进产品销售。另外，由于企业是在多个细分市场上经营，可在一定程度上减少经营风险；一旦企业在几个细分市场上获得成功，则有助于提高企业的形象及扩大市场占有率。企业采用差异化营销策略，可以使顾客的不同需求得到更好的满足，也使每个子市场的销售潜力得到最大限度的挖掘，从而有利于扩大企业的市场占有率。差异化营销策略大大提高了企业的竞争能力，企业树立的品牌可以大大提高消费者对企业产品的信赖感和购买率。多样化的广告、多渠道的分销、多种市场调研费用及管理费用等，都是限制小企业进入的壁垒。所以，对于财力雄厚、技术强大、拥有高质量产品的企业来说，差异化营销是良好的选择。

差异化营销策略的不足之处主要体现在两个方面。一方面是营销成本过高，生产一般为小批量，使单位产品的成本相对上升，不具经济性。另一方面，市场调研、销售分析、促销计划、渠道建立、广告宣传、物流配送等许多方面的成本都无疑会大幅度地增加。很多企业做差异化营销，市场占有率扩大了，销量增加了，利润却降低了，其原因可能是企业的资源不能有效地集中配置，顾此失彼，甚至在企业内部出现彼此争夺资源的现象，使拳头产品难以形成优势。

5.2.4 市场定位

定位策略就是帮助企业在特定的客户群中树立企业形象和产品形象。所谓定位（positioning）就是树立形象的过程，而地位（position）则是客户心目中对企业或品牌的印象。想要成功，企业不仅需要使公司本身和公司的产品有别于其他的企业和产品，而且需要在公众心中塑造自己的市场地位，培养自己的细分市场。企业可以从品牌、企业本身或产品着手。

如果企业没有对自己的品牌进行定位，就无法把握自己的品牌形象。产品的地位根本上由顾客的眼光决定，但营销中的沟通可以使顾客按照厂商所希望的方式看待它们的品牌，如果企业不对产品定位进行引导，顾客可能会用不完全的或不准确的信息对商家和竞争对手做出比较。一些网站能够让顾客对产品做出评价，与他人在线交流，而企业不希望这些评价中的抱怨成为影响顾客感知和确定品牌形象的唯一要素。

经营者的目标就是建立稳定的、不会轻易被击垮的品牌形象，战胜竞争对手。企业的市场定位可以通过以下几种方式来实现。

1. 产品或服务特性定位

特性指的是产品或服务的性质，如大小、颜色、成分构成、速度等。有些产品或经营流程有自己的专利，这就形成了一个理想的定位要点。如王老吉凉茶以"怕上火，喝王老吉"创造了中国饮料界的品牌神话。

2. 技术定位

技术定位表示企业在技术方面走在同行的前列，这种特性对于网络经营者显得尤其重要。如在Lands'End上，女士们可以根据自己身体的特点（如头发颜色、皮肤色调、发型和脸型）生成一个逼真的模特。给模特配上衣服，用户就可以看到同款衣服穿在自己身上是什么样子。

3. 用途定位

用途是商品特性的反映，也就是这种特性对顾客有什么作用。用途定位通常是一个较为重要的定位要点，因为它要满足顾客，回答诸如"这种产品对我有什么用"的问题。

4. 用户类别定位

这种定位方式取决于客户群。如果一个群体的某些特质与产品用途的联系比其他群体更加紧密，那么这个定位就成功了。

5. 竞争对手定位

很多企业喜欢吹捧自己产品的优越性，说明其比竞争对手的产品好。不管是在线企业还是离线企业，有的喜欢与整个行业对垒（"真不敢相信，这居然不是黄油"——生产人造黄油的企业如是宣传），有的则喜欢与一家企业抗衡，还有的喜欢在行业中一争高低。

6. 综合定位

一些企业将自己定位于能够向顾客提供某一产品线上（或某一行业中）的所有产品，甚至将自己定位于综合供应商（如沃尔玛）。这种策略对网络企业来说也十分重要，因为繁忙的消费者需要的是便利和一站式购物。

案例 5-1

京东赋能打造防脱市场的"霸王"

"别人脱单,我脱发""家里的床上、地板上、沙发上都是我的头发,唯独我的脑袋上没有"——短时间内,"90后"调侃脱发的段子席卷了整个社交平台,一句一句戳进"初老"的"90后"心窝,引发情绪共鸣的同时,也让防脱洗护市场从一个"中老年专属"的垂直细分市场,变成一个人人都在谈论的现象级市场。《中国脱发人群调查》表明,我国有2亿脱发人群,"治疗脱发"是一个拥有百亿元巨额市场的产业。

行业从无人问津到万人追捧的华丽转身,传统零售时代防脱的开拓者霸王功不可没,早在行业初期就打造了"中药防脱"定位的霸王,在入驻京东前曾经一度面临品牌定位模糊的尴尬局面,对于是否要坚持做脱发品牌摇摆不定,而京东的人群精准画像与市场需求的大数据分析,及时帮助霸王坚守了中草药以及防脱定位。同时在新品推出方面,京东助力反向定制防脱系列产品,使霸王得到了年轻消费者的认可,除了直观的销量增加,店铺销售额两年增长8倍,2018年在京东成交额达1亿元——霸王俨然成功转型为电商时代防脱市场新的引领者。更重要的是,霸王携手京东将普通的防脱洗护市场做大做强,书写了"电商赋能企业打造现象级市场"的时代范本。

入驻京东前,霸王的品牌定位比较"糊"。作为一个防脱品牌,霸王内部却认为"防脱"是一个小众的市场,在市场推广和产品研发中,并没有将防脱类产品作为主打,反而主推一些偏大众的产品,如生姜洗发水等,同时将品牌的目标人群定位为中老年消费人群。

基于这些定位,霸王刚入驻京东时上线的主力产品是30~50元的产品,上线京东后,根据京东大数据与内部支持,霸王发现防脱类洗发水是一个大的市场,消费者对于霸王的防脱功能洗发水的敏感性远远高于其他产品,同时消费者更加偏好60~90元单价的产品。根据这一结果,霸王在产品推广、品牌定位、营销策略上做了调整。

重新强化了"中草药""防脱"等品牌特点的霸王,在京东大数据的帮助下,进行了更清晰的用户定位画像,面向主流20~30岁用户群体大胆启用了全新形象代言人毛不易。新一轮的线上线下互动传播营销更是让霸王赢得口碑、业绩双丰收,在与京东合作的两年时间里店铺销售额增长达8倍。

通过京东平台——京东商智和品牌纵横这些数据分析工具,霸王洞察出行业内防脱产品的各项指数都在逐渐增长,并得出"90后"已经是购买防脱产品的最大人群的结论。因此,品牌形象的年轻化成为霸王关注的重点。

为此,在定制化产品上,霸王设计了全新形象代言人毛不易618大促专属封套。与以往霸王产品包装款式老旧、古板不同,新款套装更符合年轻人的审美,在京东618大促期间取得了很好的效果。另外,霸王通过对京东商智的大数据和消费者画像分析,了解到消费者对防脱洗发水的个性化需求,从规格、功效、香味、价格等方面,基于这些需求对原来的防脱产品进行了优化,推出为京东平台用户定制的育发防脱洗发水380套装,成为网红爆款。

资料来源:搜狐网. 从细分市场到现象级爆品市场:京东赋能打造防脱市场的"霸王"[EB/OL]. (2018-11-04) [2022-12-31]. https://www.sohu.com/a/273222131_641859.

思考题

霸王是如何进行市场细分和目标市场定位的?

5.3 网络营销企业的战略规划

企业战略规划定义企业的整个使命和目标。消费者成为整个战略的中心,营销目标是为顾客创造价值,并且建立可赢利的顾客关系。营销战略(marketing strategy),即企业创造顾客价值、获得可赢利的顾客关系的营销逻辑。"微笑曲线"(smiling curve)理论告诉我们,在产业链中,附加值更多体现在两端——左边的研发和右边的营销,处于中间环节的制造附加值最低。由此可见,在现代市场环境中,市场营销在企业中处于核心地位,市场营销战略地位越来越高,成为企业战略的重点。网络营销战略是企业科技战略与营销战略的整合,最终形成企业网络营销战略规划。

5.3.1 网络营销战略选择

1. 互联网环境下的营销战略

竞争战略的一个中心问题是企业在其产业中的相对地位。要长期维持高于平均水平的经济效益,其根基就是持之以恒地保持竞争优势。成本优势和别具一格两种基本的竞争优势来自于产业结构,它们是由一个企业比其竞争对手更擅长应付五种竞争力量的能力所决定的。低成本和别具一格两种基本的战略优势与企业谋求优势的活动范围相结合,就得出了在产业中取得高于平均水平的经济效益的三种通用战略,这就是波特提出的成本领先战略,即提供低成本的产品或服务,降低交易成本;差异化战略,即提供与竞争者不同的产品和服务,定位于有差异的市场,保持企业的竞争力;目标聚集战略,也称集中化战略、目标集中战略、专一化战略,即采用某种战略优势占领某一细分市场。对于开展网络营销的企业来说,成本领先、差异化和目标聚集三种基本竞争战略也都适用。

(1)基于低成本的无差异化营销战略。

实施无差异化营销战略的企业把整个市场看作一个目标市场,不进行市场细分。它们生产一种无差异的产品来满足整个市场上客户的要求。无差异化营销是制造业中的标准化、大批量生产在营销中的体现。实施无差异化营销战略的企业经过周密的市场调研后发现,市场上客户需求的共性大于个性,便决定以统一的产品、统一的价格、统一的促销措施和统一的分销渠道来进行大众化营销,而不是注重他们的差别。

无差异化营销最大的长处是节约成本。它可以降低生产成本、广告等促销费用,不进行市场细分,节约了市场调研费用。因而,企业可以适当地降低价格,取得相对有利的竞争地位。低成本营销的关键是让有限的经营资本通过营销手段与市场资源充分整合。

互联网为实施低成本的无差异化营销战略创造了条件,关键是要有与之相匹配的产品、市场和营销手段与策略。谷歌从一个只有十几位员工的小企业,发展成为全球市值最高的互联网公司,得益于它秉持了"用户为先"的企业价值观,坚持了"低成本的无差异化营销"的思想,为用户提供所需的服务,实现了营销手段与市场资源的充分契合。谷歌的商业模式为中小企业利用互联网开展营销提供了成功的借鉴。

无差异化营销战略也存在许多缺点，它对大多数产品来说都是不适宜的。尤其在网络营销中，消费者需求存在巨大的差异，某个产品受到整个市场普遍欢迎的可能性很小，企业通过生产一种产品来迎合市场各种需求的现象是十分少见的。即便某种产品在市场上获得了好评，竞争者也会竞相模仿，造成激烈的竞争，这对企业十分不利。同时，企业把竞争力都集中在某一种产品上，未能满足客户的其他需求将会忽略一些可能存在巨大盈利机会的细分市场。因此，许多大企业纷纷由无差异化营销战略转为差异化营销战略。

（2）差异化营销战略。

差异化营销战略是企业把整体市场划分为若干个细分市场，然后依据对细分市场的评估和选择因素来选定自己的目标市场，并针对不同的目标市场量身订制市场营销组合策略。与无差异化营销相比，差异化营销更容易满足客户的多样性需求，激励客户重复购买。

差异化营销战略的最大优点是通过满足市场多样化的需求，有效地分散经营风险，提升企业的竞争力和利润率。无差异化营销战略的优势反过来就是差异化营销战略的劣势。对于企业来讲，实施差异化营销的成本比较高。企业不但要进行市场细分，还要为不同的细分市场制定不同的市场营销战略，因此企业的市场调研、预测、选择渠道和销售促进等方面的费用便会增加。另外，企业产品的生产、管理、营销及配送成本等也会随之增加。这就要求企业有更雄厚的实力来应对差异化营销所带来的挑战。

（3）集中化营销战略。

集中化营销战略是企业把整体市场划分为若干个细分市场，经过对细分市场的分析后，集中力量经营一个或少数几个性质基本相同的细分市场，并制定统一的市场营销组合策略。此战略通常适用于一些资源有限、市场范围较窄的小企业。

采用集中化营销战略的企业目标比较集中，可以大大节省成本费用。同时，由于企业在生产、定价、选择分销渠道和应用促销手段等方面专业化程度很高，易于赢得客户的信任，因而能够获得较高的投资收益。等基础打牢以后，企业可再逐步扩大到其他的细分市场。集中化营销的不足主要在于目标市场的范围相对狭窄，如果客户的需求转移或出现强大的竞争对手，企业将面临极大的市场风险。

2. 影响营销战略抉择的因素

任何企业的市场营销战略的选择都不能随心所欲，必须对各种因素进行综合分析，权衡利弊，做出决策。具体涉及的因素有以下几点。

（1）企业资源及能力。对于实力雄厚、经营能力强的企业，可以选择差异化营销战略或无差异化营销战略；若企业能力有限，一般选择集中化营销战略。

（2）产品同质性。如果产品的同质性较低，就应采取差异化营销战略或集中化营销战略；如果产品的同质性比较高，则应采用无差异化营销战略，这样营销的竞争主要表现在产品的价格或服务上。

（3）产品生命周期。新产品刚刚进入市场的导入期时，可以采取无差异化营销战略；产品进入成长、成熟阶段时，随着市场竞争的加剧，企业应该避免分散营销力量，可以改为采用差异化或集中化营销战略。

（4）市场类同性。如果市场同质性比较强，客户的需求和偏好比较一致，可以采用无差异化营销战略，否则应该采取差异化营销战略或集中化营销战略。

（5）竞争者战略。若竞争者采取无差异化营销战略，企业就可以选择差异化或集中化营销战略；若竞争者采取差异化营销战略，企业就可以选择被竞争者忽略的市场，进行更深层次的细分或采取集中化营销战略。总之，企业应采取"田忌赛马"策略，以己之长攻彼之短，以集中攻零散，以错位方式攻对方薄弱环节，这就应了"商场如战场"的老话，运用战术得当就能以弱胜强。

5.3.2 网络营销战略竞争优势

网络营销作为一种竞争手段，具有很多竞争优势，要想知道这些竞争优势是如何给企业带来战略优势以及如何选择竞争战略的，就必须分析网络营销对企业营销提供的策略机会和威胁。制定战略目标的关键是判断企业目前的状况，然后决定在多大程度上实施电子商务模式，以及采取哪些具体的网络营销手段。企业可用一个金字塔来展示实施电子商务的层次，如图 5-9 所示。

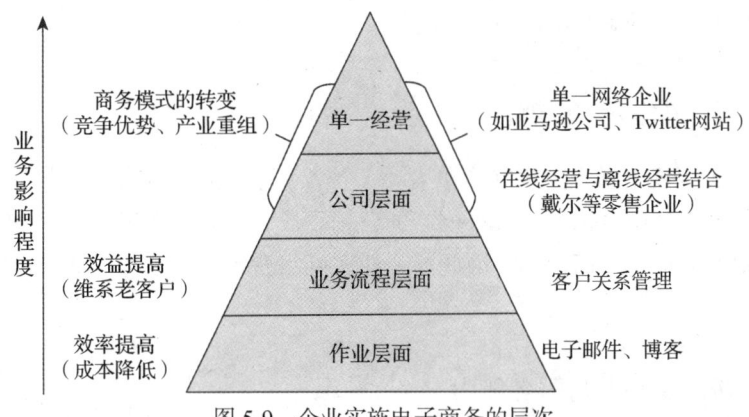

图 5-9 企业实施电子商务的层次

资料来源：斯特劳斯，弗罗斯特．网络营销 [M]．时启亮，陈育君，译．北京：中国人民大学出版社，2015.

在金字塔中，只有少数企业能达到最高的层次。越接近金字塔顶端的企业，参与电子商务活动越频繁，通过网络营销给企业带来利益就越重要。战略往往是高层的决策，而战术应用于低层，因此大部分企业的高层战略风险远远高于低层的战术。

对不同行业性质的企业而言，一家企业的作业层面可能是另一家企业的战略。例如，电子交易订单处理（在网上销售产品）对销售滑雪用具的商店而言，只不过是整个业务量的 1%，而对于联邦快递公司来说则属于公司层面的重要经营活动。

网络营销作为一种竞争战略，可以在下述几方面加强企业对抗市场竞争力量时的优势。

1. 对巩固企业已有的经营优势产生双重效用

不同的行业和企业，由于经营环境、市场结构、盈利模式和营销方式各不相同，因此，网络营销对企业已有经营优势的影响主要取决于企业对电子商务的理解和接受程度、实施网络营销所采取的战略与策略以及具体的形式甚至技术等，即使是同行业和同类型的企业，在网络营销中取得的绩效都有很大的差异。

从经营决策层面看，借助互联网可以有效地了解市场的需求，帮助企业制定出科学的、有针对性的经营决策，形成以市场为导向的经营机制；从经营和运营层面看，互联网为企业实现与客户的有效沟通、维系与客户的关系，提供了前所未有的、任何企业都可以利用的良好条件。正因为如此，在网络营销中，如何利用好互联网这一"中立的工具"成为企业巩固已有经营优势的关键。

2. 加强与客户的沟通，注重客户的长期价值

互联网改变了市场营销的环境，使客户拥有决定企业生产什么产品的权利。在这样的背景下，企业实施网络营销必须以客户需求为导向，通过赢得和保持客户的满意度与忠诚度来获取利润。因此，企业首先应当把网络作为研究消费者的平台，通过网站、电子邮件、网络社区、聊天室、公告板、讨论组等各种方式及时了解客户的需求，并据此开发新产品和新业务。同时，要重视对客户长期价值的提升，利用网络实施聚集和维系稳定的客户群体，培养忠诚客户，这些都是值得进行的全新尝试，有条件的企业应将以往在传统营销中耗费大量人力和财力的客户关系管理重心向网络营销转移。

3. 对潜在竞争者产生积极的影响

互联网在某种程度上增强了潜在竞争者（入侵者）进入市场的能力。由于互联网的开放性，企业在网上推出新的营销模式或采用新的营销手段，将有可能很快被竞争对手仿效，在某种程度上会对企业产生负面影响。因此，企业在网络营销中必须考虑这种影响，并采取相应的对策。

4. 有助于提高新产品开发与服务能力

交互式沟通在使企业有效及时地了解市场需求的同时，也为新产品的开发和服务能力的提升开辟了一个新的途径。以信息服务为例，互联网的优势是以较低的成本提供信息服务。围绕这一优势，近年来，信息服务行业相继推出新的服务产品：做管理软件的公司正在向前延伸，与电子商务融合，形成自己独特的企业信息化服务模式，如用友从 ERP 管理软件向移动商务延伸；而做电子商务服务的企业也在向后延伸，继续提供管理软件，如阿里巴巴公司的钉钉、阿里云等平台。

5. 有助于建立新型的、高效的、稳定的合作伙伴关系

要想在互联网环境下取得竞争优势，最佳的战略选择是联盟。利用互联网可以将不同企业的产品、渠道甚至客户等各种经营资源实现整合，以发挥各自的优势和功能，促成和实现新型的、高效的、稳定的合作关系。

5.3.3 网络营销战略目标

网络营销战略目标是确定开展网络营销后预期达到的目的,以及制定相应的步骤,组织有关部门和人员参与。网络营销战略目标通常包括以下几个类型。

1. 销售型网络营销目标

销售型网络营销目标是指企业为拓宽销售网络,借助互联网的交互性、直接性、实时性和全球性为顾客提供方便快捷的网上售点。目前,许多传统的零售店都在网上设立销售点。例如,传统餐饮行业的肯德基在 2016 年 9 月入驻天猫,用户在网上购买智能电子卡券,保存在手机淘宝卡券包中,在肯德基实体店点餐时,出示二维码即可兑换相关食品。肯德基通过 AR 技术、网络直播等手段增强了与消费者的沟通,利用人气卡通形象与综艺大咖赚足了年轻人的眼球,不断制造话题与新鲜感,提升品牌年轻形象,更打通了线上线下的会员体系,使得用户在线下品牌门店能够快速实现线上购买至线下核销、支付、会员积分服务等功能。

网上销售具有以下几个优势。
(1)选址不再重要。
(2)规模不再重要。
(3)节约人员和选址成本。
(4)获得更多的顾客。
(5)获得高收入的消费群体。
(6)可 7×24 小时接受订单。
(7)能为客户关系管理、微观营销、交叉销售和向上销售提供更好的机会。

2. 服务型网络营销目标

服务型网络营销目标主要为顾客提供网上远程联机服务,网上服务人员可远距离为顾客提供咨询和售后服务等,目前大部分信息技术型公司都建立了此类站点。

3. 品牌型网络营销目标

品牌型网络营销目标主要是在网上建立自己的品牌形象,加强与顾客的沟通以建立顾客对品牌的忠诚度,为企业的后续发展打下基础,以及配合企业现行的营销目标。目前大部分站点属于此类型。

比如三只松鼠,它是中国第一家定位于纯互联网食品品牌的企业,也是当前中国销售规模最大的食品电商企业,依托互联网渠道优势和成功的营销手段异军突起,成功打造了互联网食品第一品牌,并成功将品牌由线上推广到线下。

4. 提升型网络营销目标

提升型网络营销目标主要通过网络营销代替传统营销手段,全面降低营销费用,改进营销效率，促进营销管理和提高企业竞争力。目前的戴尔、亚马逊、海尔等均属于此类。

以戴尔为例，电脑软硬件产品十分适用于网络直销。首先，网络用户大多数是电脑发烧友，对于这类信息最为热衷，再加上电脑产品的升级换代快，使得这一市场有着永不衰退的增长点。戴尔充分利用这点，通过互联网推广其直销订购模式，凭借着出色的网络营销发展模式，一举超越所有竞争对手，成为全球销售第一的计算机公司。进入中国市场之后，戴尔以直销模式为基础，加以强大的营销推广，在中国市场上取得了迅猛的发展，仅次于联想、方正，成为中国 PC 市场三大巨头之一。

5. 混合型网络营销目标

混合型网络营销目标是要同时达到上面几种营销目标，如亚马逊通过设立网上书店作为其主要销售网络，既是销售型，又是品牌型，同时还属于提升型。

5.3.4 网络营销战略分析内容

网络营销可以扩大企业的视野，重新界定市场的范围，缩短与消费者的距离，取代人力沟通和单向媒体的促销功能，改变市场竞争状态。因此，企业网络营销战略分析重点应包括以下几个方面。

1. 顾客关系再造

在网络环境下，企业规模的大小、资金的实力在某种意义上已经不是企业成功的关键因素，消费者也具有更高的主动性。正所谓"得顾客者得天下"，为此，网络营销能否成功的关键在于如何再造与顾客的关系，发掘顾客、吸引顾客、留住顾客。如何了解顾客的愿望以及利用个人互动服务与顾客维持关系，即企业如何建立和巩固自己的顾客网络。现在顾客关系再造主要有以下两种方式。

（1）提供免费服务。提供免费服务是吸引顾客最直接与最有效的手段。360 是将免费策略用到极致的一家公司，最早推出的产品是"360 安全卫士"，此产品完全免费，不但自己免费，还拉来了著名杀毒软件"卡巴斯基"与自己绑定，用户安装了 360 安全卫士后，不但可以免费使用 360 的各种功能与服务，而且还可以免费使用半年正版的卡巴斯基。之后，360 又决定进军杀毒软件市场，随即推出"360 杀毒"。众所周知，以往的杀毒软件，全部是收费的，只不过是收多少的问题，而 360 杀毒一经推出即宣布永久免费，结果在很短时间内，便在竞争异常激烈的杀毒软件市场中抢到了一块属于自己的地盘。

（2）组建网络俱乐部。网络俱乐部是以专业爱好和专门兴趣为主题的网络用户中心，对某一问题感兴趣的网络用户可以在俱乐部中随时交流信息。这种聚集式的交流便于企业与用户进行沟通，也可以使企业获得用户所关注的信息，并免费向用户传达促销信息。企业可以通过开设或者赞助与其产品相关的网络俱乐部，把产品或企业形象渗透到对产品有兴趣的用户中，利用网络俱乐部把握市场动态、消费变化趋势，及时调整产品及营销策略，典型如华为、小米等创建的网上社区、论坛等。

2. 定制化营销

巩固顾客、扩大网上销售量的一个重要战略手段是通过定制化营销来提高顾客满意度。所谓定制化营销是指利用网络优势，一对一地向顾客提供独特化、个性化的产品和服务。

在网络上越来越多流行语出现的时候，可口可乐抓住了这个机遇，把网络流行语与可口可乐瓶身完美设计结合在一起。昵称瓶在每瓶可口可乐瓶子上都写着不同的昵称，这些昵称有纯爷们、型男、月光族、氧气美女、高富帅、粉丝、女神、表情帝等。这种独特的方式迎合了流行的网络文化，也抓住了人们心底里彰显个性的需求，于是很多喜欢可口可乐的人都开始去寻找专属于自己的昵称瓶，甚至那些平时无所谓喝哪个牌子可乐的人也会更多地偏向于可口可乐一些。

酷家乐是一家家居装修装饰网，为消费者提供权威的室内装修设计方案、户型图绘制工具、装修效果图、装修知识等服务，帮助有了新家的用户在线设计室内装修效果图。酷家乐以自创 ExaCloud 云渲染技术为基础搭建的 3D 云设计工具，可以 5 分钟生成装修方案，10 秒生成效果图，一键生成 VR 方案，直观地看到装修后的效果。

3. 建立网络营销伙伴

由于网络信息的公开性，同行业竞争对手的产品和营销行为信息很容易获得。因此，网络营销争取顾客的关键在于如何适时获取、分析、运用网上的信息。建立网上联盟或合作伙伴关系，即将企业自己的网站与其他企业的网站关联起来，这有利于企业更及时、更准确地获得网络资源，对于合作双方是双赢的选择。目前使用得较多的网络营销伙伴关系主要有以下两种。

（1）内容共享的合作伙伴关系（content-share partnership）。内容共享的合作伙伴关系能提高企业网页的可见度，能向更多的访客展示企业网页内容。比如，一个在网上销售自行车的企业应和一个在网上销售运动服装的企业结成伙伴，在卖出运动服装的同时，也可以使顾客了解自己的自行车并卖出自己的产品；同样，一个提供关于自行车图书和杂志的网站也是在网上销售自行车的企业建立内容共享的合作伙伴关系最好的选择。

（2）交互链接和网络环（link exchange and web ring）。交互链接和网络环是应用链接相关网站来推动交易的重要形式。相关网站间的相互链接有助于吸引在网上浏览的顾客一个接一个地按照链接浏览下去，以提高企业网站的可见度。网络环只是一种更结构化的交互链接形式，在环上一组相关的伙伴网站链接在一起建立链接关系，访问者可以通过一条不间断的"链"，看到一整套相关的网站，从而给访问者带来更充实的信息。

把企业的网站登录在一个大的搜索引擎上是网上营销寻求伙伴关系的重要选择。因为有经验的互联网用户在网上查找需要的信息时，总是首先利用搜索引擎。比如，在百度上搜索一本想了解的书，除了通常的搜索结果以外，还会看到其在亚马逊上的目录。

5.3.5 网络营销战略模式选择

企业要引入网络营销，首先要弄清楚网络营销要通过何种机制达到何种目的，然后企业可根据自己的特点及目标顾客的需求特性，选择一种合理的网络营销模式。目前，人们已经归纳了几种有效的网络营销模式，具体如下。

1. 留住顾客、增加销量

留住顾客、增加销量的网络营销模式可以用图 5-10 描述。

顾客服务 → 增强与顾客的关系 → 留住顾客 → 增加销量

图 5-10　留住顾客、增加销量的模式

现代营销学认为保留 1 个老顾客相当于争取 5 个新顾客。而网络营销沟通的双向互动、信息量大且可选择性地阅读、成本低、联系方便等特点决定了它是一种优于其他媒体的顾客服务工具。公司通过网络营销可以达到更好地服务顾客的目的，从而增强与顾客的关系，建立顾客忠诚度，永远留住顾客。满意且忠诚的顾客总是乐意购买公司的产品，这样就自然而然地提高了公司的销售量。

小天鹅公司通过大量的市场调研，得出一组营销数据 1∶25∶8∶1，即 1 个顾客使用产品并得到满意的服务，他会影响周围其他 25 位顾客，因为相对于企业的广告或宣传，使用者的亲身感受最客观、最公正。同时，其中 8 个人会产生购买欲望，1 个新顾客会产生购买行为。这就是顾客的市场辐射效应。网络营销信息沟通的双向互动性、信息阅读的可选择性与便捷性，使采用网络营销的企业更能有针对性地为目标顾客提供所需的服务。通过顾客服务，企业建立与顾客之间的密切关系，从而留住、巩固老顾客，吸引更多新顾客。对企业服务满意的顾客自然乐于购买、使用企业的产品，从而使企业通过网上服务增加销量。

2. 提供有用信息刺激消费

向客户提供有用信息来达到刺激消费目的的网络营销模式可以用图 5-11 来描述。

有用信息 → 刺激消费 → 增加购买

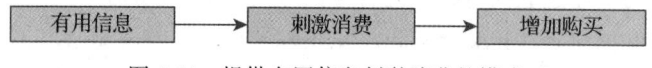

图 5-11　提供有用信息刺激消费的模式

本模式尤其适用于通过零售渠道销售的企业，它们可以通过网络向顾客连续提供有用的信息，包括新产品信息、产品的新用途等，而且可以根据情况适时调整，以保持网上站点的新鲜感和吸引力。这些有用的新信息能刺激顾客的消费欲望，从而增加购买。

3. 简化销售渠道、减少管理费用

简化销售渠道、减少管理费用的模式可以用图 5-12 来描述。

购买方便 → 折扣 → 直接销售 → 减少管理费用

图 5-12　简化销售渠道、减少管理费用的模式

使用网络进行销售对企业最直接的效益来自于它的直复营销功能，即通过简化销售渠道、降低销售成本，最终达到减少管理费用的目的。本模式适用于将网络用作直复营销工具的企业。

利用网络实施直复营销，对顾客而言，可以方便购买，减少购物时间，降低精力、体力上的支出与消耗；对企业而言，可以实现简化销售渠道、降低销售成本、减少管理费用的目的。售卖书籍、鲜花和礼品等的网上商店是这种模式的最好应用。

4. 让顾客参与、提高客户的忠诚度

让顾客参与、提高客户的忠诚度的网络营销模式可以用图5-13来描述。

新的娱乐 → 促进顾客参与 → 重复购买

图5-13　让顾客参与、提高客户的忠诚度的模式

新闻业已经有一些成功运用此模式的例子。报纸和杂志出版商通过它们的网页来促进顾客的参与。它们的网页使顾客能够根据自己的兴趣形成一些有共同话题的"网络社区"，同时也提供了比传统的"给编辑的信"参与程度高得多的读编交流机会。这样做能够提高客户的忠诚度。

同样地，电影、电视的制作商可以运用此模式提高产品的流行程度。它们可以建立微博等平台账号为观众提供电影、电视剧的花絮和演员采访等。这些信息对于观众来说是很有吸引力的，因为这样能使他们获得一种参与感，同时也促使他们与自己的朋友讨论这部作品，甚至劝说朋友也去观看。

5. 提高品牌知名度获取更高利润

通过提高品牌知名度获取更高利润的网络营销模式可以用图5-14来描述。

提高品牌知名度 → 获取顾客忠诚 → 更高的利润

图5-14　提高品牌知名度获取更高利润的模式

将品牌作为管理重点的企业可以通过网页、网店的设计来提升整个企业的品牌形象，可口可乐、李维斯等诸多著名品牌都以网络作为提升品牌形象的工具。

企业可以通过网页、网店的设计，突出品牌宣传，树立整体的企业品牌形象，建立顾客忠诚度，实现市场渗透，最终达到提高市场占有率的目的。

6. 数据库营销

网络是建立强大、精确的营销数据库的理想工具，因为网络具有即时、互动的特性，所以可以对营销数据库实现动态的修改和添加。拥有一个能够即时追踪市场状况的营销数据库，是公司管理层做出动态、理性决策的基础。

本章小结

本章主要介绍了网络营销对企业的影响、制订网络营销战略计划之前需要考虑的主要因素、制订网络营销战略计划的步骤、网络市场细分和目标市场定位。战略是企业经营活动的根本方向,只有认清自身优势,找准自身定位,采取适合的战略计划,企业才能有更加长远的发展。

复习题

1. 网络营销对企业有哪些影响?
2. 简述几种有效的网络营销模式。
3. 企业制订网络营销战略计划的步骤是怎样的?
4. 网络市场细分的方法有哪几种?
5. 选取一个自己熟悉的企业阐述其网络营销目标市场选择模式。

讨论题

ofo共享单车一度站在市场风口,如今却近乎销声匿迹。回顾其发展历程,从营销战略角度分析它的兴衰原因。

案例研究

苏宁的三次战略转型

苏宁创立于1990年,在中国和日本拥有两家上市公司,是中国领先的商业企业。苏宁产业经营不断拓展,形成苏宁易购、苏宁物流、苏宁金融、苏宁科技、苏宁置业、苏宁文创、苏宁体育、苏宁投资八大产业板块协同发展的格局。其中,苏宁易购跻身《财富》世界500强。这样的成功源自企业自身的产业升级,不断冲破"天花板"。

1.0 从小批发到大零售

从空调专营起步,苏宁建立了完整的"配送、安装、维修"一体化的服务体系,组织了300人的专业安装队伍,为顾客免费安装,让消费者在最短的时间内用上空调。这一招在今天已成为商家的"常规武器",而在当时却是"撒手锏",苏宁用优质服务得到了消费者的大力支持。这是苏宁在"原始积累期"得以生存发展的一大社会根基。

与此同时,苏宁开辟了"厂商合作"新模式。从1991年起,率先向供应商渗透商业资本,首创了经销商在淡季向生产商打款这一"逆向运作方式",与当时两大空调供应商建立新的厂商购销模式,确保旺季获得稳定货源和优惠价格。

2.0 全家电连锁化零售模式成型

从1994年起,苏宁大力发展全国性的批发业务,以南京为大本营建立了辐射全国的批发网络4 000多家,庞大的分销体系发挥了强大的作用。苏宁包销了华宝、三菱30%的产量,松下50%的国内市场份额。借助全国批发网络,苏宁迎来了企业发展的第一次大跳跃,营业收入从1993年的3亿元发展到1996年的15亿元,增长400%。

20世纪90年代中期,中国家电市场从"短缺经济"逐步转变为"过剩经济"。这一市场背景的转变,给苏宁未来发展提出了严峻的挑战,如果继续采用过去的"批发模式",就会自断生路。此时,苏宁未雨绸缪,开始布局直营连锁模式。1996年3月28日,苏宁第一家全资子公司——扬州苏宁家电公司成立,从此揭开了苏宁连锁经营的序幕。

1998年,苏宁实现了由"批发模式"向"自营零售体系"的"市场软着陆",避免了一场"市场风暴"。1999年,苏宁开始从单一的空调业务全面转向综合电器业务。2001年6月,苏宁电器连锁集团股份有限公司成立,这是苏宁作为一个原生态的民营企业发生的一次质的变化。2003年,苏宁首创"3C(电脑、通信、家电)模式",这是家电直销第三代经营模式。

3.0 开启"云商"新模式

2013年2月21日,"苏宁电器"正式宣布集团名称更改为"苏宁云商",苏宁第三次战略转型全面启动。这一次,苏宁将依托互联网,成为科技型零售服务商,开启苏宁革命性的"云商"零售模式。

据苏宁董事长张近东解释,苏宁"云商"模式可以概括为"店商+电商+零售服务商",它的核心是以云技术为基础,整合苏宁前台后台,融合苏宁线上线下,服务全产业、全客群。

这种变化,集中体现在当日发布的苏宁新品牌标识上。新品牌标识字体圆润柔和、互联网意味浓厚,"电器"字样完全消失。

这次改变,不仅仅是苏宁品牌标识的改变,更是苏宁市场战略的完全改变。为了获得更多市场份额,苏宁不想再将命运仅仅依托于电器这一种产品品类,而是延伸到更广泛的产品和渠道上,这对面临移动互联网时代增长乏力、市场份额占比较少、利润率下滑等不利因素而欲重新飞跃的苏宁而言,是个极为大胆的决定。

苏宁正式突破"家用电器"局限,向着更为广阔的零售蓝海前进——苏宁科技转型以云服务为核心,从最初的员工云服务、供应商云服务,逐渐进入融合互联网物联、集成智能家居的消费者云服务领域,标志着苏宁云服务进入全品类、全渠道、全客群(三全)的成熟推广时期。

资料来源:新浪财经.苏宁三次战略转型后:合纵连横扩大产业边际[EB/OL].(2012-06-13)[2021-02-07]. http://finance.sina.com.cn/chanjing/gsnews/20120604/190512219591.shtml.

思考题

1. 苏宁的三次战略转型过程大概是怎样的?
2. 请设想未来的苏宁可能的发展方向。

参考文献

[1] 阿姆斯特朗,科特勒.市场营销学:第13版[M].赵占波,孙鲁平,赵江波,等译.北京:机械工业出版社,2019.
[2] 刘芸.网络营销与策划[M].北京:清华大学出版社,2010.
[3] 亿邦动力网.零售O2O案例:7点看懂优衣库的O2O模式[EB/OL].(2014-09-13)[2021-02-07]. https://www.iyiou.com/p/13283.html.
[4] 瞿彭志.网络营销[M].5版.北京:高等教育出版社,2019.
[5] 胡利,皮尔西,尼库洛,等.营销战略与竞争定位[M].楼尊,译.北京:中国人民大学出版社,2014.

第 3 篇
PART 3

网络营销运营管理掘金法则

第 6 章　顾客驱动：网络营销产品
第 7 章　应变无方：网络营销价格策略
第 8 章　化繁为简：网络营销渠道
第 9 章　让顾客钱包减肥的妙招：网络营销促销

第 6 章
CHAPTER 6

顾客驱动：网络营销产品

⊙ 开篇案例

王老吉与加多宝的"红罐之争"

品牌战略决策对企业影响重大。有时一项决策的成功不仅能使企业获利，还有利于企业的长远发展。品牌战略决策环环相扣，每一步都不能疏忽。

1. 背景追述

历经 380 多天激烈的官司诉讼，曾轰动一时的中国商标第一案尘埃落定，中国贸易仲裁委员会最终裁定"王老吉"商标权归广药集团（简称"广药"）所有，加多宝母公司鸿道集团（简称"鸿道"）不再继续享有该商标的使用权。说到底，商标大战其实就是广药和鸿道之间的一场利益争夺战。

广药之前授权加多宝生产王老吉凉茶，未料想后者仅用短短十几年就将以前只风靡于岭南的凉茶成功地推向全国市场，眼看加多宝每年仅通过凉茶销售就可以赚得盆满钵满，反观自己的经营业绩却日渐下滑，因此广药就准备从加多宝手中收回原本属于自己的商标使用权。从加多宝的立场来看，它将"王老吉"一手打造成为饮料行业的领导品牌实属不易，刚刚将品牌经营得顺风顺水，广药却宣布之前签署的还未到期的合作协议作废。

2. 王老吉：艰难重塑路漫漫

重获商标权后，广药必须重新打造属于王老吉的品牌新形象以和加多宝进行清晰区分。

（1）品牌新形象，诚信为先：品牌作为消费者了解企业的一种最基本的方式，能够为企业带来诸多价值。因此在与加多宝的竞争中，王老吉必须明确自身的品牌定位、树立品牌诚信文化。之前经加多宝多番宣传打造，王老吉的品牌已经深入人心，所以继续提升消费者对王老吉品牌的信任显得非常重要。

（2）时刻注重产品品质：品质是品牌的生命，无论在消费者心目中到底印象如何，王老吉都时刻不能忘记品质的重要性。作为预防上火的功能性饮料，王老吉独特的品牌个性吸引了一大批消费者，所以在两者竞争之中谁的品质好，谁就能更胜一筹。

（3）品牌忠诚度的提高：在提高自己的品牌忠诚度的同时，广药应该充分考虑两种因素，首先是消费者需求，在企业内部建立消费者信息系统，既满足了消费者的基本需求又能在更高的层次上为消费者服务；其次是通过广泛的调查来了解消费者的喜好，让消费者对王老吉的感情落到实处。

3. 加多宝：强势营销再发力

加多宝品牌的成功并非偶然，这要归功于粤商与港商优秀基因的结合，即务实、简单、不折腾。务实体现在渠道细分与渠道终端的精细化运营上，对销售人员的专业训练，对传播与策略技巧的重视，都是加多宝最重要的核心竞争力。

（1）品牌全新定位，力求品牌区分。

在两家公司的官司进入司法程序后不久，加多宝便推出自己的品牌——加多宝凉茶，并且通过广告语"正宗凉茶——加多宝出品"来向消费者灌输"正宗凉茶"的品牌概念。加多宝要想真正成为凉茶霸主首先就必须要在品牌上进行区分，不能一味地去与王老吉追求谁是正宗凉茶，谁拥有真正的配方。

（2）产品特色打造，吸引专属顾客群。

与王老吉相比，加多宝在很多方面都具有较强优势。加多宝在运营王老吉品牌的初期也是通过将传统的岭南地区略带苦味的凉茶加甜后推向全国的，逐渐开辟了凉茶这个大众饮料品类。

（3）开拓国际市场，尝试国际化。

品牌国际化实际上是全球一体化与本地化的统一，变的是形式，不变的是品牌的核心价值，同时也是与当地消费者积极沟通的过程。

资料来源：应轲，马晓芸.品牌战略决策研究：以加多宝、王老吉为例[J].现代商贸工业，2014，26（9）：73-74.

思考题

加多宝与王老吉的产品策略有何不同，各自的特点是什么？

一个企业的生存和发展关键在于它所生产的产品和提供的服务要最大限度地满足消费者的需求和欲望，同时能够实现企业自身的利益。换句话说，对产品而言，企业先不要急于制定产品策略，而要以研究消费者的欲望和需求（consumer wants and needs）为中心，不再卖企业所生产的产品，而卖消费者想购买的产品。任何企业制定产品策略都必须适应消费者的需求及其发展趋势。

产品（product）是指作为商品提供给市场，被人们使用和消费，并能满足人们某种需求的任何东西，包括有形的物品、无形的服务、人员、地点、组织、信息、观念或它们的组合。网络营销产品是指能供给市场以引起人们注意、获取、使用或消费，从而满足某种欲望或需要的一切东西。与传统营销产品相比，其内涵更丰富了，且能满足顾客的个性化需求。

产品策略是指确定企业能提供什么样的产品和服务去满足消费者需求的产品营销战略后，在实施中所采取的一系列有关产品本身的具体营销策略。从一定意义上讲，企业成功与发展的关键在于产品满足消费者需求的程度以及产品策略正确与否。事实上，产品策略是市场营销4P组合的核心，是价格策略、分销策略和促销策略的基础。从社会经济发展看，产品的交换是社会分工的必要前提，企业生产与社会需要的统一是通过产品来实现的，企业与市场的关系也主要是通过产品或服务来联系的。从企业内部而言，产品是企业生产活动的中心。因此，产品策略是企业市场营销活动的支柱和基石。

6.1 认识网络营销产品

6.1.1 网络营销产品层次

网络营销是在网上虚拟市场开展营销活动以实现企业营销目标，在面对与传统市场有差异的网上虚拟市场时，必须要满足网上消费者一些特有的需求。因此，网络营销产品内涵与传统产品内涵有一定的差异，这主要体现在与传统营销产品的层次相比，网络产品的层次大大拓展了。

在传统市场营销中，产品满足的主要是消费者的一般性需求，因此产品相应地分成了核心利益或服务、有形产品和延伸产品三个层次，分别满足顾客不同层次的需要，其中核心利益或服务是满足顾客购买产品的真正需要，营销目标是揭示隐藏在产品中的各种需要，并出售利益。核心产品是产品整体的中心，核心产品必须通过一定的载体表现出来，这个层次就是有形产品，它包括质量水平、特色、式样、品牌和包装等。此外，为更好地销售产品和提供服务，产品设计时还应该提供附加服务和附加利益，这个层次就是延伸产品，如售后服务、送货、质量保证、安装等以满足顾客需求，并从中获取一定的竞争优势。

虽然传统产品中的三个层次在网络营销产品中仍然起着重要作用，但产品设计和开发的主体地位已经从企业转向顾客，企业在设计和开发产品时还必须满足顾客的个性化需求。因此，网络营销产品在传统产品层次上还要附加两个层次，即期望产品层次和潜在产品层次，以满足顾客的个性化需求。综上所述，在网络营销中，营销者需要考虑五个产品层次（如图 6-1 所示），每个层次都增加了更多的顾客价值，它们构成了顾客价值层级（customer value hierarchy）。

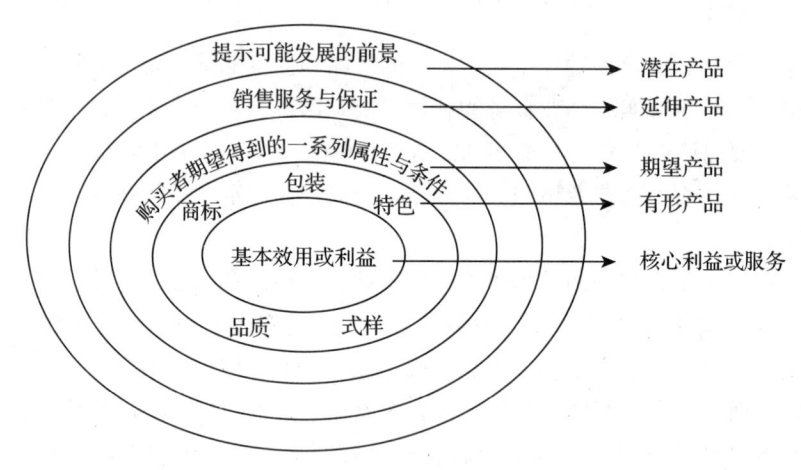

图 6-1 网络营销产品整体概念

（1）核心利益或服务。这是指产品能够提供给消费者的基本效用或益处，是消费者真正想要购买的基本效用或益处，如旅馆提供休息与睡眠、手机提供通话功能。

（2）有形产品。这是指产品在市场上出现时的具体物质形态，主要表现为品质、特色、式样、商标、包装，是核心利益的物质载体，如旅馆提供床、浴室、毛巾、衣柜、卫生间等。

（3）期望产品。这是指购买者购买某种产品通常所希望和默认的一组产品的属性和条件。在网络营销中，顾客居于主导地位，消费呈现出个性化的特征，不同的消费者可能对产品的要求不一样，因此产品的设计和开发必须满足顾客这种个性化的消费需求。

（4）延伸产品。这也称附加产品，是顾客购买有形产品时所获得的全部附加服务和利益，主要是帮助用户更好地使用核心利益或服务，如旅馆提供电视机、网络接口、餐饮等。

（5）潜在产品。这是指一个产品最终可能实现的全部附加部分和新增加的功能。潜在产品指出了现有产品可能的演变趋势和前景。如现在推出的电视机很多是网络电视甚至家庭娱乐中心，还可以通过无线网络或蓝牙功能将手机的屏幕内容直接镜像投到大屏幕的电视上。

家里的半自动洗衣机很不方便，李太太想换成全自动的洗衣机，于是去商场选择了美的品牌、红色、直桶、三个月保修、送货安装、全自动洗衣机。其中，有形产品为：美的品牌、红色、直桶、全自动。期望产品为：全自动洗衣。延伸产品为：三个月保修、送货安装。
思考：本案例中的核心利益和潜在产品是什么？

五层次结构理论能完整地解释消费者选购和消费产品的全部心理过程，即如何从"核心利益或服务"向"潜在产品"逐层扩展。具体而言，消费者选购和消费产品：首先必须有能够满足其自身需要的使用价值，即产品的核心利益；其次才是寻求具备这些使用价值的实物形态，这就是所谓的有形产品；再次在寻找和选购过程中，逐步形成了对该产品属性和功能的认知和心理要求，这就是所谓的期望产品，这也可以理解为对"核心利益"和"有形产品"的感知和要求，如产品属性要求、价格要求、使用性要求和保质期要求等；延伸产品是指顾客购买有形产品和期望产品时附带获得的各种利益的总和，包括说明书、保证、安装、维修、送货、技术培训等；潜在产品是指能满足消费者潜在需求的、尚未被消费者意识到或者已经被意识到但尚未被消费者重视或消费者不敢奢望的一些产品价值。

综上所述，网络营销产品整体概念的内涵和外延皆以消费者的需求为标准，其意义主要表现为以下四点：一是体现了以消费者需求为中心的营销观念；二是使企业认识到消费者接受产品过程中的满足程度，既取决于产品整体概念中每一层的状况，也取决于产品整体组合的效果；三是明确产品与企业营销策略之间的关系；四是指出产品的特征，拓宽发展新产品的领域。

6.1.2 网络营销产品分类及特征属性

1. 网络营销产品分类

网络营销产品分为实体产品和虚体产品两类。实体产品指具有具体物理形状的物质产品，包括工业产品、农业产品、日用品。虚体产品指适合网上营销的无形产品，一般不具备具体的产品形态，有时也可以通过某些介质反映出来，包括软件类产品、服务类产品。网络营销产品分类及示例如表6-1所示。

表 6-1 网络营销产品分类及示例

商品形态	商品种类	示例
实体产品	普通商品	消费品、工业品等
虚体产品	软件	计算机软件、电子游戏等
	服务	普通服务：远程医疗，法律救援，航空、火车订票，入场券预订，饭店、旅游服务预约，医疗预约挂号，网络交友，计算机游戏服务等
		信息咨询服务：法律咨询、医药咨询、股市行情分析、金融咨询、资料库检索、电子新闻、电子报刊、研究报告、论文资料等

（1）实体产品。

在网络上销售实体产品的过程与传统的购物方式有所不同。在网络上，已没有传统面对面的买卖方式，网络交互式交流成为买卖双方交流的主要形式。消费者或客户通过卖方的主页考察其产品，通过填写表格表达自己对品种、质量、价格、数量的选择；而卖方将面对面的交货改为邮寄产品或送货上门，这一点与邮购产品颇为相似。

（2）虚体产品。

虚体产品与实体产品的本质区别是虚体产品一般是无形的，即使表现出一定形态也是通过其载体，产品本身的性质和性能必须通过其他方式才能表现出来。在网络上销售的虚体产品可以分为两大类：软件和服务。软件包括计算机系统软件和应用软件。网上软件销售商常常可以提供一段时间的试用期，允许用户尝试使用并提出意见。服务可分为普通服务和信息咨询服务。普通服务包括远程医疗，法律救援，航空、火车订票，入场券预订，饭店、旅游服务预约，医疗预约挂号，网络交友，计算机游戏服务等。信息咨询服务包括法律咨询、医药咨询、股市行情分析、金融咨询、资料库检索、电子新闻、电子报刊、研究报告、论文资料等。

2. 网络营销产品特征属性

网络营销产品的特征属性包括产品性质、产品质量、产品式样、产品品牌、产品包装、目标市场、产品价格。

（1）产品性质。

由于网上用户在初期对技术有一定要求，用户上网大多与网络等技术相关，因此网上销售的产品最好与高技术或电脑、网络有关。一些信息类产品如图书、音乐等也比较适合网上销售。还有一些无形产品如服务也可以借助网络实现远程销售，如远程医疗。

（2）产品质量。

网络的虚拟性使得顾客可以突破时间和空间的限制，实现远程购物和网上直接订购，这导致网络购买者在购买前无法尝试或只能通过网络来尝试产品。由于缺少传统环境下亲临现场的购物体验，顾客对产品质量非常重视。

（3）产品式样。

通过互联网对全世界进行营销的产品要符合不同国家或地区的风俗习惯、宗教信仰和教育水平。同时，由于网上消费者的个性化需求，网络营销产品的式样还必须满足购买者的个性化需求。

（4）产品品牌。

在网络营销中，生产商与经营商的品牌同样重要，一方面要在浩如烟海的网络信息中获得浏览者的注意，必须拥有明确、醒目的品牌，另一方面，由于网上购买者可以面对很多选择，同时网上的销售无法进行购物体验，因此，购买者对品牌比较关注。

（5）产品包装。

作为通过互联网经营的针对全球市场的产品，其包装必须适合网络营销的要求。软件、信息等无形产品可以没有任何包装，而实体产品应采用适合专业递送的包装。

（6）目标市场。

网上市场是以网络用户为主要目标的市场，在网上销售的产品要覆盖广大的地理范围。如果产品的目标市场比较狭窄，可以采用精准营销或传统营销策略。

（7）产品价格。

互联网作为信息传递工具，在发展初期是采用共享和免费策略的，网上用户比较认同网上产品的低廉特性；另外，由于通过互联网进行销售的成本低于其他渠道，在网上销售产品一般采用低价位定价。

6.1.3　网络营销产品选择策略

网络营销产品的选择应注意以下几点：要充分考虑产品自身的性能，要充分考虑实体产品营销区域的物流配送体系、产品市场生命周期策略。

泛泛而言，在互联网上销售的产品可以是任何产品或服务项目。但是，就像不同的产品适合采用不同的销售渠道一样，网络营销也有其适用范围。产品能否适用于网络营销一般取决于产品的性质、科技含量以及产品的目标市场与交易方式等方面的因素，一般来说，目前适用于网络营销的产品主要有以下几种。

（1）数字化产品。可在网上直接传送、交付的数字化产品，如程序。

（2）质量标准化产品。产品质量标准化使得消费者在做出购买决策时不需要试用或触摸，避免了可能由于产品质量缺陷带来的损失。

（3）价格适中的产品。价格过高，消费者不敢轻易购买；价格过低，将导致企业成本增加。

（4）具有客户受让价值的产品。通过网络进行销售，总客户成本能大大降低，这样能大大刺激客户的购买意愿。

（5）品牌知名度高的产品。名牌产品有助于降低客户的不信任感，减少虚拟交易给消费者带来的风险，因此在网上销售的成功率会更高。

（6）个性化产品。网络为买卖双方创造了一个方便的沟通渠道，为满足消费者个性化的需求创造了条件。消费者在网络上进行个性化产品的定制将会越来越普遍。

（7）特殊商品。特殊商品在传统销售中处于不利的地位，网络为这类产品的销售提供了良好的渠道。

事实上，大多数产品可以在网上进行营销。例如，不太容易设置店铺的特殊产品或传统市场不愿经营的小商品，网络营销费用远低于其他销售渠道费用的商品，消费者从网上取得信息即可做出购买决策的商品，网络目标市场容量较大的商品和服务，便于配送的商品等。名牌产品可以利用网络扩大品牌的宣传力度，使消费者增加对品牌的认知、建立品牌忠诚度等。从狭义上讲，网络营销产品有其适用范围，但如果将网络营销看作整个营销体系的一部分，那么由于它能对整个营销体系的良好运作起推动作用，所以在大多数产品和服务领域能发挥作用。

6.2 创意新产品引燃市场

6.2.1 网络营销新产品挑战与因应之道

所谓新产品，是指与旧产品相比，具有新的功能、新的特征、新的结构和新的用途，能满足顾客新的需求的产品。

1. 新产品开发面临的挑战

新产品开发是企业远离残酷竞争、获取持续经营优势和实现绩效目标的不二法宝。通用电气、微软、思科、英特尔、3M、宝洁和杜邦等获得持续成功的国际性企业无一例外都在产品创新方面成为行业领导者。我国的许多企业也正在逐步摆脱低水平模仿的"红海"，开始走上自主创新之路。但一项国际权威研究表明：在大多数企业进行的新产品开发活动中，平均每7个新产品创意，有4个进入开发阶段，有1.5个进入市场，只有1个能取得商业化成功。新产品开发的失败率之高由此可见一斑。很多企业在新产品开发过程和市场推广活动中投入了大量的人力资源和金钱，但回报却不尽如人意，甚至有的企业因此失去了卷土重来的本钱。

调查数据显示，新产品开发的成功率通常不足10%，一些全球大型制药公司新产品开发成功率甚至只有千分之一。失败的原因很多，大致集中在以下几方面。

（1）国内外竞争对手抢先进入市场，推出新产品，使得市场竞争加剧。

（2）资本短缺，公司无法筹集到足够的钱用于真正的技术创新和产品研发，投资风险增大。

（3）技术发展速度太快，以致新产品开发步伐赶不上科技发展速度，新产品在开发过程中就夭折。

（4）需求变化加快，市场更加分散，激烈的竞争迫使企业面向范围更小的目标市场开发新产品，这意味着销售额和利润更低。

（5）主观上对市场调研不充分，判断有误，未能掌握顾客的实际需求；或新产品的市场定位不准确，未能展开有效的宣传推广活动；或产品定价过高。

（6）对新产品的市场规模估计过高。

（7）开发成本过高，超出预算，或者实际产品没有达到设计要求。

（8）新产品投放市场后，售后服务跟不上；或未能掌握好产品推出时机，竞争对手反击的程度超过预期等。

以上原因均可能导致企业开发新产品遭受一定程度的失败：一种是企业连新产品的开发费用、生产成本、销售费用都无法收回的彻底失败；另一种是尚能从开发的新产品中获取一定利润，但未能达到预期销售额、利润或市场占有率目标的有限度的失败。但是，不论企业在开发新产品时面临何种困难和不利因素，企业必须不断推出新产品，这是企业生存和发展的唯一途径，是增强企业活力的必要条件。

2. 网络时代新产品开发策略

为成功且迅速地开发新产品，企业可以根据自己的具体条件，采用不同的开发策略，网络营销新产品开发策略具体包括以下几种。

（1）优质策略，即开发起点高、质量高的优质产品。当然，采用这种策略也不能一味地追求技术先进、质量好，还必须适合国情，适合顾客需要，注意市场潜力，这样才有助于新产品迅速占领市场，增强企业的竞争力。

（2）低成本策略，即在开发过程中就注意大力降低成本。这种策略主要从研制的技术路线、产品结构、使用材料、工艺改革等方面挖掘潜力，以低成本的优势，扩大市场占有率，形成批量生产，提高利润。

（3）配套策略，即根据企业自身的具体情况，主动为支柱产业和大型企业开发生产所需的配套产品。如一些中小型企业为大型汽车厂配套生产电动刮水器、新型车灯等。一般来说，为主导企业提供的配套产品若能达到要求，新产品的销路就不成问题。

（4）拾遗补缺策略，即积极开发国家经济建设急需或短缺的新产品。企业采用这种策略有利于填补空白，在市场上抢占优势地位，提高市场占有率，增强企业竞争力。

3. 新产品类型

与传统新产品开发一样，网络营销新产品也有如图 6-2 所示的几种类型。

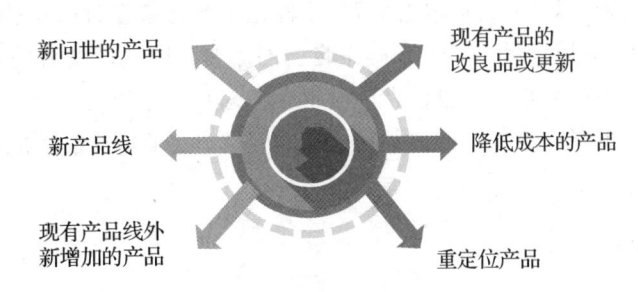

图 6-2 新产品类型

(1)新问世的产品。

新问世的产品,即开创一个全新市场的产品。一般创新公司主要采用这种策略。网络时代使得市场需求发生了根本性的变化,消费者的需求和消费心理也发生了重大变化。因此,如果有很好的产品构思和服务概念,即使没有资本也可以凭借这些产品构思和服务概念获得成功,因为许多风险投资基金愿意投入互联网市场。如我国专门为企业服务的网站——阿里巴巴,其提出的独到的为企业提供网上免费或低收费中介服务的概念,使公司迅速成长起来,目前已经成为国内最成功的电商企业。这种策略是网络时代最有效的策略,因为网络市场有"赢者通吃"的特点。

(2)新产品线。

新产品线,即公司首次进入现有市场的新产品。互联网的技术扩散速度非常快,利用互联网迅速模仿和研制开发出已有产品也是许多企业采用的一条捷径。但在互联网竞争中一招领先,便可招招领先,因为新产品开发速度非常快,所以一定要使新产品尽快形成产品线。这种策略往往作为企业对抗别人模仿的一种很好的防御性策略。

(3)现有产品线外新增加的产品。

现有产品线外新增加的产品,即补充公司现有产品线的新产品。由于市场不断细分,不同市场的需求差异增大,这种策略是一种比较有效的策略。首先,它能满足不同层次的差异性需求;其次,它能以较低的风险进行新产品开发,因为它是在已经成功的产品上再进行开发。

(4)现有产品的改良品或更新。

现有产品的改良品或更新是指提供了改善功能或较大感知价值并且替换现有产品的新产品。在网络营销市场中,由于消费者可以在很大范围内挑选商品,消费者拥有很大的选择权。企业在消费者需求品质日益提高的驱动下,必须不断改进现有产品,或对产品进行升级换代,否则很容易被市场淘汰。目前,产品的信息化、智能化和网络化是必须考虑的,如故宫和百雀羚合作出品彩妆。

(5)降低成本的产品。

降低成本的产品是指功能相同但成本较低的新产品。网络时代的消费者虽然注重个性化消费,但个性化消费不等同于高档次消费。个性化消费意味着消费者根据自己的个人情况(包括收入、地位、家庭以及爱好等)来确定自己的需要,因此消费者的消费意识更趋向于理性化,消费者更注重产品带来的价值,同时也会考虑所需花费的代价。在网络营销中,产品的价格总的来说呈下降趋势,因此提供功能相同但成本更低的产品更能满足日益成熟的市场的需求。

(6)重定位产品。

重定位产品是指以新的市场或细分市场为目标市场来定位现有的产品。这种策略是网络营销初期可以考虑的，因为网络营销面对的是更加广阔的市场空间，企业可以突破时空限制以有限的营销费用去占领更多的市场。在全球的广大市场上，企业重新定位产品，可以获得更多的市场机会。例如，国内的中档家电产品通过互联网进入国际上其他发展地区市场，可以将产品重新定位为高档产品。

6.2.2 网络营销新产品构思与概念形成

网络营销强调以顾客为中心，顾客提出需求，企业辅助顾客设计和开发产品，以满足顾客的个性化需求、开发市场和加强企业竞争能力。利用网络营销数据库，企业对顾客现实和潜在的需求进行分析，形成产品构思，对产品构思进行筛选，形成产品概念。

新产品构思的来源包括顾客、科学家、竞争者、公司销售人员、中间商和高层管理者，最主要还是依靠顾客来引导产品的构思。各构思来源具体介绍如下。

（1）企业内部。这主要包括设计开发人员、销售人员、生产人员及其他部门的员工。国外的一项调查表明，新产品的开发构思有55%来自企业内部。内部渠道的构思，其特点是了解企业的实际情况和能力，与企业实际情况不致严重脱节。

（2）顾客。顾客是新产品开发的源泉和动力，也是征集新产品开发构思的主要来源。国外一项不完全统计表明，消费者提出的新产品构思中，被企业采纳的占28%。

（3）竞争者。企业在开发新产品时，应密切关注竞争者的动向。据统计，企业有17%的新产品开发构思是在对竞争对手的产品加以分析后萌发的。方法是收集购买竞争者的产品目录、使用说明书、广告宣传品；购买竞争者的产品，剖析其优缺点；向购买竞争者产品的用户和销售竞争产品的经销商收集对产品的意见和看法等，以便研究或改进本企业新产品的开发构思。

（4）经销商。向经销商了解顾客对现有产品的意见、想法以及对未来产品的要求等。

（5）其他。这主要包括政府机关、大专院校、科研机构、市场调研机构、广告公司、学术会议、技术鉴定会、展销会、报纸杂志、文献资料、专利及国外的样品等。

此外，企业还可从现有产品存在的问题中得到构想。企业通过对现有产品结构做进一步分析，如结构是否可以改变，大的能否变小，重的能否减轻，上下左右能否颠倒，或是两个部件能否分开，或是组合在一起等，得到新的构想，如组合音响、微型步话机、随身听、遥控器等。

6.2.3 网络营销新产品研制

1. 网络营销新产品开发方式

为成功、迅速地开发新产品，企业可根据自己的具体条件，采用不同的开发方式。

（1）独立研制。

独立研制是指企业利用自己的技术力量和技术优势，独立进行新产品的全部开发工作。

它一般适合于技术经济力量雄厚的大型企业，国际上的大型跨国公司大多采取这种做法。它的好处是企业对新产品开发全过程保持完全的控制，能真正开发出技术先进、市场领先的新产品，保证企业在市场竞争中处于领先地位。当然，能采取这种方式的企业一定在人力、财力、物力和技术方面有足够的实力，并能独自承担失败的风险。例如，凭借着雄厚的自有技术开发能力和未雨绸缪的技术储备，华为没有在美国的压制下被打败。无论美国在哪个方面如何压制，都不会造成华为生产的完全中断，这是因为华为技术可以在各个领域自给自足。

（2）联合开发或协作开发。

联合开发或协作开发是指由企业与高等院校或科研机构利用各自在经济、技术、设备、人力等方面的优势，互相协作，联合开发新产品。这种方式有助于企业较快地研制开发出先进的新产品，使科研成果很快转化为商品，特别适合资源不足的中小企业。这种方式也反映了目前中国企业的现实，即缺乏自主技术和研发人员，因此不得不采取合作或委托的方式。这一开发方式的主要缺点是企业对研发过程和最终成果的控制程度较差，过程可能拖拉，开发出的产品可能达不到预期要求。

（3）技术引进。

技术引进是指企业通过引进国内外先进技术或技术转让，或购买专利等方式开发新产品。企业采用这种方式能迅速缩小与国内外先进水平的差距，提高自己产品的技术、质量水平和产品的档次，节省研制费用和时间，避开风险。改革开放以来，我国企业大量采用了这种方式推出新产品，也确实取得了很好的成效，但这种方式在双方技术差距比较大的时候效果更好。随着产品技术水平的接近，真正的竞争对手是不可能将最先进的技术和最具竞争力的新产品卖给企业的。习近平总书记指出："我们是一个大国，在科技创新上要有自己的东西。""只有把关键核心技术掌握在自己手中，才能从根本上保障国家经济安全、国防安全和其他安全。""自主创新是增强企业核心竞争力、实现企业高质量发展的必由之路。"从过去西方国家对我国的军事禁运和技术封锁，到2018年的中兴事件、2019年开始并一直持续到现在的华为事件等关键领域"卡脖子"问题，很好地诠释了上述道理。

当然，以上几种方式可以单独使用，也可以根据企业不同时期的实际情况结合使用。

2. 网络营销新产品开发组织

网络营销新产品开发组织有五部分，如图6-3所示。

图6-3 网络营销新产品开发组织

（1）产品线经理。有些实力雄厚、产品线丰富的大公司，将产品开发的主要职责委派给产品线经理。但产品线经理更多地强调对现有产品线的管理，往往缺乏开发新产品的专业知识与技能。

（2）新产品开发经理。在国外，有些大公司设有隶属于产品群经理领导的新产品开发经理，如美国强生公司。

（3）新产品开发管理委员会。对于全球化公司来说，新产品开发战略关系到公司与其他全球竞争者的力量对比和在全球竞争中的地位，因此，它们在产品线和产品群经理之上设置一个最高层次的新产品开发管理委员会，专门负责新产品开发计划、组织及管理实施。

（4）新产品部。设立新产品开发专职部门，直接受公司最高层管理领导。

（5）新产品开发小组。由公司内各部门智囊人员组成新产品开发小组，制定新产品开发预算、工作任务、期限和市场投资策略，并负责组织实施。

3. 网络营销新产品开发程序

战略定位决定企业是否"做正确的事"，而流程设计则决定企业能否"正确地做事"。有好战略的企业不少，但如果流程设计不对或者流程实施质量不高，最终也难以开发出成功的新产品。流程是最佳实践的总结，是企业做事的规范。设计和实施经实践验证系统有效的流程，能使企业缩短自行摸索前行的时间，避免走弯路。"多、快、好、省"地开发出新产品是新产品开发流程设计和实施的目的。

新产品开发程序一般来说包括以下几部分，如图6-4所示。

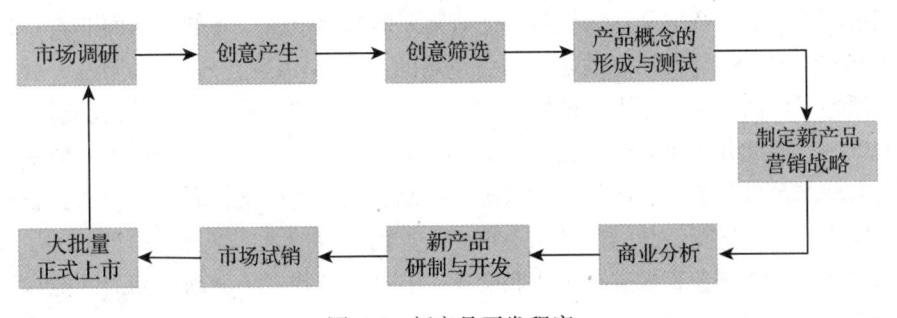

图6-4 新产品开发程序

（1）市场调研。消费者的需求应该予以满足，所以公司内部人士一定要听取消费者的呼声，通过市场调研，倾听消费者的声音。当然，市场调研信息也包括除消费者之外的其他实体信息。

（2）创意产生。创意产生是指系统化地搜寻新产品主意的过程。为了找到几个好主意，企业一般都要进行许多创意。

（3）创意筛选。这一步骤主要是指产品开发人员以新产品的盈利性为标准筛选新产品开发创意的过程。产品开发人员对从各个渠道收集来的构思进行筛选，对哪些构思应保留，哪些应该剔除，认真决策，从中选出具有开发价值的构思。在筛选过程中要注意避免两种失误，一种是误舍，即漏选良好的产品构思，失去了发展机会；另一种是误用，即采纳了错误的产品构思，仓促投产，造成失败。许多企业有成熟的系统来评定和筛选新产品创意。

（4）产品概念的形成与测试。一个有吸引力的构思必须发展成为一个产品概念。区分产品创意、产品概念和产品形象是一件很重要的事情。产品创意是指企业可以考虑向市场提供一种产品的主意；产品概念是指用有意义的消费者术语对新产品构思进行的详尽描述；而产品形象是指消费者观察实际产品或潜在产品的方式，或者指的是消费者对实际产品或潜在产品的感知。

（5）制定新产品营销战略。新产品营销战略是指把新产品引入市场的初步营销计划，此战略包括三个部分：第一，描述目标市场的规模、结构和行为，计划产品的定位和销售量、市场份额、开头几年的利润目标；第二，描述产品的计划价格、分配策略和第一年的营销预算；第三，描述预期的长期销售量和利润目标，以及不同时间的销售策略组合。

（6）商业分析。商业分析是指考察新产品的预计销售额、销售成本和利润或收益率，以便查明它们是否满足企业的目标。

（7）新产品研制与开发。产品开发是指市场研究与开发或者工程部门把产品概念发展成实体产品的过程。这与过去新产品研制和试销不一样，顾客可以全程参与概念形成后的产品研制和开发工作，企业关联的供应商和经销商也可以直接参与新产品的研制与开发。许多产品并不能直接供顾客使用，它需要许多企业共同配合才有可能满足顾客的最终需要，这就更需要在新产品开发的同时加强与以产品为纽带的协同企业的合作，如计算机硬件和软件的新产品开发。

（8）市场试销和大批量正式上市。市场试销是指将产品和市场营销方案投放到一定范围的市场中。网络市场作为新兴市场，消费群体一般具有很强的好奇性和消费领导性，比较愿意尝试新的产品。因此，通过网络营销来推动新产品的试销与上市，是比较好的策略和方式，在当前网络广告（特别是移动广告）空前繁荣的情况下，广告的受众面非常广，广告的影响效果就非常好。但需要注意的是，网络市场的消费群体还有一定的局限性，就是网络广告对有习惯性思维的人或老年人群的影响比较弱。目前，由于社会大众的消费意向在不少方面还比较单一，因此并不是任何一种新产品都适合在网上进行试销和推广。一般情况下，与技术相关的新产品以及容易引起年轻人兴趣的产品，在网上的试销和推广效果比较理想。通过网络营销这种方式进行新品的试销和上市，一方面可以覆盖比较有效的目标市场，另一方面可以利用网络与消费者直接进行沟通和交互，有利于消费者了解新产品的性能和用途，还可以帮助企业对新产品进行完善和改进。

将互联网作为新产品营销渠道时，要注意新产品应满足顾客的个性化需求的特性，即同一产品能针对网上市场不同顾客需求生产出功能相同但又能满足个性化需求的产品，这就要求新产品在开发和设计时要考虑到产品式样和顾客需求的差异性。如业界楷模戴尔、苹果和华为等公司产品理念与实践完美地诠释了如何满足顾客的个性化需求。因此，网络营销产品的设计和开发要能体现产品的个性特征，适合进行柔性化的大规模生产，否则概念再好的产品也很难让消费者满意。

新产品试销成功后，就可以正式大批量生产，全面推向市场。这时，企业要支付大量费用做新产品网络推广，扩大知名度和影响力，而新产品投放市场的初期往往利润微小，甚至可能出现亏损。因此，企业在此阶段应在产品投放市场的时机、区域、目标市场的选择和最初的营销组合等方面做出慎重决策。

| 案例 6-1 |

老品牌玩跨界，直迎"中年危机"

"再看，再看我就把你喝掉！"还记得风靡一时的旺仔牛奶广告吗？在沉静了几年之后，旺仔强势回归。这一次，它不是以牛奶重回大众视野，而是跨界成为时尚界的一股清流。

有"热心网友"曾发布一组旺仔跨界时尚的照片，让旺仔成功"走秀"，没想到居然成了现实。

国庆节期间，旺仔俱乐部发布消息称，与国潮品牌塔卡沙（tyakash）发布联名款，并将当初盯着我们喝牛奶的"旺仔"搬到了卫衣、帽子、包包、裤子甚至袜子上，并表示将于当月20日正式上线预售。

一石激起千层浪，网友们得到消息后炸开了锅，纷纷表示要为萌萌的"旺仔"打卡，预售还没开始就已经刷爆各大社交媒体。

其实，老品牌玩跨界，旺仔不是头一个。早前老干妈走上了纽约街头，成为潮服头像；大白兔印上了唇膏外壳，成为美妆产品；就连六神花露水都摇身一变，成为可以喝的鸡尾酒。通过跨界孵化，越来越多的老品牌"重获新生"。

此前，有关部门曾经发布一组数据，表示目前国内很多老品牌动力不足、创新不够，严重老龄化是"老品牌"共同的问题。然而，在今天，电子商务的兴起唤醒了新生代的消费生命力。"90后"在探寻"老品牌"背后故事的同时，也期待着更能满足他们猎奇心理的新产品。层次越来越丰富的市场和越来越精准独特的需求，催生了"老品牌"们的孵化能力，所以才有了老干妈潮服、大白兔唇膏等新潮有趣且能够满足新生代消费需求的"跨界产品"。

资料来源：今日头条. 继大白兔、老干妈之后，又一老字号品牌跨界，联名服饰成潮流 [EB/OL]. （2019-01-27）[2022-12-31].https://www.toutiao.com/i6611364314999685645/.

思考题

1. 还有哪些如旺仔、大白兔等老字号的跨界活动？
2. 现代产品研发过程中，还需要考虑哪些问题？

6.2.4　网络营销爆款产品

"爆款"是指商品销售中供不应求、销售量很高的商品，也就是通常所说的卖得很多、人气很高的商品。打造网络爆品时，选择爆款产品的应用范围是非常重要的。网络爆品通常具有以下一种或几种产品属性。

1. 符合小众需求

随着网络时代的兴起，美国《连线》杂志主编克里斯·安德森提出了一种新理论——长尾理论。由于成本和效率的影响，当商品储存、流通、展示的场地和渠道足够宽广，商品生产成本急剧下降以至于个人都可以进行生产，并且当商品的销售成本迅速降低时，基本上任何以前看起来需求极低的商品，只要有人卖，就会有人买。这些需求和销量不高的产品所占据的共同市场份额，可以和主流产品的市场份额相当，甚至更大。

互联网给了产品这样一个机会，没有陈列成本，没有地域局限，小众的需求也可以被规模化，从海量的人群中筛选出它的目标群体，这就是小众市场。所以想打造网络爆品的企业就可以抓住符合小众需求这一属性。

当民谣歌手赵雷在湖南卫视演唱的《成都》火了之后，民谣也火了，民谣这个小众的音乐圈引起了不少人的关注，很多民谣的铁杆粉丝还没反应过来，民谣就从一个小众市场变身成大众潮流。为何一向给人以小众感的民谣，能够以迅雷不及掩耳之势俘获大众的心呢？一方面是因为小众产品的深耕细作，让它拥有一批忠实粉丝，这些忠实粉丝帮助它大量传播从而产生了这样的效果；另一方面是因为大家开始追求"小众"文化，既可以彰显自己的个性，又可以找到一种"小众"带来的与众不同的感受。

日本有一家名为KAMOI的造纸公司，原先只是生产建筑工地用胶带和汽车制造商封装汽车用胶带，在市场上非常不起眼，后来根据客户的建议生产出的MT纸胶带，不仅涵盖各种色系的基础款，创造了宽窄不一的各色花式的纸胶带，还与很多知名的艺术家和设计师合作，生产出不同图案、不同风格的家装胶带，每年还会推出许多季节限定款胶带。总之，MT纸胶带就像快时尚一样层出不穷，一直推陈出新，每年至少推出300种新款刺激着消费者的购买欲望。

事实证明，这些产品都满足了用户的"小众"需求，市场反响热烈。只有先紧紧抓住小部分人的心，才有机会攻占大市场。在现实中，一些市场调查人员也会经常深入一线去观察用户的行为，从而掌握"未被满足的需求"，设计出理想的产品，并且让产品创意始终跟着小众客户群走，持续深挖需求。小众市场的产品虽然很难有大众市场的高知名度，却比大众化的产品更容易精准地吸引目标客户，培养出一群有着高消费权威的意见领袖。

2. 价格亲民

价格是影响消费者品牌感知的一个重要方面，过高的价格会抑制消费，过低的价格则会"赔本赚吆喝"。价格传递的是价值，物超所值才会吸引消费者抢购。价格永远是大多数消费者关注的因素，由此消费心理可得出打造爆款产品的两种手段——零元秒杀和低价秒杀。这些手段会让消费者觉得自己购买的产品物超所值，而商家仅仅牺牲了一小部分成本就获得了含有巨大商业价值的广告效应，为打造爆款产品奠定了殷实的基础。当然，高性价比的产品更容易抓住消费者的眼球。此外，商家在打造爆品时，对顾客真诚，确保让利活动真实有效，并在一定时间后恢复原价，会让消费者觉得自己所购买的产品物有所值。

爆款的定价应该朝着满足80%的目标消费者定价，不能让价格成为打消顾客购买欲望的唯一原因。如智能家居，目前市场普及度并不高，即使有很多消费者想要尝试购买，但是过高的价格让消费者望而却步。与此相反的就是江小白。中国五千年历史中，人们对酒文化的塑造集中在两个字：高档。几乎每种酒品牌都在强调自己用的是最好的水，最好的古法酿造手法，甚至曾经是给皇帝进贡的礼品；几乎每种酒都在努力抬高自己的身价，似乎不贵就不足以显出自己的价值。但是它们大都在做一件不太理智的事情：远离人民群众。而江小白，抓准了这个时机，另辟"平民化"品类蹊径，在看似红海的市场中开辟出蓝海，以低价吸引大量消费者前去选购。

3. 拥有高颜值

这是一个看"脸"的审美时代，产品也不例外，"打造颜值＝吸引眼球＝获取流量"这一公式成为很多爆品的成功公式。当一款产品实力也足够的时候，好的设计就更能锦上添花了。

部分受众是"以貌取人"的。特别是在这个同质化严重的时代，人们不仅仅满足于对产品功能的需求，更追求一种符合时代特征的产品体验，而产品的"颜值"往往是吸引消费者的第一步。网上很火爆的零食大礼包就在外包装上倾注了精力，比如近年三只松鼠的巨型零食大礼包，外包装的改变让本就是爆款产品的三只松鼠的销售额再次上涨。

不仅如此，产品的"颜值"还可以提升产品的身价。产品的包装是提高产品"颜值"最有效的途径，最典型的产品就是茶叶了，一个优秀的茶叶包装设计就可以让茶叶的身价提高数倍不止，这足以看出产品"颜值"的重要性。出色的茶叶包装外观设计可以提升茶叶的整体形象，具有美化和广告宣传的作用。消费者在选购茶叶商品的时候，更热衷于选择外观新颖别致的商品，满足购买时的内在需求。不仅如此，包装外观设计更是体现人们爱美之心和无声促销艺术的"活广告"，能在无形之中增加产品的附加值。

这些实例无不证明了加强产品的"颜值"属性打造的重要性，以及通过提升产品"颜值"打造爆款产品的可行性。

另外，现在的年轻人也已经与很多"70后""80后"大有不同。年轻人显得更加坦率直接，个性分明，购买产品会先看"脸"，产品的颜值越高，档次就显得越高，更能彰显他们自身的优越，让他们更容易获得成就感，就往往容易吸引他们购买。

4. 产品定位看速度——让产品定位迅速深入受众心里

"快"也是网络爆品的产品属性之一。要想在和其他同类产品的竞争中打造出爆款产品，速度是非常重要的，新产品要迅速抢占受众的心智资源，让定位快速深入受众心里。

大部分的消费者不喜欢做问答题，更喜欢做选择题，最好是单选，并且只有一个选项。迅速定位心智可以消除或者缩短目标消费者自己想、自己问、自己答的认知过程。消费者的思维具有惯性和自发性，商家推出产品后迅速地进行传达，以解决消费者购买前思维繁、杂、乱的问题。

苹果每次推出新款手机前，都会快速地将新品的特点传达给目标消费者。比如 iPhone 8 Plus 的后置双摄像头和 iPhone X 的"刘海屏"以及竖排的后置双摄像头，这些特征是市面上其他手机所没有的，消费者被这些特征吸引就只能首先选择苹果品牌的新款手机。

5. 顾客黏性看体验——体验才能身临其境

体验能给受众带来最直观的感觉：产品是否好闻、是否好吃、是否好玩、是否好听、是否会使人产生更深入的想法，让用户爱不释手。比如消费者体验过 VR 后会不会尖叫？正是因为体验才让消费者身临其境。

日本 KAMOI 公司会定期举办一些营销活动，其中一种叫 MT school，是针对刚入门的普通消费者举办的全国巡回免费课程，他们会邀请很多 DIY 达人传授用纸胶带做拼贴和家居装饰的方法；另一种叫 MT factory，主要针对资深用户，他们会邀请用户到纸胶带工厂参观，还会让参观的用户投票决定哪款绝版胶带可以复刻。这两个活动不仅吸引了对纸胶带不是很了解的消费者，而且稳定了资深消费者，让他们成为 MT 纸胶带忠实的粉丝。

完善的体验不仅能吸引消费者前去购买，而且对后期维系消费者也有很大的帮助。

6.3 个性化服务风靡全球

6.3.1 网络营销服务

在网络营销环境下，企业间的竞争已从实物产品延伸至企业服务，服务是企业价值和利益的核心，是企业间竞争的焦点。网络的出现和发展，为企业提供了对顾客服务的全天候、即时、互动的平台，使企业服务的核心地位更加突出，能更方便地为顾客提供个性化的服务。因此，越来越多的企业更加重视顾客服务，它们将网络顾客服务整合到企业的营销计划中，通过提供更好的顾客服务满足顾客的需求，这也正是许多企业网络营销成功的关键所在。

1. 从传统服务到网络服务

工业时代是以物质资料为原料，以机械化为手段，以资本和体力劳动为生产要素的大规模的物质产品生产和销售时期。为了提高效率必须采取大规模生产方式，这就决定了企业营销的基本方式是从设计到生产，再到销售的技术驱动。在这种情况下，生产企业不注意市场上消费者的需求及其变化。因此，传统的销售服务具有由企业到顾客或由顾客到企业的单向特征和思路。

网络经济时代信息的生产规模远远超过物质的生产规模，市场由规模市场转变为细分市场和个性化市场。企业不仅要去发现和引导顾客需求，更应该通过向顾客学习，更贴切地理解其需求并创造出良好的需求实现过程，这就需要企业建立从战略决策到营销策略的面向顾客的机制。企业能否了解用户的特点并提供符合用户需求的服务，就成为网络营销成败的前提。网络这种全天候、即时、互动的信息工具迎合了现代顾客个性化的需求特征，因此，越来越多的公司将"一对一"的服务整合到公司的营销计划中。

美国著名的营销大师菲利普·科特勒将服务定义为：服务是一方能够向另一方提供的基本上是无形的任何活动或利益，并且不导致任何所有权的产生。服务的产生可能与某种有形产品联系在一起，也可能毫无关联。服务是指除了所提供或销售的产品之外的、所有能促进企业与顾客关系的交流和互动。而网络营销服务是指通过使用各种网络工具与顾客建立一对一的关系，并为其提供个性化的服务。

只有更好地满足顾客的需求，才能在激烈的市场竞争中立于不败之地。网络营销服务借助互联网，加强了企业与消费者的沟通，并随时收集、整理、分析消费者反馈的信息，以便更好地满足顾客的个性化需求，提高顾客的满意度和忠诚度。

2. 网络营销服务分类

服务营销的核心理念就是顾客满意和顾客忠诚,通过取得顾客的满意和忠诚来促进相互有利的交换,最终实现营销绩效的改进和企业的长期成长。

网络营销服务可以简单划分为网上产品服务和网上顾客服务。根据网络营销交易的时间间隔,网络营销服务可以划分为售前服务、售中服务和售后服务;根据企业可提供的产品和服务的比例、类型和内容,网络营销服务可以分为五类,如图6-5所示。

01 纯有形货物的伴随服务
02 伴随服务的有形货物
03 主要服务伴随的小物品和小服务
04 纯无形货物的服务
05 网络营销信息综合服务

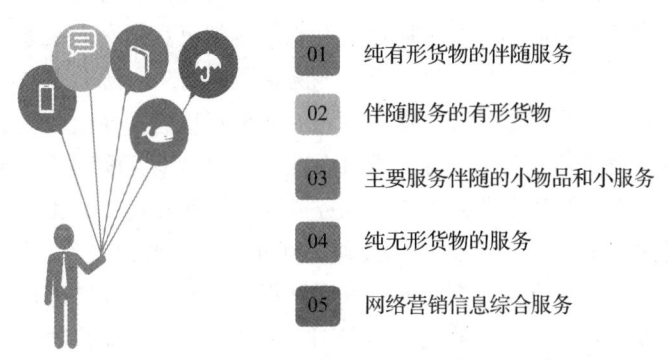

图6-5 网络营销服务分类

(1) 纯有形货物的伴随服务。

这是企业进行网上销售产品为主、伴随对客户的免费服务,包括售前的咨询推介、售中的某些代办事务和售后的技术支持等。

(2) 伴随服务的有形货物。

这是一种以服务为主的网上产品的销售形式。最典型的如异地购买鲜花并由网上商店送达客户,同时代为问候指定的亲朋好友,其本质为服务。

(3) 主要服务伴随的小物品和小服务。

这是一种以网上服务为主、在服务的过程中伴随提供给客户馈赠性质的小礼品或额外的简单服务。网上求医问药,同时赠送保健小册子或代为联系医生等都属此类。

(4) 纯无形货物的服务。

这是一种纯粹的网上服务产品的营销,不附带任何有形的商品。

(5) 网络营销信息综合服务。

这主要包括注重及时为企业提供客户联络、产品推广、市场分析、销售代理等网络营销信息综合服务,以及网站建立和维护代理等传统的网络服务。

3. 网络营销服务特点

(1) 增强顾客对服务的感性认识。服务的最大局限在于服务的无形和不可触摸性,因此在进行服务营销时，经常需要对服务进行有形化，通过一些有形的方式表现出来，以增强顾客的体验和感受，如网上银行服务的试用。

（2）突破时空不可分离性。服务的最大特点是生产和消费的同时性，因此服务往往受到时间和空间的限制。顾客为寻求服务，往往需要花费大量时间去等待和奔波。基于互联网的远程服务则可以突破服务的时空限制。如现在的远程医疗、远程教育、远程培训、远程订票等，这些服务通过互联网都可以实现消费方和供给方的空间分离。

（3）提供更高层次的服务。传统服务的不可分离性使得顾客寻求服务受到限制，互联网的出现突破了传统服务的限制。顾客可以通过互联网得到更高层次的服务，顾客不仅可以了解信息，还可以直接参与整个过程，最大限度地满足顾客的个人需求。

（4）顾客寻求服务的主动性增强。顾客通过互联网可以直接向企业提出要求，企业必须针对顾客的要求提供特定的一对一服务。而且企业也可以借助互联网的低成本优势来满足顾客的一对一服务的需求，当然企业必须改变业务流程和管理方式，实现柔性化服务。

（5）服务成本效益提高。一方面，企业通过互联网实现远程服务，扩大服务市场范围，创造了新的市场机会；另一方面，企业通过互联网提供服务，可以增进企业与顾客之间的关系，培养顾客忠诚度，减少企业的营销成本费用。因此，许多企业将网络营销服务作为企业参与市场竞争的重要手段。

6.3.2 网上产品服务

通过互联网提供的服务产品主要有两类，一类是产品服务，另一类是非产品服务。

1. 产品服务

产品服务是网络营销中的重要组成部分。产品服务按其营销过程来划分有售前、售中和售后服务3种类型。售前服务是利用互联网把产品的有关信息发送给目标顾客，这些信息包括产品技术指标、主要性能、使用方法与价格等；售中服务是为顾客提供咨询、导购、订货、结算以及送货等服务；售后服务的主要内容则包括为用户安装、调试产品，解决产品在使用过程中的问题，排除技术故障提供技术支持，寄发产品改进或升级信息以及获取顾客对产品和服务的反馈意见。

2. 非产品服务

非产品服务分为普通服务和信息咨询服务两大类。普通服务包括远程医疗，法律救助，航空、火车订票，入场券预订，饭店，旅游服务预约，医院预约挂号，网络交友，计算机游戏，等等。信息咨询服务包括法律咨询、医药咨询、股市行情分析、金融分析、资料库检索、电子新闻、电子报刊等。通过网络这种媒体，顾客可以快速而及时地获得自己需要的有用信息。这一点是传统服务所不能比拟的。

6.3.3 网上顾客服务

1. 网络顾客需求的时代特征

顾客需求随着技术、社会的发展逐渐在发生变化。网络顾客需求的发展主要经历了如图 6-6 所示的三个阶段。

图 6-6 网络顾客需求的发展阶段

（1）前大众传媒、大众营销时代的个性化服务。

前大众传媒、大众营销时代的个性化服务，多为一个区域内的顾客在一个或少数几个小百货商店购买所需用品。由于顾客少，购买地点也相对集中，店主比较熟悉各位顾客的消费习惯和偏好，货主在组织货源时，会根据顾客的习惯和偏好进货。同时，店主也会根据顾客的具体情况推荐商品。总之，此时的店主自发地进行着较低级的个性化服务，以建立顾客对产品的忠诚。如 18 世纪的日本化妆品零售商定期走访每一位顾客，根据他们的皮肤特征推荐产品，收集反馈意见，这种个性化的顾客服务取得了顾客的信任和对其产品的忠诚。

（2）大规模营销时代的服务。

在 20 世纪 50 年代，大规模市场营销主要通过电视广告、购物商城和超级市场。大规模生产的企业以及大批量消费的社会，改变着人们的消费方式。大规模市场营销使企业失去了与顾客的亲密关系，把顾客当作没有需求差别的人。福特公司的"我的汽车就是黑的，不管顾客需要什么"，就是那个时代市场营销的真实写照。

（3）回归和突出个性化服务时代。

随着新经济时代的到来，整个市场营销又回归到个性化的基础。市场营销的舞台上不再是企业的独角戏，顾客正渐渐地走上舞台和企业对话。心理上的认同感已成为消费者选择品牌和做出产品购买决策的先决条件，现代顾客需要的是个性化的产品和服务，个性化消费正在成为消费的主流，但是它与传统的个性化服务又有所区别：传统的个性化服务仅是制造商的自发行为，而现代的个性化服务不论是制造商还是消费者都已经处在自觉的阶段，它不单是个性化，更有了个性化与人性化的相辅相成、共同发展。

服务营销已越来越被一些明智的企业所重视，搞好服务营销就应该从产品营销思路的束缚中解脱出来，不是仅仅将服务视为依附于产品的售前或售后服务，而是把为顾客服务的理念贯彻到企业所有的经营活动中，贯穿于从产品设计到产品销售的整个过程，乃至产品寿命周期的各个阶段。比如，一些企业设立了与生产、销售等并列的为顾客服务的客服部门。随着服务经济时代的到来，服务营销已经成为企业树立形象、吸引新顾客、留住老顾客、更好地满足顾客多种需求的最有效途径。

2. 网络顾客服务需求层次

顾客服务过程实质是满足顾客除产品以外的其他连带需求的过程。因此，完善的网上顾客服务必须建立在掌握顾客这些连带需求的基础之上。网上顾客服务需求层次如图 6-7 所示。

```
1  了解公司产品和服务信息的需求
2  需要公司帮助解决问题的需求
3  与公司人员接触的需求
4  了解全过程信息的需求
```

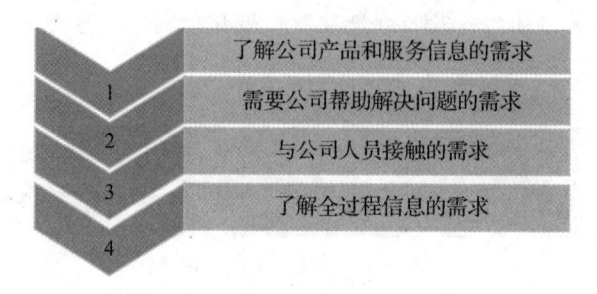

图 6-7　网上顾客服务需求层次

（1）了解公司产品和服务信息的需求。

网络时代，顾客需求呈现出个性化和差异化特征，顾客为满足自己个性化的需求，需要全面、详细地了解产品和服务的信息，以找到最能满足自己个性化需求的产品和服务，传统营销很难满足顾客对产品和服务的这类需求。

（2）需要公司帮助解决问题的需求。

顾客在购买产品或服务后，可能面临许多问题，需要企业提供服务才能解决。顾客面临的问题主要有产品安装、调试、试用和故障排除以及有关产品的系统知识等。在企业网络营销站点上，许多企业的站点提供技术支持和产品服务以及常见问题释疑（FAQ）。有的还建有顾客虚拟社区，顾客可以通过互联网向其他顾客寻求帮助，或由顾客通过学习，自己解决。

（3）与公司人员接触的需求。

对于有些比较难以解决的问题，或者顾客难以通过网络营销站点获得解决方法的问题，顾客也希望公司能提供直接支援和服务。这时，顾客需要与公司人员进行直接接触，向公司人员寻求意见。与顾客进行接触的公司人员，在解决顾客的问题时，可以通过互联网获取公司对技术以及产品或服务的支持。

（4）了解全过程信息的需求。

顾客为满足个性化需求，不仅仅需要通过掌握的信息来选择产品和服务，还要求直接参与产品的设计、制造、运送整个过程。个性化服务是企业与顾客之间的双向互动的建立密切关系的过程。企业要实现个性化服务，就需要改造企业的业务流程，将企业业务流程改造成按照顾客需求来进行产品的设计、制造、改进、销售、配送和服务。顾客了解和参与整个过程意味着企业与顾客需要建立一种"一对一"的关系。互联网可以帮助企业更好地改造业务流程以适应对顾客的"一对一"的营销服务。

上述四个层次的需求之间有一种相互促进的作用。只有低层次需求得到满足后才可能促进更高层次的需求，顾客的需求越得到满足，企业与顾客的关系也越密切。整个过程是一种螺旋式上升的过程，这既促进了企业对顾客需求的充分了解，也提高了顾客对企业的期望。

6.3.4　个性化服务策略

互联网的发展让营销也发生了根本性转变，网络营销在企业营销活动中的地位越发重要，一些中小企业的主要业务均来自网络。个性化服务也称定制服务，就是按照顾客的要求提供特定的服务，只有通过个性化的网络营销才能满足用户需求，才能真正带来效果。

1. 产品和服务个性化

现在的市场属于买方市场，很多商家想把自己的产品销售出去，然而同质化的产品和服务很难有竞争优势。客户面对一模一样的东西已经失去了兴趣，因此独特、有个性的产品和服务才能得到消费者青睐。同时，客户需求也要不断细分，因为客户需求逐渐趋于个性化，每个个体不同，需求自然有差别。所以真正能够得到客户认可的产品和服务一定是经过细分再细分的，可以根据不同客户需求进行定制化选择。

2. 网络营销方式个性化

当大家都在用同样的方式做营销的时候，那么用这种方式再介入一定很难，效果也不会好，并且用户在接受程度上也会大打折扣。面对如此多的网络营销方式，企业一定不能盲目跟风，也不要全盘皆做。在选择营销方式上，企业一定要结合自身背景和行业规则，找准定位，研究客户特点，找到最能接近客户的方式和平台；在数量方面不求多，要求精，专注某个领域做到极致，效果就会慢慢体现出来；同时，在创意方面一定要坚持个性化、独树一帜，不能做得没有一点创新和新意。总结来说，个性化的网络营销方式需要良好的创意和精准的定位，然后专注把一两个营销渠道和平台做到极致。

3. 沟通方式个性化

移动互联网已经改变了人与人之间的沟通方式和信息传递方式。传统的沟通主要依靠电话或者短信，然后见面沟通，最终成交。然而，新型的沟通方式，已经打破了原有的这种固定思维，人们更喜欢通过网络进行沟通和协商。不管是在网上购物还是在网上寻找服务，首选的方式往往是通过在线聊天工具来满足咨询和沟通需求。特别是社交网络的普及，使人们的沟通方式更加多样化、移动化、情景化，客户和企业之间并不一定是纯粹的买卖关系，而很有可能通过社交软件使彼此的关系更加软化。客户和企业不但可以从中找到共鸣，企业还可以为客户提供多元服务和价值，这种沟通方式拉近了客户和企业的关系，缓和了沟通氛围，为达成最终合作提供了可信的依据。因此，网络营销在选择与客户沟通的方式上一定要跟上潮流，尽可能使用在线方式和社交软件，不但可以满足用户沟通需求和使用习惯，还可以实现企业和客户的良好互动，以及软化沟通，随时随地影响客户，让客户真正成为企业的粉丝。

|案例 6-2|

海尔：海尔迪士尼冰箱，打通了定制时代任督二脉？

如果你是迪士尼动漫迷，那么这款冰箱一定适合你。还记得《超能陆战队》中的经典人物大白吗？没错，迪士尼系定制冰箱来了。这就是海尔 BCD-452WDBA（DZ）对开门冰箱。

而在继《超能陆战队》《冰雪奇缘》定制款迪士尼冰箱上市以后，海尔依旧紧贴迪士尼IP，现在它们推出一款原汁原味的米奇典藏款冰箱，集合迪士尼经典的米奇形象打造，势必要给迪士尼粉丝下猛药。

个性化的定制总是能勾起一些消费者想要与众不同的购买欲望，现在海尔推出迪士尼系列冰箱的计划终于落地，不过不仅仅是几款冰箱而已，海尔更是发布了在家电行业的首个用户交互定制平台——"众创汇"定制平台，打算在定制这条路上一走到底。

就如同先前介绍的一样，海尔推出的迪士尼主题定制系列冰箱将会包含众多迪士尼卡通形象，而在众创汇定制平台上，将会推出更多的定制化服务，迪士尼主题定制系列冰箱只是第一步。在该平台上，用户可以进行模块定制、众创定制、专属定制等。用户还可以从设计端开始直接参与整个冰箱的设计，最后获得一款只属于自己的冰箱。

其实众创汇平台之前就出现过，不过它只给用户提供最基本的表层定制，现在众创汇升级到 2.0，只要用户在上面提出自己的想法，就有可能实现。完成整个设计的人可能并不是海尔，而是来自民间的设计师或者各类人群集思广益，只是最后的产品会交由海尔生产，比如有人提出想要透明门的冰箱，能够直接显示冰箱里的食材，只要想法够好，能引起别人注意，或许通过众创汇平台，这款产品就会面市。

资料来源：万维家电网．迪士尼定制冰箱来了：海尔"萌神"大白亮相 [EB/OL]．（2016-01-28）[2020-12-06]. http://icebox.ea3w.com/150/1502639.html.

思考题

1. 海尔商城定制服务为什么如此受欢迎？
2. 你会选择定制专属家电吗，为什么？

6.4　品牌与包装跨界混搭

6.4.1　网络品牌

1. 网络品牌内涵

品牌（brand）是一种名称、属性、标记、符号或设计，或是它们的组合，其目的是借以辨认某个销售者或某群销售者的产品或服务，并使之同竞争对手的产品和服务区别开来。企业品牌在互联网上的存在即网络品牌。品牌是一种信誉，由产品品质、商标、企业标志、广告口号、公共关系等混合交织形成。网络品牌与传统品牌有着很大的不同，传统优势品牌不一定是网上优势品牌，网络优势品牌的创立需要重新进行规划和投资。

网络品牌有两个方面的含义。一是通过互联网手段建立起来的品牌，不同于传统品牌。换句话说，网络品牌必须以互联网为生存空间，也称为 E 品牌，如百度、谷歌等网络品牌。

二是互联网对网下既有品牌的影响，如海尔、联想、花旗集团、大众汽车、联邦快递、可口可乐、雀巢等。两者在品牌建设、推广方式和侧重点方面有所不同，但目标是一致的，都是为了企业整体形象的创建和提升。

具体地说，网络品牌由以下几个部分组成：网络名片，包括名称、标识、网站域名等；企业具体的网站，包括PC端、移动端、App、小程序等；网站的PR值（pagerank，即网页排名，又称网页级别、谷歌左侧排名或佩奇排名）；企业搜索引擎表现，如付费广告、搜索结果排名等；网络上关于公司的软文、舆情和评价等；官方自媒体平台，包括企业的官方微博、官方微信公众号、自媒体平台、直播平台、短视频平台等在网络中的表现及与网友互动情况。

2. 网络品牌和传统品牌的区别

（1）网络品牌的目标群体与现实世界中的目标群体有所不同。

（2）网络品牌形象塑造工具的差异。在宽频网络尚未普及之前，要设法以无形的网上服务弥补视觉表现的不足。

（3）建立网友对品牌的信任。除了承诺产品的品质外，在网络上还要加上对网友隐私权与安全性的保证。

（4）品牌识别要素。网络品牌识别要注意和传统品牌识别的延续与创新，包括理念精髓、符号表达等。

3. 网络品牌特征

网络品牌的特征包括四方面，具体内容如下。

首先，网络品牌是网络营销效果的综合表现。网络营销的各个环节都与网络品牌有直接或间接的关系，网络品牌建设和维护存在于网络营销的各个环节中，从网站策划、网站建设，到网站推广、顾客关系和在线销售，无不与网络品牌相关，如网络广告策略、搜索引擎营销、供求信息发布等均会对网络品牌产生影响。

其次，网络品牌的价值只有通过网络用户才能表现出来。正如科特勒在《营销管理》一书中所言，"每一个强有力的品牌实际上代表了一组忠诚的顾客"，网络品牌的价值意味着企业与互联网用户之间建立起来的和谐关系。如集中了相同品牌爱好者的网络社区，在一些大型企业如化妆品公司、保健品公司、汽车企业、航空公司中比较常见，网站的电子刊物、会员通信等也是创建网络品牌的有效方法。

再次，网络品牌体现了为用户提供有价值的信息和服务。谷歌是最成功的网络品牌之一，当人们看到谷歌这个品牌时，头脑中的印象不仅是那个非常简单的网站界面，更主要的是它在搜索方面的优异表现，谷歌可以给人们带来满意的搜索效果。可见，有价值的信息和服务才是网络品牌的核心内容。

最后，网络品牌建设是一个长期的过程。与网站推广、信息发布、在线调研等网络营销活动不同，网络品牌建设不是通过一次活动就可以完成的，不能指望获得立竿见影的效果。

4. 网络品牌层次

品牌是极有效率的推广手段，品牌形象具有极大的经济价值。根据美国网络对话以及国际商标协会的调查，在网络使用中，有 1/3 的使用者会因为网络上的品牌形象而改变他们对原有品牌形象的印象，有 50% 的网上购物者会受网络品牌的影响，进而在离线后也购买该品牌的产品，网络品牌差的企业，年销售量的损失占比平均为 22%。这说明，品牌是无形价值的保证形式，在网上购物，品牌更为重要，网站成功的秘诀就在于创造一个响当当的网络品牌。

网络品牌包含三个层次，具体内容如下。

第一，网络品牌要有一定的表现形式。一个品牌被认知，首先应该有它存在的表现形式，也就是可以表明这个品牌确实存在的信息，即网络品牌具有可认知的、在网上存在的表现形式，如域名、网站（网站名称和网站内容）、电子邮箱、网络实名通用网址等。

第二，网络品牌需要一定的信息传递手段。仅有网络品牌的存在并不能为用户所认知，还需要通过一定的手段和方式向用户传递网络品牌信息，才能为用户所了解和接受。网络营销的主要方法如搜索引擎营销、许可 E-mail 营销、网络广告等都具有网络品牌信息传递的作用。因此网络营销的方法和效果之间具有内在的联系，例如，在进行网站推广的同时也达到了品牌推广的目的，只有深入研究其中的规律，才能在相同营销资源的条件下获得综合营销效果的最大化。

第三，网络品牌价值的转化。网络品牌的最终目的是获得忠诚顾客并实现增加销售额的目标，因此网络品牌价值的转化过程是网络品牌建设中最重要的环节之一，用户从对一个网络品牌的了解到形成一定的转化，如网站访问量上升、注册用户人数增加、对销售的促进效果等，这个过程也就是网络营销活动的过程。

6.4.2　品牌体验

美国西北大学营销学教授唐·舒尔茨指出："品牌塑造主要是客户信任和依赖的结果，而不是依赖营销组织。品牌建立在客户对组织的产品和服务长期满意的体验之上。"因此品牌首先是体验的提供者。企业应该想方设法将体验嵌入品牌之中。体验营销者将这一全新的营销理念运用到品牌中，创造出个性化、互动的营销方式——品牌体验。该观点主要基于以下两点。

其一，由于产品日益同质化，品牌的力量日趋凸显，而消费者对许多品牌的注意力是有限的，因此创立或维护品牌的工作，比任何时候都艰难。只有在消费者生活中最具特色的、记忆最深刻的品牌才能保证企业成功。品牌在表面上是企业产品和服务的标志，代表着一定的质量和功能，深层次上则是人们心理和精神层面诉求的诠释，可以作为一种独特的体验载体。

其二，随着市场竞争的加剧，消费者的消费行为日益表现出个性化、情感化和直接参与等偏好。消费者从注重产品本身转移到注重接受和使用品牌时的感受上，对彰显个性的产品或服务品牌的需求越来越高，追求那些能够满足自己个性化需求的产品或服务品牌成为一种时代特征。同时，消费者在接受产品或服务时的"非从众"心理日益增强，相信自己的判断和感觉的趋势日益明显。消费者在注重产品质量的同时，更加注重品牌所带来的情感上的愉悦和满足。人们购买商品的目的不再是出于生活必需的要求，而是出于满足一种情感上的渴求，或者是追求某种特定产品品牌与理想的自我概念的吻合。人们关注品牌与自己关系的密切程度，偏好那些能与自我心理需求产生共鸣的产品品牌。

在激烈的品牌竞争中，品牌体验已经成为消费者感知、识别和认同品牌的第一要素。百事可乐与可口可乐多年来你争我夺，品牌战打得十分激烈。但是"参战"的主角不是碳酸饮料产品本身，而是比谁请的明星更耀眼，谁做的广告更能吸引消费者的眼球，谁的赞助更能激起消费者的好感，谁的文化更加时尚和流行。正如百事可乐公司董事会主席所说，"饮料之战（百事可乐与可口可乐）没有输赢"，真正的"输家"大概是消费者的口袋。

与产品体验不同的是，品牌体验的要素发生了一些变化。品牌体验是品牌与体验的结合，是品牌与客户之间的互动过程，并通过令人耳目一新的品牌标识、鲜明的品牌个性、丰富的品牌联想等品牌相关要素的深度接触，让客户产生个性化的经历和身心愉悦的感受，从而与品牌建立起强有力的关系，达到高度的品牌忠诚。

企业如何将客户的体验嵌入品牌之中呢？这就要从品牌的名称设计、品牌的个性设计、品牌的视觉设计等要素入手。

6.4.3 品牌包装及策略

包装是指对某一品牌商品设计并制作容器或包扎物的一系列活动。

1. 包装的组合要素

（1）商标或品牌。这是包装中最主要的构成要素，应在包装整体上占据突出的位置。

（2）颜色。这是包装中最具刺激销售作用的构成要素，突出产品特色的色调组合，既能加强品牌特征，又有很强的感召力。

（3）形状。适宜的包装形状有利于储运和陈列，也有利于产品销售。

（4）材料。材料既影响成本，又影响市场竞争力。

（5）图案以及标签等内容。

2. 包装策略

网络产品在最终到达消费者手中时不可能是裸露的，这就需要包装，而良好的包装只有同科学的包装决策结合起来才能发挥其应有的作用。可供企业选择的主要包装策略如下。

（1）类似包装策略。企业所有的产品在包装上共同特征明显，易于消费者识记，可以节约成本，利于企业整体形象的塑造，利于新产品的销售。

（2）等级包装策略。企业产品包装因质量等级而有所区别，即精品精包、低档简包，以适应不同需求层次的消费者的购买心理，有利于全面扩大销售。

（3）分类包装策略。根据消费者购买目的和用途的不同，对同一产品进行不同的包装，适应了消费者的购买心理，但增加了成本费用。

（4）配套包装策略。企业将几种有关的产品组合在同一包装物内。该策略能节约交易时间，便于消费者购买，有利于扩大产品销售。

（5）再包装策略。包装物还可以再次使用或在一定时间内持续使用。包装物在使用过程中有延伸宣传的作用。

6.4.4 互联网域名品牌策略

1. 企业域名品牌概述

（1）互联网域名的商业作用。

企业在互联网上进行商业活动，同样存在被识别和选择的问题。由于域名是企业站点联系地址，是企业被识别和选择的对象，因此提高域名的知名度，也是提高企业站点知名度，就是提高企业的被识别和选择率，域名在互联网上可以说是企业形象的化身，是在网上虚拟市场环境中商业活动的标识。

（2）域名商标。

商标是一种名字、术语、标志、符号、设计或者它们的组合体，用来识别某一销售者或组织所营销的产品或服务，以区别于其他竞争者。

1）域名的商标特性。

域名作为企业在网上市场中商业活动的唯一标识，具有独占性。

2）域名命名与企业名称和商标的相关性。

大多数商业机构注册域名与企业商标或名称有关。

（3）域名商标的商业价值。

域名的知名度和访问率就是公司形象在互联网商业环境中的具体体现，公司商标的知名度和域名的知名度在互联网上是统一和一致的。

网景公司借助互联网，以放弃收费为代价使其 Netscape 浏览器占领 70% 的市场，由于公司品牌的知名度和潜在价值，公司股票上市当天就从 28 美元狂升到 75 美元，4 个月后达 171 美元，公司的创始人也在短时间内成为名义上的亿万富翁。

（4）域名抢注问题。

由于域名的唯一性，任何一家公司注册在先，其他公司就无法再注册同样的域名，因此域名已具有商标、名称类似意义。域名抢注问题出现的原因，部分是一些谋取不当利益者利用这方面法律真空和规章制度不健全钻空子，更主要的是企业还未能认识到域名在未来的网上市场商业模式中的类似商标的作用。

2. 企业域名品牌管理

（1）域名的命名原则。

域名的选取和命名是以英文字母为基础进行的。由于域名越短越容易记忆和使用，顶级域名由国际标准规定,另外企业还面临域名被抢先使用或类似使用的障碍,因此域名选择有很大的局限性。域名可用以下格式表示:主机名.组织机构名.(网络名.)最高层域名。如www.greatwall.com.cn。

(2)域名的注册方式。

1)国家顶级域名(nTLD):国家顶级域名代码由 ISO3166 定义。

2)国际顶级域名(TLD):即 .int,国际联盟、国际组织可以在 .int 下注册,如世界知识产权组织的域名为:wipo.int.。

3)通用顶级域名(gTLD):根据 1994 年 3 月公布的 RFC1591 规定,通用顶级域名是 .com(公司企业)、.net(网络服务机构)、.org(非营利组织)、.edu(教育机构)、.gov(政府部门)、.mil(军事部门)。另外因特网国际特别协会(IAHC)又增加了七个顶级域名:.firm(公司企业)、.store(销售公司)、.web(www 活动单位)、.arts(艺术)、.rec(娱乐)、.info(信息)、.nom(个人)。

国内、国际域名注册流程如图 6-8、图 6-9 所示。

(3)域名商标的管理原则。

1)信息服务定位:域名作为商标资源,必须与企业整体形象保持一致。

2)内容的多样性:丰富的内容才能吸引更多用户,才有更大的潜在市场。

3)时间性:页面内容应该是动态的、经常变动的。

4)速度问题:使用者对于网站浏览的速度是很挑剔的。

5)国际性:要考虑到用户的国际性,拓展企业自身的国际空间。

6)用户审核:加强对域名使用访问者的调查分析,有针对性地提供服务。

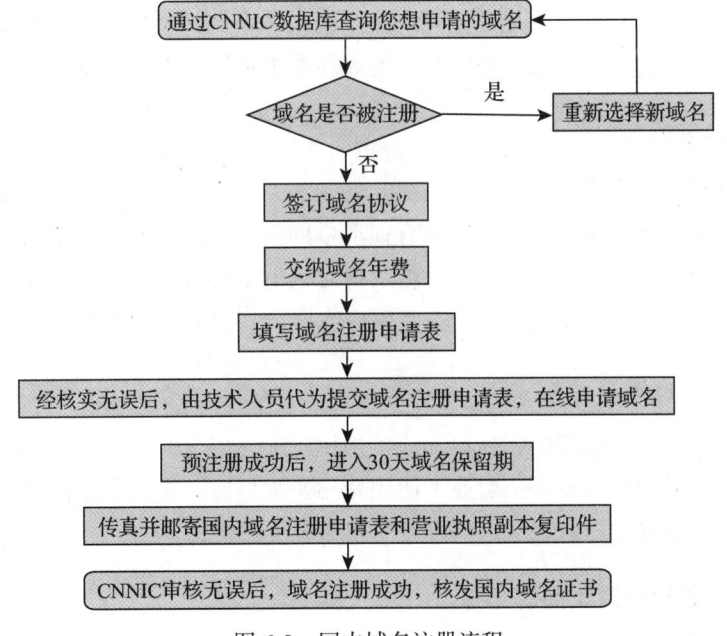

图 6-8 国内域名注册流程

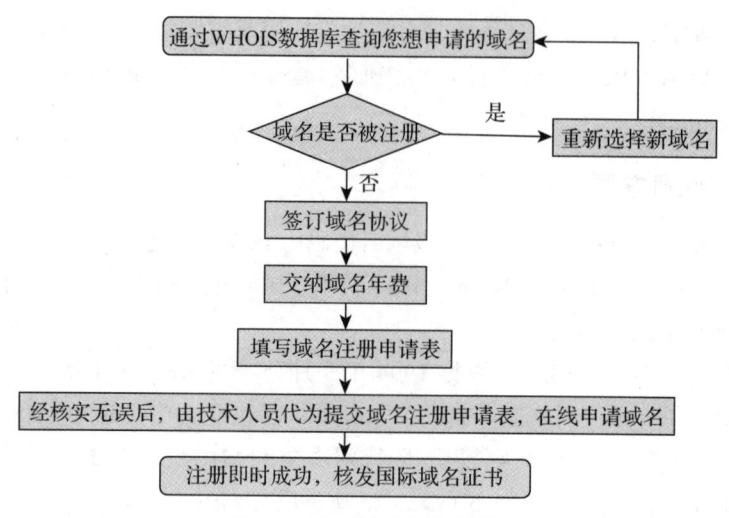

```
通过WHOIS数据库查询您想申请的域名
            ↓
        域名是否被注册 ——是——→ 重新选择新域名
            ↓否
        签订域名协议
            ↓
        交纳域名年费
            ↓
        填写域名注册申请表
            ↓
  经核实无误后,由技术人员代为提交域名注册申请表,在线申请域名
            ↓
    注册即时成功,核发国际域名证书
```

图 6-9　国际域名注册流程

3. 域名品牌形象发展策略

（1）多方位宣传。

企业应善用传统的平面与电子媒体，并舍得耗费巨资打造品牌，让网址利用各种机会多方宣传。如在美国在线（AOL）的主页上有指向亚马逊网站的链接。

（2）高度重视用户的网站使用体验。

通过产品本身品质和顾客使用经验来建立品牌，这一点对网站品牌格外重要。两大网上顾问公司 Jupiter Communications 和 Forrester 不约而同地指出，广告在顾客内心激发出的感觉，固然有建立品牌的功效，却比不上网友登录网站体会到的整体浏览或购买经验。如戴尔电脑让顾客在线上根据个人需求定制电脑，雅虎和美国在线都提供一系列的个人化工具。

（3）利用公关造势。

这对新兴网站非常重要。利用公关造势，必须注意树立良好形象。由于互联网传播的国际性和广泛性，企业必须审慎对待谣言和有损形象的信息，因为网络传播的影响力是世界性的。如：英特尔公司 Pentium 芯片的故障被发现后，由于英特尔公司的掩盖，一些发现者在网上到处传播，导致英特尔公司不得不花费巨资收回已售出的芯片，来维护企业形象。

（4）遵守约定规则。

互联网在开始时是非商用的，所以形成了使用低廉、信息共享和相互尊重的原则。互联网商用后，企业提供的服务最好免费或者使用费用非常低廉，注意发布信息的道德规范，未经允许不能随意向顾客发送消息，否则可能引起顾客反感。

（5）持续不断塑造网上品牌形象。

创建品牌其实就是一种"收购人心"的活动，创建品牌是终身事业，一些年轻的网上企业可以很快建立起品牌，但没有一家企业能够违背传统营销的金科玉律。想要成为网上的可口可乐或迪士尼，企业要长久不断地努力与投资。在瞬息万变的网络市场，只有掌握这个不变的定律的企业，才能建立起永续经营的基石。

6.4.5 网络品牌策略实施和推广

1. 品牌策略实施

（1）定制符合企业总体经营战略的品牌策略。

企业应根据自身业务和目标市场的关联，确定网络品牌的目标客户群。网络导致了市场竞争方式的变化，使企业应更多地关注消费者需求的满足，而不是想办法击败竞争对手。因此，实施网络品牌策略应该从深入了解目标客户的特征及其不断变化的需求开始，并以此为依据定制符合企业总体经营战略的网络品牌策略。

（2）策划并实施具体的品牌建设和管理运营。

在网络环境下，消费者对于一个品牌的认识主要取决于对它的感性认识（印象和经验）。因此，企业应根据互联网的特点对品牌策略进行具体策划，并加以有效实施。这方面要做的工作包括从品牌命名到品牌体验的实现、从品牌传播到品牌保护等。

（3）品牌监控与评估。

面对瞬息万变的网络市场，企业应当充分利用各种网络技术手段对网络品牌的运营状况进行实时监测。对于网络品牌的监控与评估，可以沿用传统环境下的做法，从忠诚度、认知度、影响力、品牌联想等影响品牌价值的资产构成要素方面进行，而且可以根据互联网的特点，制定出具体的测评指标，如网络品牌忠诚度可以通过品牌网站的客户回访率、重复购买率等指标衡量；网络品牌认知度可以通过目标客户对网络品牌的认知程度、网站注册用户中有购买行为的用户所占比率等指标来衡量；网络品牌影响力可以通过网站的浏览量指标、访问者中成为注册用户的比率等指标来衡量；网络品牌联想代表了网络品牌的基础识别，包括网站名称、域名、网站标识、品牌识别等要素，可以通过有关品牌识别的调查或监测指标获得客观的评价。

一些企业几乎每周都要通过对网络品牌的监控来重新评价它们的商业模式和品牌战略，以确立其品牌在市场竞争中的优势地位，这是值得借鉴的。企业应在实践中与一些专业的网络评估服务机构合作，定制符合自身特点和需要的品牌评估模型，以对品牌定位及策略执行做出及时的评估和调整。

2. 品牌推广

（1）多方位宣传。

企业应善用传统的平面与电子媒体，并舍得耗费资金大打品牌广告。企业还应利用网站网页的特点在做广告的同时，进行品牌内涵解释，让人们了解品牌的特定含义及品牌文化。

(2) 质量支持。

品牌的声誉是建立在产品质量和服务质量基础之上的,所以企业始终要注重产品和服务质量,同时在网页的设计上更要考虑满足顾客的需求,使顾客能够在网站上积累整体浏览感受和购买经验。

(3) 公共关系。

企业要抓住一切可利用的事件和机会,广行善举,开放门户,利用公关造势,塑造品牌形象。

(4) 品牌延伸。

品牌延伸是指将企业已经成功的品牌运用到其他产品上,特别是运用到新产品的推广上。品牌延伸可以使新产品借助成功品牌的市场信誉在节省促销费用的情况下顺利进入市场,需要注意的是,如果借助成功的品牌开发并投放市场的新产品不尽如人意,消费者不认可,则会影响该品牌的市场信誉。

(5) 法律保护。

品牌在市场上唯有注册才受法律保护,而国际上多数国家采用注册在先原则,即谁先注册,谁就拥有专用权,我国也不例外。所以企业在品牌推广中,要想获得合法权利就必须先注册。

案例6-3

优秀的品牌都有一个好看的包装

2019年初,农夫山泉联手故宫推出了生肖纪念款"金猪套装"高端水,不仅赢得了社会的广泛赞誉,而且为品牌贴上了"高端、大气、优雅"的标签。

实际上,不仅是农夫山泉,从江小白的文案瓶到小蓝杯的杯套创意,从王老吉的红罐包装到"大师作"的小罐茶,其实背后都深刻地反映了一个问题,那就是:一个优秀的品牌,往往都会有一个好看的包装。

1. 品牌营销先从设计一个好的包装开始

为什么有的包装,消费者只需要看一眼就会爱不释手?为什么相同的产品,只需要换一个包装,就能够卖出不一样的价钱?

因为,包装承载了产品的附加值。

包装是最便宜的流动广告展示平台。最近几年声名鹊起的小罐茶,在它的标签里,最具代表性的就是:价格贵、包装精美、礼品属性强。它不仅邀请了苹果御用设计师来设计线下门店,还找日本著名设计师设计铝合金小罐包装,包括极致的撕膜体验和充氮技术等。

为什么小罐茶在包装设计上下这么大的功夫?

因为茶叶市场是一个有品类缺品牌的市场,难以从可触摸的产品本身实现差异化。小罐茶只能靠独特的包装,才能让其"价格贵""礼品属性强"的标签得以真正实现,进而建立起品牌。

消费者购买产品,不仅有价值交换,还有情感价值和象征价值的交换。

只有包装足够好玩，用户才愿意将照片上传至朋友圈，内心才真正产生情感共鸣。然后在这种社交属性下，品牌取得口碑与销量的双丰收。

2. 包装好看只是表象，增加销量才是目的

为何加多宝、王老吉为了争夺红罐包装的归属权，进行了长达十年的法律诉讼，双方各执一词甚至闹到了最高人民法院也不罢休？

红罐之争看上去是包装之争，本质是产品之争、品牌之争。在这里，包装即产品，红罐就意味着正宗凉茶。试想一下，如果抛弃了包装，消费者根本没法区分这究竟是加多宝还是王老吉，甚至跟普通同类饮料没有什么差别。可口可乐起诉百事可乐玻璃瓶包装仿造了可口可乐的设计也是这么个道理。

3. 建立起差异化价值，才是包装的灵魂

营销的核心在于塑造差异化，而在产品同质化日渐严重的当下，能够最快速、最直接实现产品差异化的就是包装了。

从 2016 年开始，农夫山泉推出了玻璃瓶高端水，到 2019 年已经连续 4 年推出生肖纪念瓶。因为这款高端水，农夫山泉频繁亮相重大国际会议，成为招待各国领袖和来宾的指定用水，如杭州 G20 峰会、"一带一路"高峰论坛、金砖国家领导人会晤……

说到底，在饮用水本身很难做到差异化的背景下，农夫山泉通过定制的生肖玻璃瓶，让高端变得可被感知、被触摸，然后通过高端会议营销，进一步强化其高端品质的标签。

资料来源：51 汇包装.一个优秀的品牌都有一个好看的包装 [EB/OL].（2019-01-19）[2020-12-06].https：//baijiahao.baidu.com/s?id=1623082257340644509&wfr=spider&for=pc.

思考题

分析各企业越来越重视产品包装的原因。

◆ 本章小结

本章从网络营销产品的层次、分类及特点等基础概念出发，首先，阐述了网络新产品研制的过程，对过程中面临的挑战以及产品构思和概念的形成进行了详细介绍，并就网络爆款产品产生的原因进行了分析；其次，介绍了服务这一特殊的产品及个性化服务策略；最后，讲述了产品品牌与包装，包括其策略的实施和推广。

◆ 复习题

1. 进行网络营销的产品与传统营销的产品相比有何特点？
2. 如何对网络营销的产品进行分类？
3. 网络新产品开发面临的挑战有哪些？网络新产品开发的策略有哪些？
4. 网络品牌的概念是什么？网络品牌价值由哪些内容构成？
5. 如何对企业的网上品牌进行管理？发展企业的网上品牌要注意哪些问题？

◆ 讨论题

1. 网络营销中，品牌对产品意味着什么，对消费者有什么影响？

2. 什么产品最适宜在网络上销售？

3. 能否举一个原来不适合网络营销的产品，现在却颠覆了行业和人们的认知的例子？

案例研究

故宫也卖化妆品！故宫淘宝是怎么做到今天这一步的

2018 年起，"故宫联名款"红遍美妆圈，Tom Ford、香奈儿、迪奥、圣罗兰、纪梵希等一众国际大牌纷纷推出与故宫的联名款，包装体现了浓郁的中国风，或清新素雅，或镶金描银，风靡万千少女，各路"小仙女"纷纷表示要入手。

然而，这些联名款只是一个乌龙。这些口红、香水等美妆并不是各大品牌与故宫联合的产物，而是"小仙女"们用故宫胶带自己制作而成的。

不过，虽然没有与那些品牌联合，但 12 月 9 日晚间，故宫淘宝官方微博发布了一条内容："目前市面上见到的所有彩妆并非我们所设计，来自故宫淘宝的原创彩妆，我们周二见。"

12 月 11 日，故宫淘宝再次上新。

果然，故宫淘宝店上新了几款真正的来自故宫的美妆。

这几款美妆产品黑色简约，金色大气，图案也是仙鹤、螺钿、海水纹等满满的中国元素，让人挪不开眼。

从"无人问津"到"销售一空"，故宫淘宝是如何做的？

1. 卖萌真的有用

比起冷冰冰的制式内容和高高在上的语气，网友们当然更加喜欢有趣的内容与活泼的语气。尤其是在大家眼中一向严肃的故宫竟然如此可爱，这种反差萌更是让故宫淘宝吸了一拨粉丝。

2. 抢占年轻人市场

据微指数资料显示，在故宫淘宝用户中，25～34 岁用户占比最高，排在第二位的是 19～24 岁。这两个年龄段的年轻人正是伴随着互联网的发展成长起来的年轻人，对新鲜事物的接受能力更强，同时也已经有了消费能力，潜力巨大。

不得不说，故宫淘宝的跨界能力是非常强的。

资料来源：A5 创业网.故宫也卖化妆品！故宫淘宝是怎么做到今天这一步的？[EB/OL]．(2018-12-13) [2020-11-08]. https://www.admin5.com/article/20181211/889198.shtml.

思考题

1. 了解故宫淘宝的发展史，分析故宫淘宝是如何一步步走到现在的。
2. 试分析故宫等老品牌的新产品线的发展前景。

参考文献

[1] 应轲，马晓芸.品牌战略决策研究：以加多宝、王老吉为例 [J]. 现代商贸工业，2014，26（9）：73-74.

[2] 张兵.网络营销实战宝典：知识·策略·案例 [M]. 北京：中国铁道出版社，2015.

[3] 陈志浩，刘新燕.网络营销 [M]. 2 版.武汉：华中科技大学出版社，2013.

[4] 杨雪.网络营销 [M]. 西安：西安电子科技大学出版社，2017.

[5] 网络热点资讯.美超微拓展智能边缘产品组合，满足新兴人工智能和 5G 技术的需求 [EB/OL]．（2012-12-13）[2020-12-04].https://g.pconline.com.cn/x/1234/12349714.html.

［6］手机中国网. 腾讯构架时隔 6 年再调整：七大事业群调整为六大事业群 [EB/OL].（2018-09-30）[2021-02-06].https：//baijiahao.baidu.com/s?id=1612992626394887892&wfr=spider&for=pc.

［7］百度文库. 欧莱雅产品组合 [EB/OL]. (2019-02-28)[2021-02-06].https：//wenku.baidu.com/view/03d4aaf0ba0d4a7302763a46.html.

［8］刘杨天，田红云. 网络爆品的形成因素研究 [J]. 中国商论，2019（11）：57-59.

［9］陈歆磊. 去品牌化：互联网时代品牌营销变革 [EB/OL].（2016-02-02）[2020-12-17]. https：//www.hbrchina.org/2016-02-22/3825.html.

第 7 章
CHAPTER 7

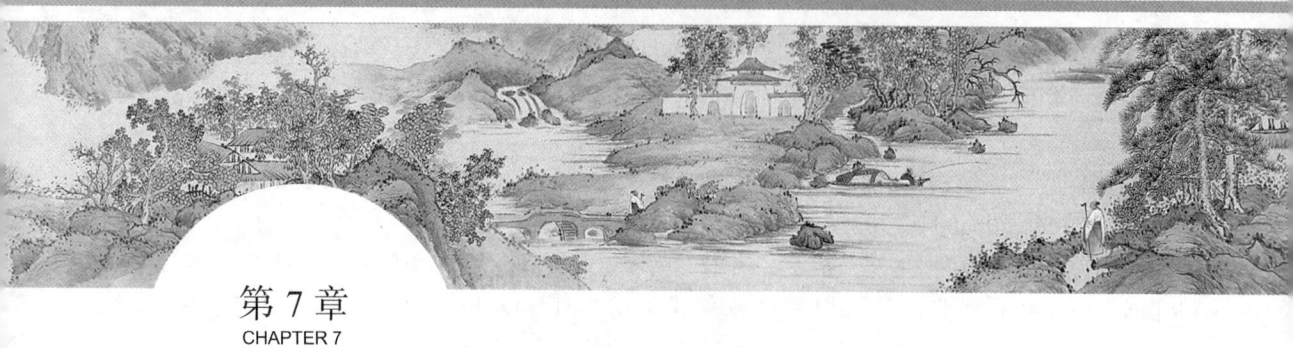

应变无方：网络营销价格策略

◉ 开篇案例

比淘宝更低价的"拼多多"

许多朋友喜欢在网上进行团购，因为可以用优惠的价格买到实惠的商品，而拼多多 App 就是其中最受欢迎的拼团购物平台之一，箱包、食品、家居生活用品等你想要的这里全都有。拼多多成立于 2015 年 9 月，是一家专注于 C2B 拼团的第三方社交电商平台。用户通过发起和朋友、家人、邻居等的拼团，能以更低的价格，拼团购买优质商品。其中，通过沟通分享的社交理念形成了拼多多独特的新社交电商思维。上线未满一年，拼多多的单日成交额即突破 1 000 万元，付费用户突破 2 000 万人。

1. 拼多多的拼团购物模式

拼多多在购物方式上，有"单独购买""参与拼单"和"发起拼单"三种模式，用户可以在挑选商品时直观地看到在"单独购买"和"拼单购买"不同购买方式下带来的差价。

若选择"发起拼单"方式，用户需首先下单支付费用，随后系统会告知"需组团人数"，用户需在 24 小时内以分享链接至微信等方式邀请亲朋好友一同购买，若未成功邀请，可与陌生人一同拼团，拼团成功即可等待收货，若未拼团成功，则系统返还已交金额；若选择"参与拼单"，则可直接加入他人发起的拼团中，组团成功后即可等待收货。拼团购物不是一个新兴的概念，但拼多多是第一家将拼团购物大规模运用于实践并勇于创新的电商平台，它利用的原理是"多购买、多优惠",类似于我们经常所说的"批发价",商家薄利多销,顾客在低价时获得更多的优惠,从而达到双赢。

2. 比淘宝、京东等更低的拼团价格

相比较其他平台相继推出拼团购物,拼多多采用的营销策略使得自己平台产品的价位在相同情况下低于淘宝、京东等其他购物平台,并使得信息更易被消费者获知,与此相关的一条重要措施就是:依托淘宝平台的产品,拼多多平台上的商家若想参与拼多多平台的"产品推荐"活动,必须提供自身产品价位低于淘宝平台相同产品价位的链接才可过审。这一措施有力地促进了拼多多平台的商家制定更低的产品价格,同时,也让消费者通过"产品推荐"更加容易发现在各类电商平台中价位最低的拼团产品。通过实际对比,可发现在很多产品上,拼多多确实体现了这种优势,比如农夫山泉矿泉水,淘宝的特价版是12瓶15.5元,京东是12瓶16.9元,而拼多多是12瓶14.8元。

全电商平台最低的产品价格,使得消费者在其他同等条件下,更愿意使用拼多多进行购物,低价营销作为对于消费者最实惠的策略之一,在一定程度上会吸引更多的消费者成为拼多多的用户。

资料来源:[1] 新华网. 毁誉参半, 一文看透拼多多背后的营销套路 [EB/OL].(2018-07-300) [2020-02-03]. https: // baijiahao.baidu.com/s?id=1607402559457143092&wfr=spider&for=pc.

[2] 搜狐. 从拼多多的快速崛起看电商低线市场渗透 [EB/OL].(2018-07-10) [2020-02-03]. http: // www.sohu.com/a/240414217_315122.

思考题

拼多多是如何为产品定价的?它使用的定价策略是什么?

狭义地讲,价格(price)是人们为得到某种商品或服务所支付的货币数量。从广义上说,价格是指消费者为获得某件产品或某项服务与销售者所做的交换,其中包括货币、时间、精力和心理成本等。价格通常是影响交易成败的重要因素,同时又是市场营销组合中难以确定的因素。企业定价的目标是促进销售、获取利润,这要求企业既要考虑成本的补偿,又要考虑消费者对价格的接受能力,从而使定价策略具有买卖双方双向决策的特征。此外,价格还是市场营销组合中最灵活的因素和最敏感的调节工具,它可以对市场做出灵敏的反应。

7.1 互联网时代:固定价格已是过去式

7.1.1 互联网改变了定价策略

信息技术的发展使得网络市场中的商品定价更复杂,改变了厂商的定价方式,更改变了网络经营者的定价方式。此外,由于消费者权力的增加,他们在一定程度上拥有了商品的定价权(如网上拍卖商品)。在互联网环境中,特别是当人们将互联网作为信息渠道时,商品定价增加了价格透明度(price transparency),厂商和消费者都可以通过网络了解一种商品所有生产商的售价。互联网的这种特征将有助于商品网上销售,促使网络市场成为一个更加有效的市场。

1. 网络营销定价内涵

（1）网络时代需求方地位提升。

意大利著名经济学家帕累托考察了资源的最优配置和产品的最优分配问题，提出通过改变资源的配置方法来实现"最优供需配置状态"，又称"帕累托最优状态"。要实现帕累托最优状态，需要同时满足以下三个条件，即生产的最优条件、交换的最优条件以及生产与交换的最优条件。

1）生产的最优条件，就是在生产要素存量一定的情况下，使产出达到最大的条件，即在不考虑需求弹性或认为需求无止境时，从生产者角度出发，力求达到产出和利润最大化的过程。随着 Internet 得到日益广泛的应用，特别是 Intranet 和 Extranet 的引入，生产者逼近最优条件的速度和程度都显著提升。由 Intranet 引发的管理革命和由 Extranet 支撑的产业联盟体系，使生产者能够极大地提升效率、降低成本，不断地逼近"生产的最优条件"。

2）交换的最优条件，是使交换双方得到最大满足和最高效率的条件。与生产的最优条件相反，交换的最优条件是不考虑供应弹性或认为供应无止境，从需求者角度出发，力求达到支出不变而效果最佳的过程。Extranet 和 Internet 的引入，使交换的最优条件得以快速建立——因为通过 Extranet 采购，可以加速生产工具和原材料市场的资源分配；同时，Internet 导致需求多样、市场容量激增、消费特征变迁，并使替代品数量增多。

3）生产与交换的最优条件，即社会生产结构与需求结构相一致，生产出来的产品都是社会需要的，不存在滞销和积压。也可以说，任何生产者都有能力快速应对需求的变化。

在工业经济时代，需求方特别是消费者，由于信息不对称，并受限于市场空间和时间，不得不处于一种被动地位，从属于供给方来满足需求。消费者由于对价格信息所知甚少，所以在讨价还价中总是处于不利地位。互联网的出现不但使得消费者收集信息的成本大大降低，还能得到很多的免费信息。网络技术的发展使得市场资源配置朝着最优方向发展。这意味着，市场的主动权不再是供给方而是需求方，由需求引导的市场资源配置是网络时代的重要特征。价格作为资源的配置杠杆，它的主动权是由需求方把握和决定的，供给方只有生产出能满足需求方需要的产品，才可能占领市场获得发展机会，否则需求方会利用自己的选择权，在信息越来越充分的市场中选择最接近自己满意的价值标准的产品。

（2）网络营销定价根据目标不同而有不同的定价法。

企业的定价根据目标不同一般有以下定价法：生存定价法、获取当前最高利润定价法、获取当前最高收入定价法、销售额增长最大量定价法、最大市场占有率定价法和最优异产品质量定价法。企业的定价目标一般与企业的战略目标、市场定位和产品特性相关。企业在制定价格时，主要依据产品的生产成本，这是从企业局部来考虑的。但企业价格的制定更应该从市场整体来考虑，它取决于需求方的需求强弱程度和价值接受程度，还要考虑来自替代性产品（也可以是同类产品）的竞争压力程度；需求方接受价格的依据则是商品的使用价值和商品的稀缺程度，以及可替代品的机会成本。

在网络市场还处于起步阶段的开发期和发展期时，企业进行网络营销的主要目标是占领市场求得生存发展机会，然后才是追求企业的利润。目前网络营销产品的定价一般都很低甚至是免费,以求在迅猛发展的网络虚拟市场中寻求立足机会。

2. 网络营销定价基础

在网络营销战略中,可以从降低营销及相关业务管理成本费用和降低销售成本费用两个方面来控制和节约企业的成本。这种成本的节约是网络营销定价的基础。从企业内部说,互联网的应用将从三方面为企业节约成本费用。

(1) **降低采购成本**。

采购过程中经常出现问题的原因是过多的人为因素和信息闭塞,通过互联网可以减少人为因素和信息不畅通的问题,从而降低采购成本。首先,利用互联网可以将采购信息进行整合和处理,统一从供应商订货,以求获得最大的批量折扣;其次,通过互联网实现库存、订购管理的自动化和科学化,可以有效减少人为因素的干预,同时能以较高效率进行采购,节省大量人力和避免人为因素造成不必要的损失;最后,通过互联网可以与供应商进行信息共享,可以帮助供应商按照企业生产的需要进行供应,同时又不影响生产、不增加库存产品。

(2) **降低库存费用**。

利用互联网将生产信息、库存信息和采购系统连接在一起,可以实现实时订购,企业可以根据需要订购,最大限度降低库存,实现"零库存"管理。这样的好处有:一方面可以减少资金占用和仓储成本,另一方面可以避免价格波动对产品的影响。正确管理存货能为客户提供更好的服务并为公司降低经营成本,加快库存核查频率会减少与存货相关的利息支出和存储成本。减少库存量意味着现有的加工能力可以更有效地得到发挥,更高效率地生产可以减少或消除企业和设备的额外投资。

(3) **控制生产成本**。

利用互联网可以节省大量生产成本。一方面,利用互联网可以实现远程虚拟生产,在全球范围寻求最适宜的生产厂家生产产品;另一方面,利用互联网可以大大缩短生产周期,提高生产效率。与之前相比,使用互联网与供货商和客户建立联系,公司能够大大缩短用于收发订单、发票和运输通知单的时间。有些部门能够通过增值网(VAN)共享产品规格和图纸,以提高产品设计和开发的速度。互联网的发展和应用将进一步减少产品生产时间,它是通过扩大企业电子联系的范围,或通过与不同研究小组和公司进行的项目合作来实现。

7.1.2 互联网时代定价新发展

1. 互联网对定价的影响

网络打破了地域的限制,使企业竞争更加激烈、消费者的选择日益丰富,也提高了价格信息的透明度,改变了消费者传统购物方式中的价格结构等。网络对定价的影响具体包含五方面。

(1) 为实现产品的认知价值定价创造了良好的条件。

价格是价值规律的表现，价值是价格形成的基础，对价格的形成起着决定性的作用。一个产品的价值最终是由这个产品的价格体现出来的。

价值来自产品所提供的经济、功能和心理的收益体验，取决于个人的兴趣和爱好。消费者因价值观不同形成了不同的消费个性，对某种产品的价值认知（理解）也将不同。消费者的认知决定了产品（品牌）在市场中的地位。

认知价值即消费者对产品的价值判断。认知价值定价的关键在于准确地计算产品所提供的全部市场认知价值，并以消费者的认知价值为依据而不是以生产者的成本为依据，制定出适合不同消费者的价格。

(2) 增加了价格透明度，影响差异化定价。

供应商可使用技术来实现差别定价，比价网站使顾客讨价还价的能力得到显著提高，但目前价格差异化的状况继续存在。实证研究表明，只有约8%的在线活跃顾客非常在意价格。

(3) 有助于实现产品价格的精确定位。

定价的理想状态是产品价格定位于消费者对该产品的价格不敏感区，而网络正好有助于推动企业向这一目标前进。

(4) 有助于产品价格更好地适应市场的需求。

借助网络，企业可以对市场需求做出快速反应，一些市场认同度较高的产品，可根据需求实现动态价格。

(5) 形成了顾客主导的定价机制。

在网络上，企业可以形成以顾客的价值最大化为前提的定价机制。

2. 网络定价的发展趋势

互联网时代网络定价的特点包括消费者主导化、价格趋低化、定价动态化、定价全球化。

(1) 消费者主导化。

所谓消费者主导定价，是指为满足需求，消费者通过充分的市场信息来选择购买或者定制生产自己满意的产品或服务，同时以最小代价（产品价格、购买费用等）获得这些产品或服务。简单地说，就是消费者的价值最大化，消费者以最小成本获得最大收益。

消费者主导定价的策略主要有：消费者定制生产定价和拍卖市场定价。根据调查分析，由消费者主导定价的产品并不比企业主导定价获取的利润低。根据国外拍卖网站的分析统计，在网上拍卖定价产品，只有20%产品的拍卖价格低于卖者的预期价格，50%产品的拍卖价格略高于卖者的预期价格，剩下30%产品的拍卖价格与卖者预期价格相吻合，在所有拍卖成交产品中有95%产品的成交价格卖主比较满意。因此，消费者主导定价是一种双赢的发展策略，能够在企业收益不受影响的情况下更好地满足消费者的需求，而且可以对目标市场了解得更充分，企业的经营生产和产品研制开发可以更加符合市场竞争的需要。

（2）价格趋低化。

互联网是从科学研究应用发展而来的，因此互联网使用者的主导观念是网上的信息产品是免费的、开放的、自由的。在早期互联网开展商业应用时，许多网站采用收费方式想直接从互联网盈利，结果证明是失败的。搜索巨头谷歌免费提供大部分产品，且还在不断地为客户研发和赠送新的免费产品，主要依靠广告的盈利模式逐渐成长为全球互联网巨头，它成功的主要原因是它遵循了互联网的免费原则和间接收益原则。

产品的网上定价较传统定价要低，还有着成本费用降低的基础，互联网可以从诸多方面帮助企业降低成本费用，从而使企业有更大的降价空间来满足消费者的需求。因此，如果是网上定价过高或者降价空间有限的产品，在现阶段最好不要在消费者市场上销售。而如果面对的是工业、组织市场，或者产品是高新技术的新产品，网上顾客对产品的价格不太敏感，主要考虑方便、新潮，这类产品就不一定要考虑低价定价的策略了。

（3）定价动态化。

方便快捷的网络能够使消费者及时获取各种产品的多个甚至全部厂家的价格信息，真正做到"货比多家"，因此网上销售的价格弹性很大，即谁家便宜（价格低），消费者就向谁购买（销量大），但价格弹性对于不可比较的商品就不太适用。同时，网上标价成本相对于传统市场低很多，价格变动的次数要远远多于传统商家，但一般情况下调价的幅度是比较小的。企业在制定网上销售价格时，应当科学量化每个环节的价格构成，制定出较为合理的价格策略。另外，随着消费者不断趋于理性化，企业在网络营销定价时要综合考虑各种因素，如消费者的价值观、消费者的偏好等。

（4）定价全球化。

网络营销市场面对的是开放的和全球化的市场，用户可以在世界各地直接通过网站进行购买，而不用考虑网站是属于哪一个国家或者地区的。目标市场从过去受地理位置限制的局部市场拓展到范围广泛的全球性市场，使得网络营销产品在定价时必须考虑目标市场范围的变化给定价带来的影响。

如果产品来源地和销售目的地与传统市场渠道类似，则可以采用原来的定价方法。如果产品来源地和销售目的地与传统市场渠道差距非常大，定价时就必须考虑这种地理位置差异带来的影响。如亚马逊网上商店的产品来自美国，购买者也来自美国，那产品定价可以按照原定价方法进行折扣定价，定价也比较简单。如果购买者来自中国或者其他国家，那采用针对美国本土的定价方法就很难面对全球化的市场，影响了网络市场全球性作用的发挥。为解决这些问题，可采用本地化方法，在不同市场建立地区性网站，以适应地区市场消费者需求的变化。

企业面对的是全球性网上市场，但企业不能以统一的市场策略来面对这种差异性极大的全球性市场，所以必须采用全球化和本地化相结合的策略。

7.1.3 影响网络营销定价差异的因素

与传统市场相比,网上的价差并没有缩小。研究表明,网上的书籍和 CD 的价差最多可达 50%,书籍和 CD 的平均价差分别为 33% 和 25%。专家认为其中的原因包括市场不够成熟以及网上零售商本身的特质,如它们在公众中的知名度及公众对它们的信任程度。除此以外,商家的市场分化策略及价格歧视也是导致价格差异的因素。

1. 产品的不可比较性

如果比较的商品相互之间品质不同,它们的价格也不相同,这不足为奇,可以认为,即使是同一种商品,它们也不是完全可替代的,因为它们可能出现在不同的场合和时段。如同样一瓶酒,在超市和在饭店具有不可比性。还可以进一步认为,同一种商品,如果它们的客户服务、广告,甚至公众对它们的认知程度不同,它们的价格也会不同。也就是说,商品的不可比较性不仅表现为物理性质上的不同,还可能表现为附加在它们身上的商业服务的不同,如商家的退货政策、在消费者心目中的知名度以及公众对它们的信任度等。

2. 购物的便利程度及购物经验

较易浏览的网页,好用的搜索工具,客观的购物建议,详细的商品信息尤其是样本(如一本书的简介或章节、CD 的试听等,消费者在购买这类商品时,往往会被商品介绍所吸引并顺便购买。也有消费者在这样的网站浏览信息再到价格低的网站购买,但这样耗时较多,所以并不普遍),以及方便的结算手续和快捷的交货,这些都会使商家在定价时有优势。研究还发现,有些商家网页的背景颜色能使顾客产生愉悦,进而影响他们的购物行为。同样,消费者在浏览过程中看到的商品的先后顺序也会影响他们的购买行为。

3. 商家的知名度

传统零售商的三个成功的因素常常被称为地点、地点、还是地点。这对网上零售商同样适用,因此商家都想在各大门户网站上占据显要位置以吸引人们的注意力。网上零售商越多,这种注意力的价值就越大。研究发现,亚马逊和 CDNow 的定价要比 Books 和 CDUniverse 的高 7% ~ 12%。

4. 品牌和公众对商家的信任度

现在网上有不少价格比较、价格搜寻或购物蠕虫等软件,专门替消费者在网上寻找最低价,但出人意料的是,并不是每个找到最低价的人都会以最低价成交。尤其是在购买小额商品时,如果价差不大,消费者宁可选择自己较信任的网站成交。因为不同于在传统市场上面对面钱货两清的交易方式,虚拟的网上交易风险较大,许多人不愿意冒这种风险。增加公众信任度的方法有:主办网上社区、与著名的网站链接、提供客观的商品信息、与传统的知名品牌合作。顾客如果在传统市场上对某个品牌比较信任,在同样品牌的网站就不太在乎合理的价格差异。有资料显示，知名品牌在网上的定价一般应该是比传统市场的定价略低一些，但也有的可以比纯粹的网上零售商略高。比较知名的网络平台阿里巴巴和京东，都分别另外建立了与原来网上商场有区别的商场，如前者的天猫，天猫商家的品牌和产品质量比较有保证，所以现在每年的"双11"天猫都特别热闹。同样，京东网上商城上的京东国际也类似。

5. 锁定顾客

航空公司常常用"奖励飞行"或增加飞行积分的方法，使顾客在调换航空公司时会有一定的损失，通过此方法来锁定顾客，同样，网上商家也有一些锁定顾客的手段。消费者一般愿意在熟悉的购物环境中购物，如果他已熟悉了一个设计独特而又便于浏览的网页，再去其他网站时就会有些不适应。国外有些网站实行"一键成交"制，即顾客预先在商家那里登记好所有的个人信息及财务信息，在正式成交时就很方便了，由于网上交易存在风险，顾客不可能在每个网上商家那里都预先登记，能够得到这些资料的商家在某种意义上锁定了顾客。但如果商家不讲策略，强迫客户登记的话，就会适得其反。商家还可以用特殊的软件，对消费者的浏览和购物行为进行分析，然后投其所好，建立该客户在本网站上的个人主页，向该客户推荐量身定做的商品信息。例如，当当网上书店就开设了"我的当当"栏目，分析了某客户在当当网上购书的特点和喜好后，在当当网上建立该客户的个人主页并放在栏目中供该客户使用，深受客户的好评和喜爱。目前国内的众多网上商场大多会为每一位进入的消费者建立个人页面，如淘宝网的"我的淘宝"和京东商城上的"我的"，为在本商场购物的消费者提供方便。这种个人网页是需要时间积累的，如果客户转到一个新的网站，就要从头来过。

6. 价格歧视

价格差异是指不同的商家对同一商品制定不同的价格，而价格歧视则是同一商家在同一时间对同一商品制定不同的价格。这是商家的价格利器，原因是通过互联网，商家可以方便地收集消费者的信息，并且在网上改变价格的成本很低，商家可以根据消费者的支付意愿制定价格和便利程度的组合表，即让消费者在省钱但麻烦和不省钱但方便中做选择。商家的手段一般是：让选择不同价格的消费者浏览不同的界面，出价高的消费者能看到比较明了方便的界面，而出价低的消费者看到的界面比较麻烦费时。另一种比较隐蔽的手段是价格比较机制，即某个网站保证它的定价最低。在它的标价旁有价格比较的按钮，消费者单击按钮后就能自动比较价格，如果找到更低的价格，商家会自动调低价格。这看起来是激烈竞争的产物，其实却是商家的一条"苦肉计"。首先，降价不是绝对的，只有当客户要求时才有可能；其次，降价只在个案中发生，后来的消费者还是需要重复询价；最后，询价的过程很费时。调查表明，亚马逊网上书店消费者希望通过这种方式得到的价格优惠大概是每本书15美分。大概只有十分在乎价钱的人才会花费一分钟甚至几分钟的时间去使用这个系统。在国内，淘宝网上的店铺会提供一个"联系卖家"按钮，消费者可以通过它直接与商家联系，进行讨价还价或向商家提出其他要求，这一点比较符合中国国情。网上拍卖则是一个根据消费者支付意愿对消费者进行分类的例子。一般来说，从网上拍卖来的商品会比较便宜，但整个过程很耗时，它需要消费者花费时间去竞标并关注整个拍卖过程。根据这点，商家可以判定一名消费者的支付意愿和消费习惯。互联网既向消费者提供了强有力的价格搜索工具，又向网上商家提供了细分客户群的工具，甚至可以做到个别推销并因人定价。这样，在某些场合下，买卖双方间的"斗智斗勇"就使得"价格公道，童叟无欺"不太可行了。

案例 7-1

iPhone XS "跳水"降价，苹果现在怎么了

苹果在 2018 年 9 月一次性发布了三款新机，它们就是 iPhone XS、iPhone XS Max 和 iPhone XR。手机依然沿袭了 X 系列的 Face ID 异形刘海屏设计，不过即便是稍微便宜一些的 iPhone XR，起步价格也达到了 6 499 元，这让很多用户吐槽太贵了。

显然苹果高估了用户的购买力。半年之后，苹果在多个渠道的 iPhone XS 系列以及 iPhone XR 都开始了大幅降价，基本都是降价千元左右，最大降幅甚至到了 2 000 元。而 iPhone XR 的价格也降到了 5 000 元左右。

那么，为什么苹果在短时间内开始降价了呢？第一，iPhone XS 系列价格确实太贵，同时手机相比前代提升不明显，用户换机意愿不高。苹果在 2015 年左右就开始逐渐走下坡路，对用户的吸引力不足，不仅是因为苹果每年几乎没有发布更有创新性的机型，更是因为苹果的新机型都会比上一代贵很多。很多购买苹果手机的消费者注重的是苹果的系统和性能，而更新换代如此快的苹果在性能上却没有太大的提升。第二，现在的国产旗舰机型发展确实越来越好，在差不多的体验下，价格却便宜很多，用户的选择自然不言而喻。

根据赛诺 2019 年 1 月手机市场份额与销量来看（见表 7-1），国产品牌如华为、荣耀以及 vivo 等都有所增长，而苹果则是同比降了 28 个百分点，在销量不好的情况下，降价其实也是无奈之举。

表 7-1 赛诺：2019 年 1 月份手机整体市场销量排名

排名	品牌	销量/万台	市场份额（%）	同比（%）
1	华为	682	20.1	46
2	vivo	605	17.8	7
3	OPPO	553	16.3	−9
4	荣耀	513	15.1	11
5	苹果	397	11.7	−28
6	小米	370	10.9	−4
7	魅族	46	1.4	−63
8	三星	31	0.9	−56

至于苹果的 iPhone，其实本身的实力还是在的，就看何时能拿出更让用户满意的作品了。如果始终在设计或者功能体验上没有太多的突破，那么，不再被用户认可也是必然的。

资料来源：科技蟹. iPhone XS 再降价，最高 2 000 元，苹果现在怎么了？[EB/OL](2019-03-06)[2020-02-03]. http://baijiahao.baidu.com/s?id=1627250514640085486&wfr=spider&for=pc.

思考题

1. 苹果一系列的降价行为，反映了互联网对价格的哪些影响？
2. 互联网时代，网络定价应该注重什么？

7.2 千人千面：如何为你的产品定价

产品定价过程充满矛盾，它既是一门科学，又像一门艺术，制定合理的价格需要充足的资料，并考虑诸多因素。如果价格太低就会减少厂商的收益，价格太高又会降低销售量，这些都还只是短期的效应。从长远来看，厂商以低价占领市场形成规模经济就可以降低成本，增加利润。还有一点需要注意的是，信息技术的发展使定价变得既简单又复杂。首先，厂商可以根据消费者过去的购买行为在瞬间调整价格。其次，由于消费者价值观有理性和感性之分，因此消费者的反应也会不同。最后，厂商在选择各种递送方式时，应考虑费用支出和消费者在线购物和离线购物的不同感知。定价是一种复杂的商业活动，它受数据资料、经验、感知等多种因素的影响。

7.2.1 低价渗透定价策略

借助互联网进行销售的优势之一便是可以大大节约企业的成本费用。因此，网上销售价格一般来说比线下销售通行的市场价格要低。这主要是因为网上信息是公开的、比较充分和易于搜索比较的，因此网上用户可以凭借较为全面的信息做出理性的购买决策。

根据相关研究，消费者选择网上购物，一方面是因为网上购物比较方便，另一方面是因为从网上可以获取更多产品信息，从而能以最低廉的价格购买到满意的商品。

渗透定价策略是指企业把新产品投入市场时价格定得相对较低，以吸引大量顾客，迅速打开市场，短期内获得比较高的市场占有率，同时通过接近成本的定价，吓退其他打算进入该领域的竞争者的一种定价策略。该定价策略也称为低价定价策略。

低价渗透策略实施条件包括：市场对价格敏感（产品市场需求富有弹性），生产成本和经营费用随经验的增加而降低，低价不会引起竞争。图 7-1 所示为淘宝某商品的低价渗透定价。

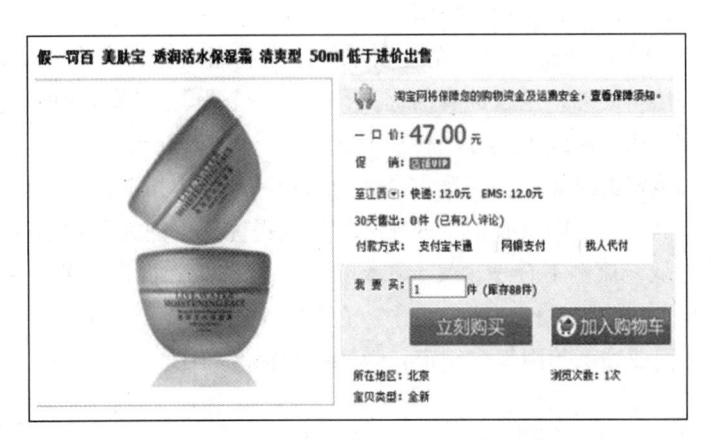

图 7-1 淘宝某商品的低价渗透定价

人口居住集中、商业网点分布密度较大、人们收入水平相对不高等因素决定了网络用户更关注网上所购商品能比线下购物在价格上得到多少优惠。甚至一些发达国家为了降低企业成本、培育网上市场，会对网上购物实行免税政策。由此可见，购物过程中理性消费者对价格的关注是有普遍规律的。

低价渗透定价策略是由于定价时大多采用成本加一定利润，有的甚至是零利润，制造商在网上进行直销时一般采用这种定价策略。如戴尔公司电脑定价比其他公司同性能的产品低10%～15%。采用低价策略的前提是开展网络营销，实施电子商务战略，这样才能为企业节省大量的成本费用。

7.2.2 折扣定价策略

折扣定价策略是指企业发布的产品价格是网上销售、线下销售通行的统一价格，而对于网上用户又在原价的基础上标明一定的折扣来定价的策略。这种定价方式可以让顾客直接了解产品的降价幅度，明确网上购物获得的实惠，以此吸引并促进用户购买。这种定价策略常用在一些网上商店的营销活动中，一般按照市面上流行的价格进行折扣定价，像京东书城、当当网销售的图书一般都有价格折扣如"3件售价7折"。

折扣定价主要有以下几种类型。

1. 数量折扣

数量折扣是指按购买数量的多少，分别给予不同的折扣，购买数量越多，折扣越大。其目的是鼓励大量购买，或集中向本企业购买。数量折扣包括累计数量折扣和一次性数量折扣两种形式。累计数量折扣规定顾客在一定时间内，购买商品若达到一定数量或金额，则按其总量给予一定折扣，其目的是鼓励顾客经常从本企业购买，成为可信赖的长期客户，它尤其适合于不宜一次大量购买且易变质的产品，如食品、蔬菜、水果等。一次性数量折扣规定一次购买某种产品达到一定数量或购买多种产品达到一定金额，则给予折扣优惠，其目的是鼓励顾客大批量购买，促进产品多销、快销。

数量折扣的促销作用非常明显，企业因单位产品利润减少而产生的损失完全可以从销量的增加中得到补偿。此外，销售速度的提高，加快了企业资金周转速度，使得流通费用下降，产品成本降低，从而促进企业总盈利水平上升。

运用数量折扣策略的难点是如何确定合适的折扣标准和折扣比例。假如享受折扣的数量标准定得太高，比例太低，则只有很少的顾客才能获得优待，绝大多数顾客将感到失望；购买数量标准定得过低，比例不合理，又起不到鼓励顾客购买和促进企业销售的作用。因此，企业应结合产品特点、销售目标、成本水平、企业资金利润率、需求规模、购买频率、竞争者手段以及传统的商业惯例等因素来制定科学的折扣标准和比例。

2. 现金折扣

现金折扣是给予在规定的时间内提前付款者或用现金付款者的一种价格折扣，其目的是鼓励顾客尽早付款，加速资金周转，降低销售费用，减少财务风险。采用现金折扣一般要考虑三个因素：折扣比例、给予折扣的时间限制、付清全部货款的期限。在西方国家，典型的付款期限折扣表示为"3/20，Net60"，其含义是在成交后 20 天内付款，买者可以得到 3% 的折扣，超过 20 天，在 60 天内付款不予折扣，超过 60 天付款要加付利息。如唯品会在促销时，会有预付款的产品，采用就是现金折扣的定价策略。

由于现金折扣的前提是商品的销售方式为赊销或分期付款，因此，有些企业采用附加风险费用、治理费用的方式，以避免可能发生的经营风险。同时，为了扩大销售，分期付款条件下买者支付的货款总额不宜高于现款交易价太多，否则就起不到"折扣"促销的效果。

提供现金折扣等于降低价格，所以企业在运用这种手段时要考虑商品是否有足够的需求弹性，保证通过需求量的增加使企业获得充足的利润。此外，由于一些企业和消费者对现金折扣还不熟悉，运用该策略的企业必须结合宣传手段，使消费者更清楚自己将得到的好处。

3. 功能折扣

中间商在产品分销过程中所处的环节不同，承担的功能、责任和风险也不同，企业据此给予不同的折扣，这就是功能折扣。给予生产性用户的价格折扣也属于一种功能折扣。功能折扣的比例，主要依据中间商在分销渠道中的地位、对生产企业产品销售的重要性、购买批量、完成的促销功能、承担的风险、服务水平、履行的商业责任以及产品在分销中所经历的层次和在市场上的最终售价等来确定。功能折扣的结果是形成购销差价和批量差价。

鼓励中间商大批量订货，扩大销售，争取顾客，并与生产企业建立长期、稳定、良好的合作关系是实行功能折扣的一个主要目的。功能折扣的另一个目的是对中间商经营的有关产品的成本和费用进行补偿，并让中间商有一定的盈利。

4. 季节折扣

有些商品的生产是连续的，而其消费却具有明显的季节性。为了调节供需矛盾，这些商品的生产企业便采用季节折扣的方式，对在淡季购买商品的顾客给予一定的优惠，使企业的生产和销售在一年四季能保持相对稳定。例如，啤酒生产厂家对在冬季进货的商业单位给予大幅度让利，羽绒服生产企业则为夏季购买其产品的客户提供折扣。季节折扣比例的确定应考虑成本、储存费用、基价和资金利息等因素。季节折扣有利于减轻库存压力，加速商品流通，迅速收回资金，促进企业均衡生产，充分发挥生产和销售潜力，避免因季节需求变化所带来的市场风险。

5. 回扣和津贴

回扣是间接折扣的一种形式，是指购买者在按价格目录将货款全部付给销售者以后，销售者再按一定比例将货款的一部分返还给购买者。津贴是企业为特定目的、对特定顾客以特定形式所给予的价格补贴或其他补贴。比如，当中间商为企业产品提供了包括刊登地方性广告、设置样品陈列窗等在内的各种促销活动时，生产企业会给予中间商一定数额的资助或补贴。又如，对于进入成熟期的消费者，企业通过开展以旧换新业务，将旧货折算成一定的价格，在新产品的价格中扣除，顾客只需支付余额，以刺激消费需求，促进产品的更新换代，扩大新一代产品的销售。这也是一种津贴的形式。

│案例 7-2│

无印良品频繁降价，无印良品的"新定价"要被玩坏了

如同天猫的"双11"、京东的"6·18"，无印良品的"新定价"概念也慢慢与"打折促销"画上了等号。

2018年8月，无印良品第九次"新定价"活动上线。本次"新定价"活动涉及500多种商品，最高价格降幅为40%。对素来高冷的无印良品来说，"新定价"俨然已经成为一个委婉又得体的打折降价策略。

所谓新定价，无印良品在官方微博给出的定义是"持续检视商品的开发及设计，对商品的价格进行重新审视"。

从2014年10月起，无印良品就开始在中国实施"新定价"策略，在每年年初、年中或年末下调价格，从目前的频率来看，基本达到每年两次。加上日常的折扣促销，"新定价"这个曾被当作应对中国市场的被动调价行为，已经演变成了无印良品每年的固定议程。无印良品欲借此在"无印系列"杂货市场的激烈竞争中，寻求持续下沉的可能。

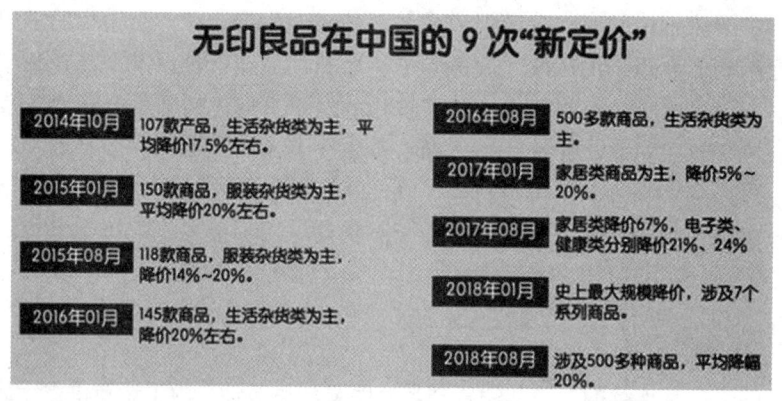

无印良品在中国的9次"新定价"

2014年10月	107款产品，生活杂货类为主，平均降价17.5%左右。
2015年01月	150款商品，服装杂货类为主，平均降价20%左右。
2015年08月	118款商品，服装杂货类为主，降价14%~20%。
2016年01月	145款商品，生活杂货类为主，降价20%左右。
2016年08月	500多款商品，生活杂货类为主。
2017年01月	家居类商品为主，降价5%~
2017年08月	家居类降价67%，电子类、健康类分别降价21%、24%
2018年01月	史上最大规模降价，涉及7个系列商品。
2018年08月	涉及500多种商品，平均降幅20%。

在多元的文化布局下，门店商品价格成为无印良品生活方式的一个剖面，即便"新定价"沦为了打折促销的代名词，无印良品对消费理念和用户群体的探索还是使其有机会在零售战中得到青睐，吸引更多消费者。

资料来源：36氪.四年降价9次，无印良品的"新定价"要被玩坏了[EB/OL].(2018-09-12)[2020-04-13]. https://36kr.com/p/1722824032257.

思考题

1. 无印良品为何频繁降价？
2. 除了降价策略，无印良品还用了什么营销策略？

7.2.3 促销定价策略

促销定价策略是指企业虽然以通行的市场价格将商品销售给用户，但为了达到促销的目的还要通过某些方式给予用户一定的实惠，以变相降低销售价格。如果企业想要达到迅速拓展网上市场的目的，但产品价格又不具有明显的竞争优势，且由于某种因素不能直接降价时，则可以考虑采用网上促销定价策略。比较常用的促销定价策略是有奖销售和附带赠品销售等，如图 7-2 所示。

> 即日起，书友会会员订单金额满50元加9.9元就可获得以下促销品中的一款：周杰伦台北演唱会DVD，蔡琴CD套装+CD包，最伟大的一堂爱情课！（请将促销品放入购物车）

图 7-2 促销定价策略

企业实施促销定价策略需要具备一定的条件：低价不会引起实际和潜在的竞争；产品需求价格弹性较大，目标市场对价格比较敏感；生产成本和营销成本有可能会随产量和销量的扩大而降低。促销定价策略包括以下几种方式。

（1）招徕定价。这是指企业将某几种产品价格定得特别低，以招徕顾客前来购买正常价格的产品。

（2）特别事件定价。这是指企业利用开业庆典、开业纪念日或节假日等时机，降低某些产品的价格，以吸引更多的顾客。

（3）现金回扣。这是指制造商对在特定的时间内购买企业产品的顾客给予现金回扣，以清理存货，减少积压。

（4）心理折扣。这是指企业开始时给产品制定很高的价格，然后大幅度降价出售，以刺激顾客购买。

7.2.4 捆绑销售定价策略

捆绑销售这一概念在很早以前就出现了，但是直到 20 世纪 80 年代美国快餐业对其加以应用后才引起人们的广泛关注，如麦当劳通过该销售形式提高了食品销售量。如今这种传统策略已被精明的网络企业所应用，使顾客对所购产品的价格感觉更满意。

捆绑定价是指将两种或两种以上的相关产品捆绑打包出售，并制定一个合理的价格。这种销售行为和定价方法常常出现在信息商品领域，如微软公司将 IE 浏览器与 Window 操作系统捆绑，并以零价格附随出售。

1. 捆绑定价形式

根据捆绑定价的性质，可以划分为以下三种形式。

（1）同质产品捆绑定价。

同质产品捆绑定价，按照提供的产品组合不同，又可以把它划分为混合产品组合定价和单一产品组合定价。混合产品组合定价如航空公司对往返机票的定价；单一产品组合定价如在酒吧里面啤酒成打购买。

（2）互补式产品捆绑定价。

互补式产品捆绑定价即捆绑定价的产品在用途上具有互补性。例如，饭店将几种不同的菜捆绑成一份套餐进行定价；银行对它提供的一整套不可分的服务进行定价；旅行社对整个旅行线路进行定价。互补式产品捆绑定价应用已经越来越广泛，大大突破了传统产品与产品互补的概念。摩根士丹利的三位经济学家——史蒂文·加尔布雷恩、玛丽·维亚诺和埃尔摩·哈西指出："由于制造业如 GE、朗讯等增加了金融产品的供应，以致制造业正变成许多公司'利润链'上的主要亏损者。"言外之意在于：这些公司正通过将传统产品与金融贷款捆绑定价，向消费者"送产品"，依靠与产品捆绑的金融贷款赚钱。

（3）非相关性产品捆绑定价。

非相关性产品捆绑定价是指生产者将其产品同竞争性的另外一种产品组合起来定价。被捆绑的产品不一定是与它一起销售的产品的互补品，而只需要捆绑产品的消费能够给生产者带来有关消费者对基本产品的支付意愿的信息。非相关性产品捆绑定价在一些多元化企业和商场促销活动中表现得比较明显。

2. 捆绑定价实施条件

（1）捆绑定价产品具有一定的市场支配力。

企业实施捆绑定价，要求捆绑产品具有一定的市场支配力，企业能够依据这种市场支配力将产品进行捆绑定价，以实现自身产品与竞争产品的价格差别。正如纽约大学经济学家尼古拉斯指出，当企业拥有市场支配力时，捆绑定价才能起到价格差别的作用；只有对于一个享有市场支配力的生产者来说，一般性的价格差别和特殊性的捆绑定价才会成为企业通常使用的利润最大化战略。因此对企业而言，如果将两个完全没有市场支配力的产品捆绑，意义不大。

（2）捆绑定价产品之间存在关联性。

尽管在非相关性产品捆绑定价方式下捆绑定价的产品之间可以无必然联系，但要求基本产品和捆绑产品之间在消费对象、销售终端、品牌效应等方面相同或相近，一般要求具有以下条件。

1）捆绑定价产品之间的互补性。捆绑定价的产品最好是互补性产品，这种互补性不仅仅是指产品之间的功能性互补，还包括捆绑定价的产品在消费者心目中被联系在一起或可以被联系在一起，并且产品对彼此的竞争地位有显著影响。这样通过互补产品的关联，消费者得以将它们的形象联系在一起，综合地而不是单独地衡量它们的功能，或者将它们作为一个整体来衡量购买使用成本。

2）捆绑定价产品目标顾客的重叠性。在捆绑定价中，两种产品的目标市场应有较大交叉的部分。只有这样才能保证两种或几种同时捆绑定价销售的产品是目标消费者所需要的。如果捆绑定价产品的目标消费者是不同的，将大大降低对捆绑定价产品的需求。

3）捆绑定价产品之间市场定位的同一性。市场营销学依据人们的职业、收入、交易水平等变量将社会划分为不同的阶层，而不同社会阶层的人在消费习惯、消费心理等方面存在较大的差别。因此，在对产品实施捆绑定价策略时，要求捆绑产品市场定位至少是相同或者相近的，否则捆绑定价策略就难以成功。奢侈品与劣等品也不能捆绑定价。

近年来，捆绑定价已经成为企业常用的一种销售策略。捆绑定价能够给企业带来更大的利益，但其实施需要具备相应的条件，并且面临着限制竞争和损害消费者福利的责难。捆绑定价是企业的一种营销策略，最著名的如微软将其 IE 浏览器与 Windows 操作系统捆绑定价销售，欧盟委员会阻止通用电气公司并购霍尼韦尔公司以防止它们将飞机引擎、电力设备部件和商业金融捆绑定价。

7.2.5 定制营销定价策略

作为个性化服务的重要组成部分，按照顾客需求进行定制生产是网络时代满足顾客个性化需求的基本形式。定制化生产根据顾客对象可分为两类：一类是面对工业组织市场的，另一类是面对大众消费者市场的。

定制营销定价策略是在企业能实行定制化生产的基础上，利用网络技术和辅助设计软件，帮助消费者选择配置或者自行设计能满足自己需求的个性化产品，同时承担自己愿意付出的价格成本。如戴尔公司的用户可以通过其网页了解产品的基本配置和基本功能，根据实际需要且在能承担的价格内，配置出自己最满意的产品，使消费者能够一次性买到自己中意的产品。在配置电脑的同时，消费者也对产品价格有比较透明的认识，增加了企业在消费者中的信用。目前这种允许消费者定制定价的尝试还处于初步阶段，消费者只能在有限的范围内进行挑选，还不能完全要求企业满足自己所有的个性化需求。

7.2.6 使用定价策略

使用定价策略就是顾客通过互联网注册后可以直接使用某公司产品，只需要根据使用次数进行付费，而不需要完全购买产品。

1. 使用定价策略的优缺点

传统交易关系中，产品买卖是完全产权式的，顾客购买产品后即拥有对产品的完全产权。但随着经济的发展、人民生活水平的提高，人们对产品的需求越来越多，而且产品的使用周期也越来越短，许多产品购买后使用几次就不再使用，非常浪费，因此制约了许多顾客对这些产品的需求。为改变这种情况，可以在网上采用类似租赁的、按使用次数定价的方式。

这种定价策略的优点有：一方面可以减少企业为完全出售产品而进行的大量不必要的生产和包装浪费，另一方面还可以吸引过去那些有顾虑的顾客使用产品，扩大市场份额。顾客每次只是根据使用次数付款，减少了购买产品、安装产品、处置产品的麻烦，还可以节省不必要的开销。

该策略的不足之处是要考虑产品是否适合通过互联网传输，是否可以实现远程调用。

2. 使用定价策略的适用性

目前，比较适合采用使用定价策略的产品有软件、音乐、电影等。对于软件产品，如我国的用友软件公司推出网络财务软件，用户注册后在网上直接处理账务，而无须购买软件和担心软件的升级、维护等非常麻烦的事情；对于音乐产品，也可以通过网上下载或使用专用软件点播；对于电影产品，则可以通过现在的视频点播系统（VOD）来实现远程点播，无须购买影碟。

另外，采用按次数定价对互联网的带宽提出了很高的要求，因为许多信息要通过互联网进行传输，如果互联网带宽不够将影响数据传输，势必会影响顾客的租赁使用和观看。

┆案例 7-3┆

网友：知网再也不能闷声"发大财"了

2018 年 5 月，苏州大学大三学生小刘在中国知网下载名为《中药》的文献时，网页提示需付费 7 元。但中国知网"充值中心"设置了"最低充值金额限制"，小刘为了下载这篇 7 元的文献，充值了 50 元。在购买文献后，小刘想将余额进行退款，却遭到了知网的拒绝。

小刘认为，中国知网设置了"最低充值金额限制"却并不给自己办理余额退款侵犯了消费者的自由选择权和公平交易权，故将中国知网的运营商同方知网（北京）技术有限公司告上法庭，要求撤销最低充值金额限制，并退还其账户全部余额。

《北京青年报》记者获悉，最终法院判决，中国知网充值中心关于最低充值金额限制的规定无效，小刘胜诉。而记者追访发现，中国知网于 2019 年 2 月 22 日，更新了网站的支付页面，增加了自定义充值。

资料来源：北晚新视觉.知网改最低充值 0.5 元，曾因"涨价离谱"被高校抵制 [EB/OL].(2019-02-25)[2020-05-22]. https: //news.china.com/socialgd/10000169/20190225/35289465.html.

思考题

通过知网的案例，你觉得应该如何正确使用免费定价策略？

7.2.7 拍卖竞价策略

网上拍卖由消费者通过网络轮流公开竞价，在规定的时间内叫价最高者可以获得产品的购买权。当前，比较著名的拍卖网站之一是 www.ebay.com，它允许商品公开在网上拍卖，拍卖方只需将拍卖品的相关信息提交给 eBay 公司，经公司审查合格后即可上网拍卖。拍卖竞价者只要在网上进行登记注册后，就可参加公开竞价购买。

1. 网上拍卖定价的方式

（1）竞价拍卖：网上竞价拍卖一般属于 C2C 交易，主要是二手货、收藏品或者一些普通物品等在网上以拍卖的方式进行出售，它是由卖方引导买方进行竞价购买的过程，图 7-3 所示为淘宝某商品的拍卖服务。

（2）竞价拍买：网上竞价拍买是竞价拍卖的反向操作，它是由买方引导卖方竞价实现产品销售的过程。如拍买过程中，用户提出计划购买商品或服务的质量标准、技术属性等要求，并提出一个大概的价格范围，大量的商家可以采用公开或隐蔽的方式出价，消费者将与出价最低或最接近要价的商家成交。

图 7-3　拍卖竞价策略

（3）集体竞价：在互联网出现以前，这一种方式在国外主要是指多个零售商结合起来，向批发商（或生产商）以数量换价格。互联网出现后，使得普通的消费者也能使用这种方式购买商品。集合竞价是一种由消费者集体议价的交易方式，提出这一模式的是美国著名的 Priceline 公司。在目前的国内网上竞价市场中，它还是一种全新的交易方式。在中国，雅宝已经率先将这一全新的模式引入了自己的网站。如在雅宝的拍卖竞价网站上，500 多个网民联合起来集体竞价，某部电影的票价原价为 30 元，结果他们 5 元就可以购得。

2. 拍卖交易的模式

（1）"1 对 1"的交易模式：这是指拍卖过程中一个卖方与一个买方的交易过程。大部分的个人物品拍卖（C2C）、企业以拍卖方式出售商品的拍卖交易，均为这一模式。

（2）"1 对多"的交易模式：这是指一个卖方面对众多买方的拍卖过程。多数企业对个人的交易（B2C）属于这种模式。这一模式中价格的形成，既有供方主导的正向定价法，也有通过集体议价由需方主导的逆向定价法。

（3）"多对 1"的交易模式：这是指众多卖方面对一个买方的拍卖过程。当任何一个供应商都无法满足需求方批量购买商品的要求时，将导致 $m:1$ 的交易模式的使用，由多个供应商集体提供商品或服务给该买方。

（4）"多对多"的交易模式：这是指多个卖方对多个买方的集体议价模式。随着网上市场的逐步完善和成熟，将会有越来越多的产品在互联网上拍卖竞价交易。采用网上拍卖定价的产品，既可以是企业的一些库存积压产品，也可以是一些新产品，新产品通过拍卖也可以起到展示和促销的效果，许多企业将产品以低廉的价格在网上拍卖，目的在于以低廉的价格吸引消费者的关注。

7.2.8　撇脂定价策略

所谓"撇脂定价法"，又称高价法或吸脂定价法，即在产品刚刚进入市场时将价格定位在较高水平（即使价格会限制一部分人的购买），在竞争者研制出相似的产品以前，尽快地收回投资，并且取得相当的利润。然后随着时间的推移，再逐步降低价格使新产品进入弹性大的市场。一般而言，对于全新产品、受专利保护的产品、需求的价格弹性小的产品、流行产品、未来市场形势难以测定的产品等，可以采用撇脂定价策略。

1. 适用条件

（1）市场上存在一批购买力很强，并且对价格不敏感的消费者。
（2）这样的一批消费者的数量足够多，企业有厚利可图。
（3）暂时没有竞争对手推出同样的产品，本企业的产品具有明显的差异化优势。
（4）有竞争对手加入时，本企业有能力转换定价方法，通过提高性价比来提高竞争力。
（5）本企业的品牌在市场上有传统的影响力。
在上述条件具备的情况下，企业就应该采取撇脂定价的方法。撇脂定价法不是偶然使用的，它是某些企业和某些行业普遍、长期使用的。

2. 特点

（1）利用高价产生的厚利，使企业在新产品上市之初就能迅速收回投资，减少了投资风险。
（2）在全新产品或换代新产品上市之初，顾客对其尚无理性的认识，此时的购买动机多属于求新求奇。利用这一心理，企业通过制定较高的价格，以提高产品身份，创造高价、优质、名牌的印象。
（3）先制定较高的价格，在新产品进入成熟期后可以拥有较大的调价余地，不仅可以通过逐步降价保持企业的竞争力，而且可以从现有的目标市场上吸引潜在需求者，甚至可以争取到低收入阶层和对价格比较敏感的顾客。
（4）在新产品开发之初，由于资金、技术、资源、人力等条件的限制，企业很难以现有的规模满足所有的需求，利用高价可以限制需求的过快增长，缓解产品供不应求的状况，并且可以利用高价获取的高额利润进行投资，逐步扩大生产规模，使之与需求状况相适应。

┊案例7-4┊

从买不起的华为折叠手机到抢不到的猫爪杯

西班牙巴塞罗那，华为发布首款5G折叠屏手机——华为Mate X。机身尺寸为8英寸，不对称外翻折叠。

在千机一面这么多年后，国产手机终于迎来折叠屏，而且新手机搭载支持5G信号，如此内外兼修，怎么看怎么像"亲生的"，但其售价和产量就很"疏离"。

据华为消费者业务CEO余承东现场介绍，这款"世界上最快的5G折叠手机，也是最轻薄的折叠手机"售价是2 299欧元（约合17 498元人民币），这款手机于2019年11月15日在华为商城限量销售。

贫穷让人理智。有人说，"我膨胀了，居然敢看一万七千元的手机的广告"，还有人担心"买了手机，摔碎了，换几个屏？"

纠结属于有钱人。有人说,"曾经,手机上翻盖还是下翻盖还是个问题,如今迎来外翻还是内翻的纠结"。是的,2019年2月三星发布的业内第一款主流折叠屏(内翻)智能手机Galaxy Fold 售价为1 980美元(约合13 301元人民币)。

如果不包括VERTU(威图)这种奢侈品手机,这两款折叠式手机成为迄今为止最昂贵的手机。而且,拿华为Mate X来讲,比顶配的iPhone还贵了将近一倍。

一万七千元的手机,或许真需要咬咬牙、跺跺脚甚至贷贷款才能买,但是标价199元的杯子,理论上还不是说买就买?

被称为"主业卖杯子,副业卖咖啡"的星巴克,又来"抢钱"了。谁能想到,小巧的、粉粉嫩嫩的杯子,挠中了那么多人的心,引得许多人排队抢购。甚至,某网站上,原价199元的杯子标价500元,然后800元,再后来,价格飙升至1 299元。

关于疯抢"猫爪杯",也引发了财经媒体和自媒体关注。

有文章说,在中国,手捧一杯星巴克,被认为是跻身中产阶层的象征,用咖啡消解寂寞与用养猫抚慰心灵的,其实是同一拨人;有文章分析"她经济市场下的猫爪杯逻辑"——她经济从始至终都没打算撬动理性消费主义的大门;还有文章指出,在为猫爪杯而疯狂的人们脑中,住了一个"萌"字,并引用奥地利动物学家1943年发表的论文称,"萌"这种感受,其实来自人们对婴儿的爱……

其实,不管是华为折叠手机,还是星巴克猫爪杯,都体现了追逐者"符号消费"的心理。拥有本身,就是意义。

资料来源:搜狐. 从买不起的华为折叠手机到抢不到的猫爪杯,看国人的消费心理[EB/OL].(2019-03-04) [2020-06-17].https://m.sohu.com/a/298970596_100214804.

思考题

1. 华为使用的主要是什么定价策略呢?你认为合理吗?
2. 华为折叠手机和星巴克猫爪杯,体现了消费者的什么心理?

7.2.9 免费价格策略

免费价格策略就是将企业的产品和服务以零价格的形式提供给顾客使用,满足顾客的需求。免费价格策略是目前网络营销中常用的一种营销策略,主要用于促销和推广产品,这种策略一般是短期的和临时性的。在网络营销实践中,免费价格不仅仅是一种促销策略,它还是一种有效的产品和服务定价策略。

1. 免费价格形成背景

网络市场的初级阶段,免费策略是最有效的占领市场的手段之一。目前,企业在网络营销中采用免费策略,一方面是希望消费者在免费使用形成习惯或偏好后,再开始逐步过渡到收费阶段,如金山软件公司允许消费者在互联网上下载限次使用的WPS软件,其目的就是想消费者在使用习惯后,掏钱购买正式软件。这种免费价格策略主要是一种促销策略。

另一方面是想发掘后续商业价值,企业是基于战略发展的需要来制定定价策略的,主要目的是先占领市场，然后再在市场上获取收益。如雅虎公司通过免费建设门户站点，经过4年亏损经营后，依靠广告收入等间接收益扭亏为盈，但在前4年的亏损经营中，公司却得到飞速增长，主要得力于股票市场对公司的认可和支持，因为股票市场看好其未来的增长潜力，而雅虎的免费策略恰恰使它占领了较大的网上市场份额，拥有了很大的市场竞争优势和巨大的市场赢利潜力。

2. 免费价格策略的形式

（1）完全免费，即产品（服务）在购买、使用和售后等所有环节都实行免费服务。例如，人民日报的电子版在网上可以免费使用；美国在线公司在成立之初，在商业展览会场、杂志封面、广告邮件，甚至飞机上，都提供免费的美国在线软件，连续5年后，吸收到100万名用户。

（2）限制免费，即产品（服务）可以被有限次免费使用，超过一定期限或者次数后，取消这种免费服务。例如，金山软件公司免费赠送可以使用99次的WPS 2000软件，使用次数完结后，消费者需要付款申请方可继续使用。

（3）部分免费，即对产品整体某一部分或服务全过程某一环节的消费可以享受免费。例如，一些著名研究公司的网站公布部分研究成果，如果要获取全部成果必须付款成为公司客户；免费播放的一些电影片段，而要想观看全部内容，则需要付费。

（4）捆绑式免费，即在购买某产品或者服务时可以享受免费赠送其他产品和服务的待遇。例如，国内的一些互联网服务提供商（ISP）为了吸引用户接入，推出了上网免费送电脑的市场活动。实际上，从另一面来看，这种商业模型就相当于分期付款买电脑附赠上网账号的传统营销模式。

3. 免费产品特性

（1）易于数字化：互联网是信息交换平台，它的基础是数字传输。对于易于数字化的产品都可以通过互联网实现零成本的配送，这与传统产品需要通过交通运输网络花费巨额资金实现实物配送有着巨大区别。企业只需要将这些免费产品放置到企业的网站上，用户可以通过互联网自由下载使用，企业付出较小的成本就能够实现产品推广，节省了产品推广费用。例如，思科公司将产品升级的一些软件放到网站上，客户可以随意下载免费使用，大大减少了原来免费升级服务的费用。

（2）无形化：通常采用免费策略的大多是一些无形产品，它们只有通过一定载体才能表现出一定形态，如软件、信息服务（如报纸、杂志、电台、电视台等媒体）、音乐制品、图书等。这些无形产品可以通过数字化技术实现网上传输。

（3）零制造成本：这里所说的零制造成本主要是指产品开发成功后，只需要通过简单复制就可以实现无限制的产品生产。这与传统实物产品生产受制于厂房、设备、原材料等因素有着巨大区别。上面介绍的软件等无形产品都易于数字化，也可以通过软件和网络技术实现无限制自动复制生产。对这些产品实行免费策略，企业只需要投入研制费用即可，至于产品生产、推广和销售则完全可以通过互联网实现零成本运作。

（4）成长性：采用免费策略的目的一般都是利用高成长性的产品推动企业占领较大的市场，为未来市场发展打下坚实基础。如微软为抢占日益重要的浏览器市场，采用免费策略发放其浏览器 IE，用以对抗先行一步的网景公司的 Navigator，结果在短短两年之内，网景公司的浏览器市场丢失半壁江山，最后只能被迫出售以求发展。

（5）冲击性：采用免费策略的产品主要目的是推动市场成长，开辟新的市场领地，同时对原有市场产生巨大的冲击，否则免费的产品很难形成市场规模并在未来获得发展机遇。如淘宝网建立伊始，用"免费"网店打败了不可一世的世界巨头 eBay。在一个市场培育的早期阶段，大量在网络上做生意的都是很小的个人卖家，免费模式无疑是杀伤对手、赢得用户最有力的武器。

（6）间接收益：企业在市场运作中，虽然可以利用互联网实现低成本的扩张，但免费的产品还是需要不断开发和研制，需要投入大量的资金和人力。因此，采用免费价格的产品或服务一般具有间接收益特点，即它可帮助企业通过其他渠道获取收益。如雅虎公司通过免费搜索引擎服务和信息服务吸引用户注意力，这种注意力形成了雅虎的网上媒体特性，雅虎可以通过发布网络广告间接获益。这种收益方式也是目前大多数网络内容服务商（ICP）的主要商业运作模式。

4. 免费价格策略实施

（1）免费价格策略的风险。

为用户提供各种形式的免费产品或服务，其实质都是这些公司实施的一种市场策略。然而还是那句老话，这个世界上从来就没有免费的午餐，互联网上同样也没有。

互联网上最早出现这样的机会是浏览器，网景公司把它的浏览器免费提供给用户，开创了互联网上免费的先河。后来微软也如法炮制，发布免费 IE 浏览器。再后来网景公司公布了浏览器的源码，实现彻底的免费。网景公司当时允许用户免费下载浏览器，主要目的是让用户使用习惯之后，就开始收费了，这是网景公司提供免费软件的背后动机。但是 IE 的出现打碎了网景公司的美梦。所以对于这些公司来说，为用户提供免费服务只是其商业计划的开始，商业利润还在后面，但是并不是每个公司都能顺利获得成功。网景公司的免费浏览器计划就没有成功。所以，实行免费策略，企业必须承担很大的风险。

（2）免费价格策略实施步骤。

第一，互联网作为成长性的市场，在市场获取成功的关键是要有一种可能获得成功的商业运作模式，因此考虑免费价格策略时必须考虑它是否与企业的商业模式相吻合。

第二，分析采用免费价格策略的产品能否获得市场认可。

第三，分析免费价格策略产品的推出时机，如果市场已经被占领或已经比较成熟，则要提高产品或服务的竞争力。

第四，考虑产品或服务是否适合采用免费价格策略。

第五，策划推广免费的产品或服务，要吸引用户关注免费产品或服务，应当与推广其他产品一样有严密的营销策划方案。

7.2.10 差别定价策略

差别定价是指企业用两种或多种价格销售一个产品或一项服务，尽管价格差异并不是以成本差异为基础得出的。

差别定价又称"弹性定价"，是一种"以顾客支付意愿"制定不同价格的定价法，其目的在于建立基本需求、缓和需求的波动和刺激消费。

1. 差别定价存在的条件

（1）企业对价格有一定的控制能力。显然，完全竞争市场里的价格接受者不能实行差别定价。

（2）不同市场的价格弹性不同。利用价格弹性来分割市场，可以增加企业利润。

（3）企业的市场必须是能够分割的，也就是说，人们不可能在不同的市场之间进行倒买倒卖。因为如果不是这样，差别定价就不会成功，不同的市场价格就会趋于相等。

2. 差别定价的种类

（1）一度差别定价：差别定价的最极端形式，企业为每单位产量索取最高可能价格。它在实际中很少使用。

（2）二度差别定价：一度差别定价的不完全形式，根据单个消费者购买的数量大小来定价。它常用于公用事业（电、水、煤气等）。例如，美国按不同的月用电量 Q 收费：

1）$0 < Q \leqslant 100$ 千瓦·时，$P = 0.12$ 美元/（千瓦·时）；
2）$100 < Q \leqslant 400$ 千瓦·时，$P = 0.10$ 美元/（千瓦·时）；
3）$Q > 400$ 千瓦·时，$P = 0.08$ 美元/（千瓦·时）。

（3）三度差别定价：最常见的差别定价，根据需求的价格弹性的不同来划分顾客或市场。也就是说，对价格弹性大的市场，价格定得低一点；价格弹性小的市场，价格定得高一点。市场通常可以根据下面三种因素来划分：

1）地理位置不同，如一种产品在国内和国外市场上定不同的价格，国内价格（弹性小）＞国外价格（弹性大）；

2）产品用途不同，如电话用户分为企业用户和居民用户，企业费用（弹性小）＞居民费用（弹性大）；

3）消费者的个人特征，如按年龄不同来划分电影市场，成人票价（弹性小）＞儿童票价（弹性大）。

7.3 消费心理学：三种定价技巧

商家在面对消费者选择的定价决策时的三种主要问题是：对第一次销售的产品如何定价；怎样随时间和空间的转移修订一个产品的价格以适应各种环境和机会；怎样调整价格和怎样对竞争者的价格调整做出反应。那么，究竟应该如何定价？除了成本分析、竞品分析和客户群消费能力分析，我们还需要在价格制定之前掌握一些必备的消费心理学知识。

7.3.1 锚定效应

锚定效应是指当人们需要对某个事件做定量估测时，会将某些特定数值作为起始值，起始值像锚一样制约着估测值，从而导致人们在做决策的时候，会不自觉地给予最初获得的信息过多的重视。它只是一种人人都会有的认知偏差，这种认知偏差常常可以被拿来用在消费场景中，通过对比给用户多提供一些信息，突出价格优惠的感知，可以运用锚定效应创造优势，利于客户做出快速购买的决策。

锚定效应的定价技巧包括以下几种。

1. 用陈列影响买家出价

一瓶啤酒在小卖店卖 3 元，在大排档可以卖 5 元，在酒店可以卖 8 元，在酒吧可以卖到 20 元。啤酒还是这瓶啤酒，只是陈列地点发生了变化。

对于线上产品来说，标题、主图、模特、拍摄风格、设计、文案等因素，都能够影响买家对产品价值的判断。如同样一件衣服，图片用手机拍，详情用文字写，能卖到 50 元就不错；找个网红模特过来拍，页面设计得时尚一点，价格就能提到 200 元；如果找个国际知名模特过来拍，设计风格向杂志靠拢，卖到 500 元以上也可能没什么问题。衣服还是那件衣服，但买家对它的价值感知发生了变化。

2. 数量暗示

想提升利润，要么提升销量，要么提升客单价，而提升客单价最有效的手段就是提升客单件，那么，如何引导买家一次购买 N 件呢？

答案是，给他数量暗示。

首先，报价的时候按 N 件 X 元来报价，而不是一件 Y 元。比如，王府井卖羊肉串的商家一般不会说一串 7.5 元，而是直接说两串 15 元，大家就会很自觉地买两串。

其次，卖家还可以通过设置购物数量上限来锚定买家的购买数量。比如，每人限购五件。

最后，在促销方式上，卖家可以将价格段相似的产品分为一个组，做"买 N 件送一件"的活动。

3. 价格标签

不管是产品上张贴的价签，还是我们在发布宝贝时的划线价，对于买家来说，都是一个价值参照锚。

人们常说，买家不是喜欢便宜，而是喜欢占便宜，说的就是这个意思，划线价的意义就在于给买家一种占便宜的感觉，即便产品从来不会按照这个价格来销售。

4. 视觉暗示

哪怕只是把字体大小做一些简单调整，也能影响买家对于两个价格差距大小的判断。比如，参考价字体放大，而实际支付价格字体放小，就会给买家优惠很多的感觉。

|案例 7-5|

学星巴克"价格锚点"定价策略，让顾客觉得占了便宜

去星巴克买咖啡会发现星巴克竟然还卖"水中贵族"依云水，标价高达 22 元。星巴克工作人员在询问中表示，依云水其实并没有人买，只是公司让放的。那么既然没有人买，为什么还要放呢？

星巴克柜台上放高价依云水其实"别有用心"。星巴克咖啡的价格，中杯基本不超过 30 元，超大杯基本不超过 40 元。当用户发现一瓶矿泉水都要 22 元后，对比之下就会觉得咖啡没那么贵了。

有一个理论可以解释这种现象，叫作"价格锚点"，简单来说就是通过一个锚点商品的高价，来让消费者感知到实际想买的商品性价比高。

这个理论最早出现在 1974 年，由特温思凯和卡勒曼在他们经典的"幸运轮"实验中提出。在此实验中，参与实验者被分为两组，要求回答联合国中非洲国家占百分之多少。其中一组先从一个幸运转盘获取一个数字，再回答问题；而另外一个组直接回答。

虽然幸运转盘转出的数字与非洲国家所占比例无关，但当参与实验者转到比较高的数字时，给出的回答数字也会比较大；转到比较低的数字时，给出的回答数字也会比较小。

价格锚点对消费者的作用相当于"幸运数字"，会影响用户对价格的感知。因为对于大部分商品，消费者并不知道其合理价格，只能根据自己的感知来判断价格。

价格锚点在日常生活中并不少见，商家利用好价格锚点的定价策略，可以讨巧地提升销量并获得更好的效益。

资料来源：搜狐. 星巴克的营销秘密，藏在它卖不断的矿泉水里 [EB/OL].(2019-01-18)[2020-06-21]. https：//www.sohu.com/a/289979436_100017015.

思考题

1. 用价格锚点提升产品感知价值有什么套路？
2. 如何正确运用价格锚点？

7.3.2 损失规避

损失规避是指人们面对同样数量的收益和损失时，认为损失更加令他们难以忍受。

以一个游戏为例，抛一枚硬币，如果正面朝上，你会赢 5 万元，如果背面朝上，你会输 5 万元。想一想，你是否愿意赌上一把？

理论上讲，这个赌局输赢概率各半，学过概率论的朋友一眼就能看出来，如果抛的次数足够多，最终的结果应该无限趋近于零和，是一个绝对公平的赌局。然而，大量的研究结果表明，95% 以上的人不愿意玩这个游戏。

为什么会这样？原来，虽然硬币出现正反面的概率是相同的，但是人们对"失去"比对

"得到"要敏感得多，也就是赔掉 5 万元时承受的痛苦，比赢得 5 万元时获得的快乐，要高出许多。

人们在面对可能的收益或损失的时候，会表现出完全不同的决策模式。炒股的时候，盈利股票持有时间远远小于亏损股票的持有时间。赌博时候，输点钱反而要继续玩，想要拿回本钱，结果越输越多。因此，人们如何决策，在很大程度上取决于他们如何去划得与失的那条线，而外界的条件、说话人的表达方式，完全可以影响他们对得与失的判断。

损失规避的定价技巧有以下几种。

1. 非整数定价法

非整数定价法会给买家一种一分一厘都算得清清楚楚的印象，使买家感到卖家定价认真、准确，从而相信这个价格的合理性。

比如，你去菜市场买菜，摊主称了之后直接说："20 元。"你就会在心里犯嘀咕，怎么这么巧，正好是整数？会不会缺斤短两，或者算错价格了？但假如摊主对你说："20 元 8 毛，8 毛不要了，给 20 就行啦！"你就会很高兴，认为这位摊主买卖公道，自己还占了 8 毛钱便宜。即便是相近的价格，非整数往往比整数更容易获得买家的认可。

国外某杂志上曾经公布了一项关于 27 000 处房产销售的研究数据，数据显示，数字越具体，买家越容易掏腰包，如 362 987 就比 350 000 这个数字更受欢迎。

2. 神奇的数字 9

为什么定价时尾数最好是 8 或者 9？

答案是：这样的定价会给买家一种省钱的感觉。39 和 41 虽然只差 2 块钱，但是在买家心里，一个是 30 多，一个是 40 多。反之，如果卖家不想销售哪个产品，就可以把它的价格尾数定为 1。

3. 价格分割

无论买的东西自己多么喜欢，掏钱的时候多少都有些心疼，尤其是需要支付的金额还比较高的时候。那么，有什么方法能让买家觉得他只是支付了一小部分钱，而不是一大部分？

答案是：价格分割。

卖家可以用更小的单位来报价。比如，在淘宝上卖独立包装的曲奇饼干，直接按照块来定价，单价 2~5 元不等，这种定价方式可以让店铺起步迅速。做电商的人都很容易理解，这样做有两个非常明显的好处：第一，给买家的直观感受是产品不贵，甚至不仔细对比的话还会觉得价格很便宜；第二，买家不可能只买一块曲奇饼干，一般都是 10 块、20 块、甚至 50 块地批量下单，这也让产品的销量数据增长迅速。

4. 把总报价换算成单价

有些产品价格高但使用周期长，如手机、电脑、记账服务等，如果直接报价，有时候会显得价格很高，但如果把价格换算成月甚至天，瞬间就会给买家一种超值的感觉。

比如，只需 5 毛钱，每天报纸送到家，听起来就比订阅价 188 元一年要划算；每天 1 元钱，10 万种精品模板免费用，仅从直觉上就比金牌会员 360 元一年更容易实现转化。手机、电脑等产品可以开通分期，3 期或 6 期免息后，往往转化率也会大幅度提升。

5. 同价策略

如果产品数量众多，但品类相似，且不存在较大的成本差异，卖家不妨给它们定一个相同的价格。

为什么线下的 2 元店、10 元店总能吸引大批人进店选购？答案是，买家心想：这么多产品都是一样的价格，我肯定能淘到非常划算的。而且，当所有产品价格都一样的时候，买家的注意力会更多地关注产品本身，因而更有可能成交，也更容易买得更多。

6. 隐形涨价

人人都有损失厌恶的心理，当人们面对损失时，通常会变得非常敏感。

正因为如此，涨价也成了卖家经常纠结的事情，不涨价没利润，涨价了买家直接跑到竞争对手那儿去了。那么，能不能做到隐形涨价呢？当然可以。

第一，价格不变的情况下改变容量。可口可乐和其他罐装食品商家经常用这招，看上去好像没变化，但其实容量减少了，容量少也就意味着同样的原料能生产更多件产品，商家自然能有更多的利润。

第二，推出升级款。有时候产品只需要更新一些细节，就可以光明正大地提升价格。对于买家来说，升级款比原来的产品价格高是理所当然的，因此就比较容易接受。

7. 限时优惠

为什么大家要在"双 11"的时候疯狂采购？

因为大家担心过了这个时间再买同样的产品需要花更多的钱，而花冤枉钱是一件让人非常不快的事。所以，想要留住某个买家，让他尽快下单，最好的方式是给他一张大额限时优惠券，让他有一种如果不用就是损失的感觉。

7.3.3 心理账户

心理账户（mental accounting）是芝加哥大学行为科学教授理查德·塞勒（Richard Thaler）提出的概念。心理账户是行为经济学中的一个重要概念。由于消费者心理账户的存在，个体在做决策时往往会违背一些简单的经济运算法则，从而做出许多非理性的消费行为。简单来说，所谓"心理账户"是人们在心理上对结果（尤其是经济结果）的编码、分类和估价的过程，它揭示了人们在进行（资金）财富决策时的心理认知过程。

一个经典的"演出实验"，假设有以下两种场景：

实验情境 A：你打算去剧院看一场演出，票价是 10 美元，在你到达剧院的时候，发现自己丢了一张 10 美元的钞票。你是否会买票看演出？

实验情境 B：你打算去看一场演出而且花 10 美元买了一张票。在到达剧院的时候，你发现门票丢了。如果你想看演出，必须再花 10 美元，你是否会买票？

结果如何？

实验情境 A 的实验表明：88% 的调查对象选择会，12% 的调查对象选择不会（调查对象为 183 人）。

实验情境 B 实验结果表明：46% 的调查对象选择会，54% 的调查对象选择不会（调查对象为 200 人）。

为什么会这样？从绝对值角度看，丢票与丢钱都一样，都是损失了 10 美元，为什么导致继续花 10 美元就出现了巨大的行为差异。事实上，这是"心理账户"在作祟。

心理账户的定价技巧包括以下几种。

1. 满减

买东西时，单纯的支出让人感觉不愉快，但是，如果在支出的同时还伴随着收入，哪怕只有一点，也会冲淡买家在花钱时的愧疚感。

比如，一件标价 1 000 元的产品打 8 折，和满 1 000 元减 200 元看起来要付出的成本是一样的，但是买家心理上却有很大差别。1 000 元的东西付出 800 元就能买到，差异貌似没有这么大，但是如果是满 1 000 元减 200 元，给买家的感觉是自己已经付出了 1 000 元（和 800 元差异不大），然后又额外收获了 200 元（200 比起 0 差异很大）。

2. 坏消息一起说，好消息分开说

为什么经常看到很多卖家说买 3 999 元电脑送耳机、送高档鼠标垫、送免费 1 年上门维修，而不是把耳机、上门维修等价格都包含在 3 999 元里面？

这是因为人们对损失和收益的感知并不是线性的，假设你获得 100 元能得到某种快乐，而想得到双倍的快乐可能需要 400 元，而不是 200 元。

同样，损失 100 元受到的某种痛苦，可能要损失 400 元才能感受到双倍的痛苦。如果把所有的成本折合到一起，给用户一个总价，让用户一次支出 3 999 元，而不是感觉到多次支出（为电脑支出 3 000 元，为耳机支出 200 元，为维修支出 200 元），用户就觉得付出这些金钱没有那么痛苦。

坏消息要一起说，而反过来，好消息则要分开说。比如，赠品设置为什么不直接说满 XX 元送大礼包，而是一定要把赠品逐项罗列？答案是，想让买家觉得优惠很多。另外，满减力度设置多阶梯也有这个效果。比如，满 100 减 10；满 200 减 30；满 500 减 100。

付钱的次数少，优惠的次数多，会让买家更开心。

3. 情感化设计

其实，每个产品在买家的心里都有一个对应的心理账户，你想要买家付款，就要给他一

个动用该账户资产的理由。因此,商家要分析买家可能会把这个产品的消费归入哪一个心理账户,从哪个心理账户里支出会更加干脆。比如,一件标价为2 000元的衣服,如果是给自己买可能会舍不得,但如果是送给心爱之人的生日礼物,可能就会毫不犹豫地付款。

价格是产品的标识,在产品销售过程中,价格起着渲染、沟通、刺激的作用。商家通过价格可以为产品塑造优质的印象、凸显产品品位。事实上,价格绝非是理性的,受到供需关系的影响也是有限的,买家对于一个产品价格的感知,很容易受到其他参照物的影响。零售行业有句话,价格是产品的生命线,但大多数公司往往更加重视推广、流量的获取,而在定价上非常草率,甚至会频繁调整产品价格,殊不知这些都是非常错误的行为。

◆ 本章小结

价格是市场营销组合中最灵活的因素,本章阐述了互联网时代定价策略的新内涵,介绍了互联网对定价的影响、网络定价的发展趋势以及影响网络营销定价的因素,着重介绍了网络营销中的各类定价策略,包括折扣定价、促销定价、使用定价、撇脂定价等。最后,本章讲述了商家进行定价时常利用的三种消费者心理:锚定效应、损失规避、心理账户。

◆ 复习题

1. 影响网络营销定价的主要因素有哪些?
2. 思考哪些商品适合采用免费定价策略?
3. 简述网络定价的主要策略。

◆ 讨论题

1. 假如请你为某无线网络促销一种新产品,你会选择哪种定价策略?为什么?
2. 作为一名消费者,如果厂商在eBay网拍卖某新产品,你认为定价透明度将会如何影响你的竞标策略?

◆ 案例研究

淘宝购物返利真相,"隐藏优惠券"背后有何秘密

常年混迹各大网站的小伙伴们,一定见过类似的小广告片:就那点工资又是大牌衣服又是阿玛尼口红,一个实习生还能买得起大牌?然后情节一转,女主角开始"说明",她都是怎么用"那么少的工资"买大牌的——给你推荐个微博博主或微信返利机器人吧,我的衣服都是在那儿买的。接下来的视频内容就是:领取淘宝隐藏优惠券的教程。

实际上,看了视频的大多数人并不在意剧情的不适感,而是将所有注意力集中到了那个关注即可领取优惠券的博主身上,随手点关注,跟着视频教程操作将购物车中的东西发给了博主或微信机器人。

这些人果然领到了优惠券,心中一阵窃喜便迅速下了单。就这样,某博主积累了上百万的粉丝,然后天天给粉丝送优惠券。不久后,这股"返利"风就从网页上刮到了微

信生态,如各种返利的微信公众号以及上文提到的微信返利机器人。

其实大部分购物返利的优惠券都来自淘宝联盟(淘宝官方的推广平台),这些省钱博主也好返利机器人也好,都是给各大商家带流量的,包括浏览量和订单量。他们赚的基本上是推广的佣金,而人们领的隐藏优惠券,只是推广佣金的一部分。

除了赚取佣金外,他们还可能引导用户跳转到别的购买端口,为其他商品导流。

目前来看,微博省钱博主以及微信返利机器人都是给用户发放隐藏优惠券,相比之前的购物返利,购物返代币更受用户的欢迎,说到底也反映了对消费心理的把控。

不管是返利网站、微博省钱博主还是微信返利机器人,都是帮助商家吸引流量的一个工具。更为关键的是,商品的成本和标价事实上是有很大差距的,也就是说,商家本来就有很多的让利空间。不同的是这些工具的返利形式,从"先购物,后返利"变成隐藏优惠券形式,即先"送优惠,再让用户购物",商家通过这种方法给了用户确定性,降低了用户防御心理,让用户感觉占到便宜。

资料来源:运营研究社.揭露淘宝购物返利真相,"隐藏优惠券"背后有何人性秘密?[EB/OL].(2019-02-26)[2020-06-30]. https: //36kr.com/p/1723275526145.

思考题

这种购物返利的营销方式使用的定价策略是什么?用到了哪些消费心理学的方法?

参考文献

[1] 斯特劳斯,弗罗斯特.网络营销[M].时启亮,陈育君,译.北京:中国人民大学出版社,2015.

[2] 徐文慧.拼多多营销策略分析[J].现代商贸工业,2018,39(33):54-55.

第 8 章
CHAPTER 8

化繁为简：网络营销渠道

⊙ 开篇案例

格力：双渠道管理策略

格力空调成立于1991年，是珠海格力电器股份有限公司旗下企业，是目前全球最大的集研发、生产、销售、服务于一体的专业化空调企业。格力空调在空调行业一枝独秀，有着自己独特的销售渠道。

一、传统渠道

格力传统的渠道组织结构包括格力电器总部、各区域股份制销售公司（格力参股）、二级销售分公司（格力无参股，多地市级）、格力经销商。其中各区域股份制销售公司又包括百货商场、大卖场、工程渠道。

格力品牌的传统渠道采用的是专卖店、大型商场、家电市场等销售模式的多渠道战略。大部分的消费者在购买电器的时候会选择去大型商场或专卖店。接触到实物并了解它们的具体性能更能打动消费者，增强其购买信心。格力在各地都有销售渠道，减免了路途等原因造成的困扰。

二、电商渠道

随着互联网的普及，电子商务渠道在空调行业快速崛起，甚至正在打破空调市场的竞争格局。消费者对电子商务渠道中商品的价格敏感度更高，而格力则牢牢抓住了这一消费心理，以高性价比的空调来迅速催热电商市场。电商渠道已经成为让空调企业遨游的新蓝海。

格力与苏宁易购、国美商城、京东商城、阿里巴巴等一些电子商务网站合作，不断扩大自己的销售渠道，提高自己的市场占有率，稳固自己的行业巨头地位。

三、传统渠道与电商渠道的管理

1. 二者之"矛"

一个产品，如果出现了多种销售渠道，就必定会出现渠道冲突，如不同渠道价格不同、售后服务差异、渠道窜货等问题。解决这些问题也是解决渠道冲突的关键。传统渠道与新兴电商渠道的矛盾也成为格力不可避免的问题。

以 KFR-72LW/（72561）FNAC-3 型号的格力空调为例，专卖店价格是 11 980 元，苏宁电器商场的价格却是 11 490 元，该产品在中关村在线网上的报价是 11 800 元，京东商城上是 11 799 元，而在苏宁易购和国美电器网站上却找不到该产品。不单是价格存在区别，在发货上也存在差异。只要实体店有货，消费者付款后商家可以立即发货、安装。而在网上购买的话，消费者订货后要等待 10~15 天，商家才会发货、安装。二者在售后服务问题上也存在差别，在实体店购买的机器如果有问题，消费者可以直接打零售店的电话，售后人员就会马上检查和修理。而在网上购买的话，消费者还要到指定的店，等待售后人员的处理。这就反映出实体店购买比电商渠道购买会有更好的售后服务，问题的处理也会更加及时。

2. 防卫之"盾"

（1）采取不同渠道的上货时间不同策略。专卖店和大卖场可以优先上货，新货出厂，先到卖场，在实体店卖了 15 天之后，网上再卖该产品。

（2）设计和执行等级差价体系策略，保证分销的每一个环节都有利润。制定强有力的措施保证每个环节按规定计划执行价格。

（3）明确厂家与销售商的责任。合理划分分销区域，保持一定的密度，防止窜货。

（4）运用适当的激励方式，促进格力与国美、苏宁以及其他电商的友好合作，互惠互利并增进感情，保证都有利润可赚，实现合理的双赢。

（5）采取不同渠道不同货的方法解决矛盾。在实体店中卖的产品，电商渠道中没有；而某些产品又在电商渠道中有，实体店中没有。这样可以在一定程度上解决电商渠道与传统渠道的矛盾。

（6）电商渠道和实体店发货采取不同的策略。实体店中有货马上发货，而电商渠道延迟 10~15 天发货。

资料来源：个人图书馆. 值得学习：格力空调的渠道策略方案 [EB/OL]. (2017-08-06)[2020-04-23].http：//www.360doc.com/content/17/0806/12/37019474_677053091.shtml.

思考题

1. 分析格力成功的营销渠道的特点。
2. 还有哪些企业的营销渠道策略值得我们借鉴？

当一件产品具备了"产品"的定义之后，自然会形成其内在的价值，也就是人们通常说的价格。价格的浮动是一个很复杂的问题，价格在一定意义上决定了产品的生命力。但是产品从下生产线开始，就面临着一个很重要的问题——流通。产品能在市场上正常地运转和流通才是它得以生存的根本所在。渠道（channel）指的是使产品到达目标消费者的一系列活动。美国市场营销协会（AMA）对渠道的定义是：公司内部的组织单位与公司外部的代理商、批发商和零售商的结构。

科特勒认为，市场营销渠道（marketing channel）和分销渠道（distribution channel）是两个不同的概念。他说："一条市场营销渠道是指那些配合起来生产、分销和消费某一生产者的某些货物或劳务的所有的企业和个人。"这就是说，一条市场营销渠道包括某种产品的供产销过程中所有的企业和个人，如资源供应商（supplier）、生产者（producer）、商人中间商（merchant middleman）、代理中间商（agent middleman）、辅助商（facilitator，又译作"便利交换和实体分销者"），如运输企业、公共货栈、广告代理商、市场研究机构等）以及最终消费者或用户（ultimate consumer or user）等。分销渠道是指某种产品和服务在从生产者向消费者转移的过程中，取得这种产品和服务的所有权或帮助所有权转移的企业和个人。分销渠道不包括供应商和辅助商。

网络营销渠道是指以网络为基础的营销渠道。或者说，网络营销渠道是指互联网上与提供产品或服务有关的一整套相互依存的机构，它涉及信息沟通、资金转移和实物转移等。

营销渠道之所以重要是因为营销渠道是企业实现差异化经营的重要战略措施，是降低流通成本、形成产品价格竞争优势的途径，也是提高企业知名度和打造产品品牌的有效途径，更是提升顾客购买的便利性和实现企业经营活动信息导向的可靠保证。

8.1 网络营销渠道

8.1.1 网络营销渠道特点和优势

1. 网络营销渠道特点

现今社会的网络营销和过去传统的方式大有不同，新的形式不断涌现，营销的方式也更加多元化。网络营销渠道的特点主要有以下几个。

（1）作用多元。

传统营销渠道作用单一，只是商品从生产者向消费者转移的通道。

网络营销渠道作用呈现在多方面，既是信息发布的渠道，也是销售产品、提供服务的快捷途径，更是企业间洽谈业务、开展商务活动的场所，同时也是进行客户技术培训和售后服务的园地。

（2）结构简约。

网络营销渠道可分为直接分销渠道和间接分销渠道。但与传统营销渠道相比，网络营销渠道的结构要简单得多。网络的直接分销渠道和传统的直接分销渠道都是零级分销渠道，这方面没有大的区别。而对于间接分销渠道而言，网络营销中只有一级分销渠道，即只有一个信息中间商（商务中心）来沟通买卖双方的信息，不存在多个批发商和零售商的情况，所以也就不存在多级分销渠道，传统营销与网络营销的渠道结构分别如图8-1与图8-2所示。

（3）费用降低。

无论是直接分销渠道还是间接分销渠道，网络分销渠道的结构都相对比较简单，从而大大减少了流通环节，降低了交易费用，缩短了销售周期，提高了营销活动的效率。主要表现在：其一，可以有效地减少人员、场地等费用；其二，互联网的双向信息传播功能为企业发布信息、开展促销活动提供了更加方便的渠道，从而减少了广告宣传费用。

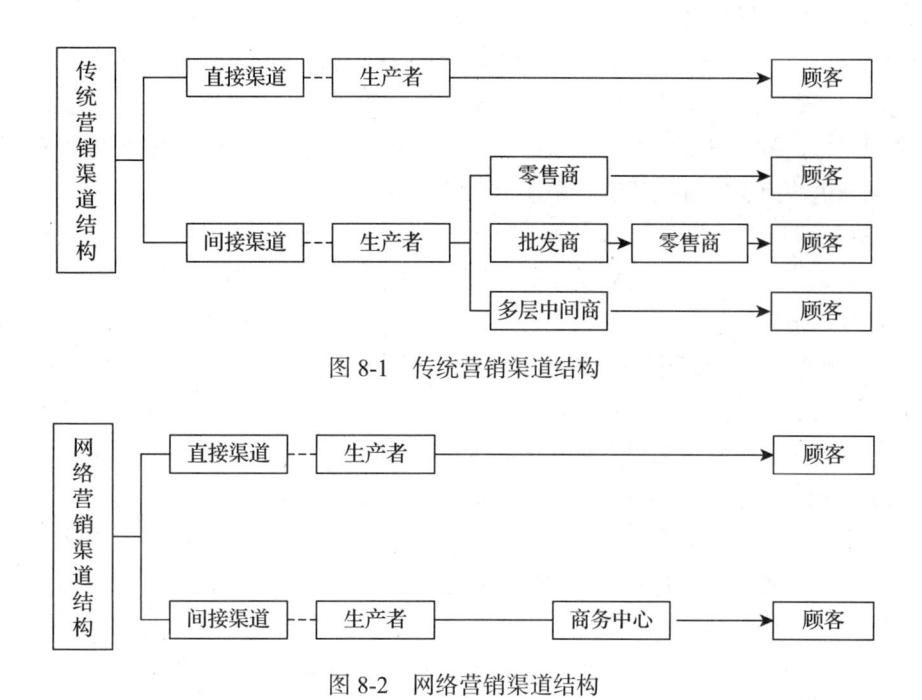

```
传统营销渠道结构 ──┬── 直接渠道 ── 生产者 ─────────────────→ 顾客
                  │
                  └── 间接渠道 ── 生产者 ──┬── 零售商 ──────────→ 顾客
                                          ├── 批发商 ── 零售商 ── 顾客
                                          └── 多层中间商 ───────→ 顾客
```

图 8-1　传统营销渠道结构

```
网络营销渠道结构 ──┬── 直接渠道 ── 生产者 ─────────────────→ 顾客
                  │
                  └── 间接渠道 ── 生产者 ── 商务中心 ───────→ 顾客
```

图 8-2　网络营销渠道结构

2. 网络营销渠道优势

（1）成本控制优势。

对企业来说，网络营销渠道最具诱惑力的优势之一是可以降低交易成本，这主要从两个方面来体现。

1）运用网络营销可以降低企业的采购成本。企业采购原材料往往是一个程序烦琐的过程，通过电脑网络的商务活动，企业可以加强与主要供应商之间的协作关系，将原材料的采购与产品制造过程有机地配合起来，形成一体化的信息传递和信息处理体系。

2）运用网络手段可以降低促销成本。尽管建立和维护公司的网址需要一定的投资，但是与其他销售渠道相比，使用互联网的成本已经大大降低了。一是可以降低材料等费用。产品特征、公司简介等信息都存储在网络上，可供顾客随时查询；所有的营销材料都可直接在线上更新，无须反复，大大节省了打印、包装、存储、交通等费用。二是可以节省广告宣传费用。与传统的广告相比，无论是在宣传范围的广度还是宣传内容的深度方面，网络广告均具有优势。三是可以降低调研费。产品销售过程中往往需要广泛的市场调查，互联网的运用既提供了国际性的空间，也降低了调查的各种费用。四是可以在提高售后服务效率的同时大大降低运作成本。

（2）企业促销优势。

1）网络可以提供全天候的广告及服务而不需要增加开支。网页的维护及运作是由网络服务公司负责的，除了专业设计的电脑软件在不间断地全自动处理往来信息、统计、存档之外，还有电脑工程师在全天候监控系统的运作，处理突发情况。这种不间断的服务有利于增加企业与顾客的接触机会，更好地发挥潜在的销售能力。

2）能把广告与订购连为一体，促成购买意愿。传统的广告与订购是分开的，虽然广告媒体可能抓住了顾客的注意力，使顾客产生了购买意愿，但需要顾客以另外的方式主动表白或亲自去购买，这就有可能因顾客不便而减少营业额。而在网页上，顾客可以选择直接在线回执，这成为更快速、更直接的购买渠道。

3）互联网可以即时连通国际市场，减少市场壁垒。互联网创造了一个即时全球社区，它消除了不同国家的企业与客户做生意的时间、地域障碍。网络营销的这一特点，减少了歧视和市场壁垒，带来了更多的公平，尤其是为发展中国家的中小企业带来了更多的机会。

4）有助于实现企业全程营销目标。信息技术尤其是互联网技术的发展，为企业营销提供了全新的平台，无论是大型企业，还是中小企业，均可以通过电子布告栏、在线讨论广场和电子邮件等方式，以较低的成本在营销的全过程中对消费者进行即时信息搜集。而这在非网络环境下是中小企业所不能想象的。同时，网络也为消费者有机会对产品的设计、包装、定价、服务等问题发表意见提供了方便。这种双向互动的沟通方式，提高了消费者的参与性和积极性，反过来则提高了企业营销策略的针对性，有助于实现企业全程营销目标。

5）更有效地服务于顾客需要。当今世界，买方市场已经形成，商业竞争日趋激烈。任何一家企业，要想取得竞争优势，就必须充分考虑顾客的需要。网络营销正是实现这一目标的有效方式，具体表现在以下三个方面。

其一，网络营销比起传统市场营销，更能体现顾客的中心地位。顾客将拥有更大的选择自由，他们可以根据自己的个性特点和需求，在全球范围内不受限制地寻找满意的商品。

其二，网络营销能满足顾客对购物方便性的需求，提高顾客的购物效率。

其三，网络营销能使总体价格下降。企业通过网络，可以节省传统营销方式下不得不花费的促销和流通费用，从而使商品成本和价格的下降成为可能。

6）优化企业管理流程。网络经济的优势在于信息的快速流转和信息资源共享。利用网络信息平台，企业可以减少信息的重复加工，提高信息流转和利用效率，减少许多烦琐的程序，改善企业的业务流程，从而降低管理成本，提高管理效率，更好地适应外部环境变化，进而提高企业的竞争力。

8.1.2　网络营销渠道类型和功能

1. 网络营销渠道类型

在传统营销渠道中，营销中间商是营销渠道的重要组成部分。中间商之所以在营销渠道中占有重要地位，是因为能够在广泛提供产品和进入目标市场方面发挥最高效率。营销中间商凭借其业务往来关系、经验、专业化和规模经营，提供给公司的利润通常高于自营商店所能获取的利润。但互联网的发展和商业应用，使得传统营销中间商凭借地缘获取的优势被互联网的虚拟性取代，同时互联网高效率的信息交换改变了过去传统营销渠道的诸多环节，将错综复杂的关系简化为单一关系。互联网的发展改变了营销渠道的结构，传统的直销市场在互联网上得到大力发展，并对传统中间商产生巨大冲击。因此，网络营销渠道可以分为两大类。

（1）直接渠道，即把商品通过互联网从生产者销售给消费（使用）者的网络直接营销渠道（简称网络直销），这时传统中间商的职能发生了改变，由过去环节的中间力量变成为直销渠道提供服务的中介机构，如提供货物运输配送服务的专业配送公司、提供货款网上结算服务的网上银行以及提供产品信息发布和网站建设的 ISP 和电子商务服务商。网上直销渠道的建立，使生产者和最终消费者能够直接连接和沟通。有关网络直销的内容将在 8.2 节详细分析。

（2）间接渠道，即把商品通过融入互联网技术后的中间商机构销售给消费（使用）者的营销渠道。传统中间商由于融合了互联网技术，大大提高了中间商的交易效率、专门化程度，扩大了规模经济，相对而言，比某些企业通过网络直销更有效。

例如，网上商店利用互联网的虚拟性，可以低成本扩大目标市场范围，美国的亚马逊网上商店发展吸引了许多出版商在其网站上销售产品。当然，新兴的中间商也对传统中间商产生了冲击，如美国零售业巨头沃尔玛为抵抗互联网对其零售市场的侵蚀，从 2000 年开始在互联网上开设网上商店。家电销售巨头之一的苏宁电器，除了在全国各地开设了许多门店以外，还在 2010 年 2 月 1 日开设了苏宁易购网络直销店，甚至还开通了海外购通道。基于互联网的新兴网络间接营销渠道与传统间接分销渠道有着很大的不同，传统间接分销渠道可能有多个中间环节如一级批发商、二级批发商、零售商，而网络间接营销渠道只需要一个中间环节，有关中间环节的网络中间商的内容将在 8.3 节进行分析。网络间接渠道分销交易流程详见图 8-3。

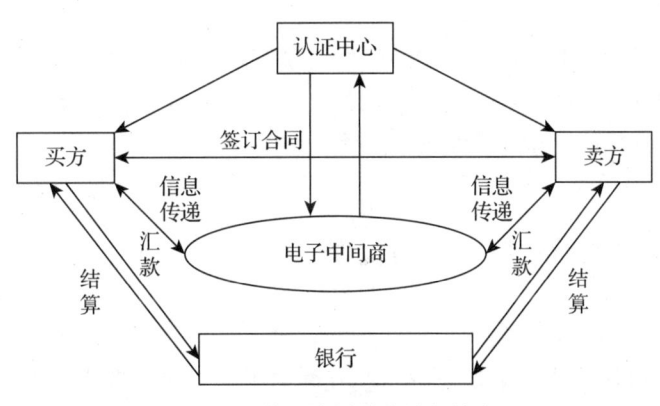

图 8-3　网络间接渠道分销交易流程

知识驿站

双道法

所谓双道法，是指企业同时使用网络直接销售渠道和网络间接销售渠道，以达到销售量最大的目的。在买方市场条件下，通过两条渠道销售产品比通过一条渠道更容易实现"市场渗透"。

在西方众多企业的网络营销活动中，双道法是最常见的方法，是企业网络营销渠道的最佳策略。例如，在网上签署订单后，如果产品不可数字化，企业仍然需要借助中间商机构来完成送货、安装、服务等活动，分销商又多了一项在该地区内的网上订单的送货任务。再如，由于存在许多不上网的消费者，因此企业仍然需要通过传统的分销渠道进行分销活动。

2. 网络营销渠道功能

以互联网络作为支撑的电子网络分销渠道，同样应具备传统营销渠道的功能。它一方面要为消费者提供产品信息，让消费者进行选择；另一方面，在消费者选定产品后能完成交易手续，当然交钱和交货在时间上可以分离。因此，一个完善的电子网络分销渠道有三大核心功能：订货功能、结算功能和配送功能。

（1）订货功能。

订货功能依赖于电子网络分销渠道的订货系统。订货系统为消费者提供产品信息，同时方便厂商获取消费者的需求信息以实现供求平衡。一个完善的订货系统，可以最大限度地降低库存，减少销售成本。

（2）结算功能。

电子网络分销渠道提供了多种结算方式，目的是方便消费者购买产品。最初，国外流行的方式有信用卡、电子货币、网上付款等，国内付款结算方式有邮局汇款、货到付现、各类银行卡等。目前，网络支付手段还在不断进步，如支付宝、微信支付等。

（3）配送功能。

一般来说，产品分为有形产品和无形产品。像服务、软件、音乐等无形产品可以直接网上配送，如下载软件、下载音乐等。因此配送系统一般讨论的是有形产品的配送问题，主要涉及运输、仓储、订货控制和订单处理等问题。

8.1.3 网络营销渠道新发展：电商直播

近几年，电商主播的名字频频出现在公众视野，将一种崭新的购物方式——网络直播带入消费者视野。直播带货，是指通过一些互联网平台，使用直播技术进行近距离商品展示、咨询答复、导购的新型服务方式，或由店铺自己开设直播间，或由职业主播集合进行推介。

电商主播的出现为生产者与消费者之间的沟通提供了一种崭新的方式，不同于零售商、批发商等传统中间商，电商直播的形式更加新颖、面向的消费者数量级更加庞大、与消费者之间的关系更加亲密。2020年天猫"双11"，淘宝直播保持高速增长，将近3亿人涌入直播间，33个淘宝直播间成交额过亿元，近500个直播间成交额超过千万元，直播间已经成为天猫"双11"商家标配。"双11"期间，电商主播榜前三的总销售额分别达112.8亿元、80.9亿元、19.7亿元。

1. 电商直播兴起

电商平台经过十几年的发展，中国的货架式电商已经做到极致，电商所需的基础设施如支付、物流、供应链等已经全面升级，继续提升的空间有限，普通电商对于消费者已经不再新鲜。直播电商业态出现之前，商品都是通过图文形式展示，文案的撰写和制作时间较长，对产品的展示效果也不够直观。

随着内容电商化、电商内容化的融合度越来越高，很多电商平台开始平台内容化，包括天猫、京东、考拉海购等平台；众多内容平台有了流量和用户之后开始电商变现，如抖音、快手等平台。随着货架式电商逐渐失去吸引力，各大平台的货品趋同，大家开始寻找内容突破，用以增加用户黏度，因此电商对内容场景的需求就变得急迫。

直播的出现，使得货品的展示更加直观，做到了所见即所得。2019年始，直播卖货逐渐被各大平台纳入平台发展的重要战略中。从2G、3G到4G，再到5G，信息交流方式也从文字到图文，视频到直播，购物场景不断升级。

直播带货不再是淘宝、京东等传统电商平台的专属，随着主播带货这一消费形式的火热以及直播间成交金额的火速增长，大多数企业也看到了未来直播巨大的发展潜力及其带来的巨大利润。快手、抖音等内容制造平台甚至不再满足于做电商平台引流的工具，开始培养自己平台的"头部主播"。2020年4月1日，罗永浩带来抖音直播首秀，创下了抖音平台已知的最高带货纪录，支付交易总额超过1.1亿元。

2. 电商直播优势和发展

电商直播融合了传统商品导购与线上店铺各自的优势。一方面，直播带货互动性更强、亲和力更强，消费者可以像在大卖场一样，跟卖家进行交流甚至讨价还价；另一方面，直播带货往往能做到全网最低价，它绕过了经销商等传统中间渠道，实现了商品和消费者直接对接。不少主播，由于带货量可观，都能从品牌方处议价得到一些折扣优惠。主播为粉丝争取到价格优惠，更多的粉丝带来的购买量又进一步强化主播在品牌方处的议价能力，这就形成了一个正反馈。

直播带货能持续多久？首先，就行业而言，纯粹的电商零售业增速放缓，货架品类电商迎来天花板。其次，流量成为互联网最有价值的因素。根据CNKI中心相关数据，中国网民已基本达到饱和状态，潜在的网络消费者也已经基本挖掘完毕。人口红利对于今天中国互联网的很多细分领域来说，是一个越来越昂贵的元素。找到流量并实现转化成为成功的关键。最后，直播主播带货的手段主要有他们的人格魅力、个人品牌、固定粉丝群，甚至形成了固定的生态社群圈，因此，顾客转化率、复购率就会比较高，主播的身份形成了一个流量的漏斗、流量的筛选器。

2022年"双11"期间，淘宝亿元直播间超过60个，千万元直播间有630多个。实际上，这只是头部主播的"狂欢"。头部关键意见领袖（key opinion leader，KOL）在庞大的带货大军中只是比例很低的一群人。仅淘宝直播一个平台，每天就有几万场直播，以及几千家多频道网络（multi-channel network，MCN）机构。数万名主播竞争有限的流量位和品牌商的青睐，绝大多数处于长尾行列。此外，头部主播之间的竞争非常激烈，二八法则在直播行业彰显得淋漓尽致。

3. 电商直播对其他行业的影响

直播经济催生了相应产业。如以主播为主的 MCN 机构，《2021 中国 MCN 行业发展研究白皮书》数据显示，我国的 MCN 机构已经达到了 20 000 家以上。MCN 机构所提供的网红营销服务在国内属于新兴营销方式。目前 MCN 机构所做的工作主要分为三部分：一是帮助红人维护平台关系，二是对接品牌商家，三是进行 IP 孵化。

直播电商带动了供应链的改革。主播服务于用户，供应链服务于主播。一个供应链如果不能满足主播在选款上的要求，就会立刻失去竞争力。主播为了满足粉丝的欲望，必须搜集到粉丝的喜好，再设计出款式，交给工厂生产。

直播电商带动供应链改革的效应，超过了之前网红店带来的效应。网红店通常两周上新一次，一次 15～20 款，直播供应链则不同，主播每天都会来，需要每天上新，才能满足主播的需要。在杭州，一名主播最常用的办法，是在十几家供应链基地，轮着开播。例如，杭州屯和直播基地由于地处杭州下沙，周边主播资源丰富，因此成立之后迅速聚集了大量直播机构。屯和基地对供应链筛选严格，每月进行末位淘汰，严格保证商品质量和调性。据淘榜单显示，2019 年杭州屯和直播基地已拥有 110 个直播间和 80 多家商户，每月销售额上亿元，已经位列淘宝直播 2019 年 6 月服饰基地前三名。直播基地在全国各地全面开花。

| 案例 8-1 |

解析直播带货背后的供应链价值

直播带货并非一种独立存在的带货渠道，经过层层解析，可知直播带货背后其实是一套完整的供应链模式。而放眼其他行业，供应链在行业中有着不可比拟的作用。

疯狂成长的直播带货供应链

很多人刚开始以为直播带货只是将以前的电视购物搬到了互联网上，这完全低估了直播带货经济。2020 年，中国直播电商市场规模达到 9 610 亿元，同比大幅增长 121.5%。

近两年"双 11"期间，直播带货成为重要增长点。据艾媒咨询统计，2020 年"双 11"期间，各年龄段人群增量达 20% 左右，月开播商家数同比增长近一倍，仅淘宝直播"双 11"预售期间整体销售额就同比上涨 3 倍。淘宝直播效能成倍放大，丰富的直播形式极大地提升了转化效率。

此外，阿里巴巴公布的数据显示，截至 2020 年 12 月 31 日，上一财年淘宝直播产生的商品交易总额（GMV）超过 4 000 亿元人民币。淘宝直播使商家和 KOL 使用实时流媒体向其粉丝和顾客推销，已成为中国零售市场上增长最快的销售形式之一。

从 2019 年开始，越来越多的人参与到直播带货这盘棋局中。顶级的主播可能有自己的工厂，会与几十家工厂合作，其中一些工厂平均每天可以出两万单货。

巨大的经济效益也让直播供应链成为一个供应链体系的新物种，直播供应链有品牌集合模式、工厂生产模式、精品组合模式等模式。

在杭州、广州等地，只要有一个足够大的仓库，一部分作为展示直播间，然后依次隔出选货区、陈列区，甚至直接就是仓库，就可以满足零售的"人、货、场"三要素。这样的"供应链基地"正在主播中快速地复制。离货更近，离主播更近，也就是离消费者的需求更近。

与传统的供应链模式相比，网红群体作为需求（导购）端，直接和产品的生产端相连，去掉了零售商这个载体。原本的服装批发生意，被这些由主播们带起来的"供应链基地"打乱了节奏。

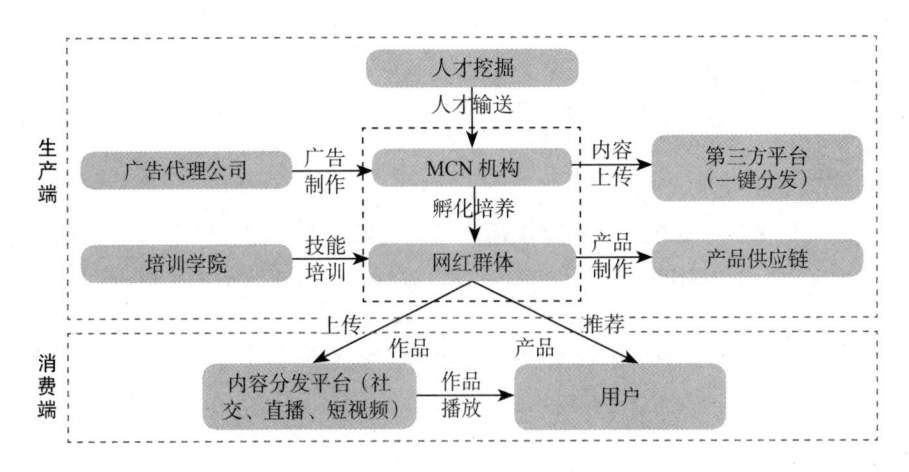

```
生产端
  人才挖掘 ──人才输送──> MCN机构
  广告代理公司 ──广告制作──> MCN机构 ──内容上传──> 第三方平台（一键分发）
  培训学院 ──技能培训──> 网红群体 ──产品制作──> 产品供应链
  MCN机构 ──孵化培养──> 网红群体

消费端
  网红群体 ──上传作品──> 内容分发平台（社交、直播、短视频） ──作品播放──> 用户
  网红群体 ──推荐产品──> 用户
```

浙江是小商品和服装批发的传统集散地，传统的服装加工一直做的是供应链的深度，也就是说一个款式生产几千上万件，一个季节出几个这样的爆款就够了。而像淘宝、抖音等平台的头部主播，工厂一天做出3万条的牛仔裤可能一个晚上就被卖完了。消费者购物方式的改变，直接影响了供应链的响应速度、物流的出货速度、库存的消化周期，新款上市一个月，还没有卖完，可能就滞销了。

网络主播们以巨大的流量节点支撑，通过直播的驱动，将消费者、电商平台、供应商、工厂、品牌方、MCN整合到了一起，形成一个庞大的供应链网络体系，互相协同，快速迭代。这就是直播带货下的供应链给电商带来的价值，但直播供应链只是传统供应链的一个新物种。供应链管理，是指使供应链运作达到最优化，以最少的成本令供应链从采购开始，到满足客户需求的所有过程。

在传统的供应链流程中，有一个载体（零售公司）要从生产源头提前采购物品（source），放到仓库，根据顾客的需求进行发货和重新订购。如果可以的话，你可以想象最简单的载体就是小区楼下的小卖部。

但是如果将商品放大，如有8万个SKU、门店2 000家，那供应链流程就不是简单的事了，这需要极为复杂和体系化的供应链管理系统。比如，没有生产线的苹果公司，每卖出一台iPhone就能从中获取58.5%的利润，毫不夸张地说，供应链管理同产品研发一样，是企业的一个价值链金矿。

资料来源：人人都是产品经理. 解析直播带货背后的供应链价值[EB/OL].(2020-02-04)[2020-04-30].http：//www.woshipm.com/it/3353335.html. 引用时有改动。

思考题

1. 电商直播是改变传统供应链的？
2. 电商直播在供应链中充当了什么角色？

8.2 网络直销

网络直销与传统直接分销渠道一样，都没有营销中间商。网络直销渠道同样要具有前文所述营销渠道中的订货功能、支付功能和配送功能。网络直销与传统直接分销渠道的不同之处在于，生产企业可以通过建设网络营销站点，让顾客直接从网站进行订货。

8.2.1 网络直销风暴

1. 网络直销定义

网络直销是指生产者通过互联网直接把产品销售给消费者的分销渠道，一般适用于大宗商品交易和产业市场的 B2B 交易模式，网络直销流程如图 8-4 所示。

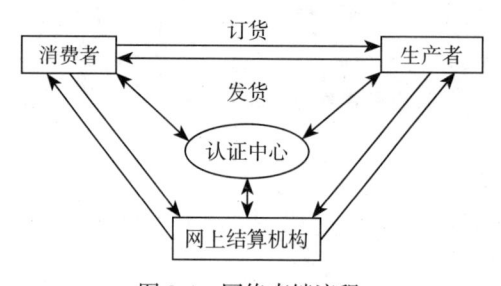

图 8-4 网络直销流程

在网络直销渠道中，生产企业可以通过建立企业电子商务网站，让顾客直接从网站订货，再通过与一些电子商务服务机构如网上银行合作，直接在网上实现支付结算，简化了过去资金流转的问题。在配送方面，网络直销渠道可以根据产品的特性选择是利用互联网技术来构造物流系统，还是通过与一些专业物流公司进行合作，建立有效的物流系统。

2. 网络直销优点

（1）生产者能够直接接触消费者，获得第一手资料，开展有效的营销活动。

（2）网络直销减少了流通环节，为买卖双方都节约了费用，产生了经济效益。

（3）网络直销使企业能够利用网络工具如电子邮件、公告牌等直接联系消费者，及时了解用户对产品的需求和意见，从而针对这些要求向顾客提供技术服务，解决难题，提高产品的质量，改善企业的经营管理。

3. 网络直销缺点

互联网确实使企业有可能直接面对所有顾客，但这又只是一种可能，面对数以亿计的网站，只有那些真正有特色的网站才会有访问者，直接销售可以多一些，但绝不是全部。互联网给企业带来的更为现实的问题是"赢者通吃"。

要解决这个问题，一是尽快建立高水准的专门服务于商务活动的网络信息服务中心。但这对于一般的企业来说难度较大，在国外绝大多数的企业也还都是委托专门的网络信息服务机构（如美国的邓白氏、日本的帝国数据库等）发布信息，企业利用有关信息与客户联系，直接销售产品。二是借助网络的间接销售渠道。此渠道通过信息中介商或者商务中心来沟通买卖双方的信息。传统中间商由于融合了互联网技术，大大提高了交易效率、专业化程度和规模经济，从而比网络直销更有效率。例如，网上商店利用互联网的虚拟性，可以低成本地扩大目标市场范围。

8.2.2 网络直销实现方式

目前常见的网络直销有两种主要方式：一种是企业在互联网上建立自己的网站，申请域名，制作主页和销售页面，由专业的网络管理者或营销人员通过互联网直接受理世界各地传来的订货业务；另一种是企业委托信息服务商在其网站上发布信息，利用有关信息与客户联系，直接销售产品，虽然在这一过程中有信息服务商参加，但主要的销售活动仍然是在买卖双方之间完成的。网络直销具体的实现形式有以下两种。

1. 鼠标 + 水泥模式

鼠标 + 水泥模式即网络渠道和传统渠道并用的直销方式，这是全球许多传统制造商采用的网上直销方式，如IT企业，汽车、家用电器等传统制造业，这些企业大多有健全的传统分销渠道。网上直销作为一种新的分销渠道，由于具有明显的优势，不仅可以提高效率，而且可以更有效地支持生产商按订单生产的请求，因此，正受到越来越多的关注并被广泛采用。

2. 完全的电子零售商

完全的电子零售商（pure-player-retail）是指企业通过互联网直接将商品出售给终端客户，而不用维持一个实体销售渠道。完全的电子零售商分为综合型和专门型两类。

综合型电子零售商通过互联网向消费者出售种类繁多的商品。它们利用互联网覆盖面广和交互性强的优势接触到大量的消费者。当年亚马逊从书籍和音像制品零售起家，如今直接或通过与其他企业合作，销售的产品包括计算机产品、家居用品、汽车用品、服装和许多其他种类的大众消费品，成为名副其实的网上商城。

专门型电子零售商仅向某个特定或细分市场销售产品。它们利用自己在某个特定产品领域的专长大量采购或聚集某种或某类产品，并采取有效的手段吸引潜在顾客。这种专门型电子零售商的细分市场领域包括书籍、服装、消费电子产品、计算机硬件和软件、汽车用品等。

8.3 网络时代新型中间商

网络的信息资源丰富、信息处理速度快，基于网络的服务便于搜索产品，但在产品（信息、软件产品除外)实体分销方面网络却难以胜任,因此出现了许多基于网络(现阶段为Internet)的提供信息服务中介功能的新型中间商,可称之为电子中间商(cybermediaries)。网络时代可以根据大数据来对中间服务商进行测算以寻求解决方案,如图8-5所示。

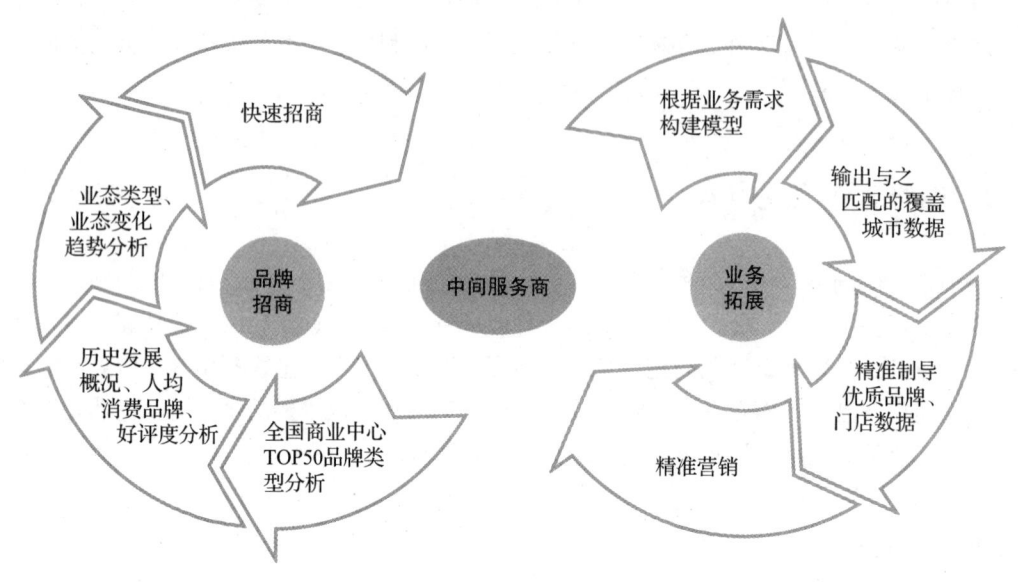

图8-5 中间服务商大数据解决方案

8.3.1 网络中间商类型

1. 目录服务商

目录服务商对互联网上的网站进行分类并整理成目录的形式,使用户从中能够方便地找到所需要的网站。目录服务商包括三种形式:第一种是综合性目录服务商,如雅虎等门户网站;第二种是商业性目录服务商;第三种是专业性目录服务商。

2. 搜索引擎服务商

与目录服务商不同,搜索引擎站点为用户提供基于关键词的检索服务,站点利用大型数据库分类存储各类站点介绍和页面内容。用户可以利用这类站点提供的搜索引擎对互联网进行实时搜索。

3. 虚拟商业街

虚拟商业街是指包含于两个以上的商业性站点链接的网站。虚拟商业街与商业性目录服务商的区别在于,虚拟商业街为需要加入的厂商或零售商提供建设和开发网站的服务,并收取相应的费用,如租用服务器的租金、销售收入的提成等。

4. 互联网内容供应商

互联网内容供应商即在互联网上向目标客户群提供所需信息的服务提供者。这类站点提供了访问者感兴趣的大量信息，目前互联网上的大部分网站都属于这种类型。然而现在大多数互联网内容供应商的信息服务对网络浏览者是免费的。

5. 网络零售商

与传统零售商一样，网络零售商通过购进各种各样的商品，然后再把这些商品直接销售给最终消费者，从中赚取差价，具有极强的价格竞争优势。

6. 虚拟评估机构

虚拟评估机构就是一些根据预先制定的标准体系对网上商家进行评估的第三方评级机构，通过为消费者提供网上商家的等级信息和消费评测报告，降低消费者网上购物的风险，对网络市场中商家的经营行为起到了间接的监督作用。

7. 网络统计机构

电子商务的发展也需要其他辅助性的服务，比如，网络广告商需要了解有关网站访问者特征、不同的网络广告手段的使用率等信息。网络统计机构就是为用户提供互联网统计数据的机构，如 Forrester Research、A.C. Nielsen 以及国内的 CNNIC 等。

8. 网络金融机构

网上交易的完成还需要得到金融机构的支持，如网上交易过程中的信贷、支付、结算、转账等金融业务，网络金融机构就是为网络交易提供专业性金融服务的金融机构。

9. 虚拟市场

虚拟市场（虚拟集市）为那些想要进行物品交易的人提供了一个虚拟的交易场所，任何人都可以将想要出售的物品的相关信息上传到虚拟市场的网站上，也可以在站点中任意选择和购买，虚拟市场的经营者对达成的每一笔交易收取一定的管理费用。

10. 智能代理

智能代理就是利用专门设计的软件程序，根据消费者的偏好和要求预先为消费者自动进行所需信息搜索和过滤服务的提供者。智能代理软件在搜索时可以根据用户自己的喜好和别人的搜索经验自动学习、优化搜索标准。那些专为消费者提供购物比较服务的代理，又称为比较购物代理。

网络中间商与传统中间商在存在前提、交易主体、交易内容、交易方式和交易效率方面都有很大的不同，具体如下。

（1）存在前提不同。传统中间商是与生产者和消费者直接达成交易，成本较高，而网络中间商是对传统直销的替代，是中间商职能和功效在新领域的发展和延伸。

（2）交易主体不同。传统中间商要直接参加生产者和消费者的交易活动，而且是交易的轴心和驱动力，而网络中间商作为一个独立主体存在，不直接参与生产者和消费者的交易活动，但它提供了一个媒介和场所，同时为消费者提供大量的产品和服务信息，为生产者传递产品服务信息和需求购买信息，高效促成生产者和消费者的具体交易实现。

（3）交易内容不同。传统中间商参与交易活动，需要承担物质、信息、资金等交换活动，而且这些交换活动是伴随交易的进行而发生的；而网络中间商作为交易的一种媒介，它主要提供的是信息交换场所，具体的物质、资金交换等实体交易活动则由生产者和消费者直接进行，因此交易中间的信息交换与实体交换是分离的。

（4）交易方式不同。传统中间商承担的是具体实体交换，包括实物、资金等；而网络中间商主要是进行信息交换，属于虚拟交换，它可以代替部分不必要的实体交换。

（5）交易效率不同。通过传统中间商达成生产者和消费者之间的交易需要两次，而且中间的信息交换不畅通，易导致生产者和消费者之间缺乏直接沟通；而网络中间商提供信息交换可以帮助消除生产者和消费者之间的信息不对称，在有交易意愿的前提下才实现具体实体交换，极大地减少了中间环节因信息不对称造成的无效交换和破坏性交换，最大限度地降低了交易成本，提高了交易的效率和质量。

8.3.2 评估、选择网络交易中间商五大关键因素

在选择网络中间商时，要综合考虑成本、资信、覆盖面、特色和连续性等方面的因素。

1. 成本

网络中间商提供中介服务进行收费的模式一般有两种：一种是网络中间商按照企业使用的资源和使用站点提供的服务程度来收取费用，另一种是网络中间商根据企业网站所创造的销售额进行提成。当网络中间商自身实力不足以对企业的销售额形成较乐观的预期时，企业通过使用网络中间商站点提供的服务所支付的成本相对会低一些。而当网络中间商自身实力足以对企业的销售额形成较乐观的预期时，网络中间商就会采取有利于自己的收费方式，如根据其网站所创造的销售额进行提成。

2. 资信

资信是指网络信息服务提供商所具有的信用程度的大小。目前，我国还没有权威的认证机构对网络信息服务提供商进行认证。因此，企业在选择网络中间商时需注意其资信程度。企业在评价网络中间商的资信状况时，可以利用金融机构、专业资信调查机构和内部调查方式来进行调查，避免发生因资信条件不足而以带来的损失。

3. 覆盖面

覆盖面是指网络中间商宣传所能到达的地区和影响到的人数，以及网络站点所能影响到的市场区域。对于企业来说，站点覆盖面并非越广越好，而是要看市场覆盖面是否合理、有效，是否能够最终给企业带来经济效益。

4. 特色

每一个网络站点都要受到网络中间商的总体规模、财力、服务态度、文化素质、工作精神等因素的影响。在网站设计、更新过程中表现出的各自的特色，会影响到不同的访问群。因此，企业应当研究这些访问群的特点、购买渠道和购买频率，为选择不同的网络交易中介机构打下良好的基础。

5. 连续性

网络发展实践证明，网站的寿命有长有短。一个企业如果要使其网络分销渠道持续稳定地运行，就必须选择具有连续性的网站，这样才能在消费者中建立品牌信誉、服务信誉等。同时，企业还应采取措施以保持与网络中间商的密切联系，保持企业产品在网页中位置的连续性。

8.3.3 网络中间商经营策略

1. 营销策略

（1）进行网址宣传，让消费者知道并能找到该网站是网络中间商开展网上营销并取得效益的前提。宣传网址既可以利用传统媒介，也可以利用互联网本身来进行。对网络消费者来说，互联网宣传的效果更直接。网络中间商可以利用导航台、新闻组、电子邮件群组、图标广告、分类广告等工具来宣传网址。在方式上，网络中间商也可以选择与各种促销手段相结合，以激励购买者或潜在购买者上网查询，继而产生购买行动。

（2）网络中间商不具有产品技术上的优势，要在众多互联网商家中脱颖而出就必须依赖其信誉。网页的制作要清晰明了，引人入胜，且风格要统一，能够反映企业的文化。在整个营销过程中，网络中间商可以加强与消费者的沟通；也可以通过一些电子问卷和消费者每次消费的记录，了解消费者的购物习惯，建立客户档案；还可以通过多种方式吸引消费者，如采用免费送货、使用优惠卡、建立会员制、无条件更换保证等方式，加强消费者对网站的印象，刺激产生购买行为。

（3）网络中间商还需注意营销组合的运用。如网络中间商在选择网络产品时，要充分考虑到消费者的个性化需求以及在网上销售的实际可操作性，如可选择音乐、电影、电脑产品等；在价格策略方面，网络中间商需要制定有足够竞争力的价格，才能达到消费者的心理预期；在广告策略方面，网络营销偏重于咨询性信息的提供，但全部是资讯式的广告会使消费者厌烦，过早地跳出该网站，因此在向消费者介绍产品特性的同时，可辅以娱乐措施，提高广告的娱乐性，以增加吸引力。

2. 购物流程

设计一个明快流畅的购物流程是网络分销商在经营过程中应注意的重点。订货系统的设计要简单明了，不要让消费者填写太多信息。要有比较明了的导购图，帮助消费者进入购买程序。在选购商品时，可以采用现在流行的"购物车"方式模拟超市，让消费者边看货品边选购。在发现选购有误时，可以立即从"购物车"中取消该货品。在购物结束时，一次性进行结算。另外，订货流程还要有搜索和分类查找功能，同时向消费者提供商品的有关信息，如性能、价格、品牌、规格等。在结算时，尽量提供多种方便消费者的选择，如微信支付、支付宝、信用卡、数字现金等。

3. 配送方法

在配送服务方面，网络中间商可以提供灵活的送货方案。美国的亚马逊公司就提供了多种送货方式和送货期限供消费者选择，对应的送货费用也不同。亚马逊的送货方式有两种：一是以陆运和海运为基本运输工具的标准运输；二是空运。如果选择基本送货方式，并且商品有库存，在美国国内需要 3~7 个工作日才能送货上门，在国外，加上通关时间，需要 2~12 个星期才能到货；如果选择空运，美国国内用户可在 1~2 个工作日拿到订购货品，国外消费者则要等待 1~4 个工作日。亚马逊的送货方式给予消费者更多的选择空间，受到了消费者的欢迎。

4. 后台处理

后台处理是协调网上交易各个环节的中心。一个完善的后台处理应包括：接到订单后，对订单跟踪处理；进行付款确认；向销售部门下达送货通知；更新数据库；管理客户档案；等等。

8.4 电子商务物流管理

物流（logistics）原意为"实物分配"或"货物配送"，是供应链活动的一部分，是为了满足客户需要而对商品、服务消费以及相关信息从产地到消费地的高效、低成本流动和储存进行的规划、实施与控制的过程。物流以仓储为中心，促进生产与市场保持同步。物流是为了满足客户的需要，以最低的成本，通过运输、保管、配送等方式，实现原材料、半成品、成品及相关信息由商品的产地到商品的消费地所进行的计划、实施和管理的全过程。简单地说，它使适当的产品在适当的时间和地点送达适当的消费者。电子商务物流又称网上物流，就是基于互联网技术，旨在创造性地推动物流行业发展的新商业模式；通过互联网，物流公司能够被更大范围内的货主客户主动找到，能够在全国乃至全世界范围内拓展业务；贸易公司和工厂能够更加快捷地找到性价比最合适的物流公司；网上物流致力于把全世界范围内最大数量的有物流需求的货主企业和提供物流服务的物流公司都吸引到一起，提供中立、诚信、自由的网上物流交易市场，帮助物流供需双方高效达成交易。目前已经有越来越多的货主通过网上物流交易市场找到了客户，找到了合作伙伴，找到了海外代理。网上物流提供的最大价值，就是更多的机会。

简单地说，电子商务物流是指基于信息流、商流、资金流网络化的物资或服务的配送活动，包括软件商品（或服务）的网络传送和实体商品（或服务）的物理传送，具有信息化、自动化、网络化、智能化和柔性化的特点。电子商务物流管理主要包括对物流过程的管理、对物流要素的管理和对物流中具体职能的管理。

8.4.1 电子商务物流模式

电子商务物流模式有企业自营物流、第三方物流和物流联盟三种，具体如下。

1. 企业自营物流

（1）定义。

企业自营物流是指从事电子商务的企业拥有全资或控股的物流公司，负责完成本企业的物流配送业务，可以划分为第一方物流和第二方物流，它的主要经济来源不在于物流。随着电子商务的发展，物流显得越发重要。一些大型的电商平台为了使用户有更好的购物体验，保证产品的物流配送时间和配送品质，纷纷建立自己的物流系统，如京东商城、唯品会、美团等都采用了自营物流模式。

（2）优势分析。

1）便于管理。整个物流系统都是本企业操作，方便管理，可省去一系列外部交易。

2）有保障。企业拥有自己的物流设施，物流有保障，可以防止运力紧张等带来的不确定性，并且灵活性具有保障，企业自己的设施、员工机动性大。

3）对供应链有较强的控制能力，全力专门服务于本企业运营管理。

（3）劣势分析。

1）投资成本大。企业自营物流需要自建物流系统，包括物流固定设施的建设和随之而来的一系列开销。

2）分散企业主业。企业需要很大一部分员工来做物流操作，把一部分不小的资金投入到物流操作中不利于企业集中主业。

3）对物流管理能力、物流技术要求比较高。

4）不利于保持企业的柔性。企业有一整套自己的物流设施及物流技术，有可能造成资源闲置而又不能满足自身需求。

（4）实例。

京东集团 2007 年开始自建物流，2017 年 4 月正式成立京东物流集团（以下简称"京东物流"），2021 年 5 月，京东物流于香港联交所主板上市。京东物流是中国领先的技术驱动的供应链解决方案及物流服务商，以"技术驱动，引领全球高效流通和可持续发展"为使命，致力于成为全球最值得信赖的供应链基础设施服务商。

京东物流建立了包含仓储网络、综合运输网络、最后一公里配送网络、大件网络、冷链物流网络和跨境物流网络在内的高度协同的六大网络，服务范围覆盖了中国几乎所有地区、城镇和人口，不仅建立了中国电商与消费者之间的信赖关系，还通过211限时达等时效产品，重新定义了物流服务标准。2020年，京东物流助力约90%的京东线上零售订单实现当日和次日达，客户体验持续行业领先。截至2021年9月30日，京东物流运营约1 300个仓库，包含京东物流管理的云仓面积在内，京东物流仓储总面积约2 300万 m^2 。

2. 第三方物流

（1）定义。

第三方物流是指独立于供需双方，为客户提供专项或全面的物流系统设计或系统运营的物流服务模式。现代化第三方物流企业具有信息化、网络化、专业化、规模化、智能化和柔性化的特点，它使网络营销企业完全从烦琐的配送业务中脱离出来，专心致力于网络营销中市场的拓展和商务效率的提高，是大多数企业的发展趋势。

（2）优势分析。

1）企业集中精力于核心业务。

2）可凭借自身的优势，最大限度地优化配送路线，选择最合适的配送工具，从而降低了配送成本。

3）节约部分资金和避免因不熟悉仓储管理带来的磨合成本。

4）提高自动化水平，减少管理层次，提高工作效率和降低差错率，从而准确及时地实现网络营销中的跨地区配送。

（3）劣势分析。

1）第三方物流尚未成熟。

2）企业不能直接控制物流职能，容易受制于人。

3）不能保证供货的准确和及时。

4）不能保证顾客服务的质量以及维护企业与顾客的长期关系。

（4）实例。

顺丰是国内的快递物流综合服务商，总部位于深圳，经过多年发展，已初步建立为客户提供一体化综合物流解决方案的能力，不仅提供配送端的物流服务，还延伸至价值链前端的产、供、销、配等环节，从消费者需求出发，以数据为牵引，利用大数据技术和云计算技术，为客户提供仓储管理、销售预测、大数据分析、金融管理等一揽子解决方案。顺丰还是一家具有网络规模优势的智能物流运营商。经过多年的潜心经营和前瞻性的战略布局，顺丰已形成"天网+地网+信息网"三网合一、可覆盖国内外的综合物流服务网络，其直营网络在国内同行中网络控制力强、稳定性高，也是独特稀缺的综合性物流网络体系。顺丰采用直营的经营模式，由总部对各分支机构实施统一经营、统一管理，保障了网络整体运营质量，是A股首家采用直营模式的快递公司。此外，国内第三方物流的典型代表还有淘宝、天猫平台商家使用的"三通一达"(申通、圆通、中通、韵达)。

3. 物流联盟

(1) 定义。

物流联盟是指两个或两个以上的经济组织为实现特定的物流目标而形成的长期联合与合作的组织形式。在现代物流业中,是否组建物流联盟,作为企业物流战略的决策之一,其重要性是不言而喻的。在我国,随着物流行业的飞速发展,共享物流资源、优化配置将促进物流行业降本增效,这使得组建联盟尤为重要。

(2) 优势分析。

1) 对于电商企业来说资金投入不高,可降低成本,减少投资,降低风险和不确定性。
2) 有助于企业学习获得一定的物流技术及相应的管理技术。
3) 物流服务的专业化程度较自营物流高。
4) 企业(尤其是中小企业)通过物流服务供应商结成联盟,能有效地降低物流成本,提高企业竞争力。
5) 第三方物流公司通过联盟有利于弥补自己在业务范围内服务能力不足的问题。

(3) 劣势分析。

1) 物流的可控性比较弱。
2) 管理制度缺乏系统性和规范性。
3) 物流资源的利用不合理、不充分。
4) 物流联盟模式非常脆弱,这种关系很难形成且非常容易解体。

(4) 实例。

菜鸟网络是一个大数据物流协同平台,以数据为核心,通过社会化协同,打通了覆盖跨境、快递、仓配、农村、末端配送的全网物流链路,提供了大数据联通、数据赋能、数据基础产品等。菜鸟网络还打通跨境、仓库、配送链条,将不同的服务商连接在一起,为商家提供仓配一体解决方案、跨境无忧物流解决方案等服务。2013年5月28日,阿里巴巴集团、银泰集团联合复星集团、富春集团、顺丰集团、"三通一达"以及相关金融机构共同宣布,"中国智能骨干网"项目正式启动,合作各方共同组建的"菜鸟网络科技有限公司"(以下简称"菜鸟网络")正式成立。同时,中国人寿集团与阿里巴巴集团和银泰集团,中信银行与菜鸟网络分别建立了战略合作伙伴关系,将为"中国智能骨干网"的建设提供资金支持。菜鸟网络是一家客户价值驱动的全球化产业互联网公司,坚持长期主义,聚焦产业化、全球化和数智化,坚持把物流产业的运营、场景、设施和互联网技术做深度融合,坚持数智创新、开拓增量、普惠服务和开放共赢。菜鸟网络现已形成面向消费者、商家和物流合作伙伴三类客户的五大核心服务板块:全球物流、消费者物流、供应链服务、全球地网、物流科技。

菜鸟网络持续投入建设全球物流基础设施和底层能力,全球运营地网设施面积超过

1 000万㎡，日均服务跨境包裹量已超过 500 万件，可助商家用"一杯咖啡钱"实现全球 Top20 城市 5 日达。菜鸟数智物流设施和供应链已服务数万个商家品牌，80% 从菜鸟产地仓库发出的包裹可隔日达。菜鸟驿站已覆盖全国 200 多个城市、3 000 所高校和 3 万多个乡村，菜鸟裹裹为 3 亿多消费者提供便捷寄件服务。

菜鸟网络已在社区服务、全球物流、智慧供应链等领域建立了新赛道，在为消费者和商家提供普惠优质服务的同时，也在服务实体经济，助力国内国际双循环，乡村振兴，碳达峰、碳中和方面发挥着作用。

8.4.2 影响企业选择物流模式的因素

1. 物流对企业成功的重要度和企业对物流的管理能力

如果物流对企业成功的重要度很高且企业处理物流能力也强，则选择自营物流；反之，则采用业务外包。

2. 企业对物流控制力的要求

越是市场竞争激烈的行业，企业越是要强化对供应和分销渠道的控制，一般来说这种时候企业越应该选择自营物流。

3. 企业产品物流特点

对于大宗工业品原料的回运或鲜活产品的分销，应利用相对固定的专业物流服务供应商和短渠道物流；对于全球市场的分销，宜采用地区性的专业第三方物流企业提供支援；对于产品线单一的企业，则应在龙头企业统一自营物流；对于技术性较强的物流服务，企业应采用委托代理的方式；对于非标准设备的制造商来说，则应该交给第三方专业物流企业去做。

4. 企业规模和实力

一般地，大中型企业由于实力较雄厚，通常有能力建立自己的物流系统，制订合适的物流需求计划，保证物流服务的质量，另外，还可以利用过剩的物流网络资源拓展外部业务。而中小企业则受人员、资金和管理资源的限制，物流管理效率难以提高。此时，为把资源用于主要的核心业务上，企业应该把物流管理交给第三方专业物流代理公司。

5. 物流系统总成本

物流系统总成本由运输总成本、库存维持费用、批量成本、总固定仓储费用、总变动仓储费用、信息费用及顾客服务费用等构成。这些成本之间存在着效益背反现象，减少库存数量时，可降低库存费用及仓储费用，但会带来缺货率上升而导致运输费用及订货费用增加。如果运输费用及订货费用增加的部分超过了库存费用及仓储费用减少的部分，总的物流成本反而增加。这就要求企业在选择是自营物流还是物流业务外包时，必须弄清两种模式物流系统总成本的情况，要对物流系统的总成本加以论证，最后选择成本最小的物流系统。

6. 外包物流的客户服务能力

在选择物流模式时，尽管考虑物流成本很重要，但外包物流对为本企业及企业客户提供服务的能力是选择物流服务至关重要的条件。也就是说，物流在满足企业对原材料及时需求方面的能力和可靠性是重要评价指标，而且对企业的零售商和最终顾客不断变化的需求的反应能力等也应该作为物流模式选择的重要因素来考虑。此外，选择物流运作模式时还要看企业是否将物流业务作为企业利润增长点，是否符合企业总战略。

8.4.3 电子商务物流配送

1. 现代物流配送特征

（1）物流配送信息化。

物流配送信息化表现为物流配送信息的商品化、信息收集的数据库化和代码化、信息处理的电子化和计算机化、信息传递的标准化和实时化、信息存储的数字化等。

条码技术（bar code）、数据库技术（database）、电子订货系统（electronic ordering system，EOS）、电子数据交换（electronic data interchange，EDI）、快速反应（quick response，OR）及有效的客户反应（effective customer response，ECR）、企业资源计划（enterprise resource planning，ERP）等在物流管理中得到广泛应用。没有物流的信息化，任何先进的技术设备都不可能应用于物流领域，信息技术在物流中的应用将会彻底改变世界物流的面貌。

（2）物流配送自动化。

自动化的基础是信息化，自动化的核心是机电一体化，自动化的外在表现是无人化，自动化的效果是省力化，另外还可以扩大物流作业能力、提高劳动生产率、减少物流作业的差错等。物流自动化有：条码/语音/射频自动识别系统、自动分拣系统、自动存取系统、自动导向车、货物自动跟踪系统等。

（3）物流配送网络化。

物流领域网络化的基础也是信息化，这里的网络化有以下两层含义。

一是物流配送系统的计算机通信网络，包括物流配送中心与供应商或制造商的联系要通过计算机网络，另外与下游顾客的联系也要通过计算机网络，比如配送中心向供应商提出订单这个过程，就可以使用计算机通信方式，借助增值网(value-added network，VAN)上的电子订货系统和电子数据交换技术来自动实现，物流配送中心通过计算机网络收集下游顾客的订货过程也可以自动完成。

二是组织网络化及企业内部网。如台湾计算机业20世纪90年代创造的"全球运筹式产销模式"，其基本点是按照客户订单组织生产，生产采取分散形式，将全世界的计算机资源都利用起来，采取外包的形式将一台计算机的所有零部件、元器件、芯片外包给世界各地的制造商去生产，然后通过全球的物流网络将这些零部件、元器件和芯片发往同一个物流配送中心进行组装，由该物流配送中心将组装的计算机迅速发给客户。

物流配送的网络化是物流信息化的必然，是电子商务下物流配送活动的主要特征之一。全球网络资源的可用性和网络技术的普及为物流的网络化提供了良好的外部环境，物流网络化不可阻挡。

（4）物流配送智能化。

物流配送智能化是物流配送自动化、信息化的一种高层次应用。物流配送作业过程大量的运筹和决策，如库存水平的确定、运输搬运路径的选择、自动导向车的运行轨迹和作业控制、自动分拣机的运行、物流配送中心经营管理的决策支持等问题都需要通过掌握大量的知识来解决。

在物流自动化的进程中，物流智能化是不可回避的技术难题。目前专家系统、机器人等相关技术在国际上已经有比较成熟的研究成果，物流智能化已经成为电子商务下物流发展的一个新趋势。

（5）物流配送柔性化。

柔性化原是生产领域为实现"以顾客为中心"而提出的，但要真正做到柔性化，即真正根据消费者需求的变化来灵活调节生产工艺，没有配套的柔性化的物流配送系统是不可能实现的。20 世纪 90 年代以来，生产领域提出的柔性制造系统（FMS）、计算机集成制造系统（CIMS）、MRP、ERP 概念和技术的实质就是将生产、流通进行集成，根据需求端的需求组织生产，安排物流活动。

柔性化物流正是适应生产、流通与消费的需求而发展起来的新型物流模式。它要求物流配送中心根据消费需求"多品种、小批量、多批次、短周期"的特点，灵活组织和实施物流作业。

2. 物流配送一般过程

（1）客户及订单管理。

物流管理的最终目标是满足客户需求，因此客户服务应该成为全局性的战略目标。良好的客户服务，不仅可以提高物流配送的信誉，增加物流配送对客户的亲和力并留住客户，而且可以获得第一手的市场信息和客户需求信息，为企业的进一步发展打下基础。伴随着客户服务，订单的管理与处理成为一项重要的作业。订单处理贯穿物流配送作业的全过程，包括有关客户和订单的资料确认、存货查询和单据处理等内容。在多个订单同时到达时，可以选择以下作业处理策略：先收到、先处理、先服务，优先处理作业量较小、相对简单的订单，优先处理承诺交货期最早的订单，优先处理距约定交货期最近的订单，等等。另外，订单处理与其他作业环节密切相关，需要协调处理。例如，在接到订单后并不立即履行订单发运货物，而是压后一段时间以集中货物的运量，降低单位运输成本。这种决策需要制定周详的订单处理程序，只有与送货计划妥善协调，才能全面提高订单处理和交货作业的效率。

（2）入库作业。

入库作业是指货物到达仓储区，经过接运、验收、码放至相应的货位，并完成价格手续的过程。进货入库作业主要包括收货、检验和入库三个流程。收货是指在用户的进货指令向供货厂商发出以后，物流配送对运送的货物进行接收。收货检验工作一定要慎之又慎，因为一旦商品入库，物流配送就要担负起商品完整的责任。一般来说，物流配送收货员应做好如下准备：及时掌握连锁总部（或客户）计划中或在途的进货量、可用的库房存储仓位、装卸人力等情况，并及时与有关部门、人员进行沟通，做好接货计划。接货计划包括：使所有货物直线移动，避免出现反方向移动；使所有货物移动距离尽可能短，动作尽可能少；使机器操作最大化、手工操作最小化；将某些特定的重复动作标准化；准备必要的辅助设备。

检验活动包括核对采购订单与供货商发货单是否相符，开包检查商品有无损坏，检查商品的分类、所购商品的品质与数量等。数量的检查有四种方式：①直接检查，即将运输单据与供货商发货单对比；②盲查，即直接列出所收到商品的种类与数量，待发货单到达后再做检查；③半盲查，即事先收到有关列明商品种类的单据，待货物到达时再列出商品数量；④联合检查，即将直接检查与盲查结合起来使用，如果发货单及时到达就采用直接检查法，未到达就采用盲查法。经检查准确无误后方可在厂商发货单上签字将商品入库，并及时登记有关入库信息，转达采购部，经采购部确认后开具收货单，从而使已入库的商品及时进入可配送状态。

（3）理货作业。

理货作业是物流配送的基本作业活动，主要完成货物的储存保管、库存控制、盘点、拣选、补货和再包装等工作。

商品在库储存保管的主要目的是加强商品养护，确保商品质量安全，同时还要加强储位合理化工作和储存商品的数量管理工作。商品储位可根据商品属性、周转率和理货单位等因素来确定。储存商品的数量管理则需要依靠健全的商品账务制度和盘点作业制度。商品储位合理与否以及商品数量管理精确与否，将直接影响商品配送的作业效率。

拣选是配货作业最主要的前置工作，即物流接到配送指示后，及时组织理货作业人员，按照出货优先顺序、储位区域、配送车辆趟次、先进先出等方法和原则把配货商品整理出来，经复核人员确认无误后，放置到暂存区，准备装货上车。

补货作业是从保管区把货物运到另一个拣选区的工作。补货作业的目的是确保货物能保质保量按时送到指定的拣选区。补货的单位一般是托盘。拣选区存货量的多少是决定补货的重要因素。补货策略一般有三种形式：第一种是批次补货，即每天由计算机系统计算出所需货物的总拣取量，在查看拣选区存货量后，在拣选之前一次性补足，从而满足全天拣货量；第二种是定时补货，即把每天分成几个时点，在这几个时点，当拣选区存货量小于设定标准时，立即补货；第三种是随机补货，即巡视员发现拣选区存货量小于设定标准时，立即补货。

（4）装卸搬运作业。

装卸搬运作业是指装货、卸货、实现货物在物流配送不同地点之间的转移等活动。装卸搬运是物流各环节连接成一体的接口，是配送运输、保管和包装等物流作业得以顺利实现的根本保证。

装卸搬运作业活动的基本动作包括装车（船）、卸车（船）、堆垛、入库、出库以及连接上述各项动作的短程输送，是随运输和保管活动而产生的必要活动。在物流公司作业流程中，从进货入库开始，储存保管、拣货、流通加工、出库、货车装载直到配送到客户手上，装卸搬运活动是不断出现和反复进行的，出现的频率高，每次装卸搬运活动都要花费一定的时间，因此往往成为决定物流速度的关键。装卸搬运活动所消耗的人力也很多，所以装卸搬运费用在物流成本中所占的比重也较高。此外，进行装卸搬运作业时，往往需要接触货物，因此装卸搬运是在物流过程中造成货物破损、散失、损耗和混合等损失的主要环节。

由此可见，装卸搬运作业是影响物流效率、决定物流技术经济效果的重要环节。物流配送的合理化必须先从装卸搬运系统着手，在装卸搬运作业过程中应采用有效的设施设备。使用的搬运机械大致可分为起重机类、输送机类、升降机类、提升绞车类、工业车辆类以及其他机器。

（5）流通加工作业。

流通加工作业主要是指对即将配送的产品或半成品按销售要求进行再加工，包括：分割加工，如对大尺寸产品按不同用途进行切割；分装加工，如将散装或大包装的产品按零售要求进行重新包装；分选加工，如对农副产品按质量、规格进行分选，并分别包装；促销包装，如促销赠品搭配；贴标加工，如粘贴价格标签，打制条形码。流通加工作业完成以后，商品即进入可配送状态。

流通加工是物流配送过程中一个比较特殊的环节，流通加工作业解决了产品标准化与消费个性化之间的矛盾以及供需矛盾。实践证明，有的流通加工通过改变包装便可使商品档次跃升进而充分实现其价值，有的流通加工可使产品利用率提高20%～50%。流通加工在物流配送中是必不可少的，属于增值服务范围。

（6）出库作业。

出库是指货物离开货位，经过备货、包装和复核，装载至发货准备区，同时办理完交手续的过程。货物出库要根据"先进先出、推陈出新"的发货原则，做到先进的先出、保管条件差的先出、包装简易的先出、容易变质的先出以及对有保管期限的货物要在限期内发出。货物发运质量直接影响货物流通的速度和货物的安全运输。按照及时、准确、安全、经济的货物发运原则，做到出库的货物包装牢固，符合运输要求，包装标志和发货标志鲜明清楚；要单证齐全，单货同行，单货相符；要手续清楚，货物交接责任明确，确保货物配送的顺利进行。

（7）配送作业。

配送作业就是利用车辆把客户订购的货物配送到客户手中的活动，包括计划、实施和评价三个阶段。

制订配送计划是指根据配送的要求，事先做好全局筹划，并对有关职能部门的任务进行安排和布置。全局筹划主要包括制订物流配送计划、规划配送区域和规定配送服务水平等。制订具体的配送计划时应考虑以下要素：客户的远近及订货要求，如品种、规格、数量，送货时间、地点等；配送的性质和特点以及由此决定的运输方式、车辆种类；现有库存的保证能力；现时的交通条件。这样才能决定配送时间，选定配送车辆，规定装车货物的比例以及最佳配送路线和配送频率。

配送计划制订后，需要进一步组织落实，完成配送任务。首先应做好准备工作：配送计划确定后，将到货时间，到货品种、规格、数量以及车辆型号通知各客户做好接车准备，同时向各职能部门（如仓储、分货包装、运输及财务等部门）下达配送任务，各部门应做好配送准备。其次组织配送发运：理货部门按要求将各客户所需的各种货物进行分货及配货，然后进行适当的包装并详细标明客户名称、地址、送达时间以及货物明细，按计划将各客户货物组合、装车，运输部门按指定的路线将货物运送给各个客户，完成配送工作。

交货是配送活动最后的作业，它是把运送到客户的货物，按客户的要求，在指定地点进行卸车、办理核查、移交手续等作业活动。如果客户有退货、调货的要求，则应将退、调商品随车带回，并完成有关单证手续。

|案例8-2|

阿里与京东：物流的发展和布局

一、电商届与物流系的碰撞

2010年左右，高速发展的电子商务与原有的物流体系之间逐渐产生了矛盾——2011年国内电商的发展速度是200%～300%，而物流增速只有40%，远远跟不上电商的发展速度。

2012年"双11"多地快递严重爆仓，导致投诉量急剧上升——当年11月，国家邮政局和各省（区、市）邮政管理局通过12305邮政行业消费者申诉电话和国家邮政局网站共受理消费者申诉21 537件，答复咨询2 181件。申诉中涉及邮政服务问题的有812件，占总申诉量的3.8%；涉及快递业务问题的有20 725件，占总申诉量的96.2%。应对消费者的不满是促使电商做起快递业务的直接动力。

另外，物流系不甘心只做"搬运工"，出现向产业链上游延伸的意愿——2012年左右，顺丰启动了顺丰优选，申通上线了爱买网超，天天快递也低调推出电商平台天天特卖汇。

二、菜鸟：借势起飞

2012年左右，如何做自己的物流是阿里难以决策的部分。最终，阿里选择打造一套"工具"，将整个物流领域加入这套"工具"中，通过"工具"提升流通效率。这套工具，就是菜鸟网络。

2013年5月，阿里联合银泰集团、复星集团、富春集团、顺丰、申通、圆通、中通、韵达组建了一个新物流公司——菜鸟网络。5个月后，阿里将阿里巴巴物流事业部与菜鸟网络进行合并。

阿里内部在仓储物流领域有"天网"和"地网"之分。菜鸟网络被称为"地网"，主要业务是网络运营，包括拿地、建仓、搭建合作团队。而与之相对应的"天网"则是在大数据支撑下，订单、物流数据以及在此数据基础上形成的产品体系。菜鸟与阿里巴巴物流事业部合并即意味着"天网"与"地网"合并，是阿里推进大物流战略的重要一步。

阿里已经通过投资并购的方式"捕获"了"三通一达"。截止到2020年5月13日，阿里已经成为百世物流、申通快递的最大股东，中通快递的第二大股东，韵达快递的第七大股东。此外，在即时配送、仓储和物流领域，阿里也有相应的投资。除了包括日日顺、快狗速运等物流企业，阿里也参与投资了卡行天下等物流数据服务企业，同时阿里也在即时配送领域收编了快狗打车、速递易等企业。此外，随着菜鸟网络的发展，阿里也将目光伸向了海外，参与投资了包括 XpressBees 在内等海外物流企业。

三、京东物流：笨重但扎实

京东在快递方面的动作比阿里要早很多。

2007 年，也是京东多媒体网络正式改版更名为京东商城时，京东就开始自建物流体系，2009 年初，京东斥资成立物流公司，开始全面布局全国的物流体系。

综合来看，京东物流的成长经历了三个阶段。

第一阶段是 2010 年左右至 2016 年，京东物流不断增强自身能力、夯实内功。2010 年左右京东物流相继建立了京东快递、京东供应链、京东速运等业务，同时围绕"仓配一体化"模式——通过自建物流体系在全国不同的几大城市建立区域仓运营，当用户下单之后，货品由仓储送到消费者家里，实现点对点配送。

第二阶段是 2017 年至 2018 年，京东物流致力于追求开放化和智能化。京东物流正式推出供应链、快递、冷链、速运、跨境、云仓六大产品体系，并开始发力面向社会的第三方个人寄递业务。此时，京东物流的核心变化是正在由一个企业物流向物流企业转变，开放程度不断加大，以供应链为核心打造产品矩阵，产品条线上更加聚焦物流主要细分赛道。

第三个阶段是 2019 年至今，这是京东物流进一步开放的阶段。京东物流在国内推出"千县万镇 24 小时达"时效提升计划，致力于下沉至农村市场，此外，还全力搭建全球智能供应链基础网络，致力于国际化发展。

除了依靠自身力量组建京东物流之外，京东也通过投融资、并购等方式巩固物流城池。IT 桔子数据显示，截至 2020 年 5 月 14 日，仅公开事件中，京东共计参与 10 起物流领域的投融资、并购。

资料来源：IT 桔子．阿里与京东：物流的发展与布局 [EB/OL].(2020-07-29)[2020-4-30].http：//www.woshipm.com/it/4106056.html. 引用时有改动。

思考题

阿里与京东的物流发展和布局有何相通之处？

8.5 营销渠道建设与管理

8.5.1 营销渠道建设

1. 确定产品要求的服务水平

营销渠道是顾客价值传递系统的一部分，每一个渠道成员都为顾客增添一份价值。确定产品要求的服务水平意味着了解目标消费者希望从渠道系统中得到什么以及根据目标消费者的期望服务水平来确定渠道目标。20 世纪末，戴尔通过网上直销每天能够获得 400 万美元以上的销售额。这一成绩使 IT 行业的巨头 IBM、惠普等都感到很尴尬，其中最明显的一点就是它们的股票市值远不如小字辈的戴尔。戴尔能够迅速实现网络直销的良性循环的原因主要有：一是电脑产品本身价格较高，因此它的配送费用在成本中占的比例就比较低；二是戴尔虽然实施部件定制，但它本身也是产品制造者，并且已经形成了著名的品牌，因此能够获得忠诚的客户，形成巨大的销售规模。虽然有戴尔成功的案例，但由于各种产品的自然属性、用途等不同，因此不是所有的产品都适合网上销售。如果供应者一味地打破原有的经营体系，越过所有的分销商，直接与经销商和最终用户打交道，就会给自己增加额外的负担，到头来不仅没有节约成本，还可能在售后服务、培训体系等方面也做不好。所以在设计网络分销渠道时首先要分析产品的特性，确定该产品是否适合在网上销售以及需要什么样的网络分销体系。

在分析产品因素时，企业应主要考虑以下六点：产品性质、产品时尚性、产品标准化程度和服务、产品价值大小、产品流通特点、产品市场生命周期。如信息、软件产品可以实现在线配送、在线培训和服务，减少了营销成本，是最适合网上销售的。另外，有些产品虽然目前不适合网上销售，但随着网络技术的发展、消费观念和消费水平的变化，在今后也可能实现网上销售。

2. 选择电子中间商

电子中间商又称网络中间商，是基于网络的提供信息服务中介功能的新型中间商。它包括目录服务商、搜索引擎服务商、虚拟商业街、互联网内容供应商、虚拟零售商、虚拟评估机构、网络统计机构、网络金融机构、虚拟市场和智能代理（比较购物代理）等。

3. 选择网络分销商

在从事网络营销活动的企业中，大多数企业除建立自己的网站外，还利用网络间接渠道（如信息服务指南或商品交易中介机构发布的信息）销售产品，扩大企业的影响力。因此，对于开展网络营销的企业来说，要根据自身产品特性、目标市场定位和企业整体战略目标正确选择网络分销商，包括种类、数量以及责任。一旦选择不当就可能给企业带来很大的负面影响，造成巨大的损失。在筛选网络分销商时，企业应该从它们的服务水平、成本、信用、特色以及网站流量等方面进行综合考虑。

（1）服务水平。

网络分销商的服务水平包括独立开展促销活动的能力、与消费者沟通的能力、收集信息的能力、物流配送的能力以及售后服务能力等。比如，对于一个正处于成长期的中小企业来说，它的主要精力都放在了产品的研制开发上，在网络销售中就需要一个服务水平较高的分销商，协助它与消费者进行交流、收集市场信息、提供良好的物流系统和售后服务，而一个实力较强、发展成熟的企业往往只是通过网络信息服务商获得需求信息，并不需要网络中间商开展具体的营销活动。

（2）成本。

此处的成本主要是指企业享受网络分销商服务时的费用。这种费用包括生产企业给商品交易中间商的价格折扣、促销支持费用等，在中介服务网站建立主页的费用，维持正常运行时的费用，获取信息的费用。对于这些费用，不同的分销商之间差别很大。

（3）信用。

此处的信用是指网络分销商所具有的信用程度的大小。由于网络的虚拟性和交易的远程性，买卖双方对于网上交易的安全性都不确定。在目前还无法对各种网站进行有效认证的情况下，网络中间商的信用程度就至关重要。在虚拟的网络市场里，信誉就是质量和服务的保证。生产企业在进行网络分销时只有通过信用比较好的中间商，才能在消费者中建立品牌信誉和服务信誉。缺乏信用的网络分销商会给企业形象的树立带来负面影响，增添不安全因素，因此在选择网络分销商时要注意其信用程度。

（4）特色。

网络营销本身就体现了一种个性化服务，更多地满足网络消费者的个性化需求。服务于网络营销的网站在设计和更新过程中由于受到经营者的文化素质以及企业的经营理念、经济实力的影响，会表现出各自不同的特色。生产企业在选择分销商时，就必须选择与自己目标顾客群的消费特点相吻合的特色网络分销商，才能真正发挥网络销售的优势，取得经济效益。

（5）网站流量。

网站流量的大小反映了网络客流量的大小，是实现网上销售的重要前提。选择网络分销商时，应尽量选择网站流量大的网络分销商，以促进网上销售，并扩大企业在网上的知名度。

4. 确定渠道方案

（1）确定渠道模式。

由于网上销售对象不同，因此网上销售渠道是有很大区别的。

一般来说网上销售主要有两种方式：B2B 和 B2C。

B2B，即企业对企业的模式，这种模式的每次交易量很大、交易次数较少，并且购买方比较集中，因此网上销售渠道建设的关键是建设好订货系统，方便购买企业进行选择；由于企业一般信用较好，通过网上结算实现付款比较简单。另外，由于交易量大次数少，因此配送时可以进行专门运送，既可以保证速度也可以保证质量，减少中间环节造成的损伤。

B2C，即企业对消费者模式，这种模式的每次交易量小、交易次数多，而且购买者非常分散，因此网上渠道建设的关键是建设好结算系统和配送系统，这也是网上购物必须面对的门槛。由于国内的消费者信用机制还没有建立起来，加之缺少专业配送系统，因此开展网上购物活动时，特别是面对大众购物时必须解决好这两个环节的问题才有可能获得成功。

在选择网络销售渠道时还要注意产品的特性，有些产品易于数字化，可以直接通过互联网传输；而对大多数有形产品，还必须依靠传统配送渠道来实现货物的空间移动，对于部分产品依赖的渠道，可以通过对互联网进行改造以最大限度地提高渠道的效率，减少渠道运营中的人为失误和时间耽误造成的损失。

在具体建设网络营销渠道时，还要考虑到以下几个方面。

首先，从消费者角度设计渠道。只有采用消费者比较放心且容易接受的方式才有可能吸引消费者在网上购物，以克服网上购物的"虚"的感觉。如相比先付款后发货方式，采用货到付款方式比较让消费者放心。

其次，订货系统的设计要简单明了，不要让消费者填写太多信息，而应该采用现在流行的"购物车"方式模拟超市，让消费者一边看物品比较选择，一边进行选购，购物结束，一次性进行结算。另外，订货系统还应该提供商品搜索和分类查找功能，以便于消费者在最短时间内找到需要的商品，同时还应向消费者提供他们想了解的商品信息，如性能、外形、品牌等重要信息。

再次，在选择结算方式时，应考虑到实际发展状况，尽量提供多种方式方便消费者选择，同时还要考虑网上结算的安全性，对于不安全的直接结算方式，应换成间接的安全方式。

最后，关键是建立完善的配送服务系统。消费者只有看到购买的商品到家后，才真正感到踏实，因此建设快速有效的配送服务系统是非常重要的。在配送体系还不成熟的时候，企业进行网上销售要考虑到现有配送体系是否适合该产品，适合网上销售的商品大多是价值不高且不易损坏的商品，如图书、小件电子类产品等。

（2）选择渠道的集成战略。

渠道的集成战略包括三种，分别是密集分销战略、独家分销战略和选择分销战略。

1）密集分销。

它是指厂商在某一地区尽可能多地通过负责任且适合的批发商、零售商推销其产品。消费者越是要求购买的大量性、高频性和方便性，厂商就越有必要和可能选择密集分销方式，它是一种最宽的分销渠道。一般来说，密集分销主要有两类：零售密集分销和批发密集分销。

消费品中的便利品和工业品中的标准件、通用小工具多采用密集分销战略，为顾客提供购买上的方便。例如，饮料、肥皂、汽油、纸、口香糖等消费品，保养、维护和操作用品，如润滑油、钻头、灯泡等工业用品。

进行密集分销的优势主要有：市场覆盖面大，拓展市场迅速；顾客接触率高，提升销售业绩；分销支持力度大，充分利用中间商。

进行密集分销的弊端主要有：厂商控制渠道较难；厂商需花费大量的费用（为了打开渠道，大量投放广告）；分销商竞争会异常激烈；分销、促销不专一。

2）独家分销。

它是指厂商在某一地区仅选择一家中间商推销其产品。通常双方协商签订独家经销合同，规定经销商不得经营竞争者的产品，以便控制经销商的业务经营，调动其经营积极性，占领市场。独家分销可以使企业提高对销售渠道的控制力，刺激中间商努力为本企业服务，在卖主和二次卖主之间形成更为紧密的伙伴关系。但这种战略对企业来说风险极大，如果中间商选择不当，则有可能失去这一地区的市场份额。

独家分销是最极端的形式，是最窄的分销渠道，适用于消费品中的特殊品，尤其是一些品牌产品，以及需要提供特殊服务的产品。它通常适用于商业空调设备、品牌服装、高档家用及办公家具以及机床和农用机械行业中。

采用独家分销的优势有：控制渠道容易；分销商竞争程度低；节省促销费用。采用独家分销的弊端有：市场覆盖面小；顾客接触率低；过分依赖中间商。

3）选择分销。

它是指厂商在某一地区仅仅通过少数几个精心挑选的、最合适的中间商推销其产品。这样，既可以使产品的市场覆盖面足够广，又可以比密集分销更易控制和节省成本。它的营销渠道比独家分销宽、比密集分销窄，这是企业较普遍使用的一种战略。

选择分销适用于各类商品，尤其是消费品中的选购品、特殊品，如雅戈尔西服、海尔电视机、席梦思床垫等特定品牌商品。工业品中的标准产品和原材料多采用这种战略，如家具用木板、断路器电子设备等。与密集分销战略相比，选择分销战略可以使生产企业对中间商进行精选，使用效率高的中间商，降低销售成本。企业更容易与中间商保持良好的关系，使中间商能够更好地完成企业所赋予的营销职能。另外，这种战略还可使企业增强对营销渠道的控制力。

采用选择分销的好处有：控制渠道较易；市场覆盖面较广；顾客接触率较高。比如，生产企业可与选出的经销商重点交易，加强渠道控制力，求得销售的高效化。采用选择分销相较于开放型销售渠道政策，能削减流通经费，而且可以限制经销商之间的竞争，确定较强的合作关系。

采用选择分销所带来的问题主要有：分销商竞争较激烈；选择中间商难。例如，企业产品的流通仅依靠选定的少数经销商，存在一定的风险，与未选择的经销商之间存在协调问题，由于经销商也可以销售竞争对手的产品，企业不能完全控制经销商。

8.5.2 营销渠道管理

1. 渠道成员的责任和权利

在渠道的设计过程中，还必须明确规定每个渠道成员的责任和权利，以约束各成员在交易过程中的行为。如生产企业向网络中间商提供及时供货保证、产品质量保证、退换货保证、价格折扣、广告促销协助、服务支持等；分销商要向生产企业提供市场信息、各种统计资料，落实价格政策，保证服务水平，保证渠道信息传递的畅通，等等。在制定渠道成员的责任和权利时要仔细谨慎，考虑多方面的因素，并取得有关方面的积极配合。

2. 渠道管理内容

在确定了具体的渠道方案后，渠道就进入了一个相对成熟的阶段。这时生产企业还有一项十分重要的工作要做，那就是对渠道进行管理，必要时还要对渠道进行调整。渠道管理是指生产企业为实现分销目标而对现有渠道进行管理，以确保渠道成员间、公司和渠道成员间相互协调和能够合作开展一切活动，其意义在于共同谋求最大化的长远利益。渠道管理分为：选择渠道成员、激励渠道、评估渠道、修改渠道决策、退出渠道。生产企业可以对其分销渠道实行两种不同程度的控制，即绝对控制和低度控制。

渠道管理工作包括以下几个方面。

（1）加强对经销商的供货管理，保证供货及时，在此基础上帮助经销商建立并理顺销售子网，分散销售及库存压力，加快商品的流通速度。

（2）对经销商提供广告、促销支持，减少商品流通阻力；提高商品的销售力，促进销售；提高资金利用率，使之成为经销商的重要利润源。

（3）对经销商负责，在保证供应的基础上，对经销商提供产品、服务支持。妥善处理销售过程中出现的产品损坏变质、顾客投诉、顾客退货等问题，切实保障经销商的利益不受无谓的损害。

（4）加强对经销商的订货处理管理，减少因订货处理环节中出现失误而引起的发货不畅。

（5）加强对经销商订货的结算管理，规避结算风险，保障制造商的利益，同时避免经销商利用结算便利制造市场混乱。

（6）其他管理工作，包括对经销商进行培训，使经销商增强对公司理念、价值观的认同以及掌握产品知识，还要负责协调制造商与经销商之间、经销商与经销商之间的关系，尤其对于一些突发事件，如价格涨落、产品竞争、产品滞销以及周边市场冲击或低价倾销等扰乱市场的问题，要以协作、协商的方式为主，以理服人，及时帮助经销商消除顾虑、平衡心态，引导和支持经销商向有利于产品营销的方向转变。

本章小结

企业在自己建立网站推销商品和服务的同时，也可以积极利用网络间接渠道销售自己的产品和服务。通过网络中间商的信息服务、广告服务和撮合服务优势，扩大企业的影响，开拓企业产品的销售领域，降低销售成本。因此，对于从事网络营销活动的企业来说，必须熟悉和研究国内外电子商务交易中间商的类型、业务性质、功能、特点及其他有关情况，以便能够正确地选择中间商，顺利地完成商品从生产到消费的整个转移过程。

复习题

1. 网络营销渠道的功能与传统渠道的功能有什么不同？
2. 网络化物流有哪些特点？
3. 如何构建我国的网络化物流体系？
4. 简述新型电子中间商的类型和功能。

讨论题

1. 在互联网环境中，分销渠道的功能价值表现在哪些地方？
2. 你同意将广义的供应链定义包含在整个价值链中吗？为什么？
3. 渠道中的每个中间商都为获得利润而提高商品的价格，一些零售商几乎以批发价的两倍来出售商品，那么他们应该如何来为产品增值，证明价格的合理性呢？
4. 网络厂商应该如何解决最后一公里问题？

案例研究

伊利渠道冲突的解决之道

随着电子商务的发展，伊利在保持传统分销渠道的同时还开辟了线上渠道来销售产品，以期能够提升企业的销售业绩，促进企业健康发展。然而，线上渠道的快速发展在给企业带来新机遇的同时，也使企业面临着一项新的挑战——线上和线下的渠道冲突。

一、扎实的线下销售渠道

20世纪90年代中期，伊利采用多级经销商的方式铺设渠道。随着市场化进程的加快，弊端逐渐显现出来：经销商参差不齐、尾大不掉，导致企业后劲不足，终端没有掌控力等。想要继续依靠这种模式进一步快速驱动市场增长已不可能。于是伊利果断决定转变渠道模式，开始实行分公司制，即在各销售区域所在的省会城市建立了分公司，由这些分公司负责该区域批发商的供货、换货、退货等业务。

二、谋求发展进驻电商平台

网购的发展驱使着伊利开辟电商渠道。关于伊利到底该选择何种模式建立电商渠道，其内部开展了一场小型讨论会。假如自建网上商城，那就意味着要自己负责网站的建设和维护、产品销售以及售后服务等所有的环节，此外，做电商需要较多的人员，这确实也是不小的成本。伊利作为传统的乳制品企业，初次尝试发展线上渠道，还是稳扎稳打好。最终伊利决定以入驻第三方平台的方式开辟线上电商渠道。2010年，伊利天猫官方旗舰店成立了。紧接着，2012年3月，伊利在天猫上成立了第一家母婴旗舰店，主要经营婴幼儿奶粉、中老年奶粉和奶片等产品。截至2020年上半年，伊利实现营业总收入475.28亿元，同比增长5.45%，伊利在互联网转型中的尝试收到了很好的效果。

三、渠道冲突，何去何从

还沉浸在电商带来的喜悦中的伊利，万万没想到线上渠道在给伊利扩大宣传、增加销量的同时，也引发了一场严重的线上和线下的渠道冲突。关于线上电商渠道对线下商超渠道的冲击，使传统渠道的销售逐渐弱化问题，伊利内部再次开展了一场讨论会。

市场部表示，"多渠道运营的关键在于各个渠道的划分是否恰当，是否对目标消费群体做出了明显的区分，如果每个渠道成员都能提供不同消费群体的个性化需求，那么消费者就能确定哪个渠道更适合他。因此，我们可以根据不同的细分标准对顾客进行细分，对不同目标市场顾客以不同的渠道侧重，让线上线下分别服务不同顾客，可以从根本上避免渠道冲突的产生"。

销售部认为，"线上线下渠道冲突的根源就在于对渠道商利益的冲突。可以通过将线上作为处理线下库存的平台，将线下的库存产品拿到线上来销售的做法不仅可以使线上销售适合网络销售的低价商品，而且又不会和线下的销售价格产生冲突"。

而产品设计部门表示，"这样并没有从根本上解决线上线下的渠道冲突问题。应该实行线上线下完全区隔的产品线，在线上渠道只销售特定类别的产品。这些特供品不在线下铺货销售，终端是无法买到的，只在线上独家销售"。

营销部则表示，上一方案确实会有效果，但没有彻底解决问题。"让集团上下建立更高一级的共享目标，将渠道的整体绩效作为各渠道利润分配的标准来促进线上线下的合作。具体来说，就是利用线下渠道为线上引导顾客流量，这样线下渠道仍能因为整体绩效的提高而得到红利分配，反之亦然。具体来说，企业可以赠送给那些到线下商超进行购买的顾客一张线上旗舰店的购物优惠券，当顾客在网上购买相应的产品时，就可以通过该优惠券得到相应的优惠。同时线下的传统零售商对优惠券进行定期统计，根据统计结果对实体店铺实行返利奖励，从而可以在一定程度上调动线下零售商积极参与网络销售而不是抵制"。

资料来源：黄小葵，奇星彤，诺明. 伊利渠道冲突的解决之道 [EB/OL](2020-01-19)[2020-07-03].https：//www.cmcc-dut.cn/Cases/Detail/4302.

思考题

1. 传统的乳制品企业可以通过哪些方式建立电商渠道？伊利采取的是哪种方式？
2. 伊利可以采取哪些方法来有效地解决当前的渠道冲突问题？

参考文献

[1] 瞿彭志. 网络营销 [M]. 5 版. 北京：高等教育出版社，2019.
[2] 刘芸，张和荣，谭泗桥. 网络营销与策划 [M]. 2 版. 北京：清华大学出版社，2014.
[3] 杨路明，罗裕梅. 网络营销 [M]. 2 版. 北京：机械工业出版社，2017.
[4] 林梅琼. 麦考林商业模式分析与实施方法改进 [D]. 上海：华东师范大学，2010.

第9章

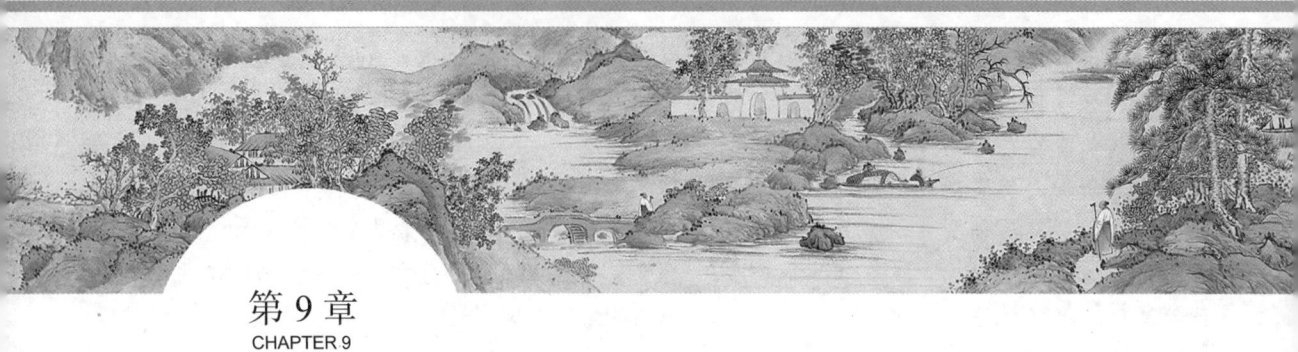

CHAPTER 9

让顾客钱包减肥的妙招：网络营销促销

⊙ 开篇案例

屈臣氏的花样促销

一、销售促进推广分析

（1）推广目标分析：屈臣氏的推广目标是刺激消费者反复购买。保持现有客户，使老顾客产生惠顾动机，稳定产品销量；促使现有顾客大量购买，在现有顾客基础上扩大产品销量；吸引潜在客户，通过有效刺激使潜在顾客转变为现实顾客。

（2）推广方式分析：屈臣氏选择的推广方式有折扣促销、竞赛与演示促销、赠品促销、优惠券促销以及节日促销。

1）折扣促销：屈臣氏推出"加1元多1件""全线8折""自有品牌商品免费加量33%不加价"等折扣促销方式，通过这些促销活动屈臣氏成功地实现了自己前期的推广目标。

2）竞赛与演示促销：屈臣氏在内部开展销售竞赛，最后对销售额排名前三的店铺进行奖励。这种方式在很大程度上提高了销售人员的积极性，很好地促进了店铺产品的销售。

3）赠品促销：屈臣氏推出"买一送一""买就送"等促销活动，通过赠品促销的方式来吸引新老顾客的购买，主要是挖掘潜在客户，使其转化为现实客户。

4）优惠券促销：屈臣氏推出了"优惠券享受折扣"的促销方式，只要顾客满足店铺规定的购买额就可以享受优惠券折扣，这种方式利用了顾客普遍喜欢占便宜的心理，促使顾客购买更多的产品以满足享受优惠的条件。

5）节日促销：屈臣氏主要以节日促销活动为主，非常重视情人节、圣诞节、春节等节日，促销主题多式多样，例如"说吧说你爱我吧"的情人节促销，"圣诞全攻略""真情圣诞真低价"的圣诞节促销，"劲爆好礼闹新春"的春节促销。屈臣氏充分利用浓郁的节日氛围，开展节日促销。消费者在节日期间大都心情亢奋，有消费欲望，节日促销可以有效地促进店铺销售。

二、公共关系推广分析

屈臣氏开展了大量的公共推广活动，例如："百事新星大赛""封面领秀""健与美大赛"。屈臣氏通过大型的公关活动树立自身的品牌形象，提高自身的影响力，并且屈臣氏的公关活动形式多样，不仅有消费者喜闻乐见的选秀形式的活动，还另辟蹊径开展了以产品为对象的"选秀"活动，即"健与美大赛"。"健与美大赛"是由屈臣氏自创和举办的关于健康与美容护肤产品的大赛，规则是在数千种产品中，挑选出各个组别中的最佳产品，有"至尊金奖""银奖""铜奖""最具潜质新产品奖""最佳品类大奖"等，并公布《健与美群英榜》，以引导顾客消费。这一方面是对获奖品牌及产品的肯定，另一方面也能帮助消费者做出明智的选择，让顾客以最优惠的价格，买到最优质的产品。这个活动开辟了新的活动形式，并且真正地站在消费者的立场上考虑问题，为消费者提供信得过的产品，同时体现了屈臣氏店铺的人性化，对外树立了良好的品牌形象。

资料来源：豆丁网. 屈臣氏促销案例分析 [EB/OL].（2014-05-17）[2020-12-07]. https://www.docin.com/p-813973496.html.

思考题

网络营销促销到底是什么呢？它会给营销带来哪些效益呢？

促销（promotion）是指企业利用各种信息载体与目标市场进行沟通的传播活动，包括广告、人员推销、销售促进、公共关系等促销组合（营销传播组合）工具。科特勒认为，促销指的是向顾客展示自己产品的特性并说服顾客购买的活动。在营销组合中，促销手段的重要性日渐提升。事实上，营销活动能否取得预期效果，产品是前提，价格是调节工具，分销是通道，促销是助推器，服务是最终保障。当代社会日趋信息化，"酒香不怕巷子深"已不再是人人坚信的商业哲理。离开了促销活动，尤其是进入市场早期的营销活动，相当一部分产品将难以立足。

网络营销促销（network sales promotion）是指利用计算机及网络技术向虚拟市场传递有关商品和服务的信息，以引发消费者需求，唤起购买欲望和促成购买行为的各种活动，包括网络广告、站点推广、网上销售促进、网上公共关系等促销组合（营销传播组合）工具。

9.1 网络营销促销

9.1.1 网络营销促销内涵

1. 网络营销促销特点

（1）现代性，即网络营销促销通过网络技术传递产品和服务信息。多媒体技术提供了近似于现实交易过程中的商品表现形式，双向的、快捷的信息传播模式将互不见面的交易双方的意愿表达得淋漓尽致，也留给对方充分的思考时间。在这种环境下，传统的促销方法显得软弱无力，这种建立在计算机与现代通信技术基础上的促销方式还将随着这些技术的不断发展而改进。因此，网络营销者不仅要熟悉传统的营销技巧，而且需要掌握相应的计算机和网络技术知识，以一系列新的促销方法和手段（如电商直播等）达成交易。

（2）虚拟性，即网络营销促销是在互联网虚拟市场环境下进行的。作为一个连接世界各国的大网络，互联网聚集了广泛的人口，融合了多种生活和消费理念，显现出全新的无地域、时间限制的电子时空观。在这个环境中，消费者观念和消费行为都发生了很大的变化。

他们普遍实行大范围的选择和理性的消费，许多消费者还直接参与生产和商业流通的循环，因此，网络营销者必须突破传统实体市场和物理时空观的局限，采用虚拟市场的全新思维方法，调整自己的促销策略和实施方案。

（3）全球性，即互联网虚拟市场是全球性的。互联网虚拟市场的出现，将所有的企业，无论其规模的大小，都推向了一个统一的全球大市场，传统的区域性市场的小圈子正在被逐步打破，企业不得不直接面对激烈的国际竞争。如果一个企业不想被淘汰的话，就必须学会在这个虚拟市场中做生意。

2. 网络营销促销新变化

虽然传统的促销和网络营销促销都是让消费者认识产品，引起消费者的注意和兴趣，激发他们的购买欲望，并最终使其产生购买行为，但由于互联网强大的通信能力和广泛的覆盖范围，网络促销在时间和空间观念、信息沟通方式以及顾客参与程度上与传统的促销活动相比，都发生了较大的变化。

（1）时空观念变化。

目前的社会正处于两种不同的时空观交替作用时期。在这个时期内，消费者将要受到两种不同的时空观念的影响。也就是说，我们的生活和生产是建立在工业化社会顺序、精确的物理时空观的基础上的，而反映现代生活和生产（包括生产经营、营销、管理等）的信息需求又是建立在网络化社会柔性可变、没有物理距离的时空环境之上的。以产品流通为例，传统的产品销售和消费者群体都有一个地理半径的限制，网络营销大大地突破了这个原有的半径，使产品销售成为全球范围内的竞争；传统的产品订货都有一个时间的限制，而在网络上，订货和购买可以在任何时间进行。这就是现代网络时空观（cyberspace），时间和空间观念的变化要求网络营销者随之调整自己的促销策略和具体实施方案。

（2）信息沟通方式变化。

促销的基础是买卖双方信息的沟通。在网络上信息的沟通渠道是单一的，所有信息都必须经过线路的传递。然而，这种沟通又是十分丰富的，多媒体信息处理技术提供了近似于现实交易过程中的产品表现形式：双向的、快捷的、互不见面的信息传播模式，将买卖双方的意愿表达得淋漓尽致，也留给对方充分思考的时间。在这种环境下，传统的促销方法显得软弱无力。网络营销者需要掌握一系列新的促销方法和手段，促进买卖双方达成合作。

（3）消费群体和消费行为变化。

在网络环境下，消费群体和消费行为都发生了很大的变化。上网购物者是一个特殊的消费群体，具有不同于消费大众的消费需求。这些消费者直接参与生产和商业流通的循环，普遍愿意大范围地选择和理性地购买。这些变化对传统的促销理论和模式产生了重要的影响。

（4）网络营销促销新认识。

网络营销促销虽然与传统促销在促销观念和手段上有较大差别，但由于它们推销产品的目的是相同的，因此，整个促销过程的设计具有很多相似之处。对于网络促销，一方面应当站在全新的角度去认识这一新兴的促销方式，理解这种依赖现代网络技术、与顾客不见面完全通过网络交流思想和意愿的产品推销形式；另一方面则应当通过与传统促销的比较去体会两者之间的异同，吸收传统促销方式的整体设计思想和行之有效的促销技巧，打开网络促销的新局面。

9.1.2 网络营销促销组合与作用

1. 网络营销促销组合

网络营销促销组合也有四种（括号中为传统促销组合的相应名称）。

（1）网络广告（广告）：以数码为载体，采用先进的电子多媒体技术设计制作不同的网络广告类型在网站或网页上发布。

（2）站点推广（人员推销）：扩大站点知名度，吸引网上用户访问网站，以宣传和推广企业及企业产品。

（3）网络销售促进（销售促进）：利用可以直接销售的网站，采用各种促销方法等，宣传和推广产品。

（4）网络公共关系（公共关系）：利用互联网交互功能吸引用户与企业保持密切关系，培养其忠诚度，提高顾客再购率。

2. 网络营销促销作用

（1）告知功能。

网络营销促销可以将企业的产品、服务、价格等信息通过网络传递给消费者，以引起他们的注意。

（2）诱导功能。

网络营销促销的目的在于通过各种有效的方式，解除潜在消费者对产品或服务的疑虑，说服其坚定购买的决心。例如，在许多同类商品中，顾客往往难以察觉各种产品间的微小差别。企业通过网络营销促销活动，宣传自己产品的特点，使消费者认识到该产品可能给他们带来的利益或特殊效用，进而选择本企业的产品。

（3）反馈功能。

结合网络促销活动，企业可以通过在线填写表格或电子邮件等方式及时地收集与汇总消费者的意见和需求，迅速反馈给企业的决策管理层，由此所获得的信息的准确性和可靠性高，对企业经营决策具有较大的参考价值。

（4）创造需求。

运作良好的网络促销活动，不仅可以诱导需求，而且可以创造需求，发掘潜在的消费者，拓展新市场，扩大销售量。

（5）稳定销售。

在企业的产品销售量波动较大、市场地位不稳的情况下，通过适当的网络营销促销活动，树立良好的产品形象和企业形象，往往有可能改变消费者对企业及其产品的认识，提高产品的知名度和用户对企业的忠诚度，达到锁定用户、实现稳定销售的目的。

9.1.3　网络营销促销实施

如何实施网络营销促销，对于绝大多数企业来说都是一个新问题。因此网络营销促销人员必须深入了解产品信息在网络上的传播特点，分析自己产品信息的接收对象，确定合适的网络营销促销目标，制定切实可行的实施步骤，通过科学的实施，打开网络营销促销的新局面。根据国内外网络营销促销的大量实践，网络营销促销的实施过程包括六个方面。

1. 确定网络营销促销对象

网络营销促销对象主要是那些可能在网上实施消费行为的潜在顾客群体。随着互联网的日益普及，这一群体也在不断壮大。他们主要包括以下三部分人员。

（1）产品使用者，即实际使用或消费产品的人。实际的需求是这些人实施消费的直接动因。抓住了这一部分消费者，网上销售就有了稳定的市场。

（2）产品购买决策者，即实际决定购买产品的人。多数情况下，产品的使用者和购买决策者是一致的，尤其在虚拟市场上更是如此。因为大部分的网上消费者都有独立的决策能力，也有一定的经济收入。但是也有许多产品的购买决策者与使用者相分离的情况，例如，一名中学生在网上看到自己非常喜欢的华为新产品B6华为手环，但购买的决策往往需要他的父母做出。因此，网络营销促销也应当把购买决策者放在重要的位置上。

（3）产品购买影响者，即在看法或建议上可以对最终购买决策产生一定影响的人。通常在低值、易耗的日用品购买决策中，这部分人的影响力较小，而在高档、实用消费品的购买决策上，他们的影响力可能会起决定性的作用。这是因为购买者对高价耐用品的购买往往比较谨慎，一般会在广泛征求意见的基础上做决定。

2. 设计网络营销促销内容

网络营销促销的最终目标是希望引起购买，这是要通过设计具体的信息内容来实现的。消费者实施购买是一个复杂的、多阶段的过程，促销内容应当根据消费者目前所处的购买决策过程的不同阶段和产品所处的生命周期的不同阶段来决定。

（1）投入期。在新产品刚刚投入市场的阶段，消费者对该产品还非常生疏，促销活动的内容应侧重于宣传产品的特点，以引起消费者的注意。

（2）成长期。当产品在市场上已有了一定的影响力，即进入成长期阶段，促销活动的内容则应偏重于唤起消费者的购买欲望，同时，还需要创造品牌的知名度。

（3）饱和期。当产品进入成熟阶段后，市场竞争变得十分激烈，促销活动的内容除了针对产品本身的宣传外，还需要对企业形象做大量的宣传工作，树立消费者对企业产品的信心。

（4）衰退期。当产品进入衰退期时，促销活动的重点在于密切与消费者之间的感情沟通，通过各种让利促销，延长产品的生命周期。

3. 决定网络营销促销组合方式

促销组合是比较复杂的问题。网上的促销活动主要通过网络广告促销和网络站点推广两种促销方法展开。但由于每个企业的产品种类、销售对象不同，促销方法与产品、销售对象之间将会产生多种网络促销的组合方式。企业应根据网络广告促销和网络站点推广两种方法各自的特点和优势，结合自己产品的市场状况和顾客情况，扬长避短，合理组合，以实现最佳促销效果。

网络广告促销主要实施"推"战略，其主要功能是将企业的产品推向市场，获得广大消费者的认可；网络站点推广主要实施"拉"战略，其主要功能是紧紧地吸引住用户，保持稳定的市场份额，如图 9-1 所示。通常，日用消费品，如食品饮料、化妆品、医药用品、家用电器等，网络广告促销的效果比较好；而计算机、专用及大型机电产品等采用网络站点推广的方法比较有效。在产品的成长期，应侧重于网络广告促销，宣传产品的新性能、新特点；在产品的饱和期，则应加强自身站点的建设，树立企业形象，巩固已有市场。企业可根据自身网络促销的能力确定这两种网络促销方法组合使用的比例。

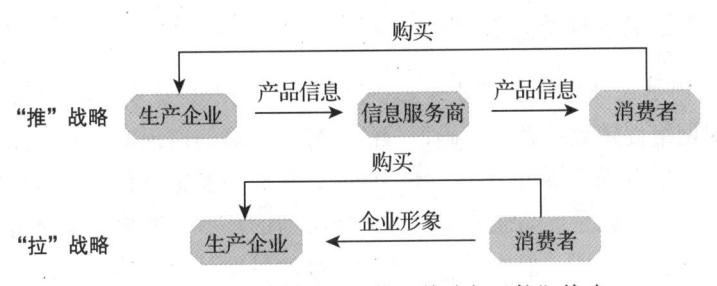

图 9-1 网络营销促销的"推"战略与"拉"战略

4. 制订网络营销促销预算方案

网络营销促销实施过程中，使企业感到最困难的是预算方案的制订。在互联网上促销，对任何人来说都是一个新问题。所有的价格、条件都需要在实践中不断学习、比较和体会，不断总结经验，只有这样，才可能用有限的精力、资金收到尽可能好的效果，做到事半功倍。

（1）要确定开展网上促销活动的方式。网络促销活动的开展可以是在企业自己的网站上进行，其费用最低，但因知名度的原因，覆盖范围可能有限，因此可以借助一些信息服务商进行，但不同的信息服务商可能价格悬殊。所以，企业应当认真比较投放站点的服务质量和价格，从中筛选出适合于本企业促销活动开展、价格匹配的服务站点。

（2）要确定网络促销的目标，是树立企业形象、宣传产品，还是宣传服务。围绕这些目标来策划投放内容，包括文案和图形数、色彩复杂程度、投放时长、投放频率和密度、广告宣传的位置、内容更换周期以及效果检测方法等。这些细节确定了，企业整体的投资预算就有了依据，与信息服务商谈判就有了一定的把握。

（3）要确定希望影响的是哪个群体、哪个阶层，是国内还是国外的。因为不同网站的服务对象有较大的差别，有的网站侧重于消费者，有的侧重于学术界，有的侧重于青少年。一一般来说，侧重于学术交流的网站的服务费用较低，专门的商务网站的服务费用较高，而那些搜索引擎之类的综合性网站费用最高。在使用语言上，纯中文方式的费用较低，同时使用中英两种语言的费用较高。

5. 评价网络营销促销的效果

网络营销促销实施到一定的阶段，应对已执行的促销内容进行评价，看实际效果是否达到了预期的促销目标。对促销效果的评价主要从两个方面进行。

（1）要充分利用互联网上的统计软件，对开展促销活动以来，站点或网页的访问人数、点击次数、千人印象成本等进行统计。通过这些数据，促销者可以看出自己的优势与不足，以及与其他促销者的差距，从而及时对促销活动的好坏做出基本的判断。

（2）评价要建立在对实际效果全面调查分析的基础上。通过调查市场占有率的变化情况、销售量的变化情况、利润的增减情况、促销成本的升降情况，促销者可以判断促销决策是否正确，同时还应注意促销对象、促销内容、促销组合等方面与促销目标间因果关系的分析，从而对整个促销工作做出正确的判断。

6. 注重网络营销促销过程综合管理

网络营销促销是一项崭新的事业，要在这个领域中取得成功，科学的管理起着极为重要的作用。在对网络促销效果做出正确评价的基础上，对偏离预期促销目标的活动进行调整是保证促销取得最佳效果必不可少的一环。同时，在促销实施过程中，加强各方面的信息沟通、协调与综合管理，也是提高企业促销效果所必需的环节，网络营销促销虽然与传统促销在观念和手段上有较大差别，但由于它们推销商品的目的是一致的，因此，整个促销过程的策划具有很多相似之处。

┊案例 9-1┊

Restaurant Foyer 成功招揽午餐客

法式料理店 Restaurant Foyer 建立了一套新颖的"午餐餐友"顾客管理系统。针对填写电子邮件地址和会员名等个人信息的顾客赠送"午餐餐友卡"。通过电子邮件发送甜品券和优惠券的促销形式成功招揽午餐客，顾客来店消费时，只需出示此卡，就能享受各种优惠。

这家餐饮店的周边分布着多家外资企业，日常工作中使用电脑的人很多。针对这种情况，该店面向"午餐餐友"会员定期（每周两三次）发送电子邮件，通过邮件让客人了解最新优惠资讯。另外，在每月发送一次的"Foyer 最新资讯"中，还配有优惠活动和季节时令菜等图文信息。这种电子邮件促销方式与手机邮件相比，具有信息存储量大、内容全面的优点。

申请加入"午餐餐友"会员的人很多，店家不需要刻意宣传，只在迁址等原因导致会员流失时开展招募活动就可以。外资企业的人员流动相对频繁，所以停止发送邮件的情况时有发生。一般情况下，店里每天需要发送 2 300 份邮件，而注册会员的实际人数是邮件数的 1.5 倍。

该店面向"午餐餐友"会员提供的优惠种类很多，比如"午餐甜品优惠""每周四鲜鱼料理全品优惠""晚餐优惠"。客人来店消费时，只需从摆在餐位上的优惠卡中抽出一张，就能享受相应的折扣服务。午餐客中，将近1/3是会员，每到用餐时间，店里人气超级旺。因为口碑好，所以这家店的知名度越来越大，每天都有人申请办理会员卡。

资料来源：职业餐饮网.8个经典营销案例，告诉你人气餐厅都是怎么吸引顾客的！[EB/OL].（2018-01-15）[2020-11-12].http://www.canyin168.com/glyy/yxch/yxgl/201801/72041.html.

思考题

Restaurant Foyer促销的方式是什么？它是如何赢得顾客的青睐的？

9.2 网络营销促销白金法则：网络广告

网络广告的特点与类型、应用发布和效果统计均与传统广告有很大不同，随着经验的增加和技术的发展，网络广告发展很快，被称为"第四类媒体"。对网络广告进行研究，对开展网络营销的企业十分重要。

9.2.1 网络广告及分类

1. 网络广告概述

从技术层面考察，网络广告是指以数字代码为载体，采用先进的电子多媒体技术设计制作，通过互联网广泛传播，具有良好的交互功能的广告形式。

从法律角度看，网络广告具有狭义和广义之分。狭义的网络广告是指互联网信息服务提供者通过互联网在网站或网页上以旗帜、按钮、文字链接、电子邮件等形式发布的广告。广义的网络广告是指商品经营者或者服务提供者承担费用，通过一定的媒介和形式直接或者间接地介绍自己所推销的商品或者所提供的服务的商业广告。

随着互联网生态环境的逐渐完善、网络广告精准化程度提高以及媒体质量较高等优势逐渐凸显，广告主对网络广告的认可程度逐渐增强，网络广告行业迅速崛起，市场规模逐步扩大，如图9-2所示。

2013—2021年我国网络广告市场规模及预测

年份	网络广告市场规模（亿元）	同比增长率
2013	1 105.2	43.0%
2014	1 546	39.9%
2015	2 184.5	41.3%
2016	2 884.9	32.1%
2017	3 750.1	30.0%
2018	4 884	30.2%
2019	6 182	26.6%
2020E	7 916.4	28.1%
2021E	9 682.3	22.3%

图9-2 网络广告市场规模

资料来源：中国产业信息网（https://www.chyxx.com/industry/202004/856759.html）。

2. 网络广告分类

网络广告的形式多种多样，下面分别介绍各种广告形式。

（1）旗帜广告（banner）。

旗帜广告也称标志广告，通常是一些色彩艳丽的矩形图片，置于页面的顶部、底部或醒目处。这些设计和制作都很精致，含有经过浓缩的广告词句和精美画面的图片，吸引力强。

（2）条幅广告。

条幅广告是一种窄而高，常位于网页两边垂直放置的网络广告。

（3）漂浮广告。

此类广告不停地在网页上漂浮，以引起网页浏览者的注意。

（4）画中画广告。

此类广告又叫弹出广告、跳出广告。它出现在原有的网页上，形成画中画。

（5）全屏广告。

此类广告将全屏覆盖，具有强烈的感召力。

（6）按钮广告。

按钮广告是从 banner 演变过来的一种形式，是表现为图标的广告，通常广告主用它来宣传其商标或品牌等特定标志。按钮广告与标志广告类似，但是面积比较小，这种广告形式被开发出来主要有两个原因：一方面是可以通过减小面积来降低购买成本，让预算少的广告主能够有能力购买；另一方面是更好地利用网页中面积比较小的零散空白位。

（7）文本链接广告。

链接式广告往往所占空间较少，在网页上的位置也比较自由，它的主要功能是提供通向厂商指定网页（站点）的链接服务，也称为商业服务链接（premium sites）广告。

（8）搜索引擎广告。

1）关键词广告。

当用户在搜索引擎上输入需要搜索的关键词后，即可得到与关键词相关的诸多信息链接。

2）竞价排名。

以用户在检索结果中点击某广告信息的次数为计费标准。而广告信息在检索中的排名先后则取决于广告主愿意为此付出的单次点击费用的高低，为每次点击支付价格最高的广告会排在第一位，然后依次排列。

（9）游戏广告。

游戏广告是利用互动游戏技术将嵌入其中的广告信息传达给受众的广告形式。

（10）墙纸式广告。

墙纸式广告是把广告主要表现的广告内容体现在墙纸上，并安排放在具有墙纸内容的网站上，以供感兴趣的人下载。

（11）赞助式广告。

赞助有三种形式：内容赞助、节目赞助、节日赞助。广告主可对自己感兴趣的网站内容或节目进行赞助，或在特别时期（如重大节日、世界杯）赞助网站的推广活动。

（12）竞赛和推广式广告。

广告主可以与网站一起合办共同感兴趣的网上竞赛或网上推广活动。

（13）分类广告。

网络分类广告是充分利用计算机网络的优势，对大量的生活实用信息，按主题进行科学分类，并提供快速检索的一种广告形式。

9.2.2 网络广告特点

网络采用多媒体技术，提供文字、声音、图像等综合性的信息服务，不仅能做到图文并茂，而且可以实现双向交流，使信息准确、快速、高效地传达给每一位用户。因此，与广播、电视、报纸、杂志四大传统广告媒体相比，网络广告的特点主要体现在以下几个方面。

1. 传播范围广，无时空限制

网络广告的传播不受时间和空间的限制，互联网将广告信息 24 小时不间断地传播到世界各地。只要具备上网条件，任何人在任何地点都可以看到这些信息，这是其他广告媒体无法实现的。

2. 定向与分类明确

尽管传统的广告铺天盖地，如电视中播放着精心制作的广告，广播中传出充满诱惑力的广告语，报箱内或门缝下被人塞入的一份份宣传品等，然而，这类广告由于没有进行定向和分类，收效甚微。网络广告最大的特点就在于它的定向性，网络广告不仅可以面对所有互联网用户，而且可以根据受众产品确定广告目标市场，例如，生产化妆品的企业，其广告主要定位于女士，因此可将企业的网络广告投放到与女士相关的网站上。这样通过互联网，就可以把适当的信息在适当的时间发送给适当的人，实现广告的定向。从营销的角度来看，这是一种一对一的理想营销方式，它使可能成为买主的用户与有价值的信息之间实现了匹配。

3. 互动性和选择性灵活

互联网信息共享的特点决定了网络广告的互动性。网上的信息是互动传播的，用户可以获取自己认为有用的信息，厂商也可以随时得到宝贵的用户反馈信息。例如，用户在访问广告的发布站点时，除可以有选择地阅读有关产品的详细资料外，还可以通过在线提交表单或发送电子邮件等方式，向厂家请求特殊咨询服务。厂商一般在很短的时间内（几分钟或几小时内）就能读到信息，并能根据客户的要求和建议及时做出积极反馈。

此外，许多用户在网站上提供的个人资料，会成为广告商推出不同广告的依据。例如，某个用户居住在某一地区，曾经表示过自己对某种产品或生活方式的偏好等，这会成为厂商了解客户需求的信息，厂家会据此量身定做出整套促销方案。

4. 统计精确有效

传统媒体广告的发布者无法得到诸如有多少人接触过该广告这样的准确信息，因此一般只能大致推算广告的效果。而网络广告的发布者则可通过公正权威的广告统计系统提供的庞大的用户跟踪信息库找到各种有用的反馈信息。发布者也可以利用服务器端的访问记录查询软件，如"cookie"程序等，追踪访问者在网站的行踪，曾点击浏览过哪些广告或是曾经深入了解过哪类信息，访问者的这些行踪都被储存在"cookie"中。广告商通过这类软件可以随时获得访问者的详细记录：点击的次数、浏览的次数以及访问者的身份、查阅的时间分布和地域分布等。与传统媒体的做法相比，上述方式可随时监测广告投放的有效程度，更精确且更有实际意义。一方面，精确的统计有助于企业了解广告发布的效果：哪些广告有效，哪些无效，并找出原因，及时对广告投入的效益做出评估，以便调整市场和广告策略。另一方面，广告商可根据统计数据评估广告的效果，审定广告投放策略，及时采取改进广告的内容和版式、加快更新速度等顺应消费者的举措，进一步提高广告的效益，避免资金的浪费。

5. 内容丰富、形象生动

报纸、杂志等印刷介质的平面媒体在很大程度上受到空间限制，广播、电视等电波媒体则受到播出时段或播出时间长度的限制，而网络媒体则突破了时间与空间的限制，拥有极大的灵活性。因此，网络广告的内容非常丰富，一个站点的信息承载量一般大大超过传统印刷宣传品，不仅如此，通过计算机多媒体技术，网络广告可以以图、文、声、像等多种形式，生动形象地将产品或市场活动的信息展示在用户面前。

6. 易于实时修改

在传统媒体上发布广告后就很难再更改了，即使可改动，往往也需付出很高的经济代价。网上的广告可以按照需要及时变更广告内容，这样广告商就可以随时更改诸如价格或商品供求状况等信息。

7. 价格低廉

网络广告无须印刷、拍摄或录制，在网上发布广告的总价格较其他形式的广告价格便宜很多。与报纸和电视广告单位面积（时间）动辄上万元的价格相比，网络广告在价格上极具竞争力。

8. 被动传播

传统媒体是将信息推给观众或听众,受众只能被动地接受这些信息。网络广告的非强迫性和受众的主动性选择是它的一大优势。但从另一方面看,网络广告是被动传播的,而不是主动展现在用户面前的,也就是说,用户需要进行查找,才能找到所需要的广告。因此,为了让更多的用户能便捷地接触到所需要的广告,广告商还需要开发诸如自动扩张式广告之类的能争取用户的技术,以发挥网络广告最大的效益。

9. 创意具有局限性

Web 页面上的旗帜广告效果很好,但是创意空间却非常小,其常用的尺寸约为 15 厘米宽、2 厘米高。要在如此小的空间里创新吸引力、感染力足够大的广告,是广告策划者面对的巨大挑战。

10. 可供选择的广告位有限

旗帜广告一般都放置在每页的顶部或底部两处(通常位于页面顶部的旗帜广告效果比位于底部的要好),因此可供选择的位置少。图标广告虽然可以安置在页面的任何位置,但由于尺寸小,所以不被大多数广告主看好。另外,由于许多有潜力的网站还没有广告意识,网页上至今不设广告位置,从而使广告越来越向几个有影响力的导航网站聚集,这些网站页面上播映旗帜广告的位置也就成为广告主竞争的热点,进一步加剧了广告位置的紧张程度。因此,广告商不得不采用在一个位置上安置几个旗帜广告轮换播映的滚动广告形式,如搜狐主页的顶部就轮流播映汽车、服装等几种类别的广告。

虽然网络广告还存在诸多的问题,但凭借上面所列举的种种优势,网络广告深深地吸引着众多的企业和客户,随着网络的发展与普及、网民人数的日益增加,网络广告也将进入一个高速发展的时期,其效益将日益凸显。

需要指出的是,网络广告的诞生使一些人认为大众传播时代已经结束,然而事实究竟如何?现在还没有令人特别信服的答案。从广告媒体发展的历史来看,新媒体的出现只会为广告业拓展新天地,电视广告曾是新媒体,但它并没有取代报刊广告。同样,网络广告是对传统媒体广告的补充,盲目从众或是仅仅依靠老经验是难以获得成功的,只有掌握了网络广告的特点,扬长避短,才会给广告主和广告商带来无限的商机。

> 案例 9-2

麦当劳广告营销

麦当劳的成功与它多方面的促销活动(如广告、店内体验、赞助、分店营销、公共关系和宣传推广)是分不开的。在传承与享用汉堡相关的价值时,广告发挥了关键的作用。

1. 灯塔效应——明星广告

从麦当劳的广告不难看出,明星代言是它的一大特色。体育明星是麦当劳代言人的主力军,而且麦当劳会根据不同赛事拍摄不同的广告。2003 年麦当劳转型后,一些比较有个性的、当红的明星,成为麦当劳的新代言人。当然,抓住时事热点也是麦当劳成功的广告营销策略之一。例如,当时最火的电影《杜拉拉升职记》一经播出,其主演马上成为广告代言人。

2. 全面攻略——主题广告

无论什么样的产品都必须找到自己的主题广告,使其适应各个阶段的人群,扩大消费市场,同时也可以让人们从广告中找到产品的特点,从而喜欢上它。

"更多选择,更多欢笑"这一广告主题,集中体现了以妈妈和儿童为主要目标受众的内在心理需求,也就是说,诉求的重点是快乐、趣味性,麦当劳所寻找的这个广告主题,最适合妈妈和儿童的需求心理,同时也符合一些喜欢趣味性的年轻人。

"常常欢笑,尝尝麦当劳"则把目光更多地放在年轻人的身上,着重突出那种自由自在的欢乐。这种欢乐是柔柔的,让人有舒畅的感觉,对儿童、青少年、父母都很具亲和力。

"我就喜欢"把目标顾客定位于麦当劳流失最快而公司又最需要的年轻一族,所有的品牌主题都围绕着"酷""自己做主""我的地盘""我行我素"等年轻人推崇的理念。这些心理特性构成了全球年轻人的共有文化,麦当劳如果能抓住这一消费心理,完全有打破各地区之间文化沟通障碍的可能。

由于广告主题不一样,广告创作的表现形式也不一样。"更多选择,更多欢笑""常常欢笑,尝尝麦当劳"在表现形式上更倾向于卡通化,而"我就喜欢"在更多时候体现的是一种后现代主义风格,所以表现手法比较有创意。

3. 出奇制胜——创意广告

创意是决定广告效果的重要因素,也是影响产品销量的因素之一。麦当劳婴儿篇的影视广告在全世界都有,只是每到一个国家,主角便换成了各国自己的孩子,因为那样更容易让人接受。一个躺在摇篮里的婴儿,一会儿笑个不停,一会儿又哭个不停,当摇篮靠近窗口时,他就露出笑脸,而当摇篮晃下去时,他就哇哇地哭,这一简单的镜头重复出现,直到广告的最后,镜头从婴儿的角度看过去时,一切才恍然大悟。一切的欢笑,都是因为看到了麦当劳的金黄色拱门。广告明了的创意,丰富的情节,妙!

麦当劳的平面广告往往独特新颖,创意十足。简单的画面,纯一色的颜色。虽然连麦当劳的黄色标志都变成了白色的"M"形标志,但恰到好处地运用它,使其看起来像一张吃了麦当劳从而大笑的嘴,就会给人丰富的想象空间。

4. 千变万化——户外广告

户外广告的魔力就在于怎样合理地运用户外媒介,而麦当劳在这一方面做得非常巧妙。如将广告牌的杆子变成吸管,而杯子却是倒立的,就好像大地将麦当劳的奶茶给吸干,突出产品的好喝。

某些地方会利用麦当劳的餐厅入口做广告,虽然这种做法也已经不是那么新鲜了,但毕竟能够做出来的很少。它的入口是一个很大的照相机外盒,人们可以进去照相。照出的相片类似于大头贴,可以将你随意与明星放在一起。这种广告虽然没有明确的广告语和产品,但可以让人们在玩乐中记住品牌。

资料来源:豆丁网. 麦当劳广告策略分析 [EB/OL].(2014-05-17)[2020-12-07].https://www.docin.com/p-1461038187.html.

思考题

麦当劳如何利用广告进行促销?

9.2.3 网络广告价格水平

1. 影响网络广告价格的因素

（1）网络广告提供商的知名度。网络广告提供商知名度越高，业务分布范围越广，其网络广告的价位越高。

（2）旗帜广告的幅面大小与位置。同传统广告一样，网络广告的价格也因幅面大小的不同而有所不同，幅面越大，价格越贵。对客户来讲，在可视范围内，尺寸越小越好，这不仅是因为尺寸越小，价格越便宜，而且还是因为尺寸越小，传输速度越快。广告放置的位置也很有讲究。在导航网站中选择主题相符的主页放置旗帜广告的效果会好于其他位置。放置在一个页面上部的广告显然又要比放在下部的效果好，因为浏览者不必下移屏幕就可以看到广告。位置不同，价格自然也有差异，因此许多广告商在制定收费标准时往往还要考虑广告在网页上的层次和位置，例如，雅虎导航网站的广告收费标准就是根据位置和网页被访问的次数定价。

（3）网页浏览次数和网页浏览率。网页浏览次数是指当网民在网上漫游或在导航站点上检索时，插在页面中的网络广告会给浏览者留下视觉印象的次数。在一定时间里统计出来的浏览次数就叫作网页浏览率。

2. 常用网络广告收费模式

常用网络广告收费模式如图 9-3 所示。

千人印象成本收费模式 → 每千次点击成本收费模式 → 平均点击次数收费模式 → 行动成本收费模式 → 其他收费模式

图 9-3　常用网络广告收费模式

（1）千人印象成本（cost per thousand impressions，CPM）收费模式。在传统媒体的广告业中，通常是以每千人印象成本作为确定该媒体广告价格的基础。由于互联网上的网站可以精确地统计页面的访问次数，因此网络广告按访问人次收费是一种科学的方法。网络广告沿用了传统媒体广告的做法，一般使用以广告网页被 1 000 次浏览为基准计价单位的收费模式，即 CPM。

例如，一个旗帜广告的单价是 1 美元 /CPM，意味着每一千人次看到这个广告就收 1 美元，依此类推，若有 1 万人次浏览了该广告就是 10 美元。如果一个广告主购买了 30 个 CPM，它投放在广告商网页上的广告就可以被浏览 3 万人次。CPM 模式只按实际的访问人次收费，这样可以保证广告主所付出的费用与浏览人次直接挂钩。按 CPM 收费，可以鼓励网站尽量提高自己网页的浏览人数。按 CPM 收费，还可以避免客户只愿在网站的首页做广告的弊病，因为按照 CPM 的计价方式，在首页做广告与在其他页面做广告的收益和支出比是一样的。正因为如此，采用 CPM 收费模式似乎已经成为目前网络广告的一种惯例，而且不同的网站价格大相径庭，在著名网站中，如雅虎的价格高达 75 美元 /CPM，而一些鲜为人知的网站只要 1 美元/CPM。美国著名的 Excite 导航网站的旗帜广告报价：以 30 美元/CPM 为计算的参考标准，每 75 万人次价格为 6 000 美元；针对某个地区或区域的价格，30 美元/CPM；按内容或主题定价，40 美元/CPM；按关键词定价，60 美元/CPM。国内的网络广告服务商，如比特网、搜狐等也都采用 CPM 收费模式。

（2）每千次点击成本（cost per thousand click-through，CPC）收费模式。它是以网页上的广告被点击并链接到相关网站或详细内容页面 1 000 次为基准的网络广告收费模式。例如，广告主购买了 10 个 CPC，意味其投放的广告可被点击 10 000 次。虽然 CPC 的费用比 CPM 的费用高得多，但广告主往往更倾向选择 CPC 这种付费方式，因为这种付费真实反映了受众确实看到了广告，并且进入了广告主的网站或页面。CPC 也是目前国际上流行的广告收费模式。

（3）平均点击次数收费模式。它是按一段时间内，一个网页上某个链接被点击的次数收费。网页上的每一个广告、链接都能被点击，所以网页上的点击次数是多个广告或其他链接造成的。因此，用一段时间内网页上的点击次数来计算广告的价格、统计网站的点击流量是不准确的，这是一种粗略的算法。广告主在使用这个标准时，应与相同条件下 CPM 方式做一个比较，看哪一种定价标准更合算。

（4）行动成本收费模式。这是广告主为防范广告费用风险采用的一种模式，即广告主在广告带来产品的销售后按销售数量付给广告网站较一般广告价格更高的费用。

（5）其他收费模式。一些网络广告服务商还采用按月固定收费的模式，如国内许多网站推出的以租用硬盘空间方式，按"每月 ×× 兆 ×× 元"方式收费。

综上所述，不难看出，单从成本上看，在互联网上做广告的费用大大高于其他传统的广告媒体。Forrester 公司的调查材料显示：室外路牌广告及流动广告、电视、杂志、报纸和互联网的千人广告费用大致为 2 美元、5.42 美元、43.55 美元、60.31 美元和 75 美元。但应当注意到：尽管电视的千人广告费用很低，但从电视台购买广告时段，其费用并非一般的企业所花费得起的，而且电视广告看到的人虽多，但真正感兴趣的仍然只是那些特定的用户群；相比之下，在互联网上做广告虽然不能获得电视所拥有的那么多观众，但广告的定向（advertising targeting）却能更集中地使特定的用户看到，效率远高于电视广告，所以尽管它的千人广告费用较高，但总体费用却比传统广告低得多。

3. 网络广告定价过程中存在的问题

尽管网络广告越来越受到人们的重视，越来越多的企业开始采用在线方式做广告，但从整体上看，企业在网络广告上的支出仍然很低，美国每年用于网络广告的预算数字还不到其全年广告总预算的 1%。由于互联网跨时空的特点，广告客户有充分的选择权利，在网络广告已成为一种时尚的同时，客户也变得更加理智，不会贸然在网上做广告。据美国一家广告公司的调查，近年来网络广告的价格一直呈下降趋势，网络广告已成为买方市场的状况在现在和将来都不会改变，因此广告商为争夺客户只好采取后者能够认可的收费模式。

世界各国多数的企业更是对网络广告持怀疑态度。一方面是因为网络广告很新，没有价格衡量的参照物，目前，许多网站都提供大量的免费服务，这些免费服务的成本主要来自网站的广告收益，网络广告收益是这些站点维持正常运转的主要经济来源。由于各个站点的经营情况不同，各站点对广告的计费方法也不一样。有的按照 CPM 收费，有的按包月方式收费，还有的按点击次数收费，甚至在一个站点内部，由于情况复杂，收费标准也有较大差别。另一方面是由于网络广告还没有统一有效的测量标准，目前用于广告测量标准的一些技术参数，如点击次数、点击率、印象人次等的定义就各有各的说法。在美国的 600 多个商业性站点中，仅旗帜广告就有 900 多种尺寸规格。这些状况的存在，严重影响了企业使用网络广告的积极性，也极大地阻碍了网络广告的进一步发展。

此外，广告商和客户在广告效果的认同上存在着差异。广告商可以用访问者浏览广告的时间、浏览目的页面的深度和浏览页数等指标来衡量其广告的影响，而广告客户为的是销售产品或服务，对他们来说，真正能够解释广告是否有效的，不是点击率，而是访问者进入网站后对页面显示出来的兴趣和购买行为，即实际结果。因此，衡量网络广告有效性的标准应该围绕广告的影响力和实际结果来制定，应该选择能够精确描述影响力和实际结果的衡量标准。

9.2.4 广告促销吸金策略

1. 网络广告构思思路

（1）引起注意。

注意程度的大小与刺激的强弱成正比。突出的目标、移动的画面、鲜艳的色彩都会引起人们不同程度的注意。

（2）主旨明确。

图像就应该起配角作用，目的是给受众营造出一些喘息的视觉空间，就像城市建筑群之间绿地、公园的点缀功能一样，如江小白白酒的广告。

（3）内容新颖。

只有独到、新颖的刺激才容易留下深刻的记忆痕迹。所以，广告宣传要求构思别具一格，要求具有思维的新颖性品质，如农夫山泉广告"我们不生产水，我们是大自然的搬运工"。

（4）照顾大多数。

网络广告的目的是营销，应该照顾绝大多数人的情况，采用适当的技术手段，突出文案内容，以保证有尽量大的传播面。在网络广告文案内容的安排及文字风格处理上，也应贯彻照顾大多数的原则，如大宝护肤品广告"要想皮肤好，早晚用大宝"。

2. 网络广告策略

（1）网络广告定位策略。

1）抢先定位：利用人们先入为主的认知心理特点，率先占领消费者心中的地位，如饮料中的可口可乐、复印中的施乐、电器中的通用电气、电脑中的IBM、快餐中的麦当劳等。

2）比附定位：在无法抢到先机的基础上，仿照领导者的方法进行定位。

3）空隙定位：多用于高档消费品，利用产品的个性和消费者的不同消费心态，通过广告将产品形象植入消费者心中。

4）品牌形象定位：广告强调产品的品牌。

5）企业形象定位：广告强调企业的形象。

6）文化定位：广告强调企业的文化。

（2）网络广告时间策略。

1）时机策略：抓住有利的时机，发起网络广告攻势的策略。

2）时序策略：为了实现网络广告实时传播，保证点击的较高有效性，要考虑网络广告的时段安排技巧，同时做好时段安排。

3）时限策略：指在一次网络广告宣传中，确定网络广告宣传时间长短以及如何使用既定网络广告时限的策略。时限策略分为集中速决型和持续均衡型两种。

（3）网络广告导向策略。

网络广告导向策略是指网络广告诱导公众接受网络广告信息的方式。它是网络广告定位、公众心理研究和网络广告设计的有机结合，也是定位策略、心理策略的综合体现。

1）利益导向策略。

利益导向，就是抓住消费者注重自身利益的心理特点，注重宣传网络广告产品能给他带来的好处。如 Lee 的网络广告突出宣传"恰到好处的贴身、穿脱自如"。

2）情感导向策略。

网络广告宣传侧重于调动消费者的某种情绪，以实现网络广告目的。

3）生活导向策略。

采用生活导向策略，就是网络广告宣传生活化。如硅谷商城最有创意的广告就是将生活导向策略引入网络广告中。

4）权威导向策略。

这是借权威人物、机构、事件的影响，以提高企业或产品的知名度和可信度。

5）名人导向策略。

这是借名人的社会声誉，提高企业或产品的声誉。如由著名主持人汪涵代言的老坛酸菜面。

6）反成导向策略。

反成导向策略就是以逆反取胜策略。网络广告一般都只讲产品或企业的优点，而不讲缺点。反成导向策略就是针对这种逆反心理而采取的"以逆反逆"的办法，宣传的不是产品或企业的优点，而是讲缺点，以短衬长，使公众觉得网络广告诚实可信，从而取得好效果。

（4）网络广告展现策略。

网络广告展现策略主要分为展示型策略和互动型策略。

1）展示型策略包括：直白型展示、解剖型展示和信息丰裕型展示。

2）互动型策略包括：信息沟通互动、试用型互动和现场体验型互动。

9.2.5 网络广告策划流程

与传统广告不同，网络广告有自己的策划流程，具体如下。

1. 确定网络广告的目标

广告目标的作用是通过信息沟通使消费者产生对品牌的认识、情感、态度和行为的变化，从而实现企业的营销目标。公司在不同发展时期有不同的广告目标，比如形象广告或产品广告。对于产品广告，在产品的不同发展阶段广告的目标可分为提供信息、说服购买和提醒使用等。AIDA 法则是网络广告在确定广告目标过程中的规律。

第一个字母 A 是"注意"（attention）。这在网络广告中意味着消费者在计算机屏幕上通过对广告的阅读，逐渐对广告主的产品或品牌产生认识和了解。

第二个字目 I 是"兴趣"（interest）。网络广告受众注意到广告主所传达的信息之后，对产品或品牌发生了兴趣，想要进一步了解广告信息，可以点击广告，进入广告主放置在网上的营销站点或网页中。

第三个字母 D 是"欲望"（desire）。感兴趣的广告浏览者对广告主通过商品或服务提供的利益产生"占为己有"的企图，他们必定会仔细阅读广告主的网页内容。这时就会在广告主的服务器上留下网页阅读的记录。

第四个字母 A 是"行动"（action）。广告受众把浏览网页的动作转换为符合广告目标的行动，可能是在线注册、填写问卷、参加抽奖或者在线购买等。

2. 确定网络广告的目标群体

确定网络广告的目标群体就是确定网络广告希望让哪些人来看，确定他们是哪个群体、属于哪个阶层、处于哪个区域。只有让合适的用户来参与广告信息活动，才能使广告有效地实现其目标。

企业的产品特性是准确定位广告目标群体的关键。因为广告的目标群体由企业的产品消费对象决定，网络营销人员要深入调查和分析目标群体的性别、年龄、职业、爱好、文化程度、素质水平、收入、生活方式、思想方式、消费心理、购买习惯和平时接触网络媒体的习惯等。了解了目标群体的特征，才能有的放矢地调整企业的营销策略。

网络浏览或网上购买者是具有一些时代特征的。在网络广告中，广告主还要清楚了解目标群体的网络操作水平，这决定了网络广告表现时所能采用的技术程度和软件。由于现在广告管理系统具有定向发布和定向反馈的功能，网络营销人员能更准确地了解广告目标群体的情况。企业在进行网络营销时，必须分析网络的既有群体与企业整体营销策略的目标市场之间的重合度有多大，以避免盲目的网络营销决策。

3. 进行网络广告创意及策略选择

（1）要有明确有力的标题。广告标题是一句吸引消费者的带有概括性、观念性和主导性的语言。

（2）广告信息要简洁。

（3）发展互动性。如在网络广告上增加游戏功能，提高访问者对广告的兴趣。

（4）合理安排网络广告发布的时间因素。网络广告的时间策划是其策略决策的重要方面。它包括对网络广告时限、频率、时序及发布时间的考虑。时限是广告从开始到结束的时间长度，即企业的广告打算持续多久，这是广告稳定性和新颖性的综合反映。频率即在一定时间内广告的播放次数，网络广告的频率主要用在 E-mail 广告形式上。时序是指各种广告形式在投放顺序上的安排。发布时间是指广告发布是在产品投放市场之前还是之后。调查结果显示，消费者上网活动的时间多在晚上和节假日。

（5）正确确定网络广告费用预算。企业首先要确定整体促销预算，再确定用于网络广告的预算。整体促销预算可以运用量力而行法、销售百分比法、竞争对等法或目标任务法来确定。而用于网络广告的预算则可依据目标群体情况及企业所要达到的广告目标来确定，既要有足够大的力度，也要以够用为度。量力而行法即企业确定广告预算的依据是它们所能拿得出的资金数额。销售百分比法即企业按照销售额（销售实绩或预计销售额）或单位产品售价的一定百分比来计算和决定广告开支。竞争对等法是指企业比照竞争者的广告开支来决定本企业的广告开支，以保持竞争上的优势。目标任务法的步骤如下：① 明确广告目标；② 决定为达到这种目标必须执行的工作任务；③ 估算执行这种工作任务所需的各种费用，这些费用的总和就是计划广告预算。

（6）设计好网络广告的测试方案。

4. 选择网络广告发布渠道及方式

网上发布广告的渠道和形式众多，各有优劣，企业应根据自身情况及网络广告的目标，选择网络广告发布渠道及方式。目前，可供选择的渠道和方式主要有以下几种。

（1）主页。建立自己的主页，对于企业来说，是一种必然的趋势。它不但是企业形象树立的有效手段，也是宣传产品的良好工具。在互联网上做广告的很多形式都只是提供了一种快速链接公司主页的途径，所以，建立公司的网络主页是最根本的。公司的主页地址如同公司的地址、名称、电话一样，是独有的，是公司的标识，也是公司的无形资产。

（2）网络内容服务商（ICP）。如新浪、搜狐、网易等，它们提供了大量的互联网用户感兴趣并需要的免费信息服务，包括新闻、评论、生活、财经等内容，因此，这些网站的访问量非常大，是网上最引人注目的站点。目前，这样的网站是网络广告发布的主要阵地，在这些网站上发布广告的主要形式是旗帜广告。

（3）专业类的销售网站。这是专业类产品直接在互联网上进行销售的一种方式。进入这样的网站，消费者只要在一张表中填上自己所需商品的类型、型号、制造商、价位等信息，然后单击搜索按钮，就可以得到所需要商品的各种细节资料。

（4）企业名录。这是由互联网服务商或政府机构将一部分企业信息融入它们的主页中，供用户查询的方式。

（5）免费的 E-mail 服务。互联网上有许多服务商提供免费的 E-mail 服务，很多上网者都喜欢使用这种服务。利用这一优势，企业可以将广告主动送至使用免费 E-mail 服务的用户手中。

（6）黄页形式。在互联网上有一些专门用以查询检索服务的网站，如雅虎、Infoseek、Excite 等。这些站点就如同电话黄页一样，按类别划分，便于用户进行站点的查询。采用这种方法的好处：一是针对性强，查询过程都以关键字区分；二是醒目，处于页面的明显处，易于被查询者注意，是用户浏览的首选。

（7）网络报纸或网络杂志。随着互联网的发展，国内外一些著名的报纸和杂志纷纷在互联网上建立了自己的主页；更有一些新兴的报纸或杂志，放弃了传统的纸质媒体，完完全全地成为一种"网络报纸"或"网络杂志"。它们的影响非常大，访问的人数不断上升。对于注重广告宣传的企业来说，在这些网络报纸或杂志上做广告，也是一个较好的传播渠道。

（8）新闻组。新闻组是人人都可以订阅的一种互联网服务形式，阅读者可成为新闻组的一员。成员可以在新闻组上阅读大量的公告，也可以发表自己的公告，或者回复他人的公告。新闻组是一种很好的讨论和分享信息的方式，广告主可以选择与本企业产品相关的新闻组发布公告，这将是一种非常有效的网络广告传播渠道。

9.3 网络营销促销黄金法则：站点推广

网络营销促销是营销 4P 中不可缺少的一部分，促销最主要的两种形式为网络广告和站点推广，网络营销站点能否吸引大量用户是企业开展网络营销能否成功的关键，也是网络营销的基础。

9.3.1 站点推广原则及方法

1. 站点推广原则

网络站点推广，即通过对企业网络营销站点的宣传吸引用户访问，同时树立企业的网上品牌形象，为企业营销目标的实现打下坚实的基础。站点推广是一项系统性工作，其目标与企业营销目标相一致，网站推广与传统的产品推广一样，需要进行系统的安排和计划，需要遵循以下四个原则。

（1）效益 / 成本原则。

效益 / 成本原则，即增加一千个访问者带来的效益与成本费用比较，当然效益包括短期利益和长期利益，需进行综合考虑。

企业网站可以设置在线购买或在线招商等功能，并会获得一定的短期利益。但是网站设计更重要的是传递企业的品牌内涵，提高品牌资产，从而为企业赢得长期利益。因此，在激烈的市场竞争中，提高注意力和品牌形象将是企业网站推广首要考虑的目标。

（2）锁定目标受众原则。

在茫茫"网"海中，有众多的网民，他们彼此身份不同，各自的消费需求也不一样。这就要求企业网站应最大限度覆盖网民，提高网站知名度及传播规模的同时，也要锁定目标网民，锁定目标消费群，集中力量来影响这部分目标消费者。

(3) 稳妥慎重原则。

"欲速则不达"，在网站没有完全建立好之前，或网站还不够稳定时，千万不要急于推广。因为目前网上资源太丰富了，第一印象是很重要的，网民给你的机会只有一次，网民看到你的网站不好，很快就会转向其他网站，企业只有最大限度地吸引网民的注意力，以期获得最大的利益。这就是网上特有的"注意力经济"。

网站只有在建设好以后，才能进行站点推广。建设好网站包括3方面的含义：网站在建设技术上要过关，必须使目标消费群能迅速打开网站；网站的美术设计要利于传递企业品牌内涵；网站要方便目标消费者提高信息利用率及互动，如设置本站收藏夹和意见反馈等。

(4) 综合安排实施原则。

因为网上推广手段很多，不同方式可以吸引不同的网民，所以必须综合采用多种渠道以吸引更多网民到网站上来。要吸引网民访问网站，首先必须让网民知道网站的存在以及它的特点，其次要让网民能很容易找到网站的地址。对于第一个问题就是要扩大网站的知名度；第二个问题就是要建立"访问管道"，让网民能很容易地访问站点。一般来说这两点都是结合在一起进行操作的。

互联网上目标消费者众多，消费需求和消费习惯都有明显差异，加上竞争对手手段多样化，市场复杂多变，企业产品各有特点。因此企业在进行网站推广时，要紧紧围绕着企业品牌内涵进行综合运用，对站点推广的过程进行全面策划、监控和评估。

2. 站点推广方法

(1) 在搜索引擎上注册。

搜索引擎是互联网的一大奇迹，它使浏览者可以方便地在互联网这个信息海洋中找到自己所需的信息，也给信息提供者提供了一种受众广、针对性强且效率高的发布途径，越来越多的企业和个人都通过搜索引擎来发现新客户，表9-1展示了网民寻找新网站的主要途径。因此在搜索引擎上注册是最经典、最常用的网站推广方式。特别是在著名的搜索引擎进行注册，利用搜索引擎广告或者通过搜索引擎优化（search engine optimization，SEO），使自己的网站在搜索引擎中的排名靠前，以增加客户发现并访问网站的可能性。

表9-1 网民寻找新网站的主要途径

搜索引擎：84.6%	其他网站上的链接：70.2%
电子邮件：32.8%	朋友、同学、同事的介绍：56.8%
网友介绍：28.6%	网址大全之类的书籍：17.9%
报刊介绍：37.4%	广播电视：12.5%
黄页：3.4%	户外广告：11.3%
其他：0.6%	

（2）建立链接。

互联网的一个特点就是通过建立链接将不同的网页链接在一起。学者经过大量统计分析发现，两个不同的网页之间间距为8.9，也就是说只需要经过9次链接点击后，就可以从一个网页找到另一个网页。因此，与不同站点建立链接，可以缩短网页间距离，提高站点的被访问概率。一般建立链接有下面几种方式。

1）在行业站点上申请链接。如果站点属于某些不同的商务组织，而这些组织建有会员站点，应及时向这些站点申请一个链接。

2）申请交互链接。寻找具有互补性的站点，并向它们提出进行交互链接的要求（尤其是要链接到站点的免费服务，如果提供这样的服务的话）。为通向其他站点的链接设立一个单独的页面，这样就不会使刚刚从"前门"请进来的顾客，转眼间就从"后门"溜到别人的站点上去了。

3）向商务链接站点申请链接。当站点提供免费服务的时候，可以向网络上的许多小型商务链接站点申请链接。只要站点能提供免费的东西，就可以吸引许多站点为你建立链接。在寻找链接伙伴时，通过搜索寻找可能为站点提供链接的地方，然后向该站点的所有者或主管发送电子邮件，告诉他们可以链接站点的名称、网址以及200字的简短描述。

（3）发送电子邮件。

电子邮件的发送费用非常低，许多网站利用电子邮件来宣传站点。利用电子邮件来宣传站点时，首要任务是收集电子邮件。为防止发送一些令人反感的电子邮件，收集电子邮件地址时要非常注意。一般可以利用站点的反馈功能记录愿意接收电子邮件的用户电子邮件地址。另外一种方式是，通过租用一些愿意接收电子邮件信息的通信列表，这些通信列表一般是由一些提供免费服务的公司收集的。此外，还可以发布电子新闻邮件。假如有严格的时间性，那么每周、每月或每季度发布新闻邮件的做法将是最为行之有效的手段之一。它能保持公司与客户的联系，增进信任、增强品牌意识并为未来的业务发展打下基础。在发送电子邮件时，在电子邮件程序上设置一个"签名档"。多数电子邮件程序允许设置"签名档"，它会出现在所发送的每条信息的末尾。应当把这个"签名档"控制在6～8行，内容包括公司名称、地址、电话号码、网址、电子邮件地址以及对公司特色业务的简要描述。

（4）发布新闻。

首先，要及时掌握具有新闻性的事件（例如新业务的开通），并定期把这样的新闻发送到你的行业站点和印刷品媒介上。其次，将站点在公告栏和新闻组上加以推广。互联网使具有相同专业兴趣的人们组成成千上万的具备很强针对性的公告栏和新闻组，比较好的做法是加入这些讨论，让邮件末尾的"签名档"发挥推广的作用。

（5）提供免费服务。

提供免费服务，在时间和精力上的代价都是高昂的，但可以在增加站点流量上得到回报。应当注意，所提供的免费服务应是与所销售的产品密切相关的，这样吸引来的访问者同时也就可能成为良好的业务对象。广告主也可以在网上开展有奖竞赛，因为人们总是喜欢免费的东西，如果在站点上开展有奖竞赛或者抽奖活动，将可以产生很大的访问流量。

（6）发布网络广告。

利用网络广告推销站点是一种比较有效的方式，比较廉价的做法是加入广告交换组织。广告交换组织通过不同站点的加盟后，在不同站点交换显示广告，起到相互促进作用。另外一种方式是在适当的站点购买广告栏发布网络广告。

（7）聚合链接网站推广。

聚合链接网站推广是指将优秀内容聚合在一起，吸引网民。可以利用新闻聚合网如百度新闻，也可以利用论坛联盟和掘客类网站 Digg 等聚合内容。

（8）社交群网站推广。

社交群是信息传播最快、最广的方法。可以将信息发布在某个社交群内，每天发一遍网站地址，宣传力度将很大。

（9）博客推广。

博客（blog）其实就是网络日志，但博客早已经超越了简单日志的内涵，越来越多的博主通过写博客来实现销售产品的功能。博主通过发表各种形式的博文（可以是纯文字、视频、语音或这三种相结合）与浏览者沟通，浏览者也可以跟帖发表自己的意见，所以互动是博客的核心。此外，博客有很强的身份识别性，不同的博客针对不同的目标群体，针对性强，便于实现精准营销。

（10）网络软文推广。

一篇好的文章很可能拥有数万计的浏览量，在文章中附带一些商业信息，比如某公司的名字或者产品，便对该公司或者产品进行了一次宣传和推广，尤其这些文章出现在大的行业网站、门户网站中时。

（11）使用传统的促销媒介。

使用传统的促销媒介来吸引访问站点也是一种常用方法，如一些著名的网络公司纷纷在传统媒介发布广告。这些媒介包括直接信函、分类展示广告等。对小型工业企业来说，这种方法更为有效，应当确保各种卡片、文化用品、小册子和文艺作品上包含公司的网址。企业在传统媒体发布展示性广告时也要包含网址，如果在商业杂志、报纸或其他媒体上购买了展示性或分类广告，应把公司的网址加进去，把站点作为广告的补充信息，用广告来抓住读者的注意力，然后再指示读者转向一个网页以获取更多的信息或是发出订单。

9.3.2 提高站点访问率的方法

不同类型的站点有着不同的提升站点访问率的方法，对不同站点应分别采用不同的提升策略。

对于内容信息类站点：为访问者提供各种信息、知识等有价值的内容，如今日头条的个性化新闻内容推荐，新浪提供的新闻服务和微博服务，搜狐提供的网站搜索服务。

对于中介服务类站点：通过网站架设桥梁为访问者提供某种服务，如百度提供的全球领先的中文搜索引擎服务，网易提供的邮箱服务，知乎提供的高质量的问答社区和创作者聚集的原创服务。

对于纯粹的电子商务类站点：为网民提供更便捷的网上购物渠道、更丰富的产品和更优惠的价格。

对于传统企业将业务拓展到电子商务的站点：遵循互联网的规律，传统优势品牌在网上不一定能吸引大量用户访问，须提供网上用户需要的一些服务，如产品知识、网上直销、免费增值服务等。

在提高网站回访率时，网站设计应注意以下几点。

（1）速度（包括下载速度、回复速度、信息检索速度）。国外研究表明主页等待一般不能超过8秒，否则，访问者会失去耐心。

（2）交互性。网站要注重与访问者进行沟通才能锁定访问群。

（3）动态性。消费者往往"喜新厌旧"，网站需要及时进行不定期更新。

9.3.3　利用搜索引擎的营销推广

搜索引擎是对搜索索引和搜索目录的统称，是非常有效的站点推广工具。第51次《中国互联网络发展状况统计报告》显示，截至2022年12月，我国网站（指域名注册者在中国境内的网站）数量为387万个。截至2022年6月，我国搜索引擎用户规模达8.21亿，较2021年12月减少737万，占网民整体的78.2%。

1. 搜索引擎的作用

包括搜索引擎和目录服务的入口是查找关于一家公司及其产品信息的基本方式。超过80%的网络用户运用搜索引擎查找信息。这就是说如果一个企业还没有进行搜索引擎注册，那么它的流量数目就会远远小于最佳值。具体来说，搜索引擎的作用如下：

（1）几乎每个人上网都起始于几个主要的搜索引擎。

（2）搜索引擎会比其他的网站吸引更多的观众。

（3）通常在搜索引擎上获得好的搜索排名就会有好的营销效果。

2. 搜索引擎营销方法

搜索引擎营销（search engine marketing，SEM），是指基于搜索引擎平台的网络营销，利用人们对搜索引擎的依赖和使用习惯，在人们检索信息的时候将信息传递给目标用户。

（1）搜索引擎的广告竞价排名。

竞价排名是搜索引擎提供给用户的关键词广告的一种形式，根据广告主付费的高低按降序进行排名的原则,对购买了同一关键词的网站进行竞价排名的一种方式。

竞价排名即让企业所要推广的内容被搜索引擎收录、在搜索结果中排名靠前,达到容易引起用户关注和点击的目的,从而在搜索引擎中获得最大的访问量并产生商业价值效果。由于按照搜索引擎自然搜索的结果排名,广告的推广效果是有限的,尤其对于自然排名效果不好的网站,采用竞价排名可以很好地弥补这种劣势。

(2)搜索引擎优化。

搜索引擎优化的主要工作是通过了解各类搜索引擎如何抓取互联网页面、如何进行索引以及如何确定对某一特定关键词的搜索结果排名等技术,来对网页进行相关的优化,以提高其搜索引擎的排名,从而提高网站的访问量,最终提升网站的销售能力或宣传能力。

1)搜索引擎索引网站的方式。

第一,使用 Spider 程序对网站进行索引。

Spider 程序是由搜索引擎来操作的一种计算机程序,使用 Spider 程序对网站进行索引的特点有:一是对网站所有信息和其他链接站点信息进行记录和索引;二是不提交"Submit"网页,并告知网站信息,便不会索引。

国外代表为谷歌、国内为百度搜索。它们从互联网提取各网站的信息(以网页文字为主),建立起数据库,并能检索与用户查询条件相匹配的记录,按一定的排列顺序返回结果。

第二,目录索引。

目录索引指通常依靠用户提交注册信息并借助管理员加入索引,也称分类数据库。目录索引一般只链接主页而不是索引网站的全部网页。用户完全可以按照分类目录找到所需要的信息,不依靠关键词(keywords)进行查询。

目录索引中最具代表性的莫过于雅虎、新浪分类目录搜索。

2)搜索引擎排名优先级标准。

搜索引擎排名优先级标准有时也被称作"相关分数"(relevance scoring)。搜索引擎主要是通过 Spider 程序或用户提交的申请来增加自己的数据库(即索引)的。当用户访问搜索引擎时,只要输入搜索的关键词,就可以简单地进行数据库查询。为了确定是哪一个文档或网站返回了这个特定关键词搜索,每个搜索引擎必须有它自己决定文档优先级的标准。

下面是对如何利用关键词获取好的搜索引擎排名的简单介绍。

第一,选择有效关键词策略。

a. 不断地寻找关键词。

b. 利用错误拼写。错误关键词主要是考虑用户出于无意输入的关键词是错误的而获得用户的访问量。可以从搜索引擎标题广告销售代理人那里了解到与网站相关的关键词被检索的次数以及被错误拼写的次数,并考虑加以使用。至于选择什么关键词来做错误关键词,这个要因网站而定。

c. 考虑关键词的地区性。

d. 使用更长的关键词。

e. 利用关键词组合。

f. 注意应该避免的关键词,如冠词等。

g. 了解人们使用关键词的习惯。

第二，选择关键词步骤。

a. 明确关键词选择方向。

b. 发挥想象力及创造力。

c. 进行关键词取舍。

d. 关键词查询验证。

e. 记录和分析搜索结果。

f. 关键词的组合。

g. 完成网站特征描述。

h. 重复上述 7 个环节。

第三，在网页中填写关键词。

当选取了某个关键词，需要把关键词融入网页中，通过这种信息告诉搜索引擎，该网页与某关键词息息相关。

比如某一网站是为网站建设制作的服务网站，于是设定了网站首页要优化的关键词是"网站建设"，可是在整个网页中，由始至终都没有出现过"网站建设"这四个字。显然，即使网页再优秀，人们在搜索引擎输入"网站建设"这个关键词时也找不到它，因为搜索引擎无法得知这个网页和"网站建设"这个关键词息息相关。关键词的设置就是告诉搜索引擎，这个网页与"网站建设"息息相关。

关键词要标记在网页标题中，浏览器才会显示；若是在 meta 元素中标记关键词，该关键词只起到了参数作用，浏览器不显示。

3. 增加搜索引擎注册广告效果

增加搜索引擎注册的广告效果，主要是使访问者在使用搜索引擎时能在显著位置找到你的站点。搜索引擎使用有两种方式。

（1）分类目录式查找。

一般情况下，出现在页首的网站的访问率比后面网站的访问率要高，因此企业在搜索引擎注册时要了解搜索引擎的排名规则。

（2）按关键词检索查找。

企业应尽量提供足够多的关键词，以便于访问者在访问时能检索到网站，同时还要了解网站的检索排序算法，尽量采用按搜索引擎的算法来排列关键词，不过许多搜索引擎的排序算法是不公开的，所以需要不断尝试。

4. 搜索引擎注册

企业进行搜索引擎注册时，一般有两种方法：①利用专业软件代理注册；②利用专业服务公司代理注册。

9.3.4 SEM 中站点推广策略

1. 加强网站建设

企业网站的建设以真正为企业带来潜在订单为最终目的。首先,要有丰富的网站内容,而且要注意信息的及时更新,这是吸引客户的关键。其次,企业网站的建设应围绕客户对产品的需求,这样才能获得用户的青睐。网站的架构要合理,使客户获得良好的浏览感受。此外,企业的网站要能体现出本企业的文化,给客户留下深刻的印象。加强企业的网站建设不仅能吸引潜在客户,而且在某种程度上等于做好搜索引擎优化,使企业在搜索结果中得到更好的自然排名,从而使企业网站的访问量增加。

2. 注重选择搜索引擎

目前,中国的搜索引擎市场上,百度处于遥遥领先的地位,必应、搜狗、谷歌份额随后,还有神马、360搜索等也占据一定的份额,而且还有一些公司加入这个行业中。企业在选择搜索引擎进行网站推广时应当进行全面考虑,详细地进行比较和分析。

(1)速度。

速度包括两个方面:一是信息查询的速度;二是信息的更新速度,这反映了一个站点数据更新的频率,搜索引擎数据库中搜集的应当是最新的信息,因为互联网上的信息更新非常快,每天都有新站点产生,同时也有站点消失,所以要及时更新数据库内容。

(2)返回的信息量。

这是衡量一个搜索引擎数据库容量大小的重要指标,如果它返回的有效信息量多,就说明这个站点收录的信息范围广、数据库容量大,就能给用户提供更多的信息资源。

(3)信息关联度。

一个搜索引擎站点不仅要对查询的信息数据返回量大,而且要求准确,与用户所要求的信息关联度高,不然返回一大堆垃圾信息,再多也无用。

(4)易用性。

查询操作的方式是否简便易行,对查询结果我们能否实施控制和选择,改变显示的方式和数量等,都是衡量一个搜索引擎站点的重要指标,因为互联网是面向大众的,只有操作简单,才能为大多数人所接受。

(5)稳定性。

一个好的搜索引擎站点,它的服务器和数据库应非常稳定,这样才能保证为用户提供安全可靠的查询服务。企业应对其目标市场进行详细的细分和定位,同时结合各种搜索引擎自身的特点选择恰当的搜索引擎,提高搜索引擎推广的效能。

3. 提升搜索引擎应用层次

随着技术的发展，移动搜索、垂直搜索、本地化搜索等新的搜索模式出现并逐渐成为搜索市场的热点，企业在推广模式上有了更多的选择和更大的灵活性。企业应正确把握网络发展的趋势和方向，不断提升搜索引擎的应用层次，根据自身的特点，选择恰当的推广策略，将企业网站推向更加细分、更为集中的受众群体，力争以更少的投入获得更高的营销价值。

4. 不断进行搜索引擎优化

在搜索引擎上，有些关键词的竞争异常激烈，企业通过对竞争对手的网站设计、页面被搜索引擎收录情况、拥有的其他域名和网站等进行全面分析，可以清楚地了解竞争对手采用的网络营销策略，从而制订有针对性的网络推广计划。一般企业关键词的选择可分为核心关键词和衍生关键词。核心关键词是指对主要产品的定位，而衍生关键词是对核心关键词的补充。企业对网站进行整合，应使之包含恰当的关键词以符合搜索引擎的工作原理，同时，包括页面设计、meta 标签、alt 标签、图片说明、内部链接结构和子页面在内的多项内容，都应被优化，使之更能吸引搜索引擎爬虫，更符合搜索引擎的算法。将网站和一些 PR 值高的网站建立链接，能够大幅提高网站重要性。

5. 做好网站访问的监控和分析

企业通过网络营销软件、搜索引擎优化与排名自动检测软件以及网站流量分析系统监控网站，分析搜索引擎营销效果和费用分配比例是否合理，并通过不断调整找出转换率较高的关键词，删除那些转换率低的关键词。企业应充分利用这些数据，进行详细的总结和分析，加强对系统用户行为的研究，根据分析结果，及时对站点推广策略进行调整，以有限的投资获得最大的收益。

9.4 网络销售促进和公共关系

9.4.1 网络销售促进

销售促进（sales promotion，SP）就是企业利用可以直接销售的网络营销站点，采用一些销售促进方法如价格折扣、有奖销售、拍卖销售等方式，宣传和推广产品。Haugh（1983）认为："销售促进是一种直接的诱惑，它向购买产品的销售人员、分销商或者最终的使用者提供一种额外的价值或者激励，其首要的目标是创造即刻的销售。"科特勒（1999）认为："销售促进包括各种多数属于短期性的刺激工具，用以刺激消费者和贸易商迅速且较大量地购买某一种特定的产品或服务。"事实上，销售促进是营销活动的一个关键因素。如果广告提供了购买的理由，销售促进则提供了购买的刺激。

大多数组织都会运用销售促进工具，包括生产商、分销商、零售商和非营利组织。这些工具可以针对最终消费者（消费者促销）、零售商和批发商（交易促销）、商业顾客（商业促销）和销售队伍成员（销售队伍促销）。销售促进的工具有：① 消费者促销，包括样品、优惠券、现金返还、减价、赠品、奖金、光顾奖励、免费试用、产品保证、产品陈列和示范；② 交易促销，包括购买折让、广告和展示折让、免费产品等；③ 商业和销售队伍促销，包括贸易展览和会议、销售竞赛等。

网络销售促进主要有以下形式。

（1）有奖促销。

在进行有奖促销时，提供的奖品要能吸引促销目标市场的注意。同时，要会充分利用互联网的交互功能，充分掌握参与促销活动群体的特征、消费习惯以及对产品的评价。比如抽奖，网上抽奖是应用较广泛的销售促进活动之一，是大部分网站乐意采用的销售促进方法。

（2）拍卖促销。

网上拍卖市场是新兴的市场，快捷方便，吸引了大量用户参与网上拍卖活动。所谓网上拍卖（auction online）是指通过互联网实施的价格谈判交易活动，即利用互联网在网站上公开发布将要招标的物品或者服务的信息，通过竞争投标的方式将它出售给出价最高或最低的投标者。其实质是以竞争价格为核心，建立生产者和消费者之间的交流与互动机制，共同确定价格和数量，从而达到均衡的一种市场经济过程。拍卖促销就是将产品不限制价格在网上拍卖，如阿里资产网上的司法拍卖和公务车拍卖活动，均获得很好的效果。

（3）免费资源促销。

免费资源促销就是通过为访问者无偿提供访问者感兴趣的各类资源，吸引访问者访问，提高站点流量，并从中获取收益。目前利用提供免费资源获取收益比较成功的站点很多，如提供搜索引擎服务的百度、提供即时通信服务免费应用程序的腾讯、提供网上实时信息的新浪和今日头条。利用免费资源促销要注意以下几个问题：① 要考虑提供免费资源的目的是什么，有的是为形成媒体作用，有的是为扩大访问量形成品牌效应；② 要考虑提供什么样的免费资源，目前网上免费资源非常丰富，只有提供有特色的服务才可能成功，否则成为追随者，则永远不可能吸引访问者，因为网上的信息是开放的，要访问肯定是访问最好的，这就是网上赢家通吃原则；③ 要考虑你的收益是什么，世上没有免费的午餐，只要在允许的范围之内，访问者是愿意付出一点代价的，当然不能是金钱，因此你的收益可能是通过访问者访问从广告主处获取收益，或者扩大你的品牌知名度，又或者增加了你的电子商务收入。当然利益有短期的和长期的，有有形的和无形的，这都是需要综合考虑的，毕竟对访问者免费的资源对站点来说不是免费的。

（4）折扣促销。

打折也是一种常见的网上销售促进方式。企业为了突出网络销售低价优势，或者吸引目标客户，抑或是想留住老顾客，纷纷采用直接打折或发放 VIP 卡打折的方法。

（5）返券促销。

返券活动通常推出"购 × 元，返 × 元现金或购物券"的销售促进活动，返还的现金或购物券一般只用于购买指定商品，其目的是鼓励客户在同一商城重复购物。

（6）赠品促销。

赠品促销是在顾客购买产品或服务时，给顾客赠送一些产品或小赠品，从而推动主产品销售的促销。如很多商家会用买×元送×商品的活动，这样可以刺激消费者增加购买量。在赠品的选择上要选一些有特色的产品，让顾客感兴趣的产品，同时对赠品本身来说，也是一种产品的宣传。

（7）买一送一。

买一送一活动是很受大家欢迎的一种营销手段，买高价位产品送低价位产品，对买卖双方都有利。买一送一通常有以下几种方式：① 限定买一送一的产品范围，比如某种价格区间内的产品全部买一送一；② 全场买一送一，结账时按价格高的结；③ 买的东西任选，送的东西由店家选择提供；④ 买一件商品，送相同的商品。

（8）纪念日或创造特殊节日促销。

在新店开张、逢年过节、周年庆等节日期间，网络促销力度通常最大。节日促销应注意与促销节日的关联，这样才能够更好地吸引用户的关注，提高转化。如果遇到了建站周年，访问量突破多少大关，成为第多少个用户，成交额突破多少大关，也都可以利用这些纪念日开展网络促销。更可以创造一个特殊的日子开展网络促销，比如连续十余年创造销售奇迹的"双11"狂欢节，又称"剁手节"，其交易额每一年都在刷新纪录，直至现在轻而易举破千亿元，成为全球最大的网购狂欢节，其后又相继诞生了"双12""5·20""6·18"等。

（9）积分促销。

许多网站都支持虚拟的积分，不支持的也可以采用积分卡，客户每消费一次，就给会员累积一定积分，这些积分可以兑换小赠品或在以后消费中当现金使用。

（10）预定促销。

预定促销是指消费者在预订平台指定时间内完成预售定金支付，到期再付尾款就能买到所需商品，同时定金以超额抵扣商品价。预售模式有助于商家更精准锁定消费者、提前备货，更有效地管理上下游供应链，也是C2B电商模式的新探索。

9.4.2　网络公共关系

公共关系是一种重要的促销工具，它通过与企业利益相关者（包括供应商、顾客、雇员、股东、社会团体等）建立良好的合作关系，为企业经营管理营造良好的环境。网络公共关系与传统公共关系功能类似，只不过是将互联网作为媒体和沟通渠道。网络公共关系较传统公共关系更具优势，所以网络公共关系越来越被一些企业决策层重视和利用。

1. 网络公共关系目标

（1）与网上新闻媒体建立良好合作关系。

为加强与媒体的合作，企业可以通过互联网定期或不定期将企业的信息和有新闻价值的资料通过互联网直接发给媒体，与媒体保持紧密合作关系。企业也可以通过媒体的网站直接了解媒体关注的热点和报道重点，及时提供信息与媒体合作。

（2）通过互联网宣传和推广产品。

互联网最初是作为信息交流和沟通的渠道，因此互联网上建设有许多类似社区性质的新闻组和公告栏。企业在利用一些直接促销工具的同时，采用一些软性的工具如讨论、介绍、展示等方法来宣传和推广产品，效果可能更好。

（3）通过互联网建立良好的沟通渠道。

通过网站的交互功能，企业可以与目标顾客直接进行沟通，了解顾客对产品的评价和顾客提出的还没有满足的需求，保持与顾客的紧密关系，维系顾客的忠诚度。同时，企业通过网站对企业自身以及产品、服务的介绍，使对企业感兴趣的群体可以充分认识和了解企业，提高企业在公众中的透明度。

（4）开展危机公关。

在互联网时代，企业在发展壮大的过程中都不可避免地会遭遇网络负面信息，企业的网络公关水平与企业的品牌形象息息相关。

2. 网络公共关系优势

（1）突破时间和地域限制。

互联网把企业的公关活动带到了一个虚拟的平台上，在这个平台上，企业的公关行为不再受到时间或地域的限制。传统的报纸或杂志需要每天或每月才发行一次，因此企业的新闻发布也要遵循媒体的发行规律，而通过互联网，企业可以全天 24 小时随时公布企业新闻。以前你去走访一个每周四发行的商业刊物的记者时，你知道该期刊在周四之前不可能刊印企业的新闻，现在的情况是，也许你返回办公室之前，你所在企业的新闻已在网上曝光。传统的媒体会受到媒体发行区域的局限，而互联网上的媒体不会，全世界连接到互联网上的用户都可能通过访问该网络媒体得到企业的信息。

（2）互动性强，简单轻松。

互联网技术使企业与客户、媒体与受众之间的即时互动成为可能。企业可通过网上公关活动的开展，与受众进行实时的互动交流，向受众传递企业的信息，收集用户对企业的评价与反馈，而这一切不再需要烦杂的市场程序和众多的人力资源，通过互联网即可轻松实现。

（3）公共关系效能增强。

互联网为企业公关提供了多种多样的公关渠道与形式，企业可根据自身的情况和需要，选择适当的形式。同时，互联网的运用，为网络公关带来了即时性、娱乐性、个性化和互动性等特点，这些特点的适当运用都大大增强了企业公关的效果。

（4）网络公关更加人性化，受众的目的性更强。

传统的媒体总是会造成过于单向的信息传播，使受众处于被动接受信息的地位，而网络平台向受众提供了主动选择和接受信息的机会，从某种程度上说，网络更是大众的媒体，而不是"媒体机构"的媒体。在这里，受众与信息传播者有着同样的地位，因此，受众对于企业公关信息的选择与公关活动的参与具有更强的主动性和目的性。

3. 网络公共关系渠道选择

（1）新闻公关：新闻公关也称新闻营销，是以新闻报道的形式实现产品或企业宣传的目的，新闻公关对于产品的宣传和推广会显得客观、公正，属于"润物细无声"式的推广。比较典型的新闻公关就是事件营销，事件营销是指企业通过策划、组织和利用具有新闻价值、社会影响以及名人效应的任务或事件，吸引媒体、社会团体和消费者的兴趣与关注，以求提高企业或产品的知名度、美誉度，树立良好的品牌形象，并最终促成产品或服务的销售的手段和方式。

（2）论坛公关：论坛公关是指通过论坛信息发布来传递必要信息，以达到发表声明、塑造形象、维护形象和降低损失等目的。论坛公关要注意以下问题。首先，企业要建立日常的论坛监测机制，对论坛上出现的负面消息及时进行登记和反馈。其次，建立及时响应机制，要及时对网民的投诉做出回应和处理。最后，掌握及时应对的技巧，对正面和负面的论坛消息都要做出正确的处理。

（3）微公关：微公关是一种新型公关形式，通过企业微博和微信公众号进行公关。如果企业微博账号或者微信账号等能够在第一时间以诚恳的态度回应网络中出现的对企业的质疑，就能够在很大程度上帮助企业挽回局面。

4. 网络危机公关

由于网络的介入，企业危机造成的负面影响也极易扩散，会给企业造成严重后果。利用好网络公共关系，企业便能应对突如其来的公关危机，有条不紊地拿出应对策略，帮助组织迅速摆脱危机。

常见的网络危机公关处理方法有以下几种。

（1）割断搜索引擎。

通过向搜索引擎举报或提交投诉的方法来删除不实新闻，俗称"删帖"。这种方法应该是企业在处理网络危机公关中比较常用的一种。

（2）SEO 处理。

删帖通常是技术含量比较低的网络公关手段，另一种被称作 SEO 的网络营销手段，才是更隐蔽的网络危机公关技巧。所谓 SEO（search engine optimization），即搜索引擎优化，企业可以依靠自己同搜索引擎运营商的良好关系，把正面的信息往前放。

(3) 免费"水军"。

面对公关危机，与忠诚客户建立起持久、稳固关系的企业，往往能吸引这些忠诚客户自发地澄清维护企业的形象，组织各种活动为企业做正面宣传，为企业摆脱公关危机助力。这一群体也称为"免费水军"。

(4) 承认事实。

不管是何种网络危机公关手段，都无法弥补企业自身经营上出现的重大失误。不逃避、不推卸、认真负责才是危机公关的核心所在，从诚信出发，对消费者负责，才是能取信于人的态度，也才是真正解决问题的方法。

◆ 本章小结

本章首先介绍了网络促销的内涵、形式、作用，紧接着说明了网络促销的实施程序，对网络促销人员深入地了解产品信息在网络上的传播特点、分析自己的产品信息的接收对象、确定合适的网络促销目标提供方法策略，从而制定切实可行的实施步骤，通过科学地实施，打开网络促销的新局面。其次对网络营销站点推广的相关内容进行了介绍，具体包括网站的推广方法、提高站点访问率的方法、搜索引擎营销推广等，更好地利用网站来进行产品的营销促销，以期达到更好的效果。再次对网络促销广告进行了分析，包括广告的分类、特点、价格水平、构造思路和广告策略。最后介绍了网络销售促进和公共关系两种促销方式。

◆ 复习题

1. 什么是促销？网络营销促销有什么特点？它与传统营销的促销有什么区别？
2. 网络促销的实施程序是什么？
3. 网络站点如何做到高效推广？
4. 网络广告的分类有哪些？怎样让广告更吸引眼球？

◆ 讨论题

1. 如何做好网络广告媒体投放？
2. 如何评价网络广告效果？
3. 试登录国内有代表性的几家网络广告网站，详细了解其报价、制作原则、制作风格等。
4. 试使用电子邮件、BBS发布一个有关计算机应用技术专业招生的网络广告。

◆ 案例研究

各大电商"双11"促销策略

"双11"，已经没有人再关心"单身狗"，连光棍们都来不及黯然神伤，全国上下一片欢腾，一起过"购物狂欢节"。不得不说，这是最成功的"人造节日"，相比中国传统节日的习俗，这天购物的习俗更统一、更深入人心了。

那么多玩法的"双11"，如何让用户玩

转玩爽呢？

一个大型活动，从预热到活动举办，若要获得用户的高度关注，需要的预热时间跨度不会小。这就某种程度上决定了活动策略是多样的，每个阶段都需要新花样来刺激用户，而花样越多也就意味着活动越复杂。把握好这里的平衡，一定要做好这两点：①尽量让用户知道他们何时、身在何处、应该做什么以及怎么做；②保证促销策略设计尽量简单，不能简单就必须合理，每个阶段促销的目的和策略之间不要冲突，并且做到活动主策略明确。各大平台是如何做的？

（1）淘宝、京东在会场用底部导航。因为很多用户不会有耐心去看攻略，用"我的"子页面对所有活动进行汇总，让用户一目了然。

（2）小红书、京东在主会场用浮标导航。特别是小红书用了策略导向的商品组合方式，这样的导航方式，让用户非常清楚自己在哪里。

（3）考拉通过弹窗倒计时导流到主会场，既减少了用户到首页的思考时间，又给主会场导流了。

（4）活动主策略要明确，并且要给出重要入口，这很重要。2017年天猫就有这个问题，策略越多用户越容易乱、越觉得自己亏了。天猫除了发券，2017年最重要的策略是发放"跨店满400减50"的购物津贴；而在活动设计时，会让用户产生以下几个疑问。

1）购物津贴怎么用？天猫在活动页对购物津贴使用引导不足，导致用户知道要抢津贴，但抢了如何用，却不清楚。再看购物津贴的攻略说明也全是文字，用户往往没有耐心看完。官方说明不如某一个商品店铺说明来得清楚。由此看出主策略引导十分重要，最好能图形化，让用户一目了然。

2）购物津贴怎么抢？购物津贴页面说10积分可以抢，但是没有显示用户一共多少积分、每天可以抢多少，会让用户有恐慌感。相比而言，京东的"砍神券"体验更好一些，直接说折扣比发放购物津贴更容易让人明白（当然，折扣和津贴满减是两个不同的促销策略）。所以，主策略必须让用户玩透彻，不能使他们因产生恐慌感而放弃去玩。

3）当用户没抢够购物津贴，然后又看到商品可以"跨店满400减50"时就蒙了。所以，在活动页面一定要有明显入口进入主策略页面，天猫"双11"会场的确有入口，但由于页面配色问题，导致入口不明显。

（5）使用分时段同类型促销策略刺激用户时，页面设计最好不要放在一起。2017年天猫"双11"在最后一天的活动中也出现了这个问题。虽然是为了引导、刺激用户在"双11"当天不间断地打开活动页面，但是这样做往往会让用户很费解，同类型的促销策略抢"半价"对比"2件7.5折"到底哪个更划算。

资料来源：人人都是产品经理. 2017年各大电商平台"双11"回顾：值得借鉴和改进的运营手段 [EB/OL].（2017-11-16）[2020-12-12].http://www.woshipm.com/operate/846888.html.

思考题

1. "双11"各大平台的促销方式是什么？
2. 如何才能在"双11"大战中脱颖而出？

参考文献

[1] 瞿彭志. 网络营销 [M]. 5版. 北京：高等教育出版社，2019.

[2] 刘芸. 网络营销与策划 [M]. 2版. 北京：清华大学出版社，2014.

[3] 杨路明，罗裕梅，陈曦，等. 网络营销 [M]. 2版. 北京：机械工业出版社，2017.

[4] 丁蔷，刘瑜. 淘宝直播在电商服装品牌中的应用分析：以淘宝女装"MG小象"为例 [J]. 戏剧之家，2017（24）：228-229.

[5] 豆丁网. 屈臣氏促销案例分析 [EB/OL].（2014-05-17）[2020-11-12]. https://www.docin.com/p-813973496.html.

第 4 篇
PART 4

企业网络营销实战攻略

第 10 章　网络营销常用工具：营销手段与科技的碰撞
第 11 章　网络营销方法与综合应用

第10章 CHAPTER 10

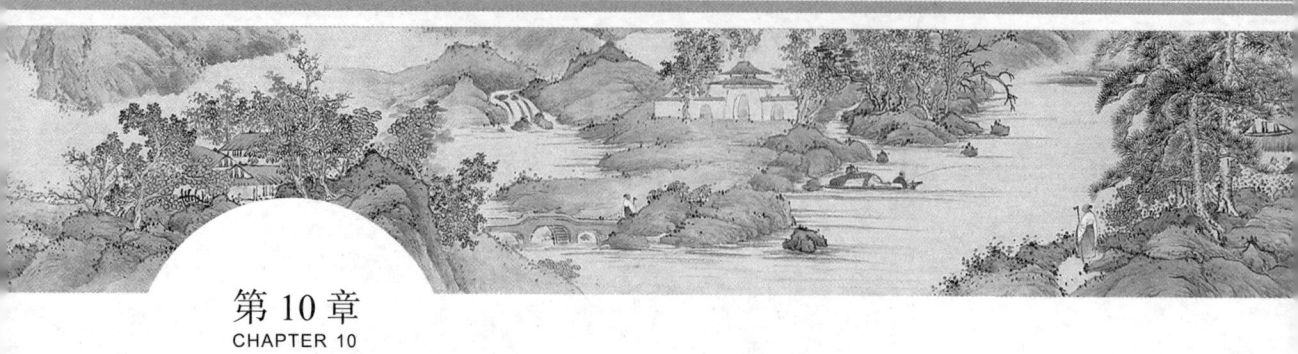

网络营销常用工具：营销手段与科技的碰撞

⊙ 开篇案例

元气森林的营销之路

元气森林（北京）食品科技集团有限公司（以下简称"元气森林"）是一家致力于为美好生活创造健康好产品的中国食品饮料企业。公司成立于2016年，以"整合全球资源为全球用户创造有爱的好产品"为企业愿景，旗下拥有元气森林气泡水、燃茶、纤茶、满分果汁微气泡、外星人电解质水等系列产品，现已覆盖全国超过30个省区市，并出口美国、日本、新加坡等40多个国家和地区。元气森林是一家互联网创新型饮品公司，它的品牌理念是"无糖专家"，主打无糖无脂、低糖低脂的为年轻一代所喜爱的健康好喝饮品。无糖饮品市场份额从2015年的22亿元增长到2020年的117亿元。元气森林自2016年创立以来，一路狂奔前行，超过200%的年度营收增速堪称"惊艳"：2018—2020年，元气森林营收分别为2亿元、6.6亿元和27亿元，收入增速均超过200%；2021年营收为2021年的2.6倍，2022年第一季度公司营收同比增长50%，市场表现相当抢眼。

品牌定位——0糖、0脂、0卡

元气森林成立之初之所以能够突破无数茶饮品牌的护城河，就在于它准确地把握住了新一代消费者独特的消费心理，做好了差异化的产品定位，产品主打"0糖、0脂、0卡"，兼顾口感与健康，切合消费者痛点，在传统碳酸饮料与茶饮料之中找到了细分市场。

产品设计——纯白极简包装颜值高

近年来，各大饮品都开始走冷淡简约风，相比卖点、代言人、广告语（slogan）的排布堆砌，产品干净清爽的外型反而更能引起受众注意。元气森林的包装坚持以往中国国画中"留白"的减法美学，给人一种轻松、零负担的感受，契合产品健康无添加的特性，同时"气"字品牌标识采用了毛笔书法的质感和笔触的飞白，颜值极高。

销售渠道——线上线下双布局

元气森林采取的是线上线下相结合的方式，占领便利店渠道快速铺货。与华润、大润发、家乐福、沃尔玛这种体量更大的渠道相比，2017年到2018年这两年间，是新型连锁超市的高速成长期，门店数一年增长几千家，元气森林顺势踩上了这波红利。凭借着便利店的东风，元气森林得以快速打入年轻人的市场。

营销推广——加大互联网营销力度

（1）小红书"种草"。元气森林在小红书"种草"的技术达到了大师级的程度。举例来说，元气森林在小红书有一个 1.9 万点赞的内容，知名 IP "老爸测评"（粉丝数 408.5 万）做了一个关于"含糖和变胖"的内容测评，这两个关键词直接切中核心用户和核心痛点。

（2）企业微信。①元气森林使用了企业微信群，作为承载社群，解决了很多烦琐的人工成本问题，为以后进行大批量的裂变和活动引流做准备。②元气森林与客户建立直接的、高频的互动，促使客户重复购买，发挥客户终生价值。③元气森林将粉丝引导到微信群、微信群会员体系，微信群内每天 2～3 次推送大量产品信息，以活动优惠信息为主，主要是结合小程序发布秒杀、拼团、抽奖、礼券、福袋等活动。

（3）微信小程序。元气森林根据人群画像进行了详细的调查，上线元气森林小程序，其中元气研究所板块为供用户互动分享的平台。

（4）网络直播。元气森林不断地与顶级网红主播合作，通过直播大规模"收割流量"，多次直播卖断货。

思考题

元气森林网络营销成功的因素是什么？营销人员可从中借鉴哪些策略？

10.1 精准投放的传统网销手段：电子邮件营销

亚马逊向来宣称是数据驱动型公司，它们会通过数十亿的后台数据点来测试很多不同的事情，推出任何新项目之前都会选择一部分卖家先进行 Beta 版测试，然后再完善推出。

其实亚马逊一直都有一项我们在很多时候都容易忽略掉的方式，就是亚马逊会通过电子邮件进行营销。在综合了国外很多的数据分析之后发现，亚马逊通过电子邮件推送所获得的转化率比主页直接推荐效果要好。

专门研究亚马逊数据的分析师表示，亚马逊通过电子邮件向用户推送购买建议，这种方式的转化率非常高。亚马逊有 35% 的转化来自它的推荐机制。亚马逊会通过电子邮件广告进行有针对性的直接推荐。

以下是亚马逊通过电子邮件营销的案例。

一名国外买家在亚马逊上浏览"Point and Shoot"后收到亚马逊发送的四封电子邮件。

1. 第一封电子邮件是买家访问的产品类别中最畅销的型号。这封电子邮件中仅显示了佳能相机的型号，我们可以确定买家正在浏览这个品牌的相机，甚至在购物车中添加了一个佳能相机。

2. 第二封电子邮件是同一类别产品的另一个畅销品推荐，展示了柯达相机。亚马逊展示了网站上最受欢迎的相机，因为他们知道大多数人购买了这些柯达相机的其中一款，亚马逊认为其他买家也会买。

3. 第三封电子邮件包含了一些经常购买的物品，目的是让买家购买相机或者购买一些其他的配件。

4. 第四封电子邮件包含了买家正在浏览的整个产品类别的畅销商品。没有任何特定的品牌，只是推荐大多数人最终购买的畅销款。这可能会产生比较高的转化和评价，可能会把潜在客户转化为真正的客户。

有一点我们要特别注意，亚马逊只会推荐买家在亚马逊网站上浏览的产品和品牌，或者添加在购物车中相关的产品。如果推荐一些其他的产品，这封邮件可能会被直接归为垃圾邮件。

电子邮件营销（E-mail direct marketing，EDM）也被称为 E-mail 营销、许可电子邮件营销，是指在用户事先允许的前提下，通过电子邮件的方式向目标用户传递价值的一种网络营销方法。未经允许就强行发送的电子邮件就是通常所说的垃圾邮件。电子邮件营销的范围广，操作简单，效率高，成本低廉，针对性强，且反馈率高。

E-mail 营销的主要方式是通过邮件列表、新闻邮件、电子刊物和产品目录等形式，在向用户提供有价值的信息或进行业务通信的同时还附带一定形式和数量的商业广告。另外，商业广告还可以出现在提供免费电子邮箱服务的网站和收发邮件客户端软件中，这也是 E-mail 营销的一种形式。

电子邮件的工作过程遵循客户–服务器模式。每份电子邮件的发送都要涉及发送方和接收方，发送方称为客户端，而接收方为服务器，服务器中一般包含众多用户的电子邮箱。发送方通过邮件客户程序，将编辑好的电子邮件向邮局服务器（SMTP 服务器）发送。邮局服务器识别接收者的地址，并向管理该地址的邮件服务器（POP3 服务器）发送邮件，如图 10-1 所示。

图 10-1　电子邮件发送模式

10.1.1　E-mail 营销分类及基础

E-mail 营销按营销的对象可划分为专门针对现实用户（消费者）的邮件营销和针对潜在用户（消费者）的邮件营销；按发送的周期可划分为定期的邮件营销和随机的邮件营销；按邮件的形式可划分为纯文本邮件营销、HTML 格式邮件营销、图片广告邮件营销、富媒体邮件营销、电子刊物邮件营销和附件广告邮件营销等；按邮件地址的来源可划分为内部列表邮件营销和外部列表邮件营销；按是否是订阅邮件来划分，可分为订阅邮件营销和非订阅邮件营销。其他分类方法还包括按邮件营销功能划分，可分为客户关系管理营销、客户服务营销、在线调查营销、产品促销营销等；按照是否将 E-mail 营销资源用于为其他企业提供服务，可分为经营性营销和非经营性营销两类。

E-mail 营销的三大基础是技术基础、地址资源和邮件内容。①技术基础：从技术上保证用户加入、退出邮件列表，并实现对用户资料的管理，以及邮件发送和效果跟踪等功能。②地址资源：在用户自愿加入邮件列表的前提下，获得足够多的用户 E-mail 地址资源，是 E-mail 营销发挥作用的必要条件。③邮件内容：营销信息是通过电子邮件向用户发送的，邮件的内容对用户有价值才能引起用户的关注，有效的内容设计是 E-mail 营销发挥作用的基本前提。

10.1.2 内部列表 E-mail 营销和外部列表 E-mail 营销

内部列表 E-mail 营销是一个企业或网站利用注册用户的资料开展的 E-mail 营销，而外部列表 E-mail 营销是指利用专业服务商或者其他可以提供专业服务的机构提供的 E-mail 营销服务。

建立并经营好一个邮件列表并不是一件简单的事情，主要涉及三方面的问题：①邮件列表的建立通常要与网站的其他功能相结合；②邮件列表必须是用户自愿加入的；③邮件列表的用户数量需要较长时期的积累。

E-mail 营销的一般过程包括：①制订 E-mail 营销计划，分析目前所拥有的 E-mail 营销资源，如果公司本身拥有用户的 E-mail 地址资源，首先应利用内部资源；②决定是否利用外部列表投放 E-mail 广告，并且要选择合适的外部列表服务商；③针对内部和外部邮件列表分别设计邮件内容；④根据计划向潜在用户发送电子邮件信息；⑤对 E-mail 营销活动的效果进行分析总结。

1. 内部列表 E-mail 营销的基本方法

内部列表 E-mail 营销的三项基本内容是：建立自己的邮件列表，获得尽可能多的用户加入列表，向用户发送有价值的信息。下面将从上述三方面分别介绍内部列表 E-mail 营销的基本方法。

（1）建立或选择邮件列表发行平台：① 建立邮件列表发行系统；② 选择第三方的邮件列表发行平台；③ 选择专业发行平台需要考虑的问题。

（2）E-mail 营销资源的获取：当邮件列表发行的技术基础问题解决之后，作为内部列表 E-mail 营销的重要环节之一，就是尽可能引导用户加入，获得尽可能多的 E-mail 地址。E-mail 地址的积累贯穿于整个 E-mail 营销活动之中，是 E-mail 营销最重要的内容之一。

（3）内容策略：在 E-mail 营销的三大基础中，邮件内容与 E-mail 营销最终效果的关系更为直接，影响也更明显。邮件的内容策略涉及的范围最广，灵活性最大，邮件内容设计是营销人员要经常面对的问题。相对于 E-mail 资源的获取，其内容设计制作的任务显得压力更大，因为没有合适的内容，即使再好的邮件列表技术平台，邮件列表中有再多的用户，也无法向用户传递有效的信息。

2. 外部列表 E-mail 营销的基本方法

从国内目前的 E-mail 广告市场来看，可供选择的外部列表 E-mail 营销资源主要有：免费电子邮箱提供商、专业邮件列表服务商、专业 E-mail 营销服务商、电子刊物和新闻邮件服务商、专业网站的注册会员资料等。

（1）选择 E-mail 营销服务商的基本参考因素，主要包括服务商的可信任程度、用户数量和质量、用户定位程度、服务的专业性、合理的收费模式等。

（2）外部列表 E-mail 营销内容与内部列表 E-mail 营销不同，由于利用外部列表开展 E-mail 营销活动通常是临时性或者一次性的，因此不需要对 E-mail 内容进行长期规划，一般只需针对活动当时的营销目的进行内容设计。

10.1.3　E-mail 营销效果评价与控制

E-mail 营销的特点之一是可以对其效果进行量化评价，在 E-mail 营销活动中，通过对一些指标的监测和分析，不仅可以评价营销活动的效果，并且可以通过这些指标发现 E-mail 营销过程中的问题，并对 E-mail 营销活动进行一定的控制。

1. E-mail 营销效果的评价指标

E-mail 营销效果评价是对营销活动的总结，也是 E-mail 营销活动的重要内容之一。与 E-mail 营销相关的评价指标有很多，如送达率、开信率、回应率、转化率等。按照 E-mail 营销的过程可以将这些指标分为 4 类，每一类中都有若干个指标。这 4 类指标具体如下。

（1）获取用户资源阶段的评价指标：有效用户总数、用户增长率、用户退出率等。

（2）邮件信息传递评价指标：送达率、退信率。

（3）用户对信息接受过程的指标：开信率、阅读率、删除率等。

（4）用户回应评价指标：直接带来的收益、点击率、转化率、转信率等。

2. E-mail 营销的效果控制

影响 E-mail 营销有效性的主要因素可分为三个方面：E-mail 营销的经营环境（发送技术、服务商与经营者的关系、邮件接收服务器的问题）、E-mail 营销经营者和邮件信息接收者。每一个方面都有多种具体的影响因素。在这些影响因素中，有些因素是经营者无法改变的，但是很多是经营者可以完全或者在一定程度上加以控制的因素。

对 E-mail 营销效果有影响的各种因素进行控制，是提高 E-mail 营销整体效果的必由之路。

10.1.4　企业如何精准地进行 E-mail 营销

E-mail 营销（E-mail direct marketing，EDM）是指企业通过 E-mail 的形式，进行产品宣传和推广。相比其他营销方式而言，E-mail 营销覆盖面广，转化成本低，是企业在进行营销时一条相当重要的渠道。近些年来，帮助企业进行 E-mail 营销的 EDM 平台逐渐兴起，它们通过提供功能完善的后台系统和业内资源为企业提供专业化的 E-mail 营销服务。那么，企业应该如何选择适合自己的 EDM 平台呢？

目前，EDM 服务商会提供两种服务模式供客户选择：一种是最普遍的自主管理模式，即用户自己操作账号进行邮件的编辑和发送，EDM 服务商只提供系统；另一种模式是账户托管模式，一些 EDM 服务商会分配专门的团队为客户进行一站式的邮件营销服务。服务范围包括从方案策划到邮件投递、数据分析的所有服务。但账户托管服务通常有一定门槛或者需要额外付费，所以适合内部没有专门的运维人员，而且预算充足的企业。EDM 服务商的两种服务模式对比如表 10-1 所示。

表 10-1 EDM 服务商的两种服务模式对比

对比项目	自主邮件营销	委托 EDM 服务商
邮件编辑	不提供模板；编辑功能少	提供多种编辑功能和邮件模板，方便设置个性化的邮件风格
邮件发送	极易被邮件运营商判定为垃圾邮件；发送量小；发送速度慢	通过白名单备案和人工审核可以有效避免被判定为垃圾邮件，发送量大；借助地址批量管理工具和强大的投放系统，发送速度快
数据统计	统计项少；对营销效果分析能力较弱	统计项多；对营销效果分析能力强
费用	无发送成本，但是人工成本高	服务一般要付费，但是省去了人工成本

从表 10-1 可以看出，对于绝大多数企业来说，委托 EDM 服务商进行 E-mail 营销都是一个更加合适的选择，不仅能够带来更好的营销效果，而且也能极大地节省人工成本。然而，出于成本考虑，自主管理是绝大多数企业会选择的模式。那么在自主管理的前提下，企业应该如何挑选 EDM 服务商呢？本书从最基础的邮件编辑、送达率和数据统计三个基本面出发，整理了一个评测体系，具体如下。

（1）**邮件编辑**。

邮件编辑听起来十分简单，无非就是打字、贴图而已，大家日常工作都接触得很多，但实际上并不是这样。仔细回想一下：像苹果或者天猫商城那样丰富多彩的邮件，绝不是用邮件平台自带的编辑器就能够实现的，而通过 EDM 平台，用户能够使用其强大的编辑器实现类似的个性化邮件编辑。

目前这些平台主要提供了两种邮件编辑方式：一种是源码编辑，顾名思义就是通过编写代码来实现各种酷炫的功能。但这种方式技术门槛较高，对于一般人来说很难操作。另一种则是近年新出现的拖曳式的编辑方式，这种方式充分体现了"便捷性"，用户能像搭积木一样把各个元素通过简单拖曳拼凑在一起，让没有受过特殊训练的人也能简单编辑出丰富多彩的邮件。另外，在这种编辑模式下平台还会定期更新一些模板，用户只需要替换少量的元素就能制成专属的个性化邮件，使邮件编辑更"亲民"。

（2）**送达率**。

营销邮件在发送时很容易被 ISP（互联网服务提供商，如腾讯邮箱、网易邮箱）判定为垃圾邮件。发送邮件的企业则会因其 IP 或者域名被拉入黑名单而无法再继续向目标企业发送邮件。而营销类邮件的送达率主要由以下三个要素确定。

1）白名单备案：是指 EDM 平台与 ISP 合作，通过白名单机制在 ISP 中为企业进行备案，从而降低企业邮件被判定为垃圾邮件的概率。

2）独立 IP：几大邮件服务商对于 IP 的日发送量有很明确的限额，限额大小由发送 IP

的质量决定。目前的 EDM 服务商会提供公用和独立两种 IP，当企业的日发送额较大时，公用 IP 无法满足要求，所以 EDM 服务商能否提供高质量的独立 IP 很重要，不过一般服务商会对提供的独立 IP 单独收费。

3）人工审核：在邮件发送前，平台会提供人工审核服务以确保邮件内容符合规范；如果用户对被退回的信件有疑问，可以咨询相应的客服人员。

（3）数据统计。

对于营销活动来说，数据统计永远是指路明灯。数据统计可以分为以下两大部分。

1）关于邮件绩效方面的基本信息，包括邮件的点击量、进入垃圾箱量、被举报量、退订量等，能够帮助用户快速掌握一段时间内邮件投递的情况。这是邮件数据统计中最基础的一层，在统计项目上各大 EDM 平台都没有太大的区别，主要的区别体现在搜集数据的维度（是针对单次任务的数据还是历史数据总览）和时间段上。

2）收件人数据，这部分内容更加丰富而且更具营销价值，具体指以下几点：黑名单（明确拒收的收件人）、白名单（打开并点击邮件内容的收件人）、A/B 测试（提供的对照实验，可以根据反馈结果判断用户群体更喜欢哪种邮件形式或者内容），另外还有收件人的地区统计和打开设备统计等。这些数据能够帮助企业更加清晰地了解自己的客户情况，便于接下来进行更有针对性的营销活动。什么叫更有针对性的营销活动呢？举一个典型例子，提供白名单的 EDM 平台也会提供付费的跨渠道营销服务，针对企业的白名单用户进行 DSP（需求方平台）广告投放，当这些"有兴趣的"用户浏览其他网页时，能够看到企业投放的弹窗广告。这是一种相当精准的广告投放方式，能够帮助企业有效地实现"再营销"，降低客户流失。

10.1.5　E-mail 营销注意事项

（1）邮件列表的建立通常要与网站的其他功能相结合，并不是一个人或者一个部门可以独立完成的工作，可能涉及技术开发、网页设计、内容编辑等内容，也可能涉及市场、销售、技术等部门的职责，如果是外包服务，还需要与专业服务商进行功能需求沟通。

（2）邮件列表必须是用户自愿加入的，是否能获得用户的认可本身就是很复杂的事情。邮件列表的内容必须对用户有价值，邮件内容也需要专业的制作，才能够长期保持用户数量稳定增加。

（3）邮件列表的用户数量需要较长时期的积累，为了获得更多的用户，企业还需要对邮件列表本身进行必要的推广，这同样需要投入相当的营销资源。

10.1.6　E-mail 营销发展趋势

作为传统的网络营销工具，E-mail 营销也随着市场环境的变化而发生了很大的变化。当前的 EDM 平台主要有以下四个发展趋势。

（1）营销自动化。

营销自动化是一种能够一体化执行、管理、完成营销任务和流程的工具，通过让 E-mail 营销"自动化"，能够节省大量人力和物力成本，而且在"快一步就领先一步"的商业竞争社会，能够提升企业的服务水准。EDM 平台的自动化体现在以下两个方面。

1）用户分组的智能化。EDM 平台能够根据用户以往的数据情况将他们分为"成交客户""未成交活跃客户""首次购买客户""低活跃度客户""流失客户"等多个标签组，对用户细分，将用户分类到客户生命周期的各个阶段，为后期精准营销打好基础。

2）邮件发送的自动化。邮件的发送要考虑发送频率和发送时间，通过 EDM 平台，根据不同用户所处生命周期阶段的差异，选择最为合适的交互频次，如用户首次订阅的即时触发，购买后一个月之内的交叉营销。通过对用户轨迹的记录，了解每位客户日常浏览的时间点与频次，通过不断的行为轨迹追踪，找到适合每个人的不同时间节点，借助自动化工具，进行一对一的自动化精准发送。

（2）营销个性化。

每个人的知识结构、生活经历和岗位性质不同，他们的关注点就不一样，审美情趣也不同，在这生产过剩的时代，商品必须契合某个阶层的属性特征，才能赢得关注。EDM 平台能够通过分析用户行为，刻画用户画像，在邮件标题、邮件内容、邮件风格等方面做到区分发送，对不同阶段的客户进行个性化营销。

（3）营销移动化。

在移动互联网迅速发展的今天，使用移动设备随时随地办公和处理公务随处可见，很多 EDM 平台已经能很好地支持 E-mail 营销移动化，E-mail 营销移动化能确保邮件在智能手机或平板电脑等移动端设备上的显示效果。EDM 平台编辑发出的邮件，能够根据接收设备的不同，自动调试尺寸，确保完整显示。

（4）营销立体化。

相对于单一的 EDM 平台，"营销立体化"要求 E-mail 营销与其他的营销推广渠道做整合，实现多个平台互为呼应、一体串联。现代社会资讯丰富，人们接收信息的渠道众多，企业通过对企业的营销工作做整合，能够发挥出更佳的、统一的、集中的作用，最终强化品牌的传播能力和一致性，建立与消费者之间长期、双向、维系不散的合作关系。

10.2　前景广阔的交互体验：网络游戏植入营销

火爆朋友圈的 CF 手游"荒岛特训"和 KFC 两大顶级品牌，大胆地尝试和创新深度合作，联手送出诸多福利，势必会在游戏圈和吃货界掀起一波 CF 手游"荒岛特训"吃鸡热。活动期间，只要用户登录 CF"荒岛特训"就有机会获得 KFC 炸鸡桶半价券！如果用户是吃鸡大神，那么用户在 CF"荒岛特训"吃鸡成功就能获得炸鸡桶半价券。假如用户是吃鸡新手，也不必担心，CF"荒岛特训"游戏中会随机送出炸鸡桶半价券。另外，CF 手游"荒岛特训"游戏内置一键点餐上线,不必退出游戏就可以一键点餐,娱乐吃饭两不误。

资料来源:百家号电竞老干部.CF手游"荒岛特训"与KFC强强联合送福利,爱吃鸡的你千万别错过[EB/OL].(2018-01-10)[2020-04-15].https://baijiahao.baidu.com/s?id=1589163340475680446&wfr=spider&for=pc.

植入式营销(product placement marketing)又称植入式广告(product placement),是指将产品或品牌及其代表性的视觉符号甚至服务内容以非广告的表现手法策略性地融入电影、电视剧、电视节目等载体的内容中,通过场景的再现,在受众无意识的情况下,悄无声息地灌输给受众,让观众留下对产品及品牌的印象,继而达到营销的目的。

网络的普及和网民人数的迅速增长,使网络游戏蕴藏了巨大的发展潜力和盈利空间。随着市场的扩大,竞争也越来越激烈,激烈的竞争迫使各游戏厂商不断拓展新的运营模式。从我国网络游戏最初经营产生的"原创""免费""虚拟平台"等策略变化与以盛大为首的民族网络游戏企业的出现并迅速成长,到网络游戏收入的增长、结构的不断完善,中国网络游戏市场走向成熟,网络游戏产业发展逐渐规范化。网络游戏平台在给游戏参与者提供休闲娱乐的同时,还起到了运营商与玩家、玩家与玩家交流信息的作用。随着网络游戏产业的稳定高速发展,挖掘游戏用户资源的最大价值已成为必然趋势。在新的经营模式中,运营商开拓了异业合作的业务,把品牌及产品的宣传推广和游戏内容二者紧密结合,将广告植入网络游戏,衍生出了一种全新的广告形式——网络游戏植入营销,这项新业务为它们创造了B2B的全新赢利模式,数以千万的网游爱好者瞬间成为广告受众,网络游戏也演变成一个强势的广告媒体。

10.2.1　网络游戏植入营销特征

相对于传统媒体营销而言,网络游戏植入营销最吸引商家的特征是能够直接承担越来越多的营销任务,如:道具捆绑促销在线产品展示、在线物流配送、在线网络游戏营销服务等。游戏植入式广告特点主要体现为更具亲和力、持续性较长、冲击力强、互动性强。

(1)更具亲和力。

网络游戏植入营销通过合理的平台、有效的策划和创意,把广告信息与游戏场景融合为一体。相比其他媒体而言,网络游戏中的广告以一种相对亲和的方式出现,玩家在自己的虚拟世界里可以轻松体验产品的特性,广告与游戏环节融为一体,反而会有一种真实感。企业品牌的传播也因与虚拟的游戏文化的深度结合而得以更充分地实现。

(2)持续性较长。

在网络游戏中,由于玩家游戏的时间较长,在切换不同场景时都会接收到同样的广告信息,让用户可以反复感知。因此,网络游戏中广告的持续性较长,且效果显著,可以成为一个不间断运作的大众媒体平台,显示出绝对的持续性。

(3)冲击力强。

网络游戏的策划与制作日臻完善,更注重感情与想象的"真实"。玩家大多近距离、全屏幕地接触网络游戏，因此受到广告的冲击力很强，广告信息传播效果也很好。植入式广告通过精心策划把产品或品牌安排到网络游戏的某个情节当中，容易突破受众对广告的心理防线。

（4）互动性强。

网络游戏植入营销和用户的互动性强，用户的自主参与度高。网络游戏用户使用网游产品的行为是自发的，除了植入用户使用环境中的广告外，用户是主动而非被动地接触网络游戏内置广告。植入营销的品牌会衍生为道具或直接由用户控制的虚拟形象本身。这些都是由用户本人来自主选择、接触、控制和使用的。此外，用户对植入品牌的选择在一定程度上也反映了他们对品牌的偏好度。

10.2.2 网络游戏植入营销主要形式

1. 场景或画面背景植入式

场景或画面背景植入式是在网络游戏场景中植入广告，这里的游戏场景包括游戏中的地面、各种建筑物和背景。这种植入场景与现实世界的广告场景十分雷同，如出现各类广告牌、霓虹灯等。在《魔兽争霸》和《反恐精英》两款竞技游戏中，就应用了场景或画面背景植入式广告。在《反恐精英》1.6 版中，游戏的墙壁上就植入了一个 Valve（维尔福软件公司，是专门开发电子游戏的公司。其最受欢迎的游戏是《反恐精英》和《胜利日》等）的广告牌。《魔兽争霸》在其各大赛事的地图中，都在显要位置植入了赞助商的广告，如鹰牌花旗参等的宣传广告。这些植入式广告随着众多的游戏玩家下载地图、观看比赛而得到了广泛的传播。

2. 道具植入式

道具植入式就是把现实中的产品作为游戏中的道具植入的广告形式。如"王子饼干"与拥有 4 500 万有效注册用户的儿童虚拟社区"奥比岛"的 IGA 合作，为跨越 IGA 应用难题找到了突破口。奥比岛是我国用户量最大的儿童虚拟社区，根据"王子饼干"的品牌故事推出了全新故事副本——王子星球。作为一个大型循环玩法系统，"王子星球"根据"王子饼干"原有品牌故事进行 NPC（非玩家角色）塑造、场景设计、玩法设定和任务更新，实现了道具、场景、任务副本和玩法系统的全面植入，让目标客群可以通过角色扮演的方式亲身经历一次全方位互动的品牌体验之旅，达到 IGA 相对其他广告形式无法比拟的深度传播。

3. 人物衣着或物品外表植入式

人物衣着或物品外表植入式是将现实中的产品虚拟化并植入游戏中，使它们成为游戏中的道具或物品的广告形式。大多数玩家把虚拟人物视为游戏中的另一个自我，所以在虚拟人物体验产品的同时，也满足了玩家自己的实际愿望。如《极品飞车：卡本生死谷》（*Need for Speed Carbon*），在该游戏中不但包含之前极品飞车系列曾出现的静态广告，玩家在游戏中驾车穿越不同的地区时，游戏还将动态显示各品牌广告，游戏内人物的衣着或者游戏物品的外部也被开发出来作为广告位。

4. 视频或音乐植入

视频或音乐植入是在游戏中植入视频或音乐的广告形式。在某些以现实生活为基础的网游中，如《虚拟人生OL》，植入这类显性广告不但不会破坏游戏的氛围，反而使游戏显得更真实。在网络游戏中植入音乐形态广告的模式可以广泛应用于音乐类网游中，如《劲舞团》《劲乐团》等。但此种植入对广告主的要求较高，必须是唱片广告或音乐类公司，它们可以在游戏中植入即将发售的歌曲，由此宣传唱片或音乐人。

5. 关卡情节类植入

关卡情节类植入是将产品植入游戏中的关卡或情节中的广告形式。如在网络游戏《QQ音速》中植入肯德基的形象和整体色调。广告主也可以将产品与游戏情节相关联，使产品作为推动游戏进程必不可少的一部分，但要注意不能破坏游戏的整体气氛。

6. 专门设计类植入

专门设计类植入是指广告主通过游戏公司专门为自己的产品量身打造一款游戏，把它作为自己营销推广的一种手段和方式。如Radio Shack和MSN合作建立的赛车游戏，玩家可以通过网络游戏体验各种玩具赛车；网游公司会常举办相关比赛，使更多玩家参与其中，推动玩具的销售。

除上述六类常见的网络游戏植入式广告外，还有一些其他形式的植入式广告，如以广告产品命名游戏中人物、道具、场景等的形式；在游戏载入和退出时，利用等待时间植入广告。

10.3 数据时代的信息资源整合：数据库营销

一百多年前，朝靴店"内联升"就已经开始运用"数据库营销"的手段做生意了，只不过那时不叫这个名字罢了。赵廷创办了内联升之后，利用手里的客户资源和实际工作中的问题编写了《履中备载》。这本书上面有客户的详细信息，这样就方便掌握下次做鞋流程以及客户的喜好与需求。这就是最早的数据库营销。那么，花费那么大的精力去建这个数据库给了赵廷哪些好处呢？第一就是做鞋流程简化，不用再麻烦地量脚采样，比竞争对手要方便得多；第二详细地掌握了客户的爱好，可以投其所好，进行个性化定制。对客户的需求了解得一清二楚，方便精准营销，大大地提高了竞争力。就是靠着这些，"内联升"做到了行内第一把交椅。

数据库营销（database marketing）是为了实现接洽、交易和建立客户关系等目标而建立、维护和利用顾客数据库与其他顾客资料的过程。它是在互联网与数据库技术发展的基础上逐渐兴起和成熟起来的一种市场营销推广手段，通过收集和积累大量关于消费者的信息，经处理后预测消费者有多大可能去购买某种产品，以及利用这些信息给产品精确定位，有针对性地制作营销信息以达到说服消费者去购买产品的目的。

数据库营销就是企业通过收集和积累会员（用户或消费者）信息，经过分析筛选，有针对性地使用电子邮件、短信、电话、信件等进行客户深度挖掘与关系维护的营销方式。或者说，数据库营销就是以与顾客建立一对一的互动沟通关系为目标，并依赖庞大的顾客信息库进行长期促销活动的一种全新的销售手段，是一套内容涵盖现有顾客和潜在顾客，可以随时更新的动态数据库管理系统。数据库营销的核心是数据挖掘。

当今，人类已进入大数据时代。大数据营销是指将基于多平台的大量数据，依托大数据技术，应用于互联网广告行业的营销方式。大数据营销衍生自互联网行业，又作用于互联网行业。大数据营销依托多平台的大数据采集，以及大数据技术的分析与预测能力，使广告更加精准有效，给品牌企业带来更高的投资回报率。

10.3.1 数据库营销基本作用

（1）更加充分地了解客户的需要。

（2）为客户提供更好的服务：客户数据库中的资料是个性化营销和客户关系管理的重要基础。

（3）对客户的价值进行评估：通过区分高价值客户和一般客户，对各类客户采取相应的营销策略。

（4）了解客户的价值：利用数据库的资料，可以计算客户生命周期的价值，以及客户的价值周期。

（5）分析客户需求行为：根据客户的历史资料不仅可以预测需求趋势，还可以评估需求倾向的改变。

（6）辅助进行市场调查和预测：数据库为市场调查提供了丰富的资料，根据客户的资料可以分析潜在的目标市场。

10.3.2 数据库营销独特价值

（1）**动态更新**。

在传统的数据库营销中，无论是获取新的客户资料还是对客户反应的跟踪，都需要较长的时间，而且反馈率通常较低。收集到的反馈信息还需要烦琐的人工录入，因而数据库的更新率较低，更新周期较长，同时也造成了过期数据、无效数据比例较高，相应地，数据库维护成本也较高。网络数据库营销具有数据量大、易于修改、能实现动态数据更新、便于远程维护等多种优点，还可以实现客户资料的自我更新。网络数据库的动态功能不仅节约了大量的时间和资金，同时也更加精确地实现了营销定位，从而有助于改善营销效果。

（2）**客户主动加入**。

企业仅靠现有客户资料的数据库是远远不够的，除了对现有资料不断更新维护外，还需要不断挖掘潜在客户的资料，这项工作也是数据库营销策略的重要内容。在没有互联网可借助的情况下，寻找潜在用户的信息一般比较难，要花费很大代价，如利用有奖销售或者免费使用等机会要求客户填写某种包含有用信息的表格。这不仅需要投入大量的资金和人力，而且受到地理区域的限制，覆盖的范围非常有限。

在网络营销环境中，客户资料的增加要便捷得多，而且往往是客户自愿加入网站的数据库。请求客户加入数据库的通常做法是在网站上设置一些表格，要求客户注册为会员时填写。但是，网络上的信息很丰富，企业对客户资源的争夺也很激烈，客户对企业的要求也很高，并非所有表单都能引起客户的注意和兴趣，客户希望得到真正的价值，但肯定不希望对个人利益造成损害。因此，企业需要从客户的实际利益出发，合理利用客户的主动性来丰富和扩大客户数据库。

（3）改善客户关系。

客户服务是一个企业留住客户的重要手段。在电子商务领域，客户服务是取得成功的重要因素之一。在互联网环境下，客户希望得到更多个性化服务，如客户定制的信息接收方式和接收时间、客户的兴趣爱好、购物习惯等都是网络数据库的重要内容，根据客户个人需求提供针对性服务是网络数据库营销的基本职能，一个优秀的客户数据库是网络数据库营销取得成功的重要保证。因此，网络数据库营销是改善客户关系最有效的工具。

网络数据库通常不是孤立的，企业应当从网站规划阶段开始考虑，将它列为网络营销的重要内容。另外，网络数据库营销与个性化营销、一对一营销有着密切的关系，客户数据库资料是客户服务和客户关系管理的重要基础。

随着大数据的不断发展，企业数据库中将拥有海量信息并且其规模仍不断扩大，那么什么是对企业有用的数据呢？举一个例子：惠氏奶粉从医院收集已经怀孕6～8个月的孕妇（并不是所有孕妇）数据，然后一面为孕妇们提供育儿服务，一面进行产品促销。惠氏奶粉认为，消费者买的其实不是奶粉，他们买的是对小孩子的希望。因此通过CRM（customer relationship management，客户关系管理）的贴心服务和对客户需求的精细划分，企业能够与客户建立非常熟悉的关系。客户如果能够感受到专业性和愉悦感，自然就会信赖企业的产品。惠氏奶粉调查和观察的结果是，享受过服务的消费者，对于品牌的忠诚度远远超过没有被服务过的消费者。

如今海量数据正在改变我们的世界，很多行业尤其是在电信、金融行业，几乎已经到了数据就是业务本身的地步，数据成为一种举足轻重的资源。在企业整个营销活动中，信息的获取、存储、处理分析与应用在营销决策中起决定性的作用，而数据库营销就是通过数据采集、存储、处理客户数据，准确进行市场的细分和定位，进而实施创造性、个性化策略的营销。因此，大数据时代有效利用海量数据与企业数据库营销的思想不谋而合，这就促使数据库营销成为大数据时代企业市场营销变革的一种重要方式。

10.3.3 数据库营销应用

（1）宏观应用。

数据库营销的宏观应用主要是应用营销数据进行市场预测和营销活动设计，并且获得营销活动和客户的实时响应。

营销部门应用营销数据库来设计市场营销活动，以建立客户忠诚或增加产品销售。根据客户的行为和价值将客户划分成不同的细分客户群，并且针对不同的客户细分设计营销活动。营销活动的结果也经常可以记录在营销数据库中，营销人员和客户管理人员能够清楚地看到每一次营销活动的客户响应情况和投资回报率。

营销人员利用客户数据库的资料，应用数据分析技术在潜在客户数据中发现和识别赢利机会，基于客户的年龄、性别、人口统计数据等，对客户购买某一特定产品或服务的可能性进行预测，帮助企业决策和设计适销的产品和服务，并且设计和制定合适的价格体系。通过市场、销售和服务等一线人员获得的客户反馈，营销人员能够把相关的市场调查资料进行整合，定期对市场的客户信息和反馈进行分析，帮助产品和服务在功能和销售方式上加以改进；也可以帮助产品设计和研发部门做出前瞻性的分析和预测；还可以根据市场上的实时信息及时调整生产原材料的采购，或者调整生产的产品型号，控制和优化库存等。

（2）微观应用。

客户生命周期价值常常被用来预测每一位客户的价值。企业经常应用生命周期价值来区分高价值客户和普通客户，可以有效地识别潜在客户，并分别设计和采取相应的营销策略。

对于一个企业来说，真正给企业带来丰厚利润的客户往往只是客户群中的一小部分，这些小量的客户是企业的最佳客户，他们的忠诚度和盈利率往往是最高的。企业可以通过应用营销数据库中的客户资料，结合客户分群的智能统计分析技术来识别这些客户以进行区别服务。对于这些客户，企业不仅仅需要提供特别的服务或回报机制，还需要保持足够高的警惕性以免客户流失，因为这些高价值的客户往往也是竞争对手所瞄准的目标营销客户。

一些客户密集型企业也经常应用营销数据库建立营销分析模型来预测客户的流失倾向。换句话讲，营销数据库是成功运营移动通信公司、长途电话公司或信用卡公司的核心基础。

（3）实际应用。

数据库营销，是在企业通过收集和处理消费者大量的信息后预测消费者有多大可能去购买某种产品，以及利用这些信息给产品精确定位，有针对性地制作营销信息以达到说服消费者去购买产品的目的的营销方式。通过数据库的建立和分析，各个部门对顾客的资料都有详细全面的了解。这可以给予顾客更加个性化的服务支持和营销设计，使"一对一的顾客关系管理"成为可能。数据库营销是一个"信息双向交流"的体系，它为每一位目标顾客提供了及时做出反馈的机会，并且这种反馈是可测定和度量的。

数据库营销在西方发达国家的企业里已相当普及。在美国，1994年Donnelley Marketing公司的调查显示，56%的零售商和制造商有营销数据库，10%的零售商和制造商正在计划建设营销数据库，85%的零售商和制造商认为在20世纪末，它们将需要一个强大的营销数据库来支持它们的竞争实力。从全球来看，数据库营销作为市场营销的一种形式，正越来越受到企业管理者的青睐，在维系顾客、提高销售额中发挥着越来越重要的作用。

10.3.4　大数据时代精准营销

大数据时代的精准营销就是以客户为中心，依托强大的数据库资源，通过对数据的剖析整合，对客户进行准确的剖析定位，做到在适宜的时间和适宜的地点，用适宜的价钱，通过适宜的营销渠道，向精确的主顾提供需求的产物，实现企业效益的最大化。精准营销的本质是依据目标客户的特性化需求提供产品和服务，而大数据便是有效手段。

（1）以用户为导向。

真正的营销历来都是以用户为中心的，而大数据把用户实实在在"画"在了面前，营销者能够依据数据库内的数据构建用户画像，理解用户的消费习惯以及年龄、收入等状况，从而对产品、用户定位、营销做出指导性的分析。

（2）"一对一"特性化营销。

很多企业在销售产品时会遇到如下问题：产品是一样的，但是用户的需求是各不相同的，怎样把相同的产品卖给不同的用户？这就需要我们进行"一对一"特性化营销。只有通过大数据分析，构建精准的用户画像，理解消费者，企业才能做出成功的特性化营销。

（3）深度洞察用户。

深度洞察用户，挖掘用户潜在需求，是数据营销的根本。数据标签人群画像，能够精确获知用户的潜在消费需求，比如：我们得知一位用户曾购买过婴幼儿奶粉，那么我们推测他家里有小孩，相应地能够向他推送早教课程等合适婴幼儿的产品。洞察消费者需求后再进行投放，营销的结果将比撒网式有效且更易有成效。

（4）营销的科学性。

实践证明，数据指点下的精准营销相对传统营销来说更具有科学性。向用户"投其所好"，为意向客户引荐他们感兴趣的工具，远远要比毫无方向的被动式营销更具成效。

随着互联网的不断推行和普及，大数据给企业营销带来的影响已不容小觑。大数据精准营销是营销的颠覆性变革，同时也证明了大数据的实际意义。未来，大数据精准营销将有望彻底替代传统营销，占据主导地位。但是对于企业及广大营销者来说，最重要的是如何把握这个大趋势，去面对机遇和挑战。

10.4　网络达人聚集地：论坛营销

近年来随着经济下行，食品行业销量下降，利润降低。但是小食品界出现了一个逆势增长的品牌——卫龙辣条。卫龙辣条就像是开了挂一样，迅速蹿成了"食品界第一网红"，这让食品界震惊。

卫龙辣条的成功主要在于网络上论坛营销的成功，论坛上脑洞大开的段子，让人捧腹的表情包，以及敢于模仿、创意无限的电商网站，如此顺应互联网思维的创意营销不但让消费者更容易接受，而且还引爆了广大网友的兴趣点，从而形成一种热门的话题和大信息时代的人们追求新奇独特的关注点。

<small>资料来源：聚焦网络．网络营销经典案例 [EB/OL].[2022-04-15].https://www.weyes.cn/new-20180724190217.html.</small>

论坛营销就是企业利用论坛这种网络交流平台，通过文字、图片、视频等方式发布企业的产品和服务的信息，从而让目标客户更加深刻地了解企业的产品和服务，最终达到宣传企业品牌、加深市场认知效果的网络营销行为。

10.4.1 论坛营销特点

（1）利用论坛的超高人气，可以有效为企业提供营销传播服务。而由于论坛话题的开放性，几乎企业所有的营销诉求都可以通过论坛传播得到有效的实现。

（2）专业的论坛帖子策划、撰写、发放、监测、汇报流程，在论坛空间提供高效传播，包括各种置顶帖、普通帖、连环帖、论战帖、多图帖、视频帖等。

（3）通过炮制网民感兴趣的活动，将客户的品牌、产品、活动内容植入传播内容中，并展开持续的传播效应，引发新闻事件，导致传播的连锁反应。

（4）运用搜索引擎内容编辑技术，不仅使内容能在论坛上有好的表现，而且在主流搜索引擎上也能够快速寻找到发布的帖子。

（5）适用于商业企业的论坛营销分析，对长期网络投资项目组合应用，精确地预估未来企业投资回报率以及资本价值。

（6）论坛营销成本低，见效快。论坛营销多数是属于论坛"刷帖"，其操作成本比较低，主要求的是操作者对于话题的把握能力与创意能力，而不是资金的投入量。但是这是最简单的、粗糙的论坛营销，真正要做好论坛营销，有诸多的细节需要注意，成本随之也会有适当提升。

（7）传播广，可信度高。论坛营销一般是企业以自己的身份或者伪身份发布信息，所以对于我们来说，论坛上发布的信息要比单纯的网络广告更加可信。为迎合网络的需求，不同类型的站点都架构了论坛系统，操作者发布信息的广度也很明显。

（8）互动、交流信息精准度高。企业做营销的时候一般都会提出关于论坛营销的需求，其中会有对于特别的主题和板块内容的要求。如果操作者多从相关性的角度思考问题，所操作的内容就更有针对性，用户在搜索自己所需要内容的时候，精准度就更高。

（9）针对性强。论坛营销的针对性非常强，企业可以针对自己的产品在相应的论坛中发帖，也可以为了引起更大的反响而无差别地在各大门户网站的论坛中广泛发帖。论坛营销还可以通过平台与网友进行互动，引发更大的回响。

10.4.2 开展论坛营销的步骤

开展论坛营销的一般步骤如下。

1. 明确产品定位

企业拿到项目以后，首先要做的就是市场定位，即确定产品（服务）面对的是哪一类人群，这部分客户比较集中地活跃在哪些论坛。

2. 制订工作计划

企业要先把需要做的网络推广方案做好，也就是将要通过哪些方式进行营销，这样企业就有了一个基本的目标和工作步骤。

3. 注册登录账号

每个论坛要注册 5 个左右的不同 ID，如果有以前的 ID 也可以用以前的 ID。注册 ID 的时候最好不要使用那些没有任何意义的数字或者英文字母，否则一些"老坛友"就大概知道这是来浑水摸鱼的。每个 ID 都要上传不一样的头像和签名，其中主 ID 最好特殊设计一下。

4. 创作发帖内容

根据制订的计划，开始制作发帖需要的内容。为了迎合网友的需求，可以实地考察一下，拍照和摄像，然后进行最后的文字整合工作。帖子创作的一些小建议如下：

（1）用有吸引力的标题来提别人的注意力，激起网友的好奇心，提高帖子的浏览量。把那些路过的坛友也拉进来看帖子。但应注意，标题和内容一定要帖合。

（2）在图片帖和视频帖上加上相关宣传文字，因为图片和视频比较直观，能吸引网友。

（3）文章内容中最好不要有硬广告，广告最好能本着以网友为本的原则。因为如果广告内容非常明显，帖子被删除的可能性非常大。而且如果帖子的内容不吸引人，发再多也不会有高的浏览量。所以，这一点需要多多斟酌。

（4）帖子的内容要有争议性，如果没有争议性，大部分的网友都是一看而过，很少会在该帖子下留言或者评论。

论坛帖通常由标题和正文两部分组成，表 10-2～表 10-4 是论坛帖类型、标题和正文的分类。

表 10-2　论坛帖的类型

论坛帖类别名称	概　念
事件帖	符合网友价值观的具备话题传播力的人物及事件的帖子
亲历帖	讲述网友身边真实的生活故事和体验的帖子
攻略帖	解决网友生活中碰到的困难，给网友带来帮助的帖子
搞笑帖	轻松、有趣，能够给网友带来会心一笑的帖子
揭秘帖	能够满足网友窥探欲望，不同于官方新闻角度资讯的帖子
悬疑帖	能够引发网友好奇心，带来不断猜测和讨论的帖子
感动帖	能够给网友带来视觉或心灵的美好和感动的帖子
典藏帖	具备收藏价值的经典帖子，可能是优秀的网民原创作品（文字、图片、视频、Flash），甚至是经典的广告创意

表 10-3　论坛帖的标题

标题常见写法	实　例
新闻式	《21 金维他与 46 名援藏干部高原同行》《历史课本不可缺失的一页》

(续)

标题常见写法	实 例
疑问式	《这到底是谁的错》《说的是不是你》
祈使式	《请对自己的健康负责》《女人,别让失眠在你脸上刻字》
故事式	《一个关于冰啤酒的谎言》《儿子变了,我哭了》
恐吓式	《你是否上了黑名单》
炫耀式	《臭小子,这次算你送对了》《没瞎说,挺管用》
数字式	《升温7℃,6种老人面临3种考验》
聊天式	《好丫头,老爸没白疼你》
建议式	《家长,你该重视了》《给贤妻良母提个醒》
真理式	《失眠人的噩梦,该结束了》《7城问孝心,北京排第一》
利益式	《失眠,今天有救了》《20年近视,10秒解决》
号召式	《把失眠赶出沈阳》《儿女们行动起来,保卫6种父母》
悬念式	《瓶子打碎之后》《当我与爱情相遇》
反问式	《孩子的想法,不该关注吗》《别再流浪,行吗》

表10-4 论坛帖的正文

正文常见写法	说 明
一问一答	提出一个问题然后给予解答,在解答的同时不知不觉提到相关产品
借引名言	在说明一个问题的时候把几句话用引号引起来,然后注明是某某人或某某网站说的
情感动人	软文的情感表达由于信息传达量大、针对性强,更可以让人心灵相通
极度恐吓	恐吓软文属于反情感式诉求,情感诉说美好,恐吓直击软肋

10.4.3 论坛营销与社群营销相融合

论坛营销的发展逐渐与社群营销相融合。社群营销就是基于相同或相似的兴趣爱好,通过某种载体聚集人气,通过产品或服务满足群体需求而产生的商业形态。社群营销的载体不局限于微信,各种平台,甚至线下的平台和社区都可以做社群营销。

类似于论坛营销的版主,做社群营销的关键是要有一个意见领袖,也就是某一领域的专家或者权威,这样比较容易树立信任感和传递价值。通过社群营销可以提供实体的产品来满足社群个体的需求,也可以提供某种服务。各种自媒体最普遍的业务就是提供服务。

社群营销是任何时代、所有商业都在追求的终极目标,但只有到了移动互联网时代,有了微信这样的高效率工具以后,社群营销才是可能的。社群营销也是有着共同关注点的一群人在一起找到了解决痛点的方案。一个有社群的品牌和没有社群的品牌,其竞争力是完全不同的。

社群的本质是基于相互信任的人与人、人与产品、人与企业的关系。这种关系本身其实是把需求和满足需求的供应方以更高的效率连接起来。

首先,社群营销就是把这种关系资源释放出来,从而降低企业自身的运行成本,让社会运行的效率更高。通过社群化,企业可以形成高效率的推荐机制,让使用者迅速找到好的产品及实用资讯,通过社群内部的信任,用非市场方式推进资源配置,形成企业庞大的市场对象,从而大幅度降低交易成本。

其次，社群营销方式有助于初创企业迅速形成市场。初创企业往往面临零开始、零品牌、零用户等成长的烦恼，起步低，压力大。部分创业成功的企业，是通过社群化重塑自身的营销体系，通过构建网上社群或社交网络，来倡导企业和产品价值观，营造良好的文化氛围，通过产品、企业文化、企业家自身人格魅力等，增强社群黏性，构建企业自身的用户群体，迅速形成企业市场。

最后，社群营销推动传统产品营销向构建品牌社群转变。建立在社群互动基础上的营销，社群中的每一位成员都可以成为企业和产品的宣传者、消费者。可以说，社群是企业非正式组织的销售团队。企业社群的建立，其核心就是建立企业自身的品牌社群，让企业的每个品牌都有自己的社群，让每个品牌都有价值导向、故事体验、知识传播。

10.5 意见领袖引爆的网络营销革命：微博营销

2019年父亲节期间，科沃斯凭着"爸，你够了"微博营销在每逢佳节"战火连天"的营销氛围中杀出重围。科沃斯品牌先是邀请一些微博大V发出神吐槽漫画，带上话题"爸，你够了"，以趣味内容及形式率先引发网友的围观，利用有趣的内容点燃了网友的创作力，引发他们的真实共鸣，令人啼笑皆非的评论接踵而至，在数十万网友不遗余力的助攻下，传播话题"爸，你够了"，不仅上到了微博移动端及PC端首页推荐，更取得了微博1小时热搜榜第四的优秀成绩。随后，这条微博先后被@人民网 @魏泽楷等大V转发，进行了二次传播，"爸，你够了"的话题声量被推向了一波高潮。同时，为了曝光主推产品，科沃斯还带领水星家纺、松下、海尔等12家蓝V品牌，发布了"爸，你够了"系列主题海报。品牌联动，无疑更具势能，通过产品间有趣的互相吐槽和调侃，科沃斯成功传达了产品卖点，并将用户的注意力回归到卖货本身。

资料来源：人人都是产品经理.父亲节营销大战前瞻，品牌如何突围制胜[EB/OL].（2019-06-14）[2022-04-15].https://www.woshipm.com/marketing/2460308.html.

微博，即微博客（micro blog）的简称，是一个基于用户关系的信息分享、传播及获取平台，用户可以通过Web、WAP以及各种客户端组建个人社区，以140字左右的文字更新信息，并实现即时分享。其最大的特点就是集成化和开放化，用户可以通过手机、IM软件和外部API接口等途径向微博客户发布消息。最早也是最著名的微博是美国的Twitter，国内主要平台是新浪微博和腾讯微博。

微博起源于博客，二者的区别如表10-5所示。博客营销是通过博客网站或博客论坛接触博客作者和浏览者，利用博主个人的知识、兴趣和生活体验等传播商品信息的营销活动。微博给网民尤其是手机网民提供了一个信息快速发布、传递的渠道。建立一个微博平台上的事件营销环境，能够快速吸引关注。这对于企业的公共关系维护、话题营销开展起到如虎添翼的作用。

表 10-5 微博与博客的区别

差异性	微博	博客
信息源表现形式的差异	微博内容短小精练，重点在于表达现在发生了什么有趣（有价值）的事情，而不是系统的、严谨的企业新闻或产品介绍	博客以博客文章（信息源）的价值为基础，并且以个人观点表达为主要模式，每篇博客文章表现为独立的一个网页，因此对内容的数量和质量有一定要求，这也是博客营销的瓶颈之一

(续)

差异性	微博	博客
信息传播模式的差异	注重时效性，3天前发布的消息可能很少有人再去问津；同时，微博的传播渠道除了相互关注的好友直接浏览之外，还可以通过好友的转发向更多的人群传播，因此是一个快速传播简短信息的方式	博客除了用户直接进入网站或者RSS订阅浏览之外，往往还可以通过搜索引擎搜索获得持续的浏览量，博客对时效性要求不高的特点决定了博客可以获得多个渠道用户的长期关注
用户获取信息的差异	用户可以利用电脑、手机等多种终端方便地获取微博信息，发挥了"碎片时间资源集合"的价值	用户可以利用电脑和手机获取博客信息，但是信息获取远不如微博方便、快捷
核心区别在于：博客主要依靠个人的力量，而微博主要依赖社会网络资源		

10.5.1 微博营销特点

微博营销通常分为官方微博和个人微博。官方微博又称企业微博，以帮助企业宣传、拓展企业品牌为目的；个人微博用于展现个人心情，发布个人观点及信息等。微博营销的具体特点如下。

（1）立体化。微博营销可以借助先进的多媒体技术手段，利用文字、图片、视频等展现形式对产品进行描述，从而使潜在消费者更形象直接地接收信息。

（2）高速度。微博最显著特征之一就是传播快速。一条关注度较高的微博在互联网及与之关联的手机WAP平台上发出后，短时间内互动性转发就可以抵达微博世界的每一个角落，达到短时间内最多的目击人数。

（3）便捷性。微博营销优于传统的广告行业，发布信息的主体无须经过反复的行政审批，从而节约了大量的时间和成本。

（4）广泛性。通过粉丝关注的形式进行病毒式的传播，影响面非常广泛，同时，名人效应能够使事件的传播量呈几何级放大。

10.5.2 微博营销的日常运营

微博对企业的意义在于粉丝，利用海量粉丝进行品牌推广及企业营销十分重要。

微博营销的日常运营包括以下几方面内容。

（1）内容建设。微博的发布时间有规律，切忌胡乱随意发布，要根据企业用户的习惯来合理安排。根据内容规划中的话题制作内容和配图，给用户一种有规律且亲切的感觉。

（2）活动策划。微博活动一般分为平台活动和企业独立活动。以新浪微博为例，新浪平台活动就是基于新浪微博发起的活动，如有奖转发、大转盘等。企业自建活动是指企业在自己微博中发起的各种活动，如晒单有礼、随手拍等。微博活动还可分为独立活动和联合活动，独立活动就是自己发起的活动，联合活动就是与其他异业微博开展的活动。

（3）客户管理。微博使企业走近用户，聆听用户的声音，与用户直接对话。微博上的客户管理工作主要包括投诉处理、粉丝互动、咨询答疑、活动奖品发放通知等。处理投诉就是处理微博上用户的紧急投诉以避免他们四处发帖。粉丝互动是指针对粉丝的评论做相应的回复或转发。咨询答疑是指解决用户的各种疑问。

（4）微博推广。微博需要通过多种渠道来进行宣传推广，包括站内推广和站外推广。站内推广是基于微博平台的推广方式，主要有：活动推广，吸引粉丝参与；草根账号推送，请大号转发；异业合作，通过赞助奖品等形式与其他微博开展联合活动；微应用，开发微博App应用，吸引用户参与；主动关注，通过搜索相关关键词找到潜在用户，主动求关注。站外推广方式包括在论坛、贴吧、企业官网上发布企业微博信息；微博组件推广，如在官网上添加一些关注、分享等微博按钮。

（5）运营日志。微博营销是一个实时的动态营销方式，它本身包含很多数据指标，如粉丝数、微博数、评论转发数、订单销量、流量等。分析行业其他微博的运营情况，也需要跟踪调查，做好一些记录，一般包括微博日志、活动报表。其中微博日志是最重要的，应该保持每天更新记录，活动报表可以周为单位做汇报。

（6）数据分析。微博自身涉及的数据包括微博信息数、粉丝数、关注数、转发数、回复数、平均转发数、平均评论数、二级粉丝数、性别比例、粉丝分布数等，微博营销指标有粉丝活跃度、粉丝质量、微博活跃度等，企业考核KPI指标有粉丝增长数、搜索结果数、销售或订单、页面浏览量（PV）或IP、转发数、评论数等。

10.6　社会化智慧商圈微商推广模式：微信营销

微信营销策略方案怎么会少了小米的"9∶100万"的粉丝管理模式！据了解，小米手机的微信账号后台客服人员有9名，这9名员工最大的工作是每天回复100万粉丝的留言。

每天早上，当9名小米微信运营工作人员在电脑上打开小米手机的微信账号后台，看到后台用户的留言时，他们一天的工作也就开始了。其实小米自己开发的微信后台可以自动抓取关键词回复，但小米微信的客服人员还是会进行一对一的回复，小米也是通过这样的方式大大地提升了用户的品牌忠诚度。相较于在微信上开微店，对于类似小米这样的品牌微信运营人员来说，做客服显然比卖掉一两部手机更让人期待。

当然，除了提升用户的忠诚度，微信做客服也给小米带来了实实在在的益处。微信使得小米的营销策略方案、CRM成本开始降低，过去小米做活动通常会群发短信，100万条短信发出去，就是4万元的成本，微信做客服的作用可见一斑。

资料来源：ifortune."9∶100万"小米微信营销记[EB/OL].（2013-06-07）[2022-04-15].https://www.douban.com/group/topic/40128626/.

2011年1月21日，微信正式由腾讯公司推出，它是一款为智能手机提供即时通信服务的免费应用程序。微信支持跨通信运营商、跨操作系统平台通过网络快速发送免费（需消耗少量网络流量）语音短信、视频、图片和文字。同时，也可以使用通过共享流媒体内容的资料和基于位置的社交插件"摇一摇""搜一搜""朋友圈"等服务插件。

微信营销是网络经济时代企业对营销模式的创新，是伴随着微信的火热而产生的一种网络营销方式。微信不存在距离的限制，用户注册微信后，可以和周围同样注册的朋友形成一种联系，订阅自己所需的信息，通过商家提供的信息推广自己的产品，进而形成点对点的营销方式。

10.6.1 微信智慧商圈

微信有许多营销手段，比如微信卡包、微信"摇一摇"等，商家通过这些营销手段可以积累用户，用户也能从中获得利益。因此，越来越多的人开始使用微信展开营销活动，微信公众号也随之成为大多数群体的战场。而现在，基于微信公众号构建微信智慧商圈，将是明智的选择。那么，微信智慧商圈有哪些新的玩法呢？

（1）零散商户、线上线下相连，实现 O2O 转型。

（2）微信通过微信卡券、微信"摇一摇"等功能，可以拉动整体商圈效益。然而，在微信智慧商圈中，通过借助第三方服务商家联盟系统对购物中心、便利店、超市、品牌连锁、小微商户等多个业态的智慧门店进行改造，所有支付都可以做到既有到店支付，又支持离店支付，形成线上线下的支付闭环。微信实现了整个区域的 O2O 转型，拉动了整个区域的经济效益。

（3）将用户相连，实现商圈精准引流。对于顾客来说，可以关注商家的微信公众号，随时了解商家最新动态，通过领取电子优惠卡券获得到店消费优惠，通过微商城功能在线购买信任商家的产品或者服务。不论是线上消费还是线下消费，都可以通过微信支付获取会员积分，积分累积到一定程度可享受商家优惠；对于商家来说，利用这一平台能够提升品牌宣传效果，定期发布电子优惠券和活动信息降低营销成本，利用顾客点评改进自己的不足，随时掌握到店顾客流量和转化率。

通过微信智慧商圈平台，顾客、商家和运营商三者组成了利益群体。

10.6.2 微信商业模式

1. 订阅模式——高质量的咨询需求

微信上的信息以订阅模式呈现，就意味着它的咨询与微博不一样。"订阅"这个动作，意味着用户希望在这里获得比自身更专业、更全面的视角和观点，原始事实要经过整合再输出。微博上的咨询是争取共鸣、披露真实，而微信上的咨询是给人以观点、想法。这就是微信的内容价值。

2. 推送模式——让用户更有价值

推送模式让微信公众账号的订阅用户更具有价值。微信的内容形式有文字、语音、带链接的图文信息和第三方应用消息等。当自身账户的用户量积累到一定程度，推活动、推网站、推内容、推 App 都非常有效。

此外，还可以从推动模式中看到广告价值。微博广告发布后客户要看转发量、评论量，微信的强制推送到达率接近 100%。微信上的广告信息价格，可以以头条和非头条来划分。

3. 语音信息的载体——电台的互动模式

语音消息是微信强大的一个信息呈现功能。声音信息简化了短时沟通的方式，拿起手机就能说话，这似乎更适用于日常对话。对于未认证的公众账号，每天的群发消息仅可有一条，如果要发语音消息，而且信息量很大，用词不一定口语化的话，阅读难度远高于文字、图片。

语音消息很适合用来做互动，就如电台模式，亲切直接，一问多答。另外，微信的语音功能，对于电台媒体来说是一个精彩片段重温的绝好平台。

4. 二维码——既公开又私密

二维码的价值在于线下与线上联动，扫一扫线下宣传物料上的二维码，就关注了线上的微信账号。活动只办一次，积累的人气却可以通过微信实现延续。二维码是一种既公开又私密的信息传递，而且在宣传物料上占地面积大，能激发用户的好奇心而使其关注。这为许多传统商家实现线上营销和线下销售提供了绝佳机会。

5. CRM 工具

之前 CRM 工具以 E-mail、短信、人工呼叫中心为主，而现在则增加了微信。微信的富媒体属性，可以让它变身为 E-mail、短信、人工呼叫中心的任何一种形态。企业可以发一条纯文字信息给用户，可以发一篇带有照片和链接的文章给用户，也可以直接发语音和视频给用户，所有方式选择都取决于企业需求。而且，企业除了"发送"外，还可以随时得到用户的反馈。

微信公众平台还具备对用户分组的功能，这与 CRM 工具对用户的分类整理功能类似。

10.6.3 微信对企业的作用

1. 企业为什么要做微信营销

微信是移动互联网的基础应用，类似于 QQ，是移动互联网的入口。微信的生态系统将会汇聚绝大部分的流量，相当于移动互联网的百度，是未来企业网络营销的重点战场。不是每一个企业都需要做 App，但是每一个企业都必须得用微信。用户对企业的情感、口碑与是否能够多次成交均取决于微信上的关系维护。微信的主流用户当前是消费能力较强的群体，但随着发展还在不断渗透到不同行业、不同层次的消费人群。企业应以低成本迅速接入多种手持终端，借力二维码、微信社交网络开展多渠道营销。

2. 微信营销能给企业带来什么

微信能够为企业提供一个塑造品牌的平台，并在此平台上实现销售。微信能够为企业提供一个搭建自由网络营销渠道的机会，将以其他方式引进来的流量沉淀到微信上实现转化。微信能够为企业提供一个关系链紧密的客户维护平台，通过一个个强关系的朋友圈滚动式传播口碑实现维护好每一个客户的效果。微信能够为企业提供一个会员管理、需求调研、公关维护的平台。

10.6.4 如何做微信营销

1. 忘掉"营销"

做微信营销，要智取，不能强攻。企业的第一诉求是不要被用户取消关注，凡是会引起用户反感的事情都不能做，比如硬推广告、每天定时推送等。

做微信营销切忌从自己的角度出发，只发企业想让用户知道的东西，而不给用户他们需要的东西。此外，要把握好时间节奏。对于绝大部分账号来说，一个月群发一次消息便足够，平时就多多回复用户发来的消息。

2. 要多个媒体协调配合

做好微信营销的前提是，通过其他的媒体渠道来给微信引流。核心思路就是一句话："在所有可能的地方展示企业的二维码和微信号。"比如在产品包装上、广告上、官方网站上、微博上，都写上微信订阅办法。

3. 不要贪多求快

一个用户一旦添加了企业公众号，那起码说明他不讨厌这个企业，否则他不会付出扫描、手动输入账号这样的成本来关注账号，这是对于用户的一次筛选，沉淀下来的都是忠诚用户，他们的数量本身就是少的，是不能和微博粉丝数进行横向比较的。企业的微信订阅用户数，最好和企业所能提供的服务相匹配，否则就应该放慢一下速度了。

4. 互动十分重要

企业的微信客服耐心地和用户平等聊天，其实就很容易把普通用户转化成忠诚客户。

5. 技术也很重要

企业最好在条件允许的时候，配备一些技术开发的资源给微信，做一个好的微网站，实现一些其他的功能。

10.6.5 如何运营微信公众号

微信公众号分为两大类：一类是服务号，它是给企业和组织提供更强大的业务管理能力的账户，是帮助企业快速实现全新的公众号的服务平台。服务号每个月只能群发一次消息，但效果是直接显示在聊天列表中的，还可以申请自定义菜单，也有下发消息的接口。另一类是订阅号，它为媒体和个人提供一种新的信息传播方式，使企业与读者之间建立更好的沟通与管理模式。订阅号每天可以群发一次消息，但效果是被折叠到一个"订阅号"的文件夹里面，不可以申请自定义菜单，没有下发消息的接口。

微信公众号的推广策略具体包括以下几种。

（1）借助现有资源。如果微博、博客本身都有较多粉丝，企业可以通过这些渠道进行推广。如果产品在线下交易，企业可在交易地址附近放置印有微信公众号及二维码的条幅。企业必要时还可以策划一些活动，将线下用户转移到微信上，在名片、邮件签名等地方也添加上微信公众号及二维码。

（2）找到目标人群聚集的圈子。如果目标人群为职场上的精英人士，那么企业就可以通过一些职业社交网站的社交账号进行推广。另外，企业还可以整理一些PPT模板等办公类资料发布在百度文库、网盘等地方，吸引用户下载，进而关注这个微信号。

（3）专注于内容建设。企业首先要进行大量阅读，筛选出最能吸引读者的好内容；挑选到好的内容之后，对内容进行合理的编辑，篇幅过长的可进行压缩精简，段落层次不清晰的可以列出小标题；此外，还可适当且有技巧地结合热点新闻。

|案例10-1|

星巴克的音乐推送微信

2012年8月17日，微信公众平台正式上线，不少互联网知名人士积极参与其中，憧憬着微信营销的美好未来，微信营销也一度成为营销业内热点话题。

微信首次以案例化形式推广公众账号，是与咖啡零售巨头星巴克合作，上线星巴克《自然醒》音乐电台微信活动，希望借此活动形成全新的互动形式及得到良好的用户反馈，树立品牌数字化运营典范，提升微信的多元社会化价值。

第一阶段（8月28—29日）：以活动信息扩散为主，号召全国不同地区优质草根大号进行首轮"自发体验分享"。以星巴克纸杯变化（微信二维码杯托）、"调戏"星巴克、星巴克《自然醒》音乐分享为主要扩散内容进行用户信息自主发布，营造真实的用户体验氛围。

第二阶段（8月30—31日）：持续扩散不同区域草根音量，同步启用时尚、娱乐、音乐领域新浪微博KOL发布活动体验信息，分别展示星巴克微信音乐电台的互动形式、互动时间、互动内容，通过潮流热点应用包装、表情互动新玩法、八卦音乐制作人等传播点进行主动信息扩散，其间持续监测用户舆论导向，主动进行回复内容干预，引导用户体验。

第三阶段（9月1—2日）：用户侧持续发布草根用户分享内容，在形成较大范围的用户关注基础上，转向互联网、营销行业领域用户定向吸引。通过热门科技评论人发起微博投票，探讨此次活动对于微信与星巴克联姻带来的价值，引发微信价值热议小高潮；同时通过新媒体营销人士点评活动体验信息，传递微信互动的创新性，使此次活动迅速成为营销人士的重点谈资。

第四阶段（9月3—4日）：集中面向行业用户发力，发布微信活动深度点评文章，从"微信与星巴克创新营销模式是否适合所有实体企业""微博营销走入黑暗探索期，微信是否会为品牌营销开创新的合作模式""从星巴克与微信合作看品牌的社会化营销布局——微博与微信的共生价值探讨"三个维度进行重点剖析，提出鲜明观点，以微博为源头引发业内大规模探讨，并迅速扩散至网络媒体，吸引网易、赛迪网、飞象网、易观等优质媒体转载跟进。

收官阶段（9月5日）：在此次活动获得舆论一致呼应的情况下，针对盲目的营销热提供专业指导，激励社会各界进一步探索微信价值。炫橙传媒主导策划了微博案例长图文，总结微信星巴克活动效果及借鉴价值，以真实数据给出星巴克微信活动足以撼动各大品牌营销布局的例证,提供执行方法论。该内容为奠定微信营销价值提供了强有力的保障,成为后续微信案例总结、分享的重要内容依据,被各大企业微博、营销大号、自媒体人转发分享。

在活动结束的时候,星巴克的微信账号获得了19.3万名好友。一共有超过32.3万个心情被分享。同时,微博的粉丝数也增加了15%,相关微博产生了共计2.6万次的评论和4.5万次的转发。经过换算,通过微博产生的媒体价值相当于93.1万元人民币。在这种互动体验中,用户可以深切地感受到与星巴克的距离被拉近,也感受到广告通过音乐传递到需要者耳边的兴奋感。相对于硬性的广告来说,这种温情四溢的关怀营销更容易被人接受。在这样的真实关系中,微信成了国内罕有的精确营销工具,可以将信息以一种不同于过去的准确方式传递给每一位"订阅者",和他们实现一对一的互动交流,并在任何时刻将信息最及时地传递给他们。

在星巴克看来,微信代表着一种生活方式。它不但为人们提供丰富的聊天模式,更拉近了人和人之间的距离,让新时代的社交变得更自由。星巴克微信账号,是秉承星巴克"连接彼此"企业文化内涵,促进人们真诚交流,并随时随地带来美好生活新体验和"星"乐趣的最好方式。同时,依靠腾讯强大的账号体系、PC与手机产品入口,可以使更多线下与线上用户享受移动互联网的便捷,获得生活实惠和特权。

资料来源:百度文库.星巴克微信营销案例[EB/OL].(2015-05-13)[2022-04-15].https://wenku.baidu.com/view/87617007bceb19e8b9f6ba3d.html.

思考题

如何利用微信与用户进行有效互动并维护客户关系?

10.7 直播来袭催生全民娱乐新时代:直播营销

在2016年的戛纳电影节,欧莱雅等品牌第一时间在美拍玩起了"明星+直播+大事件"的新玩法。通过美拍平台全程记录下了众多国内明星在戛纳现场的台前幕后,向国内传送明星造型等消息,并实现明星和粉丝的互动,不仅拉近了粉丝与戛纳的距离,并且为欧莱雅美拍账号在名为"零时差追戛纳"活动中创造了311万总观看人数、1.639亿总点赞数、72万总评论数的历史纪录,甚至在美拍直播几小时内,明星同款色系唇膏就在官方旗舰店售罄。

借势戛纳电影节,并不是什么新鲜玩法,但联合美拍,借助美拍巨大的流量入口以及美拍天然的用户基础,通过直播、明星、大事件三重撒手锏,成功引爆事件,造就了超热门话题,收获了不俗的战绩。这场直播也成为2016年中国明星直播最具标志性和代表性的案例。

资料来源:Hi现场.品牌营销还能怎么玩:年度十大短视频直播跨界合作案例盘点[EB/OL].(2018-07-09)[2022-04-15].https://www.hixianchang.com/201807/23793.html.

直播营销是指在现场随着事件的发生和发展,同时制作和播出节目的播出方式。该营销活动以直播平台为载体,以达到企业获得品牌的提升或销量的增长为目的。最近几年网红直播迎来井喷式发展,诸多直播平台相继涌现,各大互联网巨头相继参与到这场直播盛宴中,这从国内互联网发展至今仍属少见,其中以游戏直播、体育直播、秀场直播最为火爆。在游戏直播中,诞生了斗鱼、虎牙、龙珠、战旗等;在体育直播中,诞生了诸如直播吧、风云直播、章鱼TV等;而在真人秀场直播中,竞争最为惨烈,诞生了映客、花椒、一直播、YY LIVE、陌陌等。之后,在网红直播届也发生了几件广为传颂的事件,更是奠定了直播营销在营销领域的地位。

10.7.1 直播营销优势

直播营销是一种营销形式上的重要创新，也是非常能体现出互联网视频特色的板块。对于广告主而言，直播营销有着极大的优势。

（1）某种意义上，在当下的语境中直播营销就是一场事件营销。除了本身的广告效应，直播内容的新闻效应往往更明显，引爆性也更强。一个事件或者一个话题，相对而言，可以更轻松地进行传播和引起关注。

（2）能体现出用户群的精准性。在观看直播视频时，用户需要在一个特定的时间共同进入播放页面，但这其实与互联网视频所倡扬的"随时随地性"是背道而驰的。但是，这种播出时间上的限制，也能够真正识别出并抓住这批具有忠诚度的精准目标人群。

（3）能够实现与用户的实时互动。相较传统电视，互联网视频的一大优势就是能够满足用户更为多元的需求。不仅仅是单向的观看，还能一起发弹幕吐槽，喜欢谁就直接献花打赏，甚至还能动用民意的力量改变节目进程。这种互动的真实性和立体性，也只有在直播的时候才能够完全展现。

（4）深入沟通，情感共鸣。在这个碎片化的时代，在这个去中心化的语境下，人们在日常生活中的交集越来越少，尤其是情感层面的交流越来越浅。直播，这种带有仪式感的内容播出形式，能让一批具有相同志趣的人聚集在一起，聚焦在共同的爱好上，情绪相互感染，达成情感气氛上的高位时刻。如果品牌能在这种氛围下做到恰到好处的推波助澜，其营销效果一定也是四两拨千斤的。

10.7.2 直播营销发展原因

1. 移动网络提速和智能设备的普及

像花椒直播这样的完全诞生在移动互联网时代的视频直播 App 开始涌现，并受到资本市场的关注，得益于移动网络速度的提升以及流量资费的降低。视频直播能够比以往更加流畅，并且更为重要的是智能手机的普及，让人们逐渐摆脱有线网络和电脑而直接通过智能手机进行视频拍摄上传，使视频直播有更多的场景，从而让企业有了全新的营销机会，可以随时随地、更加立体地展示企业的文化，发出企业的声音，而不再仅仅依靠微博和微信。

2. 企业需要更立体的营销平台

过去几年，很多企业、政府机构已经在微博、微信开通账号，作为品牌营销和文化传播的标配。不过，这些传播主要还是以图文为主，只是在微信上的传播方式要更多一些，比如H5游戏或展示页面，但这远远不够。图文始终不够立体，用户看到的还都是静止的，并且在如今这个信息泛滥的时代，单纯的文字传播很可能被忽略。而现在视频直播正在兴起，正好弥补了以前企业进行营销传播时的缺憾，在微博、微信之外，多了一个更为立体生动的营销阵地。

3. 网友看视频玩视频的习惯养成

移动互联网时代的机遇也好，企业营销的需求驱动也罢，这一切最重要的根基是用户愿意在这个平台上进行"玩耍"。越来越多的人愿意在视频平台上花费时间创造内容和浏览内容，这都得益于用户习惯的培养完成。

10.7.3 如何做好直播营销

1. 专业化的导向——内行讲得出硬道理

不同的产品有不同的推销方式，对于许多专业性强的产品，我们在推广的过程中就要讲求专业性。例如，有些父母在孩子出生之前，会报各种辅导班去学习如何照顾胎儿，在孩子出生之后会通过各种方式了解如何照顾刚出生的婴儿，在孩子长到三岁之后又会去了解如何更好地教育孩子，在孩子长大了之后又会想知道孩子如何更好地出国深造、如何报志愿、如何选房子等。我们对于生活之中不熟悉的事务总是充满了陌生感，在刚开始接触陌生事物的时候总是想找专家来给予自己恰当的指导。专业性在我们的营销过程之中总是不缺卖点，所以对于许多专业性比较强的产品，我们可以选择利用专业性强的宣传语进行营销，在用户的潜意识中形成"有问题、找××"的反应。

2. 场景化的引导——融入环境的产品更好销售

在 PC 及手机普及之前，我们经常通过电视来获取外界的信息。早期的我们总会有一个感觉，某个非常火的电影上映之后，男女主角的着装、语言、饮食习惯都会成为我们关注的重点，在私下的讨论中也离不开这种话题。但是这种讨论在互联网不发达的初期只是停留在我们身边的社交群体，互联网的发展让我们将这种讨论从线下转移到线上，再从线上转移到线下，传播范围更广，例如我们现在并不陌生的三只松鼠等品牌的营销。

3. 让你的直播独一无二

现在我们打开直播平台，发现直播平台总是千篇一律，总是卖萌、卖颜值，这已经成为我们对于网络直播平台的一个典型印象，如果这时候我们另辟蹊径，往往会收到意想不到的效果。例如在网络直播捕捉龙虾、后期又直播烹制龙虾的视频，在网络上收获了大量粉丝的关注。我们在选择直播之前一定要想好自己要去直播什么，调查好有没有别人也在做，因为没有被挖掘的市场往往充满着更多的机会。但是，此类直播一定要把握自己的下限。现在许多直播平台为了吸引流量，直播内容质量也是参差不齐，在直播市场逐渐规范化的今天，我们一定要选择合乎规范的特殊性直播。

4. 常规性直播——要有自己的秘密武器

锤子发布会为什么能吸引大量粉丝的关注？一是情怀，二是罗永浩。在锤子发布会中，没情怀的话，可能粉丝还会继续关注；但是没有罗永浩，这场直播就会表现得门前寥落。在直播中，罗永浩就是锤子发布会的秘密武器。对于没有大量经费、请不起娱乐圈大咖的许多初创公司，红包不失为一个好的选择。在小米直播之中，是什么吸引了粉丝在午夜一两点钟依旧在手机屏幕前不断地刷屏？红包！一点点的直播红利往往都会收到意想不到的直播效果。

| 案例 10-2 |

蘑菇街的户外直播

从上海中心商圈到纽约时代广场，蘑菇街完成了直播与户外广告联姻的直播尝试，用网红直播霸占一块块万众瞩目的大屏，将直播更直观地带入人们生活的线下公共场合中。

蘑菇街构建的"网红+电商"的时尚生态通过 uni 引力的资源支持，实现网红在蘑菇街电商社区的个人品牌的商业变现。其社交电商生态圈，是通过网红们去建立的，网红们通过分享自己的生活态度和时尚见解，树立具有辨识度的个人品牌，收获粉丝的认可与追随，实现变现，塑造出蘑菇街社交电商的社区风格。

这次从上海到纽约的直播浪潮是蘑菇街将直播与户外广告结合的首次尝试。15 名红人主播，通过大屏幕向观众分享美妆和服饰的搭配心得，观众直接观看大屏幕或打开手机实时观看直播、互动、购买。在车流交错、人群密集的环境中，这不妨说是直播走出室内及屏幕束缚，走进线下的场景化探索。直播就这样植入人们的日常生活场景中，场景化也将成为未来直播营销的考虑因素之一。

直播营销被越来越广泛地应用于当下，其实还是离不开传统营销的老套路。基于品牌调性及传播诉求，洞察目标人群需求，选择最佳的传播载体精准触达，考虑日趋重要的场景化因素，这些营销基本功还是一样都不能少。

资料来源：时尚会. 蘑菇街打造教科书级直播营销：红人直播玩到太空 [EB/OL]. （2016-07-13）[2022-04-15]. https://www.sohu.com/a/105361376_430843.

思考题

蘑菇街的直播营销让你得到什么启示？

本章小结

本章从应用角度，介绍了网络营销实战中常用的一些具体方法，包括比较经典的电子邮件营销、网络营销广告、网络游戏植入式广告营销、数据库营销，以及比较新颖的微博营销、微信营销、直播营销。本章对每种营销手段的概念、特征等进行了详细的阐述，并结合实际案例的应用对它们形成更具体、更深刻的认识。

复习题

1. 开展 E-mail 营销需要哪些基础条件？
2. 简述微博营销和微信营销的不同点。
3. 列举一些你所知道的直播平台，并且分析它们的用户群体特征以及制定相应的直播营销策略。

◆ 讨论题

讨论网络营销未来的发展方向。

◆ 案例研究

今年,你扫福了吗

支付宝为了迎接2017年新春,特意在手机App上设计了一个"新春送福"即集五福领红包的活动。活动过程如下:首先支付宝需要升级到9.5版本,进入首页点击新春送福就能进入活动页面,活动期间新添加成功10个及以上支付宝好友(新添加是指首次添加),即可通过活动页面领取3张"福",领取到的"福"种类随机,可在活动页面"我的福气"中查看,如未在活动期间内领取"福"(含好友赠送的福),领取资格将失效。用户主要通过三个途径得到福卡:全民AR迎新年福气、为世界添绿色、为新年添福气,福卡刮刮卡。

活动中获得的福可以转赠,可以与好友交换,集齐和谐、爱国、敬业、友善、富强五类"福"即可在2月8日00:18平分亿元五福奖池。同一账户仅能分到一个红包,若超时未领取,系统将自动发放,用户可到"红包 - 我的红包 - 我收到的红包"中查看。为了增加趣味性,还增加了"万能福"和"顺手牵羊卡",前者可以替代包括敬业福在内的任何一张福卡,后者可以随机抽取支付宝好友的一张福卡。

实际上支付宝集福活动背后蕴藏着深刻的商业逻辑。第一步,加10个好友实际上是沉淀关系链。用户了解活动规则后,首先要去加10个好友,这是我们玩游戏的第一步,也让关系链在支付宝好友间进行沉淀。沉淀好友的商业价值在于转账方便,支付宝的资金交换绝大部分都出在这里。第二步,福字交换是在沉淀交流。用户拿到2个及以上相同的福字后,需要找到好友去换其他福字。换福字的过程就是一场沉淀交流的过程。将按钮分享给支付宝好友求福字,用户就有了交流的话题和参加活动的过程。在微信和朋友圈的传播也加速了这场活动的沉淀,这也增加了用户留在支付宝进行短时间交流的频率。第三步,福字限制和集齐人数少,进一步添加好友,沉淀交流。在交换福字的过程中,有些用户会发现有些好友因为支付宝使用体验差和对其印象差的关系,还有就是对支付宝本身活动不喜欢,而不参加活动,这就导致关系链转移。支付宝好友模式不是纯熟人的模式,也会掺杂陌生人,这对于支付宝本身用户沉淀其实并不好。因为沉淀过来的交流,可能只是为了换福字。但是对于支付宝的用户交流来说这也确实是成功的。例如使用新的手机号注册支付宝,产生了很大的新用户量。这些行为加速用户引入,能够沉淀更多关系。第四步,春晚预热,通过春晚到达传播的高峰。在集福过程中,大家必然已经发现福字的最后一个特别难得到,因为它要在春晚播出时才大量发放出来。这样才能使用户与春晚很好地互动,并把支付宝关系链推上顶峰。有了大批用户关注,支付宝在春晚发放红包或者优惠券都是顺理成章的事情,而且福字上穿插了很多广告,广告曝光也带来更多的用户关注和商业价值。

加好友进行交流的本质还是要沉淀在支付宝的生活圈里。生活圈背后隐藏了巨大的商业价值,"社交+电商"的模式是最大赢家。此外,支付宝还特别在红包选项里加了拜年红包,致力于掀起一阵和当年微信红包闪击战一样的热潮。社交红包的量不再是小数目,对于银行绑定也是立竿见影的。所有但集五福活动也带来一定的负面效果。富强福、和谐福、友善福、爱国福通过加好友、互换、互赠的方式，都比较容易获得。最难获得的是第五张"敬业福"，用户很难集齐五福。根据支付宝集福活动页面显示，此次共有791 405个人集齐五福，平分了2.15亿元现金，每人分得现金271.66元。数据显示有2亿人参与了集五福活动，而据支付宝官方微博透露，"敬业福"一共发了826 888张。这种不合理的发放，导致网络上出现很多自称拥有"敬业福"的骗子，这样就违背了支付宝集五福活动的初衷。

资料来源：手游资讯，《支付宝集五福活动的研究以及启示》，2020-06-24。

思考题

1. 支付宝集五福活动中运用了哪些网络营销方式或者途径？
2. 网络营销未来的发展趋势包括哪些？
3. 分析网络营销与道德约束之间的关系。

参考文献

[1] 腾讯新闻. 为何网络营销已成趋势：盘点三大案例 [EB/OL]. （2021-06-26）[2020-04-15]. https://xw.qq.com/cmsid/20210626A0241300.

[2] 人人都是产品经理. 品牌私域化：从蜜雪冰城、元气森林等，看快消零售如何通过内容营销逆势增长 [EB/OL]. （2021-06-26）[2020-04-15]. http://www.woshipm.com/marketing/4756814.html.

[3] 人人都是产品经理. 年销27亿，揭秘元气森林如何玩转私域运营 [EB/OL]. （2022-03-20）[2022-09-01]. http://www.woshipm.com/operate/5335618.html.

[4] 观海论商. 亚马逊的电子邮件营销转化率高达35%，里面藏了什么营销技巧 [EB/OL]. （2017-10-19）[2020-04-02]. https://www.cifnews.com/article/29633.

[5] 黄兴. 电子邮件营销的优缺点浅析 [J]. 现代商业，2012，16(30)：94.

[6] 江礼坤. 网络营销推广实战宝典 [M]. 2版. 北京：电子工业出版社，2016.

[7] 邹霞. 新浪微博广告的形式和营销技巧 [J]. 新闻世界，2014(8)：198-199.

[8] 斯特劳斯，弗罗斯特. 网络营销：第7版 [M]. 时启亮，陈育君，译. 北京：中国人民大学出版社，2015.

[9] 王易. 微信营销与运营：策略、方法、技巧与实践 [M]. 北京：机械工业出版社，2014.

[10] 云天下互联科技. 一周案例：除了销售火爆的黑五，吃鸡游戏里的植入广告也火了 [EB/OL]. （2017-11-27）[2020-04-15]. https://www.sohu.com/a/206932401_464011.

[11] 专业开发者社区 csdn. 网络游戏植入营销案例 [EB/OL]. (2022-03-26)[2022-09-11]. https://blog.csdn.net/fxt010215/article/details/123761028.

第 11 章
CHAPTER 11

网络营销方法与综合应用

⊙ 开篇案例

支付宝：十年账单日记

"不敢相信，我居然花了这么多钱""原来××是土豪呀""你排名多少"……

2016年1月13日，"我的花样生活"——2015年度支付宝个人账单出炉，账单与2014年相比信息更丰富，提供了吃饭消费、节省排队时间、余额宝收益、和谁有过金钱来往、个人消费总额及排名、个人消费足迹等。网友们怀着忐忑的心情，看完自己一年的账单后，一时间，纷纷变"剁手族"，哀叹着自己一年怎么能花掉一辆车的钱。

如今，支付宝个人年度账单已经成为支付宝的年度大戏之一。支付宝第一次推出个人账单是在2014年，支付宝成立十周年的时候，《支付宝十年账单》成为2014年热门营销案例。

事件介绍

2014年12月8日，支付宝推出网友的十年账单，十年账单主要回顾用户使用支付宝的历史，总结用户在支付宝的总支出、总收入、人脉关系、信用和管钱能力。在支付宝App的十年账单中还增加了预测模块，根据用户过去的五方面能力预测出用户在2024年会有多少财富。

引发网友热议

在支付宝推出《支付宝十年账单》之前，网友就纷纷表示"不敢看、求不要"，而在支付宝做足了准备，发布《支付宝十年账单》之后，网友更是上演了"年度悲情大戏"。因为不少网友看到自己的十年花费之后，不敢相信自己竟然挥霍了这么多钱。"我整个人都不好了"，这是不少人看到自己的账单之后的感觉，有的网友害怕自己的另一半看到自己的记录引发家庭矛盾，还有不少的网友属于理智购物型，看到自己的账单明细很多都是水电费，不禁为自己的勤俭持家点个赞。总之一句话，一石激起千层浪。

产品驱动营销

产品要成功，产品与营销谁更重要？这是个争议已久的话题。但是可以肯定，没有好的产品，营销得再好，产品也走不了太远。

支付宝从 2004 年到 2014 年，走过了十年，这对于互联网领域来说是值得骄傲的事情，很少有产品可以走这么久。但是，支付宝只是一个支付工具，很多人除了在淘宝买东西需要用支付宝支付外根本不知道它为何物。因此，十周年纪念活动该如何组织才能为支付宝带来更多的用户？这需要找到一个契合点，能连接支付宝和用户的点，才可以让用户产生共鸣。

这个点，就是账单。支付宝只是一个支付工具，不像微信是强关系工具，没有太多用户对支付宝有太深厚的感情。但"账单"是支付宝十年来一直做的事情，账单承载了十年来的记忆，你买了什么东西，交了多少话费、水费，买了多少电影票、衣服？而这些也最能触动用户内心记忆。十年了，网友看着这一笔一笔的花费，往事重回脑海。

技术驱动营销

技术即传播，这是现在很流行的营销理念。支付宝十年账单能够推出，除了有强大的数据处理能力以及数据分析技术做支撑，还有新技术的应用，即 HTML5 技术。利用新技术可以给以往的营销带来更多的创意，用更丰富、更吸引人的方式呈现。

内容驱动营销

内容营销作为营销的一种方式，从来没有过时。与众不同的内容或者创意不管在什么时候，人们都乐于传播。在《支付宝十年账单》推出后，朋友圈到处都是晒账单的，有人晒自己十年竟然花了四五十万元，有人晒自己虽然花得多，但花得值，还有人晒账单表示正在"剁手"。

为什么大家都愿意分享《支付宝十年账单》，甚至分享完之后还会继续晒账单？正是因为支付宝掐准了人们心里隐晦的攀比心，谁知道那些说自己败家、一晒就是几十万元的人心里会不会有小小的得意呢？除了比较心理以外，可能还有对逝去十年的感慨怀念，看似调侃性地晒一晒账单，也是感慨十年已过。

如今，支付宝早已成为我们生活中不可缺少的一部分，承载着生活的点点滴滴，每年一次的对账单也成了人们过年时的年度大戏，每年的那时候也成为支付宝的一次营销机会。

资料来源：农世界网. 最受关注的十大营销案例：支付宝：十年账单[EB/OL].（2015-01-05）[2020-06-15]. http://www.nongshijie.com/article.asp?id=8722.

11.1 引爆观点的眼球经济时代：事件营销

在 2018 年俄罗斯世界杯期间，华帝公司为了提高自己的知名度，作为众多品牌赞助商之一，在世界杯前推出了"法国队夺冠，华帝退全款"的活动，即在规定时间内，购买华帝"夺冠套餐"并成功参与"法国队夺冠，华帝退全款"活动的消费者，如果世界杯比赛法国队最终夺冠的话，可以获得实际付款金额的全部退款。

自 5 月 31 日"法国队夺冠，华帝退全款"活动发起以后，华帝公司一时间不仅成为人们茶余饭后闲谈之事，而且成为微博热议的话题，尤其是 #华帝退全款# 阅读量 388 万，讨论量 870 条；话题 #法国队夺冠 华帝退全款# 阅读量 327 万，讨论量 173 条。除此之外，在活动期间，华帝线下渠道总零售额预计为 7 亿元以上，同比增长 20%，其中"夺冠套餐"零售额占总零售额的 7%；线上渠道总零售额预计为 3 亿元以上，同比增长 30%，其中"夺冠套餐"零售额占总零售额的 9.67%。6 月 1 日至 7 月 3 日期间，华帝的营业利润约为 4.3

亿元，通过营销所带来的营业利润增长约为 0.99 亿元。据悉，华帝一年销售额达 60 亿元，此次退还的货款的总金额不会超过 7 900 万元，而且活动期间销售完全足以覆盖该营销活动的支出，并有结余。不得不说，华帝公司的这次营销事件真的是一次只赚不赔的买卖。

<small>资料来源：洋子 1416. 法国队夺冠 华帝退全款：这是一场年度最佳营销案例 [EB/OL].(2018-07-18)[2020-06-15]. https://zhuanlan.zhihu.com/p/39906916.</small>

事件营销是指企业通过策划、组织和利用具有新闻价值、社会影响以及名人效应的人物或事件，吸引媒体、社会团体和消费者的兴趣与关注，以求提高企业或产品知名度、美誉度，树立良好品牌形象，并最终促成产品或服务销售目的的手段和方式。由于这种营销方式具有受众面广、突发性强，在短时间内能使信息达到最大、最优传播的效果，为企业节约大量的宣传成本等特点，近年来越来越成为国内外流行的一种公关传播与市场推广手段。简单地说，事件营销就是通过把握新闻的规律，制造具有新闻价值的事件，并通过具体的操作，让这一新闻事件得以传播，从而达到广告的效果。事件营销本质就是把你的事件策划成为新闻。

11.1.1 事件营销特性

1. 免费性

事件营销最重要的特性是利用现有的非常完善的新闻机器，来达到传播的目的。由于所有的新闻都是免费的，在制作过程中也没有利益倾向，所以制作新闻不需要花钱。事件营销应该归为企业的公关行为而非广告行为。虽然绝大多数的企业在进行公关活动时会列出媒体预算，但从严格意义上来讲，一件新闻意义足够大的公关事件应该充分引起新闻媒体的关注和采访的欲望。

2. 有明确的目的

事件营销应该有明确的目的，这一点与广告的目的性是完全一致的。事件营销策划的第一步就是要确定自己的目的，然后明确通过何种新闻可以达到自己的目的。新闻事业发展到现在，媒体已经非常精确地细分化了。通常某一领域的新闻只会有特定的媒体感兴趣，并最终进行报道。而这个媒体的读者群也是相对固定的。

3. 风险性

虽然事件营销运营相对于其他的广告营销策略而言具有免费性的特点，但事件营销同时也具有高度的风险性。事件营销虽然可以说是一个"无本买卖"，但如果策划和操作不当，蕴含的风险可能会给企业带来巨大的额外成本。事件营销的风险主要来自热点事件选择的恰当程度、媒体行为的不可控和新闻传递过程中的信息扭曲及新闻接受者对事件的理解程度。在很多情况中，企业虽然通过事件营销扩大了自己的知名度，但也产生了很多负面影响，让公众产生了反感情绪，从而对企业造成损失。

11.1.2 事件营销成功要素

1. 重要性

重要性是指事件内容的重要程度。判断内容重要与否的标准主要看它对社会产生影响的程度。一般来说，对越多的人产生越大的影响，新闻的价值越大。

2. 接近性

越是心理上、利益上和地理上与受众接近和相关的事实，新闻价值越大。心理接近包含职业、年龄、性别诸多因素。一般人对自己的出生地、居住地和曾经给自己留下过美好记忆的地方总怀有一种特殊的依恋情感。所以在策划事件营销时必须关注到受众的接近性的特点。通常来说，事件关联的点越集中，就越能引起人们的注意。

3. 显著性

新闻中的人物、地点和事件越著名，新闻价值也越大。国家元首、政府要员、知名人士、历史名城、古迹胜地往往都是出新闻的地方。

4. 趣味性

大多数受众对新奇、反常、变态、有人情味的东西比较感兴趣。有人认为，人类天生就有好奇心或者称之为新闻欲本能。一个事件其实只要具备一个要素就具备新闻价值了。如果同时具备的要素越多、越全，新闻价值自然越大。当一件新闻同时具备所有要素时，肯定会很具有新闻价值，成为所有新闻媒体竞相追逐的对象。

11.1.3 事件营销运作策略

1. 借势策

所谓借势，是指企业及时地抓住广受关注的社会新闻、事件以及人物的明星效应等，结合企业或产品在传播上欲达到之目的而开展的一系列相关活动。

（1）明星策。明星是社会发展的需要与大众主观愿望相结合而产生的客观存在。马斯洛分析人的心理需求认为，当购买者不再把价格、质量当作购买顾虑时，利用明星的知名度去加大产品的附加值，可以借此培养消费者对该产品的感情、联想，来赢得消费者对产品的追捧。

（2）体育策。主要就是借助赞助、冠名等手段，通过所赞助的体育活动来推广自己的品牌。体育活动已吸引越来越多的人关注和参与，体育赛事是品牌最好的广告载体，体育背后蕴藏着无限商机，已被很多企业意识到并有针对性地投入。体育营销作为一种软广告，具有沟通对象量大、传播面广和针对性强等特点。多年来，安踏、李宁、伊利、蒙牛等品牌与中国体育紧密合作，通过体育营销不断提升名牌的知名度和美誉度，与中国奥委会建立了长期战略合作伙伴关系，不仅支持中国体育的奥运项目，还积极支持各种非奥运项目和群众体育项目。

（3）新闻策。企业利用社会上有价值、影响面广的新闻，不失时宜地将它们与自己的品牌联系在一起，来达到借力发力的传播效果。在这一点上，海尔的做法堪称国内典范。在"7·13"申奥成功的第一时间，海尔在中央电视台投入5 000万元的祝贺广告，相信国人在多年后再回味这一历史喜悦时，肯定会同时想起曾经与他们一同分享成功的民族品牌的就是海尔。

2. 造势策

所谓造势，是指企业通过策划、组织和制造具有新闻价值的事件，吸引媒体、社会团体和消费者的兴趣与关注。

（1）舆论策。这是指企业通过与相关媒体合作，发表大量介绍和宣传企业的产品或服务的软性文章，以理性的手段传播自己。关于这一点，国内很多企业都已见识了它的威力，此类软性宣传文章现如今已经大范围甚至大版面地出现在各种相应的媒体上。奥林匹克花园就是通过不断地在全国各大报刊媒体撰文来宣传其"运动就在家门口"的销售主张的。

（2）活动策。这是指企业为推广自己的产品而组织策划的一系列宣传活动，吸引消费者和媒体的眼球，达到传播自己的目的。从20世纪80年代中期的迈克尔·杰克逊，到90年代的珍妮·杰克逊，以及拉丁王子瑞奇·马丁，再到郭富城、王菲，百事可乐采用巡回音乐演唱会这种输送通道同目标消费群进行对话，用音乐而不是广告来传达百事文化和百事营销理念。这个宣传活动在美国，使"新一代的美国人"成为目标消费群；在中国，让百事可乐成了那些追求时尚的"新一代的选择"。

（3）概念策。这是指企业为自己的产品或服务所创造的一种"新理念""新潮流"。就像全世界都知道第一个造出飞机的是莱特兄弟，但第二位呢？国内就曾有一位企业家提出过：理论市场和产品市场同时启动，先推广一种观念，有了观念，市场慢慢就会做好。如农夫山泉宣布停止生产纯净水，只出品天然水，大玩"水营养"概念，从而引发了一场天然水与纯净水在全国范围之内的"口水战"，招致同行们的不满，但农夫山泉正是借此树立了自己倡导健康的专业品牌形象。

11.1.4 事件营销切入点

事件营销的切入点可以归结为三类，即公益、聚焦和危机。这三类事件都是消费者关心的，因而具备较高的新闻价值、传播价值和社会影响力。

（1）支持公益活动。公益切入点是指企业通过对公益活动的支持引起人们的广泛注意，树立良好的企业形象，增强消费者对企业品牌的认知度。随着社会的进步，人们对公益事件越来越关注，因此对公益活动的支持也越来越体现出巨大的广告价值。

（2）"搭车"聚焦事件。这里的聚焦事件是指消费者广泛关注的热点事件。企业可以及时抓住聚焦事件，结合企业的传播或销售目的开展新闻"搭车"、广告投放和主题公关等一系列营销活动。随着硬性广告宣传推广公信力的不断下降，很多企业转向了公信力较强的新闻媒体，开发了包括新闻报道在内的多种形式的软性宣传推广手段。

在聚焦事件里，体育事件是企业进行营销活动的一个很重要的切入点。企业可以通过发布赞助信息、联合运动员举办公益活动、利用比赛结果的未知性举办竞猜活动等各种手段制造新闻事件。由于公众对体育竞赛和运动员感兴趣，他们通常会关注参与其中的企业品牌。同时，公众对自己支持的体育队和运动员很容易表现出比较一致的情感。企业一旦抓住这种情感，并且参与其中，就很容易争取到这部分公众的支持。

（3）危机公关。企业处于变幻莫测的商业环境中，时刻面临着不可预知的风险。如果能够进行有效的危机公关，那么这些危机事件非但不会危害企业，反而会带来意想不到的广告效果。一般来说，企业面临的危机主要来自两个方面：社会危机和企业自身的危机。社会危机是指危害社会安全和人类生存的重大突发性事件，如自然灾害、疾病等。企业自身的危机是指因管理不善、同业竞争或者外界特殊事件等给企业带来的生存危机。据此，我们将企业的危机公关分为两种：社会危机公关和自身危机公关。

当社会发生重大危机时，企业可以通过对公益的支持来树立良好的社会形象。另外，社会危机也会给某些特定的企业带来特定的广告宣传机会。生产家庭卫生用品的威露士在"非典"期间大力宣传保持良好卫生习惯的重要性，逐渐改变了人们不爱使用洗手液的消费观念，一举打开了洗手液市场。在通信企业也不乏这样的案例。在数次自然灾害中，手机成为受害者向外界求助的重要工具。中国移动利用这样的事件，打出了"打通一个电话，能挽回的最高价值是人的生命"的广告语，使其高品质的网络服务深入人心。

管理不善、同业竞争或者外界特殊事件都有可能给企业带来生存危机。针对危机，企业必须及时采取一系列自救行动，以消除影响，恢复形象。企业在面对这类危机时，应采取诚实的态度面对媒体和公众，让公众知道真实的情况。这样才能挽回企业的信誉，将企业损失降至最低，甚至化被动为主动，借势造势进一步宣传和塑造企业形象。通过危机公关达到广告效果的案例并不鲜见，但是行业特征决定了通信企业很少会面临品牌或信誉方面的危机。尽管如此，通信企业仍应该强化危机防范意识，确保在危机发生的第一时间占据主动地位，将有害的"危"转化为营销的"机"。

11.2 自媒体时代下的营销宝典：口碑营销

在互联网高速发展和网络快速普及的今天，口碑营销也从原来传统线下的传播形式开始向互联网传播转变，使用户习惯和网络意识变得更加多元化。"金杯银杯不如老百姓的口碑，金奖银奖不如老百姓的夸奖"，由此可见，口碑的重要性不言而喻。口碑营销实际上早就存在了，比如地方特产、老字号厂家店铺及企业品牌战略等。

小米手机早在2011年就感受到了互联网的快速发展，为此在手机研发的时期，就主张让消费者参与进来。"参与式消费"让越来越多的消费者对小米产生了信赖和认可，使小米手机不仅与消费者建立了信任关系，也很快在市场形成了良好的口碑。消费者认可程度越高，小米手机口碑传播就越广。所以，利用人们的口碑进行营销的小米手机，才有了如今在众多国产机中脱颖而出的辉煌。

资料来源：百度文库.小米手机营销案例分析 [EB/OL].（2017-11-23）[2020-07-09].https://wenku.baidu.com/view/7938d18f84868762caaed54c.html

口碑（word of mouth）源于传播学，由于在市场营销中的广泛应用，所以产生了口碑营销。口碑营销指的是以口碑传播为核心的营销方式，企业借助一定的渠道和途径进行口碑传播，以实现品牌曝光、商品交易、赢得顾客满意和忠诚、提高企业美誉度和品牌形象。世界营销之父菲利普·科特勒给21世纪的口碑传播的定义是：口碑传播是由生产者以外的个人通过明示或暗示的方法，不经过第三方处理、加工，传递关于某一特定或某一种类的产品、品牌、厂商、销售者，以及能够使人联想到上述对象的任何组织或个人信息，从而致使受众获得信息、改变态度，甚至影响购买行为的一种双向互动的传播行为。

11.2.1　口碑营销内容设计

（1）借势。

口碑营销的特点就是以小搏大，在操作时要善于利用各种强大的势能来为己所用——可以借助自然规律、政策法规、突发事件，甚至是借助竞争对手的势能。

如美国一家小唱片公司因为著作权争议而与一家行业领导企业对簿公堂，虽然两次败诉，却依然坚持上诉，最终依然是以败诉收场。但是这次蚂蚁与大象的对决却吸引了很多人的关注，使一家名不见经传的小唱片公司成了美国家喻户晓的知名公司。

当年百事可乐刚刚创立时，受到了老牌饮料巨头可口可乐的阻击，可口可乐以自己悠久的历史与美国传统文化为卖点，嘲笑百事可乐是一个刚刚诞生、没有历史、没有文化的品牌，在广告中通过各种方式对比自己的"老"与百事可乐的"新"。确实，这样的广告使很多消费者相信可口可乐是更正宗的可乐。当时的百事可乐作为一个初创品牌，没有那么大的实力去通过广告战来反驳或对抗可口可乐，他们就想出一个办法——借助可口可乐的"新老论"来树立百事可乐的品牌形象，于是，百事可乐打出了"新一代的可乐，新一代的选择"为主题的广告，宣讲新可乐的好处，并主攻喜欢尝试新鲜事物的年轻人，结果可口可乐铺天盖地的广告反倒帮助百事可乐树立了新一代可乐的品牌形象。

（2）利益。

生活中，我们关注与谈论最多的莫过于与自己利益相关的各种话题，比如，美国一家饼干制造企业为了打垮竞争对手，开展饼干的大量免费派送活动，竞争对手则指控它不正当竞争，于是相关部门开始介入调查。因为赠送饼干与消费者的利益相关，所以，事件的发展引起了消费者的广泛关注，这家企业就发动消费者，博取同情与支持。此举果然见效，有人甚至以游行的方式支持该企业。虽然赠送活动最终被叫停，但是该企业的知名度与美誉度显著提升，产品销量也大幅提升。

再如2020年11月4日，"双11大战"进入关键时刻，网易严选官方微博却突然宣布"退出这个鼓吹过度消费、为销售数字狂欢的双11"，加之此前网易严选倡导"要消费，不要消费主义"的"反消费主义广告"也掀起了大量讨论。从营销角度来看，无论网易严选此举的出发点到底是什么，这一系列的操作都不失为一波成功的营销。在这一波操作之下，网易严选品牌声量确实得到了很大程度的提升，成功赢得了消费者大量的注意力。

（3）新颖。

在今天这个信息爆炸、媒体泛滥的时代，消费者对广告，甚至新闻，都具有极强的免疫能力，只有制造新颖的口碑传播内容才能吸引大众的关注与议论。张瑞敏砸冰箱事件在当时是一个引起大众热议的话题，海尔由此获得了广泛的传播与极高的赞誉，可之后又传出其他企业类似的行为，就几乎没人再关注，因为大家只对新奇、偶发、第一次发生的事情感兴趣，所以口碑营销的内容要新颖、奇特。

买赠式的促销形式我们已经司空见惯，其效果也已经不明显，但是最早的买赠形式却取得了空前的成功。在16世纪英国的一个小镇上，水果农都种植了大量的葡萄并且获得了丰收，这一结果导致葡萄的价格非常低，而且卖不掉，都烂在了果园里。一个庄园主想到了一个办法，他从外地购买了一批苹果，顾客每买3公斤葡萄可以获赠两个苹果。在当时的英国，苹果本就是很昂贵的水果，这个小镇因为不是苹果的产地，价格就更是昂贵。庄园主没有做任何宣传却引发了镇民的抢购，大家奔走相告，把这家庄园围得水泄不通。虽然赠送苹果增加了一些成本，但是因为是在苹果主产地直接购买，价格并不高，而有苹果搭售的葡萄也卖出了相对较高的价格，最后不仅卖空了所有的葡萄，还大赚了一笔。这就是最早的买赠式销售，但后来，大家都采用这样的方式，消费者也就习以为常了，失去了当初强大的威力，所以，新颖、奇特是口碑营销成功的一个重要因素。

（4）争议。

具有争议性的话题很容易引起广泛的传播，但争议往往又都带有一些负面的内容，企业在口碑传播时要把握好争议的尺度，最好使争议在两个正面的意见中发展。比如某企业为了引起大众的关注，在招聘时出怪招：不招生肖属狗的员工。这一举措果然引起了公众广泛的关注与讨论，并使多家媒体纷纷报道，但这个事件并没给企业带来正面的收益，大众纷纷指责该企业存在用人歧视、封建迷信等问题，这给企业带来了极其严重的负面影响。

另一家企业为了引起媒体的关注与大众的口碑传播，在举行一次展会时拟采用麒麟作为中国的象征物并打算制作成展会的吉祥物，于是向社会征求意见。这一举措同样引起了大众的关注，引发了大众的讨论：中国到底该用龙做象征物还是用麒麟？该企业找出了麒麟象征中国的几个理由，拥护者众多，自然也有反对者，最后在讨论中大家都知道了此次展会，而且麒麟与龙作为吉祥物都出现在了展会上，皆大欢喜。

（5）私密。

世界上很多传播最广泛的事件曾经都是秘密，这是因为人们有探听秘密的兴趣，越是私密的事物，越是能激发人们探知与议论的兴趣。英国一个学者做过一个有趣的实验：他神秘地向两位邻居透露一个消息，说早上一只怪鸟在自己家的庭院里产下了一枚巨大的绿壳蛋，并且告诉这两个邻居不要对别人讲，可结果不到一个小时，就有人在街上议论这个事情，没到第二天，这位学者所在小镇的所有人都知道了这个消息。

秘密就像一只潘多拉的魔盒，不用刻意告诉别人打开，大家自己就会想方设法地主动去打开它。因此，涉及私密的内容是口碑营销传播方式中最有效也最有趣的一个手段，但是，制造私密性事件时切忌故弄玄虚或给受众一种受到愚弄的感觉，否则就得不偿失了。

11.2.2　口碑营销操作步骤

1. 口碑营销的第一步——鼓动加分享

赶潮流者是产品消费的主流人群，他们是最早的产品可靠性、优越性的受众，也会第一时间向周围朋友传播产品质地、原料和功效，或者把产品企业、商家 5S 系统、贴心的服务感受告诉身边的人。此举会引发别人关注某个新产品，如一首流行歌曲或一个新业务。比如，和氏璧传媒为某知名凉茶品牌做的封杀类广告，大范围地吸引了网民的眼球，有效地提高了品牌关注度。我们深信，鼓动精英消费群体将口碑组合化、扩大化，就能拉动消费，使产品极具影响力。的确，像宝洁、安利、五粮液等品牌公司，一直在口碑营销上努力，它们一方面调动一切资源来鼓动消费者购买；另一方面，大打口碑营销组合拳，千方百计扩大受众群，开展"一对一""贴身式"组合口碑营销战术，降低运营成本，扩大消费。

2. 口碑营销的第二步——为产品赋予价值

如果传递信息的人没有诚意，口碑营销就是无效且失去意义的。任何一家希望通过口碑传播来实现品牌提升的公司必须设法精心修饰产品，践行健全、高效的服务价值理念以便达到口碑营销的最佳效果。当消费者刚开始接触一个新产品时，他首先会问自己：这个产品值得我广而告之吗？有价值才是产品在市场上稳住脚跟的通行证，因而想要利用口碑营销进行推广的必须是消费者信赖的有价值的东西。

当某个产品信息或使用体验很容易为人所津津乐道，产品能自然而然地成为人们茶余饭后的谈资时，我们认为该产品很有价值，因此也易于口碑的形成。

3. 口碑营销的第三步——给予客户一定的回报

当消费者通过口碑获得产品信息并产生购买行为时，企业希望得到相应的回报。如果企业提供的产品或服务让受众感到物超所值，企业便可以将产品或服务理念顺利推广到市场，实现低成本获利的目的。

11.3　"互联网+"时代的营销入侵法则：病毒营销

多芬推出过一部视频短片——"我眼中的你更美"，其病毒营销获得了巨大的成功。这部广告片不仅令人振奋不已，而且还创造了线上营销纪录，推出后仅一个月，浏览量就突破了 1.14 亿次。"我眼中的你更美"之所以能够获得如此出色的成绩，一部分原因要归功于联合利华公司。在其帮助下，这部短片被翻译成 25 种语言，并在 33 个 YouTube 官方频道播放,全球超过 110 个国家的用户都可以观看这部短片。

短片旨在寻求一个答案:在自己和他人眼中,女性的容貌到底有何差异?多芬的调研报告显示,全球有 54% 的女性对自己的容貌不满意。Gil Zamora 是 FBI 人像预测素描专家。在短片中,他和受访女性分坐在一张帘子两边,彼此看不见对方,Gil Zamora 根据女性对自己容貌的口头描述勾勒出她的模样。然后,Gil Zamora 根据陌生人对同一女性的容貌口头描述再描绘一张画像。之后,他把两张画像摆放在一起做比较,结论是一个女人在他人眼里要比在她自己眼里美丽得多。

短片打动了消费者的内心,在推出后的第一个月就获得了 380 万次转发分享。随后两个月内,多芬的 YouTube 频道新增了 1.5 万个订阅用户。此外,短片也影响到传统媒体,令纸媒、广播新闻竞相报道,甚至引发了一系列线上讨论。更令人意外的是网上出现了不少模仿视频。2013 年 6 月,多芬和广告代理商奥美获得了戛纳国际创意节钛狮奖。毋庸置疑,这是病毒营销的一次巨大成功.

资料来源:佳歌.病毒式营销的十大成功案例![EB/OL].(2016-06-22)[2020-07-09].http://www.360doc.com/content/16/0622/01/34487992_569774687.shtml.

病毒营销(viral marketing),又称病毒式营销、病毒性营销、基因行销或核爆式行销,是一种常用的网络营销方法,常用于进行网站推广、品牌推广等。病毒营销是指通过用户的社会人际网络,使信息像病毒一样传播和扩散,利用快速复制的方式传向数以千计甚至数以百万计的受众。也就是说,通过提供有价值的产品或服务"让大家告诉大家",通过别人为你宣传,实现营销杠杆的作用。病毒营销已经成为网络营销最为独特的手段,被越来越多的商家和网站成功利用。

病毒营销的关键在于找到营销的引爆点,如何找到既迎合目标用户口味又能正面宣传企业的话题是重点,而营销技巧的核心在于如何打动消费者,让企业的产品或品牌深入消费者心坎,让消费者认识品牌、了解品牌、信任品牌到最后依赖品牌。病毒营销是网络营销方式中性价比最高的方式之一,可以深入挖掘产品卖点,制造适合网络传播的舆论话题,效果非常显著。

11.3.1 病毒营销特点

病毒营销是通过利用公众的积极性和人际网络,让营销信息像病毒一样传播和扩散,营销信息被快速复制传向数以千计甚至数以百万计的受众。它存在以下几个区别于其他营销方式的特点。

(1)有吸引力的"病原体"。

天下没有免费的午餐,任何信息的传播都要为渠道的使用付费。之所以说病毒营销是无成本的,主要是指它利用了目标消费者的参与热情,但渠道使用的推广成本依然存在,只不过目标消费者受商家的信息刺激自愿参与到后续的传播过程中,原本应由商家承担的广告成本转移到了目标消费者身上,因此对于商家而言,病毒营销是无成本的。

目标消费者并不能从"为商家打工"中获利,他们为什么自愿提供传播渠道?原因在于第一传播者传递给目标群的信息不是赤裸裸的广告信息,而是经过加工的、具有很大吸引力的产品和品牌信息,而正是这一披在广告信息外面的漂亮外衣,突破了消费者戒备心理的"防火墙"促使其完成从纯粹受众到积极传播者的变化。

曾在网络上盛极一时的"流氓兔"证明了"信息伪装"在病毒营销中的重要性。"流氓兔"是韩国动画师金在仁为儿童教育节目设计的卡通兔,这只兔子慢条斯理、少言寡语、调皮捣蛋爱恶作剧,然而正是这个充满缺点、活该被欺负的弱者成了反偶像明星,它挑战已有的价值观念,反映了大众渴望摆脱现实、逃脱制度限制所付出的努力与遭受的挫折。流氓兔的Flash出现在各BBS论坛、Flash站点和门户网站,私下里网民们还通过聊天工具、电子邮件进行传播。这个网络虚拟明星衍生出的商品达到1 000多种,成了病毒营销的经典案例。

(2)几何倍数的传播速度。

大众媒体发布广告的营销方式是一点对多点的辐射状传播,实际上无法确定广告信息是否真正到达了目标受众。病毒营销是自发的、扩张性的信息推广,产品和品牌信息并非被均衡地、同时地、无分别地传给社会上每一个人,而是通过类似于人际传播和群体传播的渠道,传递给那些与他们有着某种联系的个体。例如,目标受众读到一则有趣的Flash,他的第一反应或许就是将这则Flash转发给好友、同事,无数个参与的"转发大军"就构成了成几何倍数传播的主力。

(3)高效率的接收。

大众媒体投放广告有一些难以克服的缺陷,如信息干扰强烈、接收环境复杂、受众戒备抵触心理严重。以电视广告为例,同一时段的电视有各种各样的广告同时投放,其中不乏同类产品"撞车"现象,这大大减少了受众的接受效率。而那些可爱的"病毒",是受众从熟悉的人那里获得或主动搜索而来的,在接受过程中自然会有积极的心态,而且接收渠道也比较私人化,如手机短信、电子邮件、封闭论坛等(存在几个人同时阅读的情况,这样反而扩大了传播效果)。以上方面的优势,使得病毒营销尽可能地克服了信息传播中的不良影响,增强了传播的效果。

(4)更新速度快。

网络产品有自己独特的生命周期,一般都是来得快去得也快,病毒营销的传播过程通常是呈S形曲线的,即在开始时很慢,当扩大至受众的一半时速度加快,在接近最大饱和点时又慢下来。针对病毒营销传播力衰减的问题,商家一定要在受众对信息产生免疫力之前,将传播力转化为购买力,方可达到最佳的销售效果。

11.3.2 病毒营销传递策略

(1)口头传递。

最普遍的口头传递病毒营销方式是"告诉一个朋友"或"推荐给朋友",这也是大部分网站使用的方法。对这种方法,各种网站的使用率是不一样的。对于一些娱乐网站,"告诉一个朋友"的使用率可能会高一些。但对其他大型内容网站,这种方法是不够的。使用率主要取决于所推荐内容的类型和用户群特点。但这种病毒营销可以低成本、快速执行,其效果还可以通过引入竞赛和幸运抽签得以增强。

（2）传递下去。

病毒营销对大部分 E-mail 用户来说，是一个很受欢迎的活动。每当用户收到有趣的图片或很酷的 Flash 游戏的附件时，通常会把它们发给朋友，而朋友也会顺次把该附件发给他们的联系者。这种滚雪球的方式可以轻松创建起一个分销渠道，在几小时之内，到达成百上千的人那里，而这一切的起始不过是一封电子邮件。

这里要谈到如何实施病毒营销：用 Flash 创建一个有趣的游戏，按地址簿中的地址把它发出去。Flash 中要包括商家网站地址及点击邀请。同时，要在网站上提供下载链接，接下来就等着它像病毒一般扩散出去。

要成功地实施"传递下去"的病毒营销，就必须创建一些人们想和其他人分享的东西，比如用 PowerPoint 制作的幻灯片、有趣的图形和小小的应用程序等。以 E-mail 病毒营销为例，基本程序如下：①提供免费的 E-mail 地址和服务；②在每一封免费发出的信息底部加一个简单标签"Get your private，free E-mail"；③然后人们利用免费 E-mail 向朋友或同事发出信息；④接收邮件的人将会看到邮件底部的信息；⑤这些人会加入使用免费 E-mail 的服务行业；⑥免费的 E-mail 信息将在更大范围内扩散。

（3）以服务为基础。

病毒营销最成功的以服务为基础的先驱是 Hot mail（现已终结，用户访问 Hotmail 将被重定向至 Outlook 邮箱）。一开始，它们很少有促销活动，但在它们发出的每封邮件底端都使用一个收尾线，该收尾线包括一个短小的玩笑以及它们的网址，公司由此获得显著发展。设想一下每天发出去的 E-mail 的数量，以及这些 E-mail 如何帮助 Hotmail 获得更多用户——这些用户又导致更多的 E-mail 发出去。下一个例子是 Blue Mountain 的网络问候卡。当有人发出一封 Blue Mountain 的网络问候卡，接收者必须去 Blue Mountain 的网站才能查看，这就带来了另一个发贺卡的潜在用户，而这个用户会又发出更多贺卡。再举个例子：Brave Net 网络服务商，Brave Net 为用户提供一些诸如访客登记、论坛、在线调查和 E-mail 表格的工具。当人们在一个会员网站上使用 Brave Net 的访客登记时，就会看见 Brave Net 邀请他们注册 Brave Net 获得服务的广告。还有微软的 I'm Initiative 慈善计划。每位 MSN 用户（必须使用的是 Windows Live Messenger 8.1 版本以上）只要在自己的昵称前输入指定的九家慈善组织的代码，如 *sierra（地球环境协会），自己的昵称前就会出现"I'm"小旗帜，乍一看就让人以为是"I'm XXX"，一点儿也不突兀。每次 MSN 用户使用 I'm 进行交谈时，微软都将把这次活动的广告收入中的一部分捐赠给由这名客户自己选择参与的"I'm"活动的组织。

11.3.3 病毒营销设计策略

（1）有内涵的病毒——有料。

如何设计信息内容才能让它具备病毒特性？网络整合营销 4I 原则中的 interests（利益）原则与 interesting（趣味）原则可以作为生产病毒的指导标准。

互联网中有一个强大的定律：免费模式。要是你能提供优秀的内容，如免费的电子书、免费的试用装、免费的网络服务、免费的……那么用户就会帮你传播。网络整合营销4I原则中的interests（利益）原则：给予用户利益，没人会抗拒。互联网一定程度上是娱乐经济、注意力经济。病毒的设置，应该具有娱乐精神，回顾火爆网络江湖的内容大都带有娱乐的底色。网络整合营销4I原则的interesting（趣味）原则：无娱乐，不病毒。同时不要忘记将病毒巧妙地隐藏起来，然后再合理地展示出来，这种平衡很重要。

（2）病毒传播要容易——蒲公英远播千里。

在开展病毒营销之时需要考虑：如何让用户简单地传播起来。

首先要做的是简化营销信息，让用户能够轻松复制、传递、转贴、下载和发送邮件等并充分考虑用户使用互联网的习惯和传播成本。

其次病毒传播成本大于传播获得的乐趣，用户将不会去传播，反之，传播成本越低，病毒获得传播的机会就越大。

（3）寻找易感人群。

病毒营销传播需要寻找容易感染的人、确定传播的平台。针对设计的病毒，寻找容易参与病毒营销的潜在感染者。比如设计的病毒目标载体是时尚年轻人，那么需要事前进行病毒测试，例如感染性怎么样，是否容易传播。寻找开展病毒营销的平台也很重要，年轻人在互联网上聚集在什么平台，就去这些平台上，开展病毒营销。人群聚集再加上容易感染，那么这个病毒营销即将爆发。

（4）病毒变种。

在设计病毒营销的时候，必须全程监控病毒传播的效果和反应。面对用户的反应，与时俱进地修改、调整病毒，做出一个生命力顽强的病毒。

11.3.4 病毒营销与口碑营销区别

口碑营销和病毒营销都是网络营销惯用的营销手段，这两种方式操作简便且效果明显，受到了越来越多商家的青睐。但是有很多人经常把它们混为一谈，称之为"口碑病毒营销"或"病毒口碑营销"。虽然它们有很多的相似之处，但两种网络营销手段有着本质的区别。

首先，概念上的区别。口碑营销是指商家利用消费者良好的消费体验进行的产品信息传播，主要是通过亲戚、朋友的相互沟通来进行的，可信度比较高。口碑营销是建立在优质产品的基础之上的。病毒营销是指传播的信息像病毒一样扩散，通过快速的复制把产品的信息和公司的品牌传向更多的受众，在病毒营销的过程中，传播者对传播的信息并不是完全了解的。

其次，传播动机的区别。口碑营销是基于信任的一种传播方式，参与口碑营销的用户大部分都是亲身体验过的，他们不仅对产品有深刻的了解而且认可产品。口碑营销是基于一种分享和炫耀的心理，消费者渴望把自己认可的东西推荐给朋友和亲戚。用户在进行传播的过程中，愿意对传播的信息负责。病毒营销利用的是"羊群效应"，也就是所谓的围观看热闹。参与病毒营销的用户对产品几乎不了解，仅仅是受从众心理的影响，对传播的信息是不负责任的。

最后，传播效果的区别。口碑营销侧重的是美誉度，通过用户之间的口口相传，以达到用户对产品的认可和宣传品牌的目的，一旦开始传播，效果较强。而病毒营销侧重的是知名度，追求的是通过尽可能多的曝光机会，来提高产品的知名度。

口碑营销和病毒营销作为网络营销的重要手段，既有联系又有区别。商家在具体操作的时候一定要具体问题具体分析，不能把两者等同，否则将会影响传播的效果。

11.4　春风化雨、绵里藏针的隐形杀手：软文营销

红极一时的脑白金是怎么出名的？大家可能会说是电视广告。的确，连番轰炸的电视广告将脑白金推向巅峰，因此很多人想当然认为是广告成就了脑白金。但很多人有所不知，脑白金在央视广告播出之前就已经在短短的三年内创造了10亿多元的销售额。初期脑白金没那么多充裕的资金去做电视广告，那么它是靠什么捞到第一桶金的？答案就是软文。

脑白金有非常多的软文，其中最著名的一则是《两颗生物原子弹》，大家去百度文库搜索这个题目就可以看到这则软文，接下来可以通过这则软文来分析脑白金的软文营销策略，以指导今后的软文营销实践。

1. 专业的人做专业的事

脑白金刚开始时邀请了10个非常厉害的文案专家来写软文，将这些文案专家关在一个酒店里面进行封闭式的魔鬼训练。专家要根据脑白金的要求不停创作，还要接受许多高层和各地经销商的审核，不通过的文案要重新写。这些专家除了软文创作以外不会销售、不会跑渠道、不会公关，他们的才能和精力全聚焦在软文这一块上。事实上，他们在脑白金软文的整个营销过程之中也只要负责软文撰写这一块就行了，后续的媒体发布、营销策划等另有其他的专业人士来执行。

在大多数企业的网站推广过程中，很多领导要求自己的团队成员什么都要会，要会分析工具，要会做内链，要会做外链，要会写策划方案，这样就使成员没有办法集中精力聚焦在真正擅长的部分，而且会使整个团队的工作都变得混乱，不能够形成系统性。因此，搜索引擎营销（search engine marketing, SEM）团队的运营也应当像生产一件产品一样，进行流水化的生产，不同的部分交给不同的人，然后再组合。这样不仅能大大地提升工作效率，而且因为每一部分都是交给专业的人去做的，所以整个成果会更专业，也更系统。

由此得出第一点结论：专业的人做专业的事，每一个SEM营销团队里面必须有个文案高手，他可以别的什么都不会，但一定会写软文，可以写出非常好的软性广告，这是转化流量的一个关键。

2. 软文形式公益化

脑白金的软文多半是权威性的专题新闻和一些公益化的健康报道，主要为了突出权威性和公益性，从而弱化广告意图，消除客户心理芥蒂。为此，脑白金当初在报纸上刊登广告时要求，不能将软文放在专门的广告区域，因为在这些板块一看就是广告，会引起用户的忽视

或是反感。脑白金要求把软文当成正规的新闻通稿和科普性新闻文章放在一个正规的新闻版面，如此就极大地渲染突出了它的权威性。

由此得出第二点结论：写软文时要尽量弱化广告意图，突出软文的公益性、权威性、科普性，如此才能获得用户的青睐与信任。

3. 发布的载体精准化

选择发布的平台要根据软文的性质和软文所针对的客户群体来决定，不能随随便便选择。脑白金选择的软文发布载体是报纸，一是因为报纸是资讯比较集中的、比较权威的媒体，在这些版面上刊登的软性广告也不易被用户发现是广告。二是因为脑白金仔细研究了它的客户群体后发现，它的客户群体多半是那些有较高收入、有孝心、有社会同理心、喜欢读报纸时事的青年。而且脑白金选择报纸时也非常谨慎，只选择在当地2～3种报纸上刊登，而且每次每种媒体每周只刊登1～2次，每篇文章占用1/4版面，而且这个文章不能刊登在报纸广告角落，要刊登在正规的社会新闻版块。

由此得出第三点结论：在发布软文之前要先选择一个适合软文主题的发布平台，仔细分析研究软文针对的客户群体，了解他们的生活喜好、习惯和消费心理，再有针对性地选择一个合适的载体进行发布，实现精准营销。

4. 抓住消费者的痛点

脑白金针对的人群是吃不好、睡不好的老年人。不得不承认，史玉柱特别精明，他不仅仅是个商人，也是个消费心理学家。比如黄金酒的广告，锁定的客户群体就是那些有孝心的子女。广告里面一句广告词"你想喝找你女儿去"体现的核心便是"孝心"，儿女看了这个广告不买都不好意思。所以它充分抓住了客户的需求喜好，抓住了客户的痛点。脑白金所抓住的痛点是现在儿女都忙，没有时间孝顺父母，所以儿女会有负罪感。他们不知道如何弥补父母，所以经常在问，孝敬父母送什么好？史玉柱则回答，就送脑白金。

由此得出第四点结论：写软文时要充分抓住消费者的痛点，消费者的痛点也是我们的产品或者服务的价值所在。软文不能只创造广告，还应当创造需求、创造价值。

5. 与权威机构进行捆绑

脑白金的软文下面没有附带任何联系方式或者咨询热线，但是它跟报社进行了合作，以报社官方的立场在报纸版面上刊登一个启事。样例如下：

敬告读者：

自本报刊登脑白金的科学知识以来，收到大量读者来电，咨询有关脑白金方面的知识，为了能更直接、更全面地回答消费者所提的问题，特增设一部热线：××××××，希望以后咨询脑白金知识的读者打此热线。谢谢！

至此，脑白金已经把软文的权威性发挥到了极致，与报纸机构捆绑，用它们的立场来发布这个咨询热线，这种效果要远远好于自己在软文下附带联系方式。这里有另一个成功的捆绑营销案例，就是互联网上一则新闻，"重庆市政府为了鼓励中小企业电子商务发展，为重庆万家企业提供免费网站建设"，经过仔细分析后才发现这实则是一个B2B平台和重庆市政府的一次捆绑广告，利用了政府的口碑来营销自己的平台。

由此得出第五点结论：软文营销也需要抱名人大腿，借权威东风，和权威机构合作。广积人脉资源，影响力才能迅速提升。

6. 创造一个新概念

脑白金软文《两颗生物原子弹》最成功的一点是它创造了一个新概念——"脑白金"。脑白金是什么？它说是人类大脑中特别重要的一个脑细胞体，主要作用是防衰老，把脑白金补充好了，就可以抗衰老。这个是真是假，到底有无科学依据，不得而知，但是它成功创造了一个新概念，而且将这种概念成功地植入了消费者的潜意识里。现在大家都知道，左旋肉碱减肥药特别受欢迎，那么这类减肥药也推出了一个新概念，叫"左旋肉碱"。左旋肉碱是一种促使脂肪转化为能量的类氨基酸，通过补充这个就能瘦下来，这到底有无科学依据我们并不知道，但是左旋肉碱减肥药也成功创造了一个概念，并且将这种概念转变成了消费者的一种切实需求。

由此得出第六点结论：优秀的软文懂得去创造一个"概念"，并且将这个"概念"转换成消费者的一种"需求"。

7. 巧借东风之力

脑白金软文巧妙地借助了"克隆事件"这股东风，因为当时克隆事件非常受人关注，所以带有克隆事件的软文也会备受关注，再将克隆事件与人类健康巧妙地联系在一起，此软文的造诣真可谓炉火纯青啊。

由此得出第七点结论：软文可以适当地捆绑一些时下热门的事件、节日或者新闻资讯等。

8. 富有噱头性

《两颗生物原子弹》的标题就很震撼，即使不去细读它的内容，相信很多人也会立刻被这个标题所吸引。不仅仅是《两颗生物原子弹》，脑白金的诸多软文都拥有一个富有噱头性的标题，如《人类真的可以长生不老》等。

由此得出第八点结论：软文不可过于平实朴素，要富有噱头性，第一眼就抓住别人的眼球。

资料来源：德朋推广博客.脑白金的软文营销案例[EB/OL].（2017-07-09）[2020-08-21].https://m.sohu.com/a/155662436_352227.

软文营销是个人和群体通过撰写、发布软文，实现动机，达成交换或交易的目的的营销方式。狭义的软文是指企业花钱在报纸或 DM 杂志等宣传载体上刊登的纯文字性的广告。这是早期的一种定义，也就是所谓的付费文字广告。广义的软文是指企业通过策划在报纸、杂志或网络等宣传载体上刊登的可以提升企业品牌形象和知名度，或可以促进企业销售的一些宣传性、阐释性文章、付费短文广告、案例分析等。

11.4.1 软文营销特点

从本质来说，软文营销是企业软性渗透的商业策略在广告形式上的实现，通常借助文字表达与舆论传播使消费者认同某种概念、观点和分析思路，从而达到企业品牌宣传、产品销售的目的。主要是以文章的形式表现，相对于"硬性广告"的直白，软文更加含蓄、更加动情，对消费者有更好的引导作用。

真正好的软文凝聚了企业对有价值信息的提炼，是对消费者有用的信息，符合媒体对新闻的要求，是"企业、消费者、媒体"三者都喜欢的文章。与硬性广告相比，软文的精妙之处就在于一个"软"字，好似绵里藏针，藏而不露，克敌于无形。

软文营销的特点有以下几个。

（1）本质是广告：追求低成本和高回报，不回避商业的本性。

（2）伪装形式是新闻资讯、管理思想，涉及企业文化、技术、技巧文档、评论、包含文字元素的游戏等一切文字资源，使受众"眼软"。

（3）宗旨是制造信任：使受众"心软"。

（4）关键要求是把产品卖点说得明白透彻，使受众"脑软"。

（5）着力点是兴趣和利益，使受众"嘴软"。

（6）重要特性是口碑传播性，使受众"耳软"。

软文和硬性广告的比较如表 11-1 所示。

表 11-1 软文和硬性广告的比较

比较项目	软文	硬性广告
渗透力	强	弱
商业性	弱	强
可信度	高	低
时效性	强	弱
广告投入成本	低	高
营销方式	渐进式的叙述：消费者可以增长知识、扩大视野，追求"春风化雨、润物无声"的传播效果	强迫性的说教：传递内容简单，时间短，开门见山

11.4.2 软文形式分类

1. 悬念式

悬念式软文的核心是提出一个问题，然后围绕这个问题自问自答。例如《人类可以长生不老吗？》《牛皮癣，真的可以治愈吗？》等，通过设问引起话题和关注是这种方式的优势。但是提问者必须掌握火候，使问题有吸引力，答案要符合常识，不能作茧自缚、漏洞百出。

2. 故事式

故事式软文是通过讲述一个完整的故事带出产品，利用产品的"光环效应"和"神秘性"给消费者的心理造成强暗示，使销售成为必然，如《印第安人的秘密》《1.2 亿买不走的妙方》等。讲故事不是目的，故事背后的产品线索才是文章的关键。听故事是人类最古老的知识接受方式，所以故事的知识性、趣味性、合理性是软文成功的关键。

3. 情感式

情感一直是广告的一个重要媒介，软文的情感表达由于信息传达量大、针对性强，更可以使人心灵相通。如《写给那些战"痘"的青春》等，情感最大的特色就是容易打动人，容易走进消费者的内心，所以情感营销是营销领域屡试不爽的灵丹妙药。

4. 恐吓式

恐吓式软文属于反情感式诉求，情感诉说美好，恐吓直击软肋，如《高血脂，瘫痪的前兆！》《天啊，骨质增生害死人！》。实际上恐吓形成的效果要比赞美和爱更具备记忆力，但是也往往会遭人诟病，所以一定要把握尺度，不要过火。

5. 促销式

如《×××在香港卖疯了》《北京人抢购×××》等，这样的软文直接配合促销使用，通过攀比心理、影响力效应多种因素来促使消费者产生购买欲。

6. 新闻式

所谓事件新闻体，就是为宣传寻找一个由头，以新闻事件的手法去写，使读者以为这仿佛是昨天刚刚发生的事件。这样的文体有对企业本身技术力量的体现，但要结合企业自身条件，切忌天马行空，否则多数会造成负面影响。

11.4.3 软文等级分类

按照软文的等级可分为：垃圾软文、普通软文和高级软文。

1. 低级：垃圾软文

垃圾软文一般都在报纸的广告专版，很少有图片，有的还加了边框，其内容从头至尾都是王婆卖瓜似的吹嘘企业，对读者没有很高的阅读价值。

2. 中级：普通软文

普通软文文章篇幅不大，其内容是以媒体的视角来报道企业，字里行间或含蓄或直白地把企业赞扬一番，从而为企业进行"客观"的宣传。因为它们是新闻形式，大多数读者都会看，因此这种软文有一定的阅读率。

3. 高级软文

高级软文实现了"读者、媒体、企业"共赢，实际上是真正的新闻，是媒体和企业非常巧妙的结合。

11.4.4 软文写作技巧

（1）找准切入点。所谓切入点，就是作者写这篇文章是从什么方向来写，从什么角度来写，或者说文章的主题是关于什么的。举一个简单的例子，比如《如何把你的产品通过网络销售出去》这篇文章的切入点就是"网络销售"。

（2）选好标题。大家肯定听过"标题党"，所谓的标题党就是文章的标题写得很出色、很有诱惑力，让人不由自主想去看看里面的内容。然而读者看了内容之后才发现这篇文章一点没有用处，写得很差，只不过标题很吸引眼球罢了。不过虽然内容写得很差但是文章的标题很好，读者还是点击看了，说明标题还是有效果的。软文写作中非常重要的一点也就是标题，标题是点睛之笔。

（3）内容。软文写作之中最重要的就是内容了，一篇好的内容是读者能够认真看下去的必要条件，也是传达作者理念和软文营销效果最大化必须具备的东西，更是留住读者以及后续回访的基础条件。内容是软文的核心、灵魂，因此写好软文最重要的就是把文章的内容写好。文章的内容要有以下三个特点：实用、创意、易懂。所谓实用就是写的文章对读者来说有价值、有用处，能够给读者带来帮助。软文不必追求辞藻的华丽，关键是能够给读者带来价值。创意就是文章要新颖，让读者眼前一亮，容易引起读者的好奇心。易懂就是文章写得不要太高深、咬文嚼字，写得容易让读者明白意思即可。

（4）素材来源，即文章内容从哪里来。通常包括以下几方面：①案例法，将自己亲身经历的案例写出来，然后加上自己的分析、感受和评价等；②总结法，把自己的案例、热点时事、别人的案例，分析总结出来成为自己的东西。

（5）品牌理念的融合。在软文里很自然地插入公司品牌理念，传达给潜在的读者。作者把品牌理念加入文章的时候一定要选择合适的地方、隐性地加入，让读者看后不反感，有一种浑然天成的感觉。

（6）发布平台。要为软文选择一个恰当的发布平台，让读者看到，以达到软文营销的真正目的。可以根据软文的不同类型选择不同的平台，如营销类的可以选择"销售与市场"、新经济可以选择"艾瑞网"等。

（7）互动交流。互动交流是软文作者需要考虑的重要问题，一篇软文写好之后不能只等着看效果，及时和读者交流也很重要。了解读者的想法以及和读者互动可以增加软文的营销效果。

（8）效果评估。主要评估方式包括：①文章流量分析，也就是这篇软文的点击率、IP等数据分析；②文章置顶、置首率分析，也就是有多少篇文章被媒体推荐了；③文章的转载率，也就是软文写好之后有没有人转载、有多少人转载，转载率说明这篇文章的受欢迎程度；④搜索引擎有没有收录这篇文章，或者说这篇文章在不同的平台上被搜索引擎收录了多少，搜索文章的关键词是否可以找到此文章。

11.4.5 软文营销向内容营销转变

软文营销在新媒体时代下出现向更加直观、感受更加丰富的内容营销转变趋势。新媒体营销越来越火，其中内容营销可以说是重中之重，软文营销也将会进一步拓展，加速向内容营销转变，未来的发展将会有以下六点明显的趋势。

1. 打造"内容性产品"，产品将成为社交诱因

越来越多的运营者已经意识到，内容营销要从产品端抓起，在产品创造之初，就注入"内容基因"，打造"内容性产品"，从而在营销中形成自营销。而"内容性产品"通常具有一个明显的特征：赋予目标用户一种强烈的身份标签，让他们有社群归属感。消费者在选择购买这个产品时，会产生一种情感共鸣，并因为这种情感共鸣而买单（不是在使用产品之后）。当内容植入产品之后，产品成为某种实体化的社交工具。用户使用该"社交工具"与其他使用该"社交工具"的用户碰撞出火花。

2. 内容营销成为购买链条中的一个体验环节

越来越多的企业，把内容营销作为用户购买流程中的一个体验环节，通过内容营销为用户增加体验服务。而用户通过企业的内容营销，再次感受产品的内涵、理解产品为自己带来的利益，甚至改变某种生活方式，从而形成品牌黏性，为企业的二次销售打下坚实的基础。

3. "重度区隔化"

消费群体的区隔化会越来越被重视。谁能抓住年轻人，谁就能抓住未来最大的红利。因此企业在进行内容营销时，会主动去迎合不同群体的口味，尤其是年轻人的口味。如今，"年轻群体"喜欢消费的内容，已有了区隔化较强的文化标签，并带有一定的"代际感"。例如，非常火的"二次元"这个群体，它主要就是存在于年轻人中，未来这个群体可能会越来越壮大。

4. "准媒体"+"富媒体"

随着自媒体的不断发展，专业媒介和品牌媒介之间的界限正在逐步消失。而所谓的富媒体，主要包括多媒体，可以被理解为一种应用。这种应用采取了所有可能采取的最先进的技术以最好地传达广告主的信息以及与用户进行互动。而准媒体，更多是指那些小众、个性化的自媒体传播者。在经历了"微博热""微信热"后，品牌主们对自媒体的布局也越来越趋于理智。在接下来的发展中，将逐步形成"准媒体"+"富媒体"的态势。

5. 与技术融合，使内容更有质感、体验感

随着数字营销技术的进步，内容营销的表现形式不断创新，创意不断突破，因此未来的内容营销将会因为"内容和技术的融合"而变得更有质感和体验感。让用户被品牌的情绪感染和打动会成为内容营销的关键。而在大数据和科技盛行的今日，品牌创意的灵魂和情感，将通过内容营销打入用户的内心。

6. 更加职业的 UGC

UGC（user generated content），即用户原创内容的意思。这几乎可以说是每一个社会化营销人追求的目标之一。企业在进行内容营销时，也在不断地探索怎么产生 UGC。因为它不仅可以刺激用户购买欲望，还能不断提高用户对品牌的忠诚度。用户可以和自己的亲朋好友分享自己的喜怒哀乐，从自己创作的内容中获得分成。

:案例 11-1 :

打开明星珠宝箱

第 61 届柏林电影节最高规格、最长时间的红毯秀留给了张艺谋和他的《金陵十三钗》。倪妮这个名字，也一下从"默默无闻"变成"万众瞩目"。不得不承认，"一夜成名"获得的不仅仅是影迷的欢呼，还有大牌的力挺。如通灵珠宝"红毯系列"钻饰，迪奥的曳地长裙礼服，便是倪妮柏林首秀的"装备"。

通灵珠宝工作人员说，这款名为"此情不渝"的项链，仅钻石就耗费近百颗。作为电影节指定珠宝，他们每年会为明星们定制红毯作品，倪妮这款是其中之一。现在，通灵珠宝为大家打开明星们的"珠宝箱"，解密这些珠宝的璀璨源泉，值得"为自己，更为下一代珍藏"。

没有女人不爱浪漫，就像没有女人不渴望爱情。花朵、果实……这类从大自然中汲取的浪漫灵感，向来是珠宝高级定制中的重要元素。从红毯上明星们的选择，就可以看出女人们有多爱这类题材。

在这次的柏林电影节上，倪妮佩戴的是白色"海芋花"、霍思燕选择了娇艳的"玫瑰"、张雨绮最爱熟透的"果实"……女星们将通灵珠宝"红毯系列"戴出了"春意盎然"的味道，柏林的红毯俨然成为一座大花园。

浪漫与爱是最令人愉悦的事。在通灵珠宝设计师手里，大自然的一草一木幻化成精美作品，透过钻石的华美与闪耀，美态被永久定格。除了精美绝伦的设计、无与伦比的镶嵌工艺，还要什么，才能让钻饰变成经典、被世代传承？答案是：钻石。一件值得代代相传、称得上经典的钻饰，必须拥有独一无二的完美钻石。它的品质直接影响整个作品的珍藏价值。

将设计稿转化为真正的作品，往往需要耗费很长时间。其中包括寻找品质一致的钻石，这如同爱情一样，可遇而不可求；还要针对钻石的折射率、天然色散性，选取最精确的切工方式。通灵珠宝全球战略合作伙伴 EDT，是世界领先钻石切割机构，在钻石甄选方面拥有无可比拟的优势。同时，通灵珠宝还是比利时钻石文化推广典范。比利时切工，向来是完美切工的代名词，可以让钻石散发出夺目光彩。只有这样的作品，才是真正值得珍藏的传世珠宝。

此举通过对明星珠宝箱的分析对珠宝公司进行了宣传，当大家发现这是一则广告时，已经掉入了软文的陷阱。

资料来源：李晓彤. 珠宝软文 [EB/OL]. (2013-06-12) [2020-07-09]. http://abc.wm23.com/zjklixiaotong521/250244.html.

思考题

简述优秀软文的特点，并试着写一篇。

11.5 天上真的会"掉馅饼":免费策略营销

Windows 系统刚刚进入市场时,大多数人都是用盗版,包括 Office 软件,但微软公司对此现象一开始并没有严厉地封杀,而是采用"睁一只眼闭一只眼"的方式有意纵容盗版扩散,尽管表面上喊一喊,打一打盗版,但只是虚张声势。

等绝大多数人都接受了 Windows 系统,习惯了使用 Office 软件后,微软公司把竞争对手赶出该市场,让它们没有任何生存的空间,获取了垄断地位,成为绝大多数人的唯一选择。

于是微软公司开始搞"正版计划",通过"正版计划"迫使一些用户不得不把过去省的钱吐出来,要不然会面临法律的制裁,所以这是一种以时间换空间的免费模式。

如果在早期严厉打击盗版,微软就不会形成市场的垄断地位,就没有了后续的生意。这也是目前发展如火如荼的打车软件上演残酷竞争的一个原因。软件不仅免费,甚至倒贴,让很多人看不懂软件公司的意图。其实道理很简单,它们就是在寻求垄断。一旦形成垄断,就可以剥夺消费者的选择权。

有的消费者"太精明",往往为了自己的眼前利益而忽视长久的成本,更不会思考一旦被某一家公司垄断的后果是什么,到头来聪明反被聪明误。

资料来源:销客巴巴. 3 个免费商业模式案例,一篇文章看懂微软、苹果、海底捞背后免费的秘密 [EB/OL]. (2018-05-05) [2020-09-11].https://www.xkbaba.com/5891.html?wpzmaction=add&postid=5891.

11.5.1 免费营销分类

(1)全免费营销策略:指产品从购买、使用和售后服务等所有环节全部实行免费。

(2)部分免费营销策略:也叫限制免费策略,是指设定一些条件对产品实行部分免费,如限定时间、限定空间等。

(3)捆绑式免费策略:指购买其产品和服务时赠送其他产品,该免费策略有利于企业的产品迅速占领市场份额。捆绑或免费的实质是交叉补贴策略,用赢利产品的利润补贴销售免费产品带来的损失。

(4)替代式免费:向特定的顾客群体提供免费的产品和服务,并吸引对这部分顾客群体感兴趣的品牌来投放广告。广告收入中,部分作为成本再投入,部分作为盈利。替代式免费实质是一种典型的"双赢"甚至"多赢"的策略。

11.5.2 免费营销优势

互联网最初是完全免费的,没有商业性。电子商务的出现已经是互联网发展几年以后的事了。所以在互联网上的人多少会有一种倾向,认为网上的东西都应该是免费的。网上恰恰有很多好东西确实是免费的,而且免费是很有力的一种手段。

免费策略使浏览者变成固定用户的阻力大为减小。一个浏览者来到网站,如果该网站提供某种免费的东西使这个浏览者能够成为该网站的用户,或者免费试用客户,或者会员,那么以后向他推销付费产品成功的可能性大为增加。

对这个浏览者来说,不用白不用,不下载白不下载,不看白不看,使用免费产品对他没有任何损失。对网站来说,增加一个免费用户就增加了今后多产生一个付费用户的可能性。

11.5.3 五大免费营销策略

(1)用户免费——广告商付费。

这种模式在线下我们已经喜闻乐见了,我们看的电视、收听的广播等大多都是不需要我们自己花钱的,电视台通过在电视剧里面插播广告来对广告商收费。同样,在线上我们浏览网易、搜狐、博客、论坛帖子等不需要我们花钱,很多的个人网站也是通过卖广告来获得收入的。

互联网上一些主流的搜索引擎百度、谷歌等也是用户免费、广告商付费,那些需要推广的广告商向搜索引擎付费,搜索引擎将广告商的网站排在用户搜索结果的首页。

(2)消费者免费——商家付费。

这种免费模式常见于各大主流的B2B平台,比如天猫、中国工厂、慧聪等网站。国外常见的是商家在网站上挂上自己的产品,当有买家对某个卖家的产品进行咨询留言等,商家要查看并且回复消费者的信息就必须付费。消费者却可以在上面任意免费浏览商家的产品。

在国内比较著名的就是天猫,卖家要想在这个平台挂上自己的产品就必须交平台费,消费者可以任意免费浏览。

(3)产品免费——后续服务收费。

这种免费策略主要应用在个人站长进行网站建设的时候,站长可以在网络上随意下载网站上的CMS系统进行个人建站,一般网站会在CMS当中提供一些免费的模板供用户免费使用,但如果想要寻求更好的网站模板就得付费了。

又比如各种比较火爆的网络游戏,用户可以免费注册免费畅玩,但是当你想去商城换一身好装备来提高能力时,就必须付费了。

再比如,我们在网上可以随意下载的免费音乐。其实这是因为那些音乐创作人已经不以卖CD为赚钱方式了,他们更希望自己的音乐能够被更多的人熟知,并不介意在网站上免费使用他们的音乐,因为这能够提高他们的知名度,以提高他们举办"巡回演唱会"的次数以及出场的机会。

(4)商品免费——附件收费。

这种免费的模式在线下同样有不少的体验,那就是我们所使用的喷墨打印机。打印机是一次性收费的,但是打印机所使用的油墨却是根据档次分成了不同价位,并且这是一个长期消耗品,没有油墨用户就无法使用打印机。

还有一种就是现在所熟知的各种充话费送手机等活动,充的话费是用户自身使用,手机是免费的。但因为使用的是某个运营商的定制机,用户不会轻易换号码,所以使用之后就有很高的概率成为这个网络里面的长期用户,如此一来运营商就可以从客户后续的持续消费中获利。在宽带方面,运营商一般还会和用户签下两到三年的合同,这也是它们赢利的方式。

(5)用户免费——企业收费。

这种免费模式在线上比较明显的一个应用就是企业邮箱,在互联网上,注册以及使用邮箱都是免费的,当然也不乏一些商家会通过使用会员策略提供差异化服务来进行收费。企业邮箱是专门针对企业进行设计的邮箱,企业开通后可以注册任意后缀的邮箱地址。一般大型的企业为了统一形象以及维持企业内部员工的统一管理,都会选择注册企业邮箱。企业邮箱是按个数以及年费来收费的,在国内比较流行的诸如网易邮箱、QQ邮箱以及163邮箱等。

|案例 11-2|

《囧妈》在疫情期间如何做到"一花独秀"

2020年,新冠疫情的突然来袭,不仅对我们的身体健康产生了威胁,也对各行各业的发展产生了影响。突如其来的疫情让2020电影春节档还未开始就已结束,《唐人街探案3》《囧妈》《姜子牙》《夺冠》《紧急救援》等热门电影紧急撤档。然而就在大家以为这个春节档不能看电影的时候,字节跳动以6.3亿元成功购买导演的《囧妈》这部电影的版权,向今日头条、抖音、西瓜视频的用户提供免费观看的服务,成为第一部在互联网播放的春节档电影。

《囧妈》在疫情期间的免费播映让人们纷纷对导演竖起了大拇指,夸赞其勇气。除了电影和导演赚到了人们的好口碑以外,西瓜视频的下载量和使用率也大幅度提升,就在春节各大App通过发红包的方式希望人们对它更加关注的时候,今日头条、抖音、西瓜视频却因为这部免费电影,成为人们的首选App,免费电影上映的影响力堪比赞助央视春晚。与此同时,欢喜传媒股价直线拉升,涨幅一度超过43%,欢喜传媒当天市值涨了将近20亿港币,这笔生意做得真是赚上加赚。

资料来源:豆瓣电影.囧妈初一免费上线,这场营销真是妙![EB/OL].(2020-01-05)[2020-08-21].https://movie.douban.com/review/12184982/.

思考题

《囧妈》在疫情期间如何做到"一花独秀"?

11.6 吊人胃口的营销饕餮盛宴:饥饿营销

传说,古代有一位君王,吃尽了人间一切山珍海味,从来都不知道什么叫作饿。因此,他变得越来越没有胃口,每天都很郁闷。有一天,御厨提议说,有一种天下至为美味的食物,它的名字叫作"饿",但无法轻易得到,非付出艰辛的努力不可。君王当即决定与他的御厨微服出宫,寻此美味。君臣二人跋山涉水找了一整天,于月黑风高之夜,饥寒交迫地来到一处荒郊野岭。此刻,御厨不失时机地把事先藏在树洞之中的一个馒头呈上:"功夫不负有心人,终于找到了,这就是叫作'饿'的那种食物。"已饿得死去活来的君王大喜过望,二话没说,当即把这个又硬又冷的粗面馒头狼吞虎咽下去,并且将它封为世上第一美味。

俗话说,饥不择食。对于一个饥饿至极的人来说,一个又硬又冷的粗面馒头也是第一美味。这一简单的常识,被西方经济学者归纳为"效用理论"。效用是指消费者从所购得的商品和服务中获得的满足感。效用不同于物品的使用价值。使用价值是物品所固有的属性,由其物理或化学性质决定。而效用则是消费者的满足感,是一个心理概念,具有主观性。

这一常识早已被聪明的商家广泛地运用于商品或服务的商业推广中,这种做法在营销学界更是被冠以"饥饿营销"之名。

11.6.1 饥饿营销原理

饥饿营销就是通过调节供求两端的量来影响终端的售价,达到加价的目的。表面上,饥饿营销的操作很简单,定一个叫好叫座的惊喜价,把潜在消费者吸引过来,然后限制供货量,造成供不应求的热销假象,进而提高售价,赚取更高的利润。

11.6.2 饥饿营销运作条件

1. 心理共鸣

产品再好,也需要有消费者的认可与接受,只有拥有足够大的市场潜力,饥饿营销才会拥有施展的空间,否则一切徒劳无功。不断探究人的欲望,以求实现产品的功能性利益、组织品牌形象,情感关系的打造要符合区域市场的心理,与消费者达成心理上的共鸣,这是"饥饿营销"运作根本中的根本。

2. 量力而行

一些厂商需根据自身的产品特性、人才资源、销售渠道、行销能力等量力而行,任何盲目的、自我膨胀的经济行为注定要以失败告终。一味地高挂消费者的胃口,注定要消耗一些人的耐性,一旦突破他们的心理底线,猎物势必落入竞争对手的口中,这是大家所不想见到的。把握好尺度,是生产厂商始终需要考虑并关注的重点,同时由于市场存在一定程度的"测不准"现象,这一环节还应视为重中之重。

3. 宣传造势

消费者的欲望不一,程度不同,仅凭以上两个规则,还有些势单力薄。欲望激发与引导是饥饿营销的一条主线,因此,宣传造势虽然已成为各行各业的家常便饭,却必不可少。新品上市,前期的软硬兼施,电视广告的普遍撒网;电台、报纸、杂志、电梯等媒体的重点培育;明星代言的眼球吸引;专业测评的权威指导;销售渠道的口径统一等众多策略与手段,各有千秋。各厂商需要根据自身特点,尽量做到选择有度、行销有法、推介有序。

4. 审时度势

在非单一性实验条件下，消费者的部分欲望受到竞争对手市场活动的影响，会使欲望组合比例发生新的变化，购买行为关键性因素发生不规则的变动，感情转移、冲动购买也是常有之事。因此，应密切监控各竞争厂商的市场策略的动向，提高快速反应的机动性。可惜某些厂家的一些方案的制订未免显得有些过于简单化，这一点值得商榷。

5. 销售到位

人的欲望满足需要有合适的外部环境与之相配合，因为一旦欲望受阻，思想偏离初衷，行为也很有可能会乱了分寸。在产品品牌有一定认知度、知名度、美誉度的情况下，物流水平的及时跟进，销售网络的合理架设与适时监管，经销商素质的同步提高，是保证产品流向顺畅及销售达成的必然程序。

11.6.3 饥饿营销负面影响

1. 客户流失

若过度实施饥饿营销，可能会将客户"送"给竞争对手。饥饿营销本质是运用了经济学的效用理论，效用不同于物品的使用价值，效用是心理概念，具有主观性。因此，企业如果一方面实施饥饿营销过度，把产品的"虚"价定得过高导致消费者期望过大，另一方面又把产品供应量限得太紧，使等待时间或者可承受价格超过消费者承受范围，令消费者"期望越大失望越大"，会使消费者转移注意力，寻找其他企业的产品。

2. 品牌伤害

饥饿营销运行的全过程始终贯穿着"品牌"这个因素。其运作必须依靠产品强势的品牌号召力，也正由于有"品牌"这个因素，饥饿营销会是一把双刃剑。剑用好了，可以使得原来就强势的品牌产生更大的附加值；用不好将会对品牌造成伤害，从而降低其附加值。

3. 排斥顾客

饥饿营销的实施是建立在消费者求购心切、求新求快的心理基础上的。企业在产品推广初期，利用短期内的信息不对称，人为地制造产品供应紧张气氛，造成供不应求假象进而加价来实现丰厚利润。随着消费者对信息的掌握了解以及消费心理的成熟，消费者会对此做法越发麻木；另外，由于物质的极大丰富，替代品或者直接竞争产品的进入会分散消费者的注意力，如果竞争产品一窝蜂而上地模仿"饥饿营销"，则会令这一"谎言"不攻自破。

4. 顾客反感

企业实施饥饿营销，从根本上看是变相地利用信息不对称的这一企业短期优势在"蒙骗"消费者。人有欲望是天性，人的欲望和追求永远无法满足也是天性。但是，根据菲利普·科特勒的观点，需要、欲望和需求的本质是不同的。欲望的实现，即欲望转化为需求，必须有购买力来支持。因此，企业如果人为地过度制造市场"饥饿"，提高产品售价，当产品的价格提高到消费者接受不了或不愿接受的时候，他们就会冷静思考、理性行事，更加充分地收集信息，并利用得到的信息来"解剖"饥饿营销的本质，当他们发现饥饿营销是企业自我膨胀的经济行为，是人为地高挂自己胃口的时候，他们就会感到自己被企业愚弄了，甚至是人格受到侮辱了。这是对消费者购买消费行为的最大打击，严重时消费者一辈子都会"憎恨"企业。对于企业来说，后果将是非常严重的。

案例11-3

饥饿的"果粉"

苹果是最擅长饥饿营销企业之一，由于iPhone的火爆，中国的消费者已经习惯了在贴有"近期iPhone没货"的苹果授权经销商处体验产品，再去国美、苏宁、运营商处以加价抢购的方式购得手机。

苹果公司在中国的这种"限量销售"营销策略大有玄机。《每日经济新闻》记者梳理了iPhone发售前后的市场情况，发现苹果在中国市场大肆推行"饥饿营销"策略，整套流程情节紧凑，恰似一出精心布局的大片。记得苹果平板电脑iPad刚上市时很抢手，时有断货，造成一些时尚人士找店长预留，甚至高价买，这无形中更加大了苹果iPad的知名度，刺激了更多人的购买欲。

苹果产品全球上市呈现出独特的传播曲线：发布会—上市日期公布—等待—上市新闻报道—通宵排队—正式开卖—全线缺货—黄牛涨价。业内人士普遍认为，"产能不足、饥饿营销、黄牛囤货"使得苹果在中国市场的份额正一步步增加。

从苹果高级营销经理位置上卸任的John Martellaro曾发文指出，苹果一直在执行一项名为"可控泄露"的营销策略，即有计划、有目的地放出未发布新产品的信息。

资料来源：小阅微草堂.这家知名企业才是饥饿营销鼻祖，苹果与小米都自愧不如[EB/OL].（2018-10-18）[2020-08-21].https://www.sohu.com/a/260210869_469168.

思考题

苹果利用饥饿营销得到了哪些好处？

本章小结

本章主要介绍了将营销策略组合后的具有代表性的营销方法，包括事件营销、口碑营销、病毒营销、软文营销、免费策略营销、饥饿营销，并通过丰富的案例让读者体会其内涵。

复习题

1. 结合最近较火的事件，制订一个事件营销方案。
2. 查一查比较经典的口碑营销案例。

3. 谈一谈饥饿营销的利与弊。
4. 设计一个免费营销的方案。

讨论题

讨论众创文化与社会化媒体营销的关系。

案例研究

ALS 冰桶挑战

2014 年，打开电脑，各种冰桶挑战的新闻充斥着互联网的各个角落。"ALS 冰桶挑战赛"要求参与者在网络上发布自己被冰水浇遍全身的视频内容，然后该参与者便可以邀请其他人来参与这一活动。活动规定，被邀请者要么在 24 小时内接受挑战，要么就选择为对抗"肌肉萎缩性侧索硬化症"捐出 100 美元。活动推出后不久便迅速蹿红，比尔·盖茨、奥巴马、雷军、周鸿祎等纷纷加入此活动。

根据 Facebook 网站的统计，在 2014 年 6 月 1 日到 8 月 17 日间，超过 2 800 万人参加了关于冰桶挑战赛的话题交流，包括发帖、评论和对挑战赛帖子点赞，人们还在该社交网络上分享了 240 万个与冰桶挑战赛有关的视频。对那些试图破解 ALS 活动成功秘诀的营销人员来说，这个活动让他们学到了几个重要的经验。

（1）安排在合适的时机。

这次冰桶挑战活动从 6 月开始，在 8 月达到顶峰。夏天是度假的好时光，许多人都能享受更放松的工作安排。此外，挑战活动的性质和发起时间也很相称，冰桶挑战在冬天可不会受到欢迎。

（2）活动要深入个人层面。

从你的头顶浇下冰水，唤起人们对某项慈善事业的认识，这个创意起初并不是为了唤起人们对 ALS 的认识。然而，患有 ALS 疾病的波士顿学院前棒球选手皮特·弗拉特斯使这项活动更加深入个人层面，他利用自己的社交网络和朋友家人组成的专门团队来提高公众对这种疾病的认识。

（3）名人的参与。

在几位本地名人和体育明星参加冰桶挑战之后，这项活动迅速蹿红。他们众多的支持者使这项挑战扩展到波士顿以外的地区，并红遍全美各地，吸引了形形色色的一线大牌明星和知名人士参加挑战赛。比尔·盖茨的参加也对活动起到了推广作用。

（4）简单至上。

保持简单明了是一条众所周知的设计原则，这条原则表明简单的设计往往比复杂的设计效果要好。在 ALS 冰桶挑战中，活动规则很简单：人们接受挑战，要么把冰水从头顶浇下，要么捐赠资金给 ALS 慈善事业。挑战者可以点名下一个接受挑战的人。三四个词组成的话题标签（#冰桶挑战#或#ALS冰桶挑战#），让这项活动容易被人记住和分享。

（5）考虑街头信誉。

这种挑战就像"我打赌你不会这么干"的校园恶作剧，增加了一点关于面子的玩笑色彩和对公益营销活动的自觉性。谁能拒绝挑战呢？这项挑战是荣誉和社会地位受到挑战的问题，这一点增加了活动的吸引力。

（6）专注于目标。

尽管有些人批评这样病毒式传播的公益营销活动有鼓励自我推销和"懒人行动主义"的倾向，但是慈善事业依然成为最终的受益者。ALS 协会吸引了数十万的新捐赠者和潜在捐赠者，从 7 月 29 日到 8 月 21 日收到了 4 180 万美元的捐款。随着全球知名度的提高，专项基金获得大量的新捐款，让这个协会能够向治愈 ALS 的目标迈进一步。

（7）声望至关重要。

如果你的企业或慈善组织正在计划发起下一场大规模流行的营销活动，你的品牌声誉将是活动成功的至关重要的因素。管理团队需要能够在应对本地媒体和全国媒体长达数天或数周的报道时使企业保护自己的品牌，充分利用曝光的优势，在推出营销活动前，采取积极主动的公关策略和意义明确的沟通计划。

资料来源：百度文库.冰桶挑战病毒式营销案例 [EB/OL].（2019-12-31）[2020-08-27]. https://wenku.baidu.com/view/faac5645f71fb7360b4c2e3f5727a5e9846a274a.html.

思考题

1. ALS 冰桶挑战可以在短时间内快速传播的原因有哪些？
2. 如果让你点名邀请五个人参加 ALS 冰桶挑战你会点名谁？为什么？

参考文献

[1] 杨学成，陈章旺. 网络营销 [M]. 北京：高等教育出版社，2014.
[2] 江礼坤. 网络营销推广实战宝典 [M]. 2 版. 北京：电子工业出版社，2016.
[3] 谢爱平. 软文营销：企业网络营销的又一利器 [J]. 电子商务，2011，3(23)：46.
[4] 中国原创写作网. 什么是软文营销及通灵珠宝案例 [EB/OL].（2015-03-21）[2020-08-21]. http://www.92xie.com/html/2015/marketing_0321/10468.html.
[5] 刘金锋，文亚青. 论"饥饿营销"策略的负面影响和实施条件 [J]. 广东石油化工学院学报，2011，21(5)：12-16.

后 记

　　本书自2016年开始策划、调研和编写，几经易稿。从拟定大纲、反复推敲论证到初稿成形，再到最终定稿，在此期间我进行了无数次求证、反思、设计和修订，广泛听取专家意见，使本书整体架构更趋完善，具体内容日渐优化和丰富。同时，我也深深体会到教材的编写工作异常艰辛，不仅要调研、查阅、消化大量资料，还要反复求证并创造一些新东西。

　　全书分为四大篇。第1篇对市场营销学原理进行了较为全面的介绍，讲述了网络营销演进过程与基础理论；第2篇从网络营销市场出发，涉及网络市场调研与网络消费者，阐述了网络营销企业的战略规划；第3篇以经典营销理念4P理论为切入点，从产品、价格、渠道和促销四个方面来详细展开介绍；第4篇侧重网络营销实战，以案例为引领并贯穿始终，讲解了各种网络营销手段。

　　在本书编写过程中，我参阅了国内外大量关于市场营销和网络营销的著作与教材，吸收了国内外相关领域新近的研究成果，具体参考书目已经列于本书各章参考文献中，再次向这些作者表示衷心的感谢！

　　时代在发展，技术在进步，理论也在不断更新，书中的内容难免会有不恰当之处，期待各位读者能够提出宝贵意见，以便持续修订教材内容、更新版本，不断提高教材的使用价值。